UNA NUEVA CRÍTICA
DEL PENSAMIENTO TEÓRICO

UNA NUEVA CRÍTICA DEL PENSAMIENTO TEÓRICO

Herman Dooyeweerd

Traducción de
Adolfo García de la Sienra

VOLUMEN I
LAS PRESUPOSICIONES NECESARIAS
DE LA FILOSOFÍA

Paideia Press
Cántaro Institute
2020

Primera edición, 2020

Dooyeweerd, Herman.
Una nueva crítica del pensamiento teórico, volumen I
Traducción de Adolfo García de la Sienra
Jordan Station, Ontario, Paideia Press, Ltd., 2020
Título original: A New Critique of Theoretical Thought
ISBN: 978-088815-296-1
Publicado originalmente en cuatro volúmenes.
Paideia Press es un sello editorial del Cántaro Institute,
3248 Twenty First St., Jordan Station, Ontario, Canada,
L0R 1S0

ISBN: 978-0-88815-257-2
www.cantaroinstitute.org/es

PRÓLOGO (ABREVIADO) A LA PRIMERA EDICIÓN

La aparición de esta primera presentación sistemática de mi filosofía me llena con un profundo sentido de aprecio hacia Dios por la fortaleza que me concedió para superar innumerables dificultades. Me gustaría también reconocer mi deuda con la Mesa Directiva de la Fundación Dr. Kuyper (*Kuyperstichting*) cuyo apoyo hizo posible la publicación de este trabajo.

La primera concepción rudimentaria de esta filosofía ha madurado incluso antes de que viniera a la Fundación Kuyper.

Originalmente estuve, primero, bajo la influencia de la filosofía neokantiana; luego bajo la de la fenomenología de Husserl. El gran punto de viraje en mi pensamiento estuvo marcado por el descubrimiento de la raíz religiosa del pensamiento mismo, mediante el cual se arrojó nueva luz sobre el fracaso de todos los intentos, incluyendo el mío propio, por llevar a cabo una síntesis interna entre la fe cristiana y una filosofía que está enraizada en una fe en la autosuficiencia de la razón humana.

Vine a entender la significación del "corazón", repetidamente proclamado por la Santa Escritura como la raíz religiosa de la existencia humana.

Sobre la base de este central punto de vista cristiano vi la necesidad de una revolución en el pensamiento filosófico de un carácter muy radical. Confrontado con la raíz religiosa de la creación, se halla nada menos en cuestión que un relacionar el cosmos temporal completo, tanto en sus aspectos "naturales" como "espirituales", con este punto de referencia. En contraste con esta concepción bíblica básica, ¿qué significación tiene una así llamada revolución "copernicana" que meramente hace relativos los "aspectos naturales" de la realidad temporal a una abstracción teórica tal como el "sujeto trascendental" de Kant?

Desde un punto de vista cristiano, la entera actitud del pensamiento filosófico que proclama la autosuficiencia del segundo resulta ser inaceptable, pues aparta el pensamiento humano de la revelación divina en Cristo Jesús.

El primer resultado del punto de vista bíblico con respecto a la raíz de la realidad temporal fue una ruptura radical con la visión filosófica de la realidad enraizada en lo que he llamado la posición de la inmanencia.

El descubrimiento de la Idea básica trascendental, en el fundamento de todo pensamiento filosófico, hizo posible desplegar las diferentes concepciones teóricas concernientes a la estructura de la realidad, tal y como las desarrolla la filosofía de la inmanencia dominante, en su dependencia respecto de un *a priori* supprateórico. Hizo posible la inauguración de la crítica sobre un plano mucho más profundamente yacente que uno supuestamente meramente teórico.

Si la realidad temporal misma no puede ser *neutral* con respecto a su raíz religiosa, si en otras palabras la completa noción de un cosmos temporal "*an sich*", independiente de la raíz religiosa de la humanidad, descansa sobre una concepción errónea fundamental, ¿cómo podría uno seguir creyendo en la neutralidad religiosa del pensamiento teórico?

Uno de los principios fundamentales de esta nueva filosofía es el principio cosmológico básico de la *soberanía de las esferas*. Su desarrollo fue sugerido por (el famoso pensador y estadista holandés) Abraham Kuyper, pero depende de la introducción de un fundamento religioso cristiano en la filosofía. Sobre este principio descansa la *teoría general de las esferas nómicas modales* desarrollada en el volumen II. La primera concepción de esta teoría fue ganada después del descubrimiento de la estructura interna de los aspectos modales de la experiencia humana que pude explicar ya en mi conferencia inaugural *La significación de la Idea cosmonómica para la jurisprudencia y la filosofía del derecho* (1926). En la elaboración de esta teoría surgieron dificultades no sólo porque no pude encontrar en ninguna parte un punto de contacto en la filosofía de la inmanencia, sino también porque no pudo volverse fructífera aparte de un cercano contacto con la *teoría especial de las esferas nómicas modales*, la cual investiga los problemas básicos de las varias ciencias especiales a la luz de la Idea básica trascendental cristiana.

Por esta razón, en mis primeras publicaciones discutí la teoría de las esferas nómicas modales siempre en conexión con mi propio campo de ciencia especial, *i.e.* la jurisprudencia. Deseaba cerciorarme de que esta teoría filosófica tiene un valor principial para el pensamiento científico especial antes de extraer cualesquiera conclusiones sistemáticas.

La teoría de las estructuras de individualidad que he desarrollado en el tercer volumen también ha dado lugar a muchos problemas sistemáticos. Incluso en mi trabajo *La crisis en la teoría humanista del Estado* (1932) no sólo he indicado la importancia de esta teoría con respecto a la visión de la estructura de la experiencia intuitiva, sino que también he

mostrado su significación para la sociología y la jurisprudencia.

En su etapa más temprana esta teoría no ha sido aun elaborada en un grado suficiente. Su significación no se limita
a las ciencias, sino que toca las estructuras fundamentales de
la realidad empírica.

Estoy fuertemente convencido de que para la fructífera
elaboración de esta filosofía, de una manera genuinamente
científica, se necesita un equipo de compañeros de trabajo
que estén en posición de pensar independientemente sus
ideas básicas en los campos científicos específicos. Es cuestión de vida o muerte para esta filosofía que académicos cristianos en todos los campos de la ciencia busquen ponerla a
trabajar en su especialidad.

También estoy muy agradecido de que desde un comienzo se haya encontrado a mi lado mi colega el Dr. Vollenho-
ven, profesor de filosofía en la Universidad Libre de Amsterdam, cuyo nombre ha estado inseparablemente ligado al
mío. Fue un gran gozo para ambos encontrar un entusiasta
compañero de trabajo en el profesor Dr. H. G. Stoker, cuyas publicaciones dieron a conocer nuestro movimiento en
Sudáfrica, y quien con su profunda crítica constructiva ha
llamado la atención a varios puntos que requieren una ulterior elaboración.

Y aunque no puedo ver a través de los peculiares conceptos de Stoker en su pleno alcance, y a primera vista tengo
ciertas objeciones para ellos, ello no impide que me rego-
cije grandemente por el hecho de que Stoker esté poniendo sus dotes filosóficas, de las cuales ya dio evidencia en el
círculo de Max Scheler, al servicio de una ulterior construcción independiente de esta nueva filosofía. Su cooperación

ha de ser estimada como de gran valor, particularmente en su propio campo especial de la psicología.

Y finalmente estoy adicionalmente animado por el surgimiento de un círculo, aunque todavía sea modesto, de adherentes científicos, cada uno de los cuales se propone hacer fructífera la nueva filosofía en su propio departamento.

Ligados por una y la misma fe cristiana, igualmente inspirados por el estimulante efecto de la raíz cristiana de vida en la práctica de la ciencia, un primer círculo de trabajadores científicos se ha apegado así a esta filosofía. Dios conceda que este modesto grupo pueda crecer y que muchos que debieran ser nuestros adherentes, pero que todavía resisten la idea cristiana de la ciencia, puedan ser convencidos de que la cuestión no es un asunto de un "sistema" (sujeto a todas las fallas y errores del pensamiento humano) sino más bien concierne al *fundamento* y a la raíz del pensamiento científico como tal.

En conclusión, déjenme hacer dos observaciones finales. La primera está dirigida a mis oponentes sobre bases de principio. Estoy plenamente conciente de que cualquier método de crítica que trata de penetrar en los motivos religiosos de un pensador está en peligro de causar una reacción emocional y de ofender. Al trazar un tren filosófico de pensamiento hasta sus más profundos fundamentos religiosos, de ninguna manera estoy atacando personalmente a mis adversarios, ni tampoco me estoy exaltando a mí mismo en un estilo *ex cathedra*. Tal incomprensión de mi intención me causa mucha aflicción. Un acto de pasar juicio sobre la condición religiosa de un adversario sería una especie de orgullo humano que supone que se puede exaltar a sí mismo hasta el asiento de juez de Dios. Continuamente he enfatizado el hecho de que la filosofía que he desarrollado, incluso en la aguda y penetrante crítica que ejerce contra la filosofía cristiana de la inmanencia, permanece constantemente dentro del dominio de los *principios*. Deseo repudiar cualquier actitud científica autosatisfecha al confrontar la filosofía de la inmanencia. La crítica detallada de la filosofía humanista de la inmanencia, en la segunda parte del primer volumen, debe ser entendida como autocrítica, como un caso que el cristiano lleva *contra sí mismo*. A menos que se entienda este hecho, la intención de esta filosofía no ha sido comprendida. No debiera juzgar a la filosofía de la inmanencia tan agudamente si no fuera porque yo mismo he pasado a través de ella, y he experimentado sus problemas. No debiera juzgar tan agudamente los intentos de síntesis entre la filosofía no cristiana y las verdades cristianas de la fe si no hubiera vivido la tensión interna entre las dos y luchado personalmente a través de los intentos de síntesis.

Mi segunda observación es de un carácter más formal. Muchos han sido desalentados a estudiar esta nueva filosofía por su supuesta oscuridad y complejidad, y especialmente por su nueva terminología. Desean una forma popular que haga una apelación directa sin que ello requiera esfuerzo. A estas y similares objeciones no tengo sino una réplica qué hacer. Esta filosofía, de seguro, es difícil y complicada, precisamente porque rompe con muchas visiones filosóficas tradicionales. Aquel que las quiera hacer suya debe tratar de seguir paso a paso sus vueltas de pensamiento y penetrar detrás de la estructura teórica a la actitud religiosa básica de todo este modo de filosofar. Esta filosofía no abrirá su significado a aquellos que no estén dispuestos a liberarse de las visiones tradicionales de la realidad y de la epistemología, y que miren meramente a subsecciones aisladas del trabajo. Pero nadie puede deshacerse de esta visión ignorándola. Tan poco como el pensamiento cristiano puede aislarse en una actitud de negación hacia la filosofía no cristiana, puede la segunda adoptar tal actitud hacia esta tendencia de la filosofía cristiana.

Siempre ha sido una ley del conocimiento humano que la verdad se gana sólo en el conflicto de opiniones. Que el conflicto acerca de esta filosofía pueda ser llevado meramente en aras de la verdad, y así de una manera caballerosa.

No considero como una desventaja que esta filosofía no disfrute de un rápido y fácil éxito. Nadie menos que Kant declaró en el prólogo a su *Prolegomena zu einer jeden künftigen Metaphysik:* [*Prolegómenos a toda metafísica futura:*] "allein Popularität hatte ich meinem Vortrage (wie ich mir schmeichele) wohl geben können, wenn es mir nur darum zu tun gewesen wäre, einen Plan zu entwerfen und dessen Vollziehung andern anzupreisen, und mir nicht das Wohl der Wissenschaft, die mich so lange beschäftigt hielt, am Herzen gelegen hätte; denn übrigens gehörte viel Beharrlichkeit und auch selbst nicht wenig Selbstverläugnung dazu, die Anlockung einer früheren, günstigen Aufnahme der Aussicht auf einem zwar späten, aber dauerhaften Beifall nachzusetzen" [me autoelogio de que podría haber hecho popular mi exposición, si mi objeto hubiera sido meramente bosquejar un plan y dejar su completamiento a otros, en vez de tener mi corazón en el bien de la ciencia a la cual me he dedicado tanto; en verdad, requiere no poca constancia, e incluso autonegación, posponer las dulzuras de un éxito inmediato en aras del prospecto de una reputación más lenta pero más duradera].

Si la elaboración de la filosofía kantiana fue considerada digna de su autonegación, es ciertamente obvio que aquellos interesados en el fundamento cristiano del pensamiento teórico no deben ocuparse del éxito personal, que después de todo carece de valor. Más bien debieran estar dispuestos a sobrellevar un trabajo largo y difícil creyendo firmemente que algo permanente puede lograrse con respecto a la actualización de la idea concerniente a una reforma interna de la filosofía.

Pues, de hecho, la precaria y cambiante opinión de nuestros semejantes no es siquiera comparable con el gozo y la paz internos que acompañan al trabajo científico cuando está basado en Cristo, ¡quien es el camino, la verdad y la vida!

Amsterdam, 1935.   El autor.

PRÓLOGO A LA SEGUNDA EDICIÓN (LA INGLESA)

La primera edición (holandesa) de este trabajo, publicada en los años 1935 y 1936, ha estado agotada por mucho tiempo. Estoy contento de ver que tanto en los Países Bajos como en otros países el vivo interés manifestado en la filosofía expuesta en ésta ha requerido una segunda edición, esta vez en el idioma inglés. La nueva edición nos ha dado a mí y a los traductores muchos difíciles problemas que resolver.

Naturalmente, la evolución de mis concepciones no ha estado detenida desde 1936, de modo que en varios puntos se hacen inevitables importantes adiciones y alteraciones de largo alcance. Por otro lado, habiendo sido diseñado el libro como un todo rigurosamente autocontenido, no se había dejado sino poco espacio para esta revisión. Tuve que restringir los cambios a lo que fue absolutamente necesario, si es que no quería escribir un trabajo enteramente nuevo. La misma limitación se aplica también a la digestión de la literatura reciente sobre el tema. A pesar de todas estas restricciones, sin embargo, resultó ser inevitable incrementar considerablemente el volumen del trabajo original.

Los traductores se enfrentaron a grandes dificultades para vertir el fraseo y la inusual terminología del texto holandés en un inglés correcto y actual; tuvieron que permanecer en contacto conmigo todo el tiempo. Las dificultades más grandes, sin embargo, tendrán que ser superadas en los siguientes dos volúmenes, los cuales contienen la exposición positiva de la filosofía de la Idea cosmonómica. Les agradezco sinceramente por la devoción con la que han logrado la traducción del primer volumen ahora publicado. En estos agradecimientos quiero incluir especialmente al Sr H. de Jongste, quien será cotraductor, junto con el Sr. Freeman, de los volúmenes II y III, y quien elaborará el Índice de autores y temas tratados. Él ha participado activamente en la revisión del texto en inglés del primer volumen.

Finalmente, ofrezco mi más sincero agradecimiento en primer lugar a la *Nederlandse Organisatie voor Zuiver Wetenschappelijk Onderzoek* [*Organización Neerlandesa para la Investigación Científica Pura*], cuyo considerable apoyo en la forma de un subsidio ha hecho posible la edición revisada de este voluminoso trabajo; y en segundo lugar no menos a mis editores H. J. Paris de Amsterdam y *The Presbyterian and Reformed Publishing Company*, quienes asumieron riesgos sustanciales y han logrado un trabajo excelentemente producido.

Amsterdam, julio de 1953.   El autor.

PREFACIO DEL TRADUCTOR

Me complace haber podido traducir para el público de habla española este primer volumen de la magna obra del Dr. Herman Dooyeweerd, *A New Critique of Theoretical Thought*. Todo aquel que se tome el tiempo para seguir sus eruditos argumentos podrá constatar que es una obra extraordinaria, asombrosa, sin duda alguna una de las más importantes en la historia de la filosofía, y la más consistentemente cristiana de todas las que jamás se han escrito.

Es verdad que la primera versión de esta gran obra fue publicada en neerlandés, en 1935, con el título *De wijsbegeerte der wetsidee* (filosofía de la idea de la ley), que algunos han traducido como "filosofía de la idea cosmonómica" por su insistencia en ver el mundo como un cosmos ordenado conforme a leyes. Sin embargo, la traducción de David H. Freeman y William S. Young estuvo directamente supervisada por Dooyeweerd, quien agregó nuevos párrafos y correcciones al texto original, por lo que es posible considerar que *A New Critique of Theoretical Thought* es en realidad la versión final autorizada de su *opus magnum*. Ello justifica que la traducción se haga directamente del inglés y no necesariamente del neerlandés pues además, en rigor, *De wijsbegeerte der wetsidee* no es exactamente la versión final.

El estilo personal de escritura filosófica de Dooyeweerd es "continental", bastante diferente del analítico anglosajón y

más parecido al del idealismo alemán. Por ejemplo, su crucial concepto de significado, *zin* en neerlandés, *meaning* en
inglés, se aparta notablemente del uso anglosajón, el cual
usualmente se refiere al significado *lingüístico*. Para Dooyeweerd el significado no es primariamente lingüístico, sino
que es un modo de ser de todo lo creado. Es el modo de ser
de todo aquello que no es autosubsistente y que, por lo mismo refiere, remite o dirige al pensamiento hacia un origen
distinto de sí mismo: los entes apuntan hacia algo diferente de ellos mismos, su origen, y por ello son significantes.
Cuando Dooyeweerd dice que los entes son significado lo
que quiere decir, pues, es que se presentan a la mente como indicadores contingentes que apuntan a una realidad
diferente de ellos mismos cuando la mente humana inevita-
blemente los considera desde el punto de vista de su subsistencia.

Todo lo que existe en nuestro cosmos o universo, según
Dooyeweerd, es significado, pero los motivos religiosos que
han dominado la cultura occidental (todas las culturas, pero
Dooyeweerd sólo trata de la occidental) surgen de podero-
sas creencias concernientes al origen de la realidad creada.
En este volumen el lector verá desfilar ante sí los motivos
forma-materia de la Antigüedad Griega, la síntesis medieval
con su motivo naturaleza-gracia, y el moderno motivo humanista naturaleza-libertad, caracterizado por dos ideales en
conflicto: el ideal matemático de la ciencia con su impulso
al control de la naturaleza, y el ideal de la personalidad, con
su exaltación de la autonomía de la voluntad.

Con particular agudeza nos muestra Dooyeweerd su magistral método de análisis filosófico exhibiendo la dialéctica
del motivo religioso humanista desde Descartes hasta su fi-

nal degradación en la obra de Fichte, la cual abre la puerta al nihilismo y el desarraigo religioso. Desde el ideal de la ciencia matemática de Descartes y Leibniz hasta el idealismo absoluto de Fichte, el cual exalta el ideal de la personalidad, vemos a los grandes filósofos de la modernidad, impulsados por el motivo humanista, tratar de resolver la antinomia que aflige al humanismo originado en el Renacimiento y que ha dominado el pensamiento filosófico y la cultura de Occidente durante siglos.

En el segundo volumen de esta obra, Dooyeweerd presenta su concepción positiva de las modalidades de la experiencia, su teoría ontológica del lado nómico de la realidad. En el tercer volumen presenta su teoría de las estructuras de individualidad, las particulares estructuras nómicas de propiedades que determinan la naturaleza de los entes, tanto naturales como artificiales, pero sobre todo la de las estructuras sociales, como la familia, la iglesia y el Estado. Es nuestra intención, la de Paideia Press y la de quien esto escribe, continuar la traducción de esta magna obra hasta completarla.

Es mi deseo que este trabajo sirva para la edificación del Pueblo de Dios de habla española, pero sobre todo para la gloria y alabanza de Jesucristo, Rey de reyes y Señor de señores.

Soli Deo gloria
Adolfo García de la Sienra
Coatepec, Veracruz, marzo de 2020

CONTENIDO

CAPÍTULO II. FILOSOFÍA Y COSMOVISIÓN

CAPÍTULO II. EL IDEAL DE LA PERSONALIDAD
Y EL IDEAL DE LA CIENCIA NATURAL EN
LOS PRIMEROS TIPOS DE SU MUTUA TENSIÓN
POLAR BAJO LA PRIMACÍA DEL PRIMERO

§1 EL TIPO NATURALISTA-MONISTA Y EL TIPO DUALISTA DE
LA IDEA BÁSICA TRASCENDENTAL BAJO LA PRIMACÍA DEL
IDEAL DE LA CIENCIA. SU CONEXIÓN CON LAS
CONCEPCIONES PESIMISTA Y SEMIPESIMISTA DE LA VIDA
317

CAPÍTULO III. EL IDEAL DE LA PERSONALIDAD
Y EL IDEAL DE LA CIENCIA EN LA TRANSICIÓN
CRÍTICA HACIA LA PRIMACÍA DEL IDEAL
DE LA PERSONALIDAD

CAPÍTULO IV

LA LÍNEA DE DEMARCACIÓN ENTRE LOS IDEALES DE LA CIENCIA Y DE LA PERSONALIDAD EN KANT. EL TIPO IDEALISTA DUALISTA (CRÍTICO) DE IDEA BÁSICA TRASCENDENTAL BAJO LA PRIMACÍA DEL IDEAL HUMANISTA DE LA PERSONALIDAD

CAPÍTULO V. LA TENSIÓN ENTRE EL IDEAL
DE LA CIENCIA Y EL DE LA PERSONALIDAD
EN LA FILOSOFÍA DE LA IDENTIDAD DEL
IDEALISMO POSTKANTIANO DE LA LIBERTAD

PARTE III. CONCLUSIÓN Y TRANSICIÓN AL DESARROLLO DE LOS CONTENIDOS POSITIVOS DE LA FILOSOFÍA DE LA IDEA COSMONÓMICA

CAPÍTULO I. LOS PUNTOS DE VISTA ANTITÉTICOS Y SINTÉTICOS EN EL PENSAMIENTO CRISTIANO

PARTE I

PROLEGÓMENOS

INTRODUCCIÓN

LA PRIMERA VÍA DE UNA CRÍTICA TRASCENDENTAL DEL PENSAMIENTO FILOSÓFICO

Si yo considero la realidad tal y como está dada en la experiencia preteórica natural, y luego la confronto con un análisis teórico, a través del cual la realidad parece partirse en varios aspectos modales,[1] entonces lo primero que me impacta es la *interrelación indisoluble* original entre estos aspectos que son distinguidos explícitamente por primera vez en la actitud teórica de la mente. Una indisoluble coherencia interna vincula al aspecto numérico con el espacial, al segundo con el aspecto del movimiento matemático, al aspecto del movimiento con el de la energía física, el cual es la base necesaria del aspecto de la vida orgánica. El aspec-

---

[1] Aquí la referencia es a las modalidades universales fundamentales del ser temporal que no se refieren al "qué" concreto de las cosas o eventos, sino que son solamente los diferentes modos del "cómo" universal que determina los aspectos de nuestra visión teórica de la realidad. Por ejemplo, el aspecto histórico de la realidad temporal no es en lo absoluto idéntico a lo que de hecho sucedió en el pasado. Más bien, es el particular modo de ser que determina la visión histórica de los eventos reales en la sociedad humana. Estos eventos tienen desde luego muchos más aspectos modales que el histórico. No existe una realidad puramente histórica. Lo mismo vale para todos los otros aspectos modales.

3

to de la vida orgánica tiene una conexión interna con el del sentimiento síquico, el segundo se refiere en su anticipación lógica (el sentimiento de corrección o incorrección lógica) al aspecto lógico analítico. Éste a su vez está conectado con el aspecto histórico, el lingüístico, el de interrelación social; con los aspectos económico, estético, diquético,* moral y el de la fe. En esta coherencia cósmica intermodal ningún aspecto se sostiene por sí mismo; cada uno se refiere en su interior y más allá de sí a todos los otros.

La coherencia de todos los aspectos modales de nuestro cosmos *encuentra su expresión en cada uno* de ellos, y también *apunta más allá* de sus propios límites hacia una totalidad central, la que a su vez es expresada en esta coherencia.[1]

Nuestro ego se expresa como una totalidad en la coherencia de todas sus funciones dentro de todos los aspectos modales de la realidad cósmica. Y el hombre, cuyo ego se expresa en la coherencia de todas sus funciones modales temporales, fue creado por Dios como la *expresión* de su imagen.[2]

---

* Diquético de *diké*, que significa justicia en griego. Se trata del aspecto relativo a la justicia. [N. del T.].

[1] Veremos en lo subsecuente por qué esta totalidad más profunda necesariamente trasciende la coherencia mutua de todos los aspectos modales de la realidad temporal, así como nuestra ipseidad trasciende la coherencia de sus funciones en estos aspectos.

[2] Ésta fue borrada cuando el hombre intentó ser algo *en sí mismo*. *Cfr.* el espléndido pronunciamiento en la *Épitre à tous amateurs de Jésus Christ* escrita por Calvino en 1535 (ed. Pannier, París, 1929, p. 36): "Car il lavoit formé à son image et semblance, telleme(n)t que la lumière de sa gloire reluysoit clairement en lui ...Mais le malheureux voulant estre q(uel)que chose en soymesme ...son image et semblance en estoit effacée...". [Puesto que tenía forma a su imagen y semejanza, a tal punto

El significado como el modo de ser de todo lo que está siendo

Este carácter universal del *referir* y *expresar,* que es propio de nuestro entero cosmos creado, estampa a la realidad creada como *significado,* de acuerdo con su naturaleza dependiente y no autosuficiente. *Significado* es el *ser* de todo lo que ha sido *creado* e incluso la naturaleza de nuestra ipseidad. Tiene una *raíz religiosa* y un *origen divino.*

Ahora bien, la filosofía debiera equiparnos con una profunda visión de la coherencia intermodal de todos los aspectos del mundo temporal. La filosofía debiera hacernos conscientes de que esta coherencia es una coherencia de *significado que se refiere a una totalidad.* Hemos sido acomodados en esta coherencia de significado con todas nuestras funciones modales, las que incluyen tanto las así llamadas 'naturales' como las así llamadas 'espirituales'. La filosofía debe dirigir la visión teórica de la totalidad sobre nuestro cosmos y, dentro de los límites de su posibilidad, responder a la pregunta '*Wie alles sich zum ganzen webt?*' [¿Cómo se entreteje todo para formar una totalidad?]

El pensamiento filosófico en su carácter propio, el cual nunca ha de ser ignorado sin impunidad, es pensamiento teórico dirigido a la *totalidad de significado* de nuestro cosmos temporal.

Estas sencillas tesis introductorias contienen en sí mismas el entero complejo de problemas involucrados en una discusión de la posibilidad de la filosofía genuina.

---

que la luz de su gloria relucía claramente en él. Pero, al desear el infeliz ser alguna cosa en sí mismo, su imagen y semejanza fue borrada].

El pensar filosófico es una actividad real; y solamente a costa de esta misma realidad (y entonces meramente como un concepto teórico) puede ser abstraído del pensar mismo. Esta abstracción del ego real entero que piensa puede ser necesaria para formular el concepto de pensamiento filosófico. Pero incluso en este acto de determinación conceptual es el ego el que realmente está haciendo la faena. Ese ego está realmente operando no meramente en su *pensamiento*, sino en *todas* las funciones en que se expresa dentro de la coherencia de nuestro mundo temporal. No hay ningún solo aspecto modal de nuestros cosmos en el cual no esté realmente funcionando. Tengo una función real en el aspecto modal del número, en el espacio, en el movimiento, en la energía física, en la vida orgánica, en el sentir síquico, en el pensamiento lógico, en el desarrollo histórico, en el lenguaje, en la interrelación social con mis semejantes, en la valoración económica, en la contemplación o la producción estética, en la esfera diquética, en la moralidad y en la fe. En este sistema completo de funciones modales de significado, soy yo el que permanece como el punto central de referencia y la unidad más profunda por encima de toda la diversidad modal de los diferentes aspectos de mi existencia temporal.

La dirección del pensamiento filosófico hacia la totalidad del significado implica la autorreflexión crítica

¿Puede entonces la filosofía —que debiera ser guiada por la idea de la totalidad de significado— ser en lo absoluto posible sin autorreflexión crítica? Evidentemente no. Una filosofía que no conduce a esta reflexión nunca desde el principio llega a estar dirigida a la *totalidad de significado* de nuestro cosmos. Γνῶθι σεαυτόν, "conócete a ti mismo", debe desde luego escribirse encima de los portales de la filosofía. Pero en esta misma exigencia de *auto*rreflexión crítica se encuentra el gran problema.

De seguro, el ego está realmente activo en su pensamiento filosófico, pero necesariamente trasciende el concepto filosófico. Pues, como aparecerá después, el yo es el *punto de concentración de todas* mis funciones cósmicas. Es una *totalidad* subjetiva que ni puede ser resuelta en pensamiento filosófico, ni en ninguna otra función, ni en una coherencia de funciones. Más bien *se halla en la base de* todos éstos como su presuposición. Sin determinación conceptual, sin embargo, no podemos pensar en un sentido teórico, y consecuentemente no podemos filosofar.

¿Cómo puede ser entonces posible la *auto*rreflexión, si no trasciende el concepto y consecuentemente los límites del pensamiento filosófico?

Parece haber, sin embargo, una salida a esta dificultad.

No tiene sentido requerir que el pensamiento filosófico exceda sus límites inmanentes para alcanzar la autorreflexión.

Si se concede que en el pensamiento filosófico el ego está activo cuando está de hecho pensando, se sigue que este pensamiento debe estar concentrado desde el principio en la ipseidad, sólo en tanto que ésta funciona en la esfera lógica como una subjetividad que ya no ha de ser eliminada. Este ego pensante es entonces el residuo de una eliminación metódica de todos aquellos momentos en el "yo individual" concreto funcionando en el "tiempo y el espacio" y al cual

puedo todavía convertir en un *Gegenstand** de la función subjetiva última del pensamiento.

La supuesta reducción de la ipseidad a un polo del pensamiento subjetivo inmanente

Aquello que permanece es un así llamado "sujeto lógico trascendental". Ya no tiene nada individual en sí mismo y no
trasciende los linderos de nuestra función lógica. Es concebido como un polo de pensamiento subjetivo, inmanente, en
oposición al cual la realidad experimentable entera retro-
cede hacia el contrapolo de la *Gegenständlichkeit* [calidad de
Gegenstand]. Como tal es considerado como un prerrequisito de todo el conocimiento teórico concreto. Pues todo
conocimiento está en última instancia relacionado con un
"Yo pienso" último. Y éste no es sino la unidad lógica última
de un sujeto epistemológico.

Sin embargo, al tomar conocimiento de este experimento de pensamiento, se nos aparece el fantasma del "bendi-
to Münchhausen". Pues, de hecho, el así llamado sujeto de
pensamiento lógico trascendental es aquí nuevamente abstraído del ego que está realmente operativo en su función
lógica. Está incluso aislado en el mayor grado de abstracción concebible, puesto que es el producto de un proceso
metódico de eliminación por el cual el pensador se imagina
que es capaz, en última instancia, de apartar la función de
pensamiento como una actividad autosuficiente.

---

* '*Gegenstand*' es una palabra alemana que significa, literamente, "lo que
está puesto en contraposición", si bien usualmente se traduce como "objeto". En la filosofía de Dooyeweerd es un término técnico que significa
lo que está opuesto a la función lógica del pensamiento. Debe distinguirse nítidamente del concepto dooyeweerdiano de objeto, el cual se define
más adelante. [N. del T.].

La trascendencia de nuestra ipseidad por encima del pensamiento teórico. El así llamado sujeto trascendental del pensamiento no puede ser autosuficiente como una abstracción teórica

Pero esta entera reducción del ego pensante a un supuesto "sujeto lógico trascendental", *llevada a cabo en el proceso de pensamiento,* sólo puede ser efectuada por la ipseidad. Esta última, la cual piensa teóricamente, no puede a su vez ser el *resultado de la abstracción formada por el pensamiento.* El "sujeto lógico trascendental", en el supuesto sentido de polo de pensamiento lógico subjetivo universal, no es en el análisis final sino el desnudo *concepto* de la unidad de pensamiento lógica subjetiva, el cual presupone el ego pensante. Además es un seudoconcepto, puesto que se supone que no es susceptible de análisis.

El pensamiento filosófico, sin embargo, no puede ser aislado en su función lógica subjetiva, pues no tiene *ipseidad* como mero pensamiento, como el así llamado *reines Denken* [pensamiento puro]. Toda realidad en el acto de pensar surge del ego, el cual trasciende el pensamiento. El "sujeto lógico trascendental" real permanece como una abstracción, producida por el ego pensante. Y es, más aun, *una abstracción asignificativa envuelta en contradicciones internas.* Pues la real función lógica del pensamiento nunca puede ser *"an sich"* [en sí]. Aparte del ego trascendente simplemente no es real, o más bien carece de existencia en lo absoluto.

La autorreflexión filosófica supone entonces en cualquier caso que nuestro ego, el cual trasciende los límites del pensamiento teórico, debiera dirigir su acto de pensamiento reflexivo hacia *sí mismo.* El pensamiento filosófico no retorna a sí mismo en el proceso de reflexión, sino que es el ego el que en el proceso de reflexión debiera retornar a sí mismo. Y este real retorno a uno mismo en el acto de pensamiento reflexivo debe finalmente trascender los límites del pensamiento filosófico, si es cierto que se ha de llegar a la deseada autorreflexión. Esta misma conclusión puede ser alcanzada por un camino diferente. Puede extraerse de la idea del pensamiento filosófico como un pensamiento teórico de la totalidad.

¿Cómo logra el pensamiento filosófico la idea de la totalidad de significado?

El carácter propio del pensamiento filosófico, como hemos dicho, nunca puede ser ignorado sin impunidad. El pensamiento filosófico es pensamiento teórico *dirigido* hacia la *totalidad de significado*.

Por lo tanto, debo primero dar a mi pensamiento una dirección fija en la *idea* de la totalidad de significado.

Si esta *idea** no ha de permanecer completamente sin contenido, si ha de tener éxito en mostrar una dirección a mi pensamiento filosófico, entonces debe ser posible que yo, quien va a practicar la filosofía, *escoja mi posición en esta totalidad de significado de nuestro cosmos temporal*. Pues, a menos que tal posición pueda ser encontrada, la segunda permanecerá como algo extraño para mí. En mi ipseidad central debo participar en la totalidad de significado si es que debo tener la *idea* de la misma en mi pensamiento filosófico.

Hablando figurativamente: En el proceso de dirigir mi pensamiento filosófico en la idea hacia la totalidad de sig-

---

* El término 'idea' es utilizado por Dooyeweerd en un sentido muy similar al del término kantiano de *Grenz-Begriff* o concepto límite, es decir, un concepto que se refiere a una totalidad que no es comprendida en el concepto mismo. *Cfr. Crítica de la razón pura* A255-B311 [N. del T.].

nificado, debo ser capaz de ascender a una torre vigía por encima de toda la especialidad modal de significado que funciona dentro de la coherencia de los aspectos modales. Desde esta torre debo ser capaz de reconocer esta coherencia con toda la diversidad modal de significado incluída en ella. Aquí debo encontrar el punto de referencia con el cual debe ser relacionada esta diversidad modal, y al cual debo retornar en el proceso de pensamiento reflexivo. En otras palabras, si no he de perderme en la especialidad modal de significado durante el curso del pensamiento filosófico, debo ser capaz de encontrar una posición que trascienda los aspectos modales especiales. *Sólo trascendiendo la especialidad de significado puedo alcanzar la visión efectiva de totalidad por la cual la primera ha de ser distinguida como tal.*

El punto arquimediano de la filosofía y la tendencia del pensamiento filosófico hacia el Origen

Llamamos *punto arquimediano de la filosofía* a este punto fijo sólo a partir del cual, en el curso del pensamiento filosófico, somos capaces de formar la idea de la totalidad del significado.

Sin embargo, si hemos encontrado este punto arquimediano, nuestra ipseidad hace el descubrimiento de que la visión de la totalidad no es posible aparte de una visión del origen o ἀρχή tanto de la totalidad como de la especialidad del significado.

La totalidad, en la cual se supone que participa nuestra ipseidad, puede desde luego trascender toda especialidad de significado en la coherencia de su diversidad. No obstante la misma, en último análisis, permanece siendo *significado,* el cual no puede existir por sí mismo, sino que supone un ἀρχή, un *Origen que crea significado.*

Todo significado es *desde, a través de,* y *hacia* un origen, el cual ya no puede ser relacionado con un ἀρχή más alto.

La relatividad genética del significado, el hecho de que no es autosuficiente, yace en su mismo carácter. Y si es imposible que el pensamiento filosófico sea algo diferente del pensamiento teórico dirigido a la totalidad de significado de nuestro cosmos, entonces nuestra dirección hacia el ἀρχή está necesariamente incluída en su tendencia hacia la totalidad.

Todo pensamiento filosófico genuino ha por ende empezado como pensamiento dirigido hacia el origen de nuestro cosmos. Desde el principio, la filosofía no cristiana buscó este origen dentro del reino del significado mismo, aunque le dio muchos nombres exaltados.

Sin embargo, por el momento no me ocupo de este hecho. Mi única preocupación en este momento es ubicar en primer plano la tendencia genética básica del pensamiento filosófico como pensamiento *dirigido hacia el origen.*

La introducción de la pregunta crítica relativa a los límites de nuestro conocimiento sería prematura en esta etapa. El problema epistemológico: "¿Cuáles son los límites de nuestro conocimiento?" presupone, de hecho, alguna penetración en el significado del conocimiento como algo necesariamente relacionado con el ego. En tanto que esta penetración no haya sido conseguida, la apelación a la investigación epistemológica es prematura; puede aparentemente desterrar del pensamiento filosófico, del todo, la tendencia genética básica, pero este veredicto no puede ser definitivo.

La oposición entre el así llamado método crítico y el génetico es terminológicamente confundidor porque su sentido no está claramente definido

Pues la tendencia básica mencionada arriba es tan esencial a la filosofía que hace su aparición en el corazón de todas las preguntas epistemológicas. En su referencia a las *condiciones a priori* de todo conocer humano, la pregunta crítica de cómo es posible el conocimiento universalmente válido de nuestro cosmos puede necesitar ser nítidamente distinguida de todas las preguntas relacionadas con los momentos no *a priori* de nuestro conocimiento. No obstante, es terminológicamente confundidor en un alto grado hablar de un modo de pensamiento *crítico* en oposición a uno *genético*, como es usual en ciertas corrientes de la filosofía neokantiana.

Pues la pregunta crítica, después de un poco de reflexión, necesariamente conduce a la genética: ¿Cuál es el *origen* de nuestro conocimiento y de la realidad cognoscible?[1]

Lo único que importa es la pregunta acerca del significado del problema genético, y no tarda más el planteamiento de esta pregunta que el verse que implica el problema de cómo es en lo absoluto posible una teoría del conocimiento.

El *significado*, como dijimos, constantemente apunta *hacia afuera* y *más allá* de sí mismo hacia un origen que es él mismo ya no más *significado*. Permanece dentro de los límites de lo *relativo*. El verdadero *Origen*, por el contrario, ¡es *absoluto* y *autosuficiente*!

---

[1] La escuela "crítica" de Marburgo, por ejemplo, incluso habla de un origen del ser en un sentido *lógico trascendental*. "Nur das Denken kann erzeugen, was als Sein gelten darf" ["Solamente lo que el pensamiento puede generar vale como ser"] (Cohen).

Supóngase ahora que una o más de nuestras funciones cognitivas en su estructura apriorística es desde el principio teóricamente *considerada como independiente,* i.e. pensada aparte de toda *determinación* ulterior posible (como lo hace cierta tendencia idealista de pensamiento filosófico falsamente llamada 'crítica'). En ese caso estas funciones son necesariamente elevadas al papel de origen *a priori* de nuestro cognoscible cosmos.

Si el pensamiento filosófico se detiene en este supuesto ἀρχή, la pregunta relativa al *significado de nuestro conocimiento* es automáticamente evitada. Pues el ἀρχή es *trascendente* con respecto a todo significado. En este caso, el *cosmos cognoscible* deriva su significado más bien de la estructura *a priori* supuestamente autosuficiente de las funciones cognitivas.

En esta etapa de las preguntas preliminares fundamentales que conciernen al *fundamento de la filosofía*, el pensamiento filosófico ha venido a descansar en el pretendido origen de todo significado cognoscible.

Así, por ejemplo, desde la posición de la escuela neokantiana de Marburgo, no tiene sentido inquirir por el origen del significado lógico trascendental, en el cual esta filosofía supone que puede entender la totalidad de la realidad cósmica. De acuerdo con ella, el mismo *origen* de nuestro mundo cognoscible es lógico trascendental en su naturaleza. Así, ¡la realidad deriva todo su posible significado del pensamiento lógico trascendental!

Si, sin embargo, el pensador *no* encuentra descanso en el significado lógico, es necesariamente conducido más allá hacia las preguntas filosóficas preliminares. Resulta que el pretendido ἀρχή no es el verdadero origen, sino que existe más bien como significado que apunta más allá de sí mismo hacia su verdadero origen.

El pensamiento no descansará en las preguntas filosóficas preliminares, hasta que el ἀρχή sea descubierto, solamente el cual da significado y existencia al pensamiento filosófico mismo.

El pensamiento filosófico mismo no puede apartarse de esta tendencia hacia el origen.

Es una inmanente conformidad con la ley el que no encuentre descanso en el *significado*, sino que piense desde y hacia el *origen* al cual el significado debe su fundamento y existencia. Solamente después de que el planteamiento de las preguntas ha dejado de ser significativo, alcanza el pensamiento filosófico el Origen y se pone a reposar.

La inquietud del significado en la tendencia del pensamiento filosófico hacia el Origen

Esta inquietud se manifiesta en la *tendencia* del pensamiento filosófico a moverse *hacia el origen*. Es esencialmente la inquietud de nuestro ego la que está realmente operativa en el pensamiento filosófico. Surge de nuestra propia ipseidad, de la raíz de nuestra existencia. Esta inquietud es transmitida de la ipseidad a todas las funciones temporales en las cuales este ego está realmente operante.

¡Inquietum est cor *nostrum et mundus in corde nostro!*

Nuestra ipseidad está realmente operante en el pensamiento filosófico. Tan ciertamente como que la reflexión filosófica es imposible aparte de la dirección hacia el ego, así requiere ser dirigida hacia el ἀρχή de nuestra ipseidad y de la totalidad de significado. El ego debe participar en esta totalidad si es que el pensamiento genuino en términos de totalidad ha de ser posible.

El pensamiento filosófico como tal deriva su realidad del ego. El segundo inquietamente busca su origen para poder entender su propio significado, y en su propio significado el significado de nuestro cosmos entero.

Es esta tendencia hacia el origen la que descubre el hecho de que nuestro ego está sujeto a una *ley* central. Esta ley deriva su plenitud de significado del origen de todas las cosas *y limita y determina el centro y raíz de nuestra existencia.*

Así, se descubre desde el comienzo una presuposición doble del pensamiento filosófico. En primer lugar, el pensamiento filosófico presupone un *punto arquimediano* para el pensador, a partir del cual nuestro ego en la actividad filosófica del pensamiento puede dirigir su visión de la totalidad sobre la diversidad modal de significado. En segundo lugar, presupone una elección de posición en el punto arquimediano de cara al ἀρχή, el cual *trasciende todo significado* y en el cual nuestro ego viene a descansar en el proceso del pensamiento filosófico. Pues si se intenta ir más allá de este ἀρχή, ya no tiene ningún significado la formulación de ninguna pregunta.

Los tres requerimientos que el punto arquimediano debe satisfacer

El punto arquimediano debe satisfacer estas tres condiciones: Primera: no puede divorciarse de nuestro propio *yo subjetivo*. Pues es nuestro ego el que está realmente operativo en el pensamiento filosófico. Y solamente en este centro de nuestra existencia podemos trascender la diversidad modal del significado.

Segunda: No puede divorciarse de la *ley* concéntrica de la existencia del ego. Sin esta ley el sujeto cae en el caos, o más bien en la *nada*. Sólo por esta ley es el ego *determinado* y *limitado*.

Tercera: Debe trascender toda la diversidad modal del significado y encontrarse en la totalidad y unidad radical de la segunda. Nuestro ego debe participar en esta totalidad, si es que ha de tener alguna idea de ella en el proceso del pensamiento filosófico.

La posición de la inmanencia en la filosofía

La concepción prevaleciente acepta la autosuficiencia del pensamiento filosófico en el logro de su tarea a pesar del hecho de que por lo demás existe una gran divergencia de opinión acerca de la naturaleza, tarea y métodos de la filosofía. Mientras que considera a esta autonomía de la razón como el alfa y el omega de la profundidad de visión filosófica, muchos pensadores están seguros de conceder la necesidad del punto arquimediano. Descartes en su *cogito* supuso que había encontrado el único punto fijo en el escepticismo metódico universal con respecto a toda la realidad presente en la experiencia. Desde este gran pensador la necesidad de un punto arquimediano ha sido reconocida generalmente por la filosofía moderna, por lo menos mientras ésta se da cuenta de la necesidad de la reflexión autocrítica. Pero la filosofía moderna tendrá que levantarse con toda su fuerza contra nuestra posición, la de que este punto arquimediano no puede buscarse en el pensamiento filosófico mismo. Con respecto al punto arquimediano de la filosofía, debe aferrarse a la posición de la inmanencia. Consecuentemente, rechaza todo apoyo que se encuentre en algo que trascienda los linderos inmanentes del pensamiento teórico como *tal*. A lo sumo estará de acuerdo en que −dentro del segundo− la intuición teórica (*Wesensschau*) es el fundamento último de la certeza filosófica.

Todo ataque a la posición de la inmanencia significará un ataque al carácter científico de la misma filosofía. O −en tanto que el mismo campo de la filosofía sea considerado como de un carácter supracientífico− será considerado como un ataque a la libertad del pensamiento filosófico.

La posición de la inmanencia no excluye en sí misma la así llamada vía metafísica hacia aquello que trasciende el pensamiento humano

La aceptación de la posición de la inmanencia por sí misma no implica en modo alguno el rechazo de la así llamada vía *metafísica* hacia aquello que trasciende el pensamiento *humano*. La filosofía de la inmanencia clásica estaba incluso enteramente basada en una *prima philosophia* metafísica.

Este camino metafísico hacia la totalidad del significado y el ἀρχή, al menos en las corrientes racionalistas, involucra el intento por traspasar los límites del pensamiento filosófico en la idea de un pensamiento deificado absoluto. Éste debiera de abarcar en sí mismo la plenitud del ser, debiera ser el νόησις νοησέως, el *intellectus archetypus* en un sentido puramente lógico.

En otras palabras, la vía racionalista metafísica hacia un ἀρχή que trasciende el pensamiento humano absolutiza la función lógica del pensamiento.

El pensamiento deificado, el νόησις νοησέως, se convierte en el ἀρχή; el pensamiento humano, en su supuesta participación en la razón divina, es entendido como el punto arquimediano. Se busca la totalidad del significado en el sistema de las ideas inmanentes en el pensamiento.

La posición de la inmanencia, sin embargo, no necesariamente implica una creencia en la autosuficiencia de la función lógica del pensamiento humano, *en contraposición con el resto de las funciones inmanentes de la consciencia.*

El ya viejo desarrollo de la filosofía de la inmanencia despliega los más divergentes matices. Varía desde el racionalismo metafísico hasta el moderno positivismo lógico y la filosofía irracionalista de la vida. Se revela también en la forma del existencialismo moderno. Éste ha roto con el *cogito* cartesiano (racionalista) como punto arquimediano y lo ha reemplazado con el pensamiento existencialista, concebido en un sentido histórico subjetivista inmanente.[1]

Empleamos el término filosofía de la inmanencia en el sentido más amplio posible

Es así que no tomamos el término 'filosofía de la inmanencia' en el usual sentido estrecho de filosofía que ve toda la realidad como inmanente en la consciencia y ha roto todo puente entre las funciones de la consciencia humana y una extramental *Ding an sich.* Más bien lo tomamos en el amplio sentido de toda filosofía que busca su punto arquimediano en el pensamiento filosófico mismo, independientemente de su ulterior entendimiento de este último, ya sea en un sentido racionalista, irracionalista, metafísico, lógico trascendental, vitalista, sicológico o histórico.

Sobre esta posición, la tarea de la filosofía puede ser vista de modo más amplio o más estrecho. Existe así en la mo-

---

[1] Nos estamos refiriendo solamente a la filosofía *humanista* de la existencia.

derna filosofía de la inmanencia una corriente que enfatiza
el carácter puramente *teórico* de la indagación filosófica y reconoce que el teórico es meramente uno de los aspectos a
partir de los cuales podemos ver el cosmos, *incluso aunque
sea el único desde el cual podemos realmente captarlo en la visión
de la totalidad.*

Al lado del cosmos teórico se reconocen los "mundos"
religioso, estético, moral, y otros "mundos" ateóricos. A la
filosofía se le niega expresamente el derecho a reclamar el
monopolio del valor para su "cosmos teórico".

De la manera más poderosa, no obstante, trae a primer
plano esta escuela de filosofía la autosuficiencia del pensamiento "trascendental" como punto arquimediano para la
filosofía y al mismo tiempo como ἀρχή del "cosmos teórico".

El cosmos teórico, sobre esta posición, es realmente la
"creación" del pensamiento filosófico. Éste debe antes que
nada demoler metódicamente todo lo ateórico, dejando un
material de consciencia que ha de ser ordenado como un
cosmos en las formas creativas del pensamiento filosófico
(Rickert).

El filósofo de la inmanencia tiene la sincera convicción de
que el carácter *científico* del pensamiento filosófico sólo puede mantenerse en esta concepción de la filosofía. ¿Qué sería
de la "objetividad", de la "validez universal", de la controlabi-
lidad del pensamiento filosófico si la filosofía fuera a atarse
a presuposiciones que van más allá de sus propios linderos
inmanentes? Las concepciones religiosas y *weltanschauliche*
[relativas a la cosmovisión] pueden ser altamente respeta-
bles; desde luego, una filosofía que entiende sus límites se
guardará de atacarlos. Pero, dentro del dominio de la filosofía, sus aseveraciones no pueden ser reconocidas. Aquí no

es cuestión de creer en lo que excede "los límites de nuestra facultad cognitiva". Sino que es meramente una cuestión de verdad teórica objetiva, válida por igual para cualquiera que quiera pensar teóricamente.

Obsérvese la presencia en esta misma conexión del así llamado *postulado de neutralidad* con respecto a la convicción religiosa y la cosmovisión personal. Este postulado, sin embargo, no es en ningún sentido inherente a la posición de la inmanencia. Es aceptado sólo por aquellas corrientes en la filosofía de la inmanencia que niegan a ésta cualquier dominio sobre la vida personal.

Toda la agudeza que los propugnadores de esta postura tienen a su disposición es aplicada a la demostración de la corrección de este postulado de neutralidad. Cuando entremos luego en una discusión más especial de la relación de la filosofía con una cosmovisión, tendremos que enfrentarnos a dos de las más agudas de sus defensas, las de Heinrich Rickert y Theodor Litt.

La situación problemática interna de la posición de inmanencia

En esta introducción nos basta traer al primer plano *la naturaleza problemática interna de la posición de la inmanencia*. Bastará mostrar cómo la elección de esta posición no es posible a menos que sean realmente trascendidos los límites del pensamiento filosófico.

En este punto procedemos a partir de lo que aprendimos arriba como esencial al punto arquimediano de la filosofía. Éste último, como lo demostramos, debe ser elevado por encima de la diversidad modal de significado. Si el punto arquimediano mismo fuera encerrado en esta diversidad, entonces sería *per se* inapropiado como punto de referencia a partir del cual la visión de totalidad debe ser dirigida por encima de los diferentes aspectos modales de nuestro cosmos.

Más aun, el punto arquimediano, como observamos previamente, debe también trascender la *coherencia* en la diversidad de los aspectos modales. De esta tesis vamos ahora a rendir una explicación adicional.

Por qué la totalidad del significado no puede ser encontrada en la coherencia de los aspectos modales

¿Por qué la totalidad de significado no puede ser encontrada en la *coherencia inmanente* de significado entre los diferentes aspectos modales? Porque la *coherencia* inmanente entre todos los aspectos especiales de significado de nuestro cosmos carece en sí misma del punto de concentración interno en el cual estos últimos se encuentran en una unidad radical. Esta verdad se nos vuelve inmediatamente evidente en el acto de autorreflexión.

En esta introducción empezamos observando que nuestro ego se expresa en todos los aspectos modales de nuestra existencia. Esto es posible sólo porque los segundos encuentran su *punto de concentración* en el ego. Ahora el ego es elevado por encima de la diversidad modal de significado y es así *trascendente* con respecto a ella. Nuestra ipseidad no se integra con la coherencia mutua entre las funciones que tenemos en el cosmos.

La diversidad modal de significado existe sólo en la coherencia de todos los aspectos modales, pero es la *expresión* de una totalidad de significación que a través del medio del tiempo es rota en una diversidad modal de aspectos.

La totalidad o plenitud de significado es el centro trascendente necesario donde, en su mutua coherencia, todos los aspectos modales convergen en la *unidad de dirección hacia el Origen*, hacia el ἀρχή de todo significado.

El punto arquimediano como punto de concentración para el pensamiento filosófico

Así, en conexión con lo precedente, el punto arquimediano de la filosofía debe ser verdaderamente el punto de concentración para el *pensamiento filosófico* y como tal debe trascender la diversidad modal de significado incluso en su coherencia. ¿Puede este punto de concentración ser encontrado en el pensamiento filosófico mismo? En otras palabras, podemos nosotros descubrir en alguna parte del pensamiento teórico un punto que realmente trascienda la diversidad modal de significado?

¿Satisface el así llamado sujeto trascendental del pensamiento los requerimientos para el punto arquimediano?

Con toda suerte de términos no analizados propiamente en su significado, se hace el intento de sugerirnos que poseemos tal unidad más allá de la diversidad de significado en el pensamiento filosófico. La "consciencia trascendental", el "*cogito* trascendental", la "unidad de la apercepción trascendental", el "ego lógico trascendental" y otras cosas por el estilo son concebidas como el polo subjetivo del pensamiento, con el cual el mundo empírico se relaciona como *Gegenstand*.

Esta unidad es pensada como una unidad lógica de la consciencia pensante que no implica ninguna multiplicidad o diversidad de momentos. En vez de ello, toda síntesis especial de una multiplicidad de percepciones debiera estar necesariamente relacionada con esta unidad.

Consecuentemente, la segunda debiera también trascender la coherencia de los aspectos modales. Pues, desde luego, esta coherencia intermodal de significado, también, presupone el sujeto trascendental del pensamiento como punto de referencia lógico central.

Sin embargo, este argumento descansa sobre un serio malentendido que es causado por la trampa escondida en la concepción del "*cogito* trascendental" mismo.

Pues éste desprecia el problema trascendental básico concerniente a la relación del ego con su función lógica de pensamiento.[1]

Puede ser cierto que yo mismo trasciendo la coherencia de todos los aspectos modales del significado, pero esto no es el caso para mi función lógica del pensamiento. La unidad del ego que piensa no puede ser de un carácter lógico trascendental. Pues el ego es el punto de concentración no

---

[1] 'Puro pensamiento trascendental' se toma siempre en un sentido lógico. Pues los otros aspectos modales del acto real del pensamiento teórico, p. ej. el síquico o el histórico, no satisfacen los requerimientos de "pensamiento puro" en el sentido en que aquí se toma. Sólo el aspecto lingüístico es usualmente comprehendido en él, pero en una concepción estricta de 'pensamiento puro' ese aspecto, también, debiera ser eliminado, porque no puede ser "puro" en el sentido atribuido a 'pensamiento reflexivo trascendental'. 'Significación lingüística', tomada en su significado modal, permanece siempre atada al tiempo y a la coherencia con los otros aspectos modales de la realidad temporal. Sólo reduciendo el aspecto lingüístico de significado a uno puramente lógico puede ser mantenido como perteneciente a un supuesto "pensamiento puro". Sin embargo, veremos que la misma función lógica de pensamiento no es nada sin la coherencia intermodal de significado.

sólo con respecto a mi función lógica, sino a todas mis funciones modales. La unidad lógica del sujeto pensante permanece como una unidad dentro de una multiplicidad de momentos. Pues el aspecto lógico junto con todos los otros aspectos está también atado a la coherencia intermodal de significado. Como mostraremos en detalle en un contexto posterior de nuestra investigación, esta coherencia se expresa en su propia estructura modal, y la segunda es la misma condición trascendental de nuestra función lógica de pensamiento. Consecuentemente, la función lógica del acto de pensamiento no trasciende la diversidad modal de significado, y por lo tanto debe carecer de esa unidad por encima de toda multiplicidad que caracteriza al ego central. Pero, se objetará, ¿no es la misma diversidad modal de significado a la vista un estado de cosas que es significativo sólo para el pensamiento que hace distinciones? Es así que puede ser cierto que la función lógica de pensamiento, en tanto que todavía es concebida como un aspecto de la realidad experimentada, está confinada a la diversidad de significado. Pero esto no demuestra que el sujeto de pensamiento lógico *trascendental* (entendido como el polo de pensamiento subjetivo último) sea incapaz de trascender la coherencia de los aspectos modales. Por el contrario, ¿no aparece justamente en este punto que toda diversidad modal de significado es irreversiblemente dependiente de este sujeto de pensamiento trascendental, y no aparece que con respecto al segundo podemos de hecho hablar de una *Transcendenz in der Immanenz*? [trascendencia en la inmanencia]. En esta juntura nos hemos desde luego aproximado a un punto muy fundamental en nuestra discusión con los adherentes de la así llamada posición de la inmanencia trascendental.

En la última objeción encontramos una nueva trampa que tenemos que exhibir cuidadosamente para que no nos atrape una y otra vez.

Debemos atribuir significado lógico al polo subjetivo de pensamiento bajo discusión en tanto que es concebido como una unidad *lógica* última de nuestra autoconsciencia pensante; y más precisamente, en tanto que es presentado como un polo lógico subjetivo del pensamiento *filosófico*, debemos atribuirle significado lógico *teórico*.

Ahora en la secuela demostraremos, con mayor detalle todavía, que en el pensamiento teórico estamos constantemente activos en una oposición de los aspectos no lógicos con el aspecto lógico del significado. Es a partir de esta misma oposición que nace el *problema* teórico.

La síntesis teórica supone la diversidad modal de significado de lo lógico y lo no lógico que es su opuesto

En este proceso de pensamiento teórico, caracterizado por su actitud antitética, toda formación correcta de conceptos y juicios descansa sobre una tajante distinción entre los diferentes aspectos del significado y sobre una síntesis del aspecto lógico con los aspectos no lógicos de nuestra experiencia que son convertidos en un *Gegenstand*.[1] Esta síntesis es en sí misma un problema básico de la filosofía.

Sin embargo, en todo caso supone la coherencia intermodal así como la diversidad modal de significado lógico y no lógico.

---

[1] Debemos observar que los aspectos modales de nuestra experiencia son al mismo tiempo los aspectos modales de *toda* realidad en su sentido empírico *integral*. La realidad empírica de ninguna manera se agota en percepciones sensoriales. Tendremos que volver a este punto en diferentes contextos posteriores.

Consecuentemente, el significado lógico del supuesto polo de pensamiento subjetivo es diferente de todos los aspectos no lógicos del significado. Pero al mismo tiempo esta embonado con los segundos en una *coherencia* indisoluble.

Ahora bien, hay una diversidad lógica que es inmanente al significado lógico del pensamiento, pero que no podría existir aparte de una diversidad de significado modal cósmica, dentro de la cual funciona el lado lógico mismo. Una discusión más minuciosa de este estado de cosas seguirá en un contexto posterior.

La trampa en la concepción del así llamado sujeto trascendental del pensamiento como punto arquimediano: diversidad cósmica de significado y diversidad en el significado lógico especial

La trampa en la última objeción hecha por los adherentes del logicismo trascendental consiste en la identificación de la diversidad cósmica del significado con la diversidad en su sentido lógico o analítico.

¿Cómo podría la fundamental diversidad modal del significado, a la cual la función lógica del pensamiento permanece necesariamente atada, ser ella misma de origen lógico? Si se tratara seriamente con esta suposición, se destruiría a sí misma desde el comienzo en la siguiente antinomia: la proclamación del significado lógico como el origen de la diversidad cósmica de significado equivale a la eliminación de la diversidad modal, y consecuentemente al abandono del pensamiento teórico mismo. Pues este sólo es posible sólo en el proceso de análisis y de la síntesis intermodal de significado. Esta consecuencia fue inferida por algunos sofistas a partir del logicismo de Parménides.

El así llamado sujeto trascendental del pensamiento no puede ser mantenido a menos que, desde el comienzo, la síntesis intermodal sea introducida en el aspecto lógico mismo. Pero, tan pronto como esto ocurre, el "sujeto de pensamiento lógico trascendental" es arrojado en medio de la diversidad modal de significado. Pues el análisis intermodal presupone la diversidad modal y la coherencia mutua de los aspectos lógicos y no lógicos del significado. ¿Consecuentemente, cómo podría darse un punto arquimediano dentro del pensamiento teórico?

Malentendido de la síntesis modal de significado como una lógico trascendental

El logicismo trascendental puede ser mantenido aparentemente sólo por un curioso *cambio de significado* que interpreta la síntesis verdaderamente intermodal como una así llamada lógico trascendental, como un acto de un sujeto trascendental de pensamiento que sería autosuficiente.

Lo que realmente sucede en esta primera elección de posición es una absolutización de la *función lógico trascendental* del pensamiento teórico y esta absolutización no ha de ser explicada en términos de una conclusión puramente teórica a partir de la naturaleza interna del pensamiento reflexivo mismo. Consecuentemente, ἀρχή y punto arquimediano coinciden en este logicismo trascendental.

La metafísica racionalista que distinguió ἀρχή y punto arquimediano absolutizó el aspecto lógico del pensamiento real sólo en el ἀρχή, considerado como *Intellectus Archetypus*.

El necesario trascender religioso en la elección de la posición de inmanencia

Debido a esta original elección de posición, se hace el intento de separar la función lógica del pensamiento teórico (ya sea sólo en el ἀρχή o en el ἀρχή y el punto arquimediano a la vez) de la coherencia intermodal de significado y de tratarla como independiente. *En la naturaleza del caso, esta elección no es el acto de un "sujeto trascendental del pensamiento", el cual es meramente un concepto abstracto. Es más bien el acto del yo pleno que trasciende la diversidad de los aspectos modales.*

Y es un acto *religioso*, justamente porque contiene una elección de posición *en el punto de concentración* de nuestra existencia, ante el Origen del significado.

En la elección de la posición de la inmanencia del modo arriba descrito, yo mismo elevo el pensamiento filosófico, sea en el sentido lógico trascendental o en el lógico metafísico, al *status* de ἀρχή del cosmos. Este ἀρχή es puesto como origen, más allá del cual nada significativo se puede preguntar más, y en mi visión ya no ocupa el modo de ser heterónomo que es el *significado*. Existe en y por sí mismo.

Esta elección de posición ante el ἀρχή trasciende el pensamiento filosófico, aunque en la naturaleza del caso no ocurre *aparte* de éste. Posee la plenitud de la ipseidad central, la plenitud del *corazón*. Es la primera concentración del pensamiento en una unidad de dirección. Es una toma de posición religiosa en un sentido idolátrico.

La proclamación de la autosuficiencia del pensamiento filosófico, incluso con la adición de "en su propio campo", es una absolutización del significado. No se pierde nada de su carácter idolátrico por razón de la prontitud del pensador para reconocer que el absolutizante κάτ' ἐξοχήν que lleva a cabo en el campo *teórico* no es en modo alguno el único demandante con derecho, sino que la filosofía debe permitir al hombre religioso, estético o moral plena libertad para servir otros dioses fuera del dominio teórico.

El filósofo que permite esta libertad al no teórico es, por así decirlo, teóricamente un *politeísta*. Le da pena proclamar al Dios teórico como el único verdadero. Pero, ¡dentro del templo de este Dios, ningún otro ha de ser adorado!

Es así que la primera vía de nuestra crítica del pensamiento teórico tiene por conclusión provisional: Incluso desde la posición de la inmanencia la elección de un punto arquimediano resulta ser imposible como un acto *puramente téorico* que no prejuzga nada en un sentido religioso.

En verdad, la ipseidad como la raíz religiosa de la existencia es el ejecutante escondido del instrumento del pensamiento filosófico. Sólo que es *invisible* sobre la base de la posición de la inmanencia.

En realidad, el pensamiento filosófico en sí mismo no nos ofrece un punto arquimediano, pues sólo puede funcionar en la coherencia cósmica de los diferentes aspectos del significado, a la cual por ningún lado trasciende.

Las ideas inmanentes de la coherencia intermodal de significado y de la totalidad de significado son conceptos trascendentales *límite*. Descubren el hecho de que el pensamiento teórico no es autosuficiente en el campo propio de la filosofía, un punto al que habremos de regresar en detalle.

No se encuentra ninguna otra posibilidad de trascender la coherencia intermodal y la diversidad modal de significado, excepto en la raíz religiosa de la existencia, a partir de la cual el pensamiento filosófico también tiene que recibir su dirección central.

CAPÍTULO I

LA CRÍTICA TRASCENDENTAL DEL PENSAMIENTO TEÓRICO Y LA SIGNIFICACIÓN CENTRAL DE LA IDEA BÁSICA PARA LA FILOSOFÍA

§1 EL PROBLEMA DEL TIEMPO

En nuestra Introducción argumentamos que ningún pensamiento filosófico es posible sin un punto de partida trascendente. Sostuvimos que incluso el filósofo que cree que puede encontrar tal punto en el pensamiento teórico mismo, a pesar de sus protestas en contrario, debe exceder los límites del pensamiento teórico para descubrir su verdadero punto arquimediano.[1]

---

[1] Rickert (*System der Philosophie*, p. 241) observa: "Gewisz zeigt das hete-rologische Princip" (en nuestro tren de pensamiento, el requerimiento de que *la diversidad modal de significado sea distinguida teóricamente*) "bei der Frage nach der letzten Welteinheit die *Grenze* unseres Denkens, aber gerade dadurcheröffnet ist uns zugleich die Möglichkeit, uns von seinen Fesseln zu befreien. Sind wir imstande, durch Denken die Grenze des Denkens *fest zu stellen*, so müssen wir auch imstande sein, diese *Grenze* zu überschreiten". [Es cierto que el principio heterológico marca los límites de nuestro pensamiento en el problema de la unidad última del mundo. Pero de esta manera crea la posibilidad de liberarnos al mismo tiempo de sus grilletes. Si somos capaces de determinar los linderos del pensamien-

31

Este apriori trasciende los límites inmanentes del pensamiento filosófico.

La concepción de Rickert de la autolimitación del pensamiento

Rickert, uno de los pensadores líderes de la escuela sudoccidental alemana de neokantianos, sostiene que nunca nos hacemos conscientes de los límites del pensamiento adoptando una posición más allá de éste y, mirando hacia abajo desde ese punto hacia el pensamiento, aprendiendo a conocer su limitación: "Tan pronto como estamos más allá del pensamiento, no sabemos nada".[1] Indudablemente correcto. Podemos inclusive ir más lejos y decir: es enteramente imposible para nosotros, en la realidad de nuestra autoconsciencia, estar más allá de nuestro pensamiento; pues, aparte

---

to a través del pensar, debemos ser capaces, también, de exceder estos límites].

Desde la *posición de inmanencia* esta conclusión contiene una contradicción manifiesta: ¡El pensamiento determina sus propios linderos y es por ello mismo capaz de exceder estos límites! ¿Puede bajo estas condiciones seguir siendo puro pensamiento trascendental? Es por ello vano distinguir con Rickert entre un pensamiento meramente "heterológico" y uno "monológico-heterológico", en el que el segundo excedería los límites del primero solo. Donde esta suerte de pensamiento monológico intenta autónomamente concebir la unidad del cosmos en el *significado* subjetivo que conecta "realidad" y "valor", excede los límites inmanentes de la actividad de pensamiento *qua talis*. Y se enreda en la antinomia que Rickert mismo honestamente exhibe en su pronunciamiento (*op. cit.*, p. 260): "So bringen wir das in einem Begriff, was wir streng genommen in *einem* Begriff *nicht* fassen können". [Así formamos un concepto de aquello que, estrictamente hablando, no puede ser contenido en un concepto].

[1] *System der Philosophie*, p. 247: "Sobald wir auszerhalb des Denkens sind, erkennen wir nichts".

del pensamiento, nuestra ipseidad humana no puede abrirse en la coherencia temporal de nuestro mundo. Pero Rickert al tratar de la posición de inmanencia carece de una
apreciación de la trascendencia de nuestra *ipseidad*. Y nuestra ipseidad, como hemos visto, nunca ha de ser eliminada
del acto de pensamiento.[1]

Ciertamente —si queremos aprehender los límites de nuestro pensamiento— debemos, mientras pensamos, llegar a
una idea teórica trascendental de los límites. Pero en esta
consideración no ha de suponerse, como lo hace Rickert,
que estos límites son puestos por el pensamiento. Ni pueden
los mismos ser conocidos por un pensamiento que estaría

---

[1] Véase también su ensayo: *Wissenschaftliche Philosophie und Weltanschauung* en *Logos*, Band XXII, Heft I (1933), pp. 56s: "Wer das, was er
als theoretische Erkenntnis der Welt in ihrer Ganzheit nicht nur logisch
zwingend zu begründen vermag, sondern es zugleichabzugrenzen gelernt
hat gegen die Lebensüberzeugungen, die seine auszerwissenschatfliche
Weltanschauung formen, der wird auf Grund seiner universalen Erkenntnis, die als Philosophie Notwendig auch den ganzen Menschen mit zum
"Gegenstande" macht, indem sie sich über ihn stellt zugleich am betset
einsehen, weshalb die auszerwissenchaftliche Stellungnahme zur Welt, so
lange sie nicht, wir die theoretische Wahrheit, den Anspruch auf Geltun
für alle erhebt, neben der wissenschaftlichen Philosophie unangefochten
bestehen bleiben kan" [Cualquiera que sea capaz no sólo de establecer
rigurosamente sobre un fundamento lógico aquello que ha aprendido
como conocimiento teórico del mundo en su totalidad, sino delimitarlo
al mismo tiempo de aquellas visiones de la vida que forman su visión no
científica del mundo, estará en una mejor posición para entender porqué
la actitud no científica hacia el mundo, en tanto que no pretenda validez
universal para todos, como la verdad teórica, puede mantenerse al lado
de la filosofía científica. Pues su conocimiento universal que como filosofía hace necesariamente al hombre entero también su objeto, trasciende
al hombre mismo].

abstraído de su raíz religiosa y de la coherencia intermodal del significado.

Después de que hallamos reconocido la necesidad de trascender, podemos avanzar otro paso.

El intento de la filosofía es darnos una profunda visión teórica de la coherencia de nuestro mundo temporal como una coherencia intermodal de significado. El pensamiento filosófico está atado a esta coherencia, sólo dentro de la cual tiene significado.

Es una coherencia *temporal.* El hombre la trasciende en su *ipseidad,* es verdad —pero dentro de esta coherencia existe en un *status de estar-universalmente-atado-al-tiempo.* El hombre está atado al tiempo junto con todas las criaturas que están acomodadas con él en el mismo orden temporal.

La inmanencia de todos los aspectos modales del significado en el tiempo

Como observamos en la Introducción, dentro de esta coherencia temporal la realidad despliega una gran diversidad de aspectos modales que son esencialmente modalidades del *significado* cósmico. Mencionamos los aspectos del número, el espacio, el movimiento, la energía, la vida orgánica, el sentimiento y la percepción sensorial, los aspectos lógico analítico e histórico, el aspecto de significación simbólica, el del trato social (gobernado por normas de moda, cortesía, ceremonia, etcétera), los aspectos económico, estético, diquético, moral y de la fe.

Este es un esquema preliminar muy burdo de las modalidades fundamentales del significado, aun no investigado en el refinado análisis teórico de sus estructuras modales. Pero puede servir como orientación provisional hacia la diversidad modal de nuestro cosmos temporal.

Todos estos aspectos modales están entretejidos entre sí en un orden cósmico del tiempo que garantiza su coherencia de significado. Como veremos más abajo, el *orden* del tiempo está necesariamente relacionado con la *duración* factual del tiempo. Y sólo esta correlación indisoluble de orden y duración puede ser llamada *tiempo cósmico*, a distinción de todos sus aspectos modales especiales. En ninguna parte trascendemos realmente este tiempo cósmico, excepto en el centro religioso de nuestra existencia. Ni en el *concepto* como su significado intencional, ni siquiera en la *idea trascendental* como concepto límite *qua talis*.

En la primera orientación hacia la diversidad modal de nuestro cosmos, nos vemos compelidos a poner esta concepción en contraste con la de la filosofía de la inmanencia. Pues, como consecuencia de este punto de partida, la segunda ha perdido la compenetración en el carácter intermodal universal del tiempo y en la coherencia de significado entre sus diferentes aspectos modales.

He tratado el problema del tiempo en detalle en un trabajo separado.[1] En la conexión presente bastarán algunas observaciones introductorias para preparar nuestras ulteriores investigaciones.

---

[1] *Het tijdsprobleem in de Wijsbegeerte der Wetsidee* [*El problema del tiempo en la filosofía de la idea cosmonómica*]. Este tratado está también publicado en la revista *Philosophia Reformata* (editor J. H. Kok, Kampen), año quinto, 1940, pp. 160ss y 193ss).

La influencia de los motivos básicos dialécticos sobre la concepción filosófica del tiempo

Aquí estoy obligado a anticipar por un momento los resultados de posteriores investigaciones críticas para poner en claro la influencia de los motivos fundamentales sobre la visión filosófica del tiempo desde la posición de la inmanencia.

Ya en el pensamiento clásico griego esta visión estaba enredada con un dilema falsamente planteado, *i.e.* si el tiempo tenía un carácter subjetivo mental o más bien uno objetivo físico. En el breve tratamiento que Aristóteles dedica a esta cuestión en su *Física* IV 10, 217b29, desarrolla la concepción de que el tiempo es la medida (el número o más bien la numerabilidad) del movimiento de acuerdo al ὕστερον καὶ πρότερον; el problema se plantea aquí en el marco del *motivo griego materia-forma*, cuyo carácter religioso dialéctico se explicará en un momento. De acuerdo con Aristóteles, el movimiento (que es tratado aquí exclusivamente en el sentido de cambio de lugar), es una lucha de la materia tras la forma y de la potencialidad a la actualidad. En tanto que no ha logrado su forma, es una pluralidad en flujo de lo anterior y lo posterior. Se halla sin unidad y consecuentemente sin ser en acto, porque el ser implica la unidad. La *psique*, sin embargo, puede unificar esta pluralidad en la síntesis subjetiva del acto de contar. Por lo tanto, el tiempo no puede realmente existir fuera del alma. ¿Tiene entonces, en el movimiento local de las cosas, sólo una existencia potencial en la pluralidad de las fases del antes y el después? La exposición de Aristóteles no proporciona una respuesta clara a esta pregunta.

Una visión muy diferente de la aristotélica fue encontrada en los antiguos filósofos naturalistas jonios. Mientras que

Aristóteles deificó el motivo forma al identificar la deidad con la Forma pura, los segundos, por el contrario, deificaron el motivo materia del siempre corriente Flujo de la vida que no se puede fijar en ninguna forma. El tiempo es visto aquí, especialmente en Anaximandro, como un orden divino de *diqué* que venga la injusticia de las cosas que se han originado en una forma individual, al disolver éstas en la materia pura y devolver todas las cosas a su Origen amorfo.

El dilema planteado por Aristóteles no podría surgir aquí, puesto que los pensadores jonios no distinguían entre las esferas física y mental. De acuerdo con ellos, la "materia" era animada. Aristóteles, por el contrario, sostuvo que la *psique* es la forma del cuerpo material y que la "materia" es sólo una potencialidad. No puede tener ser en acto sin una forma que garantice la unidad del ser.

Como consecuencia de la dialéctica interna del motivo forma-materia, la escolástica aristotélica medieval se partió también en tendencias diametralmente opuestas con respecto a su visión del tiempo. Alberto Magno, en su comentario a la *Física*, defendió una concepción objetiva física y le adscribió al movimiento de las cosas, independientemente del alma, una forma y estructura propias, en el así llamado *numerus formalis*.[1] Tomás de Aquino vira hacia la posición

---

[1] Albertus Magnus, *Physicorum* L. IV, tr. 3, c. 16: "Ad numerare tria exiguntur, scilicet *materia* numerata, et *numerus formalis*, et *anima* efficienter et formaliter *numerans*: ergo si non est anima adhuc numerus est secundum esse formale et secundum numerum numeratum; ergo, quo numeratur est duplex, scilicet quo numeratur efficienter, et quo numeratur formaliter". El tiempo es tal *numerus formalis*.

En los tiempos modernos se encuentra la misma concepción nuevamente en el neotomista P. Hoenen SJ, en su *Philosophie der anorganische*

sicológica subjetivista opuesta. En esto sigue a Agustín.[1] El
tiempo como medida numérica del movimiento sólo puede
tener existencia real en el alma, aunque Tomás concede que
tiene *fundamentum in re* en el movimiento de la materia.[2]

En la filosofía humanista moderna, el problema del tiempo es planteado en el marco del motivo fundamental de la
naturaleza y la libertad. Éste será sometido a una investigación
detallada en la segunda parte de este volumen.

La dialéctica interna de este motivo básico conduce al
pensamiento filosófico, desde el comienzo, hacia una concepción del tiempo orientada racionalistamente hacia el movimiento mecánico tal y como fue concebido por la física
clásica. Y subsecuentemente lo conduce hacia visión histórica irracionalista, vitalista, psicológica o histórica (dominada
por el motivo libertad). Aquí, también, uno pasa a través de
la oposición de las visiones objetivista y subjetivista.

En la *Crítica de la razón pura* de Kant el tiempo es visto como una forma de intuición trascendental de la experiencia
sensorial, en la cual las impresiones de la consciencia tanto objetivas físicas como subjetivas síquicas son ordenadas
en sucesión. El tiempo está coordinado aquí con el espacio
como la otra forma de intuición.

Natuur [Filosofía de la naturaleza inorgánica] Amberes y Nijmegen, 1940,
p. 284.

[1] Augustinus, *Confessiones* L. XI, 33: "Inde mihi vismum est nihil alium
esse tempus quam distentionem: sed cuius rei nescio, et mirum, si non
ipsius animae".

[2] Tomás, *De Instantibus*, cap. I, Opusc. XXXVI. *Cfr.* sobre este punto mi
tratado: *De idee der individualiteits-structuur en het Thomistisch substantie-begrip*
II [La idea de estructura de individualidad y el concepto tomista de sus-
tancia] (*Philosophia Reformata*, años 9 y 10, 1944/5, pp. 1ss.

En el siglo veinte, la discusión filosófica es puesta en movimiento una vez más por el desarrollo de la teoría de la relatividad de Einstein, la cual ve al tiempo como una cuarta dimensión del espacio-mundo físico (el sistema de orden (x, y, z, t)).

Bergson alega contra Einstein que en la teoría de la relatividad el tiempo es desnaturalizado al hacérsele una línea espacial. El "tiempo verdadero", de acuerdo con él, es la *duración síquica del sentimiento*, en la cual disfrutamos inmediatamente una experiencia viva de la libertad creativa del "élan vital" (inaccesible al pensamiento científico natural). Esta *durée* real es de un carácter síquico interno y carece de la uniformidad matemática de las partes sucesivas. Aquí todos los momentos se compenetran cualitativamente entre sí.

La *durée* síquica es, de acuerdo con Bergson, el tiempo *absoluto*.

La fenomenología moderna también habla del "tiempo verdadero" como un *Erlebnisstrom* [flujo de la experiencia], en oposición a la concepción objetivista del tiempo de la moderna ciencia natural matemática. Dilthey y Heidegger conciben el tiempo en un sentido histórico irracionalista, pero en Heidegger el tiempo histórico tiene un significado dialéctico existencial.

En todas estas discusiones filosóficas del tema nos impacta una y otra vez que el tiempo es inadvertidamente identificado con uno de sus aspectos modales o modalidades del significado. En tanto que el pensamiento filosófico proceda a partir de un motivo fundamental dialéctico, y esté atrapado en un dualismo religioso, queda excluida una concepción *integral* del tiempo.

El carácter integral del tiempo cósmico. La correlación del orden temporal y la duración, y la relación sujeto-objeto en la segunda

La idea del tiempo cósmico[1] constituye la base de la teoría filosófica de la realidad en este libro. Por virtud de su carácter integral puede decirse que es nueva.

De acuerdo con esta concepción, el tiempo en su sentido cósmico tiene un lado *cosmonómico* y uno *factual*. Su lado cosmonómico es el *orden* temporal de sucesión o simultaneidad. El lado factual es la *duración* factual, la cual difiere con las distintas individualidades.

Pero la *duración* permanece constantemente sujeta al *orden*. Así, por ejemplo, en el aspecto de la vida orgánica, el orden temporal del nacimiento, la maduración, la adultez, la vejez y la muerte vale para los organismos más altamente desarrollados.

La duración de la vida humana puede diferir considerablemente en diferentes individuos. Pero siempre permanece sujeta a este orden biótico del tiempo. Ningún hombre puede venir a este mundo como adulto. El orden temporal y la duración son correlatos uno del otro y por ello no pueden ser disociados. Consecuentemente, la oposición entre concepciones racionalistas e irracionalistas ha perdido su fundamento para nosotros. Pues las primeras absolutizan el lado cosmonómico del tiempo, mientras que las segundas el lado factual subjetivo.

La duración se automanifiesta por añadidura en una relación sujeto-objeto, la cual será sometida a un análisis deta-

---

[1] El término cósmico no puede ser entendido, por supuesto, en un sentido científico natural.

llado en los volúmenes II y III, y a la cual volveremos en un momento de un modo provisional.

Por el momento debemos estar satisfechos con la observación de que la duración *objetiva* nunca puede *realmente* existir independientemente de la *subjetiva* en la relación sujeto-objeto. Esto es de importancia esencial para el problema de la "medición del tiempo". Consecuentemente, la oposición polar entre las concepciones subjetivistas y las objetivistas también carece de significado desde nuestra posición.

Todas las estructuras de la realidad temporal son estructuras del tiempo cósmico

Debemos observar, por añadidura, que todas las estructuras básicas que habremos de descubrir en la realidad temporal en el curso de nuestra investigación (en los volúmenes II y III), las estructuras modales de los varios aspectos así como las típicas estructuras-totalidad de individualidad, están fundadas en el orden del tiempo cósmico. Son todas estructuras específicas del tiempo y como tales están necesariamente relacionadas con la duración factual de los transitorios seres, eventos, procesos, acciones, relaciones sociales, y demás.

La realidad empírica entera en su muy rica diversidad de estructuras está encerrada en y determinada por el tiempo cósmico universal. En cada uno de los aspectos modales éste se expresa en una modalidad específica de significado, tanto con respecto al orden temporal como a la duración.

Pero su carácter *cósmico* se automanifiesta precisamente en la indisoluble coherencia intermodal de significado en la cual acomoda a los aspectos modales.

De hecho veremos, en el segundo volumen de este trabajo, que los aspectos modales están ligados por el tiempo cósmico en un orden de antes y después, el cual se expresa en su misma estructura modal interna.

Este orden automanifiesta su carácter *temporal*, a saber en el *proceso de apertura* empírico de los aspectos modales de la realidad (a ser investigados mas acuciosamente en el volumen II). En este proceso llegan a desarrollarse momentos estructurales anticipatorios; y estos momentos manifiestan su coherencia interna de significado con los aspectos modales que se hallan posteriormente en el orden. El complejo de momentos estructurales anticipatorios no se encuentra, por ejemplo, en la todavía cerrada estructura del aspecto lógico tal y como lo descubrimos en la actitud preteórica del pensamiento. Los momentos estructurales anticipatorios encuentran expresión dentro de este aspecto sólo en la actitud teórica de pensamiento. Sólo en la segunda se manifiesta la conexión interna con los aspectos histórico, lingüístico, económico, y posteriores. Así —para dar otro ejemplo— en un orden diquético primitivo cerrado, la conexión anticipatoria con la moralidad está ausente —tal y como se expresa en los principios de equidad, buena fe, buena moral, castigo acorde con la culpa, etcétera.

El proceso de apertura aquí referido tiene *duración temporal* y ocurre conforme al orden temporal intermodal de los aspectos. Entraremos en todos esos puntos en detalle en el volumen II.

La idea trascendental y los conceptos modales del tiempo. El aspecto lógico del orden temporal y la duración

Podemos formar un concepto teórico de los *aspectos* modales del tiempo separados. Pero el tiempo mismo, en su significado cósmico omniabarcante, nunca puede ser comprendido en un concepto porque sólo aquel hace posibles los conceptos. Sólo puede ser *aproximado,* mediante un *concepto límite* teórico, en la reflexión autocrítica como el presupuesto necesario de la actitud teórica del pensamiento. Podemos entonces obtener una idea trascendental del orden cósmico del tiempo en la discontinuidad teórica de sus diferentes aspectos modales. Esta discontinuidad es causada por el análisis lógico.

En el aspecto lógico o analítico mismo el tiempo cósmico manifiesta un *sentido modal analítico.*

El orden lógico de la simultaneidad, y de lo prior y lo posterior, es un aspecto modal del orden integral del tiempo tanto como lo es el físico. Tiene significado sólo dentro del orden cósmico del tiempo en la coherencia de *todos* sus aspectos modales. Por lo tanto, no tiene sentido poner al prior y posterior lógicos en oposición al antes y después *temporal,* como si el primero no tuviera un significado auténtico como aspecto del tiempo.

El concepto teórico conjunta en simultaneidad lógica las características analizadas de aquello que está definido en el mismo. Es de este modo sujetado a los principios lógicos de identidad y contradicción, los cuales dan expresión al orden temporal analítico (normativo) de simultaneidad en el sentido de implicación y exclusión lógicas. Del mismo modo, el movimiento lógico teórico de pensamiento sigue el orden analítico temporal de prior y posterior (las premisas son lógicamente priores a la conclusión), como estando sujeto al principio de razón suficiente.[1]

---

[1] El movimiento lógico de pensamiento tiene duración subjetiva en el acto real de pensamiento, y está sujeto al orden lógico de *prius et posterius* con respecto al aspecto lógico de este acto. Desde el lado de los sicolo-

En ningún lado, por ende tampoco en el aspecto lógico, ofrece el tiempo cósmico en sí mismo un punto de concentración que pudiera servir como punto de partida para el pensamiento filosófico.

En el tiempo el significado se rompe en una diversidad incalculable, la cual sólo puede llegar a una unidad *radical* en el centro religioso de la existencia humana. Pues ésta es la única esfera de nuestra conciencia en la cual podemos trascender el tiempo.[1]

---

gistas se objeta que el proceso de concluir lógico no sigue explícitamente el orden lógico de prior y posterior. Sin embargo, al menos no ha de dudarse que lo hace cuando extraemos una inferencia silogística en forma lógico teórica. Esto sólo es posible en un acto real de pensamiento teórico, el cual manifiesta explícitamente el aspecto lógico del tiempo que está presente sólo implícitamente en las conclusiones lógicas preteóricas y que tiene también un aspecto lógico de duración. Debe observarse que el orden lógico de sucesión difiere fundamentalmente del de movimiento matemático en su sentido modal original. Pues en la sucesión analítica de pensamiento las primeras etapas no desaparecen porque la inferencia implica sus premisas. Además, el orden analítico de prior y posterior es normativo, el que debiera seguirse en un silogismo lógico teórico si es que la inferencia ha de ser correcta.

[1] Se me ha vuelto aparente que algunos adherentes de mi filosofía son incapaces de seguirme en esta concepción integral del tiempo cósmico y su relación con el punto de concentración del pensamiento filosófico.

Algunos buscan el punto de concentración de la existencia humana *en* el tiempo y suponen que este centro religioso debe ser ciertamente prefuncional pero no supratemporal.

Pero al menos dentro del horizonte del tiempo *cósmico* no tenemos experiencia particular de algo "prefuncional", *i.e.* de algo que trascendería la diversidad modal de los aspectos. Ganamos esta experiencia sólo en la concentración religiosa de la raíz de nuestra existencia sobre el Origen absoluto. En esta concentración trascendemos el tiempo cósmico. ¿Cómo podría el hombre dirigirse hacia las cosas eternas si la eternidad no hu-

Sólo a partir de este punto de concentración supratemporal estamos en posición de obtener una verdadera noción

biera sido "puesta en su corazón"? [Eclesiastés 3:11] Incluso la idolátrica
absolutización de lo temporal no puede ser explicada desde el horizonte
temporal de la existencia humana. Pues ésta por ningún lado proporciona un punto de contacto para una idea de lo absoluto, a menos que esté
relacionada a priori con lo supratemporal. Este acto de concentración
presupone un punto de partida supratemporal en nuestra conciencia.

Esto no es decir, sin embargo, que el centro religioso de la existencia
humana se encuentre en una inmovilidad rígida y estática. Esa es una idea
metafísica griega de supratemporalidad. Encontró, por ejemplo, tajante
expresión en la concepción de Parménides de la forma de ser divina
eterna y en la concepción original de Platón del mundo trascendental
de las εἰδέ y del alma inmortal, encerrada enteramente en la forma pura
de pensamiento teórico (*Cfr.* el *Fedón* de Platón).

En el caso del fundador de la escuela eleática, esta concepción se originó en una absolutización del aspecto modal espacial, un aspecto ligado
al horizonte del tiempo. El ser eterno, que no se genera ni se corrompe,
está en su visión encerrado en la forma estática espacial de la esfera. En
su diálogo dialéctico *Parménides*, Platón mismo ha exhibido las antinomias
internas involucradas en esta absolutización.

Lo espacial no es en lo más mínimo supratemporal, puesto que implica *simultaneidad* en el significado modal de extensión dimensional continua, y las relaciones espaciales en la realidad temporal tienen duración
de tiempo subjetivo-objetivo. En tanto que las relaciones espaciales en la
geometría abstracta sean vistas aparte de las cosas y eventos transitorios,
i.e. de acuerdo con su *estructura modal* solamente, las mismas sin embargo continúan expresando el *orden temporal* espacial de mayor y menor *en
simultaneidad*. Un orden espacial del tiempo puede existir solamente en
la coherencia del significado con todos los otros aspectos. Lo mismo vale
para el orden + y – de los números, el cual no es menos un aspecto modal
del orden del tiempo y se halla en la realidad temporal continuamente relacionado con la *duración* factual,pues las relaciones numéricas así como
las espaciales se hallan, en la realidad, constantemente sujetas al cambio.
Las direcciones + y – en el orden de los números, sin embargo, se mantienen en toda duración temporal factual de relaciones numéricas, porque

del tiempo. Los seres que están enteramente *perdidos* en el tiempo carecen de esa noción.

Ninguna concepción estática de lo supratemporal. ¿Es deseable la aceptación de un tiempo central transcósmico?

Si decimos que trascendemos el tiempo cósmico en la raíz de nuestra existencia, debemos guardarnos contra las concepciones griegas o humanistas de lo "supratemporal". Veremos posteriormente que la esfera central de la existencia humana es *dinámica* en el pleno sentido de la palabra. Veremos que es a partir de ella que el dramático conflicto entre la *civitas Dei* (la ciudad de Dios) y la *civitas terrena* (la ciudad terrenal) *irrumpe* en la historia del mundo. Podemos incluso llamarla la esfera central de *ocurrencia*, pues *aquello que ocurre* no puede distinguirse demasiado tajantemente del *aspecto histórico* del tiempo cósmico, el cual es sólo una de sus *modalidades de significado* temporales.

He considerado si —para cortar todo malentendido con respecto al término 'supratemporal'— sería recomendable introducir la expresión 'tiempo central transcósmico'.

---

expresan un *orden* aritmético del tiempo, el cual determina el lugar y el valor de cada uno de los números.

Esta debiera ser mi respuesta si es que otros adherentes a mi filosofía fueran de la opinión de que el tiempo cósmico no encuentra expresión en losaspectos numéricos y espaciales como tales. Esto incluso daría lugar a un regreso ante la visión de Kant quien hizo que el número se originara a partir de una esquematización de la categoría lógica de la cantidad en el tiempo; tambien ante la observación de Hamilton, quien definió la aritmética como la *ciencia del tiempo puro u orden en la progresión* (*Cfr.* Alexander Gunn, *The Problem of Time*, Londres, 1939, p. 92); también ante la escuela intuicionista en matemáticas, la cual hace que todos los números naturales se originen a partir de una síntesis de la intuición original de tiempo y de las ideas originales de uno y adición.

Pero esto conduciría a una duplicación del horizonte temporal, en conexión con la cual se volvería necesario usar la palabra en dos sentidos fundamentalmente diferentes. Más aun, la expresión general 'duración determinada por el orden de sucesión o simultaneidad' ya no sería útil para cubrir ambos significados. No sabría qué criterio tendría que ser aceptado para un tiempo "transcósmico". Consecuentemente, el significado de este término permanecería completamente en la oscuridad. Por estas razones, todavía prefiero reservar el término 'tiempo' para el cósmico y sus diferentes aspectos modales.

El aspecto escatológico del tiempo cósmico en la fe

De seguro el tiempo cósmico tiene su aspecto límite en la fe, y hay un orden temporal y una duración en el significado especial de ésta. El significado modal de la fe, como veremos en el segundo volumen, está por su naturaleza relacionado con la revelación divina. En este aspecto escatológico del tiempo, la fe agrupa el *escathon* y, en general, aquello que es o sucede más allá de los límites del tiempo cósmico. En este sentido especial han de entenderse los "días de la creación", las palabras iniciales del libro del Génesis, el orden en que la regeneración *precede* a la conversión, etcétera.

La teología siempre necesitará este aspecto límite del tiempo en el que el orden temporal cósmico está indisolublemente conectado con el reino revelado supratemporal. Sin embargo, no puede estar de acuerdo con la tendencia de algunos teólogos cristianos modernos, quienes identifican el aspecto escatológico del tiempo con el histórico y rechazan la esfera central supratemporal de la existencia humana y de la revelación divina.

Experiencia natural y teórica del tiempo

En la actitud natural preteórica de la experiencia tenemos una experiencia integral inmediata del tiempo cósmico en la coherencia ininterrumpida de todos sus aspectos modales, inclusive los normativos, y en relación concéntrica con la ipseidad. Si me apresuro a mi trabajo y miro mi reloj, entonces el tiempo tiene para mí nosólo un aspecto objetivo de movimiento, sino que lo experimento en la coherencia continua de sus aspectos de número, espacio y movimiento, con el flujo de vida orgánica, duración de sentimiento y los aspectos normativos sociales. Cuando cedo el paso a una persona que tiene un rango superior en la escala social, estoy intuitivamente consciente del aspecto de la significación simbólica y del aspecto de trato social del orden temporal. Esto vale de igual manera para los aspectos económicos y diquéticos del tiempo, cuando gasto el escaso tiempo que tengo a mi disposición de una manera económica definida o me guardo de las demoras en el cumplimiento de mis obligaciones legales. La experiencia implícita de los aspectos normativos del orden temporal en la noción de ser "demasiado tarde" es una de las indicaciones más evidentes del carácter integral de la conciencia natural del tiempo.

Pero no es menos cierto que en la experiencia natural los diferentes aspectos modales no llegan explícitamente a la conciencia, sino sólo implícita y conjuntamente. La continuidad del tiempo cósmico aquí completamente cubre los linderos modales de sus aspectos.

En la actitud de pensamiento teórico filosófica, por el contrario, podemos aproximarnos al tiempo —y a la realidad temporal— sólo en una separación analítica de sus aspectos modales, los cuales sin embargo continúan expresando su coherencia de significado en su misma estructura intrínseca.

§2 LA CRÍTICA TRASCENDENTAL DEL PENSAMIENTO TEÓRICO Y EL DOGMA CONCERNIENTE A LA AUTONOMÍA DEL SEGUNDO. LA SEGUNDA VÍA HACIA UNA CRÍTICA TRASCENDENTAL DE LA FILOSOFÍA

Aquí se abre una segunda vía para sujetar el pensamiento filosófico a una crítica trascendental. En la Introducción escogimos el camino desde arriba: Empezamos con la posición de que es de la naturaleza de la filosofía el estar dirigida hacia la totalidad de significado de la realidad temporal y a la ipseidad, y entonces arribamos inmediatamente al problema del punto arquimediano y al del ἀρχή .

Pero en esta línea de pensamiento tuvimos que empezar con una suposición acerca del carácter de la filosofía, la cual no es en absoluto universalmente aceptada en los círculos filosóficos. Además podría parecer que hace falta una explicación apropiada de la transición del problema teórico básico de la filosofía a la esfera religiosa central.

Por lo tanto, desde la aparición de la primera edición de este trabajo (la holandesa), he dirigido toda mi atención a una refinamiento del método de crítica trascendental mediante el cualpudiera encararse la objeción arriba mencionada. Las concepciones de la tarea de la filosofía son extremadamente divergentes y toda elección a priori de posición en esta materia puede ser considerada como dogmática. Consecuentemente, si nuestra crítica trascendental ha de abarcar realmente toda posible concepción de la tarea filosófica, debe examinar necesariamente la *actitud teórica de pensamiento como tal.* Pues ninguna verdadera filosofía puede escapar a esta actitud.[1]

La postulación dogmática de la autonomía del pensamiento teórico

La filosofía de la inmanencia en todos sus matices se sostiene o cae con el dogma de la autonomía del pensamiento teórico. Sin embargo, hasta aquí ha sido simplemente *postulado* que esta autonomía se sigue de la naturaleza de tal pensamiento, sin justificar esta aserción mediante una investigación realmente crítica de la estructura interna de la actitud teórica del pensamiento mismo. No sólo la metafísica tradicional, sino también la epistemología kantiana, la fenomenología moderna y la ontología fenomenológica en el estilo de Nicolai Hartmann continuaron en este respecto involucradas en un dogmatismo teórico. Prejuicios esencialmente suprateóricos fueron así tratados como axiomas teóricos, y no se dio ninguna explicación de la fundamental significación de esos prejuicios para la visión teórica completa de la realidad empírica.

Las diferentes visiones de la autonomía del pensamiento teórico y el origen de esta diferencia

Había, sin embargo, toda razón para hacer de la así llamada autonomía del pensamiento teórico un problema crítico. En primer lugar, no puede negarse que en la filosofía griega tenía un significado enteramente diferente del que tenía en la escolástica tomista. En ambos, nuevamente, fue vista de manera enteramente distinta que en el pensamiento huma-

---

[1] En un contexto posterior explicaremos el hecho de que el así llamado 'pensamiento filosófico *existencial*' también retiene un carácter teórico.

nista moderno. Tan pronto como uno penetra a la raíz de estas fundamentalmente diferentes concepciones, uno encuentra una diferencia en el punto de partida religioso que se halla en la base de la pretendida autonomía del pensamiento.

Cuando la filosofía griega empieza a afirmar su autonomía contra la fe popular lo hace porque, en su estimación, la *theoria* es la verdadera vía para el conocimiento de Dios. La *pistis* (fe), que continúa aferrada a las representaciones mitológicas sensoriales, da solamente una *doxa*, una opinión incierta. Tan temprano como el tiempo del poema didáctico de Pármenides, estas dos vías fueron puestas tajantemente en oposición entre sí. Platón dijo que está destinado exclusivamente para los filósofos el acercarse a la raza de los dioses. Pero la completa teoría filosófica de los griegos, como lo he mostrado en detalle a partir de las fuentes en el primer volumen de mi *Reforma y escolástica en la filosofía*, continúa estando dominada por el mismo motivo religioso fundamental, el cual estaba también en el fondo de la fe popular y el cual, desde el tiempo de Aristóteles, fue llamado el *motivo materia-forma*.

Por otro lado, la visión tomista de la autonomía de la *naturalis ratio* es ininteligible, a menos que su trasfondo religioso sea aprehendido, a saber, el escolástico *motivo básico de la naturaleza y la gracia*. Este motivo era enteramente extraño para el pensamiento griego. De modo semejante, uno no puede aproximarse a la moderna concepción humanista de autonomía en su diferencia fundamental respecto del tomismo sin haber entendido su trasfondo religioso en el ideal humanista de la ciencia y la personalidad. Este trasfondo religioso encuentra expresión en el motivo fundamental que desde Kant ha sido llamado el de la *naturaleza y la libertad*.

El tomista afirma que, en el uso propio de la razón natural, la filosofía nunca puede entrar en contradicción con las verdades sobrenaturales de la gracia de la doctrina de la iglesia. Esta posición implica un *acomodo* al dogma eclesiástico de la metafísica y visión de la naturaleza aristotélicas (aceptadas como un producto de la razón natural). El kantiano o el hegeliano mostrarán tan poco entendimiento de este empeño escolástico por el acomodo como hubiera sido el caso con Aristóteles mismo si hubiera tenido conocimiento del tomismo. Es así que el dogma concerniente a la autonomía del pensamiento teórico nunca puede dar cuenta de las fundamentalmente diferentes concepciones del mismo. Es por ello que pierde su derecho a servir como un aproblemático punto de partida de la filosofía.

El dogma concerniente a la autonomía del pensamiento teórico como un impedimento a la discusión filosófica entre las varias escuelas

Aparece una y otra vez que este dogma impide un entendimiento mutuo entre escuelas filosóficas que muestran estar fundamentalmente opuestas en su verdadero (aunque escondido) punto de partida. Este es un segundo fundamento para dudar de su carácter de axioma puramente teórico.

Pues si todas las corrientes filosóficas que *pretenden* escoger su posición en el pensamiento teórico solo no tuvieran en realidad presuposiciones más profundas, sería posible convencer a un oponente de su error de un modo puramente teórico.

Pero, de hecho, un tomista nunca ha tenido éxito en convencer, mediante argumentos puramente teóricos, a un kantiano o a un positivista de la sustentabilidad de su metafísica teórica. Conversamente, la epistemología kantiana nunca ha tenido éxito en ganar a un solo tomista para el idealismo crítico.

En el debate entre estas escuelas filosóficas, uno recibe la impresión de que están razonando a propósitos cruzados, porque no son capaces de encontrar un camino para penetrar con los verdaderos puntos de partida de los otros. Éstos están enmascarados por el dogma concerniente a la autonomía del pensamiento teórico. Lo mismo vale, por ejemplo, en el debate conducido por un positivista de la escuela de Viena con un pensador hegeliano o un spinozista.

Este simple hecho de experiencia, en la naturaleza del caso, no prueba todavía la imposibilidad de la reflexión teórica autónoma en la filosofía. Pero es bastante suficiente para mostrar que es necesario hacer de la autonomía del pensamiento teórico un *problema crítico* y ya no dejarlo pasar como un *axioma* científico.

Este problema debiera ser postulado como una *quaestio juris*. Toca a las ciencias empíricas tanto como a la filosofía, puesto que ambas implican la actitud teórica del pensamiento.

La necesidad de una crítica trascendental del pensamiento teórico como tal. La diferencia en principio entre la crítica trascendente y la trascendental

La respuesta propia a la cuestión arriba planteada requiere una crítica trascendental de la actitud teórica del pensamiento como tal. Por esto entendemos una indagación crí-

tica (que no respete ningún así llamado axioma teórico) sobre las *condiciones universalmente válidas, sólo las cuales hacen
posible el pensamiento teórico, y que son requeridas por la estructura
inmanente de este pensamiento mismo.* En esta última restricción
radica la diferencia en principio entre una crítica *trascendente* y una *trascendental* de la ciencia y la filosofía.

La primera no toca realmente el carácter interno y la estructura inmanente de la actitud teórica de pensamiento pero confronta, por ejemplo, la fe cristiana con los resultados
de la ciencia moderna y con los varios sistemas filosóficos
para así cerciorarse de si existe o no de hecho un conflicto.

Permanece *dogmática*, sin embargo, en tanto que deja de
encarar directamente la primaria cuestión de si la actitud
teórica de pensamiento misma, con referencia a su estructura interna, puede ser independiente de prejuicios teóricos.
Con tal crítica meramente trascendental, dogmática, uno
corre constantemente el riesgo de considerar, como resultado de la ciencia y la reflexión filosófica imprejuiciadas, algo
que aparece ante la indagación crítica como consecuencia
de un prejuicio religioso enmascarado y una actitud de fe
anticristiana. Por añadidura, hay otro peligro siempre presente. Lo que es realmente un complejo de ideas filosóficas
dominadas por motivos abílicos puede ser aceptado por la
teología dogmática y acomodado a la doctrina de la iglesia.
El peligro consiste en que este complejo de ideas sea pasado como un artículo de la fe cristiana si es que ha inspirado
la terminología de algunas confesiones de fe. La crítica trascendente, en otras palabras, carece de valor para la ciencia
y la filosofía, pues confronta entre sí dos esferas diferentes
cuyo *punto interno de contacto es dejado enteramente en la oscuridad.* ¡Uno podría entonces proceder de modo igualmente

correcto a ejercer la crítica de la ciencia desde el punto de vista del arte o la política!

Para garantizar desde el principio una actitud realmente crítica en la filosofía, la crítica trascendental del pensamiento teórico debiera venir *al comienzo mismo* de la reflexión filosófica.

§3 EL PRIMER PROBLEMA BÁSICO TRASCENDENTAL DEL PENSAMIENTO TEÓRICO. LA "RELACIÓN *Gegenstand*" VERSUS LA RELACIÓN SUJETO-OBJETO

¿Cómo ha de caracterizarse la actitud teórica del pensamiento en contraste con la actitud preteórica de la experiencia natural?

Nuestro examen introductorio del problema del tiempo nos ha mostrado el camino que debe conducir necesariamente a la solución de esta cuestión.

Se hizo evidente que en la actitud teórica de pensamiento analizamos la realidad empírica separándola en sus aspectos modales. En la actitud preteórica de la experiencia natural, por el contrario, la realidad empírica se ofrece en la coherencia íntegra del tiempo cósmico. Aquí captamos el tiempo y la realidad temporal en una estructura de individualidad total típica, y no nos percatamos de los aspectos modales más que *implícitamente*. Los aspectos no son despedazados, sino más bien concebidos como estando juntos en una coherencia initerrumpida continua.

La estructura antitética de la actitud teórica de pensamiento en su carácter puramente intencional

El pensamiento teórico tiene una típica actitud antitética en todas sus formas positivas. Aquí oponemos la función lógica de nuestro acto real de pensamiento, *i.e.* la analítica, a los aspectos no lógicos de nuestra experiencia temporal. Ésta por ello se convierte en un *"Gegenstand"* en el sentido de "opuesto" (*Widerstand*) a nuestra función analítica.[1] Estos aspectos no lógicos, asimismo, pertenecen a nuestro acto de pensamiento *real* en su concreción temporal, y consecuentemente no han de buscarse exclusivamente *fuera* de la estructura temporal plena de éste. En otras palabras, *la estructura antitética de la actitud teórica de pensamiento sólo se puede presentar dentro de la estructura total temporal del acto de pensar.*

La primera estructura es solamente *intencional*; no tiene un carácter *óntico.**

Los aspectos no lógicos están en una antítesis intencional con la función lógica del pensamiento. Cualquier intento por aprehender los primeros en un concepto lógico encuen-

---

[1] Por el aspecto lógico de nuestro acto de pensamiento entendemos el aspecto de distinción analítica; distinción en el sentido de apartar lo que está dado junto.

En esta coyuntura debo mencionar una vez más que el análisis lógico no es el único modo de distinción. Segundo, debo recordar que la diversidad lógica o analítica supone una diversidad cósmica de significado que se encuentra en la base de todo análisis. Por lo que concierne al primer punto, es suficiente referirnos a los animales cuando distinguen a sus parejas, su comida, etcétera. La distinción que hacen los animales ciertamente no es de naturaleza lógica. Por lo que concierne al segundo punto, debemos observar que el análisis lógico no tendría nada que distinguir aparte de una diversidad de significado cósmica previamente dada. En otras palabras, en este caso el análisis lógico no tendría sentido. Pues no podemos olvidar que el aspecto lógico sólo puede revelar su sentido lógico en la coherencia de significado con todos los otros aspectos.

* El término 'óntico' no es tomado aquí en el sentido en que Heidegger lo usa, ni en un sentido metafísico en general. Está exclusivamente referido a la realidad empírica en su integridad, la cual incluye todos los aspectos modales y estructuras de individualidad. [N del T].

tra resistencia de su parte. El problema teórico se origina en esta resistencia.

En el análisis lógico, el aspecto que se opone al lógico se distingue teóricamente de los demás aspectos. Consecuentemente, si designamos el aspecto opuesto mediante el símbolo x y los aspectos restantes mediante el símbolo y, entonces x también estará en un relación antitética con y.

Esta antítesis teórica no corresponde a la estructura de la realidad empírica. Sólo es una consecuencia de la necesaria abstracción teórica de los aspectos modales respecto del tiempo cósmico. Este último vincula los aspectos en una coherencia continua de significado y nunca puede eliminarse *de la realidad.*

Ahora hemos visto que los aspectos no lógicos de la experiencia ofrecen resistencia a un análisis lógico de su estructura. Esta resistencia surge del hecho de que, incluso cuando se abstrae teóricamente, la estructura modal del aspecto no lógico x que se convierte en *Gegenstand* continúa expresando su coherencia (de significado) con los aspectos modales y que no han sido escogidos como campo de la investigación.

La abstracción teórica de los aspectos modales respecto del tiempo cósmico es necesaria para una compenetración teórica en la diversidad modal del significado como tal.[1]

---

[1] En este contexto debo observar que la estructura modal del aspecto analítico mismo está dada como un todo y no en momentos analizados. Sin embargo, en la actitud teórica de pensamiento podemos analizar la estructura del aspecto analítico, pero sólo en su abstracción teórica y en oposición con los aspectos no lógicos. Pues el aspecto analítico, como todos los otros, expresa en su estructura modal el orden temporal en el que los diferentes aspectos están acomodados. Consecuentemente, esta estructura es una unidad en una multiplicidad de momentos analizables. El acto teórico en el que llevamos a cabo este análisis es, desde luego, no

Tan pronto como nos hemos dado cuenta, sin embargo, de que la actitud de pensamiento surge sólo en la abstracción teórica, ya no podemos considerar a la razón teórica como un *dato aproblemático.*

El primer problema trascendental básico relativo a la actitud teórica de pensamiento

El primer problema trascendental básico con el que estamos confrontados es exactamente la "relación-*Gegenstand*" teórica. Podemos formular este problema como sigue: *¿Qué es lo que abstraemos en la actitud antitética del pensamiento teórico a partir de las estructuras de la realidad empírica, tal y como estas estructuras están dadas en la experiencia natural? ¿Y cómo es posible esta abstracción?*

Aquellos que rechazan la concepción integral del tiempo cósmico desarrollada arriba deben buscar otra solución al problema crítico que hemos propuesto. Pero si confrontamos seriamente la actitud teórica del pensamiento con la actitud preteórica de la experiencia natural, el problema mismo ya no puede ser soslayado.

---

idéntico a la abstraída estructura modal del aspecto lógico. La función analítica subjetiva de este acto concreto permanece ligada a su estructura modal en su coherencia con los otros aspectos. En su abstracción teórica esta estructura modal tiene sólo una existencia intencional en nuestro acto de pensar, y puede convertirse en *Gegenstand* de nuestra función lógica real. Consecuentemente, no es ésta la que puede convertirse en *Gegenstand*, sino sólo la estructura modal abstraída, puramente intencional, de la función lógica. Nunca arribamos a un "sujeto lógico trascendental" que pueda separarse de todas las estructuras modales del tiempo y que pueda ser soberano y "absoluto" en este sentido.

Una confrontación más estrecha de la actitud preteórica con la teórica

La actitud natural del pensamiento carece en principio de una estructura antitética intensional. Consecuentemente, no sabe de problemas teóricos. Este tema no puede ser tratado en su alcance pleno antes del tercer volumen. No obstante, en nuestros prolegómenos debemos elucidar más cercanamente algunos estados de cosas esenciales en relación con la actitud de la experiencia natural, en tanto que esto es demandado por nuestra presente crítica trascendental del pensamiento teórico.

Hemos observado previamente que, en la actitud natural de la experiencia, nuestra función lógica del pensamiento, por lo que concierne a su contenido intencional, permanece enteramente acomodada a la coherencia continua del tiempo cósmico. En este respecto, nuestra función lógica, como todas las otras funciones de la conciencia, permanece completamente *dentro* de esta coherencia.

En la experiencia natural captamos la realidad en la típica estructura total de las cosas individuales y los eventos concretos. Todos los aspectos modales están agrupados y tipicalizados* de una manera característica y en una coherencia irrompible del tiempo dentro de una totalidad individual. Esto ocurre sin involucrar ninguna distinción analítica de los aspectos modales. El proceso natural de formación de conceptos no está dirigido hacia éstos, sino hacia *cosas* o *eventos concretos* como *totalidades individuales*. No se ocupa de

---

* Dooyeweerd mismo acuñó el término *typicalized* como traducción de la palabra holandesa *getypiseerd*, la cual significa "ordenado conforme a tipos". Me permito a la vez acuñar el término 'tipicalizado' como traducción de *getypiseerd*. [N del T].

relaciones abstractas de número o espacio, ni con los efectos de la energía como tales, sino con cosas que son contables, espaciales y sujetas a cambios fisicoquímicos. En la estructura total de la experiencia natural, el aspecto lógico está conjuntado con los aspectos no lógicos en una *coherencia indisoluble*. Consecuentemente, el aspecto lógico es concebido como un componente inherente pero implícito de la realidad concreta misma. Lo mismo es verdadero del aspecto de la percepción sensible, el aspecto histórico cultural, el estético y así consecutivamente. Pero ¿cómo ha de entenderse esto?

La relación sujeto-objeto en la experiencia preteórica

La experiencia puede tener este carácter integral sólo por virtud de la *relación sujeto-objeto* que le es inherente. En esta relación, las funciones y cualidades *objetivas* son irreflexivamente adscritas a las cosas y a los así llamados eventos naturales dentro de aspectos modales en los cuales no es posible que aparezcan como *sujetos*.

Así, como hombres adultos que hemos superado las representaciones animistas, sabemos perfectamente bien que el agua misma no *vive*. Ello no obstante, en el aspecto de la vida orgánica le adscribimos a la misma la función objetiva de ser un medio necesario para la vida. Sabemos que el nido de un ave no está vivo, pero lo podemos concebir significativamente como una cosa sólo en relación con la vida subjetiva del ave. Concebimos así el nido de una ave como un *objeto* típico de la vida. Sabemos que una rosa no siente o piensa o se involucra en la evaluación estética como un sujeto. No obstante les adscribimos, respectivamente, cualidades objetivas de color y olor sensoriales, características objetivas lógicas, cualidades culturales objetivas y belleza objetiva. Más aun, esta relación sujeto-objeto, en la actitud de la experiencia y el pensamiento naturales, es captada como una *relación estructural de la realidad misma*. Es decir, las funciones objetivas pertenecen a las cosas mismas en relación con *posibles funciones subjetivas* que las cosas no poseen en los aspectos de la realidad involucrados.

El color rojo sensorial es adscrito a una rosa, no en relación con *mi* percepción individual o *la tuya*, sino en relación con cualquier posible percepción normal humana del color. Similarmente, el agua es un medio de vida para todo organismo vivo posible. Pero entonces también, cuando la relación sujeto-objeto en el aspecto biótico es individualizada completamente, como en el caso del nido del ave, la experiencia natural todavía le atribuye las funciones objetivas en cuestión a las cosas *mismas*. Le adscribe estas funciones objetivas en relación estructural con la vida subjetiva del animal en cuestión. Las cualidades objetivas que le son adscritas a esta cosa en los aspectos lógico y postlógicos están indudablemente relacionadas con funciones subjetivas de la naturaleza humana. Pero están relacionadas de tal manera que aquí, también, encuentra expresión la estructura típica de individualidad de la cosa, la cual está caracterizada por una relación específica con la vida animal. El nido del ave permanece siendo un nido de ave con respecto a sus características lógicas objetivas. Permanece siendo un nido de ave aun cuando sea un objeto posible de la cultura humana, tenga una significación simbólica objetiva expresada en su nombre, y tenga cualidades estéticas objetivas.

El concepto metafísico de sustancia, el concepto de una *Ding an sich*, es en principio ajeno a la experiencia natural.

También lo es el encerramiento abstracto de la realidad de las cosas en aquellos aspectos modales que forman el campo de investigación de la física, la química y la biología.

A través de la relación sujeto-objeto nosotros consecuentemente experimentamos la realidad en la coherencia integral y total de todos sus aspectos, tal y como está *dada* dentro del horizonte temporal de la experiencia humana. La experiencia natural deja *intactas* las estructuras totales típicas de esta realidad.

La relación antitética de la actitud teórica de pensamiento, por el contrario, separa la realidad en la diversidad de sus aspectos modales.

La teoría dogmática del conocimiento, la cual consideraba a la actitud teórica del pensamiento como un *datum* aproblemático, erradicó consecuentemente la diferencia fundamental entre las actitudes del pensamiento teórica y preteórica, y finalmente identificó la *relación sujeto-objeto* con la antitética *relación Gegenstand*.

Fue así que la experiencia natural misma fue malinterpretada como una *teoría acerca de la realidad*, e identificada con la teoría acrítica del "realismo ingenuo" o la "teoría de la copia". Entonces, en alianza con la moderna ciencia natural y la teoría fisiológica acerca de las "energías específicas de los sentidos", ¡la epistemología moderna se echó a cuestas la tarea de refutar este "realismo ingenuo"! No es necesario entrar ahora en esta errónea concepción fundamental. Trataremos de la misma más plenamente en el tercer volumen.

Por el momento es suficiente que hayamos clarificado la diferencia fundamental entre la actitud natural del pensamiento y la teórica, de modo que podamos entender perfectamente la inescapabilidad del *primer* problema trascendental con respecto a la segunda.

Las consecuencias de ignorar el primer problema básico trascendental en la concepción tradicional de la relación cuerpo y alma en la naturaleza humana

La ignorancia dogmática de este problema ha tenido consecuencias de largo alcance para la entera visión de la realidad temporal. Incluso en la antropología filosófica, así como en la teológica, estas consecuencias pueden ser demostradas. Por ejemplo, la tradicional concepción dicotómica de la naturaleza humana como una composición de cuerpo material y alma racional está sin duda conectada con la errónea concepción de que la relación antitética en la actitud teórica de pensamiento responde a la realidad misma.

Aristóteles, de acuerdo con Platón, trató de demostrar que la actitud teórica del pensamiento (el *nous poietikos, i.e.* el intelecto agente) al formar conceptos lógicos debe ser completamente independiente y estar separado de los órganos del cuerpo material. El intelecto agente debe estar separado del cuerpo porque puede captar lo distinto de sí mismo en la universalidad lógica y la abstracción. La actividad teórica del pensamiento es hipostasiada aquí en su *aspecto lógico* como una *ousia* o sustancia inmortal.

Tomás de Aquino aceptó este argumento aristotélico pero lo acomodó, al estilo escolástico, a la doctrina de la iglesia. Consecuentemente, sostuvo que el alma racional entera, la cual era considerada como caracterizada por la actividad teórica del pensamiento, ¡debe ser una sustancia inmortal y puramente espiritual!

Se extrae aquí una conclusión directa a partir de la estructura antitética puramente intencional de la actitud teórica del pensamiento, en el sentido de que ¡hay una *real* separación de la función lógica con respecto a todos los aspectos prelógicos del cuerpo! Esta conclusión fue dirigida por el dualista motivo materia-forma, el cual impide una visión integral de la realidad empírica.

Pero no se gana nada con ignorar el problema implicado en la síntesis teórica. Pues surgen nuevos problemas trascendentales tan pronto como tratamos de explicar el camino que seguimos, en la actitud teórica de pensamiento, para superar la antítesis en cuestión.

No podemos detenernos en el *problema* teórico, nacido de una resistencia ofrecida por el *Gegenstand* no lógico a nuestra función lógica en su actividad analítica. Debemos proceder de la *antítesis* teórica a la *síntesis* teórica entre los aspectos lógico y los no lógicos, si es que ha de ser posible un concepto lógico del *Gegenstand* no lógico.

§4 EL SEGUNDO PROBLEMA BÁSICO TRASCENDENTAL: EL PUNTO DE PARTIDA DE LA SÍNTESIS TEÓRICA

Ahora surge, sin embargo, un segundo problema trascendental que puede ser formulado como sigue:

¿Desde qué posición podemos reunir sintéticamente los aspectos lógico y no lógicos de la experiencia, que fueron apartados en oposición entre ellos en la antítesis teórica?

Esta cuestión toca el núcleo de nuestra investigación. Al plantear este segundo problema básico, sometemos a todo punto de partida posible del pensamiento teórico a una crítica fundamental. De este modo debemos finalmente resolver la cuestión de si el dogma de la autonomía de la razón teórica es compatible con la estructura intencional de la actitud teórica de pensamiento.

Ahora bien, es evidente que el *verdadero* punto de partida de la síntesis teórica, no importa cómo sea escogido, en ningún caso ha de encontrarse en uno de los dos términos de la relación antitética. Debe trascender necesariamente la antítesis teórica y relacionar los aspectos que han sido separados teóricamente con una unidad radical más profunda (o en el caso de una posición dualista, quizá con un par de supuestas unidades radicales). Pues una cosa es cierta: la relación antitética, con la cual se sostiene o cae la actitud teórica del pensamiento, no ofrece en sí misma un puente entre el aspecto lógico del pensamiento y su *Gegenstand* no lógico. Vimos antes que incluso el tiempo cósmico, que garantiza la *coherencia* indisoluble entre los aspectos modales, no presenta un punto arquimediano al pensamiento teórico.

Esto parece implicar al mismo tiempo que el segundo no tiene en sí mismo un *punto de partida* para la síntesis teórica.

Incluso aquí el dogma de la autonomía de la razón teórica parece conducir a sus adherentes a un inescapable *impasse*.

El *impasse* de la posición de inmanencia y la fuente de las antinomias teóricas

Para mantener la pretendida autosuficiencia del pensamiento teórico, los defensores de este dogma se hallan compelidos a buscar su punto de partida en la razón teórica misma.

Pero ésta, por virtud de su misma estructura antitética, está obligada a proceder de un modo sintético. Ahora bien, hay tantas modalidades de síntesis teórica posible como hay aspectos de un carácter no lógico pertenecientes a la experiencia temporal.

Hay pensamiento sintético de carácter matemático, físico, biológico, sicológico, histórico y otros. ¿En cuál de estos posibles puntos de vista científicos especiales puede la visión teórica de la realidad empírica buscar su punto de partida? No importa cómo se haga la elección, ésta invariablemente equivale a la *absolutización* de un aspecto modal especial sintéticamente aprehendido.

Los varios ismos en la visión teórica de la realidad

Esta es la fuente de todos los ismos en la imagen teórica de la realidad. Se debe hacer constantemente el esfuerzo de reducir todos los otros aspectos a meras modalidades del que ha sido absolutizado. Estos ismos juegan su papel confundente en las diferentes ramas de la ciencia así como en la filosofía.

Ahora bien, tales ismos (como el materialismo, el biologismo, el sicologismo, el historicismo, etcétera) son acríticos en un doble sentido. En primer lugar, nunca pueden ser justificados *teóricamente*. La estructura antitética de la actitud teórica de pensamiento ofrece resuelta resistencia en contra de todo intento de reducir uno de los aspectos a otro. Se venga de la *absolutización* involucrando al pensamiento teórico en antinomias internas. No hay lugar en la entera esfera teórica para lo *absoluto*, porque la actitud teórica de pensamiento está ella misma fundada en una *relación* antitética.

La síntesis teórica no puede cancelar esta relación. Ello sería equivalente a la cancelación de la actitud teórica de pensamiento mismo. En toda síntesis teórica, el análisis lógico permanece ligado a la estructura modal del aspecto no lógico opuesto. Y la síntesis es, consecuentemente, parcialmente de un carácter lógico y parcialmente de un carácter no lógico. La síntesis teórica es, de seguro, una *unión*, pero no la unión más profunda de lo lógico y lo no lógico.

Presupone un punto de partida suprateórico que debe trascender la diversidad teórica.

Consecuentemente, lo que hemos dicho también vale para todo punto de vista sintético científico especial. Y con esto tocamos el segundo fundamento del carácter acrítico de todos los ismos en la concepción teórica de la realidad.

En cada uno de ellos retorna sin solución el segundo problema básico trascendental. La absolutización misma no puede resultar de la actitud teórica de pensamiento. Apunta a un punto de partida suprateórico, a partir del cual se efectúa la síntesis teórica.

Pero, se objetará, vamos en busca de un punto de partida para la *síntesis teórica*.

Imperceptiblemente, este problema ha sido identificado con el de un punto de partida para la *visión teórica de la realidad*. ¿No ha sido el problema enteramente tergiversado de este modo? ¿Requiere la ciencia de veras una visión teórica de la *realidad*? ¿Es la misma, por ejemplo, necesaria para las matemáticas puras, para la lógica, para la teoría ética?

El problema del denominador básico para la comparación teórica y la distinción de los aspectos modales

Para responder a esta pregunta, puedo traer a colación primeramente que la actitud teórica de pensamiento consiste en apartar los aspectos de la realidad temporal en oposición uno con el otro. Consiste primariamente en la oposición del aspecto lógico de nuestro acto de pensamiento a todos los aspectos que son de un carácter no lógico. Toda distinción teórica de estos últimos aspectos supone una compenetración en sus *mutuas relaciones y coherencia*. O, en otras palabras, supone un denominador básico, bajo el cual los aspectos no lógicos puedan ser traídos para ser *comparados* entre sí. Pues no podrían ser distinguidos a menos que tuvieran algo en común. Desde nuestro punto de vista, los aspectos modales no tienen otro común denominador que el orden cósmico del tiempo. Desde nuestro punto de vista, éste se expresa en la estructura modal de cada uno de los aspectos, y es la garantía de su coherencia de significado con todo el resto. Desde la posición de la inmanencia, debe ser buscado otro denominador para la comparación; por ejemplo, del modo ya discutido, reduciendo todos los otros aspectos a modalidades de una especial (absolutizada) o, como era usual en la metafísica griega y la escolástica, aceptando el concepto metafísico de ser como una así llamada "unidad analógica", yaciente en la base de la diversidad de aspectos especiales. Ahora bien, la visión teórica de las relaciones mutuas y la coherencia de los aspectos en todo caso implica una visión teórica de la realidad. Pues ésta no es sino la visión de los aspectos modales abstraídos en la totalidad de su coherencia.

El papel de los ismos en las matemáticas puras y la lógica

Ni una ciencia especial, ni la filosofía, pueden escapar a tal visión teórica de la realidad.

En las matemáticas puras surge inmediatamente este problema: ¿Cómo ha de ver uno la relación mutua entre los aspectos del número, el espacio, el movimiento, la percepción sensorial, el pensamiento lógico y la significación simbólica? Han surgido diferentes escuelas en las matemáticas puras, tales como el *logicismo*, el *formalismo simbolista*, el *empirismo* y el *intuicionismo*, de acuerdo con sus respectivas visiones teóricas sobre este problema básico. Estas diferencias no están restringidas a la filosofía de las matemáticas. El famoso matemático holandés L. E. J. Brouwer, principal representante de la escuela intuicionista, abolió una rama entera de trabajo científico especial que había sido construida por las teorías logicista y formalista (la teoría de los así llamados números transfinitos).

Las primeras tres escuelas, el logicismo, el formalismo simbolista y el empirismo, tratan de reducir los aspectos del número y el espacio a los aspectos lógico, linguístico y sensorio perceptual, respectivamente. Incluso en la misma lógica observamos el surgimiento de una gran diversidad de escuelas teóricas. Aquí, también, esta diferencia con respecto a la naturaleza y límites del campo de investigación está determinada por una visión teórica de la realidad en sus aspectos modales. Está determinada por una concepción teórica del lugar que el aspecto lógico ocupa en el entero orden y coherencia de los aspectos modales (sicologismo, matematicismo, convencionalismo simbolista, historicismo dialéctico, etcétera). Invariablemente, el punto de partida que es escogido para la síntesis teórica en general permanece siendo decisivo para la visión de la relación mutua y la coherencia de los aspectos modales.

Que esto es también el caso en ética normativa, estética y teología, puede ser demostrado convincentemente. No obstante, tendríamos que anticipar mucho de nuestras indagaciones posteriores si fuéramos ahora a elaborar todos estos puntos. Especialmente las concepciones en boga con respecto al campo de investigación de la ética son aun vagas. Están mal definidas a un grado tal que una discusión adecuada de la ética requeriría una exposición detallada, lo cual excedería el ámbito de nuestra crítica de la actitud teórica del pensamiento.

Delimitación provisional del aspecto moral

En el presente contexto, por lo tanto, sólo estableceremos el hecho de que la ética, en la medida en que reclama un campo de investigación distinto de la teología y la filosofía del Derecho, no puede tener otro *Gegenstand* que el *aspecto moral* de la realidad temporal. Este aspecto está caracterizado como el de las relaciones temporales de amor tal y como están diferenciadas más precisamente por las estructuras típicas de la sociedad temporal, tales como el amor conyugal, el amor de los padres y los hijos, el amor a la patria, el amor social al prójimo de uno, y así consecutivamente.[1] Es nuevamente evidente que este aspecto tiene su propio significado modal sólo en coherencia con los otros aspectos modales de la realidad temporal. La visión teórica de esta coherencia es entonces nuevamente decisiva para la concepción que uno tiene de las normas morales y esta visión, a su vez, depende del *punto de partida* de la reflexión teórica ética.

A partir de lo dicho arriba, es muy evidente que cada campo de investigación teórica, sea o no llamado "empírico" en el sentido estrecho, presupone una visión teórica de la realidad temporal. Y una visión teórica tal de la realidad debe exceder necesariamente los linderos de cualquier ciencia especial y exhibir un carácter *filosófico*. Consecuentemente

---

[1] La "disposición del corazón", que es racionalizada por Kant y proclamada como el criterio de la moralidad en su *Gesinnungsethik* [ética del carácter], es de hecho de un carácter *religioso central* y así es que nunca puede, como tal, estar relacionada exclusivamente con el aspecto moral; la concepción de Kant sobre este asunto va de la mano con su absolutización religiosa la moralidad.

resulta al mismo tiempo *que ninguna ciencia especial puede po-seer una autonomía esencial con respecto a la filosofía en el sentido de una teoría de la realidad.* Para lo que resta, volveremos a este tema en la parte final de este volumen.

¿Pero hemos en lo absoluto probado de manera defini-tiva que el pensamiento teórico mismo, con respecto a su carácter interno, es dependiente de un punto de partida suprateórico, por el cual es excluida la autonomía de este pensamiento? No podemos aceptar esto demasiado aprisa. Pues Kant, el padre de la así llamada filosofía crítica trascen-dental, supuso que podría exhibir un punto de partida en la razón teórica misma, la cual *descansaría en la base de toda síntesis teórica posible,* y consecuentemente no sería obtenida mediante la absolutización de un punto de vista científico es-pecial. ¿Puede ser realmente demostrada la autonomía del pensamiento teórico a lo largo de la crítica del conocimien-to de Kant?

El punto de partida de la síntesis teórica en la crítica kantiana del conocimiento

Esta fue la pregunta que nuestra Introducción planteó des-de el principio de la primera vía de nuestra crítica trascen-dental. Aquí argumentamos que el pensamiento filosófico, como pensamiento teórico dirigido a la totalidad de signifi-cado de nuestro cosmos temporal, no puede arribar a una idea trascendental de esta totalidad sin autorreflexión auto-crítica. Pero el mismo problema crítico resultó ser el de la re-lación entre el ego pensante y su función de pensamiento ló-gica teórica. A primera vista podría parecer que el problema está aquí formulado de una insatisfactoria manera funciona-lista. ¿Por qué debemos dirigir nuestra atención solamente a la función lógica y por qué no al acto integral de pensamiento teórico? De seguro, el segundo puede ser caracterizado por su aspecto lógico teórico, pero de ninguna manera puede ser identificado con el mismo. Podemos ahora responder a esta pregunta, pues en la segunda vía de nuestra crítica trascendental nos hemos comprometido a una investigación con respecto a la estructura interna de la actitud teórica de pensamiento. Es precisamente la estructura antitética de ésta lo que obligó a Kant y a sus seguidores a oponer la función lógica a los otros aspectos modales del acto integral de pensamiento.El único pero fundamental error en su argumento fue la identificación del acto real con un evento temporal puramente síquico, que a su vez podría volverse un *Gegenstand* del "cogito" lógico trascendental último. Pues hemos visto que la "relación *Gegenstand*" sólo puede ser una relación intencional *dentro* del acto de pensamiento teórico real, entre sus aspectos lógico y no lógicos. El acto real mismo nunca puede ser convertido en *Gegenstand* de su función lógica, puesto que ésta sólo puede ser real dentro de un acto real de nuestra conciencia y no tiene ninguna realidad en una abstracción teórica. Pero la identificación de este acto real con su aspecto síquico no es sostenible y es indicativo de una visión dualista de la realidad. Y éste no puede ser explicado en términos de una epistemología puramente teórica.

La segunda vía de nuestra crítica trascendental de la filosofíainvolucra un resumen de la investigación de la concepción de Kant concerniente al cogito trascendental, a pesar del hecho de que ya en nuestra Introducción expusimos las trampas ocultas en la misma.

La segunda investigación busca arribar a una formulación crítica del tercer problema básico fundamental. Este problema está involucrado en la actitud teórica del pensamiento con respecto a la autorreflexión crítica. En esta investigación deseamos dar cuenta críticamente de nuestra transición de lo teórico a la esfera religiosa central. Esto involucra también una investigación crítica más profunda del problema trascendental del origen en el pensamiento filosófico. Pues podría parecer en nuestra Introducción que este problema fue introducido como un *deus ex machina*, sin que se diera cuenta de su necesidad en el curso de nuestra primera investigación crítica. Finalmente, nuestra segunda investigación busca arribar al último estadio de nuestra crítica trascendental, el cual no ha sido alcanzado todavía por la primera vía explicada en la Introducción.

El problema del punto de partida y la vía de la autorreflexión crítica en el pensamiento teórico

Para descubrir el punto de partida inmanente de todos los actos de pensamiento sintéticos especiales, en los cuales estos últimos encuentran su unidad más profunda, debemos, de acuerdo con Kant, desviar nuestra mirada de los *Gegenstände* de nuestro conocimiento y ejercer la autorreflexión crítica en el pensamiento teórico. Debe concederse que esta sugerencia contiene desde luego una gran promesa. Pues no puede dudarse que en tanto que el pensamiento teórico en su función lógica continúa siendo dirigida meramente a los aspectos modales opuestos de la realidad temporal que forman su *Gegenstand*, permanece dispersa en una *diversidad* teórica. Sólo cuando el pensamiento teórico está dirigido al *ego* pensante es que adquiere la dirección concéntrica ha-

cia una unidad última de conciencia que debe encontrarse
en la raíz de toda la diversidad modal de significado. Si le
preguntas a las ciencias especiales activas en el campo de
la antropología: ¿Qué es el *hombre*?, obtendrás una diversidad de ítems desde los puntos de vista físico-químico, biológico, sicológico, histórico-cultural, lingüístico, etnológico
y sociológico. Estos ítems son valiosos. Pero ninguna ciencia especial, ni una sociología enciclopédica, puede responder la pregunta relativa a qué es el hombre *mismo* en la unidad de su ipseidad. La yoidad humana *funciona*, de seguro,
en todos los aspectos de la realidad. Pero es, no obstante,
una *unidad central y radical* que, como tal, *trasciende* todos los
aspectos temporales.[1] La vía de la autorreflexión crítica es,
consecuentemente, la única que puede conducir al descubrimiento del verdadero punto de partida del pensamiento
teórico. Incluso Sócrates se percató de esto, cuando dió a
la máxima délfica Γνῶθι σεαυτόν (conócete a ti mismo) un
nuevo significado introspectivo y lo elevó al rango de requisito primario de la reflexión filosófica.

---

[1] Tan pronto como este carácter trascendente del ego es pasado por
alto, y el ego es concebido como un centro meramente inmanente de
sus actos, su unidad radical desaparece y el ego es visto como una unidad
meramente *estructural* en la diversidad de sus actos mentales.
Esto se ve claramente a partir de la explicación que da Scheler de la personalidad humana en su *El lugar del hombre en el cosmos* (*Die Stellung des
Menschen im Kosmos*, p. 75) como un "arreglo monárquico de actos, uno
de los cuales asume el liderazgo en cada instante" (eine *monarchische Anord-
nung von Akten*, unter denen je einer die Führung und Leitung besitzt).
De hecho, la posición central del ego por lo que concierne a sus actos
temporales no ha de mantenerse de este modo. La ipseidad es disuelta
en la estructura de sus actos.

§5 EL TERCER PROBLEMA BÁSICO TRASCENDENTAL DE LA
CRÍTICA DEL PENSAMIENTO TEÓRICO Y LA UNIDAD DE LA
APERCEPCIÓN TRASCENDENTAL DE KANT

Pero aquí surge un nuevo problema trascendental, el cual
podemos formular como sigue: *¿Cómo es posible esta autorreflexión crítica, esta dirección concéntrica del pensamiento teórico a la
ipseidad, y cuál es su verdadero carácter?*

No se puede dudar que un verdadero problema trascendental reside aquí, si se tiene en mente que la actitud teórica
de pensamiento, con respecto a su estructura interna, está
ligada a la previamente investigada relación antitética.

Ni la fenomenología, fundada por Edmund Husserl, ni
el existencialismo moderno, han sido capaces de disociar su
actitud teórica de pensamiento de esta relación *Gegenstand*.

La fenomenología, siguiendo las pisadas de Franz Brentano, ha incluso afirmado la relación de *todo* acto de conciencia con un *Gegenstand*. Sin embargo, esta visión no es lo
que nos concierne de inmediato.

Pues es evidente que el término '*Gegenstand*' no puede
ser tomado en nuestro sentido, cuando Brentano y Husserl
le adscriben también al *sentimiento* una relación intencional
hacia un *Gegenstand* (¡por ejemplo a una melodía!).

Sin embargo, la estructura antitética intencional, inherente a todo pensamiento teórico, está sin duda presente en
la actitud fenomenológica misma, la cual opone el *cogito* absoluto (en el sentido de "conciencia absoluta trascendental")
al mundo como su *Gegenstand* intencional el cual depende
del primero.[1]

---

[1] *Cfr.* Husserl, *Ideen zu einer reinen Phänomenologie und phänomenologischen
Philosophie* [Ideas relativas a una fenomenología pura y a una filosofía
fenomenológica], p. 92.

Scheler considera a la relación *Gegenstand* (por la cual la mente humana puede oponerse no sólo al "mundo", sino que incluso puede convertir en *Gegenstände* los aspectos fisiológicos y síquicos de la existencia humana misma) como la categoría más formal del aspecto lógico de la mente (*Geist*).[1]

También el existencialismo humanista moderno, puede aprehender la existencia como el *ex-sistere* histórico libre sólo en su *antítesis* teórica con la "realidad dada de la naturaleza" (para Heidegger, el *Dasein* [ser-ahí] como la manera "ontológica" de ser contra el "mundo dado" como lo óntico; para Sartre, *"le néant"* como opuesto a *"l'être"*). Desde luego, Heidegger es también un fenomenólogo, aunque su método fenomenológico es irracionalista en el sentido hermenéutico del historicismo de Dilthey; y la fenomenología, como hemos visto, implica la antítesis teórica.

Ante esta actitud antitética del pensamiento existencial, carece de importancia que la filosofía de la existencia desee crear una gran distancia entre el pensamiento existencial como auténticamente filosófico, por un lado, y todo el pensamiento científico que está dirigido a un *Gegenstand*, por el otro. Pues el término '*Gegenstand*' tiene en nuestra crítica otro significado que el aquí pretendido, a saber, "objeto dado" (*"das Vorhandene"*), aunque la ciencia natural, también, está atada a la relación *Gegenstand*.

Para lo presente, entonces, no se entiende cómo la dirección concéntrica del pensamiento teórico hacia el ego pudiera surgir de la actitud teórica del pensamiento misma.

---

[1] Scheler, *Die Stellung des Menschen im Kosmos* [La posición del hombre en el cosmos], p. 58. "Gegenstand-sein ist also die formalste Kategorie der logischen Seite des Geistes [Ser un *Gegenstand* es por ende la categoría más formal del lado lógico de la mente].

Kant, sin embargo, no deseaba abandonar la autonomía de la razón teórica. Supuso, como hemos visto, que se puede demostrar la presencia en la función lógica del pensamiento (la *Verstand*) de un *polo subjetivo de pensamiento*, el cual se opone a toda realidad empírica y el cual, como la *unidad lógico trascendental de la apercepción*, se halla en la base de todos los actos sintéticos de pensamiento como su *punto de partida*. El "yo pienso" como él dice, debe ser capaz de acompañar a todas mis representaciones (Kant quiere decir aquí, sin duda, "los conceptos sintéticos de los *Gegenstände* empíricos"), si es que han de ser *mis* representaciones. Éste iba a ser una unidad final *lógica* trascendental de la conciencia, la cual nunca puede convertirse en un *Gegenstand*, porque todo acto teórico de conocimiento debe proceder de este "Yo pienso". Es el "sujeto de pensamiento lógico trascendental", que tendría que ser visto como la condición universalmente válida de toda síntesis científica. No es, en consecuencia, en modo alguno idéntico a nuestro acto de pensamiento empírico real, el cual de acuerdo con él puede ser convertido nuevamente en un *Gegenstand* de este "sujeto trascendental". Es sólo un punto de unidad de la conciencia meramente *lógico*, el cual carece de toda individualidad empírica. Kant niega también que nosotros poseeríamos real auto*conocimiento* en este *concepto* lógico trascendental del ego pensante. Pues, de acuerdo con su concepción epistemológica, el *conocimiento* humano sólo puede tener relación con impresiones dadas en la percepción sensorial (*Empfindung*) que han sido recibidas en las formas trascendentales de intuición del espacio y el tiempo, y que son ordenadas por categorías lógicas para constituir una "realidad objetiva de la experiencia".

¿Ha Kant tenido éxito ahora en demostrar un punto de partida, inmanente a la razón teórica misma, que satisfaga los requerimientos de una genuina crítica trascendental del pensamiento teórico? En nuestra Introducción respondimos esta pregunta negativamente.

En la segunda vía de nuestra investigación crítica podemos fortalecer los fundamentos para esta réplica. Pues vimos que el verdadero punto de partida de la síntesis teórica nunca ha de encontrarse *dentro* de la relación antitética que caracteriza a la actitud teórica del pensamiento. El ego lógico trascendental de Kant permanece cautivo en el polo *lógico* de esta relación, el cual, de acuerdo con su propia concepción, encuentra su contrapolo en el aspecto no lógico de la percepción sensorial. Si, como él mismo lo explica enfáticamente, el aspecto lógico del pensamiento y el aspecto de la percepción sensorial no son reducibles el uno al otro, entonces se sigue rigurosamente que en el primero no se puede encontrar ningún punto de partida para su unión teórica.

Como lo mostraremos con mayor detalle aún en la parte epistemológica del segundo volumen, Kant, como consecuencia de su axioma de que toda síntesis debiera proceder de la función lógica del pensamiento, ha abandonado la vía crítica de la investigación y ha *eliminado* el auténtico problema de la síntesis mediante un enunciado dogmático. El dogma de la autonomía de la "razón teórica" lo forzó a hacerlo. Pero, por razón de este dogmatismo teórico, el *verdadero* punto de partida de su teoría del conocimiento permaneció oculto.

El tercer problema básico formulado por nosotros es, justamente como el primero, ignorado por Kant. Como resultado, fue incapaz de traer el segundo problema a una solución crítica.

Si entonces, en el pensamiento teórico como tal, no se encuentra ningún punto de partida para la síntesis intermodal, la dirección concéntrica de este pensamiento, necesaria para la autorreflexión crítica, no puede tener un origen *teórico*. Debe brotar del ego como el centro individual de la existencia humana.

Hemos dicho en nuestra Introducción que la ipseidad no puede dar esta dirección central al pensamiento teórico sin concentrarse en el verdadero o en un pretendido origen absoluto del significado. Es decir, el autoconocimiento en último análisis aparece como dependiente del conocimiento de Dios, el cual sin embargo es muy diferente de una teología teórica. ¿Podemos explicar este enunciado?

En primer lugar, debemos conceder que tanto el autoconocimiento como el conocimiento del origen o seudoorigen absoluto excede los límites del pensamiento teórico y están enraizados en el "corazón" o centro religioso de nuestra existencia.

No obstante, este conocimiento suprateórico central no permanece encerrado en el corazón, sino que por su misma naturaleza debe penetrar en la esfera temporal de nuestra conciencia. El pensamiento teórico, también, está involucrado en este conocimiento central, en el proceso trascendental de autorreflexión, en la dirección concéntrica de los teóricamente separados aspectos de la relación *Gegenstand* del yo pensante.

Pues hemos visto que sin verdadero auto*conocimiento* el verdadero punto de partida de la síntesis teórica no puede ser descubierto, y que la autorreflexión teórica en el pensa-

miento presupone este conocimiento central, puesto que la
dirección concéntrica del pensamiento teórico sólo puede
empezar desde el ego. Kant, así como la fenomenología moderna, ha soslayado esta verdad. El hecho empírico de que el
autoconocimiento parece ser dependiente del conocimiento de Dios es establecido por Ernst Cassirer en el segundo
volumen de su *Philosophie der symbolischen Formen* [*Filosofía de
las formas simbólicas*], sobre la base de una riqueza de datos
antropológicos y etnológicos.[1]

Pero una real explicación de este hecho es rendida sólo por la Revelación bíblica concerniente a la creación del
hombre a imagen de Dios. Dios se revela como el Origen
absoluto que excluye todo contrapoder independiente que
pudiera ser su opuesto. Ha expresado su imagen en el hombre concentrando su entera existencia temporal en la radical unidad religiosa de un ego en el cual la totalidad de significado del cosmos temporal iba a ser enfocado sobre su
Origen.

La fundamental dependencia del autoconocimiento humano respecto del conocimiento de Dios tiene consecuentemente su fundamento interno en la esencia de la religión
como la esfera central de nuestra naturaleza creada.

El alegado círculo vicioso en nuestra crítica trascendental

Se puede plantear ahora la cuestión de si nuestra crítica
trascendental en su tercera etapa no da un salto injustificado
al explicar la dirección concéntrica del pensamiento teórico
como un efecto de la esfera de conciencia religiosa central.

---

[1] Regresaremos a este punto en detalle en el segundo volumen, en la
discusión del problema concerniente a la relación entre fe e historia.

¿Ha sido esto de hecho demostrado rigurosamente, y qué ha de entenderse entonces aquí por 'religión'?

Finalmente, si nuestra crítica debiera efectivamente de demostrar algo rigurosamente, ¿no se mueve en un círculo vicioso? ¿Pues no supone una *demostración* esta misma autonomía del pensamiento teórico, cuya imposibilidad trató de demostrar nuestra crítica?

A estas preguntas debo replicar como sigue:

Lo que es rigurosamente demostrado, en mi opinión, es la tesis de que la dirección concéntrica del pensamiento en su autorreflexión no puede originarse en la actitud teórica de pensamiento misma, y que sólo puede surgir del ego como un suprateórico centro individual de la existencia humana.

Sería una acrítica petición de principio pretender que nuestra crítica incluso en este punto se mueve en un círculo vicioso al abandonar la autonomía de la autorreflexión teórica. Hasta ahora ha permanecido estrictamente dentro de la esfera teórica y ha puesto de manifiesto estados de cosas que habían sido ignorados bajo la misma influencia del dogma de la autonomía de la razón teórica. Sin embargo, estos estados de cosas, una vez que han sido descubiertos, ya no pueden ser ignorados por cualquiera que aprecie una posición verdaderamente crítica en filosofía.

Es desde luego imposible que esta crítica trascendental —aunque haya sido de un carácter estrictamente teórico hasta la cuestión del auto*conocimiento*— sea ella misma carente de prejuicios. Pues en este caso refutaría sus propias conclusiones. Pero, ¿qué diremos, si valen aquí las mismas presuposiciones suprateóricas que liberan al pensamiento teórico de los "axiomas" dogmáticos que obstruyen el camino de una verdadera actitud crítica? Si, como lo hemos demostrado, la síntesis teórica es *posible* sólo a partir de un punto de partida suprateórico, entonces solamente los *contenidos* de las presuposiciones suprateóricas implicadas en el mismo son cuestionables, pero no su misma necesidad.

Hasta aquí, sin embargo, la fuerza demostrativa de nuestra crítica ha sido *negativa* en carácter, en tanto que la misma, tomada estrictamente, sólo puede demostrar que el punto de partida del pensamiento teórico no puede encontrarse en ese pensamiento mismo, sino que debe ser de carácter suprateórico. Que ha de encontrarse sólo en la esfera religiosa central de la conciencia ya no ha de demostrarse *teóricamente*, pues esta comprensión pertenece al auto*conocimiento*, el cual como tal trasciende la actitud teórica del pensamiento. Sólo podemos decir que este auto*conocimiento* es necesario en un sentido crítico, porque sin el mismo el verdadero carácter del punto de partida escogido permanece oculto para nosotros. Y esto sería fatal para la compenetración crítica en su verdadero significado con respecto a la dirección interna del pensamiento filosófico.

¿Qué es la religión?

A la pregunta: ¿qué se entiende aquí por 'religión'? yo contesto: el impulso innato de la ipseidad humana a dirigirse hacia el *verdadero* o hacia un *supuesto* Origen absoluto de toda la diversidad de significado, la cual encuentra enfocada concéntricamente en sí mismo.

Esta descripción es indudablemente filosófica y teórica, porque en la *reflexión filosófica* se requiere una explicación del significado de la palabra 'religión' en nuestro argumento. Esto explica también el carácter formal trascendental de la descripción, para la cual permanece ajena la inmediación concreta de la experiencia religiosa.

Si, desde nuestra esfera religiosa central, buscamos una aproximación teórica a la misma, sólo podemos alcanzar una *idea* trascendental, un concepto límite, el contenido del cual debe permanecer abstracto en tanto que ha de comprender todas las posibles formas en que la religión se manifiesta (incluso las apóstatas). Tal idea invariablemente tiene la función de relacionar la diversidad teórica de los aspectos modales con una unidad central y radical, y con un Origen.

La imposibilidad de una fenomenología de la religión. El carácter ex-sistente del ego como el centro religioso de la existencia

Hay una cosa, sin embargo, que no podemos enfatizar demasiado. Como esfera absolutamente central de la existencia humana, la religión trasciende todos los aspectos modales de la realidad temporal, *incluido el aspecto de la fe*. No es en lo absoluto un fenómeno temporal que se manifieste dentro de la estructura temporal del acto humano de la vida. Sólo puede ser aproximado en la dirección concéntrica de nuestra conciencia, no en la divergente, no como un *Gegenstand*.[1]

Por lo tanto, con respecto a su esencia interna, la religión nunca puede ser descrita "fenomenológicamente". No es un

---

[1] Esto no vale por lo que concierne a la creencia y sus diferentes contenidos. Pues hemos visto que la función fídica está ligada al tiempo cósmico y a la coherencia temporal de significado con las otras funciones de nuestra existencia. No debiera ser identificada con el centro religioso de esta última. Sin embargo, la dirección y los contenidos de la fe no han de entenderse aparte del motivo fundamental por el cual es dirigida y de una Revelación divina, no importa si esta última es entendida en su verdadero significado o es malinterpretada en un sentido apóstata.

"fenómeno sicológico", no es una emocional percepción de sentimientos; no ha de caracterizarse, como lo hace Rudolf Otto, como experiencia de lo *"tremendum"*. Es la condición ex-sistente[1] en la cual el ego está atado a su verdadero o pretendido fundamento firme.

Por ende, el modo de ser del ego mismo es de carácter religioso y no es nada en *sí mismo*.

La religión verdadera es una absoluta *autorrendición*. El hombre apóstata, quien supone que su ipseidad es algo en sí misma, se pierde en la rendición ante los ídolos, en la absolutización de lo relativo. Sin embargo, esta absolutización misma es una clara manifestación del carácter ex-sistente del centro religioso de nuestra existencia, el cual de seguro se *expresa* en todos los aspectos modales del tiempo, pero nunca puede ser *agotado* por éstos.[2] Incluso en la absolutización religiosa del aspecto histórico de nuestra existencia, en la

---

[1] Uso aquí un término bien conocido en la filosofía moderna de la existencia. Sin embargo, es evidente que no se usa aquí en un sentido humanista.

[2] Por lo tanto, la filosofía moderna de la existencia, en tanto que considera al tiempo como un rasgo existencial del "auténtico" ego humano, permanece enredado en la diversidad de significado de los términos 'ego' e 'ipseidad', la cual aparece tan pronto como perdemos de vista la raíz religiosa de la existencia humana.

Podemos proyectar un ídolo de nuestro"ego verdadero" haciendo de él una "ipseidad ideal" puesta en contraposición con nuestra "yoidad empírica", considerada como la "objetivación" de nuestro yo en el "pasado" y sujeta a la ley natural de la causalidad. Si en este caso nuestra "ipseidad ideal" es relacionada con la libertad del "presente" y el "futuro", nace un problema dialéctico del tiempo en la concepción existencial del ego, debida al motivo dialéctico fundamental de la *naturaleza* y la *libertad*. Pero la yoidad "auténtica", la "fundamental" (o como quiera que se le llame), nunca se aparta de nuestra vista, en tanto que este último se dispersa en el tiempo. Un método hermenéutico verdaderamente crítico en la an-

autorrendición a un aspecto del tiempo, trascendemos este último.

No obstante, el *ex-sistire autónomo* del ego que se ha perdido en la rendición ante los ídolos debe ser roto por el divino *ex-trahere* del estado de apostasía, si es que el hombre ha de recuperar su verdadera posición ex-sistente.

Después de haber dado una explicación de lo que entendemos por religión, podemos establecer el hecho de que la dirección concéntrica en el pensamiento teórico debe ser de origen religioso. Debe ser de origen religioso incluso aunque siempre permanece teórica en carácter, debido a que está ligada a la antitética relación *Gegenstand*. Surge de la tendencia al origen en el centro de la existencia humana, tendencia que descubrimos previamente en la Introducción. Pero ahora hemos puesto en claro el punto interno de contacto entre el pensamiento filosófico y la religión desde la estructura intrínseca de la actitud teórica de pensamiento misma. La autorreflexión crítica en la dirección concéntrica del pensamiento teórico hacia el ego necesariamente apela al autoconocimiento (el cual va más allá de los límites de la relación *Gegenstand* teórica). Consecuentemente, podemos establecer el hecho de que incluso la síntesis teórica supone un punto de partida religioso. *Más aun*, hemos ahora explicado que *carece de sentido demandar una demostración teórica de su carácter religioso, pues tal demostración presupone el punto de partida central del pensamiento teórico.*

---

tropología filosófica tiene la tarea de poner de manifiesto el origen de estos problemas dialécticos relativos al ego y a la verdadera ipseidad del hombre, y desenmascarar a los ídolos proyectados de la misma. Un *ex-sistere* puramente *temporal* nunca puede ser identificado con el carácter ex-sistente del centro religioso de la naturaleza humana que está implicado en la tendencia hacia el Origen divino.

El carácter supraindividual del punto de partida

Debemos proceder ahora a la etapa final y decisiva de nuestra crítica trascendental.

Hemos establecido la necesaria naturaleza religiosa del punto de partida y hemos notado el carácter intrínsecamente ex-sistente de nuestra ipseidad. Por lo tanto, ya no podemos buscar el verdadero punto de partida del pensamiento filosófico en el solo ego individual. Observamos en nuestra Introducción que la yoidad debe participar en el punto arquimediano, pero que en este último debe estar concentrado el significado total del cosmos temporal.

El ego, sin embargo, es meramente el punto de concentración de nuestra existencia individual, no del cosmos temporal entero. Más aun, la filosofía es un asunto meramente del individuo tan poco como lo es la ciencia en el sentido más estrecho. Sólo puede ser cultivada en una *comunidad*. Esto también apunta a la necesidad de un punto de partida *supraindividual*.

La autorreflexión crítica en el pensamiento teórico es, de seguro, la vía necesaria para descubrir el punto de partida de la filosofía. Es desde luego el ego individual el que da a su pensamiento la dirección concéntrica. Sin embargo, el verdadero auto*conocimiento* descubre el carácter ex-sistente de la ipseidad también en el hecho de que el ego está centralmente ligado con otros egos a una comunidad religiosa. La unidad radical y central de nuestra existencia es al mismo tiempo individual y supraindividual; es decir, en la yoidad individual *apunta más allá* del ego individual hacia aquello que hace a la humanidad completa *una en raíz* en su creación, caída y redención.

De acuerdo con nuestra fe cristiana, toda la humanidad está espiritualmente incluida en Adán. En él ha caído toda la raza humana, y en la humanidad también todo el cosmos temporal, el cual estaba concentrado en ella. En Jesucristo la entera *nueva* humanidad es una en raíz, como los miembros de un cuerpo. En otras palabras, nuestra yoidad está enraizada en la comunidad espiritual de la humanidad. No es una "sustancia" autosuficiente, no es una "mónada sin ventanas", sino que vive en la comunidad espiritual del *nosotros*, el cual está dirigido al divino *Vos*, de acuerdo con el significado original de la creación.

El significado del mandato central del amor

Este es el significado profundo del mandamiento central del amor: Amarás a Dios sobre todas las cosas, y a tu prójimo como a ti mismo. Este mandamiento en su unidad indivisible es de un carácter *religioso* y no moral. Pues las relaciones morales de amor a nuestros semejantes son meramente un aspecto modal de la sociedad temporal. En su especialidad modal de significado, tienen sentido sólo en la coherencia con todos los otros aspectos de esta sociedad. También son diferenciadas necesariamente de acuerdo con la diversidad de las relaciones sociales en el amor conyugal, el amor paternal y el filial, el amor social al vecino, el amor a la patria, y así consecutivamente. Pero el mandamiento *religioso* del amor entiende al prójimo como un miembro de la comunidad religiosa radical de la humanidad en su relación central con Dios, quien creó al hombre a su imagen. Por lo tanto, es en verdad la *radix* de todos los aspectos modales que despliega la ley divina en la realidad temporal.

El espíritu de comunidad y el motivo religioso básico

Ahora bien, una comunidad religiosa es mantenida por un espíritu común, el cual como una *dynamis*, como un poder motriz central, está activo en el punto de concentración de la existencia humana.

Este espíritu de comunidad opera a través de un *motivo religioso fundamental*, el cual da contenido al motivo principal de la entera actitud de la vida y el pensamiento. En el desarrollo histórico de la sociedad humana, este motivo de seguro recibirá *formas* particulares que están históricamente determinadas. Pero en su significado religioso central trasciende todo acto histórico de dar forma. Todo intento de proveer una explicación puramente histórica del mismo, por lo tanto, se mueve en un círculo vicioso. Pues, por virtud de la estructura interna de la actitud teórica de pensamiento, la explicación histórica misma supone un punto de partida central y suprateórico, el cual está determinado por un motivo religioso básico o motivo fundamental.

Desde la caída y la promesa del Redentor que habría de venir, hay dos resortes centrales principales operativos en el corazón de la existencia humana. El primero es la *dynamis* del Espíritu Santo, la cual, por el poder motriz de la Palabra de Dios, encarnada en Jesucristo, redirige hacia su Creador la creación que en la caída había apostatado de su verdadero Origen. Esta *dynamis* trae al hombre a la relación filial con el Padre divino. Su motivo religioso fundamental es el de la Palabra-Revelación divina, la cual es la clave para el entendimiento de la Santa Escritura: el motivo de *la creación, la caída y la redención por Jesucristo en la comunión del Santo Espíritu.*

El segundo resorte central es el del espíritu de apostasía respecto del verdadero Dios. Como *dynamis* religiosa (poder), conduce al corazón humano en una dirección apóstata, y es la fuente de toda deificación de la creatura. Es la fuente de toda absolutización de lo relativo incluso en la actitud teórica de pensamiento. Por virtud de su carácter idolátrico, su motivo religioso fundamental puede recibir diversos contenidos.

El motivo griego materia-forma y el moderno motivo humanista de la naturaleza y la libertad

En el pensamiento occidental, este espíritu apóstata se ha manifestado principalmente en dos motivos centrales, a saber: (1) el que ha dominado el mundo clásico griego de la cultura y el pensamiento y que ha sido puesto (desde el tiempo de Aristóteles) bajo la designación fija del *motivo materia-forma*, y (2) el de la cosmovisión humanista, la cual, desde el tiempo de Emanuel Kant, ha sido llamada el motivo de *la naturaleza y la libertad*. Desde el siglo XVIII, este último motivo vino a dominar más y más el mundo de la cultura y el pensamiento occidental.

El primer motivo se originó en el encuentro de la más antigua *religión de la vida* griega prehomérica (una de las diferentes religiones de la naturaleza) con la posterior *religión cultural* de los dioses olímpicos. La más antigua religión de la vida deificaba la eternamente fluyente corriente de la vida, la cual es incapaz de fijarse en cualquier forma individual particular. Pero a partir de esta corriente proceden periódicamente las generaciones de seres transitorios, cuya existencia está limitada por una forma individual, como consecuencia de lo cual están sujetos al terrible destino de la muerte, la *anagké* o la *heimarmené tyché*. Este motivo de la informe eternamente fluyente corriente de la vida es el *motivo materia* del mundo de pensamiento griego. Encontró su expresión más densa en la adoración de Dionisos, la cual había sido importada de Tracia.

Por otra parte, el motivo forma fue el resorte principal de la más reciente religión olímpica, la religión de la forma, la medida y la armonía, la cual descansaba esencialmente sobre la deificación del aspecto cultural de la sociedad griega (los dioses olímpicos eran poderes culturales personificados). Adquirió su expresión más densa en el délfico Apolo como legislador.

Los dioses olímpicos dejan a la madre tierra con su eternamente fluyente corriente de la vida y su amenazante *anagké*. Adquieren el Olimpo como asiento y tienen una forma individual inmortal, la cual no es perceptible al ojo del sentido. Pero no tienen poder sobre el destino de los mortales.

El motivo forma mismo era independiente de las formas mitológicas que recibió en las antiguas religiones de la naturaleza y la nueva religión cultural olímpica. Ha dominado el pensamiento griego desde el comienzo.

La autonomía que la *theoria* filosófica demandaba, en oposición a la creencia popular, implicaba, como hemos observado en un contexto previo, sólo una emancipación de las formas mitológicas que estaban ligadas a la representación sensorial. No implicaba en lo absoluto un afloje de las amarras del pensamiento filosófico respecto del motivo religioso fundamental central que había nacido en el encuentro de la religión cultural con la más antigua religión de la vida.

El moderno motivo fundamental humanista de la *naturaleza y la libertad*, el cual ahora sujetaremos a una investigación detallada en la crítica trascendental de la filosofía humanista, ha surgido de la religión de la personalidad humana autónoma libre y de la de la ciencia moderna evocada por la misma, y dirigida al dominio de la naturaleza. Ha de entenderse sólo contra el trasfondo de los tres motivos fundamentales que previamente le habían dado dirección central al pensamiento occidental, a saber, el motivo materia-forma, el motivo de la creación, caída y redención, y el motivo escolástico de la naturaleza y la gracia. El motivo últimamente nombrado fue introducido por el catolicismo romano y dirigido a una síntesis religiosa de los dos motivos anteriores.

No es sorprendente que el principal resorte apóstata se pueda manifestar en motivos religiosos divergentes. Pues nunca dirige la actitud de la vida y el pensamiento a la verdadera *totalidad de significado* y la verdadera *radix* de la realidad temporal, pues esto no es posible sin la dirección concéntrica hacia el verdadero origen.

La absolutización idolátrica está necesariamente dirigida hacia la *especialidad* de significado, la cual es por ello mismo disociada de su *coherencia* temporal, y consecuentemente se vuelve *asignificativa* y *vacía*. Esta es la verdad profunda en la concepción, honrada en el tiempo, de la caída como una *privatio*, una privación de significado, y como una *negación*, una *nada*.

El pecado como *privatio* y como *dynamis*. No hay relación dialéctica entre creación y caída.

Sin embargo, la *dynamis* central del espíritu de la apostasía no es una "nada"; surge de la creación y no puede volverse operativa más allá de los límites en los que está ligada al orden divino del ser. Sólo por virtud del impulso de concentración religioso, el cual es concreado en el corazón humano, puede éste dirigirse a los ídolos. La *dynamis* del pecado sólo se puede desplegar en sujeción a la ley de concentración religiosa de la existencia humana. Por lo tanto, el apóstol Pablo dice que sin la ley no hay pecado y que hay una *ley* del pecado.

Consecuentemente, no puede haber contradicción interna entre creación y caída en tanto que sean entendidas en su sentido bíblico. Existiría una contradicción si, y sólo si, el pecado fuera a tener un poder no meramente imaginario, sino *real* en *sí mismo*, independientemente de la creación.

El carácter dialéctico de los motivos fundamentales apóstatas. Dialéctica religiosa y teórica

Por el contrario, pertenece a la naturaleza interna de los motivos fundamentales idolátricos el que encierren en sí mismos una antítesis religiosa.

Pues la absolutización de aspectos modales del significado, los cuales en la naturaleza del caso son *relativos*, evoca a los *correlatos* de estos últimos. Estos correlatos, ahora en la conciencia religiosa, demandan una absolutez opuesta a la de los aspectos deificados.

Esto trae una dialéctica religiosa a estos motivos; es decir, están de hecho compuestos de dos motivos religiosos, los cuales, como opuestos implacables, conducen a la acción y al pensamiento humanos continuamente en direcciones opuestas, de un polo al otro. He sujetado esta dialéctica religiosa a una investigación detallada en el primer volumen de mi nueva trilogía *Reforma y escolástica en la filosofía*. Y he demostrado que esta dialéctica es muy diferente de la *teórica* que es inherente a la relación *Gegenstand* antitética intencional del pensamiento teórico.

Pues la antítesis *teórica* es *relativa* por naturaleza y requiere que el "yo" pensante efectúe una síntesis teórica. Por otro lado, una antítesis en el punto de partida religioso del pensamiento teórico no permite una síntesis genuina. En la esfera religiosa central la antítesis necesariamente asume un carácter absoluto, pues no se halla ningún punto de partida más allá del religioso a partir del cual se podría efectuar la síntesis.

El carácter acrítico de los intentos por enlazar la antítesis religiosa en un punto de partida dialéctico mediante una dialéctica teórica

Todo esfuerzo filosófico por tender un puente en tal antítesis religiosa en el punto de partida, mediante una dialéctica lógica teórica, es fundamentalmente *acrítico*. Este ha sido el camino seguido, sin embargo, por toda la así llamada filosofía dialéctica, desde Heráclito hasta la escuela hegeliana, en tanto que apuntaba hacia una síntesis última de sus motivos religiosos opuestos.

Las síntesis teóricas que pretenden llevar a cabo esta tarea son meramente ilusorias en el punto aquí mencionado. Están sujetas a la ley intrínseca de toda dialéctica religiosa, es decir, tan pronto como la filosofía retorna al camino de la reflexión autocrítica, se disuelven nuevamente en la antítesis polar de su punto de partida. En contra de la dialéctica sintética de Hegel, que intentó pensar conjuntamente los motivos antitéticos de la naturaleza y la libertad, Proudhon dirige el veredicto, anteriormente pronunciado por Kant y posteriormente repetido por Kierkegaard: "*L'antinomie ne se résout pas*" [La antinomia no puede ser resuelta].

Incluso en la antigüedad griega, los esfuerzos por reconciliar la antítesis religiosa entre el motivo forma y el motivo materia se disolvieron en una posterior evolución del pensamiento griego en una antítesis polar.

La dialéctica religiosa en el motivo escolástico de la naturaleza y la gracia

Una dialéctica religiosa más complicada es exhibida por el motivo escolástico básico de la naturaleza y la gracia, introducido en la filosofía y la teología por el catolicismo romano y adoptado por la escolástica protestante.

Originalmente estaba dirigido hacia una síntesis entre el motivo central de la Palabra-Revelación y el de la visión griega (especialmente aristotélica) de la naturaleza (el motivo materia-forma). Pero se presta por igual a una combinación del primero con el motivo fundamental humanista de la naturaleza y la libertad. En este intento de síntesis, el motivo básico cristiano necesariamente pierde su carácter radical e integral.

Pues en ningun lado en la visión escolástica de la naturaleza humana hay lugar para la revelación bíblica del *corazón* como centro religioso y raíz de la existencia temporal. Por lo tanto, la escolástica tomista pudo proclamar la autonomía de la razón natural en la "esfera natural" del conocimiento, sin ser consciente del hecho de que al hacerlo entregó la filosofía al dominio de otro motivo religioso. Y el segundo no pudo hacerse innocuo mediante un simple *acomodo* a la doctrina de la iglesia.

El motivo básico griego o humanista, que aquí domina la visión de la naturaleza, ha sufrido a su vez un cierto acomodo escolástico a la doctrina cristiana de la creación o a la de la creación y la caída, respectivamente. En la tensión dialéctica entre "naturaleza" y "gracia" se esconde, como un componente, la dialéctica interna del motivo básico griego o humanista, respectivamente.

En la antropología escolástica este componente encuentra una clara expresión en la concepción dicotómica de la relación entre cuerpo y alma. La segunda está dominada o bien por el motivo de "materia" y "forma", o bien por el de la "naturaleza" y la "libertad".

La dialéctica interna del motivo fundamental de la naturaleza y la gracia condujo al pensamiento escolástico en el siglo XIV de la (pseudo) síntesis tomista (*Natura præmbula gratiæ*) a la antítesis occamiana (ningún punto de contacto entre la naturaleza y la gracia según Guillermo de Occam, líder de la escolástica nominalista en el siglo catorce).

En tiempos más recientes ha exhibido sus tendencias polares en la teología dialéctica. El conflicto entre Karl Barth y Emil Brunner estuvo enteramente dominado por la cuestión de si puede aceptarse en la "naturaleza" un "punto de contacto" para la "gracia". Contra el "sí" de Brunner, moviéndose en la dirección sintética, Barth puso su inexorable "no".[1]

El desarrollo de la dialéctica religiosa del motivo materia-forma en la filosofía griega, y el despliegue dialéctico del motivo de la naturaleza y la gracia en la filosofía cristiana escolástica ha sido investigado en detalle en los volúmenes primero y segundo de mi *Reforma y escolástica en la filosofía*. La segunda parte del libro I del presente trabajo será dedicado

---

[1] Esta concepción extremadamente antitética con respecto a la relación entre naturaleza y gracia ya no se mantiene en la *Kirchliche Dogmatik* [Dogmática eclesiástica] de Barth.

completamente a una crítica trascendental de la moderna filosofía humanista, en la cual será trazado el desarrollo dialéctico del motivo de la *naturaleza y la libertad*.

La adscripción de la primacía a uno de los componentes antitéticos del motivo básico dialéctico

Ante la falta de base para una síntesis real entre los principales manantiales religiosos que están operativos en un motivo fundamental dialéctico, sólo queda una salida, a saber, la de atribuir la "primacía" o la precedencia religiosa a uno de los dos.

En la medida en que una corriente filosófica se ha vuelto consciente de la antítesis religiosa en su punto de partida, tal adscripción irá crecientemente de la mano con una depreciación del otro manantial y con un retiro de sus atributos divinos. La antigua filosofía natural jónica se aferró a la primacía del motivo materia. Se originó en el periodo arcaico en el que la antigua religión de la naturaleza y de la vida, la cual había sido relegada por la religión olímpica pública de la polis, irrumpió abiertamente de nueva cuenta en los avivamientos religiosos, en los notables movimientos dionisiacos y órficos.

Consecuentemente, los pensadores jónicos deben haber sido plenamente conscientes del conflicto religioso en el motivo materia-forma. El principio forma en esta filosofía está enteramente privado de su carácter divino. De acuerdo con estos pensadores, el verdadero Dios es la informe, eternamente fluyente corriente de la vida, generalmente representada por un "elemento movible" (agua, fuego, aire), pero concebido por Anaximandro como un *ápeiron* invisible, que fluye en la corriente del tiempo y venga la injusticia de los seres transitorios que se han originado del mismo en una forma individual, al disolverlos en su origen informe. La convicción más profunda de estos filósofos puede quizá ser expresada citando en una variante típica griega las famosas palabras de Mefistófeles en el *Fausto* de Goethe:

Denn alles was (in Form) besteht,
Ist wert das es zu Grunde geht.*

Con Aristóteles, por el contrario, en cuya filosofía —de acuerdo con Sócrates y Platón— la primacía ha pasado al motivo forma, la deidad se ha vuelto "pura forma" y la "materia" está completamente privada de cualquier cualidad divina al tornarse el principio metafísico de la imperfección y la "potencialidad".

En la escolástica medieval tardía de Guillermo de Occam, quien se había vuelto agudamente consciente del antagonismo entre el motivo naturaleza y el motivo gracia, la razón natural ha sido completamente empañada. Ya no hay lugar aquí para una metafísica y una teología natural, aunque la autonomía de la razón natural se mantiene al máximo. El motivo gracia retiene la primacía, pero no en un sentido jerárquico sintético como en el tomismo.

En la filosofía humanista moderna hay originalmente carencia de una noción clara de la antítesis religiosa entre el motivo de la dominación de la naturaleza por la ciencia autónoma y el de la libertad autónoma de la personalidad humana. Pero apenas había despertado esta noción en Rousseau cuando él despreció el ideal de la ciencia y adscribió la primacía al motivo libertad, el cual es el manantial principal de su religión del sentimiento. Kant, quien sigue a Rousseau

---

* [Porque todo lo que subsiste (en forma) es digno de perecer].

en este respecto, privó a la naturaleza (en el sentido científico natural) de todo carácter divino e incluso negó su origen
divino. Dios es, según él, un postulado de la razón práctica; *i.e.* un postulado de la moralidad autónoma, la cual está
completamente dominada por el motivo libertad humanista.

En la filosofía moderna de la vida, así como en la filosofía
humanista de la existencia, se ve una depreciación aun más
profunda del motivo del control autónomo de la naturaleza.
El motivo libertad tiene aquí la primacía religiosa absoluta,
incluso aunque lo sea en una forma que es muy diferente de
la que tuvo con Rousseau y Kant.

El significado de cada uno de los componentes antitéticos de un motivo básico dialéctico depende del del otro

Finalmente debemos observar que el significado de cada
uno de los componentes antitéticos de un motivo fundamental dialéctico depende de el del otro.

Consecuentemente, no es posible entender el significado
del motivo materia griego aparte del del principio forma, y
viceversa. Del mismo modo, la significación del motivo naturaleza escolástico y el del motivo gracia se determinan mutuamente. Y así lo hacen el motivo naturaleza humanista y el
de la libertad.

Es de gran consecuencia para un estudio crítico de la historia del pensamiento filosófico que uno no pierda de vista
este estado de cosas. En el pensamiento griego el término
"naturaleza" tenía un sentido muy diferente del que tiene
en la filosofía humanista moderna. En una discusión tomista del problema de la libertad y la causalidad el término "libertad" no puede ser entendido en el sentido humanista;

tampoco puede ser concebido el concepto tomista de causalidad en el sentido del motivo humanista clásico del dominio de la naturaleza.

§6 LA IDEA BÁSICA TRASCENDENTAL DE LA FILOSOFÍA

Las tres ideas trascendentales del pensamiento teórico, a través de cuya mediación el motivo religioso básico controla este pensamiento

Con la exposición de los motivos fundamentales religiosos como los verdaderos puntos de partida de la filosofía, nuestra crítica trascendental general de la actitud teórica del pensamiento ha completado su principal cometido.

Por lo pronto, sólo permanece la pregunta relativa al modo en que estos motivos religiosos controlan el curso inmanente del pensamiento filosófico.

A esta pregunta la repuesta debe ser: a través del medio de una tríada de ideas trascendentales, las cuales corresponden a los tres problemas trascendentales básicos de la actitud teórica del pensamiento. El pensamiento teórico gana aquí su dirección concéntrica hacia los presupuestos sólo los cuales lo hacen posible, no importa si un pensador se ha vuelto consciente de ellos en un camino de reflexión realmente autocrítico.

Pues mientras el *concepto* teórico de un aspecto modal está dirigido hacia la *diversidad* modal de significado y *separa* el aspecto en cuestión de los otros, la *idea* teórica trascendental está dirigida hacia la *coherencia*, la *totalidad* y el *origen* de todo el significado, respectivamente.

Esta idea teórica no cancela la separación teórica y la antítesis de los aspectos modales, y retiene así un carácter teórico. Pero, dentro de la actitud teórica de pensamiento

misma, regresa concéntricamente los aspectos teóricamente separados y opuestos a su mutua relación y coherencia
de significado, a su integral —o dialécticamente rota— unidad radical y Origen. Los relaciona, en otras palabras, con
los presupuestos sólo los cuales hacen posible el concepto
teórico de especialidad modal y diversidad de significado.

La triunidad de la idea básica trascendental

Las ideas trascendentales, las cuales están relacionadas con
las tres etapas de autorreflexión autocrítica en el pensamiento teórico descritas arriba, forman una *unidad indisoluble.*

Pues la pregunta de cómo entiende uno la relación mutua y la coherencia de significado de los aspectos modales,
en tanto que han sido teóricamente apartados y puestos en
oposición uno con otro, es dependiente de la cuestión de
si uno acepta o no la unidad religiosa integral que se halla
en la raíz de estos aspectos, la cual trae su totalidad de significado a una expresión concéntrica. Más aun, esta última
pregunta depende de lo siguiente: cómo se concibe la idea
del origen de todo significado, si esta idea tiene un carácter integral o más bien uno dialécticamente roto; *i.e.* si sólo
se acepta un *arjé,* o si se oponen entre sí dos principios de
origen.

Por lo tanto, podemos ver las tres ideas trascendentales,
las que contienen las respuestas a estos problemas fundamentales, como tres direcciones de una y la misma *idea básica* trascendental.

Esta es la idea básica de la filosofía, pero indirectamente
también se halla en la base de las varias ciencias especiales.
Las segundas permanecen siempre dependientes de la filo-

sofía en su concepción teórica de la realidad y en su método de formar conceptos y problemas.

El contenido de esta idea, en tanto que está dirigido al Origen y a la unidad (o respectivamente dualidad) en la raíz de la diversidad temporal de significado, está directamente determinado por el motivo religioso básico del pensamiento teórico.

La crítica trascendental del pensamiento teórico y el exclusivismo dogmático de las escuelas filosóficas

¿Cuál es ahora el fruto de esta crítica trascendental del pensamiento para la discusión entre las escuelas filosóficas?

Puede pavimentar el camino para un real contacto de pensamiento entre las varias tendencias filosóficas. Pues —a pesar de lo paradójico que pueda sonar— su contacto está básicamente excluido sobre la posición dogmática de la autonomía de la razón teórica. Nuestra crítica trascendental libra una guerra sin piedad en contra del enmascaramiento de los prejuicios suprateóricos como axiomas teóricos que son *impuestos* al oponente so pena de ser visto como un extraño a las cuestiones filosóficas. En otras palabras, dirige su ataque contra el *exclusivismo dogmático* de las escuelas, todas las cuales fantasean que poseen el monopolio de la verdad filosófica.

Es un requisito primario del pensamiento crítico el hacer una nítida distinción entre los juicios teóricos y aquellos prejuicios suprateóricos, sólo los cuales hacen posibles a los primeros.

Para este fin es necesaria una fatigosa investigación acerca de la idea básica trascendental de una línea de pensamiento filosófico con la cual uno intenta entrar en una discusión seria.

Un apriori que es regla para todo pensamiento filosófico está indudablemente contenido en esta idea básica de la filosofía. Pero ¿de qué le sirve a la filosofía de la inmanencia el separarse de la autorreflexión crítica con respecto a esta idea básica trascendental, si después de todo ésta manifiesta su influencia apriori en la formulación de todo problema filosófico?

Todo pensador filosófico debe estar dispuesto a dar cuenta críticamente del *significado* de su formulación de preguntas. El que lo hace, necesariamente encuentra la idea básica trascendental del significado y de su origen.

El concepto metafísico analógico de totalidad y la idea trascendental de la totalidad de significado. Crítica trascendental de la concepción metafísica de la *analogia entis*

La metafísica tomista negará el fundamento religioso de la idea trascendental de totalidad y origen de la diversidad modal de significado en su coherencia intermodal. Por lo que concierne a la idea trascendental de totalidad, argüirá que nuestro pensamiento tiene un concepto inmanente y trascendental autónomo de totalidad, como de un todo que es más que la suma de sus partes. Concedido, pero ¿en qué *sentido* ha de entenderse este concepto? ¿No esconde en este mismo concepto el problema trascendental completo concerniente a la relación de la diversidad modal con la totalidad y la unidad radical de significado? ¿No es el concepto geométrico de totalidad muy diferente del fisicoquímico (*e.g.* el del átomo), del biológico, el sicológico, el lingüístico, etcétera?

No es posible aproximarse a la totalidad en su relación con la diversidad modal y la coherencia intermodal de significado mediante tales conceptos científicos esencialmente especiales, los cuales están ligados a los aspectos modales del significado, a menos que esté dispuesto desde el principio a dirigir mi pensamiento filosófico por los canales de los diferentes ismos que nuestra crítica trascendental ha desenmascarado.

Pienso que la metafísica tomista estará de acuerdo con este argumento. Sin embargo, dirá que el concepto trascendental de totalidad está implicado en el concepto metafísico de ser, el cual no es de un carácter genérico y específico sino analógico. Consecuentemente, cuando decimos que el ser es una totalidad en la que todo participa, debemos concebir el concepto de totalidad en este sentido analógico trascendental. Es como tal una presuposición metafísica de todos los conceptos genéricos y específicos de totalidad. Sin embargo, no satisface los requerimientos de una idea trascendental en el sentido crítico verdadero. Pues un concepto puramente analógico de totalidad carece como tal de la dirección concéntrica que es inherente a la idea básica trascendental de significado. No dirige la diversidad modal de significado en el pensamiento teórico hacia su unidad de raíz, sino que permanece disperso por esta diversidad. Por esta misma razón no puede reemplazar a la idea básica trascendental. Más aun, el concepto metafísico de ser en su sentido aristotélico no es en lo absoluto un concepto autónomo del pensamiento teórico, como se pretende aquí. Tan pronto como lo sujetamos a una crítica trascendental radical muestra estar gobernado por el motivo dialéctico materia-forma, el cual es de un carácter religioso.

Materia pura y forma pura son los dos polos en la primera (así llamada trascendental) distinción del ser. La materia pura es el principio de la potencialidad y la imperfección; la forma pura es identificada con Dios como pura actualidad y Motor inmóvil de la naturaleza material. Este concepto aristotélico de deidad está desde luego acomodado con la doctrina cristiana de la creación. Aquí la idea metafísica del ser y la totalidad resulta en una idea trascendental del Origen que se halla en el fundamento de una "teología natural". La existencia de Dios como Motor inmóvil es demostrada de varias maneras, todas las cuales aparentemente parten de datos empíricos en la naturaleza pero las cuales –además de su lógicamente insostenible salto de lo relativo a lo absoluto– presuponen la misma concepción de Dios que debía de ser demostrada. Los filósofos jónicos de la naturaleza y HerÁclito, quienes deificaron el principio materia de la eternamente fluyente corriente de la vida, nunca hubieran podido preguntarse por un Motor inmóvil como causa primera del movimiento empírico. Esto no fue un error lógico por parte de estos pensadores, sino algo que ha de explicarse sólo en términos de su apego a la precedencia religiosa del motivo materia.

En el sistema tomista la metafísica autónoma debiera reemplazar a la crítica trascendental del pensamiento teórico. Sin embargo, todos sus axiomas y "demostraciones" no son sino presuposiciones religiosas en una elaboración teórica dogmática, enmascaradas por el dogma concerniente a la autonomía de la razón natural.

Se puede suponer que Aristóteles mismo era plenamente consciente del carácter religioso de su motivo materiaforma, como se puede ver en la manera verdaderamente religiosa en la que en su *Metafísica* habla acerca de los momentos místicos de unión del pensamiento humano con la Forma divina pura a través de la *theoria* teológica.

Tomás no podía haber estado consciente de esto, pues su visión de la autonomía de la razón natural (gobernada por el motivo escolástico de la naturaleza y la gracia) implicaba un significado de la autonomía muy diferente del de la concepción aristotélica. Nuestra conclusión debe ser que el concepto metafísico de una totalidad y sus partes, implicado en el concepto analógico del ser, es un seudoconcepto. No explica de qué manera la diversidad teórica del significado puede ser concentrada en una unidad más profunda. Una unidad puramente analógica, tal y como se implica en el concepto analógico del ser, no es una unidad en lo absoluto, sino que permanece disperso en la diversidad de los aspectos modales del significado.

Ni siquiera puede explicar la coherencia en esta diversidad modal, porque esta coherencia es la misma presuposición de una verdadera analogía.[1]

---

[1] No he discutido aquí el significado teológico de la *analogia entis*. Para este tema puedo hacer referencia a mi reciente tratado en la revista trimestral *Philosophia Reformata*, año 17 (1952), intitulado: "The Trascendental Critique of Theoretical Thought and the Thomistic *Theologia Naturalis*" ["La critica trascendental del pensamiento teórico y la teología natural tomista"]. No hay lugar en nuestra filosofía para un concepto analógico de ser en sus sentido teológico metafisico.

El *ser* ha de ser adscrito sólo a Dios, mientras que la creación sólo tiene *significado*, el modo dependiente de realidad o existencia. Un verdadero concepto de ser es imposible. La *palabra* 'ser' no tiene unidad de significado. Cuando, en nuestra introducción, llamamos 'significado' al ser de todo lo que ha sido creado, la palabra 'ser' designaba sólo "esencia", la cual no trasciende los linderos del significado. Sólo la idea básica trascendental que está gobernada por el motivo central de la divina

Un concepto analógico no puede ser útil en la filosofía, a menos que esté cualificado por un momento no analógico de significado que determine su sentido modal especial. Pero este estado de cosas no puede ser explicado antes del desarrollo de nuestra teoría de los aspectos modales de significado. Y esto está reservado para el segundo volumen de este trabajo.

La así llamada formalización lógica del concepto de totalidad y la idea filosófica de totalidad

Ahora bien, Edmundo Husserl ha supuesto en sus *Logische Untersuchungen* [*Investigaciones lógicas*] (II, 1, pp. 284 ss.) que uno puede pasar más allá de la diversidad modal [de significado] del concepto de totalidad mediante la formalización lógica del segundo. De este modo arribó a la relación "lógico formal" de "el todo y sus partes", la cual ha de ser purificada de toda especialidad de significado no lógica. Y considerando esta relación formal pueden ser formuladas, de acuerdo con él, diferentes proposiciones y definiciones puramente lógicas mediante el concepto formal de "fundamento lógico" (*logische Fundierung*). Debo reservar una crítica básica de estas definiciones y proposiciones puramente analíticas hasta que, en el curso de la discusión del problema del conocimiento en el volumen II, la distinción de Kant entre juicios analíticos y sintéticos sea sujetada a una investigación crítica.[1] Debo observar en el presente contexto, sin

---

Palabra-Revelación puede relacionar los diferentes aspectos modales del significado con el Ser divino del Origen. Pero esta idea no es un concepto autónomo y es incompatible con toda forma de teología natural.

[1] Que la proposición: "el todo es más que sus partes" deba ser puramente analítica ha de ser disputado sobre buenas bases. Puede incluso ser disputado sobre la base de que la pregunta de si *toda* totalidad implica la

embargo, que incluso un concepto lógicamente formalizado de "totalidad", concediendo que tuviera algún sentido,
debiera permanecer ultimadamente encerrado en la especialidad modal de significado, a saber en la del *aspecto modal
analítico*, el cual supone la coherencia intermodal de significado, especialmente la que hay entre el aspecto analítico y
el lingüístico.

Por esta misma razón, este concepto es inapropiado para
ocupar el lugar de la idea trascendental de totalidad. Por
el contrario, debe depender de una idea trascendental de
significado.

Sólo esta última puede, como un concepto límite, apuntar más allá de la diversidad modal hacia la coherencia temporal y la totalidad supratemporal de significado. No obstante, esta idea trascendental no es nada aparte de un contenido que el pensamiento filosófico es incapaz de derivar
de sí mismo.

Todo intento por determinar suficientemente el significado de los conceptos filosóficos necesariamente devela, en el
proceso de autorreflexión crítica, la idea básica trascendental del curso filosófico del pensamiento.

---

existencia de partes no ha de responderse en términos de la lógica pura. Incluso el significado lingüístico del término "totalidad" no es de un
carácter puramente lógico. El término en sí mismo puede muy bien ser
usado en oposición a "existente en partes". Esto vale en particular para
un todo concéntrico como la yoidad humana, en la cual se concentra la
existencia humana temporal entera.

Por lo demás, la explicación de Husserl muestra que su concepto formalizado de totalidad es concebido en el sentido especial de la matemática pura y que, de acuerdo con él, ésta ha de ser reducida a la lógica
pura. Consecuentemente, su formalización lógica del concepto "la totalidad y sus partes" está basado en una idea trascendental de la relación y
coherencia de los aspectos modales del significado.

El principio del Origen y el principio de continuidad en la filosofía de Cohen

Hermann Cohen, el fundador de la escuela neokantiana de Marburgo, por ejemplo, empieza por interpretar el pensamiento filosófico (la *"Vernunft"* ["razón"]) como un autosuficiente "pensamiento del ser" y de su origen. A este pensamiento, como pensamiento *del origen* (*Ursprungs-denken*), él le impone la tarea de crear la realidad a partir de este pensamiento mismo, a saber, en un proceso lógico trascendental acorde con el "principio de continuidad". Con referencia a tal programa se deben plantear los siguientes problemas críticos: *¿Dónde* encuentras realmente tu punto arquimediano en esa *"Vernunft"*, la cual tú mismo *rompes* en la diversidad modal de la razón lógica, ética y estética?[1] *¿*Qué *significado* adscribes al *principio del origen* y al de la *continuidad*, con el cual intentas unificar la diversidad modal del significado aludida?

¡Estas preguntas no han de ser evadidas en el pensamiento filosófico! El sistema de Cohen nos sugiere que el "principio de la verdad" (*Grundsatz der Warheit*) implica una coherencia *continua* entre *logos* y *ethos*. No obstante, el pensamiento y la volición han de tener diferentes significados. Por lo tanto, es inútil transferir los principios del "origen" y la "continuidad" de la "Lógica del conocimiento puro" a la "Ética de la voluntad pura". La *coherencia* en la *diversidad del signifi-*

---

[1] El mismo Cohen reconoce esta pregunta como un problema *especial* de la filosofía. Ver su *Lógica del conocimiento puro* (*Logik der reinen Erkenntnis*), 3a. edición, p. 17. En realidad es más bien el problema *básico* de su filosofía, con respecto al cual sólo la autorreflexión crítica acerca de su logicista idea básica podría traer claridad. Pues, aparte de una idea básica trascendental, la unidad de la conciencia no puede ser captada filosóficamente.

cado no puede ser buscada en la *especialidad del significado*. De seguro uno puede golpear sobre el yunque de la "unidad de la razón".[1] Pero, en tanto que esta unidad no se nos muestre en una totalidad *más allá de la diversidad* del significado, implicada en sus diferentes funciones, la "unidad de la razón" permanece como un *asylum ignorantiæ*.[2] Tan pronto como el principio de continuidad mismo de Cohen es reducido a su origen, resulta ser un principio con un sentido matemático

---

[1] Notablemente, encontramos este tipo de mistificación en el más alto grado en Kant, quien en su crítica ha contribuido al máximo a la disolución de esta supuesta unidad en el dualismo de la razón *teórica* y *práctica*, la cual en *substancia* (*esencia*) él nunca superó. En el Prefacio a la *Crítica de la razón pura* (KRV, 1a. edición) él escribe: "In der Tat ist auch reine Vernunft eine so volkommene Einheit, dasz, wenn das Prinzip derselben auch nur zu einer einzigen aller der Fragen, die ihr durch ihre eigene Natur aufgegeben sind, unzureichend wäre, man dieses immerhin nur wegwerfen könnte, weil es alsdann auch keiner der übrigen mit voller Zuverlässigkeit gewachsen sein würde". [Desde luego, la razón pura es una unidad perfecta a tal punto que, si el principio presentado por ella mostrara ser insuficiente para la solución de siquiera una sola de esas cuestiones a las cuales la misma naturaleza de la razón da nacimiento, debemos rechazarla, pues no podríamos estar perfectamente ciertos de su suficiencia en el caso de las otras].

En el Prefacio, p. 19, de su *Fundamentación de una metafísica de las costumbres* él habla de "am ende nur eine und dieselbe Vernunft, die blosz in der Anwendung unterschieden sein mag" [ultimadamente, es una y la misma razón la que debe mostrar diversidad sólo en su aplicación].

[2] Como en la expresión de Cohen: "das Denken, das die Bewegung mit sich führt, verwandelt sich selbst in Wollen und Handlung" [El pensamiento, en el que el movimiento es inherente, se transforma en voluntad y acción]. *Ethik des Reinen Wollens* [*Ética de la voluntad pura*], 4a. edición, p. 110. Cohen busca la unidad más profunda en el *Methode der Reinheit* [*Método de la pureza*], pero este método sólo puede unificar la fundamental diversidad del significado para una perspectiva logicista.

especial,[1] ¡el cual es absolutizado como una idea trascendental de la coherencia intermodal en la diversidad modal del significado! Aquí se manifiesta un motivo suprateórico, el que también determina el contenido de la idea de totalidad de Cohen.

El pensamiento teórico permanece aprisionado en la diversidad modal de significado y por lo tanto no se vuelve verdaderamente *pensamiento filosófico*, en tanto que no está dirigido por una idea trascendental de la totalidad que sea dependiente de un motivo básico suprateórico.

Ser y Validez y la cuestión preliminar crítica acerca del significado de estos conceptos

La así llamada Escuela Sudoccidental Alemana en la filosofía kantiana procede a introducir en el pensamiento filosófico la oposición entre *ser* y *validez*, *realidad* y *valor*. Detrás de esta oposición, germina nuevamente el problema trascendental de las relaciones mutuas entre especialidad modal, coherencia intermodal y totalidad de significado. Pues surge la pregunta: ¿En qué *sentido* se entienden aquí *ser* y *validez*? Se toman como determinaciones lógico trascendentales que se originan en el pensamiento como *categorías básicas*? Si esto es así, ¿puede una categoría básica de "ser" en su sentido *lógico* trascendental unificar la diversidad modal de los diferentes aspectos, la cual, incluso en una concepción naturalista abstracta de la realidad empírica tal y como la defendida por Kant, no puede ser eliminada? En la epistemología de Kant, "realidad" era una de las "categorías de la modalidad". ¿Es "validez" entendida también en el sentido de tal categoría? Si es así, puede unificar en este sentido lógico la

---

[1] De hecho, derivado del cálculo infinitesimal.

fundamental diversidad del significado en el "reino de los valores"?

De nada le sirve a Rickert reservar el término 'significado' exclusivamente para "cultura", como una relación subjetiva de "realidad" y "valores". La distinción filosófica fundamental entre "ser" y "validez" pretende tener un significado. La cuestión crítica es si estas categorías abarcan la totalidad del significado de la realidad empírica y el reino de los valores, respectivamente, o sólo de su aspecto lógico.

Genericidad del significado vesus totalidad del significado

Si la categoría no posee esta totalidad de significado, ¿cuál es entonces su relación con la totalidad y la coherencia del significado entre los aspectos modales? No avanzo un solo paso adscribiéndole a las "categorías lógicas" un mero *significado genérico*.

La nivelación de la diversidad modal de significado en el concepto genérico descansa en un incorrecto juicio acrítico del significado especial en el aspecto lógico

En una ciencia especial, de seguro, uno puede formar conceptos así llamados genéricos (conceptos de clase, de género, etcétera) para juntar los fenómenos individuales *dentro* de un aspecto modal especial de la realidad. Pero el irreducible *significado modal* de los diferentes aspectos mismos no les permite que sean nivelados lógicamente por ningún concepto genérico. Esta nivelación siempre implica que el significado específico del aspecto lógico sea ignorada. En el pensamiento teórico todo intento por glosar, mediante un "concepto genérico", la diversidad de significado del aspecto lógico y de los aspectos puestos en oposición al mismo, pone en evidencia la influencia de una idea básica trascendental. Pues en tal concepto genérico adscribo al significado modal especial de la lógica el poder de unificar la diversidad modal de significado en la *relación Gegenstand* teórica. Esto excede los límites la lógica genuina y atribuye a un concepto seudológico la función de una idea trascendental de totalidad.

El modo más seductor en el que la idea básica trascendental de la filosofía es enmascarada es el de la lógica dialéctica. Esto puede ser finalmente ilustrado por la posición filosófica de otro famoso pensador alemán acerca de la relación entre lógica y realidad.

El enmascaramiento de la idea básica trascendental por la así llamada lógica dialéctica. Teodoro Litt

Teodoro Litt, quien en este respecto intenta continuar la tradición del idealismo postkantiano, supone que ha encontrado el punto arquimediano de su pensamiento filosófico en la "reflexión pura" del pensamiento teórico sobre su propia actividad. En el decurso de sus investigaciones procede a introducir una identidad dialéctica del "ego pensante" (el pensamiento puro en su autorreflexión) y el "ego concreto" (el ego como una "totalidad" real individual de todas sus funciones sicofísicas "en el espacio y en el tiempo").

Sin embargo, en la consideración crítica de esta concepción dialéctica, estamos obligados a plantear las siguientes preguntas: *¿En qué sentido* entiendes esta "identidad dialéctica" y *en qué sentido* el "ego concreto"?

Entonces aparece inmediatamente que la "identidad dialéctica" es tomada en un sentido *lógico* trascendental; pues

Litt nos enseña: "En la unidad del yo pensante y el yo concreto, el primero logra el dominio".[1]

El "ego pensante" es concebido aquí en el sentido lógico reflexivo de la *Wissenschaftslehre* de Fichte. Es el "sujeto lógico trascendental de la epistemología de Kant que tiene su *Gegenstand* en el ego empírico en el tiempo y el espacio" pero que, en una segunda reflexión, debe superar esta antítesis que en Kant fue definitiva. Sólo en el "pensamiento puro", de acuerdo con Litt, llega el ego concreto a sí mismo. Pues el último no trasciende al primero. La relación es la conversa: "Éste" (*i.e.* el ego concreto) "tiene la posición de posible autoseguridad absolutamente *más allá* de sí mismo, y es así absolutamente *no übergreifend*" (*i.e.* capaz de concebir el ego trascendental).[2]

La cuestión crítica es, sin embargo, si la función lógica del pensamiento humana "pura" (*i.e.* abstraída) puede trascender los límites modales de su aspecto de un modo dialéctico, y si la unidad más profunda *más allá* de la diversidad modal de significado puede ser de un carácter lógico dialéctico. Aquí tocamos nuevamente el problema trascendental del "punto arquimediano", discutido en nuestra introducción.

En este "punto arquimediano" la diversidad modal del significado, que a primera vista es confundente, debe ser superada. Pues desde este punto nuestra ipseidad debe dirigir la visión filosófica de la totalidad sobre la diversidad modal y típica del significado en su distinción teórica.

---

[1] "In der Einheit von denkendem und konkretem Ich eignet dem ersteren die übergreifende Macht.

[2] *Einleitung in die Philosophie* (1933), p. 162: "Es hat den Standort möglicher Selbstvergevisserung durchaus *jenseits* seiner selbst, ist also durchaus *nicht* übergreifend".

En Litt, sin embargo, el relacionar teórico de la diversidad modal de significado con su unidad de raíz integral se
ha vuelto imposible como resultado del dualismo escondido
en su motivo religioso básico. Por lo tanto, él introduce una
idea *dialéctica* de unidad que debe relacionar esta diversidad
modal con los dos motivos antitéticos, cada uno de los cuales por sí mismo pretende expresar una unidad última de
significado (*naturaleza y libertad*).

**La diversidad modal y la identidad radical de significado.
La identidad lógica sólo tiene significado modelo.
Parménides**

Toda *diversidad* de significado en la realidad temporal supone una *coherencia* temporal de significado y la segunda, a su
vez, debe ser nuevamente la expresión de una *identidad* más
profunda. Hemos visto que la idea trascendental de coherencia del significado es el denominador básico necesario,
bajo el cual debo traer teóricamente los aspectos modales
para poder *compararlos* entre sí en su diversidad.

Pues si no fueran a tener nada *en común* entre sí, ni siquiera podrían ser *distinguidos* entre sí. Desde nuestro propio
punto de vista, como ya he observado previamente, sólo la
idea del tiempo trascendental puede fungir como tal denominador básico. Pues el orden cósmico del tiempo se expresa
por igual en la estructura modal de todos los aspectos, y los
trae a una indisoluble coherencia de significado, sin dero-
gación de su mutua irreducibilidad.

Pero la coherencia temporal del significado de los aspectos supone su más profunda identidad en una unidad religiosa de raíz. Pues hemos visto que sin esta última aun estaría faltando el *punto de partida* necesario para la compa-

ración, y consecuentemente para la síntesis teórica. El denominador de comparación mismo no puede dotarnos con este punto de partida.

Pero la unidad-e-identidad, tomada en su sentido *lógico* dialéctico, no es la unidad-e-identidad a la cual puede ser dirigida la idea básica trascendental de la filosofía.

Pues la unidad-e-identidad *lógica* o *analítica*, sobre la cual ParmÉnides supuso que podría construir su entera doctrina metafísica del ser, no es la unidad-identidad buscada *más allá de la diversidad temporal del significado*.

Es sólo por una identificación metafísica del pensamiento lógico reflexivo "puro" con el ser que Litt asume una unidad-e-identidad dialéctica del "ego-concreto" y el "ego lógico trascendental".

Aquí Litt tiene un desacuerdo fundamental con Kant, pero coincide con Fichte y Hegel. Mediante una lógica dialéctica intenta superar el dualismo en su *punto de partida* escondido: el motivo fundamental dialéctico de la naturaleza y la libertad. El "ego concreto" es concebido aquí como un "individuo físico-síquico" perteneciente al reino de la naturaleza. El "ego pensante puro" o el "sujeto lógico reflexivo" no es nada más que la expresión teórica del motivo libertad, en el acto reflexivo puro del pensamiento.[1]". ["La in-

---

[1] Ver *op. cit.*, p. 74: "Das seelische Leben so der umfassenden Kausalität des Naturgeschehens einorden −das heiszt dieses Seelenleben aufs offenkundigste "vergegeneständlichen". Geht man von diesem Aspekt in die Tiefen der Reflexion zurück, so sieht man die gennante Schwierigkeit alsbald in nichts zergehen. Denn einmal erweist sich hier die Ansicht, die das seelische Leben dem gegenständlichen Denken darbietet, als durchaus bedingt und der Korrektur sowohl fähig als auch bedürftig, womit an Stelle der "Freiheit" die angeblickte "Notwendigkeit" höchst zweifelhaft zu werden beginnt. Diese Anzweiflung aber verwändelt sich in Ver-

clusión de la vida síquica en la causalidad comprehensiva de los eventos naturales es vida síquica objetivizante del modo más manifiesto. Si desde este aspecto regresamos a las profundidades de la reflexión, la dificultad recién mencionada pasa a ser nada. Pues aquí aparece que el aspecto que la vida síquica presenta al pensamiento objetivizante es siempre, y en todo respecto, uno condicionado y capaz de corrección tanto como menesteroso de ella, de modo que en vez de la "libertad" es la "necesidad" la que empieza a ser de lo más dudoso. Esta duda se vuelve negación tan pronto como se presenta un pensamiento adicional: la más irrefutable evidencia del hecho de que la vida síquica es capaz de trascender cualquier tipo de "necesidad" ha de encontrarse en el pensamiento mismo que se vuelve consciente de sí mismo en la reflexión... La "libertad", dejando atrás toda forma de conexión entre causa y efecto, se realiza dondequiera que haya pensamiento, por ende tambien *a fortiori* dondequiera que se piense la "necesidad " y la "causalidad".] Tiene el poder libre y autónomo de oponerse al "ego concreto" completo que está disperso en la diversidad de sus funciones. Tiene también el poder soberano de trascender los límites modales del aspecto lógico y sus leyes analíticas. Consecuentemente, es idéntico con el "ego concreto", pero idéntico en un sentido *lógico-dialéctico*.

Sin embargo, esta idea dialéctica de unidad-e-identidad es seudológica. No es sino una idea básica trascendental enmascarada que expresa las presuposiciones de la filosofía de

---

neinung, sobald ein Weiteres bedacht wird: das unanfechtbarste Zeugnis dafür, das das seelische Leben der Erhebung über jede Art von "Notwendigkeit" fähig ist, liegt —in eben dem Denken selbst, das sich in der Reflexion seiner bewuszt wird... "Freiheit", die alle Verkettung von Ursache und Wirkung unter sich läszt, ist überall da verwirklicht, wo gedacht wird

Litt. Es concebida de una forma sintética acrítica, la cual en el proceso trascendental de autorreflexión crítica debe ser necesariamente reducida a una antitética. Pues el motivo básico dialéctico de la *naturaleza y la libertad* no permite una síntesis real de sus componentes antagónicos. No obstante, el motivo libertad tiene la tendencia interna a absorber el opuesto, así como el motivo del dominio de la naturaleza tiene la tendencia a absorber el motivo libertad. Esto es también demostrado por la importante sociología de Litt, en la cual el patrón de pensamiento de la ciencia natural es completamente reemplazado por uno fenomenológico dialéctico.

La lógica dialéctica es un intento acrítico por resolver el problema básico trascendental de la síntesis teórica. Intenta superar la antítesis teórica mediante una idea lógico dialéctica de unidad, la cual resulta no ser ninguna unidad en lo absoluto. Pues Litt en realidad no resuelve el problema trascendental concerniente a la unidad en la raíz de la diversidad modal de significado en su distinción teórica. No explica, ni puede hacerlo, cómo es que el "ego pensante puro" y el "ego concreto", el cual es su opuesto teórico (*Gegenstand*), pueden ser uno y el mismo. Esta identidad no puede ser lógica. Pues en este caso la relación *Gegenstand* sería eliminada, mientras que Litt quiere mantener esta última de modo enfático. Ahora vemos que ante la ausencia de una idea trascendental de la unidad integral en la raíz de la ipseidad humana –la cual es excluída por el motivo básico dialéctico de Litt–, la lógica dialéctica dota a la filosofía con una idea de unidad dialéctica aparentemente autónoma. Sin embargo, la crítica trascendental del pensamiento filosófico no permite ser desviada por el dogmatismo teórico. La lógica dialéctica no puede reemplazarla, más de lo que puede la metafísica escolástica.

La lógica misma ha de ser puesta por la filosofía dentro del complejo de problemas involucrados en la relación entre especialidad modal, diversidad, coherencia temporal y totalidad de significado.

Quien quiera evitar caer en el error acrítico del logicismo, debe admitir que el aspecto lógico del pensamiento mismo se halla encerrado dentro de la diversidad modal y la coherencia intermodal de significado y —al menos en este respecto— no tiene ventaja filosófica por encima de los demás aspectos. En este mismo punto, la concepción religiosa bíblica del centro de la existencia humana despliega su plena significación crítica para la filosofía.

Litt intenta no sólo una identidad *lógica* del pensamiento puro con el ego concreto, sino una *real*, para salvar la identidad real de la ipseidad en la antítesis de la relación *Gegenstand*.

No puede aceptar, sin embargo, la trascendencia religiosa de la yoidad con respecto a su pensamiento lógico puro. Se adhiere a la opinión de que el ego, al elevarse a la función abstracta del pensamiento puro, ha alcanzado el límite último de sus posibilidades internas.[1]

---

[1] *Op. cit.*, pp. 162-3: *"Damit ist schon gesagt, dasz das Ich erst, indem es sich zum Ich des reinen Denkens zuspitzt und emporsteigt, das äuszerste und Letzte seiner inneren Möglichkeiten erreicht: denn erst als solches wird es Subjekt der Reflexion und damit mächtig der "übergreifenden" Denktat. In seinen Gesichtskreis fällt von nun an grundsätzlich alles, was das konkrete Ich nur immer tun und erleiden mag; es ist im Besitz der Souveränität, die es ihm gestattet, sich dem Ganzen seines konkreten Erlebens, dieses sein denkendes Tun eingeschlossen, gegenüberzustellen".* [Esto es decir que sólo al rarificarse y elevarse hacia el yo del pensamiento puro puede el yo alcanzar los límites extremos y las últimas de sus posibilidades

Consecuentemente, de acuerdo con él, la identidad real del ego "concreto" y el "puramente pensante" debe ser lógico dialéctica, pues el ego "llega a sí mismo" sólo en el pensamiento reflexivo puro. Éste es un logicismo dialéctico metafísico, aunque Litt enfáticamente rechaza la concepción metafísica aristotélica del pensamiento puro como una sustancia que está absolutamente separada del "ego concreto".

§7 LA IDEA BÁSICA TRASCENDENTAL COMO HIPÓTESIS DE LA FILOSOFÍA

El carácter teórico de la idea básica trascendental y su relación con la experiencia preteórica

Puede plantearse ahora la cuestión de por qué concebí los contenidos de la idea básica trascendental de la filosofía sólo como una determinación fundamental de la relación entre origen, totalidad y diversidad modal del significado en la coherencia de los diferentes aspectos modales. ¿No es ésta una concepción demasiado abstracta de esta idea básica?

Hemos visto que la experiencia preteórica no ha arribado todavía al nivel del análisis teórico de las diferentes modalidades del significado; por lo tanto, no concibe explícitamente los aspectos modales de la realidad temporal. La realidad se presenta a la visión preteórica exclusivamente en las típicas estructuras totales de individualidad, las cuales abarcan todos los aspectos modales juntos; pero los segundos no son concebidos aquí en una distinción teórica. Ahora resulta cla-

---

internas −pues sólo como tal se vuelve sujeto de la reflexión y consecuentemente capaz de pensamiento "comprehensivo". Todo lo que el yo concreto puede jamás hacer o sufrir cae dentro de este rango de visión: está en posesión de la soberanía que lo capacita para oponerse la totalidad de su experiencia concreta, incluyendo la de su acto de pensamiento].

ro que la experiencia preteórica no es en modo alguno carente de consecuencias para la filosofía. Por lo tanto, parece insuficiente apuntar la idea básica trascendental sólo hacia la antítesis teórica de los aspectos modales de la realidad temporal.

Toda visión filosófica de la realidad empírica debiera ser confrontada con el dato de la experiencia preteórica para probar su habilidad de explicar este dato de una manera satisfactoria. Por lo tanto, ¿no es también necesario dirigir el contenido de la idea básica trascendental hacia la diversidad y coherencia de significado en las estructuras típicas de individualidad?

El dato de la experiencia preteórica como un problema filosófico

Respondo esta pregunta como sigue.

La filosofía debe convertir el dato de la experiencia preteórica en un problema filosófico fundamental. Pues es evidente que manteniendo la actitud de la experiencia preteórica uno nunca sería capaz de explicar filosóficamente ese dato. Consecuentemente, puesto que la filosofía está ligada a la actitud teórica del pensamiento, su idea básica trascendental está también ligada a la relación *Gegenstand* teórica, en la cual la realidad temporal es separada en sus aspectos modales.

Por lo tanto, la filosofía no puede examinar las estructuras típicas de individualidad totalidad sin un análisis teórico de su unidad dada. Estas estructuras, también, debe ser convertidas en un problema filosófico, y este problema no puede ser otro sino el de su unidad temporal en la diversidad modal de significado que se manifiesta en los diferentes aspectos de la realidad. Su carácter típico y su relación con la individualidad concreta no anula este estado de cosas.

Además, la idea básica trascendental del significado implica una relación con el lado cosmonómico así como con el lado sujeto de la realidad temporal. Y el segundo es por naturaleza individual. En otras palabras, esta idea trascendental es también una idea básica de tipo e individualidad, pero siempre está atada a la relación *Gegenstand* teórica.

El concepto preteórico de cosa y el especial concepto cientíifico de función

Al nivel del moderno pensamiento científico, el concepto preteórico de la cosa está en proceso de ser partido en conceptos funcionales. Esto se hace para obtener conocimiento de la coherencia funcional de los fenómenos dentro de un aspecto modal especial. Bajo la influencia del ideal humanista clásico de la ciencia, que examinaremos ahora en detalle, hubo incluso una evidente tendencia a eliminar las estructuras típicas de individualidad y a disolver la realidad empírica entera en un sistema funcional continuo de relaciones causales. Esto fue, de seguro, una absolutización del concepto científico de función que no podía sino extraviar al pensamiento filosófico. Sin embargo, esta consideración no anula el valor del concepto de función como tal.

Las ganancias resultantes de su aplicación en las diferentes ramas de la ciencia fue enorme. Uno a uno, los aspectos modales de la realidad temporal, especialmente los matemáticos y los físicos, abrieron ante el penetrante análisis científico el secreto de sus relaciones y leyes funcionales inmanentes.

Pero entre más profundamente penetraba el pensamiento científico especial en su *Gegenstand* (*i.e.* el aspecto especial de la realidad abstraído que limita su campo de investigación), más agudamente se revelaba la deficiencia del pensamiento teórico en comparación con la experiencia preteórica.

Al estar atado a un punto de vista científico especial, una ciencia especial pierde la visión de la totalidad con respecto a la realidad empírica, y consecuentemente la realidad empírica misma en su integridad cae fuera de su alcance. Si la ciencia especial fuera a ser enteramente autónoma, este vacío nunca podría ser llenado y la ciencia especial sería imposible ante la carencia de una genuina visión de la realidad. Pues la realidad temporal no está dada en aspectos modales abstraídos; no se ofrece a sí misma *gegenständlich*. La ciencia especial nunca está en posición de explicar nuestra experiencia preteórica de las cosas; ni siquiera puede rendir una explicación de su propia posibilidad.

La experiencia preteórica tiene una visión integral de la totalidad, en la medida en que concibe las cosas y los eventos temporales en sus típicas estructuras de totalidad individual. Más aun, en tanto que está enraizada en el motivo básico de la religión cristiana, la experiencia preteórica también tiene la visión radical e integral de la realidad temporal por la cual la segunda es concebida en su verdadera raíz religiosa y en su relación con su verdadero Origen. Pero esta visión de la totalidad es preteórica, y por falta de compenetración teórica en la diversidad modal de significado no satisface los requerimientos de la idea básica trascendental como hipótesis del pensamiento filosófico. La unidad concreta de las cosas no es un problema para la experiencia preteórica.

La filosofía, la ciencia especial y la experiencia preteórica

Sólo la filosofía tiene la tarea de captar en la visión de la totalidad los diferentes aspectos modales del significado tal y como son separados por el pensamiento teórico. De este modo, la filosofía tiene que explicar tanto la experiencia preteórica como la ciencia especial.

Por lo tanto, incluso donde la experiencia preteórica se convierte en un problema teórico para la filosofía, la idea básica trascendental de la segunda no puede tener otro contenido que el que hemos encontrado en nuestra crítica trascendental.

Metódicamente, la indagación filosófica sobre las estructuras modales de lo aspectos abstraídos de la realidad temporal debe necesariamente *preceder* el análisis filosófico de las estructuras típicas de totalidad individual. Pues las segundas implican el problema teórico de la unidad temporal estructural en la diversidad de sus aspectos modales. La ciencia especial, como tal, en sus diferentes ramas no puede tener ni una concepción autónoma de las estructuras modales de los diferentes aspectos ni de las estructuras típicas de totalidad individual.

Pues un análisis teórico de estas estructuras temporales requiere la visión teórica de la totalidad, la cual es en la naturaleza del caso de carácter filosófico.

La estructura modal de un aspecto especial es una unidad temporal en una diversidad de momentos modales estructurales que pueden desplegar su significado modal sólo en su coherencia y totalidad estructural. Además, hemos visto que dentro de la estructura modal de un aspecto especial se expresa la coherencia intermodal del orden del tiempo cósmico, de modo que la primera no puede ser concebida teóricamente sin una idea trascendental de su coherencia con todos los otros aspectos modales y de la unidad radical de la diversidad modal de significado. Las ciencias especiales –con la excepción de las matemáticas puras–, están dirigidas hacia el examen de la coherencia funcional así como del carácter típico (y en diferentes ramas de la ciencia también la individualidad) de los fenómenos transitorios *dentro* de un aspecto modal especial de la realidad temporal. Las mismas estructuras modales de la realidad temporal no han de concebirse teóricamente mediante conceptos científicos especiales, los que a su vez deben ser convertidos en un problema filosófico. Cuando, por ejemplo, la teoría de la relatividad de Einstein maneja los conceptos de tiempo y espacio, el significado sintético especial de estos conceptos en relación con los de otras ciencias especiales como la biología, la sicología, la historia, etcétera, permanece oculto.

Este significado sólo se puede clarificar mediante una indagación filosófica sobre la estructura modal del aspecto físico, la cual requiere la visión teórica de la totalidad.

No obstante, una concepción filosófica de esta estructura modal es una hipótesis implícita de la física, pues su rama especial de investigación está limitada en principio por la estructura del aspecto físico de la experiencia y la realidad empírica.

Pensamiento "reflexivo" versus "objetivo" en la filosofía reciente. La confusión entre "objeto" y *"Gegenstand"* en esta oposición

No es correcto que la filosofía deba o pueda abandonar la relación antitética (relación *Gegenstand*) que encontramos inherente a la actitud teórica del pensamiento. Esto es supuesto por la corriente en la filosofía de la inmanencia moderna que opone la filosofía (como pensamiento reflexivo, introvertido en el "sujeto lógico trascendental del pensamiento puro") a todo *"gegenständliches Denken"* ["pensamiento tipo *Gegenstand*"]. Este último debiera ser el modo preteórico de pensamiento propio de las ciencias especiales, enteramente perdido en el estudio de sus "objetos" sin reflexionar acerca de la actividad del ego pensante puro, el cual nunca puede ser convertido en *Gegenstand*. Hemos encontrado esta concepción de la diferencia entre pensamiento filosófico y científico "objetivo" en la discusión de la posición de Teodoro Litt sobre la relación entre el "ego pensante" y el "ego concreto".

Es evidente que está basada en una fatal confusión entre "objeto" y *"Gegenstand"* y entre las actitudes de pensamiento realmente "preteórica" y teórica. De hecho, resultó que el "ego pensante puro" de Litt no pudo ser separado de la *relación Gegenstand*.

Lo que distingue a la filosofía de la ciencia especial no puede ser el abandono de la relación antitética, sino más bien el enfoque (de la primera) hacia la totalidad y unidad en la raíz del significado temporal. Hemos visto que esta dirección concéntrica del pensamiento teórico sólo es posible mediante la verdadera autorreflexión crítica que debe pasar a través del horizonte teórico para obtener autoconocimiento religioso.

La idea básica trascendental como hipótesis de la filosofía

Consecuentemente, arribamos una y otra vez a la idea básica trascendental como la *hipótesis* real del pensamiento filosófico. La suposición de que la filosofía podría abstenerse de dar una explicación de las condiciones de su posibilidad ha resultado ser acrítica en el más alto grado.

En primer lugar, la filosofía misma requiere su fundamento trascendental, su ὑπόθεσις. Está involucrado un círculo vicioso en hacer de la ciencia especial un problema filosófico (epistemológico) mientras que hay una sustracción de una consideración crítica de las presuposiciones del pensamiento filosófico mismo. Pues el principal problema trascendental involucrado en una ciencia especial, a saber la posibilidad de una síntesis intermodal de significado, está *a fortiori* implicado en el pensamiento filosófico. El segundo está inmediatamente confrontado en cada etapa de su investigación con el problema fundamental concerniente a la relación de origen, totalidad, diversidad modal, y coherencia intermodal de significado.

Ahora bien, puesto que el pensamiento filosófico no puede convertirse en su propio *Gegenstand*, la filosofía, en la cuestión básica crucial relativa a su propia posibilidad, encuentra sus límites inmanentes dentro del tiempo cósmico. Estos límites sólo pueden ser explicados en la dirección concéntrica del pensamiento teórico hacia sus presuposiciones suprateóricas.

El pensamiento verdaderamente *reflexivo*, por lo tanto, se caracteriza por la autorreflexión crítica acerca de la idea básica trascendental de la filosofía, en la cual el pensamiento filosófico apunta más allá y por encima de sí mismo hacia sus propias condiciones apriori, dentro y más allá del tiempo cósmico.

Tan pronto como el pensamiento teórico reflexivo es concebido como acto "libre" que trasciende todos los límites estructurales, debido a que estos sólo pueden pertenecer al mundo *gegenständliche,* arribamos una vez más a la concepción ilusoria de la soberanía y autonomía de la reflexión filosófica.

La trampa en esta concepción resultó ser la identificación del *Gegenstand* con la realidad temporal, debido a una falta de compenetración en el verdadero carácter de la relación *Gegenstand* y del tiempo cósmico como una hipótesis del segundo. Los límites estructurales del pensamiento filosófico trascienden la relación *Gegenstand* porque están fundados en el tiempo cósmico, el cual no puede ser determinado por el pensamiento, pues es la misma presuposición de éste.

Sólo en la reflexión sobre su idea básica trascendental es la filosofía empujada a sus límites apriori irremontables, los que dan al pensamiento filosófico su carácter último bien definido en la coherencia cósmica universal del significado. No es el pensamiento filosófico el que determina sus condiciones apriori en autosuficiencia, sino al revés: el pensamiento filosófico es determinado y limitado por su enfoque trascendental hacia sus supuestos. Está limitado al ser acotado en su estructura intencional tanto como óntica en el tiempo cósmico.

En la idea básica de la filosofía estamos empeñados en la reflexión *mientras pensamos* en los límites del pensamiento filosófico. Esta idea es por lo tanto, en el sentido pleno de la palabra, un concepto *límite par excellence,* el *fundamento* trascendental final o ὑπόθεσις de la filosofía, al cual nos retiramos en nosotros mismos cuando pensamos. Podemos reflexionar críticamente sobre los límites del pensamiento filosófico sólo porque *en nuestra ipseidad* los trascendemos como límites del conocimiento *filosófico.* Los presupuestos de la filosofía, hacia los cuales apunta la idea básica de la filosofía, son ellos mismos infinitamente más que *idea*. El idealismo, que eleva la idea misma como totalidad de significado, sólo es posible sobre la posición de la inmanencia. Pero su *fundamento trascendente*, su *idea básica* filosófica continúa apuntando *más allá de la idea* hacia aquello que excede los limites trascendentales de la filosofía, en tanto que sólo aquello *hace posible el idealismo filosófico*. La posición de la inmanencia meramente evita que el pensamiento filosófico proceda a esta última etapa de la autorreflexión crítica.

La relación de puntos de vista trascendentes e inmanentes y el significado original del motivo trascendental

Podemos así resumir provisionalmente nuestro punto de vista con referencia a los límites de la filosofía:

La presuposición religiosa de la filosofía, hacia la que está dirigida en sus contenidos la idea básica como fundamento trascendente de la filosofía, hacia la cual *apunta* como idea, es de una naturaleza *trascendente*, mientras que el pensamiento filosófico mismo es de una carácter *trascendental*. La elección de un punto arquimediano necesariamente cruza la línea limítrofe de la coherencia temporal de nuestro mundo. La filosofía misma, *aunque dirigida* por su idea básica, permanece dentro de esta línea limítrofe, *porque sólo es posible por virtud del orden temporal del mundo.*

Trascendente y *trascendental*, tomados en este sentido, no son así un dilema. Pues la dirección realmente trascendental del pensamiento teórico presupone la esfera trascendente y central de nuestra conciencia a partir de la cual esta dirección empieza, puesto que este punto de partida no ha de encontrarse en el pensamiento teórico mismo.

Sólo esta visión de la relación entre las condiciones trascendentes y trascendentales de la filosofía hace justicia al *significado crítico* original del pensamiento trascendental.

La opinión de Kant concerniente a las ideas trascendentales. Por qué falló Kant al concebir estas ideas como ὑπόθεσις de sus críticas

La dirección trascendental real de la epistemología de Kant en este sentido crítico original no se manifiesta hasta que la función necesaria de las ideas trascendentales de la razón teórica es discutida en la "dialéctica trascendental". Aquí Kant claramente explica que estas ideas apuntan a una totalidad absoluta que trasciende los límites objetivos de la "experiencia objetiva", y que al mismo tiempo en su conocimiento teórico permanecen ligados a los límites inmanentes del conocimiento teórico mismo. Aquí también emergen las tres ideas trascendentales que en su triunidad deben ser consideradas como la idea básica trascendental y la real ὑπόθεσις de toda posible filosofía, a saber, la idea de universo que –aunque en Kant está restringida a la esfera de la "naturaleza"– corresponde a nuestra idea de la coherencia integral de significado en el tiempo cósmico; la idea de la unidad última de la ipseidad humana; y la del Origen absoluto (*Urwesen*).

No obstante, Kant no acepta estas ideas trascendentales en su triunidad como la hipótesis real de su filosofía "crítica". No ve que, en su mismo uso teórico, deben tener un contenido real que necesariamente depende de presuposiciones suprateóricas que difieren de acuerdo con los motivos religiosos básicos del pensamiento teórico. Restringió su significancia teóricamente a una puramente lógico formal;

tienen, de acuerdo con él, sólo una función sistemática regulativa en relación con el uso de los conceptos lógicos (categorías) que están relacionados apriori con la experiencia
sensorial. ¿Por qué abandonó Kant en este punto crítico el
motivo trascendental real?

Naturalmente, uno podría contestar: porque se aferró a
la autonomía del pensamiento teórico, y esto no sería incorrecto. Pero la razón más profunda ha de encontrarse en
el hecho de que se había dado cuenta de la antítesis irresoluble en el *motivo básico de la naturaleza y la libertad*, y ahora
rechazaba todo intento de síntesis dialéctica.

No obstante, él no vio que su misma epistemología teórica permanecía atada a una idea básica trascendental cuyos
contenidos estaban determinados por este mismo motivo religioso básico. Su concepción de la autonomía y espontaneidad de la función lógica trascendental del pensamiento está
sin duda gobernada por el motivo humanista de la libertad,
mientras que el motivo naturaleza encuentra expresión clara en su concepción del carácter puramente receptivo de la
función sensorial de la experiencia, y de su sujeción a las determinaciones causales de la ciencia. Kant aceptó la síntesis
entre necesidad natural y libertad en su concepción epistemológica concerniente a la relación apriori de las categorías
trascendentales con la experiencia sensorial, mientras que
rechazó esta síntesis en su ética. No obstante, veremos en la
más detallada investigación sobre su teoría del conocimiento que no pudo explicar la posibilidad de la síntesis entre
las funciones lógica y sensorial de la conciencia, debido a
su punto de partida dualista. Consecuentemente, ello no ha
de explicarse en términos de una crítica puramente teóri-

ca del conocimiento humano. Sino que es dependiente del dualismo fundamental en su motivo religioso básico.

Fue Fichte quien trató de eliminar las dificultades involucradas en la concepción dualista kantiana

En la primera edición de su *Wissenschaftslehre*, Fichte hizo de la "libertad *práctica*" la hipótesis de su epistemología teórica e introdujo una lógica dialéctica con el objeto de cerrar la brecha kantiana entre epistemología y ética. Esto tampoco ha de ser entendido desde un punto de vista puramente teórico, sino sólo desde la nueva concepción de Fichte de la idea básica trescendental del pensamiento humanista. En esta concepción, el postulado de continuidad, implicado en el motivo libertad, rompió lo límites que habían sido aceptados con respecto al uso teórico de la idea trascendental de la libertad.

De cualquier manera, el mismo motivo trascendental implica el enfocamiento del pensamiento teórico por la autorreflexión sobre su idea básica trascendental, la cual apunta más allá y por encima de sus propios límites teóricos hacia sus presupuestos trascendentes.

En la "dialéctica de la razón pura" de Kant, las ideas trascendentales dentro de sus límites teóricos apuntan, desde luego, a un reino trascendente del "noúmeno", en el cual al menos las ideas de voluntad autónoma libre y de Dios tienen "realidad práctica". Kant no aceptó límites del pensamiento teórico que no hubieran sido puestos por el pensamiento mismo, excepto su estar ligado a la percepción sensorial. La idea trascendental de libertad en su relación dialéctica con la categoría de la causalidad es, de hecho, la *hipótesis* de su lógica trascendental, aunque no la haya reconocido como tal. Ésta es la misma idea que en la *Crítica de la razón práctica* de Kant obtiene "realidad práctica" para la "creencia razonable".

Si se pierde de vista esta función esencial de la idea trascendental como *hipótesis* en su apuntar más allá de los límites del pensamiento teórico, el mismo motivo trascendental escondido en la crítica de Kant no puede ser entendido.

El declive del motivo trascendental en el logicismo metodológico de Marburgo, en la concepción del pensamiento reflexivo de Litt y en la "egología" de Husserl

En el (así llamado crítico) idealismo logicista de la Escuela de Marburgo este motivo se desdibuja en el postulado meramente metodológico de la pureza lógica y la continuidad en el sistema del conocimiento. Cuando Cohen dice que la idea trascendental no es sino la "autoconciencia del concepto (lógico)", este pronunciamiento carece del mismo significado trascendental de la concepción de Kant, porque en Cohen ha desaparecido el apuntar de esta idea hacia una esfera trascendente. La tendencia hacia el origen por parte del pensamiento filosófico, que en su *Logik des Ursprungs* [*Lógica del origen*] es muy evidente, aquí no logra conducir a la autorreflexión crítica en el verdadero sentido de la palabra. Lo mismo debe decirse con respecto a la concepción de Litt de la pura autorreflexión del pensamiento teórico y con respecto a la así llamada "egología" de Edmund Husserl, las cuales excluyen la existencia de límites para el "cógito trascendental" ("yo pienso"). No importa cuanto puedan diferir entre sí estas últimas concepciones del "cógito", ambas niegan la trascendencia del ego con respecto al pensamiento trascendental o la conciencia trascendental (fenomenológi-

camente purificada), respectivamente. La misma idea trascendental, apuntando más allá y por encima de sí misma
hacia las presuposiciones del pensamiento filosófico, carece
de sentido aquí.

La idea básica de la filosofía permanece como una ὑπόθεσις subjetiva. El criterio de verdad y el relativismo

En su función trascendental entera la idea básica de la filosofía permanece siendo sólo una ὑπόθεσις (hipótesis) *subjetiva*
de la filosofía –aunque necesaria. Esta hipótesis no puede
dominar la verdad de una manera relativista. La verdad de
esta hipótesis, por el contrario, es *responsable* ante el foro de
un juez último.

En la misma investigación sobre el criterio universalmente válido de verdad, tendremos que pelear la batalla decisiva
con aquellas corrientes en la filosofía de la inmanencia que
suponen que sólo la posición de inmanencia garantiza tal
criterio.

Si tenemos éxito en demostrar que es de hecho la posición de inmanencia la que conduce a una relativización
completa de este estándar, entonces estas corrientes en la filosofía de la inmanencia son expulsadas de su posición de
guardianes de la "verdad objetiva" mediante una crítica inmanente.

En el presente contexto, en el cual estamos discutiendo
la necesaria función apriori de la idea básica de la filosofía,
sólo intentamos cortar el paso a la incomprensión para el
efecto de que nuestra filosofía convertiría en relativismo el
criterio de verdad.

Los límites trascendentales de la filosofía y el criterio de la metafísica especulativa

El pensamiento filosófico, en su dirección trascendental hacia la totalidad y Origen del significado, permanece atado al tiempo cósmico. El tiempo cósmico es su presuposición y, en este tiempo, la filosofía está atada a un orden cósmico (a ser explicado después).

Toda filosofía que no logre apreciar este límite cae necesariamente en la *metafísica especulativa*. En todas sus variedades, la segunda busca característicamente lo absoluto y supratemporal *dentro* del orden cósmico del tiempo a través de la absolutización de los modos especiales del significado.

En el sentido arriba mencionado, toda forma de absolutización de la función de pensamiento teórica lógica es metafísica especulativa. Un carácter metafísico especulativo pertenece también a la posición de que las leyes de los aspectos modales especiales de nuestro cosmos (*e.g.* las leyes del número, el espacio, la lógica, la moralidad, la estética) poseen validez universal absoluta, incluso para Dios. Lo que hemos dicho se aplica tanto a la antigua doctrina platónica de las ideas como a la moderna teoría de los valores absolutos, la doctrina de las "verdades en sí mismas" y "*Sätze an sich*" ["proposiciones en sí mismas"], y la "conciencia absoluta" en la fenomenología de Husserl. Es igualmente aplicable a la tradicional doctrina metafísica del alma inmortal (esto es, ¡como un complejo de funciones verdaderamente temporales!). La moderna hipostatización del *Geist* en las más altas funciones síquicas (no sensoriales), lógicas, y postlógicas, de los actos mentales, es también especulativa y metafísica independientemente de si esta hipostatización se despliega en un sentido racionalista o irracionalista.

Todas esas teorías especulativas y consecuentemente acríticas no logran apreciar los límites inmanentes del pensamiento filosófico. Descansan en una absolutización de los aspectos modales abstraídos por el pensamiento teórico de la coherencia temporal del significado. Perturban el reino absolutizado del significado al adscribirle el modo de subsistencia del ἀρχή, independientemente de si este modo de subsistencia es pensado como "ser" o como una realidad no sustancial, o como "validez" e independientemente de si la absolutización respeta el *lado sujeto* real individual o desde luego el *lado cosmonómico* del reino especial del significado. Cuando procedemos a examinar más cercanamente la inseparable coherencia de todos los aspectos especiales del significado en nuestro cosmos, se volverá completamente clara para nosotros la oquedad interna de tales especulaciones metafísicas.

El veredicto de Calvino contra esta metafísica

El juicio de Calvino: *"Deus legibus solutus est, sed non exlex"* ("Dios no está sujeto a las leyes, pero no es arbitrario") toca los fundamentos de toda metafísica especulativa exhibiendo los límites para la razón humana puestos por Dios en su orden para el mundo. Este es el alfa y el omega de toda filosofía que luche por adoptar una posición crítica no de nombre, sino de hecho.

He puesto todo el énfasis sobre el carácter trascendental de la auténtica filosofía crítica porque deseo cortar de raíz la interferencia de la metafísica en los asuntos de la religión cristiana. Una auténtica filosofía crítica es consciente de su atadura con el orden del tiempo cósmico. Sólo apunta más allá y por encima de su línea limítrofe hacia sus presupuestos. Su tarea, digna de la divina creación humana, es grande; no obstante, es modesta y no eleva a la razón humana al trono de Dios.

§8 LA IDEA BÁSICA TRASCENDENTAL DE LA FILOSOFÍA COMO IDEA COSMONÓMICA (*Wetsidee*)

El origen de esta terminología

Desde el principio he introducido el término holandés *wetsidee* (*idea legis*) para la idea básica trascendental o idea básica de la filosofía. El mejor término castellano correspondiente a ella parece ser "idea cosmonómica", puesto que la palabra "ley" utilizada sin ulterior especificación evocaría un sentido jurídico especial que, desde luego, no puede ser significado aquí.

Este término fue acuñado por mí cuando fuí particularmente impactado por el hecho de que diferentes sistemas de filosofía antigua, medieval y moderna (como el de Leibniz) *expresamente* orientaron el pensamiento filosófico a la idea de un orden divino del mundo, el cual era cualificado como *lex naturalis, lex æterna, harmonia præstabilita*, etcétera.

En esta idea cosmonómica, la cual implicaba una idea trascendental de la subjetividad, se escogió una posición apriori con respecto a los problemas trascendentales básicos del pensamiento filosófico.

En los sistemas que tenemos en mente, esta idea cosmonómica fue generalmente concebida en gran medida de una manera racionalista y metafísica. Por ende, se volvió una tarea muy atractiva mostrar que cada auténtico sistema de filosofía está realmente *basado* en una idea cosmonómica de uno u otro tipo, incluso cuando su autor no da cuenta de ello; y la ejecución de la tarea intentada aquí estaba destinada a tener éxito. Pues no es posible que el pensamiento filosófico, el cual está intrínsecamente sujeto al orden temporal del mundo, no debiera estar cargado con una visión apriori acerca del origen y totalidad de este orden cósmico y su *sujeto* correlativo. Y la filosofía debe tener una visión apriori con respecto a la mutua relación y coherencia de los diferentes aspectos del significado en los cuales se manifiestan el orden divino y su sujeto.

Objeciones en contra del término "idea cosmonómica" y los fundamentos para mantenerlo

No obstante, no puede negarse que la elección del término "idea cosmonómica" puede conducir a incomprensión.

Es así que el Dr H. G. Stoker, profesor de filosofía en la Universidad de Potchefstroom [Sudáfrica], en sus interesantes escritos *The New Philosophy at the Free University* [*La nueva filosofía en la Universidad Libre*] (1933) y *The Philosophy of the Idea of Creation* [*la filosofía de la idea de la creación*] (1933), pensó que tenía que contrastar la idea cosmonómica, como una idea básica más estrecha, con la idea de la creación como la omniabarcante. Posteriormente, el famoso filósofo y científico holandés Dr Philip Kohnstamm se unió a esta opinión después de su transición a la filosofía de la idea cosmonómica.

Sin embargo, hay razones especiales para mantener el primer término como una designación para la idea básica trascendental de la filosofía. En primer lugar, al apuntar hacia las *cuestiones preliminares* del pensamiento filosófico, la idea básica de la filosofía debe ser concebida de tal modo que atraiga la atención como una condición necesaria para *todo sistema filosófico*. Esto implica que el término universal por el cual la idea básica es designada puede no incluir contenidos especiales derivados del motivo básico de la religión cristiana. La determinación del *contenido* de la idea básica trascendental ha de ser sujeta a discusión subsecuente.

Una idea cosmonómica se halla realmente en la base de todo sistema filosófico. Por otra parte, una idea de creación será rechazada como una idea básica trascendental de la filosofía por cada pensador que niegue la creación, o en cualquier caso suponga que debe ser eliminada del pensamiento filosófico.

Además, si uno quiere determinar los *contenidos* de la idea básica *cristiana* para el pensamiento filosófico, el término "idea de la creación" es ciertamente insuficiente para este fin.

Pues en el motivo central de la religión cristiana, el cual domina estos contenidos, la caída y la redención en Jesucristo, en la comunidad del Espíritu Santo, también juega un papel esencial.

En segundo lugar, el término "idea cosmonómica" tiene a su favor el hecho de que en su apuntar al origen y significado del *nomos* u orden cósmico, y a su relación con la *subjetividad*, da expresión desde el comienzo al caracter *limitante* de la idea básica trascendental.

Pues el *nomos* es *ex origine*, como incluso Sócrates argumentó en el famoso diálogo *El Filebo* de Platón, *limitación* de un sujeto.

Visto así, el término "idea cosmonómica", debido a su enfoque crítico de las cuestiones preliminares concernientes al significado (en su origen, totalidad y diversidad modal) hacia la relación del orden cósmico (*nomos*) y su sujeto, realmente designa el criterio central para la discriminación fundamental de los diferentes puntos de partida y tendencias en la filosofía. En la idea básica trascendental del orden cósmico corre la línea limítrofe entre la filosofía de la inmanencia en todas sus tonalidades y la posición de trascendencia cristiana en la filosofía. Es aquí donde realmente reside el criterio para una filosofía verdaderamente *trascendental* que reconozca sus límites cósmicos inmanentes, y la metafísica especulativa que supone que puede transgredir los últimos. Aquí, dentro de la filosofía de la inmanencia ha de encontrarse el criterio de racionalismo que absolutiza las leyes naturales y éticas a costa de la subjetividad individual; y del irracionalismo que, por el contrario, intenta reducir el *nomos* a una función dependiente de la subjetividad individual creativa.

Finalmente, la incomprensión con respecto al importe del término "idea cosmonómica" puede ser fácilmente atajado mediante una corta explicación de su significado.

Considerada desde el punto de vista lingüístico, puede parecer referirse sólo al *lado nomos* del cosmos. Sin embargo, realmente ocupa del mismo modo una posición con referencia al *lado sujeto* de la realidad en toda su individualidad. Pues el *nomos* cósmico tiene significado sólo en una correlación indisoluble con el *lado sujeto* del cosmos.

En otras palabras, la idea cosmonómica implica la *idea de sujeto*, la cual apunta hacia el *lado factual de la realidad* de acuerdo con la relación básica entre totalidad, diversidad y coherencia de significado.

Por lo demás, no puedo concederle un valor muy grande a una discusión acerca del nombre que ha de ser dado a la idea básica trascendental de la filosofía. En último análisis, lo que importa no es el *término* sino aquello que se *significa* con él.

Cualquiera que tenga entonces objeción en contra del término "idea cosmonómica" que lo evite y use el término "idea básica trascendental".

En los Países Bajos, sin embargo, se ha vuelto muy usual indicar este movimiento filosófico entero con el término "Wijsbegeerte der Wetsidee" (Filosofía de la idea cosmonómica).[*]

Permanece abierta todavía la cuestión planteada por Stoker (quien por lo demás acepta la filosofía de la idea cosmonómica) de si la realidad creada es algo más que *significado.*

Incomprensión de la filosofía de la idea cosmonómica como idealismo del significado

Aquí hay una amenaza de posible incomprensión para el efecto de que la filosofía de la idea cosmonómica, en su concentración sobre el problema del significado, puede llegar a encontrarse a la deriva en las aguas de un "idealismo del significado" (Stoker). En este contexto, todavía no soy capaz de cortar de raíz esta incomprensión. Para esto es necesario primero confrontar nuestra concepción del significado con la de la filosofía de la inmanencia.

Desde el principio, sin embargo, nuestras investigaciones debieran dejar en claro el carácter último del significado como el modo de realidad de la totalidad de la creación, el cual no encuentra descanso en sí mismo. El idealismo del significado, como somos capaces de notarlo por ejemplo en

---

[*] El autor se refiere a la escuela de filosofía que surgió principalmente de la edición holandesa de esta obra en 1935-36. Esta escuela cuenta con un creciente número de adeptos, institutos y universidades en muchas partes del mundo. [N del T].

Rickert, brota de una distinción entre significado (*Sinn*) adscrito a la realidad *subjetivamente* por la conciencia trascendental absolutizada mediante la referencia a valores (*Wertbeziehung*), y la realidad como tal que es asignificativa en sí misma. Pero Rickert ve la "realidad" sólo en el sentido abstracto de sus aspectos sicofísicos. Desde nuestro punto de vista, el significado es universalmente propio a todas las cosas creadas como su inquieto *modo de existencia*. Como *significado*, la realidad apunta hacia su Origen, el Creador, sin Quien la criatura se hunde en la nada.

Se objeta que el *significado* no puede *vivir, actuar, o moverse*. Pero ¿no es esta vida, esta acción, este movimiento, con respecto al modo de existencia de la realidad creada, él mismo significado, que apunta más allá de sí mismo, no *viniendo a descansar en sí mismo*? Sólo el ser de Dios no es *significado*, porque sólo Él existe por y a través de sí mismo.

Por ende, incluso la totalidad de significado, que trasciende el pensamiento filosófico, necesariamente tiene su correlato en el Ser del y en toda idea básica trascendental se adopta una posición con referencia a este ἀρχή

De hecho, nadie que hable acerca de los aspectos modales de la realidad, o incluso acerca de las cosas concretas, puede entenderlos de otro modo que en su *significado*, esto es en su relativo modo de realidad que apunta hacia su coherencia temporal, a una totalidad en la raíz, y al Origen de todas las cosas relativas. Si los aspectos prelógicos de la realidad temporal no fueran aspectos del *significado*, que están en relación con el aspecto lógico, entonces el pensamiento ni siquiera podría formar un *concepto* de ellos.

Tal es la justificación preliminar de nuestra terminología.

Idea cosmonómica, concepto modal de leyes y concepto modal de sujeto y objeto

Los conceptos modales especiales de leyes, sujeto y objeto, usados en las diferentes ramas de la ciencia, dependen de la idea cosmonómica en su sentido amplio, incluyendo la idea trascendental de subjetividad y objetividad.

Los conceptos modales de leyes y sujeto y objeto están esencialmente limitados a un aspecto especial. A diferencia de la idea cosmonómica, estos conceptos modales no apuntan en sí mismos más allá de la diversidad del significado hacia el origen y la totalidad trascendentes. Pero, cualquiera que sea el significado especial que estos conceptos puedan poseer, de acuerdo con los aspectos modales de la realidad comprendidos por el pensamiento teórico, siempre son dependientes de una idea cosmonómica.

La dependencia de los conceptos modales de ley, sujeto y objeto respecto de la idea cosmonómica

En las matemáticas puras, por ejemplo, la tendencia logicista concibe las leyes numéricas y espaciales como puramente analíticas, y la serie de los números reales es considerada como continua por razón de la continuidad lógica del principio de progresión; este concepto de las leyes matemáticas está basado en una idea cosmonómica de un tipo logicista y racionalista. La tendencia mecanicista en biología concibe las leyes especiales de la vida orgánica meramente como físicoquímicas; este concepto de ley biótica es enteramente dependiente de una idea cosmonómica fundada en ideal de ciencia determinista humanista en su forma clásica.

En la así llama *reine Rechtslehre* (teoría pura del Derecho) del académico neokantiano Hans Kelsen, la regla legal es identificada con un juicio lógico de la forma: "Si *A*. . . debiera ser *B*" y el aspecto jurídico y su Derecho subjetivo son disueltos en un complejo lógico de reglas legales; este concepto jurídico de ley está fundado en una idea cosmonómica de tipo dualista humanista: de acuerdo con esta idea hay una hiato insalvable entre dos tipos últimos de leyes, a saber las leyes naturales y las normas, el cual se origina en dos categorías lógicas del pensamiento trascendental fundamentalmente diferentes que "crean" los campos de investigación científica. Esta idea cosmonómica dualista está gobernada por el motivo fundamental dialéctico de la naturaleza y la libertad en una concepción antitética típica que, sin embargo, no concuerda con la visión kantiana genuina.

Además, se puede observar que los tres conceptos científicos especiales de las leyes, arriba mencionados, son de un tipo racionalista: el lado sujeto de la realidad dentro de los aspectos modales especiales está reducido al lado *nomos*.

Las leyes de los aspectos especiales de que se ocupan la investigación biológica y la jurídica son concebidos puramente en un *sentido funcionalista*. No hay lugar aquí para leyes *típicas* correspondientes a las estructuras de individualidad.[1] Esto también encuentra su fundamento en la idea cosmo-

---

[1] En las matemáticas puras, las estructuras típicas de individualidad no están, desde luego, en orden, pues las relaciones numéricas y espaciales típicas han de encontrarse sólo en la realidad concreta.

Sin embargo, la cuestión concerniente a la relación entre el lado ley y el lado sujeto de los aspectos numérico y espacial no puede ser eliminada en las matemáticas puras. Los números y las figuras espaciales están sujetos a sus propias leyes y no pueden ser identificados con o reducidos a las segundas. Esta distinción es el tema del famoso problema concerniente al así llamado "infinito en acto" en las matemáticas puras. El principio de progresión es una *ley* matemática que vale para una serie infinita de

144   *Prolegómenos*

nómica que yace en la base de estos conceptos científicos especiales.

Regresaremos a este estado de cosas en un contexto posterior.

§9 EL SÍMBOLO DE LA REFRACCIÓN DE LA LUZ. EL ORDEN CÓSMICO DEL TIEMPO Y EL PRINCIPIO COSMOLÓGICO DE LA SOBERANÍA EN SU PROPIA ÓRBITA. LOS ASPECTOS MODALES DE LA REALIDAD COMO ESFERAS NÓMICAS MODALES

Ahora bien, ¿qué contenido positivo recibe del motivo central de la religión cristiana la idea básica trascendental de la filosofía?

El punto arquimediano de la filosofía es escogido en la nueva raíz de la humanidad en Cristo, en el cual por regeneración tenemos parte en nuestra ipseidad renacida.

La ley como lindero entre el "Ser" de Dios y el "significado" de la creación

La *totalidad del significado* de nuestro cosmos temporal entero ha de encontrarse en Cristo, con respecto a su naturaleza humana, como la *raíz* de la raza humana renacida. En Él el *corazón*, del cual mana la vida, confiesa la soberanía de Dios, el Creador, sobre todo lo creado. En Cristo el corazón se inclina bajo la ley (en su unidad religiosa central y su diversidad temporal, que se origina en la voluntad santa del Creador), como el *límite universal* (*que no puede ser transgredido*) entre el *Ser* de Dios y el *significado* de Su creación.[1] La to-

---

números o figuras espaciales. Pero el infinito mismo no puede convertirse en un número en acto.

[1] Desde el lado teológico algunos han levantado una objeción contra la concepción de la *lex* como el *límite* entre Dios y la creación. Esta objeción

talidad trascendente de significado de nuestro cosmos sólo existe en la relación religiosa de dependencia respecto del *Ser* absoluto de Dios. No es así ningún *eidos* en el sentido de la metafísica platónica especulativa, ningún *ser* puesto por sí mismo, sino que permanece en el modo *ex*sistencial de *significado* que apunta más allá de sí mismo y no es suficiente para sí mismo.

El pecado es la revuelta contra el Soberano de nuestro cosmos. Es la *apostasía* de la plenitud de *significado* y la deificación, la absolutización del *significado*, al nivel del *Ser* de Dios. Nuestro mundo temporal, en su diversidad temporal y coherencia de significado, está en el orden de la creación de Dios ligado a la raíz religiosa de la humanidad. Aparte de esta raíz no tiene significado y por ende tampoco realidad. Por ende la apostasía en el corazón, en la raíz religiosa del mundo temporal significó la apostasía de la creación temporal entera, la cual estaba concentrada en la humanidad.

Es así que la irrupción del pecado permeó todos los aspectos temporales de significado de la realidad cósmica. No

---

puede surgir sólo de una incomprensión. El término "límite" meramente intenta indicar una distinción esencial entre Dios y la criatura con respecto a sus relaciones con la ley.

Como Origen soberano, Dios no está *sujeto* a la ley. Por el contrario, esta *sujeción* es la misma característica de todo lo que ha sido creado, la existencia de lo que está limitado y determinado por la ley. Cristo Jesús también, con respecto a su naturaleza humana, estuvo *bajo* la ley, pero no con respecto a Su naturaleza Divina.

Pero si toda criatura está *bajo* la ley, entonces el límite que la segunda pone a la existencia de la criatura nunca puede ser transgredido.

Calvino ha expresado la misma concepción acerca de la relación de Dios con la ley en su enunciado anteriormente citado *"Deus legibus solutus est, sed non exlex"*, con el cual intentó al mismo tiempo refutar cualquier noción de que la soberanía de Dios es arbitrariedad despótica.

hay uno sólo de ellos que haya sido exceptuado en este respecto, ni los aspectos prelógicos de la realidad temporal, ni los lógicos, ni los postlógicos.

Esto se vuelve evidente tan pronto como hemos visto que están acomodados por el orden temporal cósmico en una coherencia indisoluble de significado que está relacionada con una unidad religiosa radical. La semblanza de lo contrario sólo se puede originar cuando hemos perdido la visión de esta coherencia.

La función lógica del pensamiento en apostasía

En este contexto la concepción bíblica debe ser especialmente mantenida contra todo esfuerzo por eximir de la caída a la función lógica. Pues en todo esfuerzo en esta dirección el pensamiento cristiano deja abierta una ancha puerta de entrada a los motivos básicos dialécticos de la filosofía de la inmanencia. Regresaremos a este punto en un contexto posterior. Por la caída del hombre, el pensamiento humano (νοῦς), de acuerdo con las palabras de san Pablo, se ha convertido en νοῦς τῆς σαρκός, la "mente carnal" (Col. 2:18), pues no existe aparte de su raíz religiosa apóstata. Y el pensamiento incluye su función lógica.

Por supuesto, las *leyes del pensamiento* lógico o la ley estructural modal del aspecto lógico no están afectadas por el pecado. Los efectos de la apostasía se manifiestan sólo en la actividad subjetiva del pensamiento, éste está *sujeto* a estas leyes. En la actitud apóstata, estamos continuamente inclinados a hacer independiente al aspecto lógico del significado y a apartarlo de su coherencia con todos los otros aspectos modales, lo cual implica una carencia de apreciación de sus límites modales.

La re-formación de la idea cosmonómica por el motivo central de la religión cristiana

Desde el punto de partida cristiano, la idea cosmonómica de nuestra filosofía obtiene el siguiente contenido: A la pregunta trascendental última: ¿cuál es el ἀρχή de la totalidad y de la diversidad modal del significado de nuestro cosmos con respecto al lado cosmonómico y su correlato, el lado sujeto? responde: la soberana voluntad santa de Dios el creador, quien se ha revelado a sí mismo en Cristo. A la segunda respuesta trasendental, con respecto a su lado cosmonómico: ¿cuál es la totalidad de significado de todos los aspectos modales del orden cósmico, su unidad supratemoral más allá de toda diversidad modal de significado? responde: el requerimiento, fundado en la soberanía de Dios, de amor y servicio a Dios y a nuestros semejantes con todo nuestro corazón. A la misma pregunta, con respecto a su lado sujeto, responde: la nueva raíz religiosa de la raza humana en Cristo (en el cual, desde luego, nada de nuestro universo creado puede perderse) en sujeción a la plenitud de significado de la ley divina. A la tercera pregunta trascendental: ¿cuál es la relación mutua entre los aspectos modales de la realidad? responde *la soberanía de las esferas*, es decir: irreducibilidad mutua, si bien en la omnilateral coherencia cósmica de todos los aspectos del significado, tal y como ésta es regulada en el divino orden temporal del mundo, en un orden cósmico del tiempo.

Para traer esta idea cosmonómica *en su enfoque teórico sobre los aspectos modales del significado* de nuestro cosmos más cerca de la visión de aquellos que no han recibido educación filosófica en una escuela, utilizo un símbolo muy antiguo que desde luego no debe ser interpretado en un sentido físico.

La luz del sol se refracta a través de un prisma y esta refracción es percibida por el sentido del ojo en los siete bien conocidos colores del espectro. En sí mismos, todos los colores son refracciones dependientes de la luz no refractada, y ninguno de ellos puede ser considerado como un integral de la diferenciación del color. Más aun, ninguno de los siete colores es capaz de existir en el espectro aparte de la coherencia con el resto, y por la intercepción de la luz no refractada el entero juego de colores se desvanece en la nada.

La luz no refractada es la totalidad de significado de nuestro cosmos, trascendiente del tiempo, con respecto a su lado cosmonómico y su lado sujeto. Como esta luz tiene su origen en la fuente de luz, así la totalidad de significado de nuestro cosmos tiene su origen en su ἀρχή a través de quien y para quien ha sido creado.

El prisma que logra la refracción del color es el *tiempo cósmico*, a través del cual la plenitud religiosa de significado es partida en sus aspectos temporales de significado.

Como ninguno de los siete colores debe su origen a los otros, así los aspectos temporales de significado tienen *soberanía de esfera* o *irreducibilidad modal* frente a los demás.

En la plenitud religiosa de significado no hay sino una ley de Dios, así como no hay sino un pecado contra Dios y una humanidad que ha pecado en Adán.

Pero bajo la línea limítrofe del tiempo esta plenitud de significado con referencia a su lado cosmonómico, así como a su lado sujeto, se separa, como la luz solar a través del prisma, en una rica variación de aspectos modales del significado. Cada aspecto modal es soberano en su propia esfera, y cada aspecto en su estructura modal refleja la plenitud de significado en su propia modalidad.

Las esferas nómicas modales y su soberanía de esfera

Todo aspecto modal de la realidad temporal tiene su propia esfera de leyes, irreducible a la de otros aspectos modales, y en este sentido es soberano en su propia órbita, debido a su irreducible modalidad de significado.

La aceptación del principio filosófico básico de la soberanía de esfera modal tiene consecuentemente una indisoluble coherencia con la posición de trascendencia cristiana, gobernada por el motivo religioso básico de la creación, la caída en el pecado, y la redención.

La posición de inmanencia es incompatible con este principio cosmonómico.

Esta incompatibilidad no se debe a una inhabilidad por parte de la filosofía de la inmanencia de reconocer que la totalidad y unidad más profunda del significado debe trascender su diversidad modal, y que los aspectos modales *que admite como tales* no pueden originarse uno en el otro.

Pues todo pensador científico debe necesariamente distinguir diferentes aspectos modales de la realidad temporal y guardarse de mezclarlos.

Sin embargo, hemos visto en nuestra crítica trascendental del pensamiento teórico que la posición de inmanencia debe necesariamente conducir a una absolutización de la función lógica de pensamiento, o a una absolutización de una síntesis teórica especial.

El aspecto modal teóricamente abstraído que es escogido como denominador básico para todos los otros, o para parte de ellos, es desgajado de la coherencia intermodal de significado de la realidad temporal. Es tratado como independiente y elevado al *status* de un ἀρχή que trasciende el significado. Esto ocurre aunque no se dé cuenta el pensador de ello. Frente a esta irrestricta autoridad soberana, los restantes aspectos de significado de nuestro cosmos son incapaces de validar cualquier soberanía de esfera. El logicismo matemático admitirá sólo ámbitos lógicos de pensamiento con relativa autonomía. El sicologismo sólo permite ámbitos sicológicos (se entiendan o no de modo trascendental) que no son reducibles el uno al otro;[1] el historicismo sólo acepta diferentes ámbitos de desarrollo histórico, etcétera, etcétera.[2] Si el pensador se ha vuelto consciente de la implacable antítesis en su punto de partida religioso oculto, su sistema filosófico exhibirá un dualismo abierto. En vez de un denominador básico único, se escogerán dos de ellos, los cuales serán concebidos en una relación antitética. la idea básica trascendental en todas sus tres direcciones manifestará el carácter dualista de su motivo religioso básico, sin ningún intento por unificar este dualismo. Pero en este caso, también, no habrá aceptación de una esfera de soberanía modal de los diferentes aspectos y sus propias esferas de ley.

Debido a la elección de su punto arquimediano, la filosofía de la inmanencia es forzada a construir varias *absolutizaciones* de aspectos modales. En nuestro análisis de las estructuras modales de las diferentes esferas de leyes, mostraremos cómo es que estas absolutizaciones pueden aparentemente ser llevadas a cabo. Sobre la posición de inmanencia, ahora, el punto de partida cristiano puede ser censurado conversamente como una absolutización del *significado religioso*. Pero esta objeción, en una reflexión un poco más profunda, no

---

[1] Ver, por ejemplo, el ejemplo típico de sicomonismo de Heyman, con su elaboración de todos los ámbitos del significado de nuestro cosmos. *Einführung in die Metaphysik* [*Introducción a la metafísica*].

[2] Cfr. *Untergang des Abendlandes* [*La decadencia de Occidente*] de Spengler.

es sostenible ni siquiera sobre la posición de la filosofía de la inmanencia.

La religión cristiana no permite ninguna absolutización con respecto a su plenitud de significado

En primer lugar, la religión cristiana, por virtud de su plenitud de *significado*, no admite ninguna absolutización: es *religio, i.e.* conexión entre el *significado* de la creación y el ser del ἀρχή, los cuales no pueden ser puestos en el mismo nivel.

El que trata de hacer a la totalidad religiosa de significado independiente de su ἀρχή, se hace reo de una contradicción en los términos. Pero el que contienda que en todo caso es Dios el absolutizado, no sabe lo que dice.

En segundo lugar, se halla usualmente en la base del reproche mencionado la confusión entre el *significado temporal del aspecto fídico*, el cual está realmente contenido en una esfera modal, y la *plenitud de significado de la religión*, la cual trasciende el límite del tiempo cósmico y no puede ser encerrada en una modalidad de significado.

Téngase en mente, finalmente, que también oponentes insospechados de la posición de trascendencia cristiana en la filosofía, tales como Heinrich Rickert, admiten que la religión dentro de su plenitud de sentido no tolera una coordinación con ámbitos especiales de significado como el Derecho, la moralidad, la ciencia y así consecutivamente. Difícilmente puede negarse que la visión de la religión como un "ámbito autónomo categorial de pensamiento" destruye su significado. Por otra parte, la tesis de que un reconocimiento de presuposiciones religiosas necesarias del pensamiento filosófico destruiría el significado de éste, debiera ser demostrada de modo más riguroso por los filósofos de la inmanencia. Su (religiosa) confesión de autosuficiencia de la razón teórica no es suficiente en este respecto.

Soberanía de esfera de los aspectos modales en su coherencia intermodal de significado como un problema filosófico básico

Como un principio básico trascendental, la soberanía de esfera de los aspectos modales se halla por lo tanto en una conexión indisoluble con nuestras ideas trascendentales del Origen y de la totalidad y unidad radical del significado. Más aun, este principio está indisolublemente ligado a nuestra idea trascendental del tiempo cósmico. Pues este último implica, como hemos visto, una coherencia cósmica del significado entre los aspectos modales de la realidad temporal. Y esta coherencia no está regulada por el pensamiento filosófico, sino por el divino orden del mundo.

Es, sin embargo, un estado de cosas altamente notable que es manifestado en la soberanía de esfera de los aspectos modales del significado. Pues podría parecer como si la soberanía de esfera fuera incompatible con la coherencia intermodal de significado garantizada por el orden cósmico del tiempo.

De hecho, se halla escondido aquí un problema filosófico de primer orden que no puede ser resuelto antes de que haya sido desarrollada nuestra teoría general de las estructuras modales en el segundo volumen.

En el presente contexto sólo podemos decir que la clave para la solución se ha de encontrar en la estructura modal de los diferentes aspectos, la cual es de un carácter cosmonómico.

El mismo orden temporal que garantiza la soberanía de esfera modal de hecho garantiza también la coherencia intermodal de significado entre los aspectos modales y sus esferas de leyes.

Potencialidad y actualidad en el tiempo cósmico

Hemos dicho en un contexto anterior que todas las estructuras de la realidad temporal son estructuras del tiempo cósmico. Como *leyes* estructurales están fundadas en el orden cósmico del tiempo y son principios de *potencialidad* o *posibilidad* temporal. En su realización en las cosas o eventos individuales tienen duración temporal y *realidad* como estructuras factuales transitorias.

Todo lo que tiene existencia real tiene muchas más potencialidades que las realizadas. La potencialidad misma reside en el lado sujeto factual; su *principio*, por el contrario, en el lado cosmonómico del tiempo. El lado sujeto factual está siempre conectado con la individualidad (real así como potencial), la cual nunca puede ser reducida a una regla general. Pero permanece ligada a sus leyes estructurales, las cuales determinan su margen de latitud o posibilidades.

El tiempo cósmico y la refracción del significado. ¿Por qué la totalidad del significado sólo puede automanifestarse en el tiempo en la refracción y coherencia de las modalidades?

El profesor Dr. H. G. Stoker, y posteriormente también el profesor Dr. Ph. Kohnstamm[1] han planteado la pregunta de

---

[1] El profesor Dr. Ph. Kohnstamm en su ensayo *Pedagogía, personalismo y filosofía de la idea cosmonómica* (en los artículos de aniversario en honor del profesor Dr. J. Waterink, Amsterdam, 1951), pp. 96ss, en el cual el autor, un sobresaliente pensador holandés que muriera poco después,

por qué debiera ser precisamente en el tiempo cósmico que la totalidad de significado es refractada en aspectos modales coherentes. La razón es, en mi opinión, que la plenitud de significado, como totalidad y unidad radical, no está realmente dada y no puede ser realmente dada en el tiempo, aunque todo significado temporal se refiere más allá de sí mismo a una plenitud supratemporal.

Es la misma significación del tiempo cósmico en su correlación de orden y duración ser la refracción sucesiva del significado en aspectos modales coherentes. La soberanía esférica de los aspectos modales y sus esferas y leyes modales no tiene sentido en la plenitud y unidad radical del significado.

En la plenitud religiosa del significado, el amor, la sabiduría, la justicia, el poder, la belleza, etcétera, coinciden en una unidad radical. Empezamos a entender algo de este estado de cosas en la concentración de nuestro corazón sobre la cruz de Cristo. Pero esta unidad radical de las diferentes modalidades es imposible en el tiempo considerado como refracción sucesiva del significado.

Por ende, toda filosofía que trata de disolver esta totalidad de significado en ideas de la razón, o valores absolutos, siempre se enreda en antinomias mediante las cuales el or-

---

dio a conocer por primera vez su adherencia a la filosofía de la idea cosmonómica. Tenía una reserva, sin embargo, por lo que concierne a la concepción del tiempo.

Esto va junto con su pensamiento, enteramente correcto en sí, de que la Biblia ni siquiera a Dios le adscribe una supratemporalidad en el sentido metafísico griego. Pero la concepción de lo supratemporal defendida por mí mismo es radicalmente diferente de la griega, como lo he establecido previamente con énfasis.

den cósmico del tiempo se venga del pensamiento teórico que trata de transgredir sus límites.

La función lógica no es relativa en un sentido lógico sino cósmico

También el intento de aproximar el tiempo cósmico de otro modo que en un concepto *límite* debe conducir necesariamente a antinomias, pues el tiempo cósmico es la misma presuposición del concepto. Con respecto a su aspecto analítico fundamental, el concepto es necesariamente *discontinuo*, y es incapaz de comprender la *continuidad* cósmica del tiempo, la cual excede los límites modales de sus aspectos. La función lógica en su especialidad modal de significado es desde luego *relativa*, pero su relatividad no es ella misma de un carácter *lógico*, sino *cosmonómico temporal*. Si la filosofía intentara interpretar la *coherencia cósmica* del significado en un sentido *lógico dialéctico*, debiera empezar en cada caso con una relativización *lógica* de los principios fundamentales de la lógica, y así sancionar la antinomia.

La eliminación del orden temporal cósmico en la *Crítica de la razón pura* de Kant

Con la hipostatización de la "razón teórica" como el autosuficiente punto arquimediano de la filosofía, el orden cósmico del tiempo es eliminado del pensamiento filosófico, particularmente de la epistemología. De esta manera la cuestión básica de toda filosofía, a saber: ¿Cómo es ella misma *posible?* es relegada al trasfondo. Esta eliminación fue también una fuente de subjetivismo en el desarrollo del pensamiento filosófico.

La así llamada revolución copernicana de Kant en epistemología (o en ontología, si aceptáramos la interpretación de
Kant de Heidegger, la que en nuestra opinión no es en modo alguno convincente) es la demostración directa de la *imposibilidad* de una crítica de la razón teórica verdaderamente *crítica*, aparte de una compenetración trascendental en el
orden cósmico del tiempo. En sus *Prolegomena zu einer jeden
künftigen Metaphysik* [*Prolegómenos a toda metafísica futura*] §4,
el filósofo de Königsberg escribe de la *Crítica de la razón pura:*
"Diese Arbeit ist schwer und erfordert einen entschlossenen
Leser, sich nach und nach in ein System hinein zu denken,
*das noch nichts als Gegeben zum grunde legt, auszer die Vernunft
selbst*" (subrayados míos) "und also, ohne sich auf irgendein
Faktum zu stützen, die Erkenntnis aus ihren ursprünglichen
Keimen zu entwickeln sucht".[1]

Lo que al lector se le pide que haga aquí es simplemente
una abdicación a las cuestiones preliminares del pensamiento crítico. La "razón teórica", de acuerdo con la concepción
trascendental de Kant un producto manifiesto de la abstracción teórica, debe ser aceptada como *dada*. La pregunta de
cómo es posible el pensamiento teórico es así cortada. Pues
se pierde de vista el orden cósmico del tiempo, por el cual se
garantizan las relaciones de significado de este pensamiento.

---

[1] Kant, *Prolegomena to Every Future Metaphysics* (Works, Cassirer edition, IV,
p. 23). [La tarea es difícil y requiere de un lector resoluto que penetre
gradualmente en un sistema que no está basado en dato alguno, sino
en la razón misma y el cual por lo tanto busca, sin descansar en ningún
hecho, desplegar el conocimiento desde sus semillas originales].

§10 LA IMPORTANCIA DE NUESTRA IDEA COSMONÓMICA
CON RESPECTO A LOS CONCEPTOS MODALES DE LEYES Y
SUS SUJETOS

Conceptos modales de la *lex* y su sujeto. El sujeto como sujeto a leyes

A través de la idea cosmonómica fundada en el punto de partida cristiano que hemos puesto en la base de nuestro pensamiento filosófico, los *conceptos de leyes y sus sujetos*, con los cuales operaremos ulteriormente en su *especialidad modal de significado*, adquieren su contenido preñado. Hemos visto que en esta idea básica trascendental la *lex* es reconocida como originada en la santa soberanía creadora de Dios, y como el *límite* absoluto entre el Ser del ἀρχή y el significado de todo lo creado como "sujeto", *sujetado* a una ley.

Consecuentemente, este significado trascendental de la relación entre la ley divina y su sujeto encontrará expresión en todo concepto de un aspecto modal con respecto a su lado cosmonómico especial y su lado sujeto especial.

La importancia fundamental de esta concepción se manifestará en los volúmenes segundo y tercero de este trabajo.

En el presente contexto debo recordar al lector enfáticamente de mi anterior exposición que el lado sujeto del tiempo cósmico implica la relación sujeto-objeto que hemos discutido provisionalmente en conexión con la experiencia preteórica.

La pregunta de si esta relación cósmica encuentra expresión en todos los aspectos modales, o sólo en una parte de ellos, no puede ser investigada antes del desarrollo de nuestra teoría general de las estructuras modales de los aspectos y sus esferas de ley modales.

En todo caso, debo establecer el hecho de que en todo aspecto modal, donde esta relación ha de encontrarse, el lado sujeto abarca tanto las funciones objetivas como las subjetivas que la realidad temporal manifiesta en este aspecto.

La perturbación del significado de los conceptos de leyes modales y sus sujetos en la filosofía de la inmanencia humanista

En la filosofía humanista de la inmanencia, en sus tendencias racionalistas así como en las irracionalistas, este concepto del sujeto modal en su relación con las leyes modales se ha perdido enteramente y debe *necesariamente* perderse —para un incalculable daño del análisis filósofico de la realidad.

El sujeto se vuelve *soberano* —ya sea en el sentido metafísico de "sustancia" (*noumenon*), ya en un sentido lógico trascendental o fenomenológico.

En la filosofía "teórica" de Kant, por ejemplo, el sujeto es sujeto sólo en un sentido epistemológico, y como tal ἀρχή de la *forma* de las leyes teóricas de la naturaleza; el "sujeto trascendental" es él mismo el *dador de leyes de la naturaleza* en un sentido lógico trascendental.

Los aspectos prepsíquicos de la realidad fueron disueltos, después de la destrucción de la metafísica tradicional de la naturaleza, en un sistema de funciones de la conciencia lógicas y sensoriales; sus leyes estructurales modales fueron sustituidas con *formas* apriori trascendentales del *entendimiento teórico* y de la *sensibilidad subjetiva* en una síntesis apriori.

Que los números, las figuras espaciales, los efectos energéticos y las funciones bióticas son realmente *sujetos modales*, sujetados a las leyes de sus propias esferas modales, es una concepción muy lejana a la moderna filosofía de la inmanencia.

En la así llamada filosofía "práctica" de Kant, el sujeto en el sentido metafísico de *homo noumenon* (voluntad pura) se convierte en el autónomo dador de leyes para la vida moral. De acuerdo con la concepción dualista de su idea básica trascendental, no acepta una unidad radical del orden de la creación por encima de la oposición polar entre leyes de la naturaleza y normas.

Dos rasgos tipifican el concepto teórico de sujeto en la filosofía de la inmanencia, puesto que abandonó la anterior metafísica de la naturaleza.

(1) Es concebido sólo en el sentido especial de las funciones epistemológicas y éticas de la conciencia. Las cosas y los eventos empíricos son tomados en consideración sólo como *objetos* de la percepción sensorial y del pensamiento teórico o práctico. Esto fue la consecuencia necesaria de la resolución de la así llamada "realidad empírica" en los aspectos lógicos y síquicos de la conciencia, abstraídos por el pensamiento teórico de la coherencia temporal del significado. Esta resolución fue presenciada por la eliminación del orden cósmico del tiempo y por la proclamación de la así llamada *Satz des Bewustseins* [afirmación de la conciencia], a ser discutida después, de acuerdo con la cual la posibilidad de nuestro conocimiento está limitada a nuestros *contenidos de conciencia* objetivos y subjetivos, recibidos meramente por la percepción sensorial y formados por la apercepción lógica.

(2) En esta visión, el sujeto carece de su significado original de "*sujet*", ser *sujetado* a una ley que no se origina en este sujeto mismo. En el final análisis, en su función como un "sujeto trascendental" o un "sujeto ideal" respectivamente,

ha recibido la corona de dador de leyes autónomo, autosuficiente, de acuerdo con los ideales humanistas de la ciencia y la personalidad (a discutirse después).

En la concepción racionalista clásica, el sujeto *empírico* es reducido a un complejo de relaciones causales por las cuales debiera ser completamente determinado.

Las "leyes" son identificadas aquí con lo "objetivo". Consecuentemente, el sujeto *empírico* es concebido como un "objeto", el cual a su vez es identificado con un *Gegenstand* del "sujeto de pensamiento trascendental último".

El moderno así llamado positivismo "realista" entiende el concepto de la *lex* (en relación con normas así como con las así llamadas leyes de la naturaleza) en el sentido de un juicio científico de probabilidad. Aquí, también, este concepto es disociado completamente de las estructuras modales de las diferentes esferas de leyes y de las estructuras típicas de individualidad que están fundadas en el orden del tiempo cósmico.

Este positivismo concibe las leyes como productos "autónomos" del pensamiento científico, al cual trata de ordenar por medio de una "economía lógica" de los hechos, entendidos como meros datos sensoriales.

Muy diferente de los conceptos racionalistas de las leyes y sus sujetos son aquellos de las tendencias irracionalistas del pensamiento humanista.

El racionalismo como absolutización de la regla general, el irracionalismo como absolutización de la subjetividad individual

Hemos visto en un contexto anterior que los tipos *racionalistas* de la filosofía de la inmanencia tienden a disolver *la subjetividad individual en un orden de leyes universalmente válido*, el origen del cual es buscado en la *razón soberana*.

Los tipos humanistas irracionalistas no se meten con la concepción de las "leyes" como un producto del pensamiento o la razón, sino que caen en el extremo opuesto de ver en este "orden teórico" meramente una falsificación pragmática de la *verdadera* realidad. La segunda, en su *individualidad subjetiva* creativa, no está atada a leyes universalmente válidas y se burla de todos los "conceptos del pensamiento". *Es así que la absolutización de las leyes en los tipos racionalistas es reemplazada por la absolutización de la individualidad subjetiva en los tipos irracionalistas de la filosofía de la inmanencia.* Este irracionalismo es gobernado por un sesgo irracionalista del motivo libertad.

El concepto de sujeto en la fenomenología irracionalista y la filosofía de la existencia

Como un fenómeno típico en la filosofía de los tiempos más recientes, apuntamos a las concepciones de sujeto e ipseidad en la moderna tendencia irracionalista en la fenomenología (Scheler), y en la filosofía de la existencia (Heidegger y un número de otros).

Aquí se reprocha a Kant el haber concebido todavía la ipseidad o "personalidad" como *sujeto en términos sustanciales* dador de leyes, y consecuentemente el no haber penetrado todavía en la pura actualidad de la ipseidad.

Como Heidegger lo expresa en su *El ser y el tiempo* (1927):
"Pues el concepto ontológico de sujeto no caracteriza la *ipseidad del Ego* qua *yo, sino la mismidad y constancia de algo ya estante.* Determinar el Ego ontológicamente como *Sujeto* significa estimarlo como algo ya estante. El ser del Ego es entendido como la realidad de la *res cogitans* (sustancia pensante)".[1]

Scheler también en su trabajo estándar *Der Formalismus in der Ethik und die materiale Wertethik* [El formalismo en la ética y la ética material del valor], 3a. edición, 1927, pp. 397ss, de una manera que no deja nada que desear en cuanto a claridad, ha cualificado la personalidad como "actualidad pura" que como tal es trascendental al *cosmos* como un "mundo de cosas" (¡resuelto en los abstractos aspectos físicosíquicos de la realidad temporal!).

Al discutir "el lugar del hombre en el cosmos" encontraremos ocasión de entrar más cercanamente en estas concepciones. Veremos que la *realidad* que es destacada nuevamente tan agudamente por el moderno pensamiento fenomenológico no se halla en oposición con la *subjetividad,* sino que constituye su mismo núcleo. En otras palabras, pertenece en todos los aspectos modales de nuestro cosmos (incluso los prelógicos) a las funciones sujeto (funcionando en ellos) con respecto a su *significado.* Pues la entera concepción para el efecto de que la realidad temporal debiera ser algo *estáticamente* dado, una *Vorhandenes* [existencia] fija, descansa sobre la falla fundamental consistente en no apreciar el ca-

---

[1] Heidegger, *Sein und Zeit*, p. 320: "Denn der ontologische Begriff des Subjects charakterisiert *nicht die Selbsheit des Ich qua selbst, sondern die Selbigkeit und Beständigkeit eines immer schon vorhandenen.* Das Ich ontologisch als Subject bestimmen, besagt es als ein immer schon Vorhandenes ansetzen. Das Sein des Ich wird verstanden als Realität der res cogitans".

rácter *dinámico* de la realidad en la plena coherencia de sus aspectos modales. En nuestra visión, este carácter dinámico está garantizado por el modo de existencia de todas las cosas creadas como significado, que no encuentran reposo en sí mismas, y por el proceso de apertura de la realidad temporal que será explicado en los volúmenes II y III.

Por otra parte, tanto Scheler como Heidegger acepta la conepción estática de la realidad con respecto al "mundo dado de las cosas" y rechazan esta concepción sólo en cuanto a la "personalidad libre" o la "existencia humana libre", respectivamente.

De esta misma visión del concepto del sujeto y de la *Dingwelt* [cosa del mundo] en general resulta que también la moderna fenomenología y el existencialismo humanista se mueven en todos los senderos de la filosofía de la inmanencia. Al escoger su punto arquimediano en la "conciencia real trascendentalmente purificada" o en el "pensamientoo existencial", respectivamente, hacen soberano al "ego trascendental".

Es el motivo humanista básico de la naturaleza y la libertad cuyo carácter dialéctico es responsable de las diferentes concepciones de las leyes y de sus sujetos hasta aquí discutidas.

El concepto de *lex* y sujeto en el pensamiento griego antiguo y su dependencia del motivo materia-forma griego

Muy diferentes de las concepciones humanistas de la ley y el sujeto fueron aquellas del pensamiento griego antiguo, dominadas por el motivo materia-forma en su sentido religioso original. El moderno concepto de ley natural causal, así como el moderno concepto del sujeto autónomo, concebidos en el sentido kantiano de dador de leyes, son aquí desconocidos.

Desde el comienzo, bajo la primacía del motivo materia, la ley de la naturaleza tenía el sentido jurídico de justicia (*diké*): toda forma individual debe disolverse en la "materia" de acuerdo con un estándar de proporcionalidad. Esta *diké* es concebida como un *Anangké*, un destino ineluctable al cual están sujetas todas las cosas con forma.

Bajo la primacía del motivo forma de la posterior religión cultural, el concepto de ley en su sentido general de orden asume un sentido teleológico con respecto a todos los "sujetos naturales". Esta concepción es introducida por Sócrates y elaborada de modo metafísico por Platón y Aristóteles. Estaba opuesta a la visión sofista extrema del carácter puramente convencional del nomos en la sociedad humana y a la completa carencia de leyes en la "naturaleza" como un corriente de devenir en flujo.

En la *Metafísica* de Aristóteles el sujeto es identificado con la "sustancia", compuesta de materia y forma. La ley natural gobierna la lucha de cada materia hacia su propia forma sustancial. En el *Filebo* de Platón, la ley natural es concebida como el *peras*, que pone un límite al *ápeiron*, la informe corriente del devenir, que por ello mismo recibe el carácter de un *genesis eis ousian*, un devenir hacia el ser. Esta concepción pitagórica es mantenida también con respecto a la ley ética.

Justamente como el motivo humanista de la naturaleza y la libertad, el motivo griego materia-forma, en vista de su carácter dialéctico, nunca pudo conducir al pensamiento filosófico hacia una idea cosmonómica trascendental en la cual la divina ley fuera concebida en su unidad religiosa radical. Por la misma razón, no hubo lugar aquí para una unidad radical del sujeto humano por encima de todas sus funciones temporales en su diversidad modal. La idea trascendental del origen, también, permanece ligada al dualismo polar de la materia y la forma. Carece del carácter integral fundado en el motivo creación bíblico. Por lo tanto, de acuerdo con la concepción griega, el sujeto nunca puede ser visto como *sujet*, sujetado a la ley divina en el sentido bíblico integral. En Platón y Aristóteles la ley teleológica del principio forma encuentra su opuesto original en el *Anangké* del principio materia. Cuando mucho, la "ley natural" en su sentido griego es concebida como una participación subjetiva de las sustancias materiales racionales en el pensamiento divino, como origen de todas las formas cósmicas. Pero esta concepción es, propiamente hablando, más bien una interpretación tomista de la visión aristotélica original.

Finalmente, los conceptos cristianos escolásticos de *lex* y sujeto en la diversidad modal de significado están dominados por el motivo básico dialéctico de la naturaleza y la gracia. Descansan sobre un acomodo de las concepciones griega y humanista, respectivamente, a las cristianas. Retornaremos a esta visión escolástica en la primera parte de este volumen, en la explicación del surgimiento del pensamiento humanista.

CAPÍTULO II

FILOSOFÍA Y COSMOVISIÓN

§1 LA POSICIÓN ANTITÉTICA DE LA FILOSOFÍA DE LA IDEA
COSMONÓMICA CON RESPECTO A LA FILOSOFÍA DE LA
INMANENCIA Y EL POSTULADO DE LA CONTINUIDAD
HISTÓRICA DEL PENSAMIENTO FILOSÓFICO CONTENIDO
EN LA IDEA DE LA *PHILOSOPHIA PERENNIS*

La filosofía de la Idea cosmonómica requiere, como hemos
visto, una autocrítica radical por parte de aquellos que se
involucran en la investigación filosófica.

Por su crítica trascendental del pensamiento teórico conduce al descubrimiento de una antítesis radical entre la Idea
básica trascendental de la filosofía que está enteramente gobernada por el motivo central de la religión cristiana y la
de la filosofía de la inmanencia en sus varias tendencias. Esta antítesis no puede ser mediada por ningún compromiso
y corre a lo largo de una línea de separación enteramente
diferente de lo que hasta aquí se había supuesto.

La necesidad de esta ruptura radical con la posición de inmanencia no podía ser entendida antes de que nuestra crítica trascendental desnudara la omnicontroladora posición

167

de la Idea básica trascendental con respecto al desarrollo interno y la dirección del pensamiento filosófico.

La filosofía cristiana genuina requiere un rechazo radical de las presuposiciones y "axiomas" suprateóricos de la filosofía de la inmanencia en todas sus formas. Tiene que buscar sus propios senderos filosóficos, prescritos por su propia Idea básica trascendental. No se puede permitir aceptar dentro de su propio núcleo de pensamiento problemas de la filosofía de la inmanencia que se originan en los motivos dialécticos de la misma.

La base de la cooperación entre el pensamiento cristiano y las diferentes tendencias de la filosofía de la inmanencia

No obstante, esta ruptura radical con los puntos de partida e Ideas básicas trascendentales de la filosofía de la inmanencia no significa que una filosofía cristiana intrínsecamente reformada deba intentar romper el contacto filosófico con la filosofía griega, la escolástica y la humanista moderna. Por el contrario, debido a su posición radical, la filosofía cristiana desarrollada en este trabajo está capacitada para entrar en el más interno contacto con la filosofía de la inmanencia. Nunca romperá la comunidad de pensamiento filosófico con las otras tendencias filosóficas por el hecho de que haya aprendido a hacer una nítida distinción entre los juicios filosóficos y los prejuicios suprateóricos que se hallan en los fundamentos de toda filosofía posible. Como vimos en un contexto previo, el peligro de romper con esta comunidad de pensamiento es siempre causado por el dogmatismo filosófico, el cual convierte sus presuposiciones religiosas en axiomas "teóricos", y hace que la aceptación de éstos sea una condición necesaria para la discusión filosófica.

Entretanto, permanece la pregunta: ¿sobre qué base pueden las tendencias filosóficas, difiriendo radicalmente en su motivo religioso básico y en su Idea básica trascendental, cooperar dentro del marco de una y la misma tarea filosófica? ¿Cuál puede ser la base común para esta cooperación? Por lo que respecta a este punto, consideraremos en primer lugar un argumento popular contra la idea entera de una ciencia y una filosofía cristianas, un argumento que podría de igual manera ser levantado en contra del resultado general de nuestra crítica trascendental del pensamiento teórico, enfocada en la tesis de que el pensamiento teórico es siempre dependiente de un motivo religioso básico.

Un argumento popular en contra de la posibilidad de la ciencia y la filosofía cristianas

El argumento popular al que aquí me refiero corre como sigue: $2 \times 2 = 4$ no importa si es un cristiano o un pagano el que hace este juicio.

No hay duda de que este argumento sería pobre si fuese levantado en contra de los resultados de nuestra crítica trascendental del pensamiento teórico. No obstante, llama al mismo tiempo nuestra atención hacia estados de cosas innegables que deben necesariamente formar la base para una cooperación de las diferentes escuelas y tendencias filosóficas en la consecución de un propósito común. Consideremos por un momento los dos aspectos del argumento de manera más cuidadosa.

Las verdades parciales no son autosuficientes. Toda verdad parcial depende de la verdad en su totalidad de significado

La proposición "2 × 2 = 4" no es "verdadera en sí misma", sino sólo en el contexto de las leyes del número y las leyes lógicas del pensamiento. Como hemos visto, este contexto sólo es posible en la omnilateral coherencia del significado de todas las esferas de leyes modales, y supone una totalidad de significado de la cual tanto el aspecto numérico como el lógico son refracciones modales especiales en el tiempo cósmico. No existe verdad parcial que sea suficiente para sí misma. La verdad *teórica* parcial es verdad sólo en la coherencia de las verdades teóricas y esta coherencia en su relatividad presupone la plenitud o la totalidad de la verdad.

Consecuentemente, también la visión filosófica de la relación y coherencia mutua de los aspectos numérico y lógico —y con ella la del significado modal de los conceptos numéricos y lógicos— está influenciada desde el comienzo por la Idea básica trascendental del pensamiento teórico y por el motivo religioso básico que determina su contenido.

Los innegables estados de cosas en la estructura de la realidad temporal

Por otra parte, sin embargo, debe desde luego concederse que el juicio "2 × 2 = 4" se refiere a un estado de cosas en las relaciones numéricas que es independiente de la visión teórica subjetiva y sus presuposiciones suprateóricas. No en el sentido, sin embargo, de que este "estado de cosas" es una "verdad en sí misma" y tiene "validez absoluta". Pues así como la proposición por la que es establecido, este "estado de cosas" es dependiente del orden cósmico del tiempo y de la coherencia intermodal de significado garantizada por éste. No tiene significado fuera de este orden temporal.

No obstante, está fundado en este *orden* y no en una visión teórica del aspecto numérico y sus leyes modales. Pero este orden cósmico con todas las leyes temporales y estados de cosas estructurales que en él se encuentran es, desde luego, el mismo para todo pensador, no importa si es un cristiano, un pagano o un humanista. Los estados de cosas estructurales, tan pronto como son descubiertos, se imponen a todo mundo y no tiene sentido negarlos. Es tarea común de todas las escuelas y tendencias filosóficas dar cuenta de ellos de modo filosófico, es decir, a la luz de una Idea básica trascendental. Debe aprender una de la otra, incluso de los errores fundamentales cometidos en las interpretaciones teóricas de las leyes y los estados de cosas estructurales fundados en el orden temporal de nuestro cosmos. La filosofía de la inmanencia puede descubrir muchos estados de cosas que han sido ignorados hasta ahora en una filosofía dirigida por una Idea básica trascendental cristiana, y viceversa.

En el esfuerzo filosófico para dar cuenta de ellos en el contexto de una visión teórica de la totalidad, puede haber una competencia noble entre todas las tendencias filosóficas sin discriminación. No reclamamos una posición privilegiada para la filosofía cristiana de la Idea cosmonómica en este respecto. Pues incluso el motivo básico cristiano, y el contenido de nuestra Idea básica trascendental determinado por el mismo, no dan seguridad en contra de errores fundamentales en la realización de nuestra tarea filosófica. Por el contrario, por la misma razón de que en el motivo cristiano básico la caída en el pecado es un factor esencial, se excluye la posibilidad de que una verdadera filosofía cristiana pueda pretender infalibilidad en este respecto. El peligro de atribuir infalibilidad a los resultados de la investigación filosófica es mucho mayor en la posición de inmanencia, especialmente la humanista, en tanto que ésta busca el estándar último de verdad en el pensamiento teórico mismo. Regresaremos ahora a este punto en la discusión del problema de la verdad.

La idea de la filosofía perene

Entre tanto, permanece otra objeción en contra de nuestra concepción concerniente a la antítesis radical entre la posición cristiana y la de la inmanencia, una objeción que todavía no ha sido enteramente refutada por nuestro argumento previo. Pues se puede plantear la pregunta: ¿qué queda —en el núcleo de nuestra filosofía— de la idea honrada por el tiempo concerniente a la "*philosophia perennis*" que incluso el pensamiento tomista moderno, en su relativo aislamiento, celosamente mantiene?

Pues al adoptar una actitud antitética contra la filosofía de la inmanencia entera, en su evolución desde el pensamiento griego hasta los últimos tiempos, ¿no es cortada para una auténtica filosofía cristiana toda conexión con el desarrollo histórico del pensamiento filosófico? Es decir, ¿no se pone esta última fuera de este desarrollo histórico? Si esto fuera así, entonces de inmediato se pronunciaría la sentencia de condenación sobre la tarea intentada en este trabajo de una *reforma* del pensamiento filosfófico desde un punto de vista cristiano. La reforma no es creación a partir de nada.

¿Cómo ha de entenderse la idea de la *philosophia perennis*? El pensamiento filosófico y el desarrollo histórico

Pero si se hace una apelación a la idea de la *philosophia perennis*, uno debiera entender qué se ha de entender por ella. El pensamiento filosófico como tal se halla en una relación interna con el desarrollo histórico, postulado por nuestra misma Idea filosófica básica, y ningún pensador puede retraerse de esta evolución histórica. Nuestra Idea básica trascendental requiere el reconocimiento de la *philosophia perennis* en este sentido y rechaza la orgullosa ilusión de que algún pensador podría empezar como quien dice con un récord limpio y disociarse del desarrollo de un proceso de reflexión filosófico que tiene una era de antig?edad. Sólo hay que impedir que el postulado de la *philosophia perennis* se vuelva contra el motivo religioso básico de la filosofía con la intención de envolverlo (y no sólo a las *formas* variables que recibe) en la relatividad histórica.

Pues quien lo hace necesariamente caerá en un relativismo histórico con respecto a la verdad, tal y como se encuentra en la filosofía de las cosmovisiones de Dilthey, o de una manera aun más impactante en Oswald Spengler.

Quien se tome la molestia de penetrar en el sistema filosófico desarrollado en este trabajo pronto descubrirá de qué manera está casado con el desarrollo histórico del pensamiento filosófico y científico con mil ligaduras, por lo que concierne a su contenido filosófico inmanente, aunque en ninguna parte podamos *seguir* a la filosofía de la inmanencia.

La elaboración filosófica en este libro del principio básico de la soberanía de las esferas, por ejemplo, no hubiera sido posible aparte del moderno desarrollo precedente de la filosofía moderna y de las diferentes ramas de la ciencia moderna. Sin embargo, es justamente con la Idea filosófica de la soberanía de las esferas que nos volvemos en principio contra la visión humanista de la ciencia. De igual manera se puede decir que nuestra crítica trascendental del pensamiento teórico tiene una conexión histórica interna con la *Crítica de la razón pura* de Kant, a pesar del hecho de que nuestra crítica se ha vuelto en gran medida en contra del dogmatismo teórico en la epistemología de Kant.

Qué es permanente y qué está sujeto al desarrollo histórico del pensamiento. La posición escolástica del acomodo condenada para siempre

La elaboración de nuestra filosofía de la Idea cosmonómica esta, así, necesariamente ligada al desarrollo histórico. La compenetración en la riqueza de significado del orden cósmico puede crecer, incluso a través del trabajo de escuelas contra las cuales nuestra filosofía se halla en una antítesis irreconciliable. No obstante, el *punto de partida religioso*, y consecuentemente la dirección completa que adquiere el pensamiento filosófico con el mismo mediante su triple Idea básica trascendental, permanece consistente. *Este punto de partida ya no puede ser abandonado por ninguna fase del pensamiento filosófico cristiano, si es que no ha de volver a caer en una posición escolástica de acomodo que ha mostrado ser fatal para la idea de una* philosophia christiana reformata.

Toda escuela filosófica seria contribuye al desarrollo del pensamiento humano en alguna medida, y ninguna puede acreditarse el monopolio en este respecto.

Ninguna corriente seria de pensamiento, sin importar cuán apóstata sea en su punto de partida, hace su aparición en la historia del mundo sin una tarea propia por la cual, a pesar de sí misma, debe cumplir al cumplimiento del plan divino en el despliegue de las facultades que Él hace para desempeñar su trabajo incluso en su creación caída. En el desarrollo de las características básicas de nuestra filosofía de la historia elaboraremos este punto aun más.

No podemos discutir el significado histórico inmanente de la guía de Dios en la historia antes de que nos involucremos en el análisis filosófico de la estructura modal del aspecto histórico. Nuestra opinión concerniente a la tarea histórica de la filosofía de la inmanencia presupone desde luego la aceptación de esta guía, pero esta aceptación involucra problemas muy complicados para el pensamiento filosófico que no podemos resolver todavía en esta etapa de nuestra investigación.

Sólo podemos decir que implica la idea bíblica y agustiniana de la lucha continua entre la *civitas Dei* y la *civitas terrena*. Esta idea nos guiará cuando entremos en el confuso laberinto de la historia del pensamiento filosófico. Desde luego que nos puede guiar, puesto que hemos logrado compenetrar en la omnicontroladora influencia de los puntos de partida religiosos con respecto al desarrollo interno de las teorías filosóficas.

La concepción de la antítesis de posiciones en la filosofía de la inmanencia como *Weltanschauungslehre* (teoría de las cosmovisiones)

En sí misma, la idea de la antítesis de posiciones no es en absoluto ajena a la filosofía de la inmanencia, a saber en su moderna forma de *Weltanschauungslehre* (teoría de las cosmovisiones).

Por el contrario, aquí se construyen muchas antítesis, de las cuales la que hay entre el *idealismo* y el *naturalismo* pertenece a las más antiguas. En este asunto, curiosamente, el idealismo en sus formas kantianas y postkantianas del idealismo trascendental "crítico" insiste en que esta antítesis puede ser resuelta a su favor mediante la teoría pura del conocimiento. Consecuentemente, no se requiere en este punto pedir ayuda a una creencia libertaria que trascienda los límites de la razón teórica. Pues uno sólo necesita reflexionar sobre la misma operación del pensamiento para ver inmediatamente que todo esfuerzo por reducir el pensamiento teórico a un objeto natural presupone un "sujeto de pensamiento trascendental" o una "conciencia trascendental", sin la cual la experiencia objetiva o los fenómenos naturales serían imposibles.[1]

Además, varios pensadores modernos han tratado de neutralizar el conflicto de las diferentes posiciones dentro del pensamiento filosófico, convirtiendo a la filosofía misma en una neutral "teoría de las cosmovisiones", sin permitir que tome partido en las varias antítesis.

Es así que Dilthey[2] vino a plantear tres tipos de "cosmovisiones filosóficas", que sostuvo ocurren repetidamente en el desarrollo histórico, a saber: 1. El positivismo materialista

---

[1] Debe ser evidente, a la luz de nuestra crítica trascendental del pensamiento teórico, que esta pretendida refutación puramente epistemológica del naturalismo está basada sobre presuposiciones supratéoricas. Hemos visto en un contexto anterior que el así llamado "sujeto trascendental" no es sino una absolutización de la función lógica del pensamiento, y que esta absolutización está inspirada en el motivo humanista que implica la autonomía del pensamiento humano.

[2] W. Dilthey, "Die Typen der Weltanschauung" en *Weltanschauung*, Berlín, 1911.

(Demócrito, Epicuro, Hobbes, los Enciclopedistas, Comte, Avenarius); 2. El idealismo objetivo (Heráclito, los estoicos, Spinoza, Leibniz, Shaftesbury, Goethe, Schelling, Schleiermacher, Hegel); 3. El idealismo de la libertad (Platón, la filosofía cristiana, Kant, Fichte, Maine de Biran).

Mucho más diferenciada es la clasificación de Rickert de las "cosmovisiones", orientada hacia la filosofía neokantiana de los valores.

Nos ofrece un detallado bosquejo en el que los siguientes tipos se analizan desde el punto de vista del valor: 1. El intelectualismo. 2. El esteticismo. 3. El misticismo. 4. El moralismo. 5. El eudemonismo. 6. El eroticismo. 8. El teísmo, el politeísmo.

Lo que es típico de éstas y similares clasificaciones de las "cosmovisiones" es que las mismas, al ser construidas desde la posición de la inmanencia, eliminan la única antítesis realmente radical, *i.e.* la que hay entre la posición de la inmanencia y la de la trascendencia cristiana, e intentar subsumir el punto de partida cristiano en filosofía bajo uno de los muchos ismos de la filosofía de la inmanencia. Al mismo tiempo, en tanto que el pensador que hace esos agrupamientos no se presente como un completo relativista con respecto a una cosmovisión, las oposiciones relativas de la posición de inmanencia son proclamadas como *absolutas*.

La primera compenetración que la filosofía de la inmanencia nos da con respecto a la *Weltanschauungslehre* de la filosofía de la inmanencia es que todas las oposiciones *Weltanschauliche* [cosmovisivas] de la posición de inmanencia son completamente relativas, y que se vuelven irreconciliables sólo por virtud de una absolutización religiosa debida a un motivo básico dialéctico.

Aprenderemos a reconocer el idealismo y el naturalismo en la filosofía humanista moderna como una oposición polar que yace escondida desde el comienzo en la estructura fundamental de su Idea básica trascendental común, y que se origina en la antítesis en su motivo religioso central como una antinomia interna entre los ideales de la ciencia y la personalidad –naturaleza y libertad.

El esteticismo y el moralismo no son ni siquiera oposiciones *polares*, sino que se originan simplemente en la hipostatización de los aspectos modales del significado especiales, los cuales en el motivo humanista básico sólo son diferentes manifestaciones de la personalidad humana libre y autónoma.

Incluso en el así llamado tipo "teísta", la posición de la inmanencia es abandonada sólo aparentemente. Esto aparece claro en el hecho de que la "filosofía teísta" fue construida desde el principio sobre una metafísica *idea de Dios*, la cual encontró su origen en la hipostatización del *nous*. Considérese tan sólo la filosofía teísta de Aristóteles. El divino νοῦς como *actus purus* ("pura actualidad") y "pura forma", primera causa trascendente, motor inmóvil y fin terminal del cosmos, no es sino la hipostatización del pensamiento teórico, gobernada por el motivo forma griego, y escondida detrás de un disfraz teísta. Es la *idea-ídolo* de este filósofo de la inmanencia.

Las cosas no son diferentes en el caso de la filosofía "teísta" de Descartes o Leibniz. Sin embargo, con estos pensadores la hipostatización del pensamiento teórico es gobernada por el motivo básico humanista de la naturaleza y la libertad, el cual da un carácter enteramente diferente a su "teísmo".

Finalmente, ¿qué tiene en común tal teísmo filosófico, gobernado por los motivos religiosos básicos del pensamiento antiguo griego o del pensamiento humanista moderno, respectivamente, con la actitud cristiana radical con respecto a las cuestiones filosóficas de la vida y el mundo?

La consecuencia de nuestra crítica trascendental para la historia de la filosofía

Debe ser muy confundente en el estudio de la historia del pensamiento filosófico clasificar a los pensadores griegos antiguos, escolásticos medievales y humanistas modernos siguiendo los esquemas presentados por Dilthey y Rickert sin considerar los diferentes motivos religiosos básicos de los sistemas filosóficos.

El significado religioso de términos tales como "idealismo", "materialismo", "intelectualismo", "misticismo", y así consecutivamente, es enteramente dependiente de las diferentes Ideas básicas trascendentales del pensamiento filosófico y de los motivos básicos religiosos que gobiernan el contenido de las segundas. El idealismo griego, por ejemplo, gobernado por la primacía del motivo religioso forma, es completamente diferente del idealismo matemático de Leibniz, el cual está gobernado por el moderno ideal humanista de la ciencia implicado en el motivo dialéctico de la naturaleza y la libertad. Los términos "materia" y "naturaleza" tienen en el pensamiento griego un sentido enteramente diferente del que tienen en la moderna filosofía humanista. Anaximandro y Anaxímenes fueron materialistas en el sentido del motivo materia griego, en ningún modo en el sentido de Hobbes, cuya metafísica materialista estaba gobernada por el ideal mecanicista de la ciencia del humanismo prekantiano. Demócrito no fue en lo absoluto un materialista en el sentido humanista moderno. Sus "átomos" eran "formas ideales" en el sentido del motivo griego de la forma, que era concebido aquí sólo en un sentido matemático. El ideal griego del χάλοχἄγαθον (lo bello y lo bueno) no puede ser identificado con el moderno esteticismo humanista de un Schiller, el cual está gobernado por el motivo religioso de la naturaleza y la libertad, así como el moralismo kantiano tampoco tiene una afinidad más profunda con el pensamiento ético de Sócrates.

Hay un gran peligro escondido en un análisis teórico pretendidamente puro de las tendencias filosóficas griegas o medievales, conforme a esquemas generales de clasificación que son elaborados aparte de los motivos religiosos básicos del pensamiento occidental. Pues, desprevenidamente, los pensadores antiguos y medievales son interpretados en este caso conforme a un patrón de pensamiento prescrito por el moderno motivo básico humanista de la naturaleza y la libertad. Ni Dilthey ni Rickert han escapado a esta trampa.

Así, nuestra crítica trascendental del pensamiento filosófico es de gran importancia también para la historia de la filosofía.

La única antítesis última posible en la filosofía

A la luz de la Idea básica trascendental, sólo existe una antítesis última y radical en la filosofía, a saber, la que se halla entre la absolutización, *i.e.* la deificación del *significado*, en apostasía respecto de Dios *por una parte*, y, *por otra parte* el retorno del pensamiento filosófico en Cristo a Dios, lo que conduce a la compenetración en la completa relatividad y carencia de autosuficiencia de todo lo que existe en el modo creado de significado.

Si, sin embargo, esta antítesis es la última, ya no hay lugar a su lado para antítesis equivalentes de otro tipo.

Naturalmente, es verdad que hay una diferencia radical entre los motivos religiosos del pensamiento griego antiguo y los del humanista moderno. Sin embargo, difícilmente se puede decir que estos motivos podrían tener una relación antitética entre sí en el mismo sentido final y radical como el que tiene lugar entre los motivos básicos cristianos y los apóstatas. Por lo que concierne a la antítesis religiosa que hemos descubierto dentro de cada uno de los motivos dialécticos mismos, pudimos establecer que tienen el carácter de una *tensión polar* entre los dos componentes, la cual es muy diferente de la relación entre los puntos de partida cristiano y apóstata.

Tales tensiones polares están radicalmente excluidas en la Idea básica trascendental de toda filosofía realmente cristiana. Por lo tanto, en toda filosofía que está enraizada en la posición cristiana de trascendencia no puede haber cuestión en principio de idealismo o naturalismo, moralismo o esteticismo, racionalismo o irracionalismo, teísmo o misticismo; pues todos los tales ismos sólo pueden estar fundados en la posición de la inmanencia.

Consecuentemente, en tanto que tales ismos han lograr penetrar en el pensamiento filosófico cristiano, debido a la carencia de una Idea cosmonómica cristiana integral, aparecen como *atavismos* en el sentido literal de la palabra, rudimentos de pensamiento apóstata, los cuales en ningún modo pueden resultar compatibles con la actitud cristiana básica.

§2 LA DISTINCIÓN ENTRE FILOSOFÍA Y COSMOVISIÓN, Y EL CRITERIO

¿Debe entonces la cosmovisión ser realmente mezclada con el pensamiento filosófico? ¿Es la relación entre filosofía y cosmovisión quizá esta: que la filosofía no es sino una cosmovisión elaborada, quizá una *Anweisung zum seligen Leben* [guía hacia una vida bienaventurada] bajo el disfraz de una teoría filosófica? Una vez concedido que para la cosmovisión la antítesis absoluta, tal y como se formuló arriba, es realmente ineludible, ¿no debiera la filosofía, si es que ha de mantener su carácter teórico, por esa misma razón abstenerse de una elección de posición, para no eliminar sus linderos con respecto a la primera?

En tales cuestiones encontramos nuevamente en nuestro camino el dogma concerniente a la autonomía del pensamiento teórico. Nos obligan a formar una idea más clara de la relación entre filosofía y cosmovisión.

Los linderos entre la filosofía y una cosmovisión tal y como se ven desde la posición de la inmanencia. Desacuerdo con respecto al criterio

Entre tanto, es desde luego muy difícil entrar en discusión con la filosofía de la inmanencia en este punto. Pues desde su punto de vista hay extenuantes divergencias de opinión concernientes a esta pregunta: ¿qué quieres decir exactamente con "cosmovisión", y si se halla la misma en oposición con la filosofía? Por ejemplo, Heinrich Rickert quiere aproximarse a la naturaleza de las cosmovisiones axiológicamente desde su filosofía teórica de los valores, y ve la característica esencial en el compromiso ateórico existencial con respecto a la cuestión: ¿cuál es para ti el valor más alto? Otro defensor de la autonomía de la filosofía teórica, Teodoro Litt, censura a Rickert por haber transgredido los mismos límites de la filosofía en su filosofía *teórica* de los valores. De acuerdo con él, el valor es *ex origine* ateórico y, consecuentemente, todo fundamento de verdad teórica de su validez ha de ser rechazado. Litt busca el criterio entre filosofía y cosmovisión en este mismo punto, que en el pensamiento filosófico ninguna valoración en particular puede ser "o bien uno de los factores determinantes o incluso el factor decisivo"; que en una palabra las *valoraciones* son para él "evidencia conclusiva del hecho de que el sujeto no ha sacrificado su relación concretamente personal con la totalidad de la realidad a la persecución del conocimiento puro".[1]

Medida con este criterio, la filosofía de la inmanencia en su desarrollo a lo largo de una era estuvo llena de cosmovisiones, y el proceso de purificación apenas ha empezado en cualquier sentido propio. En la filosofía de la vida de Nietzsche, sin embargo, precisamente lo opuesto es el caso. A la filosofía se le adscribe la tarea de determinar el práctico "ordenamiento de los valores conforme al rango". En su *Genealogía de la moral* (p. 38) los filósofos son llamados *"Befehlende und Gesetzgeber"* [comandantes y legisladores]. La filosofía se convierte así en un "arte del vivir", que meramente comparte la expresión en conceptos con la ciencia teórica.

También la moderna así llamada "filosofía existencialista", fuertemente influenciada por Sören Kierkegaard, pro-

---

[1] *Einleitung in die Philosophie* (Leipzig y Berlín, 1933), p. 261: "der bündige Beweis dafür, dasz das Subjekt sein konkret-persönliches Verhältnis zum Ganzen der Wirklichkeit nicht dem Willen zu reiner Erkenntnis aufgeopert hat".

cede en las mismas líneas en su concepción de la relación entre filosofía y cosmovisión.

De acuerdo con Karl Jaspers, la filosofía fue desde el comienzo más que una "teoría universal". "Dio impulsos, dibujó tablas de valores, hizo a la vida humana significativa y con propósito, le dio el mundo en que se sentiría segura; en una palabra, le dio una cosmovisión".[1] Sólo la "filosofía profética" que proporciona una cosmovisión, que construye tablas de valor como normas, en su estima merece el nombre de *filosofía*. Pero este nombre, de acuerdo con él, se ha vuelto en la actualidad usual para designar aquello que de una manera mejor y más clara puede ser llamado lógica universal, sociología y sicología, que como teoría se abstiene de toda valoración. Por esta misma razón, Jaspers llama a su bien conocido libro, que intenta dar solamente una *teoría* de las cosmovisiones posibles y *entender* el significado de éstas sicológicamente, no una "filosofía", sino una *Sicología de las cosmovisiones*.

Podemos establecer así el hecho de que, por una parte, la filosofía y las cosmovisiones son distinguidas del modo más nítido conforme a un criterio axiológico mientras que, por la otra, son identificadas. Dentro de la primera escuela de pensamiento, nuevamente, hay una disputa sobre la cuestión de si la filosofía puede en cualquier caso orientarse hacia un valor teórico, o si debe ser excluida toda actitud valorativa.

Sea como fuere, podemos continuar, por el momento, manteniendo alguna reserva ante tal criterio axiológico, al

---

[1] "Sie gab Impulse, stellte Werttafeln auf, gab dem Menschenleben Sinn und Ziel, gab ihm die Welt, in der er sich geborgen fühlte, gab ihm mit einem Wort: Weltanschauung".

que nos hemos referido, pues veremos que está pesadamente cargado con la *Idea básica trascendental* de los pensadores en cuestión.

Un "concepto de valor", tomado en un sentido idealista objetivo, o desde luego en subjetivo sicologista, exhibe su origen en la filosofía de la inmanencia. ¿ Cómo podría la filosofía de la Idea cosmonómica, que empieza por plantear la pregunta acerca de la posibilidad de la filosofía y con ello incita a la reflexión autocrítica sobre la Idea básica trascendental, aceptar casualmente un criterio que se ha originado en una filosofía que no es conciente de la importancia de su propia Idea básica trascendental?

Litt llama "una carencia de integridad lógica" el requerir de una cosmovisión "validez universal", la cual *ex origine* pertenece sólo a la "verdad teórica".[1] Pero incluso este argumento *ad hominem* no es capaz de impresionar cuando aparece que la concepción del *significado* de la verdad teórica de Litt lleva la estampa de una Idea básica trascendental que nace en una elección suprafilosófica de posición; quizá, de acuerdo con su propia visión, ¡de una *cosmovisión!*

La cosmovisión como una "impresión individual de la vida", Theodor Litt y Georg Simmel

Cada hombre, dice así Litt, tiene su "cosmovisión" individual. La segunda no es sino una impresión individual de la vida, la cual surge en estrecho contacto con la concepción de la *realidad experimentada*, formada por la comunidad en la que el hombre vive. Toda vida en comunidad crea una atmósfera de convicciones comunes que se hacen sentir, donde quiera que algo importante se dice, se piensa o se ha-

---

[1] *Psychologie der Weltanschauungen*, 3a ed., 1925, pp. 1-7.

ce, sin que tales convicciones se sujeten a crítica alguna. Tales concepciones comunales del problema del mundo y de la vida despliegan las más variadas formas, desde el mundo de imágenes de los mitos a los dogmas de la religión y la sabiduría profana de la manera popular de ver la vida. En su origen, la filosofía estuvo indudablemente muy cercanamente entretejida todavía con tales cosmovisiones. Para preservar una conciencia científica pura, sin embargo, debe distinguirse de ellas de la manera más nítida. Pues se ocupa de la verdad teórica universalmente válida que encuentra su lugar sólo en el ámbito del pensamiento teórico.

Curiosamente, la caracterización de Litt de la *cosmovisión* como una "impresión individual de la vida" se halla más bien en buen acuerdo con la caracterización de la *filosofía* de George Simmel, como "un temperamento visto a través de un retrato del mundo", y como la revelación de "lo que es más profundo y final en una actitud personal hacia el mundo en el lenguaje de un retrato del mundo".[1]

Notamos este acuerdo en el presente con especial interés, puesto que Simmel es un adherente de la *filosofía de la vida* historicista y relativista, hacia la cual Litt, como veremos, exhibe también una fuerte aproximación, a pesar de la apariencia en contrario.

La visión de Litt sobre las cosmovisiones tampoco nos ayuda más puesto que, como veremos en la secuela, se traen a colación aquí los mismos prejuicios que se pusieron en juego en el caso el criterio del valor. En otras palabras, la determinación de la relación entre filosofía y "cosmovisión" está gobernada por una Idea básica trascendental, de cuya im-

---

[1] *Hauptprobleme der Philosophie* [Problemas principales de la filosofía], pp. 23, 28.

portancia no ha sido plenamente conciente el pensador en la reflexión autocrítica.

La relación tal y como se ve desde la posición de trascendencia cristiana

¿Cómo determinaremos entonces, desde nuestra posición, la relación entre filosofía y cosmovisión?

Empezamos poniendo en primer plano que el concepto "cosmovisión" es elevado por encima del nivel de las representaciones vagas, cargadas ya sea con resentimiento o con exagerada veneración, sólo si es entendido en el sentido que le es necesariamente inherente de *una visión de la totalidad*. Una *impresión* individual de la vida, alimentada desde una cierta esfera de convicciones, no es una "cosmovisión".

La cosmovisión genuina tiene indudablemente una cercana afinidad con la filosofía porque está esencialmente dirigida hacia la totalidad de significado de nuestro cosmos. Una cosmovisión también implica un punto arquimediano. Como la filosofía, tiene su motivo religioso básico. Ella, así como la filosofía, requiere el compromiso religioso de nuestra ipseidad. Tiene su propia actitud de pensamiento. Sin embargo no es, como tal, de un carácter teórico. Su visión de la totalidad no es la *teórica*, sino más bien la preteórica. No concibe la realidad en sus aspectos modales de significado abstraídos, sino más bien en estructuras típicas de individualidad que no son analizadas de un modo teórico. No está restringida a una categoría especial de "pensadores filosóficos", sino que se aplica a todo mundo, incluido el más simple. Por lo tanto, es enteramente equivocado ver en la filosofía cristiana sólo una cosmovisión filosóficamente elaborada. Hacerlo sería un fundamental malentendido de las verdaderas relaciones. La divina Revelación-Palabra da al cristiano una cosmovisión detallada tan poco como lo hace una filosofía cristiana; no obstante, da a ambos simplemente su *dirección* desde el punto de partida de su motivo básico central. Pero esta dirección es realmente una *radical* e *integral*, que determina todo. Lo mismo vale para la dirección y la manera de ver las cosas que los motivos *religiosos apóstatas* dan a la filosofía y la cosmovisión.

Por lo tanto, la filosofía y la cosmovisión se hallan *en la raíz* absolutamente unidas entre sí, aun cuando no puedan ser identificadas.

La filosofía no puede tomar el lugar de la cosmovisión ni viceversa, pues la *tarea* de cada una de las dos es diferente.

Más bien deben entenderse mutuamente a partir de su raíz religiosa. No obstante, de seguro, la filosofía tiene que dar una explicación teórica de la cosmovisión, de lo cual algo se dirá posteriormente.

§3 EL POSTULADO DE NEUTRALIDAD Y LA "TEORÍA DE LAS COSMOVISIONES"

Es intensamente interesante trazar en el postulado de neutralidad la influencia del *ideal de la peronalidad*, el cual discutiremos posteriormente como un factor básico en la Idea básica humanista trascendental. Hemos repetidamente establecido el hecho de que mediante este postulado varias corrientes modernas de la filosofía de la inmanencia intentan evitar la autorreflexión sobre la Idea básica trascendental de su sistema filosófico. Encuentra su origen en la nítida distinción de Kant entre razón teórica y práctica, y en su intento por emancipar a la personalidad libre y autónoma de la tiranía del ideal humanista de la ciencia, el mismo que fue

evocado por el motivo religioso de la libertad del humanismo. El pretendido postulado no tiene en realidad un origen
teórico sino *religioso*.

En primer lugar se encararán los argumentos teóricos que
han sido introducidos para la defensa de este postulado de
neutralidad

La defensa por Rickert **del postulado de neutralidad**

Rickert desde luego los ha desarrollado en el mayor detalle
en su *System der Philosophie* [*Sistema de filosofía*].[1] De acuerdo

---

[1] Del mismo autor ha aparecido: *Grundprobleme der Philosophie* [*Problemas básicos de la filosofía*, 1934], el cual en gran medida trata estos mismos problemas.

No se abren nuevos puntos con el ensayo de Rickert "Wissenschaftliche Philosophie und Weltanschauung" [Filosofía científica y cosmovisión] en *Logos*, vol. 22 (1933), pp. 37ss., el cual está dirigido contra la moderna filosofía de la existencia de Heidegger, Jaspers, etcétera. Los oponentes de Rickert exigen un modo existencial de pensamiento filosófico en oposición a uno puramente teórico.

El ensayo referido intenta demostrar que la totalidad del cosmos es accesible sólo al pensamiento teórico, mientras que esta totalidad debe permanecer escondida del hombre total, visto por Rickert —en la tirantez de toda filosofía de la inmanencia— como un complejo individual de funciones.

Esta argumentación entera se sostiene o cae con la posición de inmanencia misma y con su idea básica trascendental, la cual Rickert no explica, como consecuencia de lo cual su posición se torna acríticamente dogmática o más bien "doctrinaria".

Permanece oculto para él que la ipseidad como totalidad de la existencia humana no puede buscarse en la coherencia temporal de sus funciones.

"El hombre individual en la totalidad de su existencia necesariamente restringe su interés a una o más partes de la totalidad cósmica. Cualquiera que trate de pensar de una manera universal y a pesar de ello desee

con él la filosofía, por lo que concierne a su naturaleza interna, es la ciencia teórica que ha de entender al cosmos entero como una totalidad, aun cuando este cosmos sea nítidamente separado por el pensamiento teórico en las dos esferas de los temporal-espacial (sensorialmente perceptible) y los *valores intemporales* que *tienen absoluta validez*.

No tiene una cosmovisión que predicarse como "persuasión", o "fe" o "imperativo". Se debe restringir escrupulosamente a una actitud teórica de conocimiento. Los imperativos, las normas, no son asunto de la teoría. El concepto de una ciencia normativa es internamente contradictorio. La "realidad" (para Rickert agotada en sus aspectos sicofísicos) no es considerada por la filosofía en el sentido objetivizante de las ciencias especiales. Las ciencias especiales deben establecer qué es la realidad como "mera realidad". La filosofía no tiene nada que decir acerca de eso. La realidad estudiada por las ciencias especiales es la realidad dada, conciente, *inmanente*; es lo "sicofísico". No existe otra realidad (loc. cit., p. 179).

No obstante, la "realidad" es para Rickert más que "mera realidad". Como *forma* teórica, en la que el entendimiento

---

al mismo tiempo filosofar como un "pensador existente", se malentiende a sí mismo y a su propia existencia. Sólo después de que se ha separado de ella, con la ayuda de la filosofía, su visión es capaz de ser lo suficientemente libre y amplia como para comprender la totalidad del cosmos en su visión y su juicio verdadero".

["Der ganze Mensch beschränkt sich mit seinen Interessen notwendig auf einen oder mehrere ihrer Teile. Wer universal zu denken sich bemüht und trotzdem gleichzeitig als ganzer Mensch oder als existierender Denker philosophieren möchte versteht sich selbst und seine eigene Existenz schlecht. Erst wenn er sich von ihr mit Hilfe der Theorie losgemacht hat, kann sein Blick frei und weit genug werden, um das Ganze der Welt überschauend und wahr urteilend zu erfassen"].

concibe un material de la conciencia empírico sensorial, la realidad es una *categoría del pensamiento* que no es ella misma *real*, sino que tiene *sólo validez (Geltung)*.

Kant adoptó esta posición "crítica" con respecto a la realidad cuando proclamó al sujeto trascendental "universalmente válido", despojado de toda individualidad, en la síntesis de sus formas de pensamiento e intuición, como el origen formal del verdadero *Gegenstand* de conocimiento. Sólo el tipo de "validez" o "valor", sobre cuya base construye epistemológicamente su "mundo" el sujeto, es decisiva para la "objetividad" de la realidad ganada sobre la base de la filosofía crítica (loc. cit., p. 175).

Aun más claramente muestra su *carácter valorativo* la Idea teórica de *totalidad de la realidad*, vista por Kant esencialmente como una *tarea infinita* para el pensamiento. Lo que hace a esta totalidad ser una "totalidad absoluta" es sólo el valor vigente (p. 175).

Para que el problema de la "totalidad de la realidad" sea susceptible de solución filosófica, debe ser entendido como un *problema* epistemológico. La filosofía no trata con la realidad como "mera realidad", sino con el problema del *conocimiento de la realidad*. Busca entender los valores teóricos que realmente no *son*, pero que *son válidos* y que conducen al conocimiento de la realidad de modo que este último adquiere por ello anclaje y coherencia. Los problemas filosóficos de la realidad, en otras palabras, han de entenderse sólo como cuestiones de la teoría del conocimiento, como teóricos *problemas de significado y valor*. La filosofía teórica de la realidad es una epistemología. Quiere interpretar el *significado* del conocimiento y esto sólo es posible sobre la base de los *valores*.

Entretanto, sería enteramente inadmisible restringir la tarea de la filosofía a la investigación de estos valores meramente teóricos. La filosofía, la cual es esencialmente una *teoría de los valores*, debe ser dirigida hacia la *Vollendung* (plenitud), hacia la totalidad, y debe así necesariamente incluir el *universo de los valores* en su horizonte. Debe luchar por un *sistema* filosófico de valores. Consecuentemente, debe también investigar los *ateóricos*, los cuales, de acuerdo con la visión tradicional, son distinguidos como moralidad, belleza, santidad, para poder interpretar teóricamente el significado de toda la vida.

De acuerdo con la visión de Rickert, el sistema de los valores con respecto a su contenido material no puede ser deducido de *formas* axiológicas generales. Para instalar tal sistema uno necesita un *material*, en términos del cual por primera vez tenemos que obtener una compenetración en la *multiplicidad* de los "valores". ¿Cómo ha de rastrear la filosofía esta multiplicidad? Para ello debe orientarse a la *vida histórica de la cultura*.

Para entender esta línea de pensamiento uno debe observar que, de acuerdo con Rickert, *la filosofía*, como la teoría de la totalidad, tiene la tarea de reunir en el pensamiento los "mundos" de la "realidad natural" y "los valores vigentes", mundos que habían sido al principio absolutamente separados por el pensamiento teórico. Cuando no estamos pensando, inmediatamente experimentamos esta unidad "libre de conceptos" y la filosofía no se volvería verdaderamente una filosofía de la *Vollendung* (plenitud) si se detuviera en un dualismo irreconciliado en el pensamiento teórico.

De modo que se necesita un eslabón teórico conectador entre los valores y la realidad, un *tercer ámbito* que junte a los dos en uno. Este tercer ámbito se entiende teóricamente en el concepto de *significado*, el cual para Rickert es "lógicamente anterior" a la separación teórica entre realidad y valor. El significado no es ni real ni valor efectivo, sino la unión sintética de ambos, constituida en el acto valorador del sujeto. El significado, "la significancia" (*Bedeutung*), pertenece a todos los "actos" en tanto que el sujeto escoja una posición en ellos con respecto a los valores. En el "significado inmanente del acto", el valor y la realidad se hallan sintéticamente juntos.

El significado inmanente no es él mismo *valor*, sino que la realidad es aquí *relacionada con los valores* por el significado. Es la realidad a la cual "los valores se adhieren" en el significado.

En el concepto de *significado*, la distinción entre valores y realidad no ha sido suprimida, sino que éstos son reunidos en una unidad sintética más alta. El "valor" también, para Rickert es *significado*, pero *trascendente, atemporal* y *absoluto* en carácter. El *significado* como eslabón intermedio entre valor y realidad es, por el contrario, "significado inmanente". Sólo en este tercer ámbito de significado inmanente encuentra el sujeto su lugar en la visión de Rickert. La "realidad" es meramente el *objeto* del sujeto epistemológico trascendental, y en el ámbito de los valores no hay subjetividad en lo absoluto.

Ahora bien, para el descubrimiento de la multiplicidad de los valores, la filosofía debe orientarse al ámbito del significado inmanente que se ha precipitado solamente en la *vida histórica de la cultura*, en los bienes culturales como "lo verdaderamente objetivo", y que es entendido por la ciencia histórica teórica y objetivamente.

La ciencia de la historia tiene que ver con la *cultura* como "realidad a la que se adhieren los valores" (*wertbehaftete Wir-*

klichkeit), aunque en su procedimiento no mire a los valores absolutos. Es así que presenta a la filosofía con la materia que requiere para su teoría sistemática de los valores. La filosofía debe abstraer de los bienes históricos culturales los *valores* generales, para delimitar los problemas que surgen para la filosofía como una doctrina del *significado de la vida*. Al hacerlo así, debe necesariamente trabajar con un "sistema abierto", que deja lugar a nuevos valores que no hayan sido previamente descubiertos.

Solo ahora la validez universal absoluta del valor teórico de la verdad puede ser demostrada de una manera convincente a todos los seres pensantes. Sólo ella posee una auto-garantía para esta validez. La visión relativista de este valor se cancela a sí misma teóricamente, pues debe reclamar verdad absoluta para su propia posición si es que ha de ser tomada seriamente.

Por el contrario, los valores ateóricos, tal y como los concibe Rickert en su sistema abierto (belleza, santidad personal, santidad impersonal, moralidad y felicidad), no han de ser demostrados en su validez universal precisamente porque la demostración reside en el ámbito teórico. Debe bastar con que la filosofía como ciencia teórica de la totalidad nos proporcione una compenetración teórica con respecto a estos valores. Sólo puede traerlos a un sistema *teórico* en el que nada se dice acerca de la prioridad práctica de estos valores, sino que meramente se da un *orden formal* de las "etapas del valor".

Como ciencia teórica de la totalidad, no puede proclamar como más alto a un cierto valor. Con ello caería en un "profetismo" que sería incompatible con un punto de partida teórico no prejuiciado. Se convertiría en una cosmovisión incluso si declarara a los valores teóricos que dominan su propio campo de investigación en este sentido como los más altos, dominantes sobre toda la vida. En este caso, en vez de pensar filosóficamente en un estilo teórico, predicaría un intelectualismo, tal y como era el caso en la filosofía de la Ilustración.

No obstante, la filosofía debe realmente incluir a las cosmovisiones en su investigación teórica. Pues el objeto de la filosofía es la *totalidad del cosmos* y a esta totalidad también pertenece el sujeto, *i.e.* el hombre completo y su relación con el cosmos, el sujeto que escoge una posición en la vida con respecto a los valores. Por ende, la filosofía necesariamente se convierte también en una teoría de las cosmovisiones, en una *Weltanschauungslehre* o teoría del *significado total de la vida (Theorie des vollendeten Lebens)*, y en esta misma capacidad es filosofía de los valores.

Como *Weltanschauungslehre*, la filosofía simplemente tiene que desarrollar teóricamente los varios tipos posibles de cosmovisiones, es decir, señalar las consecuencias de elevar uno de los varios valores *al rango más alto.* En otras palabras, sólo tiene que proveernos con claridad teórica acerca del significado de cada cosmovisión. "Por lo demás, deja al hombre individual escoger esa visión de la vida y el mundo que mejor se acomode a su naturaleza extra o supracientífica".[1]

---

[1] *Im ?brigen wird sie es dann dem einzelnen Individuum ?berlassen die Weltanschauung zu* wählen, *die am besten zu seiner persönlichen auszer-oder ?berwissenschaftlichen Eigenart paszt.* (op. cit., p. 407).

Crítica de los fundamentos de la *Weltanschauungslehre*

Nos conduciría muy lejos, y también sería superfluo en el presente contexto, seguir aun más el desarrollo del método de la *Weltanschauungslehre* de Rickert.

Nos ocupa aquí sólo rendir una valoración crítica de sus fundamentos y sus argumentos críticos.

Estos fundamentos precen estar fuertemente esrablecidos. Rickert aparece celosamente para defender los linderos de la filosofía teórica contra todos los intentos de usurpación que desean hacer de la teoría algo más que teoría. En el rechazo de un fundamento intelectualista para la filosofía, la separación entre filosofía y cosmovisión parece ser realmente mantenida de modo consistente. Más aun, Rickert se muestra tan poco confinado por prejuicios intelectualistas, que reconoce teóricamente la necesidad de que la religión penetre toda de la vida y nunca se permita ser satisfecha con una coordinación de otros valores y el valor que la domina. Reconoce también que el punto de vista axiológico no puede agotar la esencia dela religión.

No obstante, se esconde una trampa fatal para la entera concepción de Rickert de la esencia, tarea y lugar de la filosofía, en su defensa de la neutralidad teórica de la filosofía.

El postulado de neutralidad tendría significado, y en ese caso también tendría significado *completo*, sólo si el "valor de verdad teórico" que –de acuerdo con Rickert– sola y exclusivamente ha de dominar la filosofía poseyera validez en sí mismo, independientemente de un orden temporal cósmico, independientemente también de otros valores, independientemente es decir de la *plenitud* religiosa de la verdad.

Ahora bien, la trampa yace escondida en la identificación apriori de la verdad con la *corrección teórica* y en la adicional presuposición apriori de que la verdad así interpretada descansa en sí misma como un "valor" absoluto: "Vemos en la filosofía un actitud teórica de la mente, y no buscamos en ella sino aquello que llamamos verdad. Con ello presuponemos que la verdad posee un valor propio o que tiene sentido luchar por la verdad en aras de la verdad. En esto yace la presuposición adicional, que hay verdad que es intemporalmente válida, e incluso esta presuposición levantará oposición en nuestros tiempos. Incluye la convicción de que hay verdad que descansa en sí misma o verdad absoluta, por la cual han de ser medidas todas las visiones del universo".[1]

Sería frívolo voltear la palabra 'convicción' contra el autor y objetar que, de acuerdo con su propia concepción, las "convicciones" no son una cuestión de filosofía sino de una cosmovisión. Pues Rickert es desde luego de la opinión de que el valor veritativo es el único en el ámbito de los valores cuya validez universal absoluta puede ser demostrada teóricamente.

No obstante, la opinión de que la validez absoluta del "valor veritativo teórico" puede ser demostrada teóricamente es difícil de mantener. Pues, ¿no supone toda demostración teórica una norma para su corrección? (¡No me gustaría de-

---

[1] Rickert, loc. cit., p. 39. "Wir sehen in der Philosophie ein theoretisches Verhalten und suchen in ihr nichts anderes als das, was wir Warheit nennen. Dabei setzen wir voraus, dasz die Warheit einen Eigenwert besitzt, oder dasz es einen Sinn hat, nach Warheit um der Warheit willen zu streben. Darin steckt die weitere Voraussetzung, dasz es Warheit gibt, die zeitlos gilt, und schon diese Voraussetzung wird in unserer Zeit Anstosz erregen. Sie schliesxt die Überzeugung ein, dasz es in sich ruhende, oder absolute Warheit gibt, an der alle philosophischen Ansichten vom Weltall zu messen sind".

cir un valor veritativo absoluto que posee su validez en sí mismo!).

¿Cómo puede ser demostrado lo que se presupone en la demostración? A este punto, sin embargo, dedicaré una atención por separado más adelante.

Antinomia inmanente en la filosofía de los valores de Rickert

Por el momento sólo demostraré que la absolutización de la verdad teórica para hacer de ella un valor absoluto, que descansa sobre sí mismo, conduce a una antinomia irresoluble.

Rickert mismo desea relacionar el pensamiento filosófico con la "totalidad de los valores". En contraste con esta totalidad, el "valor veritativo", según la propia visión *teórica* de Rickert, sólo es una especie de significado trascendente en la diversidad (trascendente) de valores. Habiendo sido ello concedido, el valor veritativo teórico no es en ningún caso *puesto por sí mismo*. En cualquier caso supone la *totalidad* de los valores. La idea de un "valor veritativo" teórico absoluto que descanse enteramente en sí mismo es así internamente contradictoria y se disuelve.

Más aun, la diversidad de valores supone una coherencia de significado entre los mismos. Pues, ¿cómo podrían de otra manera pertenecer a la misma totalidad de valores? Siendo esto nuevamente concedido, ¿qué significado ha de atribuirse al postulado de la "pureza teórica" para mi pensamiento filosófico, si el "valor veritativo teórico", sólo el cual podría dar un significado a este pensamiento, no puede satisfacer este postulado sin cancelarse? Pues, ¿puede un valor especial, arrancado de su coherencia de significado con todos los otros y puesto por sí mismo, escapar de volverse asignificativo?

Si no, entonces el postulado de la autosuficiencia del pensamiento teórico es también reducido *ad absurdum* y de esta manera, también, se demuestra que el verdadero punto arquimediano de la filosofía de la inmanencia no puede ser encontrado en el pensamiento teórico "puro".

La prueba de la Idea básica trascendental

Si aplicamos la *prueba de la Idea básica trascendental*, entonces inmediatamente resulta que el concepto metafísico de valor de Rickert está gobernado por una específica elección de posición suprafilosófica con respecto al Ἀρχή y la totalidad de significado de las diferentes leyes modales, especialmente de las esferas modales normativas. La línea de pensamiento es como sigue: la norma *como lex* (imperativo) está necesariamente relacionada con un sujeto, es así *relativa* y consecuentemente no puede ser el Ἀρχή absoluto del significado. Puesto que referir las normas a la soberanía de Dios entra en conflicto con la secreta proclama religiosa de la soberanía de la personalidad humana, debe hipostasiarse una idea de la razón como un valor suficiente para sí mismo. Este valor ahora aparece elevado a la posición de Ἀρχή de las leyes. En verdad, sin embargo, la ipseidad apóstata en la idea del valor proclama a la así llamada "razón práctica" como el soberano Ἀρχή

El "valor" absoluto, suficiente para sí mismo, no es, como acabamos de ver, más que la hipostatización de la norma (en su especialidad modal de significado), la cual para este fin es disociada del sujeto por un lado y de Dios como Ἀρχή por el otro, y ahora descansa sobre sí mismo como una idea platónica. Sin embargo, este "valor" no es concebido, como por Platón, como un "ser", una forma patrón con respecto al cosmos perceptible sino como un "bien que se sostiene".[1]

La verdadera raíz de esta teoría metafísica axiológica es el *ideal humanista de la personalidad* como un *factor básico* en el motivo religioso central del humanismo, ideal de la personalidad que en la "primacía de la razón práctica" de Kant, después de una larga lucha, logró cobrar un ascendiente sobre el *ideal humanista de la ciencia* de la *Aufklärung* [Ilustración], acerca del cual nuestra ulterior discusión seguirá en la parte siguiente. La filosofía teórica no puede dominar a la libertad autónoma de la personalidad humana en la elección de su cosmovisión.

Un motivo religioso básico se encuentra en la base del postulado de la neutralidad teórica de Rickert, un motivo básico que se ha expresado en una Idea básica trascendental; la influencia apriori de la segunda sobre el pensamiento de Rickert puede ser demostrada en sus conceptos de ley y sujeto, su visión de la realidad, su metafísica idea del valor, su concepción del tiempo, y así sucesivamente.

---

[1] August Messer, *Deutsche Wertphilosophie der Gegenwart* [*Filosofía alemana axiológica actual*], 1926, pp. 2 y ss., supone que puede eliminar satisfactoriamente el reproche de hipostatización, dirigido contra la filosofía de los valores, señalando la nítida distinción entre valor y realidad. Se podría decir que sólo un "realismo de los valores", tal y como el que se reconoce en la doctrina de las ideas de Platón, descansa sobre la hipostatización. Pero ya hemos notado previamente que la hipostatización es en sí misma independiente de la pregunta de si está entendida en términos de "ser" o más bien de "bien que se sostiene".

La filosofía de la Idea cosmonómica no juzga acerca de asuntos sobre los cuales ningún juicio pertenece al hombre, pero conduce al pensador a una autocrítica fundamental

Como se ve, la referición de un sistema filosófico a su Idea básica trascendental conduce a una radical agudización de la antítesis en el pensamiento filosófico y al descubrimiento de verdades realmente severas. Pero la filosofía de la inmanencia no puede quejarse acerca de esto, pues ella también requiere que el pensamiento filosófico busque la verdad y solamente la verdad. Por su parte, ofrece una aguda oposición a todo ataque a la autosuficiencia del pensamiento teórico. Más aun, debe mantenerse en mente que la crítica radical que ejerce la filosofía de la Idea cosmonómica en ninguna parte puede ser entendida como un juicio acerca de la condición religiosa personal de un pensador. Tal juicio no pertenece al hombre y se halla enteramente fuera de la intención de nuestra filosofía. Sabemos, después de todo, que en el corazón del cristiano mismo la ipseidad apóstata y la ipseidad redirigida a Dios libran una guerra cotidiana.

Pero esta verdad *plena* será impresa por la autocrítica radical que la filosofía de la Idea cosmonómica requiere del pensador: la proclamación de la autosuficiencia del pensamiento teórico significa el retiro de ese pensamiento de Cristo como raíz de nuestro cosmos. Esto no puede proceder de *Él*, sino que necesaria surge de la raíz de existencia que se ha separado de Dios.

§4 SECUELA: LA PRETENDIDA AUTOGARANTÍA DE LA
VERDAD TEÓRICA

**El argumento de Litt concerniente a la autogarantía de la
verdad teórica**

No podemos detenernos ante la defensa del postulado de
neutralidad de Rickert. Desde luego no se les ha escapado
a otros defensores de este postulado que el mismo fundamento de la noción de neutralidad de Rickert en su *filosofía
de los valores* excede los límites del pensamiento "puramente
teórico". En un contexto anterior señalamos a Teodoro Litt,
quien considera a la idea del valor como tal como perteneciente al territorio de una "cosmovisión".

Debemos por lo tanto tratar de penetrar al núcleo del
argumento que se aduce en apoyo del postulado de neutralidad, y que de hecho no está necesariamente conectado
con la concepción de la filosofía como una teoría de los valores. Este núcleo ha de encontrarse en la pretendida autogarantía de la "verdad teórica" con respecto a su absolutez.
Vimos que Rickert también apuntó su demostración entera
en la dirección de esta "autogarantía", pero mostró su lado
débil por razón del sesgo axiológico de su argumento. Por
lo tanto, ya no tendremos en cuenta este sesgo axiológico y
dedicaremos nuestra atención exclusivamente a la cuestión
de si en alguna otra manera la "autogarantía de la verdad
teórica" ha de mantenerse sobre la base de concepciones
"puramente teóricas" de la filosofía.

Observamos previamente que esta pretendida autogarantía no *puede* en ningún caso *ser demostrada teóricamente*. Teodoro Litt también ha descubierto la trampa que es escondida
a los defensores de la absolutez y autogarantía de la "verdad

teórica" en la concepción de que *debe ser posible demostrarla de un modo teórico.*

No sólo eso: llega tan lejos como para acusar de *relativismo* a aquellos que consideran esta "autogarantía" como demostrable, en tanto que intentan referir la "verdad" a algo que no es todavía verdad, algo distinto de la verdad, si es posible *más que la verdad.*

El único punto realmente susceptible de demostración teórica en su visión es la contradicción interna en la que se debe involucrar toda forma de visión relativista de la verdad.

Esto realmente no significaría mucho, o más bien nada, para la defensa de la autosuficiencia del pensamiento teórico, si Litt no hubiera empezado con una identificación apriorística de la verdad autogarante absoluta con la *corrección teórica.*

Pues si la verdad no es considerada como agotada en su relación con el pensamiento teórico, sino que en la "veracidad teórica" se ve sólo una refracción del significado (no suficiente para sí mismo) de la plenitud de la verdad, *i.e.* de su *plenitud religiosa*, entonces la demostración de que el "relativismo" es autodestructivo se vuelve inmediatamente en contra de los que niegan esta plenitud de la veracidad.

Litt, sin embargo, se ha armado desde el comienzo contra todo malentendido de su opinión sobre este punto haciendo que la verdad autosuficiente valga exclusivamente en correlación con el *cogito*, con el "Yo pienso (teóricamente)". De esta manera él intenta también expresamente eliminar toda "hipostatización" de la verdad como una idea o "valor" que tiene *ser* o *validez* aparte de toda subjetividad.

En otras palabras, ¡la "verdad autosuficiente, absoluta" vale en y sólo para el pensamiento teórico! No obstante, ¡este juicio es ostensiblemente la autocontradicción encarnada! ¿Cómo puede una verdad ser absoluta y autosuficiente, la validez de la cual es relativizada al *pensamiento teórico?*

La filosofía de los valores, en cualquier caso, escapó de *esta* contradicción hipostasiando la verdad como un *valor* absoluto, elevado en sí mismo por encima de toda relación con la subjetividad. Al restringir la validez de la verdad desde el comienzo a la relación de pensamiento teórico, Litt cae aquí en un *relativismo* fundamental, que supuso había cortado de raíz en su absolutización de la verdad *teórica.*

Es interesante ver ahora de qué manera Litt busca justificarse contra el reproche de *relativismo* de la veracidad.

Tal *relativismo* para él es en todas sus formas posibles un escepticismo internamente contradictorio que en su argumentación debe simultáneamente presuponer y aniquilar el auténtico concepto de verdad: "Aniquilar: pues aquello que ellos llaman "verdad" en palabras expresas no es verdad; presuponer: pues el acto de aniquilar es una acción espiritual que es significativa sólo si "verdad" en el sentido original es aceptada como posible y asequible".[1]

Esta antinomia permanece escondida para el escepticismo sólo porque no ha avanzado a la última etapa de autorreflexión sobre la parte del pensamiento teórico. Hace preguntas reflexivas sólo sobre la pretensión de validez que es inherente a los juicios de pensamiento dirigidos a los *Gegenstände,* ¡pero olvida que los juicios de este pensamiento reflexivo también pretenden validez absoluta por lo que

---

[1] *Einleitung,* p. 29: *Vernichten: denn das, was sie expressis verbis "Warheit" nennen, ist nicht Warheit; voraussetzen: den dieser Akt der Vernichtung ist ein geistiges Tun, das nur dann sinnvoll ist, wenn "Warheit" im urspr?nglichen Sinne als möglich und erreichbar angenommen wird.*

concierne a su verdad! En otras palabras, no ha llegado a la introspección de pensamiento, en la que el pensamiento es dirigido exclusivamente hacia sí mismo y no hacia sus *Gegenstände*.

Si la biología, la sicología, e incluso la antropología, investigan científicamente la función de pensamiento, entonces sólo pueden examinarla como un aspecto de la realidad en plena relatividad con los otros aspectos. Permanecen entonces en la esfera del "pensamiento objetivo", para la cual el pensamiento mismo significa un pedazo de "realidad", un *Gegenstand*.

Pero en todo pensamiento biológico, sicológico y antropológico el "yo pienso" real, el cual nunca puede ser convertido en un *Gegenstand* del pensamiento, permanece oculto. Es preeminentemente la tarea del pensamiento filosófico, como pensamiento dirigido a la autorreflexión, sacar a la luz este *antipolo subjetivo* de toda *realidad objetiva*; es su misma tarea demostrar cómo la *validez de verdad,* que los juicios del pensamiento científico objetivizante reclaman para sí mismos, permanece dependiente de la validez absoluta de la verdad de los pronunciamientos del pensamiento reflexivo.

Ahora bien, si la atadura de la absoluta validez de la verdad a la relación de pensamiento fuera realmente a significar que la verdad está limitada a seres pensantes *reales* entonces, de acuerdo con Litt, su concepción de la verdad se habría resbalado hacia los caminos del relativismo escéptico. Pero esto no es el caso. Pues por el *cogito* (yo pienso), al cual está restringida la verdad absoluta en su validez, debe entenderse aquí solamente "pensamiento puro", *i.e.* "aquel pensamiento del que dijimos arriba que 'resortea' una y otra vez hacia la contraposición del *Gegenstand* pensado". Este "pensamiento" ya no es un aspecto de la realidad temporal concreta. Es el sujeto trascendental de pensamiento, él mismo universalmente válido, la autoconciencia que ha arribado a la determinación en el pensamiento reflexivo, que no es inherente a la realidad individual, sino es *Denken schlechtin* (el mero pensamiento como tal). Pues toda realidad temporal y espacial, incluído el *ego concreto pleno* (yo) como realidad individual experiencial, está en la relación epistemológica sólo en el "antipolo objetivo" de este "yo pienso", de modo que el *cogito* en este sentido trascendental nunca puede ser subsumido bajo el mismo.

La introducción de la verdad absoluta en la relación de pensamiento así concebida no debiera realmente conducir a las consecuencias del relativismo, puesto que no se intenta aquí *deducir* "la verdad" de otra cosa. Más bien se acepta, en la visión de Litt, una estricta *correlación* entre la verdad y el *cogito* (trascendental). "Hay aquí consecuentemente un estricto equilibrio entre los miembros, que están unidos por esta relación: así como la "verdad" es determinada en vista del "ser pensante", así el "ser pensante" es determinado en vista de la "verdad", y sólo en vista de ella.[1] Una *correlación* de esta absolutez no debiera permitir el mínimo alcance al "relativismo"

Crítica de la concepción de Litt

Hemos reproducido deliberadamente la concepción de Litt de la absolutez y autogarantía de la verdad teórica tan deta-

---

[1] "Hier besteht also ein strenges *Gleichgewicht* zwischen den Gliedern, die durch die Relation verbunden sind: wie die "Warheit" im Hinblick auf das "denkende Weses" im Hinblinck auf die "Warheit" und *nur* im Hinblinck auf sie bestimmt.

llamente como ha sido posible, y tanto como ha sido posible en sus propias palabras, para hacer plena justicia a su argumento. Todo eslabón en el argumento realmente cuenta si en nuestra crítica no hemos de pasar a nuestro oponente y encontrar meramente una reputación *imaginaria*.

Planeamos empezar otra vez con la crítica *inmanente*.

Apeguémonos estrictamente a la correlación estricta en la que el autor pone al pensamiento teórico y a la verdad. Está claro que la *relativización de la plenitud de [significado de] la verdad* a una *verdad meramente teórica*, que más allá de contradicción posible esté involucrada en la correlación señalada, en el mejor de los casos no podría apartarse de la absolutez y pretendida autogarantía de la verdad sólo en caso de que el "*cogito* trascendental" pudiera reclamar la misma absolutez que la *verdad misma*. Esto significaría que son una y la misma, idénticas en un sentido lógico. Desde luego que el argumento debe resultar en tal identificación. Después de todo, la demostración entera relativa a la autogarantía de la "verdad teórica" debe servir para salvar carácter incondicional, "puramente teórico" del pensamiento filosófico mismo. Pues lo que está involucrado aquí en primer lugar no es la autosuficiencia de la "verdad", sino la autogarantía, la *autosuficiencia del pensamiento filosófico*. Litt puede rechazar enfáticamente la idea de que él *deduciría* la "verdad" a partir del pensamiento filosófico. No obstante, no será capaz de negar que la supuesta absolutez y autosuficiencia de la verdad teórica se sostiene o cae junto con la del pensamiento filosófico mismo.

Se halla enteramente en la línea de Litt que busquemos aproximar el significado de la *correlación* señalada por él desde el polo filosófico subjetivo de pensamiento. Pues, de acuerdo con él, no tiene sentido hablar acerca de lo que no puedo captar en un *concepto* cuando estoy pensando *subjetivamente*. Consecuentemente, esto vale también con respecto a la "verdad absoluta". Sin embargo, no puede negarse que de este mismo modo ha surgido un serio peligro para la absolutez de la verdad y que en el curso de un ulterior razonamiento esta absolutez amenaza con disolverse en la absolutez del pensamiento filosófico. Pues ahora la "verdad absoluta" parece requerir también de determinación teórica lógica por el pensamiento filosófico. De otra manera, ¿cómo podría ser "puramente teórica"?

En contraste con esto, la determinación que el pensamiento filosófico tendría que recibir del lado de la "verdad absoluta" parece lógicamente *indeterminado* en el más alto grado.

Si la "verdad absoluta" no parece ser idéntica al "*cogito* absoluto" en su desarrollo dialéctico de pensamiento, se hunde en la propia línea de pensamiento de Litt hasta el nivel del *Gegenstand* de pensamiento, el cual debe recibir todas sus determinaciones del *pensamiento* mismo.

La primera trampa en la demostración de Litt: el carácter incondicional del "*cogito* trascendental"

Sin embargo, cuando pasamos al *polo subjetivo del pensamiento*, al *cogito* trascendental —que en la kantiana opinión de Litt se mantiene en contraste con toda *realidad* como su opuesto absoluto— entonces, en la concepción del "carácter incondicional" de este polo de pensamiento, la trampa exhibida en nuestra introducción reaparece.

Pues el *cogito* no es sino la *ipseidad* en su actividad de pensamiento lógico. Es enteramente imposible disolver esta *ip-*

seidad en el significado modal de *su función lógica*, a menos que hayamos dejado un *concepto* desnudo, el cual es meramente un producto del *ego* pensante.

Desde luego, esta trampa fue observada por Fichte, el padre del entero modo dialéctico reflexivo de pensar, cuando habló de una necesaria tensión entre el "ego absoluto"[1] y el "ego pensante".

Litt, por el contrario, quien intenta seguir las pisadas de Fichte, no ha observado la antinomia del "pensamiento incondicionado", pues hipostatiza el pensamiento teórico en el sentido humanista de reflexión *libre de valores*. Fichte, en su fase kantiana, rehusó hacerlo porque él no buscaba la *raíz* o la *ipseidad* de la existencia humana en la razón "teórica", sino en la así llamada "razón práctica", *i.e.* en el *homo noumenon* de Kant como una hipostatización sintética de la función ética de la personalidad. En otras palabras, para él el pensamiento teórico estaba *éticamente determinado* desde el comienzo. En Litt, el *ego pleno* es idéntico al complejo individual, concreto, de *sus funciones en la realidad espacial temporal espacial* y es así que ¡sólo puede ser determinado por el pensamiento absoluto trascendental! Sin embargo, en este *así llamado "ego concreto, pleno" no ha de encontrarse realmente la ipseidad que trasciende todo pensamiento.*

Así, la concepción de Litt de la absoluta garantía de la "verdad meramente teórica" se disuelve en una hipostatización especulativa del pensamiento; esta última se desintegra en contradicciones internas y no puede nuevamente ser presentada como innocua por un giro dialéctico de pensamiento por el cual se reconoce en el último análisis como

---

[1] Éste es algo enteramente diferente del "ego *pleno concreto*", en el sentido de "objeto" de pensamiento.

lógicamente idéntica (en la oposición) con el "ego pleno". Con la aceptación del carácter incondicionado, la autosuficiencia del pensamiento filosófico, la yoidad real cae. Esta yoidad persiste en su *realidad religiosa que determina todo pensamiento*, en contraste con todos los conceptos lógicos. Con la negación de la yoidad o ipseidad real, sin embargo, debe perderse la posibilidad de conocimiento y la posibilidad de formar conceptos. Litt hubiera llegado realmente a estas conscuencias destructivas en su sistema, si en él hubiera seguido consistentemente el postulado de la pureza del pensamiento filosófico. El hecho de que no obstante haya desarrollado un sistema filosófico ¡prueba que estaba lejos de pensar de modo "puramente teórico"!

La segunda trampa: la oposición entre pensamiento trascendental y la realidad completa

Una segunda trampa en la concepción del *cogito* trascendental de Litt, ya exhibida en un contexto anterior de nuestra crítica trascendental, es la suposición de que, en la relación antitética del pensamiento teórico *la realidad temporal plena* —en oposición al polo subjetivo "yo pienso"– saltaría al antipolo de la *Gegenständlichkeit* (para Litt, ¡idéntica a la *objetividad!*).

Esta suposición es completamente incorrecta y contradictoria, puesto que niega la coherencia temporal de significado, a la cual permanece atada la función lógica del pensamiento incluso en su realidad última que no puede ser objetivada.

En nuestra crítica trascendental del pensamiento teórico hemos mostrado que la relación antitetica, sólo de la cual puede surgir el problema epistemológico del *Gegenstand*, no corresponde a la realidad. Consecuentemente, la realidad misma nunca puede ser convertida en un *Gegenstand* del pensamiento en su función lógica real, sino que es solamente una abstracción meramente intencional ejecutada *dentro* del acto teórico real de nuestra conciencia. En la absolutización del "sujeto lógico trascendental" se pasa enteramente por alto que el pensamiento teórico sólo es posible en una síntesis intermodal que presupone la coherencia cósmica de significado en el tiempo y consecuentemente no puede ser de un carácter puramente lógico.

La segunda mala concepción, sin embargo, que debemos exhibir en el argumento de Litt, fundada en la primera, es que la ipseidad debe ser determinada sólo por el pensamiento "puro", *i.e.* por la lógica dialéctica.

La "autorrefutación" del escepticismo reducida a su proporción verdadera

Es así que la autorrefutación del escepticismo, en la cual Rickert y Litt de modo semejante enfocan la fuerza de su argumento, realmente no tiene nada que ver con una pretendida autogarantía de la verdad meramente teórica.

Tratemos de reducirla a sus proporciones verdaderas. Entonces el estado de cosas parece ser que el pensamiento lógico en su subjetividad está necesariamente sujeto a las leyes lógicas; en este caso al *principium contradictionis* (principio de no contradicción).

Si alguien ha de pensar teóricamente, debe empezar por reconocer la validez de este principio, que en ningún sentido es absoluto e "incondicionado", sino más bien de un carácter cósmico temporal. ¿Significa esto que otras creaturas, o Dios mismo, podría dejar de lado el principio de no contradicción en su pensamiento? Si esta cuestión ha de tener un *significado*, uno debe proceder desde la suposición de que Dios mismo o, *e.g.* los ángeles, también *tendrían que pensar* de un modo cósmico temporal. Pues, de hecho, el pensamiento humano es capaz de proceder dejando de lado el principio de no contradicción; *e.g.* la "lógica dialéctica" completa lo hace. Pero quienquiera que supusiere este "pensamiento" en el caso de Dios y los ángeles supone, al mismo tiempo, que están incluidos en el orden temporal cósmico y que están sujetos a las leyes que rijen en el mismo, aunque pueden transgredirlas en tanto que tienen un carácter normativo. *¡Quod absurdum!* y, con respecto al Dios soberano, *¡Quod blasphemum!*

Desde el tiempo del *sofista* griego, el relativismo escéptico ha sido caracterizado por su negación primaria de que el pensamiento esté sujeto a una *norma* de verdad. Es un *irracionalismo* en el campo epistemológico.

En realidad, esta negación debe conducir necesariamente a la antinomia, en tanto que el juicio "no hay verdad" debe ser él mismo probado por la norma de verdad. ¿Implica sin embargo este juicio, en su pretensión de verdad, la validez de una verdad *teórica* autosuficiente y absoluta? ¡En modo alguno! El que dice: "no hay verdad" dirige este enunciado en primer lugar en contra de la validez de una norma de verdad en la coherencia temporal de significado. Más aun, la dirige en el sentido más absoluto también en contra de la *totalidad* supratemporal y *Origen* de la verdad. Es por ello que necesariamente se enreda en la antinomia de que este mismo juicio pretende afirmar una verdad que debe ser la *plena*.

La proclama de Litt de la autosuficiencia de la *verdad teórica*, sin embargo, debe conducir al mismo relativismo escéptico y consecuentemente a la misma antinomia. Consecuentemente excogitada, no puede reconocer norma que domine al "sujeto lógico trascendental" absolutizado, puesto que declara al *cogito* subjetivo como soberano y proclama que es el Ἀρχή de todo significado y orden.

¿Cómo podría el pensamiento teórico subjetivo ser visto todavía como autosuficiente, si fuera reconocido que está *sujeto* a una ley, *que no ha impuesto él mismo?*

En la línea de pensamiento de Litt, el *cogito trascendental* no pertenece a la realidad temporal plena *en su indisoluble correlación de lado cosmonómico y lado sujeto.* La realidad en la *Gegebenheitskorrelation* [la correlación del dato] sólo es vista en la individualidad absolutizada, la cual es adscrita al "ego concreto" mismo. Está tan poco sujeta a leyes como el "ego trascendental", pero se entiende como lo irracional absoluto que puede ser *objetivado* sólo en la *Erkenntniskorrelation* (correlación de conocimiento) y concebido por el "ego lógico trascendental" en formas de pensamiento universalmente válidas.

En ninguna parte en la filosofía de Litt tiene la ley cósmica realmente un lugar en su correlación original inseparable con la *subjetividad* individual que está sujeto a ella. El "sujeto pensante puro" con sus formas de pensamiento reflexivas y objetivizantes es él mismo lo "universalmente válido" y el origen de toda validez universal.

La "validez universal teórica" que se origina en la ipseidad "autónoma" (la cual se autoidentifica con su función lógica trascendental en la voluntad de "pensamiento puro") es el sustituto del orden cósmico y sus diferentes esferas modales nómicas, a las cuales está sujeta toda subjetividad individual de acuerdo con la ley de la creación de Dios. Aquí surge, sin embargo, una tensión dialéctica, una verdadera relación antinómica entre *validez universal* e *individualidad*; entre el pensamiento teórico absolutizado con su supuestamente verdad absoluta autosuficiente y la subjetividad individual en la "correlación del dato" (*Gegebenheitskorrelation*); entre el "ego pensante" y el "ego viviente (que tiene experiencias)"; entre *la filosofía como una teoría universalmente válida y una cosmovisión como una impresión enteramente individual de la vida* por parte de la personalidad soberana, ¡no *sujeta a norma alguna de verdad!*

En su *pensamiento dialéctico* la filosofía tiene que establecer eventualmente, de acuerdo con Litt, esta *carencia de ley de la individualidad*. En la irracionalidad de la vida, tiene que establecer *su otro* dialéctico que no posee validez universal. Tiene que establecer de una "manera universalmente válida" la individual carencia de ley de la personalidad en su cosmovisión, ¡para entender eventualmente su *dialéctica unidad en la oposición* con esa cosmovisión! Pues en realidad el "pensamiento puramente teórico" dialéctico y una cosmovisión son, a la luz de la Idea básica trascendental de Litt, dos emanaciones dialécticas del mismo *ego*, el cual vive en un relativistamente socavado *ideal humanista de la personalidad*.

La absolutización del "*cogito* trascendental" que lo vuelve una instancia "soberana", autosuficiente, incondicionada, implica que el "pensamiento puro" no está sujeto a un *orden cósmico*, en el cual las leyes del pensamiento estén también fundadas. Puesto que la razón teórica también trata de crear la coherencia de significado entre su aspecto lógico y los otros aspectos modales de nuestro cosmos, el resultado es un modo dialéctico de pensar que relativiza de un modo expresamente *lógico* las leyes básicas de la lógica como normas y límites de nuestra función lógica subjetiva.

¿Cómo puede tal "pensamiento dialéctico" sujetarse a una verdadera norma de verdad que está *por encima* del mismo? La absolutización de la verdad teórica, la cual cual monta tanto como la disolución de su *significado,* es la obra de la ipseidad apóstata, la que no se sujetará a las leyes establecidas por el Ἀρχή de toda criatura, y por lo tanto atribuye a su pensamiento dialéctico una superación soberana de todos los límites y las leyes. Para Litt, el criterio de todo relativismo reside en la negación de la autosuficiencia de la verdad "puramente teórica". A estas alturas hemos visto que la proclamación de esta autosuficiencia no es *en verdad* nada sino la primaria absolutización del pensamiento teórico mismo, *el cual es la fuente de todo relativismo,* puesto que niega la plenitud del significado de la verdad y desenraiza al pensamiento teórico.

¡La "autorrefutación del escepticismo" es al mismo tiempo la autorrefutación del postulado de neutralidad y de la concepción del pensamiento teórico como autosuficiente!

Pero esa autorrefutación no puede ser sobrestimada en su proporción. Pues, en último análisis, no prueba más que quienquiera que haya de pensar teóricamente tiene que sujetarse a una norma teórica de verdad que no pudo haberse originado en ese mismo pensamiento; pues esta norma sólo tiene *significado* en la *coherencia de significado* y en relación con la totalidad de la verdad, la plenitud de la verdad, la cual, exactamente como *plenitud* que es, *debe trascender al pensamiento teórico mismo* y así nunca puede ser "puramente teórica".

Esa autorrefutación, que se manifiesta en la contradicción en que el pensamiento lógico se enreda volviéndose contra sí mismo, no puede por sí misma conducirnos a un conocimiento positivo de la verdad.

Es meramente un criterio *lógico* de verdad, el cual no es autosuficiente.

Pues en la concepción del significado material pleno de la verdad la filosofía exhibe su completa dependencia con respecto a su Idea básica trasendental como expresión teórica última de su motivo religioso básico.

La prueba de la Idea básica trascendental

Al aplicar la prueba de la Idea básica trascendental al sistema filosófico de Litt, llegamos al sorprendente resultado de que hay aun menos presencia de una auténtica inclinación racionalista en él que en Rickert. En su pensamiento dialéctico, Litt se inclina más bien hacia el polo de la *filosofía irracionalista de la vida*, el cual él ha simplemente puesto bajo formas de pensamiento dialécticas. La absolutización del pensamiento dialéctico que es considerado como elevado por encima de un *borniertes gegenständliches Denken* (un tipo de pensamiento estrechamente restringido que se ase al principio de no contradicción) apunta, a la luz de la concepción de la individualidad de Litt, al opuesto de una hipostatización racionalista de las leyes universales. En este respecto, Litt de hecho exhibe un fuerte parentesco con Hegel, cuyo así llamado "panlogismo" no ha de ser entendido de modo más racionalista, ¡sino que descubre sus verdaderas intenciones sólo en contra del trasfondo del sesgo irracionalista del ideal humanista de la personalidad en el Romanticismo!

En general, el pensamiento dialéctico tiene una tendencia antirracionalista.

La filosofía dialéctica de Litt, medida por su propio criterio, es una "cosmovisión irracionalista" en las que serían formas universalmente válidas del pensamiento dialéctico, un *logicismo irracionalista*, históricamente orientado.

Pero nosotros, quienes aplicamos otro criterio, no podemos reconocer ninguna unidad dialéctica de filosofía y cosmovisión, sino más bien encontrar la unidad más profunda de las dos en su motivo religioso básico. El contenido de la Idea trascendental de Litt está determinado por un sesgo irracionalista del motivo humanista de la libertad en su tensión dialéctica con el motivo de dominio científico de la naturaleza, el cual ha sufrido una depreciación fundamental en su filosofía.

§5 LA IDEA BÁSICA TRASCENDENTAL Y EL SIGNIFICADO DE LA VERDAD

La imposibilidad de una auténtica teoría de las cosmovisiones religiosamente neutral. El concepto de verdad nunca es puramente teórico con respecto a su significado

En consonancia con su carácter teórico inmanente, la filosofía tiene que dar una explicación teórica de una cosmovisión con la cual está, sin embargo, unida en su raíz religiosa. No puede lograr esta tarea, sin embargo, en tanto que no alcance la reflexión crítica con respecto a su Idea básica trascendental.

Tan poco como puede ser religiosamente neutral ella misma, tan poco puede dar una teoría neutral de las cosmovisiones.

Ninguna *Weltanschauungslehre* en particular es neutral, en tanto que no puede ser neutral con respecto al significado material de la verdad, ni siquiera en un relativismo escéptico que perturbe todos los fundamentos de la teoría filosófica.

Litt considera a las cosmovisiones como ligadas en una "unidad dialéctica" con la filosofía (loc. cit., pp. 251ss) y las interpreta como confesiones personales concretas de la lucha individual entre persona y cosmos. La filosofía, que debiera permanecer siendo una ciencia de un *carácter universalmente válido*, debe según él remontar el contenido de estas confesiones como "algo meramente concreto; *i.e.* puramente individual y limitado", aunque el *impulso* al pensamiento filosófico se haya originado en esta misma concreta "visión de la vida". El irracionalista ideal humanista de la personalidad que es el factor básico en la *Idea trascendental* del sistema dialéctico de Litt se manifiesta de una vez en esta perspectiva personalista e irracionalista secularizada sobre una cosmovisión.

De seguro, Litt puede interpretar de esta manera su propia cosmovisión; pero si reclama "validez universal" y "verdad absoluta" para este perspectiva filosófica sobre toda cosmovisión, entonces en la naturaleza del caso no hay lugar para la "neutralidad teórica" ni *puede* haberla, pues de otra manera tendría que abandonar su propia visión humanista sobre el significado de la verdad.

La hipostatización completa del pensamiento dialéctico "puro" sólo sirve para liberar a la personalidad humana, en su interpretación de la vida, de toda norma de verdad, y soltar su individualidad de la atadura de la ley. De ahí el conflicto contra todas "normas y valores universalmente válidos" mediante las cuales un humanismo racionalista o semirracionalista aun deseaba atar esa individualidad en la persona humana.

Encontramos igual de poca neutralidad en la teoría de las cosmovisiones de Rickert.

En él, también, existe una unidad religiosa en el significado que atribuye a su concepto teórico de verdad, y en su proclama de la soberanía de la personalidad liberada de la norma de verdad en la elección de su cosmovisión. Sólo que se detiene a mitad del camino hacia el irracionalismo y aun se aferra a valores universalmente válidos y normas de la razón formales.

Forzando las cosmovisiones en el esquema teórico de su filosofía de los valores, en la naturaleza del caso *falsifica* el significado de toda cosmovisión que rechace el punto de partida religioso de esta filosofía.

¿Cómo puede uno, por ejemplo, interpretar teóricamente la visión calvinista como "teísta", fundada en la elección del "valor de la santidad" como "valor más alto", al cual responde la piedad como compromiso subjetivo (*Subjectsverhalten*) y como "bien" el "mundo de los dioses" (¡y de este modo como el sexto tipo de Rickert!)?

Es evidente que aquí, de una manera religiosa apriorista, un significado humanista idealista es insertado en la idea de verdad teórica trascendental, la cual por adelantado elimina un entendimiento desprejuiciado de una cosmovisión que tenga un fundamento religioso diferente.

La dependencia del significado que un sistema filosófico atribuye al concepto teórico de verdad aparece sobre la *Idea básica trascendental* a partir de una confrontación de las varias concepciones de la verdad que la filosofía de la inmanencia ha desarrollado. A modo de ilustración, compare la visión *nominalista* de Hobbes con la concepción *realista* y *metafísica* de Aristóteles. En Hobbes la verdad y la falsedad son considerados sólo como atributos del lenguaje y no de las "cosas". De acuerdo con Hobbes, la verdad exacta consiste sólo en el acuerdo inmanente de conceptos entre sí sobre la base de definiciones convencionales (Cf. *El Leviatán*, parte I, 4). En Aristóteles la verdad consiste en el acuerdo del juicio con la *esencia* metafísica de las cosas juzgadas. También compárese el *concepto idealista lógico trascendental de verdad* de Kant con el sicologista de Hume; o el concepto matemático de verdad de Descartes con la visión *dialéctica* de un Hegel o un Litt, para no decir nada del concepto pragmático de verdad científica en la moderna filosofía humanista de la vida, y en el existencialismo.[1]

La suposición de que, si la validez de la verdad está restringida a la teoría pura entonces el significado de la verdad puede ser determinado de una "manera universalmente válida", está basada en un autoengaño.

La consecuencia del postulado de la neutralidad tendría que ser en realidad la asignación del concepto de verdad a una elección personal de una cosmovisión

La filosofía de la inmanencia no reconoce norma de verdad encima de su idea básica trascendental

En realidad, la filosofía de la inmanencia no reconoce norma de verdad por encima de su Idea básica trascendental. De hecho, el dogma concerniente a la autonomía de la ra-

---

[1] El que desee un cuadro más completo de la confundente diversidad en las concepciones del significado de la verdad sólo necesita consultar el *Wörterbuch der Philosophischen Begriffe* [Diccionario de conceptos filosóficos], vol. III (4a. ed., 1930) de Eisler, en la voz *Warheit* [verdad] (pp. 450-471).

zón teórica –especialmente en su sentido humanista– le entrega la verdad al compromiso subjetivo de la personalidad apóstata. Por lo tanto, es vano que el idealismo trascendental intente una refutación de la visión relativista de la verdad mediante argumentos *lógicos* solamente.

La verdad no admite restricción a la esfera teórica lógica por lo que concierne a su plenitud y coherencia temporal de significado. La validez de la verdad necesariamente se extiende tan lejos como se extiende el ámbito del juicio.

La distinción entre juicios teóricos y ateóricos. La contradicción interna de una restricción de la validez de la verdad a los primeros

La consecuencia de la concepción de Litt (que Rickert también tuvo que asumir, aunque persistió en llamar teóricos a todos los juicios[1]) es que debe hacerse una tajante distinción entre los *juicios teóricos*, por una parte, y *juicios ateóricos de valoración* por la otra, y que sólo los primeros pueden reclamar validez universal de verdad. Medido por este criterio, el juicio "Esta rosa es bella", por ejemplo, o el juicio "esta acción es inmoral", es apartado de esta validez universal.

Esta entera distinción, sin embargo, (la cual se retrotrae a la idea básica trascendental dualista de Kant, con su división entre conocimiento teórico y fe racional apriori) es insostenible y se cancela cuando se piensa sobre ella.

---

[1] *Cfr.* , *e.g.*, *Systeme de Philosophie*, p. 388. Pero no puede negarse que, por ejemplo, la expresión "La verdad es el valor más alto" es un *juicio* que, según la propia visión de Rickert, nunca puede ser llamado un juicio *teórico*, porque procede de una cosmovisión. Además, como es bien sabido, para Rickert los juicios teóricos también están orientados hacia un *valor* (teórico).

Pues no hay juicio de valoración significativo que no pretenda a la vez, como *juicio*, validez de verdad. Un juicio estético o moral tal y como se formuló arriba, con respecto a su intención plena debe rezar como sigue: "Esta rosa es *en verdad* bella" y "Esta acción es *en verdad* inmoral", respectivamente. Pues estos juicios implican la suposición de que existe un estándar de valoración estética y moral universalmente válido y a esta rosa y esta acción, respectivamente, se les atribuyen los predicados "bello" e "inmoral" en mi juicio.[1] Este es el caso incluso aunque el que asevere el juicio sea incapaz de rendir una explicación teórica de esta suposición.

Quienquiera que niegue este estado de cosas, el cual está enraizado en el hecho de que ningún aspecto modal aislado del cosmos es autosuficiente (sino que más bien cada uno se refiere a la *coherencia intermodal de significado*), niega con ello el *significado* de los juicios estéticos y morales mismos. Hace un corte a través de la coherencia de significado entre las esferas de leyes lógica, estética y moral, y ya no puede permitir ni siquiera que el principio de no contradicción sea válido para los llamados juicios "ateóricos".

---

[1] Rickert, loc. cit., p. 388, supone que la aserción explícita de que algo es bello, en tanto que buscamos fundamentar teóricamente este juicio, debe ser un juicio teórico acerca del "valor estético", y que en tal juicio la actitud estética característica, que de acuerdo con él carece de un estándar universalmente válido, es de hecho abandonada. El amante del arte, sin embargo, quien no está en lo absoluto relacionado teóricamente con la obra de arte sino que, en la plena contemplación de la obra, asevera el juicio "Esta obra de arte es bella" quiere del mismo modo, y necesariamente, implicar la verdad de su aserción en este juicio no teórico. Afirmar, con Rickert, que tal juicio estético no teórico es imposible, es simplemente insostenible. Además, si la valoración estética no fuera a saber de tensiones entre norma y objeto estético, como Rickert pretende, ¿por qué entonces yo distingo entre hermoso y feo en mi apreciación teórica del arte?

Si un hombre parado frente a la *Ronda nocturna* de Rembranbdt, en oposición a la concepción predominante, fuera a llamar a esta obra maestra *aestética, indigna de ser amada*, y al mismo tiempo afirmara "No hay una norma universalmente válida para la valoración estética", caería en la misma contradicción que aquel escéptico que niega una verdad universalmente válida. Puede tratar de defenderse haciendo la salvedad: Yo soy uno de los que piensan que esta pintura es indigna de ser amada. Pero entonces no tiene sentido levantar esta impresión subjetiva en contra de la visión generalmente predominante. Si este crítico concediera esto, y se abstuviera de sostener su opinión contra otras, entonces este juicio se volvería *asignificativo* como juicio *estético*. En otras palabras, no es ya un juicio estético, puesto que carece de *cualificación y determinación* estética.

Toda valoración subjetiva recibe su *determinación* al ser sujetada a una norma, ¡la cual determina la subjetividad y la define en su *significado!* No existe subjetividad *estética* aparte de una norma estética universalmente válida a la cual esté sujeta.

Que no se objete aquí que la belleza de la *Ronda nocturna* es tan individual que no puede ser agotada en normas estéticas universalmente válidas.

Pues la individualidad es propia de lo subjetivo como tal y la *Ronda nocturna*, sin contradicción posible, es la realización objetiva de una concepción estética *subjetiva* completamente individual. Pero este no es el punto aquí. La cuestión es sólo si el juicio "La *Ronda nocturna* es bella" tiene realmente un significado *significado* universalmente válido o no. Si no, entonces tampoco tiene sentido decir que la *Ronda nocturna* es una gran obra de arte. Si es así, entonces el juicio debe necesariamente pretender ser una verdad universalmente válida. *¡Tertium non datur!*

Juicios teóricos y no teóricos. Los segundos nunca son alógicos, sino meramente no *gegenständlich*

Como hemos mostrado antes en nuestra crítica trascendental del pensamiento teórico, el asunto se halla así: los juicios teóricos son abstractos, al distinguir y combinar significados modales. Incorporan el conocimiento teórico, que existe en una síntesis intermodal de significado entre el aspecto lógico del pensamiento y el significado modal de un aspecto alógico de nuestra experiencia que ha sido convertido en *Gegenstand.*

Estos juicios son sujetados a la norma de verdad teórica, la cual vale para el conocimiento científico.

Los juicios así llamados "prácticos", no teóricos, no son *alógicos* —ningún juicio puede ser alógico— sino meramente no *gegenständlich*; *i.e.* no basados en la actitud teórica de conocimiento, la cual *pone* el aspecto lógico del pensamiento *en contraste* con el aspecto alógico de la experiencia abstraído.

Están sujetos a la norma de verdad preteórica, la cual vale para el conocimiento precientífico pero posee *validez universal* tanto como la norma de verdad teórica.[1]

Como toda verdad temporal está basada sobre la coherencia temporal de significado entre los aspectos lógico y no lógicos de la realidad, apunta más allá de sí misma hacia la plenitud del significado de la verdad, el cual está dado só-

---

[1] En nuestro tratamiento del problema del conocimiento mostraremos que la verdad teórica no puede estar al lado de la preteórica, sino que una apela a la otra en un sentido profundo.

lo en la totalidad religiosa de significado de nuestro cosmos en su relación con el Origen.

Con respecto a su significado todo juicio apela a la plenitud de la verdad, en la que ninguna restricción temporal tiene significado ya más. Pues la verdad no permite ninguna limitación por lo que concierne a su *plenitud de significado*.

El que así relativiza su validez a un supuesto pensamiento teórico "puro", y al mismo tiempo reconoce que los juicios científicos teóricos no agotan el ámbito de los juicios, cae en la autorrefutación lógica del escepticismo.

Pues, por una parte, niega la *plenitud* de la verdad al *relativizar* esta última al ámbito especial de lo *teórico*, en distinción de lo *no* teórico. No obstante, por otra parte, requiere para su concepción validez *plena* de la verdad sin ninguna restricción.[1]

La distinción de Litt entre verdad teórica y *weltanschauliche* y la autorrefutación de esta distinción en el sentido que pretende Litt

Litt hace una tajante distinción entre verdad en su *sentido propio* de verdad *teórica universalmente válida* y la "así llamada" "verdad de una cosmovisión". En sí misma, esta distinción podría tener bastante sentido si no fuera porque Litt de hecho *niega* toda *weltanschauliche Warheit* [verdad cosmovisiva].

---

[1] Esta antinomia se retrotrae a una antinomia básica en la Idea trascendental del pensador. Pues, por una parte, *no* puede ubicar la *totalidad de significado* en lo teórico porque, en ese caso, el ideal de la personalidad con sus "valores" ateóricos sería relegado a una esquina. Pero, por otra parte, supone que puede encontrar su punto arquimediano en el pensamiento teórico. Como veremos posteriormente, no existe un antinomia meramente lógica.

Pues, usado con la segunda significación, la palabra "verdad" en su visión sería meramente un predicado, aplicado a aserciones de una cosmovisión, para con ello expresar: "la integridad no mutilada con la cual un pensador hace confesión de su interpretación de la vida a sí mismo y a otros, la consistencia interna con la cual la desarrolla, la convincente fuerza con que sabe cómo representarla y apoyarla y... el acuerdo entre la misma y su real comportamiento en la vida".[1]

La contradicción interna de este dualismo. La asignificatividad de los juicios, de los cuales se alega que no están sujetos a la norma de verdad

Sin embargo, tan pronto como intentamos seriamente poner en práctica esta concepción, parece disolverse en una contradicción interna. Pues, si los juicios que proporciona una cosmovisión no están sujetos a una norma de verdad universalmente válida, pierden todo significado. Realmente no son juicios, y así no pueden contener una "intepretación de la vida" individual.

Pues una "interpretación de la vida" subjetiva que está expresada en una serie de juicios tiene sentido sólo si nuestros cosmos temporal en el que vivimos existe realmente como una coherencia de significado. Si esto es el caso, los juicios en los que esa interpretación está dada están necesariamente sujetos a una norma de verdad universalmente válida, de acuerdo con la cual mi subjetiva interpretación debiera con-

---

[1] Loc. cit., p. 155: *"Die ungeschminkte Aufrichtigkeit, mit der ein Denker sich vor sich selbst und anderen zu seiner Lebensdeutung bekennt, die innere Folgerichtigkeit mit der er sie entwickelt, die überzeugende Kraft, mit der er sie vorzutragen und zu begründen weisz und... die Übereinstimmung zwischen ihr und seiner tätigen Bewährung im Leben".*

cordar con el verdadero estado de cosas; en otras palabras, la cuestión es si el juicio es o no verdadero con respecto al significado de nuestro cosmos. Sin embargo, si no hay verdad universalmente válida con respecto al segundo, entonces tampoco puedo dar una subjetiva "interpretación de la vida". Pues sólo puedo *interpretar* aquello de lo que puedo juzgar *con verdad* que *tiene un significado, aun cuando dejara indecidida la verdad de mi interpretación individual.*

Litt ahora supone que puede escapar a estas destructivas consecuencias de su posición haciendo de la verdad teórica con su validez universal el juez de la esencia, significado y *límites* de la así llamada *"weltanschauliche Warheit".* Es así que los juicios de la cosmovisión aparecen nuevamente sujetos a la realmente misteriosa "verdad teórica universalmente válida" —pero sólo para liberarlos inmediatamente de toda norma de verdad. Pues la verdad universalmente válida en este respecto resulta ser que los juicios de la cosmovisión, como aserciones de una impresión de la vida meramente individual, están situados "más allá de la verdad y la falsedad".

Pues Litt es, por razón de la Idea básica trascendental de su sistema filosófico, aun más adverso a una filosofía intelectualista que Rickert. La "verdad" debe ser restringida al ámbito teórico si es que el pensamiento teórico no ha de dominar de nuevo, en el viejo modo intelectualista, la cosmovisión de la personalidad soberana.

Si, sin embargo, persiste en la visión de que, por ejemplo, los juicios "Dios es el creador del mundo, el cual ha creado para su gloria" y, desde luego, "la religión tiene que ceder el paso a la ciencia", están situados "más allá de la verdad y la falsedad" porque consisten de interpretaciones de la vida meramente individuales, entonces es necesario extraer las consecuencias plenas de esta concepción. Pues en este caso tampoco puede ni siquiera existir cualquier verdad universalmente válida con respecto a la totalidad de significado de nuestro mundo temporal (el cual desde luego, de acuerdo con la propia admisión de Litt, es *más* que *meramente teórico*) y su relación con la diversidad modal de significado.

Si esta consecuencia es también aceptada entonces el significado de una cosmovisión, así como el de un pensamiento teórico filosófico, debe ser negado junto con el significado de "verdad teórica". El pensamiento teórico ha aniquilado entonces sus propios fundamentos.

Pues el pensamiento filosófico está dirigido a la totalidad del significado. Sin embargo, si no existe verdad universalmente válida sobre la relación entre totalidad, particularidad y coherencia de significado, entonces el pensamiento filosófico tampoco tiene norma de verdad por la cual podría ser probado.

Se llega así al polo del escepticismo absoluto, y consecuentemente al polo de la autorrefutación completa.

El concepto de una "verdad meramente teórica absoluta" se disuelve en contradicción interna. Nuestra crítica trascendental, sin embargo, penetra detrás de las contradicciones *lógicas*, en las que se enreda la doctrina de la autosuficiencia de la "verdad teórica pura", hacia la raíz de esta doctrina, y expone el fondo relativista sobre el cual construye su sistema teórico. Solamente sobre la base de su actitud *religiosa* relativista puede explicarse el énfasis con el que esta escuela en los tiempos modernos trata de salvaguardar al menos la verdad teórica en contra de la invasión del relativismo, el cual por un largo tiempo ha socavado sus cosmovisiones.

Una filosofía intrínsecamente cristiana no necesita aprender del ideal humanista de la personalidad que el pensamiento teórico no puede dominar la religión y una cosmovisión. Pero la filosofía humanista puede aprender de nuestra crítica trascendental que, por el contrario, el pensamiento filosófico depende del motivo religioso del ego pensante.

§6 Determinación más estrecha de la relación entre filosofía y cosmovisión

¿En qué sentido tiene la filosofía que dar una explicación de la cosmovisión?

Tiene que traer la segunda hacia la claridad teórica al rendir una explicación teórica de su imagen preteórica del mundo. En tanto que incluya en su horizonte cosmovisiones que posean otra fundamentación religiosa que la que encuentra expresión en su propia Idea básica trascendental, debe tratar de aproximarse a este fundamento en una Idea básica trascendental, lo cual equivale a la tarea de iluminar teóricamente estas cosmovisiones. Esta es la única manera en la que es realmente posible hacer justicia a los varios tipos de cosmovisiones.

La cosmovisión no es un sistema y no puede convertirse en uno sin afectar su esencia

En esa coyuntura emerge necesariamente el problema de por qué la filosofía nunca estará en posición de sustituir a la cosmovisión. No puede hacerlo por la misma razón que le impide sustituir la experiencia natural con el conocimiento teórico. Queda residuo de vívida inmediatez en toda cosmovisión que debe escapar necesariamente a los conceptos teóricos.

Una auténtica cosmovisión nunca es un sistema. No es que debiera perderse en la *fe* o el *sentimiento*, sino porque en la misma el pensamiento debe permanecer enfocado en la realidad concreta plena. Esto es exactamente lo que el *pensamiento teórico, sistemático* como tal no *puede* hacer.

Tan pronto como una cosmovisión es convertida en un *sistema*, pierde su universalidad *propia*, ya no nos habla desde la plenitud de la realidad. Ahora habla desde la distancia que la abstracción científica debe preservar en oposición a la vida, si es que ha de proveernos con conocimiento teórico.

Una cosmovisión no tiene universalidad en el sentido de un sistema (filosófico). No comporta un carácter "cerrado", como supone Litt. Más bien debe permanecer continuamente *abierto* a cada situación concreta en la vida en la que se encuentre ubicado. Su unidad más profunda yace solamente en su raíz religiosa.

A la cosmovisión calvinista desarrollada por A. Kuyper en los Países Bajos desde las últimas décadas del siglo XIX pertenece indudablemente también la visión cristiana radical de la ciencia. ¿Pero cómo nació esta visión de la ciencia? No de una tendencia filosófica o sistemática, sino más bien en medio de una situación concreta de la vida. La presión de la noción escolástica de ciencia, por una parte, y la necesidad de defensa contra la visión humanista de la ciencia, por otra, estimularon al joven neocalvinismo a una consideración de su llamamiento religioso en el ámbito de la ciencia.

Mientras la cristiandad en el Imperio Romano estaba siendo todavía perseguida con fuego y espada, su actitud con respecto a la política y la cultura mundana era, en lo principal, negativa. Sólo podría haber un compromiso positivo con respecto a la tarea del cristiano en este territorio cuando la posibilidad de ejercer influencia en estos ámbitos hubiera sido creada.

Aparte de la influencia concreta del pensamiento racionalista de la "Ilustración" sobre todos los ámbitos de la vida, la reacción del ideal de la personalidad nunca se hubiera manifestado en círculos humanistas. Esta reacción ha sido un importante punto de inflexión en el desarrollo de la cosmovisión humanista. Es decir, el requerimiento de la neutralidad de la ciencia con respecto al compromiso personal en una cosmovisión nunca hubiera nacido aparte de esta situación concreta.

Muchos ejemplos más pueden ser aducidos en favor de nuestra tesis. Constantemente encontramos el desarrollo de una cosmovisión en contacto inmediato con situaciones concretas en la plenitud de la vida. Estas cosas seguirán siendo así porque esta relación inmediata con la segunda es esencial a una cosmovisión.

Sobre esta explicación debemos repetir que es enteramente erróneo concebir la filosofía cristiana como nada más que una elaboración teórica de una cosmovisión.

Una cosmovisión no puede ser "elaborada" filosóficamente. Debe elaborarse a sí misma en la secuencia de las situaciones inmediatas de la vida y el mundo.

¿Es entonces peculiar a la individualidad concreta y está así impedida para pretender "validez universal"?

¿Cuál es el significado del concepto de "validez universal"? La concepción kantiana se determina por la posición de inmanencia humanista crítica

Para que esta pregunta sea contestada de manera satisfactoria, es necesario primeramente dar una explicación del *significado* correcto del concepto "validez universal". Hasta el presente vinimos a conocer este concepto sólo dentro del núcleo dogmático de un supuesto "pensamiento puro incondicionado" en el cual realmente tomó el lugar de un estándar de verdad.

Kant, como es bien sabido, fue el primero en darle un significado epistemológico apriori. "Universalmente válido" significa para él: independiente de toda "subjetividad empírica", válido para la "conciencia trascendental", el *cogito* trascendental", que es en sí en sus síntesis apriori el *origen* de toda validez universal en el campo de la experiencia. En este sentido, lo *sintético apriori, que hace posible la experiencia objetiva*, es universalmente válido.

Por otra parte, la percepción tiene meramente "validez subjetiva", puesto que es dependiente de impresiones sensoriales sobre las que no puede basarse ninguna validez necesaria, objetiva.

Kant ha aplicado este contraste a *juicios*, al distinguir entre meros *juicios de percepción* y *juicios de experiencia*. "En tanto que los juicios empíricos tienen validez objetiva, son *juicios de experiencia*. Aquellos, sin embargo, que son *sólo subjetivamente válidos*, yo los llamo meros *juicios de la percepción*. Los segundos no requieren un concepto puro del entendimiento, sino sólo la conexión lógica de las percepciones en un sujeto pensante. Los primeros, sin embargo, requieren en todo tiempo, en adición a las representaciones de la intuición sensorial, *conceptos* especiales *producidos originalmente en el entendimiento,* que acarrean que el juicio de experiencia sea objetivamente válido".[1]

Kant ilustra esta distinción con los siguientes ejemplos: Los juicios "el cuarto está tibio, el azúcar es dulce, la polilla es detestable" y "el sol calienta la piedra" son juicios de percepción válidos meramente subjetivos.[2]

El último juicio nombrado, sin embargo, se convierte en un *juicio de experiencia,* con una genuina pretensión de validez universal, si yo digo "el sol causa el calentamiento de la piedra", pues aquí "a la percepción se le agrega el concepto del entendimiento, *i.e.* la causalidad, la cual *necesariamente* conecta el concepto de luz solar con el de calor, y el juicio sintético se torna universalmente válido, consecuentemente objetivo, y es transformado de una percepción en una experiencia".[3]

---

[1] *Prolegomena zu einer jeden künftigen Metaphysik* [Prolegómenos a toda metafísica futura]. W. W. Grossherzog Wilhelm Ernst, Ausg. IV, S. 422. (*Works,* Grossherzog Wilhelm Ernst, ed. IV, p. 422): " Empirische Urteile, so fern sie objektive Gültigkeit haben, sind Erfahrungsurteile; die aber, so *nur subjektiv gültig* sind, nenne ich blosze Wahrnehmungsurteile: Die letztern bedürfen keines reinen Verstandesbegriffs, sondern nur der logischen Verknüpfung der Warhnehmungen in einem denkenden Subjekt. Die ersteren aber erfordern jederzeit über die Vorstellungen der sinnlichen Anschauung noch besondere, *im Verstande ursprünglich erzeugte Begriffe,* welche es eben machen, dasz das Erfahrungsurteil *objektiv gültig* ist".

[2] *Ibid,* p. 423, nota j, p. 426.

[3] Nota en la p. 426: "kommt über die Wahrnehmung noch der Verstandesbegriff der Ursache hinzu, der mit dem Begriffe des Sonnenscheins den der Wärme *notwendig* verknüpft, und das synthetische Urteil wird notwendig allgemeingültig, folglich objektiv, und aus einer Wahrnemung in Erfahrung verwandelt".

234   *Prolegómenos*

Esta visión completa de la validez universal se sostiene o cae con la posición de inmanencia humanista crítica y con la visión que determina acerca de la estructura de la experiencia y de la realidad temporal.

La ruptura con esta posición de inmanencia hace necesario también una ruptura con esta visión de lo universalmente válido. A la luz de nuestra Idea básica trascendental, la validez universal que pretende un juicio sólo puede ser concebida en el sentido de la concordia del juicio con la ley divina para el cosmos en su diversidad modal, coherencia intermodal y plenitud de significado, aparte de cuya validez ningún juicio tendría significado.

La posibilidad de juicios universalmente válidos depende de la validez suprasubjetiva universal de las leyes estructurales de la experiencia humana

La posibilidad de *juicios universalmente válidos* descansa sola y exclusivamente sobre la *validez universal* (por encima de toda subjetividad individual) *de las leyes estructurales de la experiencia humana.*

"Validez universal" es una cualificación normativa que supone que el sujeto juzgante está sujeto a leyes que nunca pueden tener su origen en un así llamado sujeto lógico trascendental, y con la cual el sujeto juzgante pudiera *entrar en conflicto.* Como tal está conectado muy estrechamente con la *estructura de la verdad.*

Consecuentemente, podemos investigar el problema de la validez universal de una manera multilateral sólo en el más particular tratamiento del *problema del conocimiento.* En la conexión presente, todavía tenemos que contentarnos con observaciones introductorias.

En primer lugar, entonces, observamos que la validez universal no puede estar limitada a los juicios del pensamiento teórico, por la misma razón que las leyes del pensamiento teórico no valen *an sich,* sino sólo en la coherencia cósmica del significado y en dependencia de la raíz religiosa de la ley divina.

La validez universal se atribuye a todo juicio al que cada sujeto juzgante *debiera* de asentir, y así no a un juicio que tenga significado sólo para el sujeto individual que juzga. Los juicios "yo no creo en Dios" y "yo no pienso que la *Ronda nocturna* de Rembrandt sea hermosa" nunca pueden tener validez universal porque sólo expresan una opinión subjetiva, que está restringida *en la función subjetiva del juicio al ego individual.*

Por otra parte, es indiferente para la validez universal de un juicio el que haga una aserción acerca de un estado de cosas individual *más allá de la función subjetiva del juicio,* o desde luego acerca de estados de cosas teóricos.

El juicio de la experiencia natural "esta rosa que está sobre mi mesa es roja", si ha de tomarse seriamente, pretende de inmediato verdad concreta y validez universal para todo sujeto humano de juicio percibiendo en este momento, puesto que no está restringido en la función subjetiva del juicio al ego individual, sino que tiene un sentido objetivo.

Su validez universal depende, sin embargo, de las leyes estructurales de la experiencia preteórica, en las cuales el pensamiento carece de la "relación *Gegenstand*" intencional

Indudablemente, hay *diferencias estructurales* en la validez universal de los juicios. En primer lugar, entre los teóricos y los preteóricos.

La validez universal de un juicio de percepción correcto

La validez de un juicio de percepción, tal y como se formuló arriba, no depende del concreto *hic et nunc* (aquí y ahora) del aspecto sensorial subjetivo de la percepción.

Si esto fuera el caso entonces desde luego, como Kant enseñó, el juicio de percepción sería de validez meramente *subjetiva*, y no podría pretender validez universal. Como observamos previamente, sin embargo, las leyes estructurales de la experiencia natural (al mismo tiempo leyes naturales de la realidad temporal misma, como nos aparecerá en la discusión del problema del conocimiento) son las leyes que garantizan la validez universal de un juicio de percepción correcto.

Estas leyes estructurales también regulan las relaciones sujeto-objeto en la experiencia natural, la que tenemos que investigar más ampliamente en un contexto posterior. Garantizan la estructura plástica de la experiencia de las cosas, *también con respecto a sus aspectos sensoriales y lógicos subjetivos-objetivos*, y sólo hacen posible la validez universal de un juicio de percepción concreto.

Que Kant pueda atribuir solamente validez subjetiva a estos juicios encuentra su fundamento en su construcción –la cual falsifica la estructura entera de la experiencia natural– del dato de experiencia como un material sensorial caótico que debe ser primero *formado* por una conciencia trascendental para dar lugar a una realidad objetiva coherente, ordenada de una manera universalmente válida. Está ulteriormente fundada sobre el antiguo –desde luego metafísico– prejuicio de que las así llamadas cualidades secundarias de las cosas (*i.e.* las cualidades sensoriales que no pueden ser medidas y pesadas) son meramente subjetivas en carácter y no pertenecen a la realidad "objetiva" de las cosas.[1] Por sobre todo está enraizado en la circunstancia de que, desde su posición crítica, Kant ha eliminado totalmente las diferencias estrcturales entre conocimiento teórico y experiencia natural.

En la naturaleza del caso, no podemos elaborar estos puntos en detalle sino hasta después.

El criterio de validez universal de un juicio concerniente a los estados de cosas suprateóricos y la validez incondicional de la ley religiosa de concentración de la experiencia humana

Hay, en segundo lugar, una diferencia fundamental entre un juicio concerniente a un estado de cosas religioso suprateórico, como "Dios es el creador del mundo" o "todas las leyes están fundadas en la Razón absoluta, *por una parte*, y los juicios que hacen una aserción acerca de estados de cosas cósmicos o cosmológicos dentro del límite del universo, *por otra parte*.

---

[1] *Cfr. Prolegomena* (ed. cit.) §19, nota, donde Kant observa con referencia a los ejemplos de juicios de percepción dados por él: "Confieso con agrado que estos ejemplos no representan tales juicios de percepción que pudieran alguna vez convertirse en juicios de experiencia, incluso si se agregara un concepto del entendimiento, puesto que están relacionados meramente con el sentimiento, el cual todo mundo reconoce como algo meramente subjetivo y que consecuentemente nunca puede ser atribuido al objeto, y así nunca puede volverse objetivo". ("Ich gestehe gern, dass diese Beispiele nicht solche Wahrnehmungsurteile vorstellen, die jemals Erfahrungsurteile werden könnten, wenn man auch einen Verstandesbegriff hinzu täte, weil sie sich bloss auf Gefühl, welches jedermann als bloss subjektiv erkennt und welches also niemals dem Objekt beigelegt werden darf, beziehen und also auch niemals objektiv werden können".

La validez universal que reclaman los primeros juicios depende de su acuerdo o desacuerdo con la unidad religiosa central de la ley divina, tal y como es revelada en la Palabra de Dios, y a la cual la *ipseidad* juzgante en el corazón de su existencia está *sujeta, por lo que concierne a la ley de concentración religiosa de su existencia temporal.*

Toda validez universal que reclame un juicio depende, *en última instancia,* de *la validez universal, condicional de esta ley de concentración religiosa.* Ninguna ley modal por sí sola, ni siquiera el mismo orden del tiempo (que mantiene la coherencia del significado entre las esferas de ley modales) es *autosuficiente* para garantizar la validez universal de cualquier juicio humano, puesto que la validez universal de estas leyes tiene carácter de *significado* y la ley no es *nada* aparte de la atadura que la une con su Origen. Debe ser consecuentemente claro, a la luz de la Idea cosmonómica cristiana, que la validez universal de un juicio religioso de la cosmovisión cristiana no puede ser dependiente del círculo mayor o menor que asienta al mismo; ni puede ser derogada por la circunstancia de que a través de la apostasía el pensamiento humano es subjetivamente retirado de la plenitud de significado de la verdad, y de que el hombre es *por sí mismo* incapaz de dirigir su pensamiento nuevamente hacia la verdad absoluta.

La así llamada "conciencia trascendental" como hipostatización del pensamiento teórico humano en su apostasía general respecto de la plenitud de significado de la verdad

Con la hipostatización de la así llamada "conciencia trascendental" como Origen de la validez universal realmente se socava la base de la validez de la verdad.

Pues en esta hipostatización la verdad se hace dependiente de la *apostasía* realmente *general* del pensamiento en la filosofía de la inmanencia.

No tiene sentido suponer que las leyes inmanentes del conocimiento humano debieran apartar al pensamiento teórico de la plenitud religiosa de la verdad. Es más bien la ipseidad apóstata en las garras de su motivo básico dialéctico la que intenta disociar estas leyes de su coherencia de significado y de su raíz religiosa, y con ello falsifica subjetivamente su significación en el juicio. El concepto "conciencia normal" no es idéntico a "norma de conciencia".

La verdad y validez universal de un juicio no encuentran su criterio en la "conciencia normal" apóstata.

La gran diversidad y divergencia de cosmovisiones es, de acuerdo con Litt, una indicación de que sólo son impresiones individuales de la vida, y de que carecen de un estándar de verdad universalmente válido. Pero cualquiera que sale con eso no rinde ningún servicio con sus argumentos a la visión de que sólo los juicios del pensamiento teórico puede reclamar una verdad universalmente válida. Una simple referencia a la división entre las teorías filosóficas e incluso las científicas puede ser un estímulo suficiente para abandonar apresuradamente este desviado camino.

Impureza de la oposición entre "validez universal" e individualidad como una que es contradictoria

Por lo demás, al tratar con el problema del conocimiento, mostraremos que la oposición en el conocimiento teórico entre validez universal e individualidad concreta es impura, puesto que incluso en el pensamiento teórico la individualidad del pensador no puede ser eliminada en ningún modo. La visión de que en el pensamiento teórico no debe haber lugar para lo individual es un remanente de la visión racionalista de la ciencia del periodo de la Ilustración.

Señalamos que una cosmovisión no puede seguir ninguna tendencia sistemática en su desarrollo, sino que debe permanecer en proximidad inmediata a las situaciones concretas de la vida, incluso aunque correctamente dé una formulación general a sus juicios. Enfocada en la realidad temporal plena, la misma, o más bien su adherente, dirige la visión religiosa de la totalidad hacia la realidad de la vida en su estructura concreta. La evolución histórica también, el *tempo* de la cual debía seguir en su pensamiento, no es concebida por la misma en un estilo científico, sino en su continuo involucramiento en la realidad temporal plena como un componente aun no teóricamente distinguido de la segunda.

De esta manera, la tesis de Litt acerca del carácter acientífico individual de la cosmovisión es reducida a sus proporciones propias.

Pero, ¿cómo están las cosas con respecto a su visión de que una cosmovisión, distinguida de la filosofía, vive en una esfera de *convicciones comunes*?

Ni la cosmovisión ni la filosofía han de entenderse de modo individualista

Una cosmovisión no es individualista, sino verdaderamente social en su origen. Es *ex origine* la convicción común, sujeta a la norma de la verdad plena, de una comunidad humana ligada por un motivo religioso central.

Hemos visto, sin embargo, en nuestra crítica trascendental de la actitud teórica de pensamiento, que la filosofía también surge necesariamente de un motivo religioso tal, el cual descansa en la base de una comunidad de pensamiento filosófica particular.

En la filosofía, así como en una cosmovisión, se pueden manifestar prejuicios de un carácter ilegítimo que van de la mano con la limitación de visión del entorno social, y que consecuentemente deberían ser superados (prejuicios de clase y raciales, prejuicios de una grupo eclesiástico limitado, etcétera). La moderna sociología del pensamiento (Scheler, Karl Mannheim, Jerusalem y otros) ha arrojado una penetrante luz sobre este estado de cosas. Pero puesto que la filosofía, por razón de su actitud teórica de pensamiento en general, llega más pronto a una posición crítica con respecto a tales prejuicios ilegítimos, puede ejercer en este punto una influencia sana sobre la reflexión preteórica. Pues es imposible que la filosofía y una cosmovisión no se influencien mutuamente.

El pensamiento filosófico debiera encontrar en la cosmovisión del pensador un estímulo real continuo para la autorreflexión religiosa. Conversamente, una cosmovisión debiera alcanzar la claridad teórica en el pensamiento filosófico.

Pero tan poco como la filosofía puede caer con impunidad en el tono concreto de la cosmovisión, puede la cosmovisión aceptar con impunidad la distancia de la realidad plena que es adecuada al pensamiento teórico.

Unidas en la raíz, apelando mutuamente una a la otra e influenciándose mutuamente deben, sin embargo, permanecer nítidamente distinguidas, cada una de acuerdo con su propia tarea y carácter esencial.

PARTE II
EL DESARROLLO DE LA ANTINOMIA
BÁSICA EN LA IDEA COSMONÓMICA
DE LA FILOSOFÍA HUMANISTA
DE LA INMANENCIA

CAPÍTULO I

LA ESTRUCTURA FUNDAMENTAL DE LA IDEA BÁSICA TRASCENDENTAL HUMANISTA Y LA POLARIDAD INTRÍNSECA ENTRE EL IDEAL CLÁSICO DE LA CIENCIA Y EL IDEAL DE LA PERSONALIDAD

§1 INTRODUCCIÓN. LA FILOSOFÍA HUMANISTA Y LA VISIÓN HUMANISTA DEL MUNDO Y DE LA VIDA

Por lo menos en sus tendencias dominantes, la filosofía de la inmanencia occidental está enraizada en un motivo básico humanista común de carácter religioso, el cual aprendimos a conocer en nuestros Prolegómenos como el motivo de la *naturaleza y la libertad*. Las varias formas de la Idea básica trascendental de las diferentes escuelas, en las que este motivo religioso central ha encontrado su expresión teórica, pueden parecer a primera vista algo confundentes debido a su gran diversidad. No obstante, esta Idea trascendental posee un estructura básica fija que puede ser vista en cada variante.

Por supuesto, las conexiones históricas entre la filosofía humanista moderna y los sistemas medievales y antiguos se hallan presentes por doquier. Sin embargo, la primera exhibe un *carácter nuevo*, el cual no ha de ser explicado en términos de un desarrollo puramente histórico del pensamiento humano.

En esta filosofía, la conexión entre la estructura básica de la Idea básica trascendental y la de la cosmovisión humanista preteórica se ha desarrollado gradualmente hasta el punto de que los linderos entre la actitud teórica y la preteórica del pensamiento parecen haber sido eliminados. Como resultado, en la mayoría de los casos el humanista es incapaz de dar cuenta de su *Idea cosmonómica* en filosofía. Piensa que es posible filosofar de una manera desprejuiciada porque sus presuposiciones religiosas son aceptadas por la cosmovisión del humanismo como autoevidentes e irrefutables.

La autonomía de la razón humana no fue –como en el mundo griego antiguo– un postulado de la filosofía teórica solamente. Fue desde el principio proclamada por la cosmovisión humanista misma. La confianza dogmática en el pensamiento teórico no fue socavada hasta que la crisis moderna en los fundamentos de la cosmovisión humanista empezaron a arrojar su sombra sobre la reflexión filosófica. El existencialismo moderno nació de esta crisis. Rompió con la concepción científica de la filosofía y buscó jugar el mismo papel que había sido previamente llenado por la ahora desarraigada cosmovisión.

Las filosofías antigua y medieval, respectivamente, fueron equilibradas por el contrapeso de la cosmovisión religiosa del pueblo y de la iglesia. éstos podían criticar y estimular el pensamiento filosófico desde el punto de vista práctico, preteórico. La filosofía humanista, por otra parte, no encuentra ningún contrapeso en su propia cosmovisión. Por el tiempo de la Ilustración y del positivismo científico natural del último siglo, la filosofía humanista invadió a la segunda en forma popular y le imprimió su máscara cuasicientífica.

Esta teoretización de la cosmovisión del humanismo condujo a la seria erradicación de la línea demarcatoria entre la actitud de pensamiento científica y la natural, que notamos arriba, y socavó todo sentido de responsabilidad en el compromiso religioso personal implicado en toda posición filosófica. El existencialismo es una marcada excepción a esta actitud impersonal de la reflexión filosófica.

El socavamiento del sentido de responsabilidad personal en el compromiso religioso

Durante la Ilustración, la cosmovisión humanista apeló a la ciencia como el testigo principal de la razón soberana. La responsabilidad personal involucrada en la elección de la posición religiosa de uno fue transferida sin cuestión a las espaldas de la "Razón", la divinidad impersonal que había sido elevada al trono.

Aquí pudo ser observada una notable interacción entre la filosofía irracionalista y la cosmovisión del humanismo. En sus comienzos, por el tiempo del Renacimiento, la segunda fue completamente consciente de su motivo religioso. Sin embargo, en el siglo dieciocho, cuando la filosofía humanista había sido popularizada, esta noción empezó a desaparecer gradualmente. La cosmovisión humanista perdió el impulso para llegar a la autoconciencia religiosa en su actitud preteórica. Ahora creía en la imparcialidad e infalibilidad soberana del pensamiento teórico. Incluso cuando la filosofía escogió expresarse en una teología metafísica, había perdido el estímulo para la autoconciencia religiosa. Pues no tenía ya un contrapeso en una cosmovisión humanista que fuera conciente de su motivo religioso básico.[1]

La cosmovisión humanista se permitió ser privada de su vitalidad inicial sin ofrecer la más ligera oposición. Perdió la noción de la irremplazable significancia de la actitud natural hacia la realidad. Prefirió ser cuasicientífica y volverse estática y abstracta. Ya no retuvo ninguna proximidad con la vida, sino que hizo sus pronunciamientos como desde una distancia teórica. Ni protestó la cosmovisión humanista en contra de la falsificación de la experiencia natural por la interpretación teórica de la filosofía racionalista. Esto sólo fue posible porque la cosmovisión humanista misma había sido convertida en una teoría.

Es verdad que en el periodo del *Sturm und Drang* [tormenta y tensión], así como en el subsecuente periodo del Romanticismo, el ideal humanista de la personalidad reaccionó fuertemente en contra de la filosofía racionalista. Pero esta reacción estuvo demasiado empapada con motivos teóricos filosóficos como para mantener una suficiente distancia respecto de la filosofía humanista. Y, así como en el Renacimiento, esta reacción fue demasiado aristocrática en carácter como para encontrar cualquier eco real entre las clases más grandes de la sociedad. Su incapacidad de apelar a las masas fue la mayor parte de las veces el punto débil de la cosmovisión humanista, y en este respecto la segunda estaba en una positiva desventaja cuando se le comparaba con la visión cristiana.

---

[1] De seguro, en tanto que la cosmovisión cristiana no había sido indebidamente influenciada por la filosofía de la inmanencia, se opuso vehementemente a la segunda. Sin embargo, la filosofía humanista no tiene una raíz común con la cosmovisión cristiana.

Indudablemente, el humanismo adquirió una influencia sobre las masas durante la Ilustración y en el periodo del positivismo científico natural mediante la literatura científica, las *belles lettres* y otros medios de propaganda. Sin embargo, esta influencia vino desde arriba; esto es, desde la filosofía que estaba siendo popularizada. Esto fue también el caso en el tiempo de la revolución francesa y en el surgimiento del socialismo como movimiento de masas. La filosofía humanista nunca ha encontrado un contacto religioso fructífero y profundo con una cosmovisión que, como la cristiana, viva espontáneamente en el corazón del hombre simple y calmadamente retenga su piadosa certeza contra los errores del pensamiento teórico.

El estadista y pensador cristiano holandés A. Kuyper descubrió este punto débil en la relación entre la teoría filosófica y la cosmovisión del humanismo. Y, en su lucha contra el liberalismo iluminado de la última centuria, concentró su ataque sobre este mismo punto.

Es verdad que en las primeras décadas del siglo XX, especialmente bajo la influencia del renacimiento de Kant, se reveló un fuerte impulso a delinear el lindero entre teoría filosófica y cosmovisión. Hemos prestado plena atención a esta tendencia en la última parte de los Prolegómenos. En este mismo periodo, sin embargo, la socavadora influencia del historicismo y el relativismo filosóficos habían penetrado en la segunda. Y este relativismo ha conducido a la moderna crisis en el humanismo. Una filosofía historicista de la vida surgió de esta crisis. Y especialmente en el periodo después de la primera guerra mundial empezó a producir una nueva *perspectiva* en movimientos sindicalistas y fascistas. Esta nueva *perspectiva* se preocupaba con la sugestión de las masas, más que con cuestiones relativas a la verdad.

La posición sintética de la filosofía tomista y la ruptura de esta síntesis por el nominalismo de la escolástica tardía

Para obtener una compenetración en la estructura básica de la idea cosmonómica del pensamiento humanista debemos regresar al periodo en que se originó éste. Traté la génesis de la perspectiva humanista en detalle en mi serie de estudios intitulada *In den Strijd om een Christelijke Staatkunde* [*En la lucha por una política cristiana*].[1] Aquí describí la manera en que el punto de partida del humanismo fue gradualmente aplicado al pensamiento filosófico en la estructura básica de una nueva Idea cosmonómica. Consecuentemente, me confinaré ahora a un breve bosquejo de las líneas principales de este desarrollo histórico.

La filosofía aristotélico tomista y la cultura medieval

El Renacimiento, el cual desplegara una imagen tan variada en los diferentes países, empezó como un movimiento espiritual de un carácter humanista moderno. Empezó cuando la cultura medieval eclesiásticamente unificada se había derrumbado.[2] La segunda había encontrado su mejor expresión filosófica en la filosofía aristotélico-tomista.

---

[1] Empecé esta serie en el primer número de la revista *Anti-Revolutionaire Staatkunde* (publicada por la Fundación Dr. A. Kuyper). La clarificación gradual de mis compenetraciones en este estudio no escapará al lector. Ya no estoy en completo acuerdo con lo que he escrito en la primera parte de este estudio; está demasiado fuertemente bajo la influencia de la visión de la Edad Media y la Reforma de Troeltsch y Dilthey.

[2] Este término es usado frecuentemente por Troeltsch; designa el periodo en el cual la Iglesia dirigía toda la actividad humana en la familia, la

Siguiendo a su maestro Alberto Magno, Tomás de Aquino buscó adaptar a la doctrina cristiana la filosofía especulativa aristotélica en interrelación con motivos filosóficos neoplatónicos, agustinianos y de otra índole, que se habían convertido ya en propiedad común del pensamiento cristiano en el periodo patrístico. Buscó efectuar este acomodo recortando las ramas excesivamente paganas de la filosofía especulativa griega. Al hacer esto siguió el ejemplo dado por Avicena y Maimónides, quienes de modo semejante buscaron llevar a cabo una síntesis entre el aristotelianismo y las doctrinas enseñadas en el Corán y en el Antiguo Testamento, respectivamente.

En su Idea básica trascendental, la *"lex aeterna"* con su contraparte subjetiva en la *"lex naturalis"*, la idea cristiana y las paganas fueron llevadas a una convergencia aparentemente completa. A través de la *"lex naturalis"*, la creación tiene en su naturaleza esencial una parte subjetual en la ley eterna de la razón del plan divino para el mundo.

El carácter integral y radical del motivo religioso básico de creación, caída y redención en el sentido bíblico

Para permitirle al lector entender que esta convergencia de hecho no se da, es necesario dar una explicación más detallada del carácter integral y radical del motivo básico central de la religión cristiana en su sentido bíblico, *el motivo de la creación, la caída en el pecado, y la redención a través de Jesucristo en comunión con el Espíritu Santo.* Para este fin puedo primero traer a colación los puntos principales de la explicación dedicada a este tema en los Prolegómenos.

---

vida política, la ciencia y el arte, la escuela y el negocio. Se refiere al periodo en el que toda la cultura llevaba impresa una estampa eclesiástica.

Como el Creador, Dios se revela como el Origen Absoluto e Integral del "mundo terrenal", concentrado en el hombre, y del mundo de los ángeles. En el lenguaje de la Biblia, él es el Origen del cielo y la tierra. No hay poder original que esté *opuesto a* él. Consecuentemente, en Su creación no podemos encontrar ninguna expresión de un principio dualista de origen.

El carácter integral del motivo bíblico de la creación es magníficamente expresado en el majestuoso Salmo 139:

¿A donde me iré de tu Espíritu?
¿Y a dónde huiré de tu presencia?
Si subiere a los cielos, allí estás tú;
Y si en el Seol hiciere mi estrado,
  he aquí, allí tú estás.
Si tomare las alas del alba
Y habitare en el extremo del mar,
Aun allí me guiará tu mano,
Y me asirá tu diestra.
Si dijere: ciertamente las tinieblas
  me encubrirán;
Aun la noche resplandecerá
  alrededor de mí.
Aun las tinieblas no encubren de ti,
Y la noche resplandece como el día;
Lo mismo te son las tinieblas que la luz.

Esto es ciertamente el opuesto radical del dualismo griego del motivo forma y materia.

En la revelación de que Dios creó al hombre de acuerdo con Su imagen, él descubre el hombre para él mismo, en la unidad religiosa radical de su existencia creada, y en la solidaridad religiosa de la humanidad, en la cual fue íntegramente concentrado el significado entero del cosmos temporal.

El Origen integral de todas las cosas de acuerdo con el plan de la creación de Dios tiene su imagen creada en el *corazón del hombre* participante en la comunidad religiosa de la humanidad. El segundo es la unidad integral y radical de todas las funciones temporales y estructuras de la realidad, las que debieran ser dirigidas en el espíritu humano hacia el Origen Absoluto, en el compromiso personal de amor y servicio a Dios y al prójimo.

Esta visión cristiana cortó en las mismas raíces el dualismo religioso del motivo griego de la forma y la materia, el cual culminó en la antropología en la dicotomía entre un cuerpo material y una sustancia racional teórica de un carácter de *forma* puro.

Más aun, la creación implica un plan providencial para el mundo, el cual tiene su origen integral en la Voluntad Soberana del Creador. Hemos indicado este plan para el mundo en la idea trascendental del orden cósmico temporal. Naturalmente, la Divina Providencia no está restringida al lado nómico del mundo temporal. Sin embargo, en tanto que abarca también el lado factual, esta Providencia está oculta para el conocimiento humano, y por lo tanto no es accesible a una filosofía cristiana.

La revelación de la caída en el pecado está inseparablemente conectada con la de la creación. El pecado, en su sentido bíblico radical, no desempeña ningún papel en los motivos dialécticos básicos del pensamiento griego y humanista. No puede desempeñar tal parte aquí, pues el pecado sólo puede ser entendido, en autoconocimiento radical verdadero, como fruto de la Revelación bíblica.

El pecado y la concepción dialéctica de la culpa en la filosofía griega y en la humanista

La conciencia religiosa griega sólo reconocía el conflicto entre los principios de la materia y la forma en el hombre. El humanismo sólo reconocía el conflicto entre la naturaleza sensorial (determinada por la ley mecánica de la causalidad) y la "libertad racional autónoma" de la personalidad humana. Esta última oposición, incluso en su concepción kantiana, sólo llegó al reconocimiento de una mala inclinación moral del hombre a poner en lugar de la ley moral (el imperativo categórico) los deseos sensoriales como un motivo para la acción.

Ambas oposiciones, la griega y la humanista, no tocan la raíz religiosa de la existencia humana, sino sólo las ramas temporales de la vida humana. Sólo son absolutizadas aquí en un sentido religioso. Su concepto de culpa, en consecuencia, es de un carácter meramente dialéctico. Consiste en la depreciación de un complejo abstracto de funciones del mundo creado en contraposición con otro complejo abstraído y deificado.

En su revelación de la caída, sin embargo, así como en la de la creación, la Palabra de Dios penetra hasta la raíz, al centro religioso de la naturaleza humana.

La caída es la apostasía de este centro, de esta *radix* de la existencia, es la separación de Dios. Esto fue muerte espiritual porque es la apostasía de la fuente absoluta de la Vida. Consecuentemente, la caída fue radical. Involucró a todo el cosmos temporal, puesto que el último tenía su raíz religiosa sólo en la humanidad. Toda concepción que niega este sentido radical de la caída (incluso aunque use el término "radical" como en la concepción de Kant de la "maldad radical" en el hombre), es diametralmente opuesta al motivo básico de la Santa Escritura. Puesto que, como hemos visto, la revelación de la caída de ningún modo significa el reconocimiento de un principio antitético de origen que sea opuesto al del creador, el pecado no puede ser pensado como si estuviera en una relación dialéctica con la creación.

Y debido al carácter radical del pecado, la redención en Cristo Jesús debe también ser radical.

La Palabra Divina, a través de la cual, de acuerdo con el pronunciamiento del evangelio de Juan, todas las cosas fueron hechas, se hizo carne en Jesucristo. La Palabra ha entrado en la raíz y las ramificaciones temporales, en el cuerpo y el alma, de la naturaleza humana. Y por lo tanto ha traído una redención radical. El pecado no es *dialécticamente* reconciliado, sino que se ha hecho *real* propiciación por el mismo. Y en Cristo como en la nueva raíz de la raza humana, el cosmos temporal completo, el cual estaba religiosamente concentrado en el hombre, está en principio nuevamente dirigido hacia Dios y por lo tanto liberado del poder de Satanás. Sin embargo, hasta el retorno de Cristo, incluso la humanidad que está renovada en él todavía participa de la raíz apóstata de la humanidad. Consecuentemente, la lucha del Reino de Dios continúa siendo librada contra el reino de las tinieblas hasta la *"consummatio saeculi"*.

Dios mantiene el cosmos caído en Su *gratia communis* (gracia común) por su Palabra creadora. La creación redimida será finalmente liberada de su participación en la raíz pecaminosa de la naturaleza humana y relucirá en una perfección más alta.

Una vez más la reforma interna del pensamiento filosófico

Cuando el motivo central de la religión cristiana, el cual acabamos de describir, gobierna el pensamiento teórico, aquel debe, como lo hemos dicho en los Prolegómenos, conducir necesariamente a una reforma interna de la visión teórica de la realidad temporal.

El carácter integral y radical de este motivo básico destruye en sus mismas raíces cualquier concepción dualista de la coherencia y mutua relación de los aspectos modales teóricamente abstraídos.

Ya no hay lugar para una así llamada dicotomía entre los aspectos prelógicos por una parte, y lo lógico y postlógico por la otra. No hay lugar para una dicotomía entre "naturaleza sensorial" y "libertad suprasensorial", o para una hipostatización de las así llamadas leyes naturales en oposición a normas que son puestas en contraste unas con las otras, sin ninguna coherencia mutua y una unidad radical más profunda.

Por el contrario, en la estructura de todo aspecto de la realidad se expresa la irrompible coherencia integral con todos los demás. Esto se explica por el hecho de que los aspectos son uno en su raíz y Origen religiosos, de acuerdo con el motivo bíblico de la creación.

Y este motivo estimulará constantemente al pensamiento teórico al descubrimiento de la irreducible naturaleza peculiar de los aspectos modales, así como de las estructuras totales de individualidad, porque Dios también creó el primero conforme a la propia naturaleza de ellas.

Los motivos de la caída y redención, los que no se pueden entender aparte de la creación, operarán entonces en la visión teórica de la realidad, en la lucha contra toda absolutización de lo relativo, por la cual los motivos religiosos apóstatas apartan al pensamiento de la unidad radical y el Origen integral del cosmos temporal. También encontrarán expresión en el completo reconocimiento de los conflictos en la realidad temporal, que existen debido al pecado, y que no pueden ser encubiertos o racionalmente disueltos por ninguna teodicea racionalista.

Sin embargo, estos conflictos nunca serán atribuidos al *orden cósmico*, como lo hace el irracionalismo dialéctico bajo la influencia de un sesgo irracionalista de su motivo básico dialéctico. La ley de la creación ha permanecido la misma a pesar del pecado. De hecho, sin la *lex* el pecado no podría revelarse en el cosmos temporal.

Y finalmente el motivo del pecado guardará a la filosofía cristiana de la ὕβρίς (orgullo) que la consideraba a ella misma libre de errores y fallas teóricos, y que la hacía creer que tenía un monopolio sobre la verdad teórica.

Debido a la solidaridad de la caída y a la de la operación conservadora de la gracia común, las escuelas filosóficas dominadas por motivos básicos apóstatas deben ser tomadas seriamente. Y en general el motivo básico bíblico estimulará al pensamiento filosófico a adoptar una actitud extremadamente crítica contra el disfrazamiento de prejuicios apóstatas suprateóricos mediante su encubrimiento bajo la forma de axiomas teóricos universalmente válidos.

Si el motivo básico central de la creación, la caída y la redención ha de tener la influencia reformadora arriba bosquejada sobre el pensamiento filosófico, este motivo debe, como lo hemos mostrado en nuestra crítica trascendental, determinar el contenido de nuestra idea cosmonómica y debe excluir todos los *motivos dialécticos* que conducen al pensamiento en una dirección apóstata.

Sin embargo, la filosofía cristiana no siguió este curso en el periodo patrístico o medieval.

En los mismos primeros siglos de la Iglesia cristiana, esta última tuvo que librar una lucha de vida o muerte para evitar que el motivo básico bíblico fuera estrangulado por el de los griegos. En esta lucha se formuló el dogma de la unidad esencial divina (*homoousia*) del Padre y el Hijo (ésta iba pronto a incluir al Espíritu Santo) y se rompió la influencia peligrosa del gnosticismo en el pensamiento cristiano.

La teoría especulativa del *logos*

Antes de este periodo encontramos en varios apologistas, especialmente en la escuela Alejandrina de Clemente y Orígenes, una teoría-logos especulativa derivada de la filosofía judeo helenística de Filón. Esta teoría-logos básicamente desnaturalizó el motivo bíblico de la creación (y así también los motivos de la caída y la redención). Concebía al Verbo creador divino (Logos) como un ser divino inferior que mediaba entre la unidad divina y la impura materia. De allí que la escuela Alejandrina transformase de hecho la religión cristiana en una alta teoría ética, en un sistema teológico y filosófico con tintes moralistas, el cual como una *gnosis* más alta era puesto por encima de la fe de la Iglesia. De modo similar, la teología filosófica griega se había puesto a sí misma por encima de la *pistis* de la gente común.

Fue en este periodo que la Iglesia mantuvo inequívocamente la irrompible unidad del Antiguo y el Nuevo Testamento en oposición a la división gnóstica (la cual fue también defendida por Marción en el segundo siglo AD). Superó así el dualismo religioso gnóstico que había metido una cuña entre creación y redención, y que de este modo había recaído en un principio dualista de origen.

La filosofía como *ancilla theologiæ* en la escolástica agustiniana

En el periodo patrístico ortodoxo el pensamiento filosófico alcanzó su punto más alto en Aurelio Agustín, quién imprimiera su sello en la filosofía cristiana hasta el siglo XIII, y quien incluso desde entonces ha ejercido una importante influencia.

Sin embargo, nadie era todavía capaz de expresar el motivo central de la religión cristiana en la idea básica trascendental de la filosofía sin la interferencia del motivo forma-materia griego. Además, no fue clarificada la relación entre filosofía y teología dogmática, porque todavía no se había dado cuenta del *punto de contacto* interno entre el motivo básico religioso y el pensamiento filosófico.

El carácter cristiano de la filosofía fue buscado en su actitud subordinada hacia la teología dogmática.[1] La filosofía iba a ser la "*ancilla theologiae*". Todas las cuestiones filosóficas iban a ser manejadas en un marco teológico. Se le negó a la filosofía un derecho independiente a existir.

Esta negación está incluida en el famoso enunciado de Agustín: "Deum et animam scire volo. Nihilne plus? Nihil

---

[1] Esta concepción de la filosofía como "*ancilla theologiae*" no es cristiana en su origen, sino que se deriva de Aristóteles, *Met*. B. 996b15, donde el pensador griego proclamó a la teología metafísica (como la ciencia del fin de todas las cosas y del supremo bien) como la reina de las ciencias. Las otras ciencias son así "las esclavas de la teología y no pueden contradecirla". Esta concepción aristotélica es ahora simplemente adoptada y aplicada a la relación entre teología cristiana y filosofía.

omnino". La negación por Agustín de la autonomía de la filosofía con respecto a la divina luz de la revelación es de esta manera despojada de su significancia crítica. Pues el pensamiento filosófico mismo no fue reformado intrínsecamente por el motivo básico bíblico de la religión cristiana, sino que en su visión teórica de la realidad temporal permaneció orientado hacia la filosofía griega (especialmente hacia los neoplatónicos y los estoicos). Agustín no vio claramente el carácter religioso del motivo básico de la filosofía griega, y por lo tanto dio comienzo al camino del acomodamiento *escolástico* del pensamiento griego a la doctrina de la Iglesia cristiana.

El carácter escolástico de la idea cosmonómica de Agustín

Incluso en la idea cosmonómica agustiniana (la *lex aeterna* con su expresión en la *lex naturalis*) encontramos la concepción neoplatónica de la progresión descendente de grados de realidad acomodada a la idea de la Soberanía divina del Creador.[1] Esta última, sin embargo, fue nuevamente juntada con la teoría-logos neoplatónica, después de que esta teoría había sido acomodada al dogma de la divina Trinidad. De este modo la teología misma fue encumbrada con la filosofía griega. ¡Incluso Génesis 1:1 fue interpretado por Agustín en el núcleo del motivo griego forma-materia!

A pesar de esto, sin embargo, el carácter integral y radical del motivo básico central de la religión cristiana permaneció en primer plano en las concepciones *teológicas* del gran padre de la Iglesia. Este motivo encontró expresión en el

---

[1] *Cfr. De Civitate Dei*, XII, 3: "Naturas essentiarum gradibus ordinavit" y su teoría platónica del "*esse*" y "*minus esse*". *Cfr.* también su teoría neoplatónica de los diferentes niveles de la elevación mística del alma a Dios.

fuerte énfasis que puso en la absoluta Soberanía creativa de Dios, y en su rechazo de cualquier posición que atribuyera poder original al mal. El motivo central de la religión cristiana se evidencia también en la aceptación por Agustín del carácter radical de la caída y en su rechazo a la autonomía del pensamiento teórico, debido a la visión de que la Palabra de Dios es el único fundamento firme de la verdad. Sin embargo, esta visión fue ganada sólo desde la posición religiosa central. No podía conducir todavía, como ya lo hemos observado arriba, a una reforma interna del pensamiento filosófico debido a la carencia de una visión crítica del punto de contacto interno entre religión y pensamiento teórico.

La creciente reserva de Agustín con respecto a la filosofía griega se explica también en términos de su creciente entendimiento del carácter radical de la religión cristiana. Por lo menos, el gran padre de la Iglesia consideró a la filosofía griega como un fundamento natural para un "conocimiento revelado sobrenatural". En su concepción de la historia del mundo, desarrollada en su famoso libro *De Civitate Dei*, se sigue una línea de pensamiento cristiano innegablemente original. El tema central: el conflicto entre la *civitas Dei* y la *civitas terrena*, está enteramente dominado por el motivo básico bíblico.

La antítesis radical entre la religión cristiana y el mundo pagano antiguo es puesta de manifiesto de modo abierto y tajante, de modo que no hay la más ligera sugerencia de un punto de vista religioso sintético.

Sin embargo, aquí también, el motivo básico cristiano no podía encontrar todavía expresión en una genuina filosofía de la historia. Con toda seguridad, Agustín fue el primero en romper radicalmente con la idea griega del tiempo, y en pavimentar el camino para una auténtica idea de desarrollo histórico. Pero los periodos de este desarrollo no fueron concebidos en un sentido intrínsecamente histórico: ¡más bien fueron construidos desde la historia sagrada de un modo teológico especulativo!

La entrada del motivo dialéctico básico de la naturaleza y la gracia en la escolástica cristiana

La situación se hizo muy diferente cuando el motivo básico dialéctico de la naturaleza y la gracia hizo su entrada en el escolasticismo cristiano. Esto ocurrió en el periodo del Renacimiento aristotélico, en el cual, después de una amarga lucha, la escuela agustiniano platónica fue arrojada de la posición dominante que hasta el momento había disfrutado. El catolicismo romano luchó ahora concientemente para llevar a efecto una síntesis religiosa entre la concepción griega de la naturaleza (especialmente la aristotélica) y las doctrinas de la fe cristiana.

Esta posición sintética encontró su expresión teológica y filosófica más poderosa en el sistema de Tomás de Aquino. Los dos principios fundamentales de este sistema fueron la colocación de la autonomía de la razón natural en la esfera entera del conocimiento natural, y la tesis de que la naturaleza es la infraestructura de la gracia sobrenatural.

Tomás se apoderó del pronunciamiento agustiniano de que la filosofía es la *ancilla theologiae*, pero sin embargo le dio un significado enteramente diferente. Pues el consideraba que la filosofía pertenecía a la esfera gobernada por la luz natural de la razón, y le atribuía independencia respecto de la teología revelada. Esto hubiera sido una ganancia para la filosofía cristiana, si Tomás no hubiera separado el "pensamiento natural" del motivo básico central de la religión cristiana. El segundo fue ahora sustituido por el motivo forma-materia en su concepción aristotélica, pero no sin un acomodo de este motivo religioso pagano a la doctrina eclesiástica de la creación.

En este modo escolástico de acomodo, requerido por el motivo básico católicorromano de la naturaleza y la gracia, el motivo forma-materia perdió su sentido religioso original. Pero al mismo tiempo el motivo bíblico de la creación fue privado de su carácter original íntegro y radical.

La creación como una verdad natural en la *theologia naturalis* **de Tomás**

La creación es proclamada como una verdad natural, la cual puede ser vista y demostrada por el pensamiento teórico independientemente de toda revelación divina. Y hemos visto en los Prolegómenos que las cinco vías de esta demostración presuponían los axiomas de la metafísica aristotélica, y especialmente de la idea aristotélica de Dios como "pura Forma" opuesta al principio de la "materia".

Esto significaba, en última instancia, la eliminación de la creación en su sentido bíblico como el *motivo religioso* del pensamiento teórico.

La eliminación del significado integral y radical del motivo bíblico de la creación en la metafísica de Tomás

El motivo griego forma-materia en todas sus diferentes concepciones excluye en principio la idea de la creación en su sentido bíblico. *La suma total de la sabiduría griega concerniente al Origen del cosmos* es: *"ex nihilo nihil fit"* (*nada se origina de la nada*). A lo sumo, la teología metafísica griega podía llegar a la idea de un demiurgo divino, quien da forma a una materia original como el supremo arquitecto y artista. Por lo tanto, el acomodo escolástico del concepto aristotélico de Dios a la doctrina eclesiástica de la creación jamás podría conducir a una reconciliación real con el motivo básico bíblico. El Motor inmóvil de la metafísica aristotélica, quien, como el *nous* teórico absoluto, se tiene sólo a sí mismo como el objeto de su pensamiento en feliz autocontemplación, es el opuesto radical del Dios vivo que se reveló a sí mismo como Creador. Tomás puede enseñar que Dios ha producido cosas naturales conformes tanto a su forma como a su materia, pero el *principio* de la materia como el principio de la imperfección metafísica y religiosa no puede encontrar su origen en una forma pura −Dios.

Ni podría la concepción aristotélica de la naturaleza humana ser reconciliada con la concepción bíblica concerniente a la creación del hombre a la imagen de Dios. De acuerdo con Tomás, la naturaleza humana es una composición de un cuerpo material y un alma racional como una forma sustancial, la cual, en contraste con la concepción de Aristóteles, es concebida como una sustancia inmortal. Esta concepción escolástica no da lugar a la concepción bíblica de la unidad religiosa radical de la existencia humana. En vez de esta unidad, se distinguen un aspecto natural y uno sobrenatural en la creación del hombre. El lado sobrenatural fue la dádiva original de la gracia, la cual como un *donum superadditum* fue atribuida a la naturaleza racional.

La eliminación del significado radical de la caída y la redención. La tendencia agustiniana neoplatónica en la teología natural de Tomás

De acuerdo con esta concepción de la creación, la visión de la caída también fue privada de su significado radical. El pecado meramente causó la pérdida del don sobrenatural de la gracia, y no condujo a una corrupción de la naturaleza humana. La segunda fue simplemente lesionada por su pérdida del *donum superadditum*.

La redención en Cristo Jesús ya no puede más tener una relación con la misma raíz religiosa del cosmos temporal, sino que sólo puede traer la naturaleza a su perfección sobrenatural.

En su teología natural Tomás conectó la idea aristotélica de Dios con la idea agustiniana neoplatónica de creación. Así como se apoderó de la doctrina agustiniana del logos con sus ideas eternas, así desarrolló fuertemente la teoría metafísica, con respecto al concepto analógico de ser (*analogia entis*), en la dirección de la *teología negativa*. Todo esto sólo condujo a nuevas antinomias, porque esta tendencia de pensamiento entró en conflicto con los fundamentos de la metafísica aristotélica.[1]

La idea cosmonómica aristotélica

De acuerdo con el motivo básico escolástico de la naturaleza y la gracia, la idea cosmonómica tomista tiene un lado natural y uno sobrenatural.

---

[1] Véase mi tratado en *Philosophia Reformata* (vols. 8, 9, 10), "De idee der individualiteits-structuur in het Thomistisch substantiebegrip" [La idea de estructura de individualidad y el concepto tomista de sustancia].

El primero gobierna la filosofía de Tomás, el segundo su teología de la revelación. El componente natural es la idea básica trascendental aristotélica, acomodada a la idea agustiniana de la *Lex aeterna*.

De acuerdo con la idea cosmonómica aristotélica, toda la naturaleza está dominada por un orden teleológico dual: toda sustancia natural lucha de acuerdo con su naturaleza por alcanzar su propia perfección, la cual está encerrada en su forma *esencial*.

En sus relaciones mutuas las formas sustanciales están ordenadas en un orden jerárquico en el cual la inferior es la materia de una forma más alta. Este es el contenido de la *lex naturalis*. Como forma pura en acto, la deidad puede ser aceptada como el origen del movimiento que procede de la materia hacia la forma como su meta. Sin embargo, no hay modo en que la deidad pueda ser considerada como el origen del principio de materia, con su ciega y arbitraria ἀνάγκέ. Incluso la teoría aristotélica de las categorías está permeada por el dualismo de este motivo básico dialéctico. Hace una distinción fundamental entre las categorías específicas de la materia (espacialidad, número) y las de la forma. El concepto de sustancia, como la categoría central del ser, pretende unir en una unidad absoluta la forma y la materia de los seres naturales. Pero no puede lograr esta unión, porque carece de un punto de partida real para esta síntesis. Para alcanzar este resultado deseado sería necesario tener una unidad radical más profunda por encima de los principios opuestos de la forma y la materia.[1] Y, como vimos en los Pro-

---

[1] Aparentemente, Aristóteles trató de relativizar la contradicción absoluta entre los dos polos del motivo básico griego concibiéndolos en el significado modal del aspecto cultural. En este aspecto modal el dar una

legómenos, el concepto metafísico (trascendental) del ser sólo puede llevarlos a una unidad *analógica*.

El contenido de la idea cosmonómica tomista

En la idea cosmonómica de Tomás la *lex naturalis* aristotélica, que es inmanente a las sustancias naturales, está relacionada con una trascendente *lex aeterna* como el plan de la creación en la Mente divina.

La segunda es el Origen de la primera. En conformidad con la idea aristotélica de Dios, la *lex aeterna* era ahora considerada como idéntica a la *razón divina*. Como un compromiso con la concepción agustiniana, sólo la *fuerza obligante* de la *lex naturalis* (aquí en lo que se piensa es solamente en la ley ética natural) es derivada de la voluntad soberana del Creador. La idea cristiana de la divina providencia en el orden de la creación es ahora transformada en la idea aristotélica del orden natural teleológico, con su jerarquía de formas sustanciales, el cual se conforma al motivo religioso forma-materia.

En la idea básica trascendental típica del tomismo el divino Origen del mundo natural fue concebido como la causa primera y meta final del movimiento temporal completo en la naturaleza de la materia a la forma, de los medios al fin. Y la sobrenatural esfera de la gracia, en la cual el Origen divino es concebido a la luz de la Revelación y en la cual la ley natural encuentra su complemento sobrenatural en la *lex charitas et gratiae*, fue ubicado por encima del orden tem-

---

forma está relacionado con un material que, como "objeto cultural" tiene una potencialidad para recibir configuraciones culturales. La orientación de la relación entre materia y forma hacia la cultura se halla en entera consonancia con la atribución de primacía religiosa al motivo forma de la cultura-religión.

poral como un nivel más alto. Es esta concepción la que se convirtió en la expresión filosófica especulativa de la idea de la síntesis, la que tipificó la cultura eclesiásticamente unificada entera.

La dialéctica intrínseca del motivo escolástico básico de la naturaleza y la gracia y el nominalismo del siglo catorce

Sin embargo, la dialéctica intrínseca del motivo de la naturaleza y la gracia en la filosofía escolástica pronto se hizo evidente.

En tanto que la Iglesia católica romana fue lo suficientemente fuerte, la síntesis artificial entre el mundo de ideas cristiano y el griego pudo ser mantenido, y las tendencias polares en el motivo básico de la naturaleza y la gracia no se pudieron desarrollar libremente. La excomunión eclesiástica fue suficiente para controlar el desarrollo de estas tendencias en la filosofía y en los asuntos cotidianos.

En el periodo crítico de la Edad Media tardía sin embargo, como veremos en el siguiente párrafo, la cultura eclesiásticamente unificada empezó a derrumbarse. Una esfera secular tras otra empezó a liberarse del dominio eclesiástico.

Desde el siglo XIV el nominalismo de la escolástica tardía, bajo el liderazgo de Guillermo de Occam, se volvió contra el compromiso artificial entre las líneas de pensamiento cristiana y pagana en el sistema tomista. Esta reacción comenzó después de que los averroístas Pedro Aureolo y Durando de San Porcain, en una orientación filosófica y teológica algo diferente, habían adoptado la tradición nominalista de siglos anteriores.

Antes del siglo XIV el nominalismo había sido siempre suprimido por el escolasticismo realista con su doctrina de la realidad de las formas universales ("*universalia*"). Había repetidamente recibido la condena oficial de la Iglesia. En el siglo XIV, sin embargo, el nominalismo se convirtió en un factor cultural de significancia mundial. Fue capaz de pavimentar el camino hacia el pensamiento filosófico moderno, puesto que la Iglesia había perdido su influencia dominante sobre la filosofía.

La idea cosmonómica tomista requería la concepción metafísica realista de las "formas sustanciales" aristotélicas. Tan pronto como esta concepción fuese abandonada, la completa idea aristotélico tomista del orden natural, como infraestructura del orden sobrenatural de la gracia, estaba condenada a quebrarse. Y lo mismo vale con respecto a la teología natural como infraestructura de la sagrada teología de la revelación.

En este preciso punto el tomismo fue sometido a la crítica del nominalismo de Occam, el cual, en último análisis, estaba fundado sobre una concepción extremadamente nominalista de la "*potestas Dei absoluta*". Cortó de tajo todo uso metafísico de la razón natural negando que los conceptos universales del pensamiento tuviesen un "*fundamentum in re*".[1]

---

[1] Se puede observar en esta conexión que Occam empezó con la tradicional oposición metafísica entre la función de pensamiento lógica y la "realidad en sí misma"; y con que las únicas fuentes de nuestro conocimiento han de encontrarse en la percepción sensorial y el entendimiento lógico. Hemos visto en los Prolegómenos que esta presuposición metafísica excluye la penetración al horizonte integral de nuestra experiencia temporal.

Conjuntó fuerzas con la así llamada lógica terminista su-
posicional tal y como se presenta en el séptimo tratado[1] de
las *"Summulae"* de Pedro Hispano y concibió los *"universalia"*
como siendo sólo "signos", que en la mente humana representan *(supponunt)* una pluralidad de cosas individuales, pero que ellos mismo no poseen realidad "en" o "antes" de las
mismas. En tanto que no descansan sobre convención arbitraria, como las *"voces"*, los *"universalia"* son *"conceptus"* o *"in-
tentionis animae"* formados por el entendimiento. Funcionan
meramente como copias de los correspondientes rasgos de
las cosas individuales y sólo tienen un valor subjetivo para el
conocimiento. Cuando Occam limitó el conocimiento científico al juicio lógico y a los *universalia*, él con ello intentaba
despreciar la ciencia y no la fe cristiana.

La fe, ligada de una manera positivista a la Santa Escritura
—aquí concebida en un sentido seudojurídico, como un libro de leyes eclesiástico— y a la tradición de la Iglesia, puede
mantener la concepción realista de las "formas sustanciales".
Pero el pensamiento filosófico sólo se puede asir a una actitud completamente escéptica con respecto a la realidad de
los universales. Esta posición destruyó el concepto realista
metafísico de verdad.

---

[1] Bajo el título *"de terminorum proprietatibus"*, posteriormente expandido a
un libro de texto separado bajo el título de *"Parva logicalia"*. Esta parte de
las *Summulae* no provino de la lógica aristotélica. Y en oposición a Prantl,
investigaciones recientes han establecido, que era aún menos de origen
bizantino. Los *"Moderni"* se basaron precisamente en este tratado, mientras que *e.g.* Duns Escoto escogió el libro *completo* de Pedro Hispano como
el fundamento de su lógica, y unió al séptimo tratado una metafísica realista.

La "primacía de la voluntad" en la escuela nominalista de pensamiento versus la "primacía del intelecto" en la metafísica realista de Tomás de Aquino. No hay conexión esencial entre el realismo y la primacía del intelecto

El principal impacto del ataque sobre la concepción tomista de la "*lex æterna*" se encuentra en la voltereta nominalista de la doctrina de la primacía de la voluntad contra la doctrina tomista de la primacía del intelecto. Toda esta controversia sólo puede entenderse a la luz del sincretismo escolástico y patrístico. No tiene sentido en una filosofía cuya idea básica trascendental se apega al motivo básico radical e integral de la religión cristiana.

El conflicto entre la primacía de la voluntad y la primacía del intelecto estuvo originalmente sin relación con el conflicto entre realismo y nominalismo. Los realistas de la escuela agustiniana había contendido por la primacía de la voluntad. Y Juan Duns Escoto, el gran oponente de Tomás de Aquino, fue esencialmente un realista más consistente que Tomás. No obstante, en su doctrina de la *potestas Dei absoluta* dio un nuevo estímulo a la concepción de la primacía de la voluntad.

La primacía de la voluntad en la idea cosmonómica de Agustín

Hemos visto que incluso en la idea cosmonómica de Agustín se hizo el arriesgado intento de reconciliar la concepción cristiana de la absoluta soberanía de la voluntad creativa de Dios con la idea básica neoplatónica de la ordenación jerárquica de la realidad en esferas más altas, más reales, y más bajas, menos reales, en las que la materia pura formaba el nivel más bajo.[1] En el periodo tardío de Agustín encontramos que se da prioridad a la concepción cristiana de la voluntad de Dios como creador y a la compenetración en la ofuscación de la razón humana por causa de la caída. Esta concepción cristiana se vio involucrada en la proclamación de la "primacía de la voluntad", porque tuvo que luchar con la metafísica realista competidora que buscó su punto arquimediano en la razón teórica.

El nominalismo fue relacionado con la tradición agustiniana mediante el pensamiento franciscano. Sin embargo, Occam cambió la doctrina de la primacía de la voluntad de una manera radicalmente irracionalista. Deformó totalmente la confesión cristiana de la soberanía de Dios como creador.

La *potestas Dei absoluta* en Duns Escoto y Guillermo de Occam

En Duns Escoto la *potestas Dei absoluta*, en tanto que distinguida de la *potestas Dei ordinata*, estaba ligada a la unidad de *Ser* bueno y santo de Dios. De acuerdo con él, la *lex æterna* también se origina en la esencia de Dios. Y la bondad y verdad absolutas están fundadas en el Ser divino.[2] (R. P. I. d. viii q. 1). "Deus est agens rectissima ratione" (R. P. iv d. 1 q. 5, n. 9.).

---

[1] *Cfr. De civitate Dei* XII, 2: "naturas essentiarum gradibus ordinavit" y su doctrina neoplatónica del *"esse" et "minus esse"*. Compárese también sus niveles neoplatónicos de la elevación mística del alma a Dios.

[2] *Cfr.* el siguiente enunciado de Escoto: "Intelligere non est primum in Deo, sed *primum dans esse est ipsum ens*, tum quia potentia non potest esse prima ratio essendi, tum quia intellectus præsupponit rationem objecti et potentiæ sicut per se causas ejus vel principia"

"Quidquid Deus facit, propter se facit –omnia enim propter seipsum operatus est Altissimus– et ex charitate perfectissima quae ipse est, facit; ergo ejus actus est ordinatissimus, tame ex fine quam ex principio operativo" (Ox. II d. xxvii, q. I, n. 2).

"Nomine legis aeternae intelligimus judicium divini intellectus, qui producens omnia in esse intelligibile, subinde dat unicuique primum esse intelligibile, atque in eis omnes veritates relucent, adeo ut intellectus pervadens terminos necessario intelligat veritates omnes in illis involutas, tam speculativas, quam practicas" (Ox. I, d. iii q. 4). Consecuentemente, la concepción escotista de la *potestas absoluta* no puede tener ningún sentido nominalista. No tenía más intención que la de dar cuenta del hecho de que algunas veces en el Antiguo Testamento Dios parece "dispensar" algunos mandamientos de la segunda tabla del Decálogo. Esta fue sin duda una concepción jurídica escolástica de éste. Sin embargo, en Duns la *potestas Dei absoluta*, también, es siempre la expresión del Ser bueno y santo de Dios.

Guillermo de Occam abandonó la idea de una *lex æterna* y de una *potestas absoluta* "que estuviera atada al ser de Dios". Al estilo aristotélico, la teología metafísica especulativa había visto la esencia de Dios como pura *Forma*. El nominalismo concebía ahora la *potestas Dei absoluta* en un sentido que tenía alguna afinidad con la impredecible *Anagké* del motivo materia griego. Y al hacerlo así, se separó de la Autorrevelación integral de Dios en Su Palabra, a un grado aun mayor de lo que el realismo tomista había hecho en su *theologia naturalis*. Abstrajo la voluntad de Dios de la plenitud de su santo ser y concibió su poder soberano como una tiranía desordenada. En su *De Trinitate* Agustín había advertido expresamente en contra de aislar la voluntad de Dios y la *"ratio divina"*.

La concepción nominalista de la *potestas Dei absoluta*, de modo enteramente contrario a su intención, ubica la voluntad creadora de Dios bajo la línea limítrofe de la *lex*

Este modo teórico funcionalista de contemplación sólo es posible bajo la línea limítrofe del orden temporal cósmico. Consecuentemente, la voluntad de Dios fue de hecho puesta bajo la *lex*; un resultado enteramente en conflicto con la intención de Occam. En relación con las leyes religiosas y éticas, sólo podemos hablar de "arbitrariedad" en el sentido de un comportamiento antinormativo, el cual supone una norma. Esto es exactamente lo que hace Occam cuando abre la posibilidad de que Dios podría haber sancionado igualmente con su voluntad una ética egoista, y cuando concibe el mandamiento religioso central incluido en la primera tabla del decálogo como un mero producto de la arbitrariedad divina. La idolatría, también, presupone una norma religiosa, la cual es transgredida por la misma.

Como observamos en los Prolegómenos, el concepto "posibilidad" sólo tiene un sentido razonable si presuponemos la necesidad de una ley en relación con la cual la individualidad subjetiva retiene su plena latitud, pero sin embargo permaneciendo sujeta a las determinaciones y limitaciones necesarias que ella le impone.

La crítica nominalista llevó a cabo una ruptura radical entre los motivos cristianos y los paganos en la escolástica medieval

No obstante, el pensamiento nominalista sirvió como liberador al menos en un respecto. Bajo su aguda crítica el motivo cristiano y el pagano, que habían sido sintetizados aparentemente de la manera más efectiva en la idea básica trascendental tomista, fueron radicalmente apartados. La "naturaleza" y la "gracia" fueron completamente separados. Y es así que después de un corto tiempo el humanismo pudo desarrollar consistentemente la línea del "pensamiento natural autónomo". Esto lo hizo de una nueva manera basada sobre el motivo básico dialéctico de la naturaleza y la libertad. Era de esperarse que la Reforma hubiera desarrollado una filosofía esencialmente cristiana, fundada sobre el motivo básico central de la Santa Escritura. Que esto no haya ocurrido por varios siglos se debe solamente al hecho de que la Reforma fue prontamente capturada por el motivo básico escolástico de la naturaleza y la gracia. Este último motivo condujo nuevamente al pensamiento teológico y filosófico a lo largo de una trayectoria escolástica. Regresaremos a este punto en la tercera parte de este volumen. Por el momento sólo necesitamos ocuparnos de la significancia del nominalismo medieval tardío como condición para el surgimiento del pensamiento humanista.

En tanto que la escolástica nominalista se sujetó de una manera positivista al dogma de la iglesia, descansó sobre dualismo irreconciliado entre fe y conocimiento natural. En la Edad Media tardía, sin embargo, algunos representantes del nominalismo le dieron una forma que preparó el camino para una completa secularización de la cosmovisión.

Secularización del nominalismo en la escolástica tardía

Este proceso de secularización fue introducido por John de Jandún y Marsilio de Padua quien, justo como Pedro Aureolo en un periodo anterior, perteneció a la escuela del nominalismo averroísta.

§2 EL SURGIMIENTO DEL PENSAMIENTO FILOSÓFICO HUMANISTA

Entretanto, la cultura eclesiásticamente unificada se derrumbó. Ya no estuvo dominada por la concepción altomedieval del *Corpus Christianum*. Este derrumbe fue parcialmente preparado por la poderosa influencia de las esferas nominalistas de la cultura. Socavaron la idea jerárquica medieval de la vida social y revelaron tendencias individualistas dondequiera que se desplegaron.[1]

La Iglesia Católica Romana institucional jerárquica había socavado su propia influencia mediante la secularización. La vida política y la economía se desprendieron ahora de su puño unificador. Y la ciencia, el arte, la ética, y la fe del individuo pronto les siguieron.

El derrumbe de la cultura eclesiásticamente unificada

Se empezaron a formar Estados nacionales que reconquistaron pedazo por pedazo el terreno que habían perdido ante la Iglesia. Emplearon los medios más inescrupulosos para

---

[1] En esta conexión, ver el importante estudio de Paul Hönigheim, *Zur Soziologie der mittelalterlichen Scholastik* (*Die sociologische Bedeutung der nominalistischen Philosophie*), en *Hauptprobleme der Soziologie* (*Erinnerungsgabe für Max Weber*, [*Sobre la sociología de la escolástica medieval* (El significado sociológico de la filosofía nominalista) en *Problemas principales de la sociología, En memoria de* Max Weber] (1923), pp. 173-221.

fortalecer y mantener su poder. La vida económica se emancipó mediante toda suerte de evasiones de la prohibición del interés por la ley canónica y de la doctrina del *justum praetium*. Apoyada por el descubrimiento de las nuevas minas de oro y plata, las finanzas asumieron una posición crecientemente central. El surgimiento de la industria a gran escala y de los negocios acarrearon un expandido establecimiento del crédito. Un capitalismo temprano surgió con todos sus problemas sociales. Y el descubrimiento de las rutas marítimas hacia América y la India abrieron ilimitadas perspectivas para el futuro.

La sociedad medieval, impregnada con la orgánica idea de gremio, vio sus fundamentos metódicamente socavados. Comenzó el proceso de diferenciación e individuación social: el individuo se empezó a sentir libre e independiente en todas las esferas. El contacto con el Este, establecido por las Cruzadas, dio lugar al contacto con otras religiones. De hecho, cuando en el proceso general de secularización la absolutez de la religión cristiana fue relativizada por la filosofía al nivel más alto en el desarrollo de la religión natural, este contacto se volvió el estímulo de un "teísmo universal" fuertemente neoplatónico y con tintes místico teológicos. En Italia el profeta de este teísmo fue Georgius Gemisthos Plethon, el padre espiritual de la academia platónica en Florencia. En Alemania, el movimiento fue conducido por Mutianus Rufus, el humanista de Erfurt.

Después del descubrimiento de las fuentes puras de la cultura grecorromana, se hizo presente un resentimiento adicional en la lucha contra las formas lingüísticas bárbaras de la escolástica. Este resentimiento surgió contra la mutilación de la cosmovisión antigua debido a su síntesis con el cristianismo. Especialmente en Italia, la primera cuna del humanismo renacentista, frecuentemente se tomó sin reservas el partido de la cosmovisión humanista.

La transición hacia un nuevo periodo histórico se anunció en este fermento revolucionario. Surgió un gran movimiento espiritual humanista. Pronto construyó metódicamente su perspectiva secularizada sobre una nueva base cultural e imprimió su propia marca religiosa a la filosofía.

En Alemania, y especialmente en los Países Bajos, se cruzaron temporalmente las trayectorias de un así llamado humanismo bíblico y la Reforma; no obstante, las tendencias hacia el completamiento de la secularización de la doctrina cristiana estuvieron presentes desde el comienzo en una interpretación preponderantemente moralista de la Santa Escritura, tal como la que se encuentra en Erasmo y otros humanistas bíblicos. En mi obra previamente citada, *En la lucha por una política cristiana,* todo este desarrollo ha sido tratado en detalle. En el presente contexto sólo fue necesario que preparáramos nuestra investigación sobre la estructura básica de la idea básica trascendental del pensamiento humanista.

Una consideración más estrecha del motivo religioso básico del humanismo: el motivo de la naturaleza y la libertad

Hemos visto que esta idea trascendental está determinada por el motivo religioso básico que desde Kant debe ser designado como el motivo de la naturaleza y la libertad. Debemos ahora prestar una más cercana atención a la segunda.

Este nuevo motivo dialéctico descansa sobre una secularización absoluta del motivo bíblico de la creación y la libertad cristiana (como fruto de la redención). Después de introducir un cambio fundamental en el significado religioso original, asimiló también los motivos centrales de la filosofía griega y escolástica. Descubriremos subsecuentemente el motivo forma-materia y el motivo de la naturaleza y la gracia en un sentido humanista enteramente nuevo en la filosofía de Leibniz y Kant.

La ambigüedad del motivo humanista de la libertad

A diferencia de la de los pensadores griegos y escolásticos, la dialéctica interna del motivo básico humanista no nace de un conflicto entre dos religiones diferentes. La raíz más profunda de su carácter dialéctico yace en la ambigüedad del motivo humanista de la libertad. éste es la fuerza impulsora central de la moderna religión de la personalidad humana. Y de sus propias profundidades llama al motivo de dominio de la naturaleza, y así conduce a una religión de la ciencia objetiva autónoma en la cual no hay lugar para la personalidad libre. No obstante, la rendición religiosa a la ciencia autónoma no es, en el último análisis, sino la religión de la personalidad autónoma humana misma, la cual se divide en dos direcciones opuestas, las que no han de ser realmente reconciliadas en una autorreflexión humanista realmente crítica. Este es el resultado de la secularización humanista de los motivos cristianos de la creación y la libertad en Jesucristo. Por esta secularización se pierde enteramente la compenetración en la *unidad radical* de la personalidad humana.

En su motivo de la libertad, el humanismo requiere *autonomía absoluta* para la personalidad humana. Esto implica un rechazo a toda fe en la autoridad y a cualquier concepción de acuerdo con la cual el hombre está sujeto a una ley no impuesta por su propia razón. Sin embargo, este motivo de la libertad secularizado desplegó varias tendencias que entraron en conflicto entre sí.

El hombre moderno deseaba tener su destino en sus propias manos, y por lo tanto deseaba liberarse de toda fe en los poderes "sobrenaturales". El humanismo aplicó la revolución copernicana en astronomía a la esfera de la religión. ésta debería concentrarse en el hombre y sus necesidades religiosas. Ya no debe requerir que el hombre se rinda completamente a un Creador y Redentor soberano: ya no debe estar basada en una "heterónoma" revelación divina.

La idea de un Dios personal sólo podría ser aceptada en tanto que la personalidad autónoma humana tuviera necesidad de ella. Esta idea podría ser aceptada como fundamento metafísico para la verdad del pensamiento metafísico (Descartes), como un postulado de la razón práctica (Kant), o como un requerimiento del sentimiento religioso (Rousseau). Puede ser aceptada en cualquier otra forma humanista, pero nunca se puede sostener que es el fruto de una autorrevelación de un Dios soberano.

El nuevo ideal de la personalidad del Renacimiento

En el Renacimiento, la nueva religión de la personalidad también secularizó la idea cristiana de regeneración. El ideal de la personalidad predicado por el Renacimiento en su primera aparición en Italia requirió un *renascimento* de un hombre que debería resonar en un nuevo periodo. Este ideal de la personalidad está permeado con una sed inapagable de vida temporal y con un deseo fáustico de sujetar el mundo a sí mismo.

La orientación individualista del nuevo motivo humanista de la libertad durante la primera fase de su desarrollo condujo a las tendencias nominalistas de la escolástica tardía en una nueva dirección.

La depreciación humanista de la razón natural fue reemplazada por una confianza realmente religiosa en su poder libertador.

El nuevo ideal de la personalidad se expresó originalmente en una cosmovisión con tintes fuertemente aristocráticos. Y apenas deseaba disimular su antítesis con la perspectiva eclesiásticamente dirigida de la Edad Media.

En Italia en el siglo XV este ideal de la personalidad se había convertido en la contraseña del nuevo periodo que, como observamos arriba, esperaba un *renacimiento* en un sentido humanista. La idea de *uomo universale* es proclamada en la autobiografía de Leo Battista Alberti así como en la figura de Leonardo Da Vinci. Este nuevo ideal pronto habría de difundirse sobre todas las tierras que fueron portadoras de la cultura del Renacimiento.[1] E incluso al principio estuvo lleno de un espíritu fáustico, el cual miraba hacia adelante, hacia el progreso de la cultura, y buscaba este progreso en la subyugación de la naturaleza por una investigación científica que no conoce autoridad mayor que la ciencia.

El motivo del dominio de la naturaleza y la ambigüedad del motivo naturaleza

Pues desde el mismo comienzo el motivo humanista de la libertad condujo a una revolución en la moderna visión de la naturaleza.

La visión griega de la *fisis* fue, como vimos, dominada por el motivo religioso de la materia y la forma. A la luz del

---

[1] Ver la *Kultur der Renaissance in Italien* [Cultura del Renacimiento en Italia] de Jacob Burckhardt. Cap. II en 1⁴, pp. 143 ss.

motivo forma, la naturaleza tiene un carácter teleológico y da expresión a la idea griega del bien, la verdad, y lo bello.

El motivo de la materia, con su *anagké* impredecible y desordenada, condujo a la visión griega de la naturaleza al contrapolo extremo de la forma suprasensorial: las misteriosas profundidades de la vida y la muerte en el eterno proceso de crecimiento y decaimiento.

La visión cristiana bíblica de la naturaleza estaba dominada por el motivo central de creación, caída y redención. La revelación de la depravación radical de la naturaleza debida al pecado arroja una sombra infinitamente más oscura sobre el cosmos temporal que el motivo griego de la materia.

El humanismo rompió en principio tanto con la visión griega de la naturaleza como con la cristiana. Había intentado liberar a la personalidad humana de toda fe en los poderes sobrenaturales. También intentó emancipar a la naturaleza de las ataduras de esta fe. El hombre autónomo moderno considera a la "naturaleza incomensurable" externa a sí mismo del mismo modo que piensa de sí mismo. Es decir, la misma ambigüedad que es inherente al motivo humanista de la libertad se le revelará también en el motivo de la naturaleza.

La "naturaleza inconmensurable" puede ser vista como un reflejo macroscópico de la libertad autónoma de la personalidad humana. En este caso, el humanismo da lugar a un disfrute estético de la "libertad creativa" que se revela en la naturaleza. Pero la naturaleza también puede ser vista como un reflejo del *motivo de dominio* faustiano, que permeó al ideal humanista de la personalidad desde el mismo comienzo. En este caso la naturaleza sólo puede ser vista como un objeto que puede ser *dominado* por la ciencia autónoma.

El motivo de la naturaleza ahora se convierte en un nuevo motivo de dominio que sólo puede conducir a una visión teórica determinista de la realidad. Galileo y Newton pusieron el fundamento para la ciencia matemática natural moderna. Al captar los fenómenos de la naturaleza de acuerdo con sus aspectos matemáticos y sus aspectos de movimiento y energía, en un sistema de relaciones causales funcionales, la ciencia natural de hecho apuntó hacia el camino que nos permitiría gobernar los fenómenos naturales.

Después de que se pusieran todos estos fundamentos, el humanismo abrazó este nuevo método científico con una pasión religiosa y lo elevó al rango de modelo universal para el pensamiento. Toda la realidad debería ser interpretada en términos de este nuevo método. Para tal fin, todas las estructuras modales de individualidad, que están fundadas en el orden divino de la creación, deben ser metódicamente demolidas. El pensamiento teórico autónomo recreará ahora el cosmos mediante los conceptos exactos de la ciencia natural matemática. Traerá una visión aestructurada de la realidad, en la que todos los fenómenos están ordenados en una serie causal continua. En este punto, es ya evidente la tensión dialéctica entre el motivo de la naturaleza y el de la libertad.

La naturaleza concebida de este modo no tiene ningún lugar para una libertad autónoma de la personalidad humana.

Esta dialéctica religiosa iba en adelante a dominar la filosofía humanista. En nuestra crítica trascendental del pensamiento teórico nos habíamos familiarizado con las líneas generales de este proceso. Hemos visto cómo la primacía es alternativamente atribuida a cualquiera de los motivos antagónicos, y cómo se hace el intento por dibujar una línea de demarcación entre sus dos esferas separadas de validez, mientras que se reconoce su antítesis polar. Nos hemos familiarizado con los intentos por hacer conexiones sobre esta antítesis religiosa mediante un modo dialéctico de pensamiento, y estamos familiarizados con la subsecuente ruptura de esta aparente síntesis.

El Renacimiento no desarrolló explícitamente el modelo de pensamiento de la ciencia natural moderna. No obstante, desplegó en su ideal de personalidad desarrollado el germen de la ambigüedad que hemos indicado arriba. Por lo menos, estamos seguros al decir que contenía las tendencias de un nuevo ideal de ciencia, el cual estaba dirigido hacia el dominio de la naturaleza. Naturalmente, en tanto que este motivo de dominio no condujera a una visión determinista de la naturaleza, el conflicto con el motivo de la libertad no estaba en evidencia. Pero este motivo de dominio estaba predispuesto a una visión determinista de la realidad de acuerdo con su *significado religioso*, y con el tiempo no podía sino desarrollarse con una necesidad interna en esta dirección.

La escolástica tardía se había perdido en un sinfín de distinciones conceptuales. El humanismo en ascenso se alejó de tal "partición formalista de cabellos" y deseaba mostrar su poder soberano sobre el cosmos. Se dio la contraseña "a las cosas mismas" no sólo en filología crítica, sino también el investigación de la naturaleza ilimitada, en la cual, desde la introducción por Copérnico de la visión heliocéntrica del mundo, la Tierra había perdido su posición central. La personalidad humana autónoma deseaba someter a prueba su ilimitado poder de expansión en los ilimitados espacios del universo.

El πέρας y el ἄπειρον. La antítesis con el ideal antiguo de vida

Para el hombre moderno lo πέρας, lo limitado, ya no es el principio más alto como lo fue para la contemplativa metafísica clásica de Grecia. El principio más alto es más bien el ἄπειρον, lo ilimitado, el platónico μῆ ὄν. El hombre moderno está obsesionado y tentado por lo *ilimitado*, y cree que puede redescubrirse en ello, en su desatado impulso hacia la actividad (De Cusa, Bruno).

Esta tendencia hacia lo infinito no es una actitud pasajera del Renacimiento. Se atrincheró más profundamente en el siguiente periodo. En Leibniz lo limitado se convirtió incluso en un "mal metafísico"[1]

Aun cuando la diferencia sobre este punto permanezca dentro de la posición de inmanencia y sea por lo tanto relativa, esta característica del moderno ideal de la personalidad

---

[1] En esta conexión, es interesante la conexión que hace Windelband en su *Geschichte der neueren Philosophie* [Historia de la nueva filosofía] I, 508, entre la metafísica de Leibniz y las de Platón, Aristóteles y el neoplatonismo: "das Chaos der Kosmogonien, das μῆ ὄν des Platon, die ὕλη des Aristoteles, das βάτος des Neu-platonismus –sie sind in der rationalistischen Philosophie zu der "région des vérités éternelles" als der bindenden Möglichkeit der Weltschöpfung geworden". [El "Caos" de las cosmogonías, el μῆ ὄν de Platón, la ὕλη de Aristóteles, el βάτος del neoplatonismo–se han convertido, en la filosofía racionalista, en la "région des vérités éternelles" [región de las verdades eternas], como la posibilidad obligatoria de la creación del mundo]. Y sin embargo Windelband de una manera inconcebible habla de un "idealismo platónico" en Leibniz.

no puede ser explicada en términos de la concepción de la personalidad encontrada en la antigüedad.

En el periodo floreciente de la cultura grecorromana, la personalidad fue considerada como estando armoniosamente ligada a un orden del mundo racional objetivo. Y de acuerdo con su destino señalado, estaba dedicado al omniabarcante Estado. El nominalismo subjetivista y el individualismo son aquí fenómenos de decadencia que fueron vistos como un peligro mortal para la *polis*.

El ideal humanista de la personalidad, sin embargo, nació en estrecho contacto con la idea cristiana de la libertad. El humanismo la secularizó y animó su ideal del hombre autónomo libre con una fuerte creencia en un gran futuro para la humanidad.

El *cogito* cartesiano en oposición con el *nous* teórico como el punto arquimediano de la metafísica griega

Después de mucha preparación en varios tipos de direcciones (especialmente en el sistema de Nicolás de Cusa) los principios del pensamiento filosófico humanista recibieron su primera formulación clara en el sistema de Descartes. El *cogito* en el que este pensador supuso que había encontrado su punto arquimediano no es en ningún sentido idéntico al *logos* o *nous* de la filosofía clásica griega. En ésta, la razón humana fue concebida como ligada a un orden del ser metafísico objetivo, en la que el sujeto pensante sólo tenía una parte. Este orden metafísico fue considerado como el estándar de verdad con respecto al pensamiento teórico. Muy diferente de esta concepción de la razón es la del fundador de la filosofía humanista.

Mediante el *cogito*, Descartes detuvo el escepticismo metódico universal con respecto a todos los datos de la experiencia. El mundo dado debería ser partido de un modo teórico metódico para reconstruirlo a partir del pensamiento matemático autónomo. Es el nuevo ideal de la personalidad el que está activo detrás de este experimento filosófico. No acepta ningún orden o ley que la personalidad soberana del hombre no haya prescrito en el pensamiento racional. Aunque Descartes sustancializó a este *cogito* convirtiéndolo en *res cogitans*, y de esa manera parecía recaer en la metafísica escolástica, nadie debe dejar de reconocer que en sus nuevas reglas para el pensamiento metódico el motivo humanista de la libertad del dominio de la naturaleza es la fuerza motriz.

De su *cogito, ergo sum* el filósofo francés procede directamente a la idea de Dios, y allí descubre el fundamento de todo conocimiento ulterior. Esta idea de Dios no es sino la absolutización del pensamiento matemático, que lo convierte en divino, la cual no puede engañarnos. La idea completa de Dios sirve para imprimir sobre el nuevo método matemático la idea de infalibilidad.

Los jansenistas de Port Royal que aceptaron el cartesianismo como un método exacto de pensamiento supusieron que habían encontrado una afinidad interna entre la fundamentación por Descartes de todo el conocimiento en la autoconciencia y la idea inmanente de Dios, y la *Deum et animam scire volo* de Agustín. Esto fue un grave error.

No hay relación entre el punto arquimediano de Descartes y el de Agustín. La mala concepción de los jansenistas de Puerto Royal sobre este asunto

Pues esta afinidad interna no existe, a pesar de la apariencia en contrario. De una manera no superada, Calvino expuso en su *Institutio* la auténtica concepción cristiana de Agustín, quien hizo todo conocimiento del cosmos dependiente del autoconocimiento, e hizo dependiente nuestro autoconocimiento del conocimiento de Dios. Más aun, Calvino disoció esta concepción de la posición escolástica de Agustín con respecto a la filosofía como *ancilla theologiæ*. Esta visión es radicalmente opuesta a la concepción de Descartes. En su *cogito* el segundo proclamó implícitamente la soberanía del pensamiento matemático y lo deificó en su idea de Dios, en una actitud hacia el conocimiento típicamente humanista.

Consecuentemente, no hay conexión interna entre la refutación del escepticismo por Agustín, mediante la referencia a la certeza del pensamiento que duda, y el *cogito, ergo sum* de Descartes. Agustín nunca intentó declarar autónoma e inafectada por el pecado a la *naturalis ratio*.

La conexión entre el escepticismo metodológico de Descartes y el descubrimiento de la geometría analítica. El motivo creación en el *cogito* cartesiano

No olvidemos que el escepticismo universal de Descartes con respecto a la confiabilidad de la experiencia, excepto la autoconciencia, estaba muy estrechamente conectado con su descubrimiento de la geometría analítica. ésta se convirtió para él en el modelo metodológico de toda filosofía sistemática. Se hizo posible, mediante la introducción de coordenadas, determinar cada punto del espacio mediante tres números y cada figura espacial mediante las coordenadas de sus puntos. De esta manera, se demostraron las proposiciones geométricas mediante el cálculo aritmético, aparentemente sin ninguna otra presuposición que las leyes de la aritmética. Y se buscó el origen de éstas en el pensamiento soberano.

Descartes encontró el patrón original para el pensamiento claro y distinto en este método. De acuerdo con el segundo, el pensamiento no toma como su fundamento nada que no produzca él mismo en un supuesto proceso lógico de creación. En el *Prefacio* a su *De corpore*, el pensador inglés Tomás Hobbes describe, completamente en términos de la historia de la creación en el primer capítulo del libro del *Génesis*, la demolición metodológica de toda realidad dada ejecutada por la razón humana para reconstruir el cosmos a partir de los más simples elementos del pensamiento. La actividad lógica del filósofo debe crear, justamente como el artista o como Dios, quien da orden al caos.[1] Este motivo de la creación lógica —inspirado por la deificación del pensamiento matemático en la idea del intelecto arquetipo— fue continuamente cobijado en la primera fase de la filosofía humanista, especialmente por Leibniz.

Este motivo es moderno y humanista. No se encuentra en la filosofía antigua, patrística o medieval. Sólo puede ser explicado en términos de una secularización de la idea cristiana de la creación en el ideal humanista de la personalidad.

La filosofía moderna proclamó a la razón soberana como el origen del cosmos teóricamente construido. Pero, en esta

---

[1] *Opera latina*, vol. I, *De corpore Praef.* La concepción bíblica de la creación es evidentemente confundida aquí con la idea griega del divino demiurgo.

concepción de la razón soberana, estuvieron activos los dos motivos mutuamente antagónicos de la naturaleza y la libertad. Y la tensión polar entre ellos se revela de modo cada vez más intenso en el ulterior desarrollo del pensamiento humanista.

La tensión polar entre el ideal de la personalidad y el ideal de la ciencia en la estructura básica de la idea trascendental humanista

Como observamos arriba, el ideal de la personalidad es él mismo la raíz religiosa del ideal de ciencia naturalista clásico. Tan pronto como el primero empezó a desplegar su tendencia a dominar la naturaleza, evocó este ideal filosófico de ciencia con una necesidad interna. Sin embargo, el segundo pronto se conviertió en el enemigo acérrimo del ideal de la personalidad.

De seguro, al principio el humanismo adoptó muchos motivos para su cosmovisión del ideal estoico del sabio autosuficiente, de la ética epicúrea (Valla) y de otras fuentes. Pero debido a su inherente impulso faustiano a dominar la naturaleza, tenía una predisposición interna a una visión determinista del mundo de un carácter enteramente nuevo. Desde el surgimiento de la ciencia natural matemática, el nuevo ideal matemático del conocimiento se transformó en el *ideal trascendental del orden cósmico*. Pareció dotar al pensamiento filosófico con el cetro de legislador del mundo. De este modo, el nuevo ideal de ciencia *sólo gradualmente* se convirtió en un factor básico en la idea básica trascendental humanista. Es verdad que la sed por la recién descubierta naturaleza infinita, con todos sus misterios, se había manifestado desde el mero principio en la pintura y poesía del Renacimiento.

Es verdad también que antes del surgimiento de la nueva ciencia natural la pasión faustiana por el dominio se había revelado en un crecimiento floreciente de la alquimia, mediante la cual se esperaba que los misterios de la naturaleza podrían ser expuestos.

El pensador francés Petrus Ramus había incluso desarrollado un nuevo método matemático semiplatónico en lógica, en el cual —en contraste con el silogismo aristotélico— la invención debería jugar una parte principal. Este método ramista, el cual pronto adquirió una gran influencia, sin duda manifestó un nuevo espíritu en el pensamiento científico.

No obstante, originalmente la naturaleza no fue en modo alguno concebida como un sistema mecánico, sino que estaba pletórica de belleza, fuerza y vida. Incluso Leonardo da Vinci, quien anticipara el análisis mecánico matemático de los fenómenos empíricos, concibió la naturaleza como un todo teleológico animado con vida.

Lorenzo Valla había deificado la naturaleza como la esfera de expansión de la personalidad: *"Idem est natura, quod Deus, aut fere idem"* (*De voluptate I*, 13).

Desde la revolución copernicana en la astronomía parecieron abrirse ilimitadas posibilidades a la mente inquisitiva. El hombre moderno descubrió en la naturaleza un macrocosmos que encontró su imagen reflejada en su propia personalidad como microcosmos.[1]

---

[1] Comparar con lo que Cassirer en su *Erkenntnisproblem* I, 18 y ss, observa concerniente a la relación entre el nuevo concepto humanista del ego y el nuevo concepto de naturaleza.

La tendencia hacia el infinito en el panteísmo de Giordano Bruno

Giordano Bruno, en su filosofía panteísta, se unió a la doctrina del infinito de Nicolás de Cusa y a su doctrina matemática de la *coincidentia oppositorum*; interpretó religiosamente la teoría de Copérnico en una glorificación ditirámbica de la infinitud del universo y de su reflexión en la personalidad humana como un microcosmos monádico. Aquí vemos cómo el ideal humanista de la personalidad se vuelve consciente de su poder de expansión. El inconmensurable espacio del cosmos esperaba ser gobernado por el hombre. La "naturaleza" como "*natura naturata*" es el autodesarrollo de Dios (*natura naturans*). El nuevo ideal de personalidad se manifiesta aquí en el original carácter estético del Renacimiento italiano. Todavía no experimenta la estrecha opresión ideal determinista de ciencia. Las semillas del pensamiento astronómico moderno todavía están envueltas en la fantasía estética el poeta. El sistema de Bruno es solamente un preludio al desarrollo del ideal de ciencia humanista clásico. El nuevo ideal de la personalidad asume la nueva visión de la "naturaleza infinita" sin tensiones perceptibles.

La entera oposición entre el *Jenseits* [más allá] y el *Diesseits* [este mundo] de la dogmática cristiana fue considerada aquí como antropocéntrica (en el sentido de la teoría astronómica que había sido refutada por Copérnico) y atribuida a la posición de la apariencia sensorial, una posición que debería ser conquistada por la conciencia filosófica.

En esta visión el motivo religioso de la libertad está todavía en completo acuerdo con el motivo naturaleza.

El primero permeó la nueva visión humanista de la naturaleza, la cual todavía no dejaba entrever nada de su posterior mecanización. La futura tensión entre el ideal de ciencia y el ideal de la personalidad es en el mejor de los casos sugerido por Bruno, por el problema que arrostra para reconciliar la unidad y homogeneidad de la naturaleza infinita en todas sus partes con la idea de la individualidad creadora de las mónadas, en las que se concentra el nuevo ideal de la personalidad.

El sesgo decisivo no llegó antes de que la concepción matemática de los fenómenos naturales, que el Renacimiento atribuyó a Platón y a Demócrito, fructificara en un método exacto de análisis y síntesis capaz de dominar la naturaleza mediante el concepto funcional de causalidad mecánica.

De aquí en adelante, el ideal de la personalidad autosuficiente libre adquirió un verdadero contrapolo en la visión mecánica de la naturaleza.

La proclamación de la soberanía creativa del método matemático implicó la intención de construir lógicamente la coherencia del mundo a partir del movimiento continuo del pensamiento. Inmediatamente después del surgimiento de la ciencia natural matemática, el segundo se convirtió en la cuerda del ancla del nuevo ideal de conocimiento

§3 EL POSTULADO DE CONTINUIDAD EN EL IDEAL DE LA CIENCIA HUMANISTA Y LA ANTINOMIA BÁSICA EN LA IDEA COSMONÓMICA HUMANISTA

El nuevo ideal de ciencia matemático y naturalista fue tipificado por un particular postulado de continuidad.

Hemos señalado cómo el orden temporal cósmico ancla los aspectos de la realidad en su respectiva esfera de soberanía y los lleva, al mismo tiempo, a una *coherencia temporal* continua. Sin embargo, este orden cósmico es eliminado si se declara que el pensamiento matemático es incondicionalmente soberano en filosofía. Pues, si el pensamiento matemático es soberano, puede construir la *coherencia* en la *diversidad modal* de los aspectos. Sólo necesita eliminar los obstáculos que ponen en su camino las estructuras internas de los aspectos modales de la realidad.

La continuidad temporal cósmica en la *coherencia* intermodal de estos aspectos es entonces reemplazada por la continuidad lógico-matemática en el movimiento del pensamiento.

El mismo postulado de continuidad del ideal matemático de ciencia yace detrás del escepticismo metódico universal de Descartes y del experimento de pensamiento de Hobbes mencionado arriba. Ambos buscaron teóricamente demoler el cosmos hasta el caos para que tuviera que ser reconstruido, en un proceso continuo de pensamiento científico matemático y natural, como un cosmos teórico.

Este postulado de continuidad presupuso que, por virtud de su soberanía metódica, el pensamiento matemático tenía el poder de sobrepasar los linderos modales de los diversos aspectos de la experiencia y la realidad temporal.

La ciencia natural moderna, fundada por Kepler, Galileo y Newton, se apartó del concepto aristotélico-tomista de sustancia que estaba enraizado en el motivo griego forma-materia. Ello con el objeto de investigar científicamente el aspecto físico de la realidad mediante el pensamiento matemático analítico y sintético. Con su concepto de función, la ciencia moderna deseaba captar la coherencia funcional de los fenómenos físicos en leyes naturales matemáticamente formuladas.

Había eliminado (correctamente en su campo) los viejos obstáculos que habían impedido la aplicación de los métodos matemáticos en la investigación científica natural. La moderna ciencia natural descartó la visión tolemaica aristotélica del universo con su distinción entre mundo sublunar y supralunar. También descartó las "cualidades ocultas" aristotélicas y proclamó la universalidad de las leyes del movimiento para el entero aspecto físico del cosmos.[1] El ideal humanista de la ciencia, sin embargo, no podía aceptar la limitación de este postulado científico especial de continuidad al campo de la física.

El postulado de Galileo para el moderno método físico implicaba una reducción de todas las distinciones cualitativas, en el sentido de las *qualitates occultae* escolásticas, a diferencias de movimiento matemáticamente determinadas. De acuerdo con su ideal de ciencia, la filosofía humanista buscaba ahora aplicar este postulado a todos los otros aspectos de la realidad para construir una imagen mecánica continua del mundo.

El concepto de sustancia en la nueva metafísica humanista es muy diferente del aristotélico tomista o del platónico

En su primera fase, el ideal de ciencia apuntó hacia el desarrollo de una nueva metafísica. Se suponía que la verdadera esencia, la sustancia supratemporal de la "realidad en sí misma", sólo podría ser captada por el nuevo método matemático de pensamiento. Sin embargo, incluso en la *Mo-*

---

[1] Para los detalles de la génesis de este nuevo concepto de ciencia, comparar mi *En la lucha por una política cristiana*, caps. I, VI y VII) (*Antirrevolutionaire Staatkunde* [Partido Antirrevolucionario], vol. I). Ver también la literatura citada en esta serie.

nadología de Leibniz, este nuevo concepto de sustancia no tiene nada que ver con las formas sustanciales de la metafísica aristotélico-tomista, las cuales estaban fundadas en una *lex æterna*.

El nuevo concepto de sustancia, si es visto a la luz del nuevo ideal humanista de la ciencia, tiene en esencia un trasfondo nominalista. No es nada sino la hipóstasis del concepto de función del nuevo método científico. Y este concepto de función especifica en el denominador común bajo el que el ideal de ciencia desea traer los diferentes aspectos modales de la realidad. Es, tal y como fue definido por Leibniz, la hipóstasis del moderno concepto funcional de ley. La coherencia funcional entre fenómenos variantes, construida por el pensamiento, se convierte en el "invariante", la sustancia de la realidad.[1]

No olvidemos que la nueva ciencia matemática natural tuvo su precursor en la escuela occamista de la Universidad de París durante el siglo catorce. Recordemos que antes de Galileo el nuevo concepto de ley del movimiento fue formulado con precisión matemática plena por Nicolás de Oresme, quien también anticipó el descubrimiento de Copérnico e inventó el método de la geometría analítica antes de Descartes. La concepción funcionalista plena de la realidad estuvo enraizada en una tradición nominalista.

El hecho de que la "sustancia" de la naturaleza fuera todavía concebida como una *Ding an sich*, a pesar de la elección del punto arquimediano en el *cogito* matemático, prueba que antes de Kant la filosofía humanista no había llega-

---

[1] Así, explícitamente en los *Hauptschriften* [Escritos principales] de Leibniz, 11, pp. 292ss y 340, donde la sustancia es definida como la "ley inmutable para una serie de cambios".

do todavía a la autorreflexión crítica y era inconciente de la misma raíz de su ideal de ciencia. Demuestra que el pensamiento humanista estaba todavía formalmente casado con el pensamiento antiguo y medieval; ¡pero no prueba nada en contra del nuevo carácter de este concepto de sustancia!

Por lo tanto, debemos ser extremadamente cuidadosos al extraer consecuencias de un acuerdo externo en la definición escolástica-aristotélica y la moderna humanista de este concepto.

Cuando Descartes define "sustancia" como "res quæ ita existit, ut nulla alia re indigeat ad existendum" (*Principios*, I, 51), esta definición suena más bien como la misma que encontramos, por ejemplo, en Juan Damasceno (*Dialéctica*, 4, 1, p. 538) y posteriormente en Suárez (*Disputaciones*, XXX, p. 299). Y la definición que Descartes da en sus *Rationes more geometrico dispositae* (p. 86 V y VI): "omnis res cui inest immediate, ut in subjecto, sive per quam existet aliquid quom percipimus, ...vocatur substantia", ha de encontrarse nuevamente en la misma formulación en las *Categorías* de Aristóteles, c. 5, a. 12.

En sí mismo, este acuerdo sólo indica que el concepto metafísico de sustancia siempre descansa sobre la hipostatización de abstracciones teóricas. Pero, incluso en vista de esto, no podemos cerrar nuestros ojos al peculiar nuevo sentido que el concepto de sustancia adquiere en la filosofía humanista. Es la estructura básica de la idea básica trascendental la que es responsable por este nuevo significado. En esta filosofía humanista el criterio de verdad no se busca en un acuerdo entre el pensamiento y "la esencia de la realidad fuera de nuestra mente". Se busca en el pensamiento mismo con el *more geometrico* logrando claridad y distinción en los conceptos.[1] Este pensamiento ya no encuentra su supuesto fulcro en un mundo trascendental de ideas que reposen en sí mismas, ni en las entelequias aristotélicas, que en un orden teleológico del mundo son inherentes al mundo de las cosas materiales como formas sustanciales. El pensamiento ahora se concedió a sí mismo una soberanía lógicamente creadora. De acuerdo con su propia intención, sólo descansa sobre un método matemático que libremente gobierna sobre la realidad "empírica". El concepto matemático claro se halla por encima de todo lo demás.

Por lo demás, el concepto metafísico de sustancia es absolutamente inesencial al ideal humanista de ciencia. Cuando la metafísica humanista de la naturaleza se derrumbó bajo la crítica de Berkeley, Locke, Hume y Kant, el concepto matemático de función o la forma trascendental de pensamiento prestaron el mismo servicio como denominador común bajo el que el pensamiento filosófico podría subsumir los aspectos de la realidad. En consonancia con el ideal humanista de ciencia, la razón debería emplear el método de continuidad como cetro de su soberanía absoluta. Debía de exceder todos los límites modales.

La *lex continui* en Leibniz y la escuela de neokantianos de Marburgo

Leibniz, aun enteramente atrapado en la metafísica humanista precrítica, incluso elevó este método al rango de ley

---

[1] Incluso en Nicolás de Cusa esta cambiada actitud hacia el conocimiento es evidente. Ver mi *En la lucha por una política cristiana*. En Dilthey he encontrado un relativo acuerdo con mi concepción del moderno *cogito* como punto arquimediano. (Ver A. Metzger, *Phänomenologie und Metaphysik*, 1933, pp. 17ss.) Sin embargo, Dilthey ve un trasfondo metafísico detrás de este *cogito*.

metafísica: la *lex continui*. Le dio un fundamento científico en el cálculo diferencial, su gran descubrimiento en matemáticas. En el siglo XX la escuela antimetafísica neokantiana de Marburgo rompió radicalmente con la *Ding an sich* pero, sin embargo, elevó la *lex continui* al rango de ley básica del pensamiento filosófico.

El ideal humanista de ciencia puede llamar a escena su postulado de continuidad en varias formas; en la forma de la metafísica humanista, en la del pensamiento "crítico" trascendental, y también en la forma de la filosofía positivista del último siglo (Comte). Puede anclar este postulado en un concepto metafísico de sustancia, pero también en la continuidad del movimiento de pensamiento que surge de una correlación básica de abstracción y combinación (Natorp), o en un método científico natural positivistamente concebido.

En todas estas formas este postulado de continuidad se opone a la sujeción del pensamiento filosófico al orden temporal cósmico que se origina en el plan divino para la creación. Sin embargo, la soberanía de esfera de los aspectos modales no permitió ser simplemente eliminada por la supuesta continuidad de un método científico. El ideal humanista de ciencia ha conducido a la filosofía a un nudo de antinomias. Cada vez que el pensamiento filosófico trató de sobrepasar los linderos modales de los diferentes aspectos mediante un método matemático o mecanicista, se autocastigó involucrándose en antinomias. Al seguirle la pista a estas antinomias intrínsecas, descubriremos posteriormente un método para verificar la corrección de nuestra teoría de los aspectos modales de la experiencia.

La antinomia fundamental en la estructura básica de la idea básica trascendental humanista

En esta etapa solamente deseamos señalar que el seguimiento consistente del ideal naturalista de ciencia debe revelar una antinomia fundamental en la estructura básica de la idea básica trascendental humanista. Este ideal de ciencia, evocado por el ideal de personalidad, no reconoció límites a la aplicación del nuevo método científico natural. ¿No había sido el pensamiento científico emancipado del orden cósmico y declarado "incondicionalmente" soberano?

Pero debía llegar el momento en que la personalidad, el nuevo soberano en el motivo básico humanista que se había glorificado a sí mismo en su absoluta libertad, cayera presa de este ideal de ciencia. La personalidad había sido absolutizada en sus funciones temporales racionales. Las funciones físicas y biológicas habían sido sujetadas al dominio del método de pensamiento matemático y mecánico. El postulado de continuidad lógica implicaba que las funciones síquicas, lógicas, históricas, lingüísticas, sociales, económicas, estéticas, jurídicas, éticas y fídicas de la personalidad debieran sujetarse al ideal naturalista de ciencia. ¡De allí que éste infligiera un golpe mortal a la soberanía del ideal de la personalidad! *Die ich rief, die Geister, Werde ich nun nicht los!* [¡No hallo cómo deshacerme de los espíritus que invoqué!].*

En el desarrollo consistente de este postulado de continuidad, el ideal de ciencia debía abolir el ideal de personalidad y desenmascarar la idea de su libertad incondicional como una ilusión.

---

* Aquí Dooyeweerd está aludiendo al *Aprendiz de brujo* de Goethe, cuando el aprendiz no logra controlar a los espíritus que ha desatado [N del T].

La supuesta solución de esta antinomia en el pensamiento trascendental

Como vimos en un contexto anterior, la tendencia trascendental idealista en la filosofía humanista piensa que desde Kant y Fichte esta fundamental antinomia ha sido resuelta de un modo definitivo.

El descubrimiento del *cogito* trascendental ha abierto el camino hacia la autorreflexión del pensamiento, y ha traído a la luz la absoluta dependencia de todas las síntesis científicas naturales con respecto a la función lógico trascendental del ego. Y ésta nunca puede convertirse en un *Gegenstand*. Por lo tanto, ¿no era cierto que este descubrimiento había establecido límites insuperables al ideal de ciencia naturalista, y garantizado la absoluta libertad de las funciones racionales en contra de la ley natural de la causalidad?

Hemos visto, sin embargo, que la concepción de la "*Unbedingheit*" ["incondicionalidad"] del *cogito* trascendental enreda a la filosofía humanista en nuevas antinomias. La "razón" en su supuesta autonomía debería señalar aquí los límites del ideal de ciencia. De hecho, no fue sino la reacción de un ideal de personalidad amenazado el que estableció la ilusoria convicción de que mediante el "pensamiento puro" el absolutismo del motivo naturaleza en su idea básica trascendental podría ser puesto bajo rienda.

Concedamos que los pensadores humanistas, quienes consistentemente siguieron el ideal clásico de ciencia, fueron culpables de un primitivo naturalismo, en tanto que supusieron que era posible comprender el pensamiento real de una manera científica natural. Pero la filosofía kantiana trascendental de ninguna manera denunció la expansión del método científico natural sobre el acto concreto total de

pensamiento en su carácter empírico temporal. Subsumió a
éste sin el menor escrúpulo bajo el denominador común sicológico, naturalistamente concebido, del ideal de ciencia.
La filosofía trascendental moderna sólo deseaba limitar el
ideal de ciencia mediante una hipostatización de un "sujeto lógico trascendental", el cual debería ser elevado por encima de la coherencia intermodal de significado entre los
diferentes aspectos del acto concreto de pensamiento. Tan
pronto como se ve la insostenibilidad de esta presuposición,
debe volverse evidente que el idealismo trascendental es im-
potente ante la pretensión absolutista del ideal de ciencia.

En consonancia con éste, este idealismo de hecho sólo
puede aceptar una determinabilidad cósmica del acto empírico del pensamiento en el sentido específico de una relación de causalidad científica natural. Sólo el vuelo hacia
una absolutización idealista puede procurar al ideal humanista de la personalidad una seguridad aparente contra las
consecuencias del ideal de ciencia con su postulado de continuidad.

Consecuentemente, debemos establecer el hecho de que
la idea básica del pensamiento humanista en su estructura
básica exhibe el irreconciliable conflicto inherente a su motivo básico.

Por virtud de éste, la filosofía humanista parece estar ubi-
cada ante un inexorable dilema.

Se desencadenó una nueva lucha por la primacía, esta vez
por el ideal de la ciencia, y luego por el de la personalidad,
y en esta lucha ningún juez objetivo estuvo presente.

La tendencia de continuidad en el motivo libertad del ideal de la personalidad

El ideal de la personalidad, también, buscó apoyo en las funciones racionales (que fueron aisladas por el pensamiento teórico en una síntesis intermodal de significado). Y este motivo libertad posee la misma tendencia de continuidad que el ideal de ciencia que no reconocía límites heterónomos.

El intento, que habría de ser hecho pronto por Kant, de delinear los límites de cada uno, debía conducir a nuevas antinomias, las cuales examinaremos más estrechamente en sus lugares comunes. Después de atribuir la primacía al motivo libertad, el desarrollo dialéctico del pensamiento humanista ofrece un espectáculo realmente fascinante.

Pienso que la exposición más detallada en los próximos capítulos, la cual empieza con el conflicto entre Descartes y Hobbes, y debe ser concluida con la última fase del idealismo de Fichte, ganará en perspectiva si deja que la preceda un breve diorama del desarrollo dialéctico completo del motivo humanista básico en el pensamiento postkantiano hasta la más reciente fase.

§4 UN DIORAMA DEL DESARROLLO DIALÉCTICO DE LA FILOSOFÍA HUMANISTA DESPUÉS DE KANT. EL PROCESO DE DESARRAIGO RELIGIOSO Y LA ACTUALIDAD DE NUESTRA CRÍTICA TRASCENDENTAL

El idealismo alemán de la libertad en el periodo de la Restauración ya no reconoció la línea de demarcación que Kant había trazado entre la naturaleza y la libertad, entre el ideal de ciencia y el de la personalidad. Ahora se hizo un intento por sintetizar ambos motivos antitéticos en un modo dialéctico de pensamiento y se pensó que las huellas escondidas de la libertad podrían encontrarse en la naturaleza misma.

El motivo de la libertad, y el ideal de la personalidad en él enraizado, recibieron en esta fase una nueva forma irracionalista y universalista. La filosofía de la Ilustración, e incluso Kant, los habían concebido en un sentido racionalista e individualista.

El origen de un nuevo ideal de ciencia histórico a partir de un viraje irracionalista y universalista en el motivo libertad

En nuestra ulterior exposición del desarrollo dialéctico del pensamiento humanista veremos cómo surgió a partir de esta nueva concepción del motivo de la libertad un nuevo modo científico de pensamiento, a saber el histórico. Y veremos cómo éste, en oposición al método científico natural y racionalista de la Ilustración, fue elevado al rango de un nuevo ideal de ciencia y de un nuevo modelo universal de pensamiento. Esto condujo a una visión historicista de la realidad que también permeó la visión de la naturaleza. A la larga, este historicismo resultó ser un oponente del motivo humanista de la libertad más peligroso que el ideal de ciencia basado en la física clásica.

Tan pronto como empezó a seguir sus propias tendencias internas, socavó los fundamentos religiosos tanto del ideal humanista de la ciencia como del ideal de la personalidad. Esto condujo a la fase final en el desarrollo del motivo básico dialéctico de la naturaleza y la libertad en el pensamiento filosófico: el del desarraigo espiritual.

En la primera edición de este trabajo (la holandesa), mi crítica trascendental del pensamiento humanista no incluyó ningún bosquejo de este ulterior desarrollo de la dialéctica religiosa en la *idea básica* trascendental de la filosofía humanista desde la historicización del ideal de ciencia. Siento ahora la necesidad de bosquejar brevemente esta fase final. Pues desde la aparición de la edición holandesa se ha vuelto evidente que los fenómenos de desarraigo espiritual en el pensamiento humanista no fueron meramente de una naturaleza pasajera, sino que reflejaban una crisis en los mismos fundamentos espirituales de la cultura occidental.

Pues, desde el tiempo de la Ilustración, el humanismo ha sido el poder líder en esta cultura.

Tan pronto como el historicismo permeó la visión de la naturaleza en el método dialéctico del idealismo de la libertad, la "historia natural" fue concebida como la base de la historia cultural humana.

En la especulativa filosofía de la naturaleza de Schelling el proceso de desarrollo se mueve en una serie de potencialidades más bajas y más altas, desde el polo de la necesidad mecánica (la materia inerte) hasta el polo de la libertad creativa (el organismo viviente).

Pero, de acuerdo con él, ha de encontrarse también en la historia de la cultura una unión dialéctica de necesidad y libertad.

La necesidad está implicada aquí en la naturaleza individual de una nación, en su espíritu individual (*Volkgeist*) y tradición, que gobiernan al hombre de manera inconciente en buena medida. La libertad se manifiesta en el despertar de la conciencia histórica. Y en la obra de arte la tensión polar entre necesidad y libertad debe encontrar su reconciliación última.

La tensión polar entre el ideal historicista de ciencia y la dialéctica idealista del idealismo de la libertad de Hegel

Ahora bien, el ideal historicista de ciencia no podía revelar sus consecuencias relativistas radicales en tanto que estuviera inspirado y controlado por el idealismo postkantiano de la libertad. En esta fase, permaneció atado al modo de pensamiento irracionalista y universalista en el periodo de la Restauración. La logicización dialéctica de Hegel del proceso histórico como un despliegue dialéctico de la idea Absoluta en el *espíritu objetivo* (*objektiven Geist*) significó por lo menos un retorno a la visión Ilustrada racionalista e individualista de la historia.

Desde luego, debe contribuir considerablemente a sacar a la luz la tensión interna entre el verdadero ideal de ciencia histórico y la lógica dialéctica-metafísica, inspirada en último análisis por la dialéctica religiosa de la necesidad y la libertad. Pues era imposible concebir de una manera satisfactoria el desarrollo histórico, en su curso impredecible, en las formas de pensamiento dialécticas apriori del sistema hegeliano.

Esta dialéctica idealista debe volverse insoportable a aquellos que han recibido al modo histórico de pensamiento como un nuevo viraje en el ideal de ciencia. Ató la investigación empírica a un esquematicismo apriori en el cual la "libertad creativa" del hombre en el proceso histórico era reducido al papel de títere de la Razón del Mundo.

Incluso el hecho de que Hegel tuviera una profunda compenetración histórica, y pudiera llenar este esquematicismo dialéctico idealista con un rico material histórico, no pudo salvar a este mismo esquematicismo.

El surgimiento de la sociología positivista y la transformación del método histórico de pensamiento en uno científico natural

Incluso en la primera mitad del siglo XIX el idealismo de la libertad fue confrontado con un peligroso competidor en la sociología positivista de De Saint Simon y Augusto Comte. Estos pensadores buscaron unir el modo histórico de pensar de la Restauración con la visión científica natural de la Ilustración. Trataron de transformar en una idea racionalista de progreso la idea irracionalista de desarrollo, tal y como ésta era concebida en la escuela Romántica e Histórica.

Es en este mismo periodo que el nuevo modo histórico de pensamiento en la emergente sociología empieza a relativizar las ideas que De Saint Simon y Comte –sin duda aun bajo la influencia del idealismo de la libertad– consideraban como líderes en la dinámica histórica de la sociedad.

En su famosa "ley de los tres estadios" (dicho sea de paso, formulada por Turgot), Comte trató de concebir el desarrollo histórico de la sociedad occidental en términos de un proceso causal necesario. El relativismo histórico, sin embargo, no fue llevado aquí todavía hasta sus últimas consecuencias. Por lo tanto, el primer intento de relativizar históricamente las ideas líderes de la cultura occidental era todavía inconsistente. Es verdad que las ideas de los primeros dos estadios, a saber, el teológico y el metafísico, fueron completamente abandonadas a la relatividad histórica. Las ideas del tercer estadio, sin embargo, como encarnación del ideal de la ciencia clásico y su motivo de dominio en una forma positivista, son elevados al rango de meta final del proceso histórico entero, y al estándar por el cual es juzgado este último. Esto no era sino la vieja fe en el poder libertador de la ciencia, tal y como la encontramos en la Ilustración. Este historicismo positivista está aun firmemente enraizado en el motivo religioso básico del humanismo. Posteriormente se autoproclamó como una nueva religión, un *"nouveau christianisme"*.

La transformación del historicismo en evolucionismo naturalista

Alrededor de la mitad del siglo XIX el historicismo tomó un nuevo viraje en el evolucionismo. El *dogma* de la evolución se difundió desde la biología a todas las ramas de la ciencia. Empezó así una nueva marcha triunfal del ideal de la ciencia determinista clásico en su transformación histórica. Desde Rousseau y Kant la primacía religiosa había sido atribuida al motivo de la libertad. Pero ahora la dialéctica religiosa condujo nuevamente al pensamiento idealista a la aceptación de la primacía del motivo naturaleza. El idealismo de la libertad se empezó a derrumbar. La sociología marxista transformó la dialéctica idealista de Hegel en un materialismo histórico. éste explicaba la superestructura ideológica de la sociedad en términos de un reflejo del modo económico de producción. El marxismo y el darwinismo se unieron pero ellos, también, no llevaron al materialismo histórico hasta sus conclusiones relativistas extremas. Ambos creían todavía en una meta final de desarrollo que se encuentra fuera de la relatividad histórica. El motivo religioso básico del humanismo domina la confianza de ambos en la ciencia objetiva y en su actividad liberadora de la humanidad.

La primera expresión del proceso de desintegración espiritual en el historicismo. La religión de poder de Nietzsche

Sin embargo, en la segunda mitad del siglo XIX, el proceso de desarraigo espiritual se empezó a revelar en el historicismo en una forma casi patológica. El evangelio del superhombre de Nietzsche es la primera manifestación de este proceso.

En su primer periodo Nietzsche estuvo bajo la influencia del Romanticismo y el idealismo alemanes, desde los cuales cayó bajo el dominio del evolucionismo darwiniano. En la fase tercera y final de su pensamiento, sin embargo, desarrolló una religión de poder que rompió completamente con el motivo humanista de la naturaleza y la libertad en su sentido religioso original.

Esta visión de Nietzsche está basada en los dogmas darwinianos básicos y en una visión de la realidad historicista radical. Procediendo desde este fundamento, ve al hombre sólo como una "animal" que todavía no está "fijo", y cuya única superioridad con respecto a otras especies consiste en el hecho de que el hombre no está sujeto a instintos estáticos y a una estáticamente circunscrito *Umwelt* [entorno].

En el desarrollo histórico de la cultura el hombre tiene su destino en sus propias manos, y por ello exhibe una naturaleza absolutamente dinámica. Nietzsche desea construir su antropología exclusivamente sobre los datos positivos de la "naturaleza y la historia". Despotrica en contra del hecho de que el hombre sobreestima su propia importancia, ve el cosmos entero como relacionado consigo mismo, y se imagina que es una personalidad racional libre, radicalmente elevada por encima de los animales.

310 El desarrollo de la antinomia básica en la

El hombre es un "animal fantástico" que de tiempo en tiempo tiene necesidad reflexionar sobre la meta de su existencia y es así que propone ideologías concernientes a Dios y la moralidad. Sin embargo, la ciencia ha progresado tanto que el hombre ha matado a sus dioses y ahora sólo retiene su propio futuro histórico. Pero la historia –a pesar de todas las ideologías cristianas y humanistas– no es sino una lucha por el poder.[1]

Así, la *Wille zur Macht* [voluntad de poder] es el único escape existencial para el hombre del nihilismo a que conduce el historicismo.

El reino del "superhombre", de la "bestia rubia", en el que esta *voluntad de poder* asumirá formas suprahumanas, sólo puede ser establecido a través de una *Umwertung aller Werte* [transvaluación de todos los valores] sobre las ruinas de las ideologías cristiana y humanista.

El ideal de la ciencia y el ideal de la personalidad del humanismo son ambos rechazados. Nietzsche considera a la ciencia sólo como una ayuda biológica en la lucha por la existencia. Sólo tiene un valor pragmático. El historicismo consistente ya no puede tener fe en la *verdad* científica. Ni puede creer ya más en la idea de humanidad que estaba enraizada en el motivo religioso de la libertad. Es así que Nietzsche introdujo en la filosofía humanista el gran proceso de la degradación religiosa. Y esto pronto conduciría a unaa crisis espiritual radical en la cultura de Occidente, acelerada por las dos guerras mundiales.

---

[1] En nuestro análisis de la estructura modal del aspecto histórico, en el volumen II, veremos que el dominio o el poder es desde luego el momento nuclear de este aspecto.

El papel del neokantismo y el neohegelianismo en la crisis del historicismo

Esta degradación interna se reveló incluso en los movimientos filosóficos que en las primeras décadas del siglo XX buscaron revivir la filosofía kantiana o la hegeliana. Los neokantianos (la escuela de Marburgo y la de Rickert, Windelband y Lask) y los neohegelianos trataron de contener el absolutismo del positivismo naturalista y de detener las consecuencias nihilistas del historicismo.

Bajo la influencia de Rickert y de su seguidor, Max Weber, el historicismo se empezó a apartar del evolucionismo naturalista. En su construcción apriori del desarrollo de la sociedad humana, éste no pudo mantener su territorio ante una exacta investigación histórica de los hechos etnológicos. La hipnosis del "dogma de la evolución", que se había ido muriendo durante el siglo XIX, empezó de nuevo a hacer lugar a la reflexión epistemológica sobre la diferencia metodológica entre ciencia natural y cultural. Por un tiempo pareció como si el pensamiento humanista fuera a regresar a las grandes figuras del idealismo alemán. Pero la raíz religiosa de este idealismo estaba demasiado fuertemente socavada en el neokantismo y el hegelianismo por el omniconquistador relativismo histórico.

Consecuentemente, no pudieron contener la crisis espiritual. El papel del neokantismo en Alemania estaba de hecho finalizando con el surgimiento del nacionalsocialismo. Y los neohegelianos alemanes interpretaron el idealismo dialéctico de la libertad de Hegel preponderantemente en un sentido relativista, de modo que pronto se convirtió en un dócil instrumento del régimen hitleriano.

El ideal clásico de la ciencia y el desarrollo de la física del siglo veinte. El neopositivismo de la escuela de Viena

Por otra parte, un retorno al viejo ideal determinista de la ciencia no era ya posible. El desarrollo de la microfísica en el siglo XX reveló que la concepción determinista de las leyes de la naturaleza no podía ser mantenida. La mecánica cuántica destronó el concepto clásico de causalidad. El neopositivismo, procedente de Mach, encontró su centro en la escuela de Viena. Por lo menos, esperaba de la moderna ciencia natural una aproximación más adecuada a la realidad.

Vio las fórmulas y conceptos de la física como meros símbolos convencionales, que sólo tenían valor para la economía del pensamiento, pero nunca podían tener pretensiones de verdad.

La lógica eidética y la fenomenología de Husserl

La lógica "eidética" que Edmundo Husserl estableció buscó rejuvenecer la idea de *mathesis universalis*. Pero ya se había perdido la fe en el poder creativo del pensamiento matemático autónomo. De modo que la introducción por Husserl de un "método eidético" en su lógica pura ha de entenderse sólo desde la perspectiva de la degradación general de las certezas anteriores; fue un intento por fundamentar el pensamiento lógico mismo sobre una intuición directa de las esencias (*Wesenschau*) que no necesitara un criterio de verdad. La fenomenología que desarrolló posteriormente estuvo, de seguro, formalmente conectada con el *cogito* de Descartes es su sentido amplio de reflejar la autoconciencia. Sin embargo, fue desarrollado en la dirección de un idealismo trascendental en el cual tanto el ideal matemático de ciencia de Descartes como la fe de Kant en la realidad práctica de la idea de la libertad cayeron bajo la *epojé* (εποχέ) fenomenológica.[1]

Con este desarrollo, la así llamada egología trascendental fue puesta en un vacío religioso.

El historicismo radical había desnaturalizado el motivo básico central del humanismo para convertirlo en un fenómeno histórico. Husserl lo redujo a un "fenómeno" constituido por el ego trascendental mismo. La conciencia fenomenológica trascendental se convierte en un "observador desinteresado"; el fenomenólogo cree que en la epojé teórica (εποχέ) puede dar una *descripción esencial* adecuada del entero acto vital del hombre en su relación intencional con el mundo. De este modo la fenomenología, como una ciencia filosófica universal de las "esencias" (*Wesenswissenschaft*), debiera tener que fundamentar todas las ciencias empíricas.[2] Pero detrás de la absolutizada conciencia teórica trascendental bosteza el abismo de la nada, y esto a pesar del hecho de que un degenerado motivo religioso de libertad autónoma todavía opera en esta misma absolutización. Pues, de hecho, no hay neutralidad religiosa en la actitud en apariencia puramente teórica de esta "egología".

La segunda tendencia principal en la fenomenología que surgiera directamente del historicismo, y fuera establecida por Wilhelm Dilthey en su último periodo, era de origen irracionalista. Fue asimilada por Heidegger en su filosofía de la existencia, después de que Sören Kierkegaard hubie-

---

[1] Ver *Die Pariser Vorträge* [Las conferencias de París], *Werke*, vol. I, edición e introducción del Profr. Dr. S. Strasser (Martinus Nijhoff, La Haya, 1950), p. 9.
[2] *Cfr.* . *Cartesianische Meditationen* [Meditaciones cartesianas] II, §15. *Werke*, vol. 1, 1950, p. 72 y ss.

ra sentado los fundamentos del pensamiento existencial en fuerte oposición al idealismo hegeliano.

Por lo demás, desde Nietzsche había nacido del historicismo una fuertemente veteada filosofía de la vida. Concordaba con el existencialismo en su profundo desprecio por el ideal de la ciencia y el idealismo humanista de la libertad.

Hizo su entrada aquí una devaluación general de la Razón. El *cogito* por reemplazado por el *vivo*, la idea Absoluta por el mito y la "corriente de la vida". En ésta, el motivo humanista de la libertad buscó su refugio después de la degradación de su ideal religioso de la personalidad. Este ideal parecía recibir el golpe de muerte por el lado de la sicología profunda. En el modo analítico del ideal mecanicista de la ciencia, Freud desnudó las oscuras profundidades del inconciente.

La conciencia humana parecía ser destronada y con ella los estándares autónomos de la ética y la religión humanista.

La actitud de decadencia en la filosofía de la historia de Spengler y en el existencialismo humanista

Desde la primera guerra mundial, la crisis espiritual de la cultura occidental se expresa en la filosofía humanista en una actitud de ocaso. El *Der Untergang des Abendlandes* [El ocaso de Occidente] de Spengler, el *Sein und Zeit* [El ser y el tiempo] de Heidegger y el *l'Être et le Néant* [El ser y la nada] de Sartre, son en este respecto tres trabajos extremadamente representativos. El hombre moderno ha pasado a través de dos guerras mundiales. El historicismo sólo permite que retenga la compenetración en el sinsentido de su libertad existencial ante la naturaleza en la que está "arrojado". La cultura occidental está destinada al ocaso (Spengler) y la libertad de la existencia humana es una "libertad para la muerte" (Heidegger), una nada (Sartre). Desde que el catolicismo romano y la Reforma habían sido desplazados de su posición dominante, el humanismo había jugado el papel dominante en la cultura occidental durante dos siglos. Pero ahora, debido a su proceso intrínseco de degradación, había perdido su posición monopólica de poder. Movimientos espirituales antihumanistas (nacionalsocialismo, fascismo y bolchevismo) habían surgido de la degeneración patológica de su motivo religioso de la libertad, causada por las consecuencias radicales del historicismo. El humanismo había sido así puesto a la defensiva.

Se había desatado una caótica lucha por el liderazgo en el desarrollo futuro de Occidente. Las viejas fuerzas culturales, el catolicismo romano y el protestantismo, han también vuelto a despertar de su letargo filosófico y cultural, y con una nueva fuerza buscaban ahora en filosofía tener parte en la gigantesca lucha por el futuro de nuestra cultura.

La actualidad de nuestra crítica trascendental del pensamiento teórico

Es precisamente a la luz de todo este desarrollo de la filosofía humanista que se hace altamente necesaria y actual una crítica trascendental radical del pensamiento teórico. Los fundamentos sobre los que nuestra cultura había buscado construir han sido sacudidos por doquier por las tormentas de un periodo de transición tremendo. Por lo tanto, la autonomía del pensamiento teórico ya no puede ser propiamente puesta como un axioma filosófico. Es comprensible que esto haya sido hecho en el periodo en que el motivo humanista básico estuvo prácticamente sin desafío en la filosofía. Sin embargo, en la presente crisis espiritual, quienquiera que piense que se puede refugiar en esta posición dogmática para bloquear el camino a una autorreflexión crítica radical en la filosofía exhibe con ello el hecho de que no ha entendido nada de las más profundas causas de esta crisis.

La siguiente y más detallada crítica trascendental de la filosofía humanista sólo desea mostrar el desarrollo de ésta a la luz de las tensiones dialécticas en su propia idea básica trascendental. Este es, en mi opinión, el único modo de hacer justicia a los diferentes movimientos dentro de esta filosofía.

CAPÍTULO II

EL IDEAL DE LA PERSONALIDAD Y EL IDEAL DE LA CIENCIA NATURAL EN LOS PRIMEROS TIPOS DE SU MUTUA TENSIÓN POLAR BAJO LA PRIMACÍA DEL PRIMERO

§1 EL TIPO NATURALISTA-MONISTA Y EL TIPO DUALISTA DE LA IDEA BÁSICA TRASCENDENTAL BAJO LA PRIMACÍA DEL IDEAL DE LA CIENCIA. SU CONEXIÓN CON LAS CONCEPCIONES PESIMISTA Y SEMIPESIMISTA DE LA VIDA

La antinomia básica de la idea cosmonómica humanista encontró su primera expresión en el violento conflicto filosófico entre el semiidealismo de Descartes y el mecanicismo naturalista de Tomás Hobbes.[1]

Descartes y Hobbes, dos grandes pensadores, eran uno en su fe en el ideal moderno de la personalidad. Y ambos tenían una confianza ilimitada en el nuevo método científico como instrumento del filosófico ideal de la ciencia. No obstante, combatieron entre sí amargamente en la *actio finium regundorum* entre los dos factores primordiales de la *idea básica trascendental* del pensamiento humanista.

---

[1] Para un análisis detallado de las teorías filosóficas y políticas de Hobbes, véase mi "In the Struggle for a Christian Politics", cap. I, XV en *Antirevolutionarie Staatkunde*, vol. I (1927), pp. 142-195.

El conflicto entre Descartes y Hobbes como expresión primera de la antinomia básica en la idea cosmonómica humanista

Saturado de la concepción de la mecánica matemática de Galileo, Hobbes no reconocía límite alguno a la continuidad del ideal de la ciencia natural. Deseaba fundar este postulado de continuidad en una ontología metafísica monista. Para ello era necesario que incluso en sus funciones psíquicas, lógicas, lingüísticas, jurídicas y morales, toda la realidad se pusiera bajo uno y el mismo denominador metafísico, a saber, el del "cuerpo en movimiento".

Este sistema puede ser llamado materialista hasta cierto punto pero entonces —no importa cuán contradictorio pueda esto sonar— sería "un *materialismo idealista*". Pues Hobbes realmente no comprendía el "cuerpo en movimiento" en un sentido físico estrecho. Más bien, fue concebido por él como un denominador básico neutral, metafísico-matemático, creado por el pensamiento soberano. "Cuerpo" es todo lo que sea susceptible de análisis matemático. Hobbes incluso consideró que el estado era un cuerpo, si bien artificial. De una manera genuinamente nominalista, mediante un contrato social, el estado es construido en el pensamiento matemático a partir de sus elementos más simples, a saber, los individuos y sus emociones psíquicas de miedo. Es un "Leviatán", un instrumento perfecto de dominación, la síntesis de todo el poder natural de sus "elementos", a saber los individuos. El motivo dominio del ideal de la ciencia ha absorbido completamente el motivo libertad. Del mismo modo, la autonomía de la voluntad humana es sacrificada ante la concepción mecanicista del alma humana.

El pesimismo de Hobbes y su conexión con su atribución de primacía al ideal de la ciencia. Virtud y necesidad en Maquiavelo

La "pesimista" concepción que Hobbes tenía de la naturaleza humana estuvo muy estrechamente conectada con su atribución de primacía al ideal de la ciencia en su forma mecanicista. Sin embargo, esto no afecta en absoluto su entusiasta fe en el ideal de la personalidad. Incluso buscó elevar el segundo al trono del dominio ilimitado mediante la nueva ciencia. La conciencia fáustica de poder en el ideal humanista de la personalidad quizá nunca encontró una expresión más optimista que la que halló en el *Leviatán* de Hobbes, donde trata con el "reino de las tinieblas" que es destruido por la luz de la razón.

¿Qué acaso Maquiavelo, el hombre del Renacimiento, no había exhibido previamente una tensión similar entre el pesimismo y el optimismo cuando combinó las ideas de *virtud* y *necesidad*? La primera era para hacer avanzar a la humanidad, pero la segunda fue concebida como una ley mecánica que daba poder dominante a las pasiones más bajas de la naturaleza humana.

En la filosofía humanista, incluso el "pesimismo" y el "optimismo" resultan estar basados en las tensiones polares dentro de la estructura primordial de su idea básica trascendental. Son otra expresión de la tensión polar en la segunda.

El dualismo entre pensamiento y extensión en Descartes

¿Por qué hipostasió Descartes el "alma pensante" y el "cuerpo extenso" como "sustancias finitas", siendo la una incapaz de ser reducida a la otra? ¿Y por qué elevó los solos atributos de estas sustancias finitas, a saber extensión y pensamiento, respectivamente, a los dos denominadores básicos para los aspectos prelógicos y los así llamados espirituales de la realidad? ¿Por qué él, en agudo contraste con su contemporáneo británico, mantuvo este dualismo (irreconciliable con el ideal de la ciencia) entre cuerpo y alma?

¿Que no había Descartes dado entusiasta bienvenida al descubrimiento por Harvey de la doble circulación de la sangre como una nueva victoria de la moderna idea de la ciencia sobre la doctrina escolástica de las formas sustanciales? ¿No había abandonado el entero aspecto biótico de la experiencia al dominio del punto de vista mecanicista? ¿De dónde proviene entonces el requerimiento de que la ciencia debía ver a la "sustancia pensante" como si no existiese la materia, y a la "sustancia extensa" (con el "espacio pleno" como el denominador básico de los aspectos prelógicos de la realidad) como si no existiese el "espíritu"? Esto sólo puede ser explicado por la polaridad de su idea cosmonómica.

El trasfondo del ideal de personalidad en este dualismo

El ideal de la personalidad, enraizado en el motivo humanista de la libertad, se había retirado en el ideal teórico del pensamiento claro y distinto. Si —como supuso Hobbes— el pensamiento matemático mismo debiera ser sometido a una determinación causal desde el lado de los movimientos del cuerpo material, no quedaría ninguna libertad en lo absoluto en la supuesta raíz de la personalidad humana. Más aún, el ideal de la ciencia matemática se disolvería de este modo. No quedaría ningún estándar de verdad teórica si el pensamiento fuese sometido a las leyes del movimiento mecánico.

En el tipo cartesiano de idea básica trascendental, también, la idea de un orden cósmico dado había sido totalmente eliminada. Por lo tanto, Descartes debía elegir un límite arbitrario para contener el absolutismo del ideal de la ciencia. De hecho, el ideal de la personalidad fue elevado al rango de réferi. Pero el ideal de la personalidad ya se había infectado con el racionalismo y se había identificado con el pensamiento matemático. Ahora buscaba salvar al segundo de quedar reducido a un objeto de la ciencia natural.

La tensión entre el ideal de la ciencia y el ideal de la personalidad se hizo gradualmente agudo en la estructura básica de la idea trascendental humanista.

Pero en su primera manifestación su verdadero carácter permaneció escondido en la metafísica racionalista del ideal de la ciencia.

De hecho, el humanismo todavía no había llegado a la autorreflexión crítica en el pensamiento filosófico como la misma raíz del segundo. La mera coordinación de la *res extensa* y la *res cogitans* en la metafísica de Descartes claramente testifica este estado de cosas.

El problema metafísico concerniente a la relación entre alma y cuerpo adquiere un nuevo significado a la luz de la idea básica humanista trascendental

El ideal matemático de la ciencia retuvo la primacía incluso en el intento de Descartes de resolver el irresoluble problema metafísico concerniente a la relación entre "alma y cuerpo". Este problema tenía una importante historia previa en la filosofía de la inmanencia griega y escolástica. Ahora adquiría un carácter peculiar en el pensamiento humanista moderno debido a la estructura primordial de la idea básica trascendental del segundo.

Descartes aceptó un dualismo metafísico entre cuerpo y alma racional. No obstante, de una manera intrínsecamente contradictoria, este dualismo es parcialmente abandonado por su concepción de un *influxus physicus* que se suponía que entraba a la consciencia humana a través de una pequeña glándula (*parva glandula*) en el cerebro. Pensó que de este modo la conciencia podía ser estimulada por las percepciones sensoriales y afectos que tienen una influencia perturbadora sobre la función lógica del pensamiento.

Este parcial rompimiento con el dualismo se convirtió para Descartes en el modo de extender el método científico matemático y natural a la esfera psicológica. Se hizo ahora posible construir una teoría puramente naturalista de los afectos y las pasiones.

Sin embargo, si los fundamentos del ideal de la ciencia matemático y del ideal de la personalidad (que habían buscado refugio en el pensamiento claro y distinto) iban a ser preservados, entonces un *influxus physicus* no puede ser aceptado en el pensamiento matemático mismo y en la pura volición dirigida por él. Esta consideración condujo a una epistemología y una ética que satisfizo la exigencia del ideal de la ciencia y exaltó el método matemático como la norma de verdad metafísica y el estándar del bien moral.

Pues, de acuerdo con Descartes, la imperfección y restricción del espíritu procedían de la influencia que pasivamente recibía el alma por el cuerpo en las impresiones perceptuales sensoriales y en las emociones. La personalidad libre perfecta debía de conquistar la confusión de la percepción sensorial mediante el concepto puro formado *more geometrico*. Y debiera de gobernar las emociones mediante una voluntad moral que solamente actúa de acuerdo con ideas claras y distintas.

El fundamento más profundo del indeterminismo parcial de Descartes

No deseo negar en lo absoluto que existen vínculos externos entre Descartes y la filosofía medieval. Pero, en el final análisis, el parcial "indeterminismo" de Descartes ha rebasado los problemas de la Edad Media porque está gobernado por una idea básica trascendental distinta. Esto también vale para el conflicto escolástico concerniente a la primacía de la voluntad o el intelecto. En la concepción cartesiana determinista del proceso de la voluntad, una libertad absoluta (*liberum arbitrium indifferentiae*) es atribuido a la voluntad en oposición a las inadecuadas ideas sensorialmente oscurecidas. ¿Ha de ser entendido esto en el sentido de la concepción escotista de la primacía de la voluntad? En mi opinión, esto sería un fundamental malentendido. En Descartes, el único motivo para esta concepción indeterminista se ha de encontrar en su cuidado de no socavar los fundamentos del ideal de la ciencia. Sin embargo, de acuerdo con él, la "voluntad" es justamente como la fantasía, y la percepción sensorial solamente un "*modus*" de pensamiento. Ante los conceptos claros y distintos del segundo, la voluntad no posee libertad de elección.[1]

---

[1] A pesar de su parcial indeterminismo, Descartes puede escribir: "Nam si semper quid verum et bonum sit clare viderem, numquam de eo quod esset iudicandum vel eligendum deliberarem; atque ita, quamvis plane liber, numquam tamen indifferens esse possem" (*Meditationes* IV, p. 28). [Pues si yo siempre viera con claridad lo que es verdadero y bueno, nunca deliberaría cómo debo juzgar o escoger; y así, aún siendo enteramente libre, sin embargo jamás podría ser indiferente]. Si no hubiesen cambia-

El error en el conocimiento teórico debe ser explicado como una apostasía de la voluntad respecto de la actitud matemática de pensamiento. Debido a esta apostasía, la voluntad nos involucra con oscuras ideas sensoriales. En el campo de la ética, la inmoralidad también se debe a esta apostasía. Aquí la impura voluntad nos involucra en los procesos causales de los afectos y las pasiones. De acuerdo con el ideal racionalista de la ciencia, el *"cogito"* matemático nunca puede errar. El enunciado "Dios no puede hacer que nuestro pensamiento yerre", es solamente la expresión religiosa de la convicción de que "el método matemático del ego pensante es infalible". El error y la iniquidad moral resultan igualmente de la constricción del alma que surge de la influencia del cuerpo. Esta constricción debe ser conquistada mediante la autorreflexión sobre la libertad absoluta y la soberana autosuficiencia del pensamiento matemático.

No obstante, la antinomia interna de la estructura primordial de la idea básica trascendental del pensamiento humanista se reveló tanto en la superación de Descartes del dualismo metafísico entre pensamiento y extensión, como en la autorrefutación de la metafísica monista naturalista de Hobbes. En Hobbes, los fundamentos normativos de la verdad y el bien moral fueron socavados por su elaboración de la concepción mecanicista en epistemología y ética. Allí tanto el ideal de la ciencia como el ideal de la personalidad cayeron presas de la autodisolución lógica.

---

do los problemas en Descartes, sería muy fácil ver aquí una conexión con el determinismo intelectual de Tomás. Así como Windelband ha tratado de relacionar el indeterminismo parcial de Descartes con las concepciones de Duns Escoto.

La antinomia en la concepción naturalista del pensamiento de Hobbes a la luz del ideal determinista de la ciencia. Las *ideae innatae* de Descartes

La teoría sensacionista del conocimiento de Hobbes se halla en conflicto con su nominalista concepto matemático de verdad.[1] En último análisis reduce el pensamiento a un movimiento explicable en términos de la causalidad natural. El único motivo para esta teoría se ha de encontrar en el deseo de satisfacer el postulado de continuidad implicado en el ideal mecanicista de la ciencia. Por esa razón, el estímulo biótico, la emoción psíquica, el pensamiento lógico y el proceso social fueron subsumidos bajo el denominador básico de la mecánica de Galileo, y los límites modales de significado entre los diferentes aspectos fueron arrasados en aras de un monismo metodológico.

Por otro lado, para salvar los mismos fundamentos del ideal de la ciencia, Descartes aceptó una dicotomía metafísica entre *pensamiento* matemático y la mecanísticamente determinada *naturaleza espacial.* Él debe concebir las ideas matemáticas metafísicas como "*ideae innatae*".[2] Y tenía que

---

[1] Este concepto de verdad se sostiene o cae con la validez del normativo *principium contradictionis* que nunca puede ser explicado en términos de la causalidad natural.

[2] No como conceptos innatos presentes al momento del nacimiento. Descartes dejó esto en claro en su polémica con Regius. El segundo concebía las *ideae innatae* como estando presentes en el nacimiento, pero, para Descartes, los conceptos innatos son solamente una *capacidad* innata para pensarlos: "Non enim unquam scripsi vel judicavi, mentem indigere ideis innatis, quae sint aliquid diversum ab ejus facultate cogitandi" (*Notae*, pp. 184 y 185, ed. 1698). [Pues nunca he escrito o juzgado que la mente tenga necesidad de ideas innatas que sean algo diferente de la facultad de pensar].

dar cuenta del origen de estos conceptos exclusivamente en términos de causalidad natural.

Sin embargo, en el fondo, la metafísica de Descartes no es menos moderna y nominalista que la de Hobbes.[1] Ambos se rehúsan a someter el pensamiento matemático a un orden cósmico que el primero mismo no haya puesto. Ambos resuelven el ideal de la personalidad en el ideal de la ciencia, el cual con ello obtiene un fuerte ímpetu ético. En el caso de ambos, la apóstata raíz religiosa de la personalidad se ha identificado con el pensamiento matemático, el cual en

---

[1] El punto de vista nominalista de Descartes es agudamente formulado en sus *Principia Philosophiae* I, 58, ss. Él cualifica a los universales como meros "*modus cogitandi*" y nombres generales. En la traducción francesa, *Méditations Métaphysiques* (en Ouvres Choises, Nouvelle ed., París, Garnier Frères, p. 97) el pasaje referido se lee así: "mais on doit savoir que toute idée étant un ouvrage de l'esprit, sa nature est telle qu'elle ne demande de soi aucune autre réalité formelle que celle qu'elle reçoit et emprunte de la pensée ou de l'esprit, dont elle est seulement un mode, c'est a dire une manière ou une façon de penser" [Sin embargo, debido a que cada idea es una obra de la mente, ha de entenderse que su naturaleza es tal que no exige ninguna otra forma de realidad que la que recibe y toma del pensamiento o la mente; es sólo un modo de la segunda, es decir una manera o estilo de pensar].

En la secuela de su argumento Descartes llama a las ideas en mí una representación, una "*imago*" de las causas primera y principal de estas ideas en Dios. Pero esto no significa un retorno a la "*Abbildtheorie*" realista. Nunca debemos olvidar que, en su escepticismo metódico, Descartes entiende primariamente el *cogito* en un sentido subjetivo e individual y, por lo tanto, tiene que luchar con argumentos solipsistas. La idea de Dios debe servir en primer lugar para refutar estos argumentos: "et par conséquent, je ne puis moi-même être seul dans le monde" [y consecuentemente no puedo estar solo en el mundo]. Es así que que se construye el puente hacia un pensamiento matemático absoluto que, elevado por encima de toda subjetividad falible, crea la *res extensiva* real.

la libertad creativa quiere elegir sus propios denominadores metafísicos básicos para la realidad temporal.

En Descartes solamente podemos hablar de una primacía del ideal de la personalidad dentro del mismo ideal de la ciencia. En esta conexión es meramente de importancia secundaria que el denominador básico que Hobbes acepta para toda la realidad cognoscible sea diferente del que elige Descartes para los aspectos prelógicos de la realidad. Descartes concibe el movimiento solamente como un modo del espacio pleno. Para Hobbes el espacio es meramente un subjetivo *"phantasma rei existentis"*, así como el tiempo es meramente "un *phantasma motus"*; el denominador básico de Hobbes no es el espacio, sino el movimiento matemáticamente determinado.

§2 EL TIPO IDEALISTA MATEMÁTICO DE LA IDEA BÁSICA HUMANISTA TRASCENDENTAL

No es nuestra intención escribir una historia de la filosofía moderna. Consecuentemente, no discutiremos el círculo cartesiano de jansenistas en Port Royal, el cual pronto unió la filosofía cartesiana con los motivos cristianos agustinianos y neoplatónicos agustinianos. Tampoco discutiremos los intentos similares de síntesis emprendidos por los ocasionalistas, los cuales encontraron una fuerte oposición en los cartesianos ortodoxos.

Nuestro propósito es solamente investigar el desarrollo de las tensiones polares dentro de la filosofía humanista misma en unos cuantos de sus sistemas más representativos. Consecuentemente, habremos de examinar estas tensiones separadamente y aparte de las complicaciones que surgen de la unión intrínsecamente contradictoria del punto de vista humanista con el escolástico cristiano "realista" en filosofía.

Debemos entonces primeramente fijar nuestra atención sobre el gran refinamiento de las tensiones polares en el interior del ideal matemático de la ciencia y el de la personalidad en la filosofía de Leibniz.

Los rasgos supuestamente aristotélico-tomistas de la filosofía de Leibniz

Es usual hablar de una reconciliación en Leibniz entre la nueva concepción matemática y mecánica de la naturaleza con la doctrina teológica aristotélico-tomista de las formas sustanciales. Desde luego, en muchos respectos el mismo Leibniz ha dado la ocasión para este malentendido. En su copiosa carta a Jacob Thomasius (abril 20/30 1669) habló de tal reconciliación y hasta el último período de su vida encontramos enunciados en la misma vena. La carta que le envió a Redmond de Montmort Raymundo en el año de 1715 (*Philosophische Schriften*, ed. por Erdmann,[1] pp. 701 ss.) es notable en esta conexión. Y también, al enfatizar continuamente la idea de la "filosofía perenne" parece estar señalando en esta dirección. ¿No intentó Leibniz unir en su sistema todos los motivos filosóficos de sus predecesores? Windelband incluso habla de un "idealismo platónico" en la doctrina de las "verdades eternas" de Leibniz. En realidad uno puede encontrar en Leibniz la tesis aparentemente realista idealis-

---

[1] La mayoría de mis citas serán tomadas de esta edición de las obras de Leibniz. Las citas de la edición de Gerhardt son solamente suplementarias y se refieren a artículos que no están en Erdmann. Aún cuando la edición de Gerhardt contiene mucho material adicional, a veces es inexacta.

ta de que las "verdades eternas"[1] existen "*in quadam regione idearum*", es decir en Dios. Y en su carta concerniente a la filosofía platónica (1797, Erdman, p. 445)), identifica esta misma concepción con la doctrina platónica de un mundo inteligible.

No obstante, no hay absolutamente ninguna evidencia de una efectiva concepción realista de las ideas en la metafísica de Leibniz. Su idea básica trascendental no reconoce otro Ἀρχή más que el pensamiento matemático en su forma deificada.

Como se muestra en su artículo *De Rerum Originatione radicali* (p. 148) escrito en 1697, el origen del cosmos es buscado por él en una "*mathesis quaedam divina sive mechanismus metaphysicus*" que es incomprensible sólo a la mente finita, pues funciona en Dios como pensamiento creativo.

Incluso en su tesis doctoral *Disputatio metaphysica de principio individui* (defendida por Leibniz en 1663 cuando tenía 17 años de edad)* eligió el lado del nominalismo. En esta tesis solamente dio evidencia de un conocimiento más bien superficial de la filosofía escolástica. En su disertación *Dissertatio de stilo philosophico Nizolii* (1670) llamó a la secta de los nominalistas "*omnium inter scholasticas profundissima*" y consideró que estaba en absoluto acuerdo con el moderno modo

---

[1] No se pone en duda el punto de vista nominalista de Locke. No obstante, él también habla de "relaciones eternas entre las ideas" (*Essay Concerning Human Understanding*, IV,1, §9). Sólo se está refiriendo a las ideas éticas y matemáticas que son creadas por el pensamiento mismo. Esta concepción de las ideas como creación del pensamiento mismo es incompatible con un *verdadero realismo de las ideas*.

* De hecho, fue su tesis de bachiller (*baccalaureate*). Hay traducción al español: *Discusión metafísica sobre el principio de individuación* (México: UNAM, 1986) [N. del T.].

de filosofar.[1] Será evidente en lo subsecuente que Leibniz permaneció siendo nominalista durante el entero curso de su desarrollo ulterior. Al hablar de nominalismo aquí queremos significar el tipo, dominado por una idea básica humanista moderna, que empieza con la primacía del ideal de la ciencia humanista clásico y se adhiere a los fundamentos supraarbitrarios del segundo. Este moderado nominalismo —en contraste con el tipo extremo de Hobbes— mantiene la necesidad intrínseca (supuestamente supratemporal) de las relaciones lógicas de pensamiento.[2] En su disertación *Dissertatio de stilo philosophico Nizolii*, arriba citada, Leibniz testificó que casi todos los pensadores de su día que aspiraban a una "reforma" de la filosofía fueron nominalistas en este sentido. Si no fueron nominalistas en este sentido fueron "plusquam Nominales"; es decir, fueron más lejos que Guillermo de Occam, Gregorio de Rímini, Gabriel Biel y un número

---

[1] Eerdmann, p. 68: "secta Nominalium, omnium inter scholasticas profundissima, et hodiernae reformatae philosophandi rationi congruentissima; quae quum olim maxime floreret, nunc, apud scholasticos quidem, extincta est. Code conjicias decrementa potius quam augmenta acuminis". Un poco después, sin embargo, Leibniz observa: "Idem dicendum est de nostri temporis philosophicae Reformatoribus, eos si non plusquam Nominales tamen Nominales esse fere omnes".

[2] El tratado de Leibniz concerniente al estilo filosófico de Nizolius, al cual nos hemos referido, contiene un verdadero panegírico de los rasgos básicos del nominalismo. En él se opuso al nominalismo extremo de Hobbes, de acuerdo con quien la verdad sólo sería una propiedad de lenguaje y " qui, ut verum fatear, mihi plusquam nominalis videtur". "Non contentus enim cum Nominalibus universalia ad nomina reducere, ipsam, rerum veritatem ait in nominibus consistere" [lo cual, de ser verdadero, me parece más que nominalista. Pues, no estando satisfecho con reducir, de acuerdo con los nominalistas, los universales a nombres, sostiene que la misma verdad de las cosas consiste en los segundos].

de pensadores de la Orden Agustina que se adhirieron al nominalismo en su forma moderada.[1] Fue este nominalismo moderado el que se mantuvo en el pensamiento maduro de Leibniz en la doctrina de las *"vérités éternelles"*, en el sentido de posibilidades lógicas eternas que residen en el pensamiento matemático creativo de Dios. Discutiremos esto posteriormente.

No es una reconciliación entre el moderno ideal de la ciencia y una doctrina escolástica de las formas sustanciales lo que yace en el fundamento de la empresa filosófica de Leibniz. Más bien, su sistema manifiesta la creciente tensión entre los dos factores de su motivo básico humanista. Esta atención pone su estampa sobre su metafísica; y la solución que intentó dar a la antinomia fundamental en su idea básica humanista debe ser considerada como lo máximo que el pensamiento humanista fue capaz de obtener durante la fase de la primacía del ideal de la ciencia. Esto se hará evidente a partir de nuestro análisis ulterior.

El hecho de que en su metafísica Leibniz introdujera nuevamente términos aristotélicos tales como: entelequia, *materia prima et secunda*, potencialidad y actualidad, acto puro, causa eficiente y causa final, no debiera desviarnos y volvernos olvidadizos del sentido humanista moderno que le atribuyó a estos términos. No olvidemos que, por virtud de su educación en la filosofía escolástica de Melanchton, él se había familiarizado con esta terminología.

---

[1] Eerdmann, p. 69.

La secularización del motivo de la naturaleza y la gracia en la filosofía de Leibniz

Incluso el contraste escolástico entre la esfera de la naturaleza y la esfera de la gracia, así como la idea de la servidumbre de la primera a la segunda, reaparecen en Leibniz. Pero le atribuye a éste motivo dialéctico un significado completamente diferente. Incluso por esto es claramente evidente que su filosofía no está fundamentada en una acomodo escolástico del motivo básico griego al del pensamiento cristiano (como en Tomás), sino que está enraizado solamente en el punto de vista humanista de la inmanencia.

En Leibniz la esfera de la gracia nunca significa más que el ámbito de las criaturas racionales que se hallan en posesión de la libertad gracias al pensamiento claro y distinto. Y la esfera de la naturaleza es solamente el ámbito de las criaturas que carecen de esta libertad. En las primeras, la deidad (la razón pura) se despliega como el más sabio de los monarcas; en el segundo, como el más perfecto arquitecto. En el primero, las leyes son éticas; en el segundo son mecánicas.[1]

---

[1] *Principes de la nature et de la grâce* (1714) 15) Eerdmann 717): "C'est pourquoi tous les esprits, soit des hommes, soit des genies entrant en vertu de la raison et des vérités éternelles dans une espèce de société avec Dieu, sont des membres de la Cite de Dieu, c'est a dire, du plus parfait état, forme et gouverné par le plus grand et le meilleur des Monarques, oft n'y a point de crime sans châtiment, point de bonnes actions sans recompense proportionée; et enfin, autant de vertu et de bonheur qu'il est possible; et cela, non pas par un derangement de la Nature comme si ce que Dieu prepare aux limes troubloit les loix des corps; mais par l'ordre même des chosen naturelles, en vertu de l'harmonie préétablie de tout temps entre les Règnes de la Nature et de la Grâce". [*Principios de la naturaleza y de la gracia*: "Por lo tanto todos los espíritus, sean de hombres o de genios, entrando mediante la razón y las verdades eternas a

De este modo también la concepción cristiana de Agustín de la *Civitas Dei* es desnaturalizada en la metafísica especulativa de Leibniz. La concepción de Agustín es reducida a la idea de un reino constitucional en el cual la divinidad reina por la gracia del pensamiento metafísico matemático. La voluntad creadora de la deidad está vinculada con las verdades metafísicas eternas del segundo. La secularización humanista de la religión cristiana efectuada por Leibniz recibió su expresión más evidente en su concepción del pecado como una privación. A primera vista, esta concepción parece estar orientada a la de Agustín, pero en realidad es enteramente cartesiana. Leibniz sostiene que el pecado es una carencia de distinción y claridad (matemáticas) en la concepción, debido a la cual la voluntad no logra alcanzar un juicio correcto.

El refinamiento del postulado de continuidad en el ideal de la ciencia mediante el concepto matemático de función de Leibniz. El descubrimiento del cálculo diferencial e integral

Permítame ahora señalar el intenso enriquecimiento que el ideal matemático de la ciencia humanista adquiere en Leibniz mediante la aplicación del concepto matemático de función que introdujo.

---

una especie de sociedad con Dios, son miembros de la Ciudad de Dios, es decir, del Estado más perfecto, formado y gobernado por el más grande y el mejor de los monarcas; donde ya no hay ningún delito sin castigo, ni una buena obra sin una recompensa proporcional; y finalmente tanta virtud y felicidad como es posible; y la tal no mediante un desarreglo de la naturaleza, como si aquello que Dios prepara para las almas debiera perturbar las leyes de los cuerpos; sino por el mismo orden de las cosas naturales, por virtud de la armonía preestablecida para todos tiempos entre los ámbitos de la naturaleza y de la gracia"].

Este concepto, descubierto en el cálculo diferencial e integral, proveyó un instrumento de pensamiento extremadamente fructífero y fino.[1] Fue asimilado al ideal de ciencia cartesiano. En consecuencia, mediante transiciones de pensamiento infinitamente pequeñas, se hizo posible transportar el postulado de continuidad de este ideal de la ciencia a través de los límites de los aspectos modales. Y, por añadidura, el craso materialismo de Hobbes, así como el craso dualismo de Descartes, pudieron así ser evitados.

El principio de continuidad que Leibniz indica como la base final de su análisis es presentado por él dondequiera como un principio regulador y un método lógico de pensamiento.

Si vemos dos series de valores de magnitudes variables que están unidas entre sí mediante una ley fija, entonces, si aproximamos los límites de ambos, la relación funcional existente entre los miembros de las dos series no puede ser vista como abolida.

Desde un punto de vista sensorial estos casos límite, en contraste con los elementos restantes, pueden aparecer como enteramente heterogéneos, así como el reposo y el movimiento, la igualdad y la desigualdad, el paralelismo la in-

---

[1] Como aparece en la publicación de Gerhardt de los escritos científicos de Leibniz, el descubrimiento del cálculo diferencial e integral tuvo lugar durante la estancia de Leibniz en París en los años 1673-76. Primero publicó los principios básicos de este nuevo cálculo en 1684 y 1686 en dos tratados intitulados *Nova methodus pro maximis et minimis* y *De geometria recondita et analyse indivisibilium atque infinitorum*. Como es generalmente sabido, estas publicaciones lo involucraron en una desagradable controversia con Newton, quien había diseñado su cálculo de fluxiones en 1665-6. Ha sido establecido que el descubrimiento de Leibniz es enteramente independiente del de Newton.

tersección de líneas deben aparecer como contradicciones irreconciliables en la intuición sensorial directa. Pero este hiato, existente para nuestra percepción sensorial, debe ser salvado por el pensamiento. Cuando dos elementos aislados son contrastados entre sí, podría parecer que uno es completamente desemejante del otro. No obstante, si el primero puede ser reducido y desarrollado partir del segundo en un proceso lógico continuo, su conexión obtiene un carácter fundamentado más alto y más seguro que cualquier acuerdo perceptible sensorial hubiera hecho posible.[1]

Leibniz mismo formuló el principal principio de este nuevo cálculo como sigue: "si se da una transición continua que acaba en un término final, entonces siempre es posible introducir un cálculo racional común (*rationationen communem instituere*) que del mismo modo incluye el término final".[2]

Este brillante descubrimiento que se hizo en el cálculo infinitesimal se iba a convertir en uno de los más fuertes fundamentos para el progreso de la física moderna. Sin embargo, al mismo tiempo se convirtió en un instrumento metafísico del ideal de la ciencia humanista matemático.

El el concepto de función y el principio de continuidad se vuelven metafísicos cuando se emplean en el intento de brincar lógicamente los límites nodales de *significado* de las diferentes esferas nómicas, y de reducir en último análisis la entera coherencia cósmica en la diversidad modal de significado, a una que es meramente lógica y matemática. Esto fue intentado de acuerdo con el ideal que había animado a

---

[1] Cassirer, *Das Erkenntnisproblem* [*El problema del conocimiento*], vol. II, p. 158.

[2] En su tratado: *Cum prodiisset atque increbuisset Analysis mea infinitesimalis* (*Historia et Origio Calc. differ.* ed. por Gerhardt, p. 40, citado en Cassirer, loc. cit.

El desarrollo de la antinomia básica en la

la filosofía humanista desde Descartes; a saber, la *"mathesis universalis"* como un método universal de pensamiento.

Las dos raíces de la filosofía de Leibniz. El malentendido en Schmalenbach concerniente al origen calvinista del individualismo de Leibniz

En la metafísica de Leibniz este intento fue emprendido de una manera verdaderamente magistral. Schmalenbach, en su extenso estudio de Leibniz, examinó la idea básica logicista aritmética que es la raíz primaria en la metafísica de Leibniz.[1]

---

[1] Herman Schmalenbach, *Leibniz* (Drei Masken-Verlag, Munich, 1921). Entretanto uno debe mantener en mente que ese "aritmeticismo" es usado en el sentido del concepto de función del cálculo diferencial. Leibniz entendió el segundo como un método universal de análisis. Lo aplicó con igual facilidad al número, el espacio y el movimiento, y a los campos de la biología y la psicología.

En su obra *Meditationes de cognitione, veritate et ideis* [*Meditaciones sobre el conocimiento, la verdad y las ideas*], Guillermo todavía defendió la concepción de que el número, como suma de unidades estáticas, es la idea metafísica básica del cosmos, y la aritmética una suerte de "estática del universo". Posteriormente abandonó esta concepción y sostuvo que un elemento discreto es solamente una función del principio matemático de progresión, y el número mismo es solamente el ejemplo más simple de la relación general del pensamiento. Es así que Leibniz es en realidad un logicista en su concepción matemática.

Es incorrecto, sin embargo, suponer que con ello abandonó en su *metafísica* el punto de vista aritmético como tal. En su libro *Leibniz' System in seinen wissenschaftliche Grundlagen* (1902) y en el segundo volumen de su *Erkenntnisproblem*, Cassirer erróneamente llega a esta conclusión sobre la base de su propia concepción epistemológica del cálculo de la infinidad. En realidad la monadología de Leibniz surgió, como lo ha mostrado en detalle Schmalenbach, en consciente oposición al metafísico univer-

Sin embargo, bajo la influencia de Max Weber, pensó erróneamente que la raíz de este mismo aritmeticismo –mediante el cual el ideal de la ciencia ahora racionalizaba la *individualidad*– ha de encontrarse en la "religiosidad calvinista". Esto fue un malentendido fundamental de los dos últimos del verdadero motivo religioso básico del aritmeticismo de Leibniz. Más bien este motivo religioso ha de buscarse en el ideal de la personalidad individualista y racionalista que se haya en el origen de la "*Aufklarung*".

El número diferencial se convierte en una mónada en un sentido metafísico; se convirtió en la verdadera unidad nouménica de la realidad que yace en el fundamento de todos los fenómenos compuestos. Estas nómadas llenan el cosmos noumenal con una densidad carente de grietas. Fueron pensadas como seres animados que en sus representaciones reflejan el *universo*, cada una en su propio modo, pero que, con respecto a cada una de las demás, sostienen una existencia absolutamente cerrada y autosuficiente. Precisamente como tales vienen a ser la expresión del ideal humanista de la personalidad en la concepción individualista y racionalista.

De este modo, el cosmos metafísico noumenal fue disuelto en una infinita multitud de mónada has "carentes de ventanas", aespaciales puntos animados de fuerza. La *lex continui*" que se origina a partir del pensamiento matemático mantiene una coherencia continua de significado entre ellas y entre las diferentes aspectos modales de su mundo interior. En el sistema de Leibniz este resultado fue obtenido

---

salismo espacial, tanto como al atomismo materialista. Descansa sobre la hipostasiación del número diferencial.

sin que fuese necesario subsumir el cosmos entero bajo un denominador mecanicista básico.

El individualismo estéticamente entintado de Bruno en su concepción de la mónada como un microcosmos fue transformado por Leibniz en uno matemático. La idea de microcosmos, la idea de *"omnia ubique"* en el ideal humanista de la personalidad como fue concebido durante el Renacimiento, fue racionalizada. El ideal matemático de la ciencia redujo al individuo con su individual realidad cualitativa a una función del principio de progresión y con ello hizo al individuo accesible a un cálculo racional. De este modo, mediante la *lex continui*, la individualidad autosuficiente de las mónadas,[1] como una expresión del ideal de la personalidad, fue reconciliado con el ideal de la ciencia.

El concepto de fuerza de Leibniz y el *motivo de la actividad* **en el ideal de la personalidad**

La autosuficiencia individual de la personalidad y el motivo de la actividad infinita había sido predominante desde el mismo comienzo en el ideal humanista de la personalidad como fue concebida durante el Renacimiento. Y ahora estos dos momentos podían ser expresados en la metafísica del ideal de la ciencia. En el sistema cartesiano, la tendencia de la actividad en el ideal de la personalidad no podía, como

---

[1] *La Monadologie* (1714): "On pouvroit donner le nom d'Entéléchies à toutes les substances simples ou Monades créées, car elles ont en elles une certaine perfection (ἔχουσι τό ἐντελές), il y une suffisance (αὐτάρκεια), qui les rend sources de leur actions internes..." (Erdmann, 706). [El nombre de entelequias podría ser dado a todas las sustancias simples o mónadas creadas, pues tienen una cierta perfección en sí mismas, una especie de autosuficiencia (autarquía) que les permite ser la fuente de su propia actividad...].

en Bruno, penetrar en la idea del cosmos mismo. La *"res extensa"* como sustancia natural es, en Descartes, una parte del absolutizado espacio estático, del cual el movimiento es solamente un modo.

En contraste con esto, Leibniz hipostasió el concepto de fuerza, introducido por Newton en física, y lo convirtió en la esencia de la sustancia-mónada, la cual, como un microcosmos autosuficiente, no permite ninguna influencia externa. En Leibniz este concepto metafísico de fuerza aparece en la forma externamente aristotélica de "entelequia" y "causa final", pero en realidad no debe ser interpretada en un sentido aristotélico.[1] Más bien, está penetrado por el motivo actividad en el ideal humanista de la personalidad. En este sentido moderno se opone a la metafísica cartesiana. El espacio estático continuo ya no es considerado la esencia de la naturaleza, sino más bien su esencia es buscada en la *fuerza operativa*.

El espacio y el tiempo son en Leibniz solamente arreglos ideales de fenómenos. El primero es un arreglo o relación de coexistencia; el segundo es un arreglo o relación de sucesión. El espacio es, como escribiera Leibniz en su cuarta

---

[1] En su *Système Nouveau de la Nature* (1695), Leibniz observaba: "Il fallut done rappeller et comme réhabiliter les formes substantielles, si decriees aujourd'hui; mais d'une maniére qui les rendit intelligibles, et qui sépara l'usage qu'on en doit faire de l'abus qu'on en a fait" (Erdmann, p. 124). [Fue así necesario recordar y como quien dic e rehabilitar las formas sustanciales que han sido tan denostadas hoy en día; pero de una manera que las haga inteligibles y las separe del abuso que ha sido hecho de las mismas].

carta a Clarke: "*Cet ordre qui fait que les corpes sont situables, et par le quel ils ont une situation entre eux en existant ensemble*".[1]

Regulada por las leyes del movimiento físico, la materia mecánica (Leibniz la llamaba "*materia secunda*") es solamente el modo de aparición de la fuerza metafísica que pertenece a la esencia de la mónada, "*un phénomène, mais bien fondé, résultant des Monades*".[2]

De esta manera, el motivo dinámico del ideal de la personalidad penetró la naturaleza infinita misma. No hay traza de que el concepto aristotélico de entelequia en Leibniz haya sido realmente revivido. La idea de la autarquía, de la autosuficiencia de la mónada, se halla enteramente en conflicto con la metafísica aristotélica, especialmente con la concepción aristotélica de la relación entre alma y cuerpo. Más aún, el concepto de fuerza de Leibniz no tuvo esencialmente nada que ver con la doctrina aristotélica de las entelequias, la cual está dominada por el motivo básico griego de la forma y la materia, y al cual le es enteramente extraña

---

[1] Erdmann, p. 758. [Este orden que hace posible la localización de los cuerpos y por el cual en su coexistencia tienen una situación en relación con los otros].

[2] Es nuevamente evidente que Leibniz usa los términos aristotélicos escolásticos *materia prima* y *secunda* en un sentido totalmente modificado. La *materia prima* se ha convertido en la fuerza sustancial de las mónadas que es la causa metafísica de la materia inerte en el mundo de la apariencia: la *materia secunda*. Compárese la carta de Leibniz a Remond de Montfort (Erdmann, p. 124): "*Quanta l'inertie de la matière, comme la matière elle même n'est autre chose qu'un phénomène, mais bien fondé, resultant des Monades: il n'en est de même de l'inertie, qui est une propriété de ce phénomène*" [Así como la materia no es más que un fenómeno, si bien uno bien fundado, resultante de las mónadas, lo mismo vale con respecto a inercia de la materia, la cual es una propiedad de este fenómeno].

la titánica *dunamis* del ideal humanista de la personalidad y
la ciencia.

Entretanto, en la metafísica de Leibniz el ideal de la personalidad alcanzó una posición de tensión extremadamente
intensa con el ideal matemático de la ciencia. Esta tensión
se debió el hecho de que él trató de expresar las tendencias
básicas del primero en una metafísica derivada del segundo.
Ni por un momento quería Leibniz derogar la primacía del
ideal de la ciencia. Por el contrario, el motivo fáustico del
dominio de la naturaleza mediante el pensamiento matemático lo gobernó incluso más que lo que había dominado
a sus predecesores racionalistas.

**Primacía del ideal matemático de la ciencia en la idea
básica trascendental de Leibniz**

En Leibniz la idea básica trascendental, la construcción de la
relación entre totalidad y diversidad modal en la coherencia
de significado, es completamente abandonada al ideal matemático de la ciencia.

Esto es evidente en primer lugar en el denominador teórico común bajo el cual subsume todos los aspectos modales
de la experiencia, a saber, la representación (percepción)
que concibe como *"représentation du composé, uu de ce qui est
dehors, dans le simple"* [representación de lo compuesto o lo
que es externo, en la sustancia simple].[1]

---

[1] Erdmann, p. 714. Compárese también con la *Monadologie*, 14 (Erdmann, p. 706): *"L'état passager qui enveloppe et représente une multitude dans
l'unité ou dans la substance simple, n'est autre chose que ce qu'on appelle la perception qu'on doit distinguer de l'apperception ou de la conscience"* [El estado
transitorio que envuelve y representa una multitud en una unidad o en la
sustancia simple, no es nada más que lo que es llamado la percepción que
ha de ser distinguida de la apercepción de la consciencia]. Toda mónada

En la metafísica de Leibniz, todas las mónadas, también las materiales, se han convertido en puntos de fuerza percipientes que solamente en sus representaciones reflejan la coherencia del cosmos en su diversidad modal de aspectos. Y una vez que este denominador básico racionalista ha sido establecido para la diversidad modal de significado, la *lex continui* matemática del ideal de la ciencia había logrado el control completo. Pues, en la concepción metafísica de Leibniz del orden del mundo, todas las gónadas estaban arregladas en una progresión matemáticamente concebida.[1] Las mónadas no difieren debido a una naturaleza específica fundamental. La concepción aristotélica realista de las especies es totalmente abandonada en la metafísica de Leibniz. De hecho, la diferencia cualitativa entre las mónadas ha sido cuantificada: consiste solamente en el grado de claridad de sus percepciones en que el cosmos se refleja, y en el grado de la tendencia pasar de una percepción a la otra: "y consecuentemente una mónada en sí misma, y en el momento, no podía ser distinguida de otra salvo por las propiedades y acciones internas que no puede ser más que estas percepciones (es decir, las representaciones de lo compuesto, o de

es así una unidad en la mjultiplicidad de sus percepciones: "*Car la simplicité de la substance n'empêche point la multiplicité des modifications, qui se doivent trouver ensemble dans cette même substance simple*" (*Principes de la nature et de la grâce*) [Pues la simplicidad de la sustancia no impide la multiplicidad de las modificaciones que deben encontrarse juntas en esta misma sustancia simple].

[1] Esta idea trascendental del orden del mundo nos recuerda la doble *lex naturalis* de Aristóteles. Es en esencia, sin embargo, una construcción matemática. Ordena las mónadas tanto materiales como racionales en una progresión continua, siguiendo el patrón del cálculo infinitesimal. Y, procediendo de lo más bajo a lo más alto, ubica a la deidad, la mónada central, en el ápice.

lo que es externo, en lo simple) y en sus apetitos (es decir, sus tendencias a pasar de una percepción a la otra) que son los principios del cambio".[1]

Una progresión continua ascendente irrumpe a través de la discontinuidad de las mónadas pasando de las percepciones inconscientes (las así llamadas "*petites perceptions*")[2] de las mónadas materiales, vía las representaciones conscientes pero confusas de las mónadas-alma sensoriales, a las percepciones claras y distintas de las mónadas espirituales limitadas. Y de allí pasa al pensamiento infinitamente creativo pensamiento matemático de la deidad, la cual es puro pensamiento sin percepciones sensoriales.

En este orden matemático del mundo, el hombre tiene su lugar entre los dos polos: materia y deidad. En el hombre, la inteligencia (el pensamiento matemático) y la sensación, la actividad y la pasividad, la espontaneidad y la receptividad ocurren juntos. Por lo tanto, la mente humana es limitada en su pensamiento, una limitación que falta en la deidad, como "*actus purus*".

El teísmo humanista de Leibniz

Ostensiblemente hay aquí una adherencia a un teísmo aristotélico; sin embargo, en esencia, la deidad se ha vuelto idéntica a la hipóstasis final del ideal matemático de la cien-

---

[1] Erdmann, p. 714: "*Et par conséquent une Monade en elle même, et dans le moment, ne sauroit être discernée d'une autre que par les qualités et actions internes, lesquelles ne peuvent être autre chose que ces perceptions (c'est a dire, les representations du composé, ou de ce qui est dehors, dans le simple) et de ses appétitions (c'est a dire, ses tendances d'une perception a l'autre), qui sont les principes du changement*".

[2] La "percepción inconsciente" es así concebida como un grado infinitesimal de consciencia.

cia. El teísmo pasa –casi imperceptiblemente– a un panteísmo lógico matemático: "*Harmonia universales, id est Deus*".

El análisis infinito del entero cosmos es logrado solamente en el pensamiento de Dios; sobre este fundamento del orden del mundo es en esencia cualificado como una coherencia de significado puramente matemática. Esto es verdadero incluso aunque el pensamiento humano, debido a su limitación (esto es, su imperfección metafísica), no pueda conseguir una compenetración en la necesidad matemática absoluta de un evento aparentemente contingente dentro del mundo de los fenómenos.

Logización de la tendencia dinámica en el ideal de la personalidad

Aun cuando siguió más o menos siendo un residuo irracionalista en el sistema de Leibniz, el concepto metafísico de fuerza, como expresión del motivo actividad en el ideal de la personalidad, fue racionalizado tanto como fue posible. El ideal individualista de la personalidad de la "Ilustración" temprana no permitía ninguna violación de la autosuficiencia del *individuum*. Y en aras del ideal matemático de la ciencia, la entera actividad de todas las mónadas fue subsumida bajo el denominador básico de la representación (*Vorstellung*). Consecuentemente, el concepto metafísico de fuerza tenía que ser acomodado al segundo:[1] la actividad autárquica de la mónada fue interpretada en el sentido de una tendencia (*appétition*) a pasar de una representación a la otra.

---

[1] Este concepto de fuerza, el cual surgió del ideal de la personalidad, fue una piedra de tropiezo para los neokantianos de la Escuela de Marburgo, debido a su predisposición irracionalista. Consideraron que se hallaba en conflicto con el postulado de continuidad del pensamiento puro. Véase Cohen, *Logik der reinen Erkenntnis*, 3a. ed., pp. 263-4.

Esta tendencia, en formulación escolástica concebida como una *causa finalis*", pone en movimiento, en toda mónada por igual, el sistema de representaciones en el cual se refleja el universo.[1]

Esta logización del concepto de fuerza no fue un *"deus ex machina"* en la monadología de Leibniz.

Como hemos visto, la mónada es primariamente el diferencial hipostasiado en el cálculo infinitesimal.[2] Ahora el

---

[1] *Monadologie* 15: "L'action du principe interne, qui fait le changement, ou le passage d'une perception, a une autre, peut être appelé Appétition; it est vrai, que l'appétit ne saurait toujours parvenir entièrement a toute la perception, où il tend, mais it en obtient toujours quelque chose, et parvient à des perceptions nouvelles. [La actividad del principio interno que efectúa el cambio, o el paso de una percepción a otra, puede ser llamado 'apetición'; es verdad que el apetito nunca puede alcanzar enteramente la percepción a la que tiende, pero siempre logra algo de la misma, y arriba a nuevas percepciones].

Ibídem 79: "Les âmes agissent selon les lois des causes finales par appétitions, fins et moyens". [Las almas actúan de acuerdo con las leyes de las causas finales mediante apeticiones, metas y medios].

[2] Leibniz los llamó puntos metafísicos y, de acuerdo con él, los puntos matemáticos son su "point de vûe", que les permite expresar el universo. Véase su *Syst. Nouv.* 11 (Erdm p. 126): "Il n'y a que les atomes de substance, c'est a dire, les unites réelles, et absolument destituées de parties, qui soient les sources des actions, et les premiers principes absolus de la composition des choses, et comme les derniers élémens de l'analyse des substances. On les pourroit appeler, points metaphysiques: ils ont quelque chose de vital, et une espèce de perception, et les points mathématiques sont leur point de vu e, pour exprimer l'Univers...Ainsi les points physiques ne sont indivisibles qu'en apparence; les points mathématiques sont exacts, mais ce ne sont que des modalités: il n'y a que les points metaphysiques ou de substance...qui soient exacts et reels; et sans eux it n'y auroit rien de reel, puisque sans les véritables unites it n'y auroit point de multitude". ["No hay otros átomos más que los sustanciales, es decir las unidades reales que absolutamente carecen de partes; ellos son las

número diferencial, como habremos de explicarlo en nuestro análisis de su significado modal en el siguiente volumen, anticipa el significado modal del movimiento.[1] Entretanto, el significado original del movimiento es logicizado por Leibniz; es transformado en una idea de movimiento del *pensamiento* matemático y es entonces puesto como ὑπότεσις en el fundamento de la ciencia natural.[2] Esto también pavimentó el camino para la logicización del concepto de fuerza que en la monadología de Leibniz es el prerrequisito necesario para el movimiento del pensamiento y de las percepciones inferiores.

En tanto que debe garantizar la autarquía cerrada de de los individuos monáciso, la "fuerza", como tendencia, sólo continuó siendo la expresión del individualista ideal de la personalidad de Leibniz, pues nunca se hizo activo a través de las causas funcionales fuera de las mónadas.

---

mismas fuentes de las acciones, y los primero principios absolutos de la composición de las cosas, y los últimos elementos del análisis de las sustancias. Podrían ser llamados *puntos metafísicos:* tienen una *especie de vitalidad* y *especie de percepción* y los puntos matemáticos son su *punto de vista* para expresar el universo... Consecuentemente, los puntos matemáticos son indivisibles sólo en apariencia; los puntos matemáticos son exactos pero no son más que modalidades; solamente los puntos metafísicos o sustanciales... son tanto exactos como reales; y sin ellos no habría nada real, pues sin las verdaderas unidades no habría multitud en lo absoluto".

[1] Aquí se significa el movimiento en su sentido original exacto, prefísico, como fue visto por Galileo y es convertido en el *Gegenstand* de una ciencia matemática a priori, a saber, la foronomía (Kant).

[2] Véase la edición de Gerhardt, V, 437, 10.

El determinismo intelectual Leibniz su doctrina de las ideas innatas a la luz de la *lex continui*

Descartes había utilizado un determinismo parcial para explicar tanto la posibilidad de las fallas éticas como de los errores en el pensamiento. Esto ya no es necesario en el sistema de Leibniz. De hecho, es incluso imposible aquí.

Pues este determinismo parcial implicaba la aceptación de un *"influxus physicus"*. Como hemos visto, el segundo era intrínsecamente contradictorio en el sistema de Descartes; no obstante, era necesario explicar el origen de las percepciones sensorialmente confusas. La voluntad posee un *liberum arbitrium indifferentiae* con respecto a estas percepciones confusas. Si uno permite ser influenciado por ellas, uno se aleja de la trayectoria del pensamiento claro y distinto, y el error y el "pecado", respectivamente, surgen en el ámbito teórico y práctico.

Por el contrario, en la metafísica de Leibniz, la idea de la absoluta carencia de ventanas, la absoluta autosuficiencia interna de las mónada, excluye cualquier *"influxus physicus"*. Incluso las percepciones sensoriales en el alma-mónada humana son producidas en absoluta autarquía, enteramente desde el interior.[1]

---

[1] Monadologie 51 (Erdmann, p. 709). "Mais dans les substances simples ce n'est qu'une influence idéale d'une Monade sur l'autre, qui ne peut avoir son effet que par l'intervention de Dieu, en tant que dans les idées de Dieu une Monade demande avec raison, que Dieu en réglant les autres des le commencement des choses, ait regard à elle. Car puisqu'une Monade créée ne sauroit avoir une influence physique sur l'intérieur de l'autre, ce n'est que par ce moyen, que l'une peut avoir de la dépendance de l'autre". [Pero en las sustancias simples es solamente una influencia ideal de una mónada sobre la otra, una influencia que no puede tener su efecto sino por la intervención de Dios; a saber, en tanto que en la ideas

348 El desarrollo de la antinomia básica en la

Por otro lado, la tajante antítesis entre sensibilidad y pensamiento lógico había desaparecido. Consecuentemente, el error de pensamiento y el "pecado" adquieren una importancia menos acentuada que la que tenían en Descartes.

La proclamación de una "primacía de la voluntad", incluso si es solamente parcial, se ha vuelto superflua debido a la *lex continui*". La *brecha irracional entre percepción sensorial y el claro concepto es puenteada por el principio lógico matemático de la continuidad*. Tanto el pecado como el error de pensamiento son en Leibniz solamente la consecuencia de la imperfección metafísica de las mónadas racionales finitas, a través de las cuales el claro pensamiento matemático es una y otra vez obscurecido por las "percepciones" sensoriales. Son solamente condiciones graduales, pues desde las percepciones sensoriales el claro concepto matemático puede desarrollarse en una transición continua.

De este modo, incluso la doctrina de las ideas innatas de Descartes ha sido relativizada por la *lex continui*. De una manera notable, la segunda fungió como puente sobre la antítesis entre las tendencias sensacionalistas y racionalistas en la epistemología. En su obra *Nouveaux Essais sur l'Entendement*, publicada póstumamente en 1765, Leibniz explicaba las "*idées innées*" como representaciones virtuales durmientes que ya no son "*connues*" [de las cuales todavía no somos conscientes]. Potencialmente presentes en las percepciones sensoriales, gradualmente se desarrollan hasta convertirse en conceptos claros y distintos.

de Dios una mónada exige en buena razón que, al ordenar las otras desde el principio, Dios tiene consideración de ello. Pues, debido a que una mónada creada no puede tener una influencia física sobre la vida interna de la otra, es sólo de este modo que una puede ser dependiente de la otra].

Como todas las mónada en sus percepciones representan igualmente el entero cosmos, en todo momento el resultado del movimiento de las representaciones debe ser el mismo en cada una de ellas: cada mónada solamente vive en sí misma. Como vimos, carece de ventanas mediante las cuales pueda experimentar algo de las otras mónadas; todas ellas experimentan las mismas cosas: sus representaciones se hallan en una correspondencia exacta entre sí mediante una armonía preestablecida, y de esta manera parece como si continuamente una influenciara a las demás.

Aquí la idea cosmonómica de Leibniz claramente se muestra en la idea de una Armonía Preestablecida. En consonancia con el ideal matemático de la ciencia, la segunda implica el más estricto determinismo en el proceso de desarrollo de las representaciones. No se permite el más pequeño margen en este proceso. Pues, si una sola mónada pudiera arbitrariamente desviarse del curso universalmente idéntico de las representaciones, se perturbaría la armonía en el cosmos entero. Toda condición momentánea de una mónada es una consecuencia natural de su condición precedente: "el presente está preñado con el futuro".[1] La posición de

---

[1] *Monadologie* 22 (Erdmann, p. 706). Compare también con el bien conocido lugar en los *Principes de la Nature et de la Grâce:* "Car tout est réglé dans les chosen une fois pour toutes avec autant d'ordre et de correspondance qu'il est possible; la suprême Sagesse et Bonté ne pouvant agir qu'avec une parfaite harmonic. Le present est Bros de l'avenir: le futur se pourroit lire dans le passé; l'éloigné est exprimé dans le prochain. On pourroit connaitre la beauté de l'Univers dans chaque Arne, si l'on pouvoit déplier tous ses replis, qui ne se développent sensiblement qu'avec le temps" [Pues todo está regulado en las cosas de una vez por todas con tanto orden y correspondencia como es posible: la Sabiduría y la Bondad más altas siendo incapaces de actuar sin una armonía perfecta. El presen-

Leibniz en el problema de la libertad de la voluntad –la piedra de tropiezo entre el ideal de la ciencia y el ideal de la personalidad en la filosofía humanista– queda con ello implícitamente determinada.

Este pensador alemán rechazó el *liberum arbitrium indifferentiae* que Descartes mantenía con respecto a las representaciones sensoriales. Llamó a esta concepción de la libertad de la voluntad un *indifferentiae equilibri* mediante el cual, en el final análisis, la acción podía ocurrir *sin ningún fundamento.*

En su corto ensayo *De Libertate*, publicado primer por primera vez por Erdmann, Leibniz afirmó que todas las acciones de las sustancias estaban determinadas: "Nihil fit sine ratione".[1]

La idea de la armonía preestablecida implica la aceptación de una *"praedispositio rerum ex causis aut causarum series"*.[2] La mónada espiritual es una especie de *automaton spirituale*:

---

te está preñado con el futuro: el futuro permitiría ser leído en el pasado; lo distante es expresado en lo próximo. Uno sería capaz de conocer la belleza del universo en cada alma, si uno pudiese develar todos sus secretos, los cuales no se desarrollan perc eptivamente sino en el curso del tiempo].

[1] Erdmann, p. 669. "Omnes tamen actiones sunt dtereminatae et nunquam indifferentes, quia semper datur ratio inclinans quidem nontamen necessitans, ut sic potius, quam alter fiat. Nihil fit sine ratione. Libertas indifferentiae est impossibilis". [Todas las acciones, sin embargo, están determinadas y nunca son indiferentes, pues siempre está dada alguna razón directriz, aunque no sea apremiante, para que suceda de este modo y no de otro. Nada sucede sin razón. Es imposible una *libertas indifferentiae*].

[2] Compare con *Causa Dei asserta per justitiam eius* (Erdmann, p. 660): "Neque etiam praedisposition rerum aut causarum series nocet libertati". [Pues también la predestinación de las cosas o la serie de las causas no daña la libertad].

todo en el hombre está predeterminado.[1] Pero, de acuerdo
con Leibniz, esta extraña determinación de la voluntad no
se halla en modo alguno en conflicto con la libertad en la
personalidad racional. No puede ser entendida en el sentido de coerción mecánica. Las causas determinantes son solamente *"inclinantes, non necessitantes"*. En tanto que el principio de acción yace en el que actúa, la acción es voluntaria.
Naturalmente, para la mónada es autárquica; carece de ventanas. La libertad del hombre es mayor en proporción al
grado en que actúa de acuerdo con la razón; se convierte en
un esclavo cuando permite que sus acciones estén determinadas por las ciegas emociones y pasiones.

El ideal de la personalidad todavía era concebido de manera individualista. Requería que las mónada fuesen pensadas como individuos autárquicos y activos. Sin embargo, en
la idea filosófica básica de la "Armonía Preestablecida", la individualidad de las mónadas era puesta bajo el dominio absoluto del ideal matemático de la ciencia. Esta subyugación
fue lograda mediante la *lex continui*, el principio de orden
y coherencia universales en el cosmos (*principium quoddam
generale*).

La *lex continui*, así como la armonía preestablecida en la
cual es abarcada, deben su origen a la deidad. La deidad
a su vez es, como ya observábamos, sólo la hipóstasis del
pensamiento matemático creativo puro, el cual ya no está
perturbado por las representaciones sensoriales. La volición
es solamente un modo de pensamiento. La deidad es desde el principio identificada con la armonía del mundo. En
Leibniz, el espinoziano *"Deus sive natura"* se convierte en la

---

[1] *Theodicée* 1, 52 (Erdmann, p. 517.)

"Harmonia uniiversalis, id est Deus".[1] El núcleo de esta idea de armonía del mundo es en realidad la funcionalista *lex continui* matemática.

§3. EL NOMINALISMO MODERADO DE LA CONCEPCIÓN DE LAS IDEAS DE LEIBNIZ. LA IDEA COMO SÍMBOLO DE RELACIONES Y COMO EL CONCEPTO DE LEY DEL IDEAL RACIONALISTA DE LA CIENCIA

La auténtica metafísica realista siempre había visto los conceptos genéricos y específicos del pensamiento bien fundados como copias (*Abbilder*) de los *eidè* eternos o respectivamente como las formas sustanciales abstraídas de la realidad.

Tal concepción realista se halló desde el principio mismo en conflicto con el motivo creación del ideal de la ciencia matemático del humanismo. Como Cassirer[2] ha mostrado correctamente, no hay, desde luego, trazas de una teoría realista de la forma en Leibniz. En un estilo verdaderamente nominalista, en él las ideas se convierten en símbolos de

---

[1] Compare con la carta de Leibniz al Duque Johann Friedrich von Braunschweig (1671), Gerhardt I, 61.

[2] *Erkenntnisproblem* 11, 166 ss. Véase también la p. 189, en la que Cassirer da expresión a la simpatía interna del neokantismo (de la Escuela de Marburgo) con el ideal de la ciencia de Leibniz. "Die überlieferte Metaphysik der 'substantiellen Formen' erfährt indessen hier nur eine scheinbare Erneuerung... Die oberflächliche Ansicht dasz die 'Formen' der Dinge es sind, die in den Geist eindringen and in ihm die Erkenntnis der Objekte erzeugen, wird van Leibniz in alien Phasen seines Denkens gleich rückhaltlos verworfen". ["Entre tanto, la metafísica tradicional de las 'formas sustanciales' es aquí sólo aparentemente revivida... En todas las fases de su pensamiento, Leibniz rechazó con igual consistencia la concepción superficial de que serían las 'formas' de las cosas que penetran en la mente y producen en las segundas el conocimiento de los objetos".]

la realidad; sólo representan las proporciones, las relaciones que existen entre los elementos individuales de la realidad. Muy característico de esta concepción es el tratado de Leibniz *Quid sit Idea*, en el cual emplea casi palabra por palabra la distinción de Occam entre voces convencionales y los símbolos universales que están enraizados en la naturaleza. Leibniz escribe: "adicionalmente aparece que algunas expresiones poseen un *fundamentum in natura*, mientras que las otras, por ejemplo las palabras del lenguaje o los signos arbitrarios, al menos parcialmente descansan sobre una convención arbitraria. Aquellos que están enraizados en la naturaleza requieren una cierta especie de similitud como la que existe entre una cierta región y su mapa geográfico. Al menos requieren una conexión del tipo que existe entre un círculo y su reflejo en perspectiva en una elipse. A cada punto de la elipse le corresponde un punto del círculo de acuerdo con una ley específica fija. El hecho de que hay una idea de las cosas en nosotros, consecuentemente, sólo significa que Dios (que de manera parecida es el origen del espíritu y de las cosas) ha dado tal poder de pensamiento a la mente humana, que ésta puede producir resultados de su propia actividad que concuerdan completamente con los resultados reales en las cosas".[1] Así que la ley funcional del movimiento también se convierten una idea que no procede de la realidad, sino que es puesta por la razón en el fundamento de la experiencia de la realidad: "en la naturaleza todo ocurre de una manera mecánica es un principio, que uno puede garantizar sólo por el pensamiento puro y nunca por la experiencia".[2]

---

[1] Gerhardt VII, 263 ss.
[2] Gerhardt V, 437, 10.

El desarrollo de la antinomia básica en la

La aparente lucha contra el nominalismo en el tercer libro de los *Nouveaux essais*

Sólo a la luz de este completo curso de pensamiento podemos entender el significado exacto de la aparente lucha de Leibniz en contra del nominalismo[1] en el tercer libro de su *Nouveaux essais sur l'entendement humain*. Debo reconocer que la lectura de este libro me hizo vacilar en mi opinión de que la posición de Leibniz podía ser calificada de nominalista. Y cuando ahora explicó mi vacilación en retrospectiva, sólo puedo encontrar el fundamento para ella en el notable arte de Leibniz de arropar su moderna concepción humanista en la guisa de la tradicional terminología de la escolástica realista. En el vivido diálogo entre Filaleto y Teófilo, el primero defiende la filosofía de Locke y el segundo la de Leibniz. La preocupación principal del diálogo es, en el final análisis, sólo mantener las verdades eternas (en el sentido logicista matemático de Leibniz de "posibilidades lógicas") en oposición a un nominalismo extremo que sostiene que todas las ideas universales son creaciones arbitrarias del lenguaje. Y, como habremos de ver posteriormente, esta última concepción no fue en ningún sentido la concepción de Locke, sino más bien la de Hobbes.

Déjeme llamar la atención al hecho de que, al principio del libro segundo, donde se plantea la pregunta concerniente al carácter de las ideas en general, el portavoz de la concepción de Leibniz establece expresamente el hecho de que la idea como objeto del pensamiento es solamente un objeto

---

[1] En este sentido, el tercer libro de los *Nouveaux essais* fue entendido en el último salvo uno edición de la *History of Philosophy* III de Ueberweg (edición revisada de Frischeischen-Köhler and Moog, p. 332).

que es inmanente al pensamiento y, como tal, es una expresión del carácter de las cualidades de las cosas.[1]

Este punto de vista es mantenido continuamente en el libro tercero, el cual trata de la entera controversia concerniente a la realidad de los universales de la manera más notable, bajo el tópico del lenguaje o las palabras. En el tratamiento de los "nombres de la sustancia" el apoyador de la propia posición de Leibniz observa que anteriormente había dos axiomas a los que se adherían los filósofos: el de los realistas y el de los nominalista. "Ambos", dice Teófilo, "son buenos, siempre y cuando uno los entienda correctamente".[2]

Las ideas simples y las de sustancia (de acuerdo con las afirmaciones del portavoz de Leibniz en el tratamiento de los "nombres de las ideas simples") no están basadas en ninguna existencia real sino que son las posibilidades del pensamiento: "il n'y auroit done rien qui oblige ces Idées d'etre fondées dans quelque existence réelle".[3] Incluso nuestros conceptos más claros y distintos no tienen ningún modelo

---

[1] Erdmann, 222: "Ph. Après avoir examine, si les Idées sont innées, considérons leur nature et leurs differences. N'est it pas vrai, que l'Idée est l'object de la pensée? Ph. Je l'avoue, pourvu que vous ajoutez, que c'est un objet immédiat interne, et que cet objet est une expression de la nature ou des qualités des choses". ["Ph. Después de haber examinado si las ideas son innatas, consideremos su naturaleza y sus diferencias. ¿No es verdad que la idea es el objeto del pensamiento?

Th. I admit it, provided that you add that it is an immediate internal object, and that this object is an expression of the properties of things"].

[2] Erdmann, p. 320.

[3] Erdmann, p. 307. [Consecuentemente, no podría haber nada que obligue a estas ideas a estar fundadas en alguna existencia real].

en la naturaleza del cual pudieran ser la copia. Ni siquiera los universales tienen tal modelo en la realidad natural.[1]

Finalmente, las esencias, las características esenciales generales de las cosas, son identificadas por Leibniz con las posibilidades lógicas o las "verdades eternas" en el pensamiento matemático creativo.[2] Examinaremos subsecuentemente este punto en detalle.

Es sólo sobre este fundamento que el defensor de la filosofía de Leibniz se opuso a la calificación de estas generalidades esenciales como símbolos arbitrarios. Las "esencias" no son imaginarias, *su realidad es la del pensamiento mismo.*

La distinción entre definiciones nominales y reales también debe ser considerada en esta conexión. Mediante ella Leibniz se opuso al nominalismo extremo.

---

[1] Ibídem, p. 320.

[2] Ibídem, "les Essences sont perpétuelles, parce qu'il ne s'y agit que du possible". p. 305: "L'essence dans le fond n'est autre chose que la possibilité de ce qu'on propose. Ce qu'on suppose possible est exprimé par la definition; mais cette definition n'est que nominale, quand elle n'exprime point en même tems la possibilité, car alors on peut douter si cette definition exprime quelque chose de reel, c'est a dire de possible, jusqu'a l'expérience vienne a notre secours pour nous faire connaitre cette réalité a posteriori, lorsque la chose se trouve effectivement dans le mond". [Las esencias son perpetuas porque no son nada más que posibilidades". p. 305: "En el fondo la esencia no es más que la posibilidad de lo que se propone. Lo que se supone que es posible es expresado por la definición; pero esta definición es sólo nominal si al mismo tiempo no expresa la posibilidad; pues de otra manera podría dudarse si esta definición expresa algo real, es decir posible, hasta que la experiencia viene en nuestra ayuda para hacernos conocer esta realidad a posteriori, cuando la cosa está realmente presente en el mundo].

De acuerdo con esta concepción nominalista, las definiciones solamente existen en una unión arbitraria de símbolos que funcionan en el pensamiento como "contadores".

Leibniz observa que esta concepción solamente comprende definiciones nominales. Una definición real debe aprehender la esencia de la cosa, esencia que es idéntica a la posibilidad lógica de la cosa definida. La definición real debe causar que conozcamos esta posibilidad a priori *descubriendo el principio lógico del origen de la cosa en cuestión.*[1]

En otras palabras, la entera lucha de Leibniz en contra del nominalismo sólo tocó el ala extrema del mismo, la cual él había rechazado en 1670. No golpeó el principio nominalista básico, a saber que las ideas (concebidas como principios estructurales esenciales de la realidad) *no poseen ninguna existencia real fuera del pensamiento.*

La metafísica de Leibniz sólo reconoció mónada reales. Las ideas pertenecen a las representaciones de éstas. Y las verdades eternas son solamente las relaciones lógicas y matemáticas virtualmente innatas que se hallan en estas representaciones, y que vienen a nuestra conciencia clara en el pensamiento matemático y metafísico.

Estas "verdades eternas ideales" no yacen en el fundamento de la realidad empírica como ideas platónicas, sino solamente como principios necesarios de origen inherentes al pensamiento matemático mismo. No son nada más que los fundamentos del ideal humanista de la ciencia en su con-

---

[1] Ibídem, p. 306, donde el defensor de la opinión de Leibniz dice de la razón que nos permite "connaitre la réalité apriori en exposant la cause ou la generation possible de la chose définie". [conocer la realidad a priori exponiendo la causa o la posible definición de la cosa definida]. Véase también ibídem, p. 138 (*Réflexions sur l'Essai de Locke*)

358   *El desarrollo de la antinomia básica en la*

cepción lógicomatemática. Es esto lo que Leibniz busca defender en contra del nominalismo naturalista de Hobbes.[1]

El punto de vista nominalista de Leibniz en su tratado concerniente al estilo filosófico de Nizolius (1670)

Esto no es una hipótesis arbitraria mía, más bien se encuentra explícitamente confirmada por el mismo Leibniz en su tratado *De Stilo Philosophico Nizoli*. Hemos visto que en esta obra adoptó con gran énfasis el partido del nominalismo moderado tal y como éste era defendido por la escuela occamiana. Y al mismo tiempo contendió contra la concepción de los universales de Nizolius.

Marius Nizolius (1489-1576), un pensador nominalista de una orientación extremadamente sensacionista, había concebido los universales como meros colectivos, en los cuales todas las cosas individuales que se hallan simbólicamente implicadas en ellos son simultáneamente comprehendidas.

Un concepto es solamente una suma abreviada de muchos individuos sensorialmente percibidos que son significados por un nombre común. Esta concepción de los universales no hace justicia al ideal humanista de la ciencia con su motivo creación: "Non vero error hic Nizolii levis est", escribe Leibniz, "habet enim magnum aliquid in recessu. Nam si universalia nihil aliud sunt quam singularium collectiones, sequetur, *scientiam nullam haberi per demonstrationem* (quod et

---

[1] Ibídem: "Il depend done pas de nous de joindre les Idées comme bon nous semble, e moms que cette combinaison ne soit justifiée ou par la raison qui la montre possible, ou par l'experience, qui la montre actuelle, et par consequent possible aussi". ["Consecuentemente, no depende de nosotros unir las ideas como nos guste, a menos que esta combinación esté justificada por la razón que muestra su posibilidad, o por la experiencia que muestra su realidad y consecuentemente también su posibilidad"].

infra colligit Nizolius) sed collectionem singularium, seu inductionem. *Sed ea ratione prorsus evertantur scientiae* et sceptici vicere".[1]

La concepción de los "universales" que Leibniz opone aquí a Nizolius es no realista por su misma naturaleza. Concibe el concepto universal como un *totum distributivum*, como una totalidad a priori comprehendida en la definición, que es independiente de la percepción sensorial de un caso particular. De acuerdo con Leibniz, la importancia real del universal ha de buscarse *en la validez universal del juicio*. Esta validez universal no está y no puede estar fundamentada en ninguna cantidad de percepciones sensoriales de casos particulares, por grande que sea, sino sólo y exclusivamente "*en la idea universal o en la definición de los términos*".

Incluso en esta etapa, esta "idea universal" es concebida en el sentido de una "definición real" en la que indicamos la posibilidad a priori de la construcción genética o del método de "creación lógica". Una definición real está fundamentada en el postulado lógico de la conformidad universal de todos los eventos a las leyes. Es el concepto humanista racionalista de ley, tal y como está implicado en el ideal matemático de la ciencia, el que es defendido aquí por Leibniz en contra del nominalismo extremo. Es este concepto de ley el que él defendió en contra de Nizolius así como en contra de Thomas Hobbes. El segundo, de acuerdo con Leibniz, había

---

[1] Erdmann, p. 70. ["Este error de Nizolius no es realmente carente de importantancia, pues encierra una gran consecuencia. Pues si los universales no son más que colecciones de individuos, entonces se sigue que la ciencia no tiene nada por demostración (lo cual es también la conclusión de Nizolius) sino solamente una colección de casos individuales o de inducción. De esta manera, sin embargo, las ciencias son completamente destruidas y los escépticos han ganado la victoria"].

incluso empezado a dudar el teorema de Pitágoras "el cual había sido digno del sacrificio de una hecatombe".[1]

La noción del alfabeto lógico y la concepción simbólica de las ideas

Todo lo que hemos dicho se hace más claro si lo vemos en contra del trasfondo de la idea de un alfabeto lógico de Leibniz, una "característica simbólica universal". Esta idea fue desarrollada primeramente por Raimundo Lulio (1235-1315). Desde el Renacimiento había sido defendida por los adherentes del ideal matemático de la ciencia. Leibniz le dio una forma primitiva en su *De Arte Combinatoria*, que escribiera en una edad temprana (1666). En el ulterior desarrollo de su pensamiento, continuamente agrandó esta concepción primitiva elaborando su descubrimiento del análisis del infinito. Su intención era crear un instrumento lógico que debiera hacer posible construir todo el conocimiento a partir de un número de elementos relativamente pequeño. El "Ars Combinatoria" consistiría entonces en determinar el número de las combinaciones posibles de los elementos lógicos simples. Contendría así el esquema requerido para responder todas las preguntas que pudiesen surgir acerca de la realidad.

En la forma primitiva en que Leibniz había desarrollado esta idea en su juventud, estaba todavía enteramente orientada a la aritmética como la teoría de la cantidad discreta. En tanto que no sea primo, todo número puede ser com-

---

[1] Erdmann, p. 71. Esto debe ser un mal entendido de Leibniz. Hobbes consideraba a la geometría como una ciencia a priori, porque las condiciones de sus construcciones dependen de nuestra voluntad. No extrajo las consecuencias destructivas de su extremo nominalismo con respecto a las matemáticas.

prendido como un producto de números primos. Para cada número es posible, sobre la base de este análisis, establecer dos números, con o sin un común divisor. Del mismo modo, los conceptos complejos deben ser primeramente ordenados en clases básicas específicas, antes de que pueda ser respondida de una manera sistemática la pregunta acerca de su mutua posibilidad de combinación.

Un juicio verdadero debiera consecuentemente presuponer que el sujeto y el predicado poseen un factor lógico común, o que el predicado está enteramente implicado en el concepto del sujeto.

El descubrimiento del análisis infinitesimal, sin embargo, condujo a Leibniz a una modificación fundamental de este criterio de verdad. En un discurso acerca de la distinción entre las verdades necesarias y las contingentes escribió que había sido el conocimiento geométrico y el análisis infinitesimal los que habían iluminado por primera vez su mente y le habían enseñado a ver que los conceptos también pueden ser sometidos a un análisis infinitesimal.[1] La verdad de un juicio no puede depender del hecho de que el predicado está enteramente implicado en el concepto del sujeto, pero depende de la pregunta de si podemos descubrir una regla general para el movimiento del pensamiento a partir de la cual podamos concluir con certeza que la distinción entre sujeto y predicado en el análisis prolongado debe tender a cero.[2] Así que la *lex continui* (el principio de continuidad descubierto en el cálculo infinitesimal) penetraba ahora en la

---

[1] *Opuscula*, p. 18.

[2] *Generales Inquisitiones de Analyse Notionum et Veritatum*, 1686, *Opuscula*, p. 374, citado por Cassirer II, 181.

idea de la matesis universal, en la cual la idea del ideal matemático de la ciencia encontraba su expresión preñada.

Los fenómenos contingentes factuales deben en el análisis prolongado aproximarse infinitesimalmente a las "verdades eternas" del pensamiento matemático. Una vez más, como Cassirer lo ha traído a la luz, la importancia central de la concepción de las ideas universales de Leibniz, como símbolos de relaciones reales, se revela ella misma en este contexto. La realidad empírica no puede ser aprehendida de una vez por el pensamiento matemático. Sólo es posible aproximarse a ella en símbolos continuamente más perfectos, en el proceso de una transición metódica continua desde las bases más simples de la realidad empírica hasta las más complicadas: "No es un accidente", observa Ernesto, "lo que nos impele a sustituir las relaciones conceptuales mediante relaciones 'simbólicas'; pues en esencia los conceptos mismos no son más que símbolos más o menos perfectos por virtud de los cuales tratamos de obtener compenetración en la estructura del universo".[1]

Esto concuerda con la concepción de Leibniz, siempre y cuando uno no interprete la función simbólica de las ideas en el sentido nominalista extremo.[2] En Leibniz las ideas tienen su fundamento en un orden matemático del pensa-

---

[1] *Op. cit*, p. 187: "Es ist kein Zufall der uns dazu drängt die Verhältnisse der Begriffe durch Verhältnisse der 'Zeichen' zu ersetzen; sind doch die Begriffe selbst ihrem Wesen nach nichts anderes als mehr oder minder volkommene Zeichen, kraft deren wir in die Struktur des Universums Einblick zu gewinnen suchen".

[2] Una vez más Leibniz combatió esta concepción nominalista extrema en su obra temprana *Dialogus de connexione infer res et verba, et veritatis realitate* (1677), Erdmann, pp. 76ss.

miento, el cual en su hipostasiación como el pensamiento del intelecto arquetipo es la esfera de las *"verités éternelles"*.

§4 LOS ASPECTOS MODALES DE LA REALIDAD COMO MODOS DEL PENSAMIENTO MATEMÁTICO

La idea básica trascendental de Leibniz no es concebida en un sentido idealista objetivo como en la metafísica realista de Platón, Aristóteles y Tomás de Aquino. Porta la (ya no medieval) estampa nominalista del idealismo subjetivo que busca su punto arquimediano en el "cogito". Aquí no encontramos un realismo de ideas sino una hipostasiación de individuos. Las mónadas no son meramente hipóstasis del número diferencial y nada más. Como hemos visto, son pensadas como puntos de fuerza animados y percipientes, como espejos subjetivos del universo. El pensamiento matemático creativo es deificado en la "mónada central". Consecuentemente, cuando en su monadología Leibniz atribuye realidad a las "essentiae" o "possibilitates" o "verdades eternas" en el pensamiento divino, incluso esto no ha de ser entendido en un sentido realista. Pues debemos recordar, una y otra vez, que en Leibniz el pensamiento divino no es más que pensamiento creativo en el sentido del ideal matemático de la ciencia. Es pensamiento creativo en el que coinciden la posibilidad matemática y la realidad.[1] Aquí la dife-

---

[1] *Monadologie* 43 y 44 (Erdmann, p. 708) : "Il est vrai aussi qu'en Dieu est non seulement la source des existences mais encore celle des essences, en tant que réelles, ou de ce qu'il y a de reel dans la possibilité. C'est parce que l'entendement de Dieu est la Region des vérités éternelles, ou des idées dont elles dependent, et que sans lui ii n'y auroit rien de reel dans les possibilités, et non seulement rien d'existant, mais encore rien de possible. Cependant it faut bien que s'il y a une réalité dans les Essences ou possibilités, ou bien dans les vérités éternelles, cette réalité soit fondée en

rencia radical entre la concepción leibniziana y la platónica de las ideas eternas debiera ser obvia para todos. El motivo creación en el pensamiento matemático absolutizado es enteramente extraño a la concepción realista platónica del divino *nous* como demiurgo que da forma a una materia siguiendo el patrón de las ideas eternas.[1] El motivo creación en la concepción de Leibniz es la secularización humanista de la concepción cristiana con su confesión de la soberanía de Dios como creador. En la idea básica trascendental

---

quelque chose d'existant et d'actuel, et par consequent dans l'existence de l'Etre nécessaire, dans lequel l'essence renferme l'existence, ou dans lequel it suffit d'être possible pour etre actuel". [También es verdad que en Dios no está solamente la fuente de las existencias sino, además, la de las esencias, en tanto que son reales, o de aquello que es real en la posibilidad. Esto se debe al hecho de que el entendimiento de Dios es el ámbito de las verdades eternas o de las ideas de las que dependen, y que sin esto no habría nada real en las posibilidades, y no solamente nada existente sino tampoco nada que sea posible.

Sin embargo, si hay una realidad en las esencias o posibilidades, o en otras palabras en las verdades eternas, esta realidad debe estar fundada necesariamente en algo existente y real, y consecuentemente en la existencia del ser necesario en el que la esencia incluye la existencia, o en lo que es suficiente que sea posible para ser real].

[1] Es verdad que en su famoso diálogo *República* 509b Platón parece decir que los *eidè* se originan en la ἰδέα τοῦ ἀγατοῦ (la Idea del bien) y que en 597b se dice que el θέος (la deidad) como demiurgo es el origen del εδος o de una cama (κλίνε).

Sin embargo, esto no debe ser entendido en sentido de una creación divina del κόσμος ὁρατός (el mundo fenoménico). Incluso en el *República* la mente divina (νοῦς) es solamente concebida como el origen de las *formas* eternas, nunca de la "*materia.* Además, en los diálogos posteriores la concepción del divino *Nous* como origen de las formas externas (εἰδὲ) es abandonada. Véase mi *Reformation and Scholasticism in Philosophy*, vol. I (el preludio griego), pp. 231ss y p. 361 (la concepción del *Timeo*).

de Leibniz la totalidad de significado es buscada en el pensamiento matemático libre. Esto corresponde el ideal matemático de la ciencia, cuyo dominio había sido extendido por el cálculo infinitesimal. Los diferentes aspectos modales de la realidad temporal son concebidos como modos de un orden matemático, y la lex continui mantiene la coherencia de significado entre estos aspectos.

Es extremadamente interesante seguir la aplicación de esta idea básica trascendental en la epistemología de Leibniz, la estética, la ética y la teología.

Fenómeno y noúmeno en la metafísica de Leibniz: "verités de raison" y "verités de fait". El idealismo matemático de Leibniz

El universo en la representación de las mónadas es un *fenómeno* sensorial, en tanto que esta representación no ha adquirido la claridad del concepto matemático que está orientado al cálculo infinitesimal.[1]

En su armonía mutua preestablecida como los diferenciales metafísicos del pensamiento matemático, las mónadas representantes son la raíz de la realidad, el *noúmeno*.[2] Y, al mismo tiempo, en tanto que pertenecen a las mónadas

---

[1] El pronunciamiento de Leibniz concerniente al fenómeno es característico: "Nihil aliud de rebus sensibilibus aut scire possumus, aut desiderare debemus, quam ut tam inter se, quam cum indubitatis rationibus consentiant... *Alia in illis veritas aut realitas frustra expetitur, quam quae hoc praestat.* (Phil. Schr. hrg. von Gerhardt, IV, S. 356, citado por Cassirer *Erkenntnisproblem* I, 410, nota 1). [Por lo que concierne a las cosas perceptibles, ni podemos saber ni debiéramos desear nada excepto que estén de acuerdo tanto entre sí mismas como con fundamentos indudables... es vano buscar en ellas otra verdad o realidad que la que esto provee].

[2] *Nouveaux Essais*, Libro IV (Erdmann, p. 346): Il faut considérer... que tout amas réel suppose des Substances simples ou des Unités reélles et

espirituales, son los individuos autárquicos del ideal de la personalidad.

Este contraste entre el noúmeno y el fenómeno (el cual es relativizado por la lex continui) tiene una conexión muy estrecha con la distinción de Leibniz entre las "vérités de raison" y las "verités de fait". Las "vérités de raison" son verdades necesarias eternas. La "vérités de fait" son verdades contingentes determinadas por los fundamentos fácticos y las consecuencias temporales. Los primeros son de una naturaleza puramente nouménica; deben su origen exclusivamente al pensamiento puro. Por ende, son verdades analíticas. Descansan entera y exclusivamente sobre la ley lógica básica de no contradicción como norma de posibilidad lógica. En una línea racionalista, los juicios matemáticos se tornan con ello analíticos. En esto se hace evidente que Leibniz no era consciente de la síntesis intermodal de significado en su supuesto punto arquimediano.

Las verdades fácticas contingentes son de un carácter empírico. No permiten que el pensamiento humano finito las deduzca de verdades eternas. Sólo pueden ser establecidas por el pensamiento en confrontación con la experiencia sensorial. Los juicios en los que son formuladas están some-

---

quand on considère encore ce qui est de la nature de ces unites reélles, c'est a dire la perception et ses suites, on est transféré pour ainsi dire dans un autre monde, c'est a dire dans le monde intelligible des Substances, au lieu qu'au paravant on n'a été que parmi les phénomenes des sens". [Ha de ser considerado que todo compuesto real supone sustancias simples o unidades reales. Y cuando, en adición, uno considera lo que pertenece a la naturaleza de estas unidades reales, a saber la percepción y sus efectos, uno es, por así decirlo, transferido a otro mundo; es decir al mundo inteligible de las sustancias, mientras que antes solamente estaba entre los fenómenos sensoriales].

tidos al *principium rationis sufficientis*, al cual Leibniz le atribuyó un significado causal natural científico. En la deidad, la mónada central, este entero contraste entre "vérités de raison" y "vérités de fait" desaparece completamente. Pues la deidad, como pensamiento creativo absoluto (arquetipo intelectual), es capaz de lograr el análisis matemático infinito de la realidad y este análisis hace evidente la necesidad metafísica o eterna de las "vérités de fait".

Spinoza y Leibniz. La erradicación de la distinción entre verdades necesarias y contingentes en Wolff

Spinoza[1] tenía una concepción geométrica de la raíz del cosmos. De ella concluyó que, como modos dentro de los dos atributos (pensamiento y extensión) de la única sustancia (la divinidad), todas las cosas deben ser entendidas como una consecuencia matemática eterna, derivada de la esencia de la deidad.

Debido a que la investigación empírica no incrementaría nuestro conocimiento de verdades geométricas eternas e inmutables, Spinoza intenta excluir los cambios empíricos de las cosas de su ideal matemático de la ciencia.

Sobre la base de su monadología y epistemología, la cual tendió un puente entre empirismo y racionalismo, Leibniz

---

[1] No juzgaré aquí la cuestión de si Spinoza en realidad pertenece o no a la cohorte de la filosofía humanista. Es cierto que la investigación documentada de S. von Dunis Borkowsky en su obra *Spinoza* ha arrojado nuevas dudas sobre la interpretación cartesiana humanista del sistema de Spinoza. El rasgo místico religioso de su pensamiento sin lugar a dudas no es cartesiano. La interpretación mística prevalece en el nuevo espinozismo holandés del siglo XX, en oposición a la interpretación racionalista espinozista del siglo XIX Van Vloten.

rechazó esta consecuencia en oposición consciente a Spinoza.

El popularizado de Leibniz, Christian Wolff, ya no entendió el carácter inventivo o "creativo" de la lógica matemática
cartesiana y leibniziana. Wolff nuevamente redujo el *principio de razón suficiente* al lógico *principium contradictionis* y con
ello abolió la distinción entre verdades "necesarias" y "contingentes". Al hacerlo, Wolff entretanto solamente extrajo
una consecuencia que se hallaba oculta en la teología humanista de Leibniz. De acuerdo con Leibniz, las verdades
"eternas" o "metafísicas" se hallan vagamente presentes en
las *"petites perceptions"* de las mónadas materiales. Y se hallan escondidas en el alma humana como representaciones
"inconscientes" que, en las apercepciones, se convierten en
conceptos claros y distintos. Estos últimos no son, como Locke supuso, ellos mismos derivados de la experiencia sensorial. Más bien están inicialmente contenidos en la experiencia como un a priori lógico, del cual gradualmente nos hacemos conscientes.

En la mente humana, las "verdades contingentes", cuyo
descubrimiento descansa en la experiencia sensorial, de este
modo se convierten en un paso preliminar a las verdades
matemáticas eternas. Es así que la idea básica trascendental
de Leibniz contiene desde luego una idea matematicista del
Origen.

De acuerdo con Leibniz, el aspecto psíquico sensorial de
la realidad es solamente una expresión fenoménica de las
eternas relaciones matemáticas de pensamiento. Ninguna
otra realidad más que esta puede ser significativamente atribuida a él.

Y lo mismo es verdadero de los restantes aspectos modales de la realidad cósmica. Incluso el aspecto estético extraído bajo el denominador básico del pensamiento matemático: "la música nos encanta", escribe Leibniz en sus *Principes de la Nature et de la Grâce*, "aunque su belleza no consiste más que las proporciones de números y en el cálculo (del cual somos inconscientes pero el cual no obstante es llevado a cabo por el alma) de las vibraciones de los objetos sonoros que se encuentran en intervalos fijos. Los placeres que el ojo encuentra en las proporciones son de la misma naturaleza: y aquellos que son causados por los otros sentidos vendrán a ser algo como ellos, aunque no seamos capaces de explicarlos con tanta claridad".[1]

El hombre se eleva por encima del animal por virtud de su libertad racional. Ésta es obtenida por el entendimiento lógico de las representaciones adecuadas de las otras mónadas, y por la compenetración en la armonía preestablecida como el orden racional, la cual ubica al individuo en una coherencia universal con todos los otros individuos. El fruto moral de esta iluminación de la conciencia sería el amor (pietas), el cual incluye la apreciación del bien de nuestros prójimos como nuestro propio bienestar.

---

[1] Erdmann, p. 717/8: "La Musique nous charme, quoique sa beauté ne consiste que dans les convenances des nombres, et dans le compte, dont nous ne nous apercevons pas, et que l'âme ne laisse pas de faire, des battements ou vibrations des corps sonnans, qui se reneontrent par certains intervalles. Les plaisirs que la vue trouve dans les proportions, sont de la même nature; et ceux que causent les autres sens, reviendront à quelque chose de semblable, quoique nous ne puissons pas l'expliquer si distinctement".

§5 LA ANTINOMIA BÁSICA EN LA IDEA BÁSICA
TRASCENDENTAL HUMANISTA EN SU TIPO MATEMÁTICO
IDEALISTA Y LA RELACIÓN DE ESTE TIPO CON LA
COSMOVISIÓN OPTIMISTA

La teodicea con su aparente reconciliación entre los ideales de la ciencia y la personalidad. El optimismo de Leibniz

Esta metafísica humanista fue coronada con una teodicea racionalista, una justificación del gobierno del mundo por Dios mediante una reconciliación de la realidad del mal (con sus leyes mecánicas y depravación moral) y el ideal ético del hombre moderno: la perfección y la libre autodeterminación del individuo.

Aquí Leibniz concentró el tremendo poder de su intelecto en un intento por resolver la continuamente intensificada antinomia entre el ideal matemático de la ciencia y el ideal de la personalidad. Éste es el mismo motivo que yacía escondido en su teodicea. Y este intento es el que yacía tras la formal reconciliación escolástica de las *"causae efficientes"* y *"causae finalis"* en el plan divino del mundo. Yacía tras las especulaciones concernientes a la relación entre la posibilidad metafísica y la lógica, la realidad empírica y la necesidad matemática. Y el optimismo radical expresado por ella es típico de la fe de la entera "Ilustración" en la unidad final de estos factores antagónicos en la idea básica trascendental humanista. Tipifica la fe en que, finalmente, el pensamiento científico habría de liberar a la humanidad.

Pero no fue antes del gran progreso del pensamiento matemático, debido al descubrimiento por Leibniz del análisis infinitesimal, que esta fe optimista podía encontrar su "justificación filosófica". En Hobbes todavía estaba en abierta contradicción con su concepción "científica pesimista" de la naturaleza humana.

En la *Teodicea* de Leibniz la antinomia intrínseca entre el ideal de la ciencia y el de la personalidad estuvo dispuesta en la forma escolástica del contraste entre naturaleza y gracia.

La reconciliación entre estas dos esferas. Su identidad más profunda, como la llamara Leibniz, se buscó en el pensamiento matemático creativo de la deidad. Ésta utilizaba en su creación del mundo las posibilidades metafísicas para elegir la realidad que, a la luz del ideal humanista de la personalidad, parecía como la mejor y, por lo tanto, como la que era éticamente necesaria. No mucho después, Kant redujo las categorías metafísicas leibnizianas de posibilidad, realidad y necesidad a categorías trascendentales de la modalidad, las cuales están estrictamente vinculadas a la experiencia sensorial de los fenómenos naturales. Esto implica que el ideal matemático de la ciencia había perdido su primacía en Kant; también marcó el fin del optimismo racionalista de la filosofía de la "Ilustración".

La engañosa formulación de la tensión polar entre el ideal de la ciencia y el de la personalidad en la terminología de la doctrina cristiana de la fe

Al leer los *Essais sur la Bonté de Dieu, la liberté de l'Homme et l'Origine du Mal,* da la impresión en primera instancia de que el pensador alemán en realidad está ocupado con las dificultades que surgen en la dogmática cristiana, cuando formula la doctrina de la soberanía de Dios como creador, su eterna predestinación y el pecado original del hombre, y al mismo tiempo mantiene la responsabilidad personal y la culpa del hombre.

En la primera parte de los *Essais*, Leibniz divide estas dificultades en dos clases: la primera se origina en la libertad del hombre que parece ser incompatible con la omnipotente naturaleza divina; la segunda se ocupa del gobierno de Dios: incluso si el hombre fuese libre en sus acciones, una predestinación eterna parecería imputar al divino creador una porción demasiado grande de la responsabilidad por la existencia del mal, tanto físico como moral.

Extremadamente engañosa en esta entera formulación del problema es el hecho de que a la luz de la idea de Dios de Leibniz el problema adquiere un sentido que es absolutamente diferente del que posee en la doctrina cristiana.

Uno solamente necesita recordar que esta idea de Dios es en esencia sólo la hipóstasis final del pensamiento matemático creativo: el cosmos existente es solamente la elección realizada de entre una infinita posibilidad de mundos y tal elección exige una causa racional: "la causa del mundo debe haber tenido consideración o relación con todos estos mundos posibles para determinar uno de ellos. Y esta consideración o relación de una sustancia existente a las posibilidades simples no puede ser sino el entendimiento que tiene de las ideas de ellos; y determinar una de ellas no puede ser más que el acto de la voluntad que elige. Y ésta es el poder de esta sustancia lo que hace que la voluntad sea eficiente".[1]

En otras palabras, la sustancia divina es el pensamiento matemático creativo que en sí mismo está solamente vin-

---

[1] Erdmann, p. 506: "Il faut que la cause du Monde ait eu égard ou relation a tous ces Mondes possibles; pour en determiner un. Et cet égard ou rapport d'une substance existante à de simples possibilités, ne peut être autre chose que entendement qui en a les idées; et en eterminer une, ne peut être autre chose que l'acte de la volonté qui choisit. Et c'est la puissance de cette substance, qui en rend la volonté efficace".

culado con las "vérités eternelles". La voluntad y el poder pertenecen a la esencia de este pensamiento como origen creador del cosmos.

Esta hipóstasis final del ideal matemático de la ciencia entraba ahora en colisión con el postulado del ideal de la personalidad. Entró en colisión con la autárquica libertad autosuficiente y absoluta de las mónadas espirituales finitas y con el postulado de la felicidad y perfección del hombre, que mediante el puro pensamiento debía de participar de este bien.

La solución aparente a esta antinomia es elaborada por el mismo pensamiento matemático en las especulaciones concernientes a la relación metafísica entre posibilidad, realidad y necesidad, y en la síntesis entre "naturaleza" y "gracia".

Para entender el decurso del argumento de Leibniz tal y como está relacionado con la idea básica trascendental de su idealismo matemático, es necesario retornar por un momento a su descubrimiento del cálculo diferencial e integral. Este descubrimiento, de acuerdo con el propio testimonio de Leibniz, está conectado con los fundamentos más básicos de toda su filosofía.

La antinomia básica en la idea trascendental humanista asume en Leibniz la forma matemática de la antinomia del infinito actual

La antinomia básica en la idea cosmonómica humanista en la metafísica de Leibniz fue formulada como si fuera un problema matemático. Fue formulada como la reducción del carácter discreto de las mónadas (a las cuales se había retraído el ideal individualista de la personalidad) a la continuidad del ideal de la ciencia matemáticamente comprendido y viceversa.

La antinomia matemática del infinito en acto se esconde en el concepto metafísico de la mónada.

El número diferencial es en realidad sólo aproximativo. Deriva toda su definición exclusivamente del principio de la progresión. Pero, como infinitesimal, nunca puede poseer una existencia en acto. Leibniz mismo ha señalado constantemente el origen meramente metodológico de su concepto del infinitesimal.[1]

Visto matemáticamente, el infinitesimal en Leibniz no es la parte más pequeña de la materia espacial. Esto se imaginó en el atomismo de Gassendi, pero esta concepción, a la que primeramente se había adherido el mismo Leibniz, era intrínsecamente contradictoria.[2] El infinitesimal debe ser visto como una ὑπ'οτεσις ideal para el proceso matemático de pensamiento en el que la realidad es creada como una coherencia lógicamente continua —que es su *esencia nouménica*.

En la faz de la realidad empírica, el diferencial es una ficción matemática. No posee ninguna existencia individual fáctica. En una carta a Johann Bernoulli, Leibniz característicamente lo expresó como sigue: "el diferencial no está presente en las partes de la materia. Su lugar se halla en los

---

[1] Cassirer II, 155ss.

[2] "Mais les atomes de matière sont contraire à la raison: outre qu'ils sont encore composés de parties; puisque l'attachement invincible d'une partie à l'autre, (quand on le pourrait concevoir ou supposer avec raison) ne détruiroit point leur diversité", *Systeme Nouvelle* 11 (Erdmann, p. 126) [Pero los átomos de materia son contrarios a la razón —sin considerar que todavía están compuestos de partes— porque el apego invencible de una parte a la otra (si uno pudiese concebirlo o suponerlo razonablemente) no destruiría su diversidad].

terrenos ideales a través de los cuales las cosas son reguladas como a través de sus leyes".

No obstante, la metafísica de Leibniz elevó el diferencial a realidad en acto en el concepto de mónada. Su metafísica necesitaba esta hipóstasis para reconciliar el ideal de la ciencia con el todavía individualistamente concebido ideal de la personalidad.[1]

Ahora el principio logicista de continuidad debe, en el análisis final, entrar en conflicto con el carácter discreto de las mónada. Ésta es la antinomia intrínseca al idealismo matemático de Leibniz, en el que él deseaba superar el naturalismo tanto como el dualismo.

Esta antinomia adquirió un significado religioso humanista. En su teodicea el infinito en acto de las mónadas cósmicas (como diferenciales) debe ser finito en contraste con el de la mónada divina (el análisis infinito del pensamiento matemático creativo divino). Y su imperfección y el mal metafísico del mundo se halla en esta finitud. El cosmos sólo es

---

[1] Cómparese con *Réflexions sur l'essai de Locke* (Erdmann, p. 138): "... ainsi le veritable infinii ne se trouve point dans un tout composé de parties. Cependant it ne laisse pas de se trouver ailleurs, savoir dans l'absolu, qui est sans parties, et qui a influence sur les choses composées, parce qu'elles résultent de la limitation de l'absolu.

Donc l'infini positif n'etant autre chose que l'absolu, on peut dire qu'il y a en ce sens une idée positive de l'infini, et qu'elle est antérieure a celle du fini". [... consecuentemente, el infinito verdadero no ha de encontrarse en una totalidad compuesta de partes. Sin embargo, se encuentra en otro lado, a saber en el absoluto, el cual es sin partes y tiene influencia sobre las cosas compuestas porque éstas resultan de las limitaciones del absoluto.

Consecuentemente, debido a que el infinito positivo no es más que el absoluto, uno puede decir que en este sentido hay una idea positiva del infinito, y que esta idea precede a la de lo finito].

posible en un sentido lógico metafísico si consiste de tales seres finitos y, por lo tanto, imperfectos.

El "mal metafísico" como una verdad necesaria eterna en el pensamiento matemático creativo

Las mónadas *deben* ser sustancias finitas que son autárquicas con respecto entre sí. *Deben estar* confinadas dentro de sus propias fronteras. Pues, si esto no fuese el caso, todo en el cosmos fluiría conjuntamente en una totalidad informe. Esto sólo puede ser evitado por el carácter discreto finito de las mónadas. Las mónadas almas espirituales participan del pensamiento matemático y, como tales, junto con la deidad, constituyen una parte de la *civitas Dei*. Con respecto a ellas observa Leibniz que, si no estuvieran limitadas, al menos en tanto que encuentran un límite definido para el análisis matemático en las percepciones sensoriales, cada una de ellas sería la deidad ilimitada.[1] Tomando en cuenta su participación en la razón matemática, sin embargo, la mónada espiritual finita es solamente "une petite divinité dans son département"[2] (una pequeña deidad en su departamento).

El mal metafísico en el cosmos −*i.e.* la limitación discreta y finitud de las mónadas creadas− es *necesario*, si ha de ser *posible* un cosmos. De este modo, "el origen metafísico del mal" se deriva del mismo análisis matemático creativo: el origen del mal se halla en las verdades eternas del pensamiento matemático.[3]

Es extremadamente interesante observar el fundamento sobre el cual Leibniz rechaza la concepción de la filosofía

---

[1] *Théodicée*, Parte I, 64 (Erdmann 520): " Fame serait une Divinité, si elle n'avoit que des perceptions distinctes".

[2] *Monadologie* 83 (Erdmann 712).

[3] *Théodicée*, Parte I, 20 (Erdmann 510).

antigua que buscaba el origen del mal en la "materia". El fundamento de este rechazo es que los antiguos vieron la materia como increada e independiente de Dios.[1]

Esta concepción se halla en conflicto con el motivo creación en el ideal matemático de la ciencia de Leibniz, el cual aquí claramente exhibe su secularización del motivo bíblico de la creación. La causa del mal debe también ser derivada en un sentido metafísico de Dios, como pensamiento absoluto, vinculado a las *"vérités eternelles"*. Incluso la materia sensorial es racionalizada por el análisis del infinito completado en la mente divina.

La mónada espiritual humana está limitada en su pensamiento, no es omnisciente, y por lo tanto puede errar al pensar y caer en fallas morales.

El mal metafísico como la raíz del mal físico y moral (¡el pecado!)

Leibniz distingue el mal en un sentido físico y moral del mal metafísico. El mal físico consiste de sufrimiento y el mal moral es "pecado".

---

[1] *Théodicée*, Parte I, 20 (Erdmann 510): "Les Anciens attribuoient la cause du mal a la matiére, qu'ils croyoient incréée et indépendante de Dieu; mais nous qui dérivons tout Être de Dieu, ou trouverons-nous la source du mal? La réponse est, qu'elle doit etre cherchée dans la Nature ideate de la creature, autant que cette Nature est renfermée dans les vérités éternelles qui sont dans l'entendement de Dieu, indépendant de sa volonté". ["Los antiguos atribuyeron la causa del mal a la materia, la cual pensaron que era increada e independiente de Dios; pero nosotros, que deducimos todo ser de Dios, ¿dónde habremos de enconrrar la fuente del mal? La respuesta es que ha de ser buscada en la naturaleza ideal de la criatura, en tanto que esta naturaleza está incluida en las verdades eternas que se hallan en el entendimiento de Dios, independientemente de su voluntad"].

El mal físico y moral no son necesarios, como lo es el mal metafísico. Pero, debido a las verdades eternas, ellos son *posibles*. Y eso es suficiente para explicar su origen. Son una consecuencia posible de la imperfección metafísica necesaria. Y la segunda no es en sí mismo nada positivo; es una privación, una mera carencia de perfección.

La causa metafísica del mal no es una *causa efficiens*, sino una *causa deficiens*, de acuerdo con la fórmula escolástica de Leibniz. Y la actividad de Dios está dirigida solamente hacia lo positivo, hacia la perfección y el bien.

Es verdad que el mal físico y moral no son *necesarios* en sí mismos. Pero son una *conditio sine qua non* negativa para la realización del bien. Esta bien se manifiesta físicamente como placer, y éticamente como libertad de la personalidad. Y, debido a esta libertad, la segunda es un miembro del "Reino de la Gracia", la *société de la raison*". Un cosmos sin sufrimiento físico y pecado hubiera sido posible, pero entonces sería muy inferior al que ahora existe. Tal cosmos no dejaría ningún lugar a la personalidad racional libre del hombre, ni para una unión orgánica de alma y mónadas materiales, *i.e.* una unión del cuerpo y el alma bajo la dirección del segundo como mónada central. Y esto sería una deficiencia, porque en este caso la continuidad en las especies de sustancias no se actualizaría, y una violación del principio de continuidad implicaría un "vacuum formarum".[1]

Cómo intento resolver Leibniz el mal metafísico en la continuidad del análisis matemático infinito

Ergo, la libertad moral de la personalidad es requerida por el principio de continuidad del ideal matemático de la cien-

---

[1] *Théodicée*, Parte I, 13 (Erdmann 507).

cia. Y el mismo principio de continuidad requiere del mal físico y moral porque la imperfección relativa, como está implicada en la diversidad gradual de claridad en las representaciones de las mónadas, es un prerrequisito para la cada vez mayor perfección en el orden matemático de desarrollo del cosmos.

El mal físico y moral posee realidad empírica pero no metafísica: ellos pertenecen a las representaciones oscuras, sensorialmente confundidas.

El análisis del universo es logrado *uno intuito* en el pensamiento matemático creativo de la deidad. Por lo tanto, en la infinidad actual de este análisis, el mal individual de las mónadas desaparece en la relativa perfección del cosmos total, y éste es concebido en la continuidad aespacial del pensamiento matemático creativo. El reino de la naturaleza, del "fenómeno", es idéntico en su raíz al reino de la gracia, el mundo inteligible del concepto claro y distinto. Las "*causae efficientes*" son llevadas a una correspondencia perfecta con las "*causae finales*" por la "*harmonia praestabilita*". Son llevadas a una armonía completa con las *appetitions* en la transición continua de las representaciones de cada mónada. Y estas appetitions se originan en la naturaleza metafísica de las mónadas y tienen como meta la realización del bien y el mal.

De este modo Leibniz intenta resolver teológicamente la antinomia básica en su idea básica trascendental entre el ideal de la ciencia y el de la personalidad.

Pero, a pesar de este ingenioso diseño, este intento estaba condenado a fracasar. En su *Teodicea* Leibniz se enredó en constantes contradicciones. Por un lado, hizo que el mal metafísico individual fuese algo lógicamente negativo, *i.e.* una mera carencia de análisis puro y, por la otra, lo elevó como la *conditio sine qua non* para la realidad metafísica de la perfección, *i.e.* el bien del cosmos.

Es así que que el finito carácter discreto de las mónadas, como los diferenciales metafísicos del cosmos, se convirtió tanto en la realidad metafísica actual como en una negación lógica.

Incluso en su forma metafísica el concepto del infinito actual continúa siendo intrínsecamente *antinómico*. La continuidad del movimiento del pensamiento debe necesariamente romperse a través del carácter discreto de las mónadas y, viceversa, el carácter discreto de las mónadas debe necesariamente contradecir la lex continui.

Leibniz y Bayle

El problema básico en la teodicea de Leibniz es, como vimos, el de la reconciliación entre el ideal humanista de la ciencia y el de la personalidad. Esto es todavía más evidente cuando recordamos que la voluminosa y popular obra teológica de Leibniz estuvo directamente apuntada en contra de Peter Bayle. Mediante sus argumentos escépticos en contra del cogito cartesiano y los axiomas matemáticos, el segundo había socavado los mismos fundamentos del ideal matemático de la ciencia.

La doctrina nominalista de Bayle de los dos tipos de verdad[1] abrió una fisura absoluta entre la fe cristiana y la razón natural. Esta concepción no le interesaba a Leibniz de-

---

[1] Uno puede decir, con respecto a la intensificación de la antítesis entre la fe cristiana y el ideal humanista de la ciencia, que Bayle desempeñó un papel similar al que Guillermo de Occam había jugado en la perturbación de la fe cristiana y la metafísica aristotélica, e incluso más fuertemente el averroísta Sígero de Brabante. Bayle desnudó esta antítesis en su forma

bido a su preocupación con el carácter absoluto de la religión cristiana. De hecho, él siempre concibió los "dogmas de fe" cristianos como verdades contingentes, vinculadas a la representación sensorial. ¡El pensamiento matemático debe transformarlas en verdades matemáticas metafísicas eternas de la religión de la razón! Fue desde luego un aspecto muy diferente del escepticismo de Bayle lo que perturbaba a Leibniz.

En su escéptica actitud hacia el ideal cartesiano de la ciencia, Bayle desde luego concedió primacía al ideal de la personalidad en la razón natural, la así llamada "razón práctica". Había tratado de mostrar que los mandamientos morales no derivan su valor intrínseco de la religión cristiana sino de una "razón práctica humana". Con ello "la razón práctica" había sido completamente emancipada del ideal humanista de la ciencia.

Bayle consideraba a la religión cristiana como independiente de la razón humana, o más bien en conflicto abierto con ella. Se había opuesto tajantemente a la idea de una "*Vernunftreligion*". Su intención había sido retener un lugar para la religión cristiana en el "corazón". Esto sólo podía parecerle a Leibniz una blasfemia en contra de la razón soberana.[1] Escribió su *Teodicea* para poner al ideal de la persona-

---

más tajante; aceptó que había un conflicto positivo entre la fe cristiana y el pensamiento humanista.

[1] Esto pone continuamente en evidencia Leibniz en su polémica con Bayle. Compare con *Theodicy* III, 353 (Erdmann 606) donde ataca a Bayle como sigue: " l'1 s'accommodoit de ce qui lui convenoit pour contrecarrer l'adversaire qu'il avoit en tête; son but n'étant que d'embarrasser les Philosophes, et faire voir la foiblesse de notre Raison: et je crois que jamais Arcésilas ni Carnéade n'ont soutenu le pour et le contre avec plus d'éloquence et plus d'esprit". [Se armó de lo que le convenía para atacar

382 El desarrollo de la antinomia básica en la

lidad nuevamente bajo el dominio del ideal matemático de la ciencia. Deseaba reducir la religión cristiana nuevamente a la función inferior de una "religión de la razón".

Pero las extremadamente refinadas antinomias que yacían escondidas en la altiva metafísica de Leibniz, y que pueden ser rastreadas a la antinomia fundamental en la idea básica trascendental de pensamiento humanista, iban pronto a ser sometidas al escrutinio de la *Crítica de la razón pura* de Kant para romper la primacía del ideal de la ciencia en su misma raíz.

---

al adversario que tenía a la vista; pues su meta era solamente la de confundir a los filósofos y mostrar la debilidad de nuestra razón: y creo que ni Arcesilao ni Carneades han jamás defendido el pro y el contra con más elocuencia e ingenio"].

Y especialmente el introductorio *Discours de la conformité de la foi avec la Raison*, 71-82. Véase el número 81: " Mr BAYLE poursuit: "qu'il faut alors se moquer de ces objections, en reconnoissant les bornes étroites de l'esprit humain. Et moi, je crois que bien loin de-là, il y faut reconnoitre des marques de la force de l'esprit humain, qui le fait pénétrer dans l'intérieur des choses"'. [El señor Bayle continúa: 'que uno debiera burlarse de esas objeciones, cuando uno reconoce los estrechos límites de la mente humana'. Y yo creo, por el contrario, que uno debiera reconocer en estas objeciones marcas del poder de la mente humana que le hace penetrar en el mismo interior de las cosas].

CAPÍTULO III

EL IDEAL DE LA PERSONALIDAD Y EL IDEAL DE LA CIENCIA EN LA TRANSICIÓN CRÍTICA HACIA LA PRIMACÍA DEL IDEAL DE LA PERSONALIDAD

§1 La inflexión psicológica en el ideal de la ciencia y su idea trascendental de origen

El dualismo matemático racionalista, el naturalismo mecánico racionalista y el idealismo matemático racionalista mostraron ser los tipos principales en los que la idea básica trascendental del pensamiento humanista fue especificada durante la primera fase de su desarrollo desde el surgimiento del nuevo ideal de la ciencia. Éste había construido una nueva metafísica y fue en la matriz de esta metafísica que se hizo manifiesta la tensión dialéctica entre los motivos naturaleza y libertad.

Mientras se mantuvo la primacía del ideal matemático de la ciencia, no tuvo sentido oponer el racionalismo al empirismo. Hobbes fue sin duda un empirista en el sentido epistemológico. No obstante, su empirismo fue de una estampa extremadamente racionalista, pues concebía el proceso de conocimiento mismo en términos de las leyes mecánicas del movimiento.

La inflexión psicológica en el ideal de la ciencia en el empirismo desde Locke

Desde Locke, sin embargo, el empirismo provocó una inflexión psicológica en el ideal de la ciencia. No obstante que éste retuvo su primacía, la inflexión hacia el psicologismo fue altamente significativa. El ideal de la ciencia empezó a liberarse, en un sentido epistemológico, de la metafísica. Ya no buscó su(s) común(es) denominador(es) para los diferentes aspectos de la realidad en uno o dos conceptos metafísicos de sustancia. Lo buscó ahora dentro del aparato funcional del conocimiento humano mismo, y al menos su tendencia interna fue la de buscarlo en las solas funciones psíquicas del sentimiento y la sensación.

La "sustancia", la "Ding an sich", se convirtió en el X epistemológico, el trasfondo desconocido e incognoscible del "mundo empírico" que está dado solamente en las impresiones psíquicas y en las percepciones.

De acuerdo con la relación sujeto-objeto en el aspecto psíquico de la experiencia humana, ha de distinguirse un mundo externo, dado solamente en las sensaciones subjetivas, y un mundo interior de las operaciones subjetivas de la mente que han de ser *psíquicamente percibidas* en la así llamada "reflexión" o "el sentido interno" solamente.[1] De acuerdo con Locke la experiencia se agota en estas dos "fuentes".

El entendimiento o función lógica toma todas las "ideas" de ellas. Así como las "cosas materiales externas" son los objetos de la sensación psíquica, las operaciones de la mente (incluyendo las pasiones y los sentimientos) son el objeto de la percepción interna o de la reflexión.[2] Para el resto, la división de Locke de la experiencia humana completa en "sensación" y "reflexión", o *como iba a ser llamada posteriormente*, la distinción entre experiencia externa e interna ("aüszeren" e "inneren Sinn" en Kant), es la contraparte perfecta de la separación dualista de Descartes de la "extensio" y "cogitatio". Aunque Locke niega la posibilidad de la metafísica teórica, su dualismo sicológico entre "sensación" y "reflexión" permanece enraizado en la convicción de que detrás de estos dos ámbitos de la experiencia deben estar presentes una sustancia material y una espiritual. Y éstas son las causas de las impresiones de las experiencias externas sensibles e internas espirituales. En Descartes se supone que cada una de estas sustancias posee la más tajante independencia posible con respecto a la otra, aunque no fue capaz de mantener este dualismo de un modo integral. Locke está de acuerdo, salvo

---

[1] En su *Ensayo sobre el entendimiento humano* (México: Fondo de Cultura Económica, 1956), libro 2, cap. I, §4, Locke observa con respecto al segundo: "Esta fuente de origen de ideas la tiene todo hombre en sí mismo, y aunque no es un sentido, ya que no tiene nada que ver con objetos externos, con todo se parece mucho y puede llamársele con propiedad sentido interno. Pero, así como a la otra la llamé sensacion, a ésta la llamo *refexión*, porque las ideas que ofrece son sólo tales como aquellas que la mente consigue al reflexionar sobre sus propias operaciones dentro de sí misma".

[2] Ibídem.

que ya no considera que las sustancias sean cognoscible. Y si la sustancia material solamente puede ser una X desconocida al conocimiento humano, entonces, por la naturaleza del caso, la metafísica materialista monista de Hobbes también debe perder su fundamento.

No obstante, también Locke dejó de mantener su posición dualista en un sentido integral. Aunque intentó oponer la sensación y la reflexión como dos fuentes enteramente independientes de la experiencia, no les atribuyó a ambas una misma originalidad. De acuerdo con él, la percepción interna de las operaciones de la mente no es posible a menos que la mente haya sido primeramente estimulada por las sensaciones del mundo externo a una serie de operaciones que son el primer contenido de su reflexión.

Esta es la misma razón por la que en la nueva escuela empirista de Locke se hallaban presentes las mismas tensiones polares que había en el racionalismo metafísico de la cartesiana.

Pero Hobbes y Leibniz habían buscado liberarse del dualismo cartesiano. De la misma manera surgieron las tendencias empiristas-nominalistas que buscaban eliminar el dualismo sicológico. El nuevo psicologismo empujó a la mecanicista psicología de la asociación (ya estimulada por Hobbes) de un Hartley, Brown, Priestly, Darwin it et al. hacia el polo *naturalista* y *materialista*. Se volvió al polo *idealista* en el espiritualismo de Berkeley. Este último, sin embargo, no pertenece a la más cerrada comunidad del pensamiento humanista, debido a su acomodo escolástico del nuevo psicologismo a motivos cristianos auténticos. Malebranche hizo lo mismo con el cartesianismo.

La antinomia interna en el dualismo psicológico de Locke

El dualismo psicológico de Locke se enredo en antinomias aún más agudas que el dualismo metafísico de Descartes.

Desde luego, aunque le reconoce facultades innatas al alma, Locke critica desde el punto de vista empirista las "ideas innatas". El punto en el que difirió en principio de Descartes en este asunto consistía en su concepción de que el entendimiento *debe todo su contenido a las representaciones psíquicas simples o elementales* ("ideas") dadas en la sensación y en la reflexión. El pensamiento no puede obtener conocimiento más allá del alcance de estas representaciones. Locke incluso se rehúsa a concebir el pensamiento matemático como puramente lógico, como lo habían hecho Descartes y Leibniz.

Las impresiones sensoriales y "espirituales" *simples* de la experiencia psíquica, que la mente debe recibir de una manera puramente pasiva, son tajantemente distinguidas por Locke de las representaciones complejas ("ideas"). En las segundas, el pensamiento está operativo activa y libremente, pero todavía permanece constantemente atado al material de las "ideas simples".

Las "ideas simples" deben su origen a la sensación y a la reflexión, y no solamente incluyen placer, dolor, alegría y duelo, sino también las representaciones de fuerza, causalidad, unidad y realidad.

Las "ideas complejas", en las que Locke incluye también los "universalia", es decir los conceptos universales genéricos adquiridos mediante la abstracción, son libremente formadas por el entendimiento a partir de la combinación de las "simples". Entre estas ideas complejas, el número de las cuales es infinito, Locke investiga en particular los concep-

tos de número, espacio, infinida, el concepto de identidad
(principalmente el de identidad personal), el de poder (especialmente en conexión con el problema de la libertad de
la voluntad) y el de la sustancia.

Es así que el análisis psicológico disuelve el contenido
entero del conocimiento en impresiones psíquicas simples.
Consecuentemente, incluso el ideal matemático de la ciencia, con su idea de pensamiento matemático creativo libre,
debe ser abandonado, si es que el análisis ha de ser llevado
a cabo consistentemente. Pero esta consecuencia fue enteramente contraria a la intención de Locke. Él siguió viendo
con Descartes el pensamiento matemático, con su estricta
coherencia deductiva, como el puntal del ideal de la ciencia.
La *psicologización* total del pensamiento científico fue llevada a cabo primeramente por Berkeley y Hume. Y es así que
el dualismo psicológico de Locke necesariamente se involucró en la siguiente antinomia: por un lado debía reducir
los conceptos del pensamiento matemático, con respecto a
su significado matemático propio, a impresiones psíquicas
pasivas de la experiencia; y, al mismo tiempo, continuar atribuyendo un poder creativo libre a la reflexión en su carácter
activo de pensamiento científico. Esta antinomia se originó
en el intento de proveer un fundamento psicológico al ideal
matemático de la ciencia.

En el diario de viaje de Locke aparece que originalmente abandonó el ideal matemático de la ciencia en aras del
análisis psicológico absolutizado.[1] En su *Ensayo*, sin embargo, abandona este radical punto de vista psicológico y trata,
por un lado, de vincular el pensamiento matemático con
las representaciones psíquicas y, por el otro, de mantener

---

[1] Véase Cassirer, *op. cit.* II, pp. 243 ss.

los conceptos del pensamiento matemático como el mismo fundamento de la realidad de la experiencia. El punto de vista psicológico predomina en los primeros dos libros; en el cuarto libro, sin embargo, predomina el ideal matemático de la ciencia. Casi imperceptiblemente el dualismo psicológico de Locke es transformado en un dualismo radical entre la experiencia psíquica y el pensamiento creativo. Este dualismo, sin embargo, fue amenazado en su raíz por el punto de partida psicológico absolutizado de Locke.

Y esto también explica porqué en el ulterior desarrollo de la tendencia psicológica de pensamiento el ataque fue lanzado en primer lugar en contra de la separación dualista entre "sensación" y "reflexión".

En su análisis psicológico, el mundo de la experiencia es disuelto por Locke en elementos psíquicos atomizados que, como tales, no exhiben ninguna coherencia interna ordenada, pero que sin embargo están irresistiblemente relacionados por la conciencia con un portador común, si bien desconocido (la sustancia).

La reflexión puede poseer la capacidad de unir estos elementos dados de una manera arbitraria, como las veinticuatro letras del alfabeto;[1] Pero tal libertad para unir permanece siendo arbitraria. Y una coherencia ordenada entre las ideas simples de la experiencia no puede estar basada en la arbitrariedad. A diferencia de Hume, Locke todavía no había intentado reinterpretar esta coherencia ordenada de una manera psicológica. Su concepto de orden era todavía el del ideal matemático de la ciencia.

---

[1] *Ensayo sobre el entendimiento humano* II, 7, §10. La idea de un alfabeto del pensamiento lógico ha adquirido aquí un sentido psicológico más que matemático.

El desarrollo de la antinomia básica en la

Es así que el análisis psicológico condujo necesariamente a la conclusión de que no era posible ningún conocimiento científico de la realidad empírica.

Y al mismo tiempo condujo a la conclusión de que la necesaria coherencia ordenada en la unión de los conceptos, sin la cual la ciencia no es posible, no puede encontrar su origen en las impresiones psíquicas de la experiencia.

Locke aseveró que la ciencia exacta sería imposible si no hubiera relaciones necesarias entre las ideas. De acuerdo con él, estas relaciones son elevadas por encima del proceso temporal de las impresiones psíquicas de la experiencia y poseen una constancia eterna. De otra manera uno nunca podría emitir proposiciones universalmente válidas. Un hombre permanecería por siempre atado a la percepción psíquica de las impresiones individuales de la experiencia.[1]

Sin embargo, vimos que Locke no pretendía en lo más mínimo aprobar la extracción de esta conclusión escéptica de su resolución psicológica de todo el contenido del conocimiento en "elementos" psíquicos aislados. Por el contrario, permanece fiel al ideal matemático de la ciencia, y afirma su creencia en la supratemporal coherencia necesaria de los

---

[1] *Ensayo* IV, 1 §9: "Si, pues las percepciones de que las mismas ideas tendrán eternamente las mismas constantes y relaciones no fueran suficientes para fundar el conocimiento, no podría haber conocimiento alguno acerca de las proposiciones generales de las matemáticas, porque ninguna demostración sería algo más que una demostración particular; y cuando un hombre hubiera demostrado cualquier proposición relativa a un triángulo o a un círculo, su conocimiento no alcanzaría más allá de este diagrama particular. Si tuviera la pretensión de extenderlo más allá, tendría que renovar su demostración en otro ejemplo, antes de poder saber que era verdadera para otro triángulo semejante, y así sucesivamente, de suerte que nunca se podría alcanzar el conocimiento de ninguna proposición general.

conceptos del pensamiento. La verdadera ciencia, de acuerdo con él, es posible dondequiera que tratemos solamente con la conexión necesaria de los conceptos, más que con la "realidad empírica de las cosas". Tal es el caso en las matemáticas y en la ética.

Locke mantiene el ideal matemático de la ciencia con su motivo creación, si bien en una esfera limitada

Aquí es el entendimiento mismo el que crea sus objetos, esto es las relaciones necesarias entre las ideas. La mente forma los arquetipos, los patrones originales a los cuales las cosas en la experiencia de la realidad deben conformarse. Un triángulo posee en una forma empírica la misma suma de sus ángulos que la que posee el triángulo universal en el concepto matemático. Más aún, de acuerdo con Locke, lo que es válido para la idea matemática compleja es igual de válido para las "ideas morales". Estas ideas también son absolutamente independientes de la realidad empírica, independientes de la pregunta de si las acciones humanas son o no son realmente dirigidas por ellas. "La verdad de la doctrina de Cicerón de los deberes no sufre ninguna injuria por el hecho de que nadie en el mundo siga exactamente sus preceptos o viva de acuerdo con ella en su retratado ejemplo de un hombre virtuoso".

Por lo tanto, de acuerdo con Locke, son posibles las demostraciones exactas en la ética tanto como en las matemáticas.

La tesis: "donde no hay propiedad no hay tampoco injusticia", es no menos exacta que cualquier tesis en Euclides. La ciencia matemática y la ética nos proveen con conocimiento a priori infalible, verdadero y cierto.

Así que es claro que, a pesar de la inflexión epistemológico-psicológica de su investigación, Locke retiene completamente los fundamentos del ideal matemático de la ciencia. En su idea básica trascendental éste todavía posee la primacía sobre el ideal de la personalidad.

Con una fe tenaz, igual a la de Descartes y Leibniz, Locke se aferra a la idea de que la personalidad humana sólo puede mantener su libertad de acción siendo obediente al pensamiento matemático soberano.

Sin embargo, debido a la inflexión psicológica que había asumido el cogito cartesiano en la investigación epistemológica de Locke, surgió una antinomia interna irresoluble en el fundamento del ideal matemático de la ciencia.

Esta antinomia es producida por el hecho de que la "razón soberana", en la que se había concentrado el ideal humanista de la personalidad, se rehusó aceptar la teoría dogmática concerniente a las "ideae innatae" en su sentido cartesiano.[1]

---

[1] Riehl, *Der Phil. Kritizismus*, supone que no se puede indicar aquí ninguna antinomia en el sistema de Locke. Este enunciado contiene varios errores. En primer lugar, en los Prolegómenos hemos señalado la insostenibilidad de una oposición entre el punto de vista genético y el crítico. No obstante, en el argumento de Riehl esta distinción desempeña su papel confundidor. No ve que la pregunta acerca del origen de nuestros conceptos lógicos una de carácter crítico trascendental, pues no puede resolverse sin una idea trascendental del origen y la relación mutua de los diferentes aspectos modales de la realidad. En segundo lugar, Riehl olvida que Locke en los primeros dos libros de su ensayo consideraba a la unidad, la fuerza y la causalidad como simplemente ideas, y que procede sobre el supuesto de que todas las ideas complejas poseen a las ideas simples como sus elementos. Locke todavía no conocía la doctrina de las formas apriori de la intuición y el entendimiento de Kant.

La tendencia hacia el origen en la oposición de Locke a las ideas innatas, y la idea trascendental del origen en la epistemología de Locke

Pues la oposición de Locke a las ideas innatas sólo puede ser explicada en términos de las tendencias internas del ideal psicológico de la ciencia. Éste no había de permitir ninguna restricción a su libertad soberana. Locke, al igual que Hobbes, sólo podía ver las ideas innatas como una restricción arbitraria impuesta a la soberanía del pensamiento. Como hemos visto, Descartes vio estas ideas sólo como *potencialmente* innatas. De hecho, para él, ellas servían para mantener a raya el postulado de la continuidad del ideal de la ciencia de modo que, a su debido tiempo, pudiera salvarse la autonomía del pensamiento matemático creativo. Hizo tan poco la explicación de Descartes de la posibilidad de pensamiento matemático, que permitió que se convirtiese en una estática "res, cogitans". Locke fue el primer pensador humanista en conceder a la psicología la tarea central de explicar el origen y los límites del conocimiento humano, y de examinar críticamente la validez de sus fundamentos. Por lo tanto, él solo podía ver la aceptación dogmática de las ideas innatas como un ataque sobre la misma soberanía del pensamiento.

Si el origen psicológico,[1] el ἀρχέ psicológico del pensa-

---

[1] Locke mismo calificó su *Ensayo sobre el entendimiento humano* como una investigación sobre "los orígenes, la certidumbre y el alcance del conocimiento humano, junto con los fundamentos y grados las creencias, opiniones y asentimientos". Y en el libro II, 1 §24 escribe, después de haber establecido a la sensación y la reflexión, la percepción sensorial y la introspección interna como las únicas fuentes de nuestro conocimiento: "Todos esos pensamientos sublimes que se levantan por encima de las nubes y que llegan hasta las alturas del mismo cielo, tienen su arranque y su base en aquel cimiento, y en toda esa vasta extensión que la mente reco-

miento matemático con sus conceptos creativos no es mostrado, entonces, de acuerdo con Locke, el ideal de la ciencia no procede de la soberana autoconciencia, sino de una fe dogmática en la autoridad. Y es precisamente esta última lo que la "Aufklärung" pretendía combatir con todos los medios a su disposición: "La manera de mejorar nuestro conocimiento no es, estoy seguro, ciegamente y con una fe implícita recibir y tragar los principios; sino que es, pienso, obtener y fijar en nuestras mentes ideas claras, distintas y completas, tanto como han de ser tenidas, y anexarlas a sus nombres propios y constantes". Así escribe Locke en el cuarto libro de su *Ensayo concerniente al entendimiento humano* (cap. 12, sec. 6).

La antinomia en el pensamiento de Locke, que debemos establecer entre la idea psicologizada del origen y el ideal matemático de la ciencia, fue disfrazada con su limitación del conocimiento científico a la esfera de lo no real.

La distinción entre el conocimiento de los hechos y el conocimiento de las relaciones necesarias entre los conceptos

Para este propósito Locke introdujo una distinción fundamental entre el conocimiento de los *hechos empíricos* y el conocimiento científico de las *relaciones necesarias entre los conceptos*.

Una distinción que ya había sido previamente hecha por Hobbes y que sería adoptada posteriormente por Hume. Veremos que ya no pudo tener ningún valor crítico para éste.

---

rre al entregarse a esas apartadas especulaciones que al parecer la elevan tanto, no excede ni un ápice el alcance de esas ideas que la sensación y la reflexión le han ofrecido como objetos de su contemplación.

En oposición a Descartes, sin embargo, Locke mantuvo la concepción de que los juicios matemáticos y morales son sintéticos y no meramente lógicos. Desde el punto de vista de su psicologismo no existe ninguna posibilidad de fundamentar los juicios sintéticos de otro modo que en las singulares impresiones psíquicas de la experiencia.

Esto es exactamente lo que Hume hizo posteriormente de una manera muy consistente. Ahora Locke introdujo, en el libro cuarto de su *Ensayo*, en adición a la "sensación" y la "reflexión", una nueva facultad de cognición, a saber, la *intuición* del "cogito". Esta facultad fue proclamada como el fundamento indudable de todo conocimiento científico exacto y pensada como la base de la demostración matemática ("demonstratio"). Pero, al introducir esta facultad, realmente se alejó de los senderos de su epistemología psicologizante.

Descartes también había fundado la certeza del conocimiento matemático en la certeza intuitiva de la autoconciencia pensante. Pero él consideraba que el conocimiento matemático se originaba solamente en el pensamiento lógico creativo, aparte de cualquier asistencia de la percepción sensorial.

Fue precisamente en contra de esta puramente analítica concepción del pensamiento científico que Locke dirigió su tesis de que, si el pensamiento ha de conducirnos al conocimiento, debe siempre permanecer unido al material de las sensaciones psíquicas.

Locke reconoció que la continuidad e infinitud del espacio y el tiempo van más allá de la percepción de sensaciones empíricas particulares. No obstante, sus análisis, en el libro segundo de su *Ensayo*, acerca de las ideas complejas de número, espacio, tiempo e infinitud están invariablemente unidos a las impresiones simples de la experiencia.

Es así que la terminación última del análisis psicológico del conocimiento de Locke ante el pensamiento matemático significa una capitulación de su crítica, la cual es reemplazada aquí por la proclamación dogmática de la primacía del ideal matemático de la ciencia.

La epistemología psicológica solamente había causado una ruptura en esta última, porque Locke ya no consideraba que fuera posible conceder al pensamiento matemático dominio sobre la realidad empírica. La física y la biología son, de acuerdo con él, enteramente dependientes de la percepción sensorial y no pueden estar sometidas a ningún método matemático de demostración: "la certeza y la demostración son cosas que no debemos de pretender en estos asuntos". [1]

No obstante, podemos observar en la inflexión epistemológica de la filosofía de Locke el germen de una autorreflexión crítica sobre la raíz del ideal de la ciencia. Esta autorreflexión iba pronto a causar una reacción radical contra el racionalismo de la "Ilustración". Iba a conducir a conceder la primacía al ideal de la personalidad. Pues Locke irrevocablemente rechazó la deducción cartesiana de "Sum res cogitans" a partir de "Cogito ergo sum". En otras palabras, se le negó al pensamiento matemático competencia para identificarse con la "personalidad soberana" como raíz del ideal de la ciencia.

---

[1] *Ensayo* IV, 3 §26. Como es sabido, Locke se retractó de esta declaración con respecto a la física después de haberse enterado del método de física científica de Newton. Véase Riehl, *Der phil. Kritizismus* (3er Auflage I, p. 89.

De modo similar, Locke se rehusó a resolver la voluntad en un modo del pensamiento matemático.

Es así que el ideal de la ciencia fue críticamente emancipado del dominio de una metafísica en la cual, en el último análisis, el pensamiento matemático había sido exaltado como origen y raíz del cosmos. Esta emancipación iba a tener una importancia radical para el ulterior desarrollo del pensamiento filosófico humanista.

La emancipación del ideal matemático de la ciencia respecto de la metafísica racionalista de la naturaleza abrió camino a la compenetración de que la raíz de la realidad no ha de ser descubierta por el pensamiento científico. Y ahora se hizo posible ver que el ideal de la ciencia debe tener sus fundamentos en el ideal de la personalidad.

La conciencia de la *autonomía* y *libertad* absolutas de la personalidad no era claramente expresada en la filosofía humanista, en tanto que la raíz de la realidad era buscada en una sustancia material. Y tampoco fue claramente expresada en tanto que una sustancia material era opuesta a una "res cogitans".

§2 EL TIPO PSICOLÓGICO MONISTA DE LA IDEA BÁSICA
TRASCENDENTAL HUMANISTA BAJO LA PRIMACÍA DEL
IDEAL DE LA CIENCIA

No obstante, antes de que la idea básica trascendental humanista adquiriera su transformación final, y antes de que el pensamiento humanista pudiera seguir realmente la dirección trascendental que es peculiar a las "críticas" de Kant, tuvo que soportar una dura crisis de la que resultaría que un psicologismo radical en epistemología iba a socavar los fundamentos tanto del ideal de la ciencia como del de la personalidad.

El crédito por haber realizado este trabajo crítico preparatorio debe ser dado incuestionablemente a Hume. Este agudo pensador había superado internamente el espíritu de la "Ilustración". No obstante, continuó aceptando la primacía del ideal de la ciencia en su sesgo psicológico. Locke había previamente socavado las concepciones metafísicas de la naturaleza y la personalidad humana. Mediante su crítica psicológica del conocimiento, Hume las redujo al absurdo.

El hecho de que Hume en su psicologismo haya procedido a partir del punto de vista del ideal humanista de la ciencia es evidente en el anuncio de la meta de su investigación en el segundo libro de su obra principal, *Tratado de la naturaleza humana*. Aquí él declara que deseaba alcanzar el mismo resultado en el campo de los fenómenos de la naturaleza humana que el que había sido alcanzado en la astronomía desde Copérnico. Deseaba reducir todos los fenómenos al número más pequeño posible el principios simples.[1] El principio de la economía del pensamiento adoptó una posición central en este ideal de la ciencia. Éste mismo principio había sido alabado por Leibniz en su ensayo sobre el estilo filosófico de Nizolius, como uno de los tesoros ocultos del nominalismo.[2]

---

[1] *Tratado sobre la naturaleza humana* (Albacete: Diputación de Albacete, 2001), Parte I, Secc. III.

[2] Este principio no tiene en sí mismo nada que ver con el nominalismo. Aristóteles se refirió a él en su crítica a la ideas platónicas. Y Aristóteles, ciertamente, no era un nominalista.

La concepción psicologizada del ideal de la ciencia en Hume. Una vez más la cualidad nominalista en el ideal de la ciencia

El ideal de la ciencia, sin embargo, recibía ahora una transformación objetiva psicológica radical. Todos los conceptos abstractos, los que son expresados en símbolos generales del lenguaje deben en último análisis ser reducidos a "impresiones" sensoriales individuales como los elementos más simples de la conciencia. No puede permanecer un resto en nuestro supuesto "conocimiento" que no se resuelva en estos elementos psicológicos simples. Si lo hiciera, el ideal psicológico de la ciencia estaría sujeto todavía a una limitación dogmática. Y ésta debe ser superada por el análisis soberano.

En esto es evidente el fuerte tenor nominalista del psicologismo de Hume. Me gustaría señalar aquí una vez más la incorrección de la opinión tradicional que presume que el nominalismo moderno se manifiesta solamente en esta así llamada forma empirista. Es evidente que esta concepción es errónea si recordamos que el así llamado "racionalismo" deseaba tanto como el "empirismo" descubrir, mediante el análisis, los elementos más simples del conocimiento. Fue precisamente mediante este método que el racionalismo pensó que había encontrado la garantía para la continuidad creativa del pensamiento matemático.

La diferencia entre Hume y Leibniz consiste solamente en el denominador filosófico básico elegido por la "razón soberana" para cerrar la brecha en la diversidad de los aspectos modales de nuestro cosmos. En Leibniz el origen último de la realidad empírica es el pensamiento matemático creativo; en Hume ha de encontrarse en el análisis psicológico.

Como hemos visto antes, un nominalismo moderado es muy compatible con el reconocimiento de una función necesaria y fundacional de los conceptos universales (de acuerdo con la significación ideal de los signos). La única condición es que los conceptos universales y sus mutuas relaciones deban ser reconocidos como teniendo su origen en el pensamiento creativo mismo. No pueden ser pensados como teniendo un fundamento "in re", fuera de la mente.[1] Hume, sin embargo, no es un nominalista moderado sino más bien uno radical.

De una manera individualista resolvió las "representaciones universales" en "impresiones", como los elementos más simples de la conciencia. No obstante, esta resolución fue en realidad la contraparte psicológica exacta de la resolución de los conceptos complejos en los elementos conceptuales más simples por el matematicismo.[2]

Lo que Hume vio como los "elementos más simples" de la conciencia, y por lo tanto como "datos", ya no pertene-

---

[1] Con respecto a esto, el *Alciphron* de Berkeley provee una demostración convincente. En ella superó el nominalismo extremadamente sensista de sus escritos tempranos. Incluso reconoció la la conformidad lógica de las leyes en las relaciones entre las ideas aunque, en un estilo nominalista, la función de universalidad es atribuida solamente a los signos. Pero los signos, que constituyen el material e instrumento de todo conocimiento científico, ya no son para Berkeley nombres arbitrarios. Por el contrario, el carácter representativo de los símbolos se ha convertido en el fundamento de la posibilidad de nuestro conocimiento. Representan la validez de las relaciones en nuestro pensamiento.

[2] Compárese, en particular, la exposición de Leibniz en su *Meditationes de cognitione, veritate et ideis* (1664) (Erdmann, p. 79) de la relación que guardan los conceptos primitivos (esto es, simples y básicos) con los complejos.

ce a los datos reales de nuestra experiencia más de lo que pertenece un concepto matemático sencillo.

En su penetrante crítica de las "ideas abstractas" que Locke todavía mantenía, incluso Berkeley había pasado por alto el hecho de que el concepto de un "simple elemento psíquico de la conciencia" es no menos abstracto que el de un "triángulo en general".

Hume empezó demoliendo las barreras que Locke en su concepción dualista había levantado entre "sensación" y "reflexión". Este dualismo en Locke estuvo en último análisis fundado sobre su creencia en la existencia de una substancia material y una espiritual. Pues sin la segunda la entera distinción entre experiencia externa e interna en su epistemología carecería de fundamento.

Pero incluso Berkeley, desde su misma posición psicologista "idealista", había resuelto completamente la "naturaleza" en las impresiones psíquicas sensoriales. Su bien conocida tesis *"esse est percipi"* se convirtió en la contraparte psicológica del idealismo matemático de Leibniz con respecto al mundo de los fenómenos. Por lo tanto, él debía también descartar la distinción entre cualidades primarias y secundarias de la materia que había sido hecha por Locke de acuerdo con la física de Galileo y de Newton.

Hume subsumió toda la realidad cósmica, en todos sus aspectos modales de significado, bajo el denominador de la sensación. En un sentido mucho más radical que Locke, el psicologismo empezó a resolver el cosmos en los contenidos sensoriales de la conciencia psíquica, en percepciones.[1]

---

[1] *Tratado* I, Parte II. Secc. VI, p. 65): "Odiar, amar, pensar, tocar, ver, no son, en conjunto, más que percibir. Ahora bien; ya que nada se halla siempre presente al espíritu más que las percepciones, y ya que todas

Debe ser concedido, sin embargo, que en este respecto el *Tratado* de Hume procede en una línea mucho más radical que su *Investigación*.

Hume y el escepticismo pirrónico. Sexto Empírico

Este psicologismo radical tenía un punto externo de contacto en la filosofía antigua, así como lo había tenido la metafísica humanista. El escepticismo pirroniano que había sido transmitido al pensamiento moderno especialmente en los escritos de Sexto Empírico: *Hipotiposis pirrónicas* y *Contra los matemáticos*, había recorrido metódicamente el mismo camino. Pero tenía una tendencia puramente negativa y la intención final era negar todo criterio de verdad.[1] Investigaciones recientes han hecho muy probable que Hume haya estado fuertemente influenciado por el método de Sexto Empírico, aun cuando su defectuoso conocimiento del griego presumiblemente le impidió leer las *Hipotiposis* en el original.[2] Sin embargo, en 1718, la obra de Sexto Empírico había sido publicada en una traducción latina y en 1725 fue

---

las ideas se derivan de algo que se ha hallado antes presente a él, se sigue que es imposible para nosotros concebir o formarnos una idea de algo específicamente diferente de las ideas e impresiones. Fijemos nuestra atención sobre nosotros mismos tanto como nos sea posible; dejemos caminar nuestra imaginación hasta los cielos o hasta los últimos límites del universo: jamás daremos un paso más allá de nosotros mismos ni jamás concebiremos un género de existencia más que estas percepciones que han aparecido en esta estrecha esfera. Este es el universo de la imaginación y no poseemos más ideas que las que allí se han producido".

[1] La tesis pirroniana adoptada por Hume y Berkeley: "el ser es apariencia" se puede encontrar en Sexto Empírico, *Hipotiposis pirrónicas*.

[2] B. M. Laing, *David Hume* (1933), pp. 74 ss. Me refiero a este libro también por los siguientes particulares. En su *Diálogos sobre religión natural* Hume menciona repetidamente la secta de los pirronianos.

publicada anónimamente en una traducción francesa que actualmente se le atribuye a Huart.

Durante este periodo Hume estudió en Edimburgo, donde ocupó mucho de su tiempo en el estudio de los escritores clásicos. Por añadidura, una notable armonía ha sido descubierta entre Hume y el conocedor del pirronismo, Crousaz, en la teoría de las percepciones, en el tratamiento psicológico de la lógica, en la doctrina de la imaginación y del hábito en la asociación de las impresiones. Crousaz era profesor de filosofía y matemáticas en la Universidad de Lausana, y había dedicado una obra extensa al pirronismo.[1]

La duda escéptica en Hume, al igual que en Descartes, tenía sólo una importancia metodológica

No obstante, Hume no tenía la más ligera intención de seguir a Montaigne y Bayle terminando en un destructivo escepticismo pirroniano.

Por el contrario, en él el escepticismo no tenía otra importancia que el que había tenido en Descartes; sólo pretendía ser metodológico, es decir, metodológico en el sentido del ideal psicológico de la ciencia, el cual, para llevar a cabo su principio de continuidad debía también repudiar la división dualista entre "sensación" y "reflexión".[2] La reflexión con sus impresiones y sus correspondientes "ideas" (representaciones, las cuales, en Hume, son idénticas a los "conceptos") debe ser reducida a una función dependiente, a una hay mera imagen de la "sensación" con sus "impresiones" sensoriales.

---

[1]

[2] Véase *Tratado*, I, Parte I, Secc. II, p. 24): "las impresiones de reflexión no son sólo antecedentes a sus ideas correspondientes sino también posteriores a las de sensación *y derivadas de ella*" (las itálicas son mías).

Es precisamente esta reducción la que, de acuerdo con Hume, hace posible conquistar el escepticismo descubriendo un criterio de verdad inexpugnable.

El criterio de verdad

Hume busca este criterio de verdad en la exhibición de la "impresión original" de la cual se deriva la idea.[1] En él, las "*impresiones*" incluyen todas las sensaciones, pasiones y emociones como aparecen originalmente en la función psíquica.[2] Pero no son concebidas por él en su realidad subjetiva; más bien, en la línea del ideal de la ciencia, son comprendidas de acuerdo con su contenido objetivo, como los elementos de los fenómenos.

Las "impresiones" son los únicos datos en la experiencia humana. Por "ideas" o "pensamiento", Hume entiende solamente las apercepciones del pensamiento y el razonamiento que son derivadas de las impresiones sensoriales; no son nada más que copias de impresiones, sus formas elementales solamente se distinguen de las segundas por una aminorada intensidad sensorial. Incluso las "ideas", que a primera vista no parecen tener ninguna conexión con las "impresiones", en un examen más estrecho dan evidencia de que han surgido de ellas. ¿Cómo, de acuerdo con Hume, se genera una falsa idea? La respuesta es que o bien la impresión sensorial original está relacionada con una idea, que es la imagen de otra impresión o, viceversa, una idea es puesta en relación con un impresión de la cual no es la copia.

---

[1] *Investigación sobre el conocimiento humano*, Secc. V, Parte I.

[2] *Tratado* I, Parte I, Secc. I. Allí las pasiones, deseos y emociones son concebidas por Hume como impresiones de los "reflejos". Éstos mismos surgen de las ideas de placer y desagrado; y estas ideas, a su vez, son copias de impresiones sensoriales de caliente, frío, hambre, sed, etcétera.

Con respecto a las ideas que él consideraba falsas, Hume se impuso la tarea de descubrir las impresiones sensoriales a partir de las cuales estas ideas en efeto se derivaban.

Ahora bien, de acuerdo con él, hay dos métodos de unificar las impresiones y las ideas. En un caso son unidas por una memoria puramente reproductiva, y en el otro por la libre combinación y variación de la fantasía o la imaginación.

Las ideas de la memoria son mucho más fuertes y vívidas que las de la fantasía, pero las primeras están vinculadas precisamente al mismo orden y posición que las impresiones de las cuales fueron derivadas, mientras que la fantasía, en contraste, puede combinar libremente y variar sus ideas, y es enteramente independiente del orden original de las impresiones.[1]

Sin embargo, el ideal humanista de la ciencia no permite que esta actividad de la fantasía sea concebida como completamente arbitraria. Incluso en su forma psicológica posee un concepto de orden que excluye cualquier idea de arbitrariedad.[2] Como demostraremos en lo que sigue, este concepto de ley sirve en Hume, así como en Leibniz o Descartes, como la ὑπ'οτεσις, como el fundamento de la realidad empírica. En Hume es el concepto de conexión o asociación necesaria (que relaciona las impresiones así como las ideas).

Para entender en el curso del pensamiento nominalista de Hume esta transición al concepto psicológico de orden, debemos recordar que Hume, siguiendo las pisadas de Loc-

---

[1] *Tratado* I, Parte I, Secc. IV (p. 26): Como todas las ideas simples pueden ser separadas por la imaginación y pueden ser unidas de nuevo en la forma que a ésta agrade, nada sería más inexplicable que las operaciones de esta facultad si no estuviese guiada por algunos principios universales que la hacen en alguna medida uniforme en todos los tiempos y lugares".

[2] *Tratado* I, Parte I, Secc. III. De las ideas de la memoria y la imaginación.

ke, divide las ideas en simples y complejas. éstas son conexiones entre las simples. En parte al menos, están fundadas en relaciones sensorialmente percibidas entre las impresiones. Pues Hume también divide las *impresiones* en simples y complejas.

Las relaciones naturales y las filosóficas. Las leyes de asociación

Hume pensó que podría reducir toda las dos asociaciones en la sucesión de las ideas a tres leyes básicas, a saber, la ley de la semejanza, la ley de coherencia espacial y temporal (contigüidad), y la ley de la causa y el efecto.

Estas leyes de asociación son pensadas como siendo puramente mecánicas y conciernen solamente a las así llamadas relaciones naturales entre las ideas, por las cuales "dos ideas son conectadas en la imaginación y la una naturalmente introduce la otra", cuando tiene lugar una sucesión natural de ideas.[1] En su *Tratado* (I, Parte III, Secc. VI) Hume escribe: "podemos establecer como regla general que siempre que el espíritu, de un modo constante y uniforme, hace una transición sin razón alguna, se halla influido por estas relaciones" (esto es, por la semejanza, contigüidad, y causa y efecto).

Estas asociaciones naturales, de acuerdo con Hume, no puede ser percibidas de una manera sensorial. No conectan *impresiones* sino *ideas*. El producto de estas asociaciones son las ideas complejas de las relaciones, las sustancias y los modos, que son los objetos ordinarios de nuestro pensamiento

---

[1] Hume las llamó (ibídem, Secc. IV) una especie de leye de atracción que "posee en el mundo mental efectos tan extraordinarios como en el natural".

y nuestros juicios. Es verdad que estas ideas complejas están fundadas en relaciones sensoriales de semejanza y contigüidad o coherencia entre las impresiones. Pero las asociaciones, que la facultad de imaginación produce sobre la base de estas relaciones sensoriales, exceden lo que está dado; son un "orden de pensamiento". Y pueden extraviar al pensamiento, pues van más allá de aquello que está directamente dado en la "impresión".

Hume distinguió las relaciones "naturales" de las "filosóficas". Las segundas no determinan la transición asociativa de una "idea" a la otra, sino simplemente comparan las "ideas" o impresiones que no están conectadas por la asociación.[1]

Es muy confundidor que Hume, al resumir las siete clases de relaciones filosóficas, mencione una vez más a la causalidad. Cuando dejamos de lado esta relación natural que, incorrectamente, es mencionada en esta conexión, podemos enlistar las siguientes es clases de relaciones filosóficas:

(1) Semejanza, una relación que es el fundamento de todas las otras relaciones filosóficas. No hay impresiones o ideas que puedan ser comparadas entre sí si no exhiben un cierto grado de semejanza. Como una mera relación filosófica, no produce ninguna asociación de ideas o ninguna secuencia en las ideas, sino

---

[1] *Tratado* I, Parte I, Secc. V (p. 28): "La palabra relación se usa en dos sentidos muy diferentes el uno del otro. Designa a veces la cualidad por la cual dos ideas se hallan enlazadas entre sí en la imaginación y por la que una de ellas despierta naturalmente la otra, según se ha explicado, y otras la circunstancia particular según la que, aun en la unión arbitraria de dos ideas en la fantasía, consideramos apropiado compararlas. En lenguaje corriente es el primer sentido en el que usamos la palabra relación, y solamente en filosofía la ampliamos y la hacemos significar algún asunto particular de comparación, sin un principio de enlace".

que más bien está relacionada con una simultánea relación sensorial de semejanza.

(2) Identidad, la relación más universal. Tiene que ver con objetos constantes e inmutables.

(3) Las relaciones espacio-tiempo, que son el origen de un número infinito de comparaciones, tales como distancia, contacto, arriba, abajo, antes, detrás, etcétera.

(4) Las relaciones en cantidad o número.

(5) Los grados en cualidad común; es así que dos objetos pueden ambos poseer la cualidad común de peso, y no obstante uno puede ser más ligero que el otro. Así que en el mismo color, por ejemplo rojo, dos tonalidades se pueden comparar entre sí, etcétera.

(6) La relación de contraste, una relación que sólo aparentemente provee una excepción a la regla de que no puede haber ninguna relación filosófica a menos que exista un cierto grado de semejanza entre las impresiones o ideas; pues, en realidad, esta relación también siempre presupone un punto de semejanza, si es que ha de ser posible una comparación. En su investigación Hume reduce esta relación a una combinación de las relaciones de semejanza y causalidad

El lector observará cómo en esta tabla de relaciones no solamente son los principios matemáticos básicos reducidos a psicológicos, sino también las leyes de la lógica (esto es, los principios de identidad y contradicción),

Hume dividió las relaciones filosóficas en dos clases: las variables y las invariables. Las invariables incluyen las relaciones de semejanza y contraste, y los grados en cantidad y cualidad. Son el fundamento de cierto conocimiento.

De acuerdo con Hume, esto ciertamente descansa sobre el hecho de que las relaciones en cuestión son inmutables y al mismo tiempo son directamente perceptibles sensorialmente junto con sus términos; y los tales sin razonamiento, el cual siempre consiste en una sucesión de ideas. Son "descubrirles a primera vista y caen más propiamente bajo la provincia de la intuición que bajo la de la demostración".

Lo mismo vale para las variables relaciones filosóficas de identidad y tiempo y lugar. Las segundas no van más allá de aquello que está realmente dado en las impresiones sensoriales. La razón por la que decimos que un objeto A se halla a una distancia de un objeto B, es que los percibimos a esa distancia. Aquí la relación misma está dada en la impresión sensorial compleja.

Es enteramente diferente, sin embargo, en el caso de las relaciones naturales. Éstas descansan en una verdadera asociación en la secuencia de las ideas. De acuerdo con Hume, es solamente sobre el fundamento de la relación de causalidad que las relaciones de tiempo, lugar y e identidad pueden realmente exceder aquello que está directamente dado por los sentidos y pueden desempeñar su parte en un proceso asociativo de pensamiento.[1] Pero habremos de explicar este punto posteriormente.

---

[1] *Tratado* I, Parte III, Secc. II (p. 69): "Tan sólo la causalidad produce una conexión que nos da la seguridad de la existencia o acción de un objeto que fue seguido o precedido por la existencia o acción de otro, y no pueden las otras dos relaciones usarse en el razonamiento excepto en tanto que le afectan o son afectadas por él".

§3 LA TRANSICIÓN DEL MOTIVO CREACIÓN EN EL IDEAL
DE LA CIENCIA HACIA EL PENSAMIENTO PSICOLÓGICO. LA
CRÍTICA DE LAS MATEMÁTICAS DE HUME

Partiendo de las cuatro relaciones filosóficas invariables como único fundamento posible del conocimiento cierto, Hume empezó antes que nada su crítica de las matemáticas. En ellas los adherentes del ideal humanista de la ciencia (incluyendo a Locke) habían hasta entonces buscado su fulcro. En Hume, sin embargo, el ideal de la ciencia había cambiado su denominador básico para los diferentes aspectos modales de la realidad. En ninguna parte aparece esto más claro que aquí

Hume está incluso dispuesto a abandonar el carácter creativo del pensamiento matemático para poder ser capaz en su investigación epistemológica de sujetar a todos los aspectos modales a la absoluta soberanía del pensamiento psicológico. Sin embargo, esta interpretación de su crítica de las matemáticas ha sido cuestionada.

Interpretaciones contradictorias de la crítica de Hume a las matemáticas

En particular Riehl y Windelband creían que Hume, junto con todos sus predecesores desde Descartes, compartían una inconmovible fe en las matemáticas como prototipo y fundamento del pensamiento científico.

Windelband, sin embargo, ha pasado por alto la distinción entre relaciones naturales y filosóficas, la cual es extremadamente fundamental en Hume. Consecuentemente, Windelband representan una manera completamente equivocada la concepción de Hume acerca de la certeza del conocimiento matemático.[1] Tampoco Riehl tocó el contenido real de esta concepción.

Más allá de cualquier duda, Hume exhibe en su *Tratado* una actitud escéptica con respecto a las pretensiones de las matemáticas al conocimiento exacto. Riehl, sin embargo, trata de quitarle a esta actitud su agudeza, limitándola a la "geometría aplicada", la cual refiere los estándares de la "geometría pura" a la "realidad empírica". De acuerdo con él, Hume nunca intentó disputar la validez universal de la "geometría pura" misma. Más aún, pensaba, incluso en este sentido limitado la crítica de Hume sólo afectaba un solo punto, a saber la posibilidad, presumida por la geometría, de dividir el espacio al infinito.

Riehl cree que la apariencia que da Hume en su *Tratado* de haber negado la exactitud de la geometría pura se debe solamente a su desafortunada manera de expresión. De acuerdo con él, la inexactitud que Hume pensó que había descubierto en la "geometría pura" no tiene que ver con las demostraciones de ésta, sino solamente con su relación con los objetos en la "realidad empírica" y con los *conceptos* sobre los cuales se basan estas demostraciones.[2]

Para apoyar su punto de vista, Riehl apeló a la distinción que hizo también Hume entre el conocimiento de los hechos (cuestiones de hecho) y el conocimiento de las relaciones entre las ideas. Pues en Hume las matemáticas pertenecían indudablemente a las segundas. Además, Riehl puede, desde luego, apelar a algunos enunciados incluso del *Tratado* que parecen apoyar su punto de vista. Y, si su interpre-

---

[1] *Geschichte der neueren Philosophie* I, pp. 340 ss. Windelband pasa enteramente por alto allí el *problema* de la matesis en Hume.

[2] Riehl, *Der philosophische Kritizismus* (3a. ed.) I, 180.

tación es adoptada, se superaría la anomalía entre la apreciación del conocimiento matemático en el *Tratado* y en la *Investigación*.

Pues en la *Investigación* de Hume, que él publicó después del *Tratado*, encontramos el enunciado: "*Que tres veces cinco es igual a la mitad de treinta* expresa una relación entre estos números. Las proposiciones de esta clase pueden descubrirse por la mera operación del pensamiento, independientemente de lo que pueda existir en cualquier parte del universo. Aunque jamás hubiera habido un círculo o un triángulo en la naturaleza, las verdades demostradas por Euclides conservarían siempre su certeza y evidencia".[1] En otras palabras, Hume aquí parece haber regresado completamente a la concepción logicista de las matemáticas puras que se encontraba en el fundamento del ideal matemático de la ciencia y, como hemos visto, incluso la epistemología psicológica antes de Locke había capitulado en favor del segundo. No obstante, la interpretación de Riehl es rechazada por Green y Cassirer.[2] En consonancia con nuestra concepción, ellos sostuvieron que al menos en su *Tratado* el psicologismo de Hume había socavado los fundamentos del conocimiento matemático como tal.

El método para resolver esta controversia

Para tomar partido correctamente en esta controversia, no debemos basar nuestra opinión en enunciados incidentales en Hume concernientes al conocimiento matemático, pues está firmemente establecido que especialmente el *Tratado* de

---

[1] *Investigación*, Parte I, Secc. IV.
[2] Véase La *Introduction* de Green a la primera parte de las obras de Hume; Cassirer II, 345.

Hume contiene enunciados muy contradictorios sobre este punto.

El problema sólo puede ser resuelto respondiendo la pregunta preliminar de si los fundamentos de la epistemología de Hume en realidad dejan o no espacio a una ciencia matemática exacta. Sólo sobre la base de la respuesta dada esta pregunta seremos capaces de examinar críticamente los enunciados mutuamente contradictorios concernientes al valor de las matemáticas.

En primer lugar, debemos observar que el contraste en Hume entre "cuestiones de hecho" y "relaciones de ideas" ya no puede tener la misma significación fundamental que poseía en Locke. Desde el mismo principio Hume abandonó el dualismo lockeano entre "sensación" y "reflexión", el cual gradualmente cambió por un dualismo fundamental entre el pensamiento matemático creativo y la experiencia sensorial de la realidad.

En Hume la reflexión ya no es "original". Es solamente una mera imagen de la "sensación". Las "ideas" verdaderas también se han convertido en imágenes de "impresiones": las "ideas" complejas verdaderas son imágenes mentales de "impresiones" complejas (conectadas por relaciones sensoriales). Y las "ideas" verdaderas simples son tales de "impresiones" simples.

Ahora bien, con toda seguridad, Hume observa que no todas nuestras ideas se derivan de impresiones. Hay muchas ideas complejas para las cuales no se pueden señalar impresiones correspondientes, al mismo tiempo que, viceversa, muchas de nuestras impresiones complejas nunca son reflejadas exactamente en "ideas".[1]

---

[1] *Tratado* I, Parte I, Secc. I (p. 23).

No obstante, cuando Riehl apela a este enunciado para demostrar la distinción fundamental entre "cuestiones de hecho" y "relaciones de ideas", la distorsiona y le atribuye un significado que es muy diferente del que Hume había pretendido. Pues éste ilustra su tesis con un ejemplo tomado de la actividad de nuestra fantasía en la que, de acuerdo con él, la verdad y validez universal de las "ideas" es enteramente excluida: "Puedo imaginarme una ciudad como la nueva Jerusalén, cuyo pavimento sea de oro y sus muros de rubíes, aunque jamás he visto una ciudad semejante. Yo he visto París, pero ¿afirmaré que puedo formarme una idea tal de esta ciudad que reproduzca perfectamente todas sus calles y casas en sus proporciones justas y reales?".

De hecho, todos los juicios en los que las "ideas" ya no son puras copias de las impresiones originales deben, a la luz del criterio de verdad de Hume, abandonar su pretensión de certeza y exactitud.

Hume extrajo las plenas consecuencias de su nominalismo "psicologista" con respecto a las matemáticas

Así, ni siquiera el conocimiento matemático puede ir más allá de los límites de las impresiones sensoriales posibles sin perder su pretensión de ser una verdad universalmente válida.

Con respecto las matemáticas, Hume extrajo las plenas consecuencias del extremo nominalismo psicológico al que se había adherido, y que también suscribió Berkeley.[1] Consideró que uno de los más grandes y valiosos descubrimientos de su tiempo era que — como Jorge había establecido—

---

[1] Como vimos arriba, Berkeley había abandonado posteriormente este nominalismo.

todas las ideas universales no era más que particulares que, mediante nombres universales, adquieren un significado extendido, y con ello evocan otras ideas individuales en la imaginación que reciben una semejanza con la primera.

Incluso las "ideas" matemáticas abstractas son siempre individuales en si mismas. Pueden representar un gran número de ideas individuales mediante un nombre general, pero permanecen siendo meras "imágenes en la mente" de objetos individuales.

La palabra triángulo, por ejemplo, está de hecho siempre conectada con la idea de de un grado particular de cantidad y cualidad (por ejemplo, ángulos iguales, y equilateralidad). Nunca podemos formar un concepto universal de un triángulo que esté realmente separado de tales características individuales. Nuestras impresiones son siempre enteramente individuales: "es un principio generalmente admitido en filosofía que todo en la naturaleza es individual y que es totalmente absurdo suponer un triángulo realmente existente que no posea una relación precisa de lados y ángulos. Si esto, por consiguiente, es absurdo en el hecho y la realidad, debe serlo también en la idea, pues nada de lo que podemos formarnos una idea clara y distinta es absurdo o imposible".[1]

Este fue el nominalismo sensacionista radical que Leibniz combatió desde el principio. Sabía que debía socavar necesariamente los fundamentos del ideal matemático de la ciencia. Veremos subsecuentemente, sin embargo, que Hume no extrajo las consecuencias escépticas de este nominalismo con respecto a su ideal *psicológico* de ciencia.

---

[1] *Tratado* I, Parte I, Secc. VII (p. 32).

La concepción entera del *Tratado* de Hume concerniente a las ideas del espacio y el tiempo y su infinita divisibilidad debe ser entendida a la luz de este sensismo radical.

En Hume la certeza del conocimiento matemático permanece este astringentemente conectado con las impresiones sensoriales y sus mutuas relaciones sensoriales. Si los matemáticos buscan encontrar un estándar racional de exactitud que trascienda nuestras impresiones sensoriales posibles, se hallan en el campo de las puras ficciones. Estas ficciones son inútiles pues son incomprensibles y, en cualquier caso, no pueden satisfacer el criterio de verdad.

El concepto psicologista de espacio. El espacio como un complejo de puntos coloreados (*minima sensibilia***)**

La concepción de Hume del espacio y el tiempo se halla enteramente en esta línea. El concepto de espacio sólo puede ser la copia de impresiones sensoriales de "puntos coloreados". El denominador básico que Hume eligió para comparar los aspectos modales de la realidad no permite que se le adscriba algún significado al concepto de espacio que no sea el de uno visual y táctil.

Si este espacio psíquico es un complejo de impresiones sensoriales, debe existir en la relación sensorial entre impresiones simples. En este caso, los "puntos coloreados" — como las impresiones perceptibles más pequeñas de extensión o *minima sensibilia*— funcionan como tales simples impresiones, y el concepto de espacio es una mera copia de ellas. Y estos puntos deben siempre poseer una extensión sensorial que ella misma ya no sea divisible.

En esta concepción el concepto del punto matemático original, que nunca puede tener una extensión, es insostenible. Incluso en el "orden de pensamiento" no puede tener ninguna verdad o validez universal. Pues, de acuerdo con Hume, todo que sea absurdo "de hecho y en realidad" – es decir, algo a lo que no se pueda dar en las impresiones sensoriales– es también absurdo "en idea".

La psicologización del concepto matemático de igualdad

El concepto de igualdad matemática es tratado del mismo modo: "la única noción útil de igualdad o desigualdad se deriva de la apariencia total y de la comparación de los objetos particulares" (léase impresiones sensoriales particulares). Por otro lado, el así llamado estándar exacto de igualdad entre dos magnitudes en la "geometría pura" es de plano imaginario. "pues como la verdadera idea de igualdad es la de una apariencia tal corregida por yuxtaposición o medida común, la noción de una corrección ulterior a la que podemos hacer por tener instrumentos y arte para ello es una mera ficción del espíritu y tan inútil como incomprensible".[1]

Lo mismo vale para las definiciones matemáticas de líneas rectas, curvas, planos, etcétera.

Hume admite que las ficciones escondidas en tales definiciones exactas son muy naturales y usuales. Los matemáticos pueden con instrumentos de medición cada vez más exactos tratar de corregir la inexactitud de las percepciones sensoriales que tienen lugar sin la ayuda de tales instrumentos. De esto surge naturalmente el pensamiento de cómo debiera finalmente ser capaz de alcanzar un estándar ideal de exactitud más allá del alcance de los sentidos. Pero esta idea carece de toda validez. Los instrumentos de medición

---

[1] *Tratado* I, Parte II, Secc. IV (51/52).

siguen siendo instrumentos sensoriales cuyo uso permanece vinculado al estándar de las percepciones sensoriales. "Los primeros principios" (es decir, de la matesis) "están fundamentados en la imaginación y los sentidos: por lo tanto, la conclusión nunca puede ir más allá y mucho menos contradecir estas facultades".[1]

En contradicción con la interpretación de Riehl, es evidente, a partir del siguiente enunciado, que esta tesis no está restringida a la pregunta de si el espacio es o no es infinitamente divisible, sino que realidad tiene que ver con las enteras pretensiones de la "geometría pura" a poseer una exactitud ideal: " Ahora bien; ya que estas ideas (*i.e.* de los modelos exactos) son tan inconexas e inciertas, preguntaría gustoso a los matemáticos qué seguridad infalible tienen, no sólo de las más complicadas y obscuras de su ciencia, sino también de los principios más vulgares y corrientes. Por ejemplo: ¿Cómo pueden probarme que dos líneas rectas no tienen un segmento común, o que es imposible trazar más de una línea recta entre dos puntos? ... El modelo original de una línea recta no es en realidad mas que una cierta apariencia general, y es evidente que las líneas rectas deben ser obligadas a coincidir unas con otras y a corresponder con su modelo, aunque sean corregidas por todos los medios practicables o imaginables".[2]

---

[1] Este entero curso de pensamiento es mal entendido por Riehl, cuando piensa que Hume reconoce un estándar exacto para la "geometría pura" independiente de la experiencia sensorial.

[2] Ibídem, p. 54: el enunciado en cuestión al que Riehl apela ciertamente no es claro, cuando Hume escribe además: "Al mismo tiempo podemos enterarnos de la razón de por qué la geometría fracasa en su evidencia con respecto a este punto particular" (es decir, la pretendida infinita divisibilidad del espacio), "mientras que todos sus demás razonamientos ad-

Todo lo que Hume enseñó aquí con respecto al concepto de espacio se aplica incluso más fuertemente al concepto de tiempo. Pues, de modo similar, dio solamente un sentido sensista al segundo. La idea del tiempo se forma a partir de la secuencia de "impresiones" sensoriales cambiantes así como de las "ideas". Como relación de sucesión sensorial nunca puede existir aparte de tales ideas sensoriales sucesivas, como Newton pensaba de su "tiempo matemático absoluto". Cinco notas tocadas en una flauta nos dan la impresión y el concepto del tiempo. El tiempo no es una sexta impresión que se presente a nuestro oído o alguno de nuestros otros órganos sensoriales. Tampoco es una sexta impresión que descubra la mente en sí misma mediante la "reflexión". Por lo tanto, un objeto completamente estático e inmutable nunca nos puede dar impresión de "duración" o tiempo.[1]

Todos los falsos conceptos en las matemáticas, que pretenden darnos una exactitud ideal más allá del testimonio de los órganos sensoriales, surgen a través de las asociaciones naturales de semejanza, contigüidad y causalidad. Y, de acuerdo con Hume, el primero de estos tres es "la fuente más fértil de error".

La posición de la aritmética en el sensismo de Hume

Ahora puede parecer que Hume todavía concedía el estándar de exactitud matemática ideal al menos al álgebra y la aritmética. Escribe en la parte III, sección I de su tratado: " Por consiguiente, sólo quedan el álgebra y la aritmética como las únicas ciencias en las que podemos elevar el enca-

---

quieren nuestro pleno asentimiento y aprobación". ¡Pues es precisamente este mismo punto el que golpea enteramente la pretensión de exactitud de las matemáticas!

[1] *Tratado* I, Parte II, Secc. III, p. 44.

denamiento del razonamiento a un elevado grado de complicación y mantener, sin embargo, una perfecta exactitud y certidumbre. Poseemos un criterio preciso por el cual juzgamos de la igualdad y relación de los números, y según corresponden o no a este criterio determinamos sus relaciones sin posibilidad de error. Cuando dos números se combinan de modo que el uno tiene siempre una unidad que corresponde a cada unidad del otro, decimos que son iguales, y precisamente por la falta de este criterio de igualdad en la extensión la geometría puede difícilmente ser estimada como una ciencia perfecta e infalible".[1] ¿Pero acaso el significado del número en el sistema de Hume se ha escapado de ser considerado psicológico? En lo más mínimo. La concepción logicista de la aritmética (sostenida por Descartes y Leibniz) es aquí sólo aparentemente mantenida.

En el pensamiento de Hume, la unidad aritmética como un concepto abstracto sólo puede ser la copia de una impresión sencilla. El número como unidad en las relaciones cuantitativas es una ficción. La unidad real, la cual es la única que tiene existencia real, y que necesariamente se halla en el fundamento del concepto abstracto de número, "debe ser perfectamente indivisible e incapaz de reducirse a otra unidad menor".[2] El número sólo puede ser compuesto de tales unidades indivisibles. Existen veinte hombres, pero solamente porque existen uno, dos, tres hombres.

¿Qué es, entonces, la verdadera unidad? En el sistema de Hume sólo puede ser una impresión que es percibida separadamente y no puede ser resuelta en otras impresiones. Como Laing ha observado correctamente, ésta fue la con-

---

[1] Ibídem, p. 67.
[2] *Tratado* I, Parte II, Secc. II, p. 40.

cepción de la unidad que se encuentra en Sexto Empírico.[1].
Regresemos ahora a los *"minima sensibilia"*, los puntos coloreados del espacio.

En el sistema de Hume una suma de unidades sólo puede
estar enraizada en una relación sensorial entre impresiones
individuales.[2] Hume no ve la antinomia interna en la que se
debe necesariamente enredar tal reducción del significado
modal original del número al de la impresión sensorial. No
ve que la multiplicidad sensorial presupone la multiplicidad
original en el sentido modal en el aspecto numérico, y que
en una multiplicidad sensorial como tal no se puede esconder ningún significado aritmético. En su sistema las leyes
aritméticas, que gobiernan las relaciones cuantitativas necesarias entre todos los números posibles, deben ser reducidos
a leyes psíquicas que gobiernan la relaciones de las impresiones sensoriales. Así, incluso la aritmética debe abandonar
toda pretensión de ser una ciencia exacta. No solamente las
funciones irracionales, diferenciales y complejas del número, sino también las fracciones simples, carecen de fundamento válido en su sistema. Incluso la simple adición, substracción y multiplicación de los números enteros carece de
un genuino fundamento matemático en sus sistema. Parece,
por la excepcional posición que atribuye a la aritmética en

---

[1] Laing, *op cit.*, p. 107.
[2] En la Parte I, Secc. VII (p. 34), Hume introduce un concepto de número virtualmente adecuado: " cuando mencionamos algún número grande,
por ejemplo, un millar, el espíritu no tiene en general una idea suya adecuada, sino tan sólo la capacidad de producir una idea tal por la idea adecuada de las decenas, bajo las cuales el número se halla comprendido".
Pero incluso el concepto de decena en el sistema de Hume sólo permite
que sean mantenidas como una copia de la multiplicidad sensorial de las
impresiones simples".

422 *El desarrollo de la antinomia básica en la*

contraste con la geometría, que Hume no extrajo expresamente esta conclusión. Parece que no se atrevió a extraerla.[1] Más aún, su entera exposición con respecto al número debe ser juzgada extremadamente sumaria, vaga e intrínsecamente contradictoria. En el sistema de Hume una suma de unidades sólo puede estar enraizada en una relación sensorial entre impresiones individuales.[2] Hume no ve la antinomia interna en la que se debe necesariamente enredar tal reducción del significado modal original del número al de la impresión sensorial. No ve que la multiplicidad sensorial presupone la multiplicidad original en el sentido modal en el aspecto numérico, y que en una multiplicidad sensorial como tal no se puede esconder ningún significado aritmético. En su sistema las leyes aritméticas, que gobiernan las relaciones cuantitativas necesarias entre todos los números posibles, deben ser reducidos a leyes psíquicas que gobiernan la relaciones de las impresiones sensoriales. Así, incluso la aritmética debe abandonar toda pretensión de ser una ciencia exacta. No solamente las funciones irracionales, diferenciales y complejas del número, sino también las fracciones simples, carecen de fundamento válido en su sistema. Incluso la simple adición, substracción y multiplicación de

---

[1] Green, *op. cit.* p. 254, piensa que Hume vio la imposibilidad de reducir la aritmética a las relaciones sensoriales.

[2] En la Parte I, Secc. VII (p. 34), Hume introduce un concepto de número virtualmente adecuado: " cuando mencionamos algún número grande, por ejemplo, un millar, el espíritu no tiene en general una idea suya adecuada, sino tan sólo la capacidad de producir una idea tal por la idea adecuada de las decenas, bajo las cuales el número se halla comprendido". Pero incluso el concepto de decena en el sistema de Hume sólo permite que sean mantenidas como una copia de la multiplicidad sensorial de las impresiones simples".

los números enteros carece de un genuino fundamento matemático en sus sistema. Parece, por la excepcional posición que atribuye a la aritmética en contraste con la geometría, que Hume no extrajo expresamente esta conclusión. Parece que no se atrevió a extraerla.[1] Más aún, su entera exposición con respecto al número debe ser juzgada extremadamente sumaria, vaga e intrínsecamente contradictoria.

No obstante, la conclusión destructiva aquí pretendida se halla inexorablemente oculta en su punto de partida psicológico.

La regresión de Hume a la concepción lockeana de las matemáticas permanece completamente inexplicable sobre la base sensista de su sistema

La posición que Hume en su obra última, *Investigación sobre el conocimiento humano*, asume con respecto a las matemáticas es en realidad una recaída en la posición lockeana; es una capitulación ante la opinión común concerniente a la exactitud del pensamiento matemático.

Locke, sin embargo, podría basar su concepción sobre su dualismo entre sensación y reflexión. Pero en el nominalismo sensista de Hume no se encuentra ni un solo punto de contacto sostenible para la concepción tradicional con respecto al carácter creativo del pensamiento matemático.

Cuando mucho, las pretensiones de las matemáticas a la exactitud y a la independencia de toda impresión sensorial pueden ser juzgadas válidas en un sentido pragmático. Pues, en el final análisis, tanto en su *Tratado* como en su *Investiga-*

---

[1] Green, *op. cit.* p. 254, piensa que Hume vio la imposibilidad de reducir la aritmética a las relaciones sensoriales.

ción, Hume no desea cuestionar la utilidad práctica de las matemáticas en la ciencia natural.

Y, como aparecerá subsecuentemente, la *fe* en la exactitud de las matemáticas y en la validez universal objetiva de los juicios causales de la física puede ser explicada por él a partir de la imaginación y las leyes psíquicas de asociación de la naturaleza humana. Mediante éstas finalmente intentó detener el radical escepticismo pirroniano. No hay en su sistema, sin embargo, ningún espacio para el auténtico ideal matemático de la ciencia.

§4 LA DISOLUCIÓN DE LOS IDEALES DE LA CIENCIA Y DE LA PERSONALIDAD POR LA CRÍTICA PSICOLOGISTA

En Hume la función creativa ha sido efectivamente transferida del pensamiento matemático al psicológico. En éste él pensó que había encontrado su punto arquimediano, el cual necesita *"nulla re extra mentem ad existendum"*.

La crítica de Hume al concepto de sustancia y su interpretación de la experiencia preteórica

En la metafísica racionalista, tanto el ideal de la ciencia como el de la personalidad habían sido fundamentados sobre un concepto de sustancia. Es contra este concepto metafísico que Hume, sobre la base de su nueva concepción psicológica del ideal de la ciencia, dirige ahora su penetrante crítica.

Tomó como punto de partida la creencia de la experiencia preteórica en la existencia de cosas en el mundo externo — cosas que tienen una realidad continua independiente de nuestra conciencia. Mostraremos posteriormente en detalle que su interpretación de la experiencia preteórica es una falsificación de ésta por la realista *"Abbildtheorie"* (teoría de la imagen). En términos generales, la epistemología humanista contemporánea todavía no ha ido más allá de esta falsa concepción de la experiencia preteórica. Al menos Hume no *intenta* imputar a la experiencia preteórica de la realidad una teoría concerniente a la relación entre conciencia y realidad. Observa que la fe del hombre sencillo en la existencia de una realidad independiente de nuestra conciencia no puede descansar sobre una teoría. Más bien debe ser explicada en términos de un impulso natural del sentimiento humano.[1]

Hume piensa que el hombre intuitivo no distingue entre sus "impresiones" y las "cosas en el mundo externo"; identifica las segundas con las primeras.

Fue la filosofía la que originó la distinción entre la realidad de las impresiones sensoriales, las cuales son reales solamente en apariencia, y la verdadera realidad de las "cosas en sí mismas", la realidad de las "sustancias". Sobre bases teóricas rechazó la mal entendida concepción preteórica del mundo externo.

Hume consideraba que esta concepción filosófica era falsa y dogmática. En contraste con el escepticismo y la falsa metafísica matemática, deseaba dar cuenta de la experiencia preteórica explicándola en términos de las leyes psíquicas de asociación inherentes a la naturaleza humana.

No obstante, aunque esta interpretación es básicamente errónea y debe indudablemente falsificar la experiencia pre-

---

[1] *Tratado* I, Parte I, Secc. I (p. 145): "La naturaleza, por una necesidad absoluta e inverificable, nos ha llevado a juzgar lo mismo que a respirar y a sentir" ... " la creencia es más exactamente un acto de la parte sensitiva que de la cogitativa de nuestra naturaleza". A partir de esto es claramente evidente que Hume reduce la función modal de la fe a la del sentimiento.

teórica de una manera funcionalista, ante la metafísica racionalista del ideal matemático de la ciencia nos provee el
importante punto de vista crítico de que la experiencia preteórica no es una *teoría* de la realidad.[1]

Hume empieza en su denominador psicológico básico para todos los aspectos modales de significado. En nuestras impresiones no hay una sola que nos dé una base para formar
cualquier concepto de una constante "cosa en sí", que sería
independiente de nuestra conciencia.[2] Nada está dado en
la experiencia más que la multiplicidad de las impresiones
sensoriales que continuamente surgen y se desvanecen.

Al igual que Berkeley, Hume abandonó la distinción, que
todavía hacía Locke, entre las cualidades primarias (extensión, movimiento, solidez) que pertenecen a las cosas mis-

---

[1] *Cfr.* especialmente el *Tratado* I, Parte IV, Secc II (p. 152): "De hecho,
cualesquiera que sean los argumentos convincentes que los filósofos puedan imaginar para establecer la creencia en los objetos como independientes del espíritu, es manifiesto que estos argumentos son conocidos
por muy poca gente y que no es precisamente por ellos por los que los
niños, los aldeanos y la mayor parte del género humano es llevada a atribuir objetos a algunas impresiones y a negárselos a otras. De acuerdo con
esto, hallamos que todas las conclusiones que el vulgo hace sobre este
asunto son absolutamente contrarias a las que están confirmadas por la
filosofía". ¡Estas observaciones son excelentes!

[2] *Tratado* I, Parte IV, Secc. II (p. 149): "Comenzando con los sentidos, es
evidente que estas facultades son incapaces de dar lugar a la noción de la
existencia continuada de los objetos después que dejan de presentarse a
ellos, pues es una contradicción en los términos...".

"Que nuestros sentidos no nos ofrecen estas impresiones como imágenes de algo distinto independiente y externo es evidente, porque no nos
proporcionan más que una percepción única y no nos dan jamás la más
mínima indicación de algo más allá de ella. Una percepción única jamás
puede producir la idea de una doble existencia más que mediante alguna
inferencia de la razón o la imaginación".

mas, y las cualidades secundarias (color, sonido, color, gusto, calor, etcétera) que solamente tienen un carácter subjetivo.[1] Pero mientras que Berkeley podía buscar una explicación para la creencia en un mundo externo en su concepción metafísica de Dios, esta salida no estaba abierta para Hume. El psicologismo positivista de éste no tenía espacio para una teología metafísica.

No se encuentra nada en nuestras impresiones que nos dé el derecho de suponer que las "cualidades primarias", independientes de nuestra conciencia, pertenecen a cosas del mundo externo. La creencia en la *"Ding and sich"* sólo puede ser explicada en términos de las leyes naturales de la facultad imaginativa.

Las "asociaciones naturales" se hallan aquí activas y descansan sobre la sucesión temporal de las ideas. Necesariamente conducen a la fantasía más allá de lo que está dado. Conducen a la metafísica a su falso concepto de sustancia.

La tarea de la verdadera filosofía es indicar las impresiones que proveen a la experiencia preteórica ("el sentido común") con una base para su creencia en el mundo independiente de las cosas. Hume supone que de este modo él ha explicado el origen del falso concepto de sustancia. La filosofía metafísica en realidad no hizo más que relacionar las asociaciones naturales con un concepto falso. Así que Hume desea mostrar que su filosofía se halla de acuerdo con la experiencia preteórica ("la concepción vulgar"), mientras que,

---

[1] Ibídem, p. 151. "Ahora bien; es evidente que, cualquiera que pueda ser nuestra opinión filosófica, los colores, sonidos, calor y frío, en tanto que aparecen a los sentidos, existen de la misma manera que el movimiento y la solidez".

en contraste, la metafísica ha extraído de esta misma experiencia un falso concepto de sustancia.

Supone que hay dos relaciones características a ser indicadas en nuestras impresiones, a saber, la constancia y la coherencia de las impresiones, que de hecho proveen el fundamento para la fe preteórica en la existencia de un mundo independiente de cosas. La constancia indica una uniformidad temporalmente continua, o semejanza en impresiones específicas a pesar de su carácter fluctuante en la sucesión temporal.

Los árboles, las montañas y las casas, que veo ante mí en el momento, siempre me han aparecido en la misma semejanza de impresiones. Una vez que he volteado mi cabeza o cerrado mis ojos, ya no reteniéndolas en mi campo de visión, las veo ante mí inmediatamente después, sin la mínima alteración, cuando nuevamente las veo.[1]

Pero esta primera relación de mis impresiones sensoriales todavía no es suficiente para establecer la creencia en una realidad empírica constante de las cosas. Si fuese a ser decisiva, esta fe estaría atada a la inmutabilidad de las impresiones. Surge un problema, sin embargo, del hecho de que la experiencia preteórica acepta la realidad constante de las cosas a pesar de todos los cambios en sus propiedades y relaciones mutuas.

Por lo tanto, sólo en conjunción con la ley de su coherencia puede la constancia de las impresiones suplir un fundamento suficiente para la creencia en la realidad constante de las cosas. Es una ley de asociación, a saber la de la continuidad o coherencia de las impresiones en el tiempo, a través de las cuales llenamos con nuestra imaginación las

---

[1] *Tratado* I, Parte IV, Secc. II (p. 153).

impresiones, en realidad dadas en una discontinuidad gradual, de manera que se convierten en una realidad constante y continua de las cosas. La imaginación (no el pensamiento lógico) salta, como quien dice, sobre las zanjas de la secuencia temporal de las impresiones sensoriales y fusiona las impresiones similares sucesivas para que se conviertan en cosas existentes idénticas y continuas.

La función creativa de la imaginación y el modo en que el motivo creación del ideal humanista de la ciencia es transmitido al pensamiento psicológico

Esta fusión de impresiones se ejecuta (por una necesidad natural) a través de la influencia de relaciones. Se ejecuta a través de las relaciones de similitud y coherencia entre impresiones. La facultad imaginativa sigue a las impresiones separadas y, sobre la base de la similitud entre ellas, pasa de una a la otra. Con ello crea un nexo continuo entre las impresiones que ha sido incorrectamente interpretado por la metafísica como siendo una conexión sustancial dentro de las cosas mismas.

Hablamos de una cosa idéntica mientras que, en realidad, los únicos datos que tenemos son impresiones similares, separadas en el tiempo, pero unidas por relaciones asociativas.

Así que la función creativa es desplazada en la teoría de Hume del pensamiento matemático al psicológico. En cada punto intenta dar una explicación puramente psicológica de nuestra experiencia preteórica de la realidad, mediante las leyes de asociación que gobiernan nuestras impresiones sensoriales. El aspecto sensorial de esta experiencia es absolutizado de una manera psicologista.

Rechazó el intento, emprendido por la metafísica del ideal matemático de la ciencia, de construir un mundo nouménico de cosas a partir del pensamiento matemático "creativo".

El racionalismo matemático había procurado defender los fundamentos del ideal de la ciencia en contra de las consecuencias del postulado de continuidad mediante la doctrina de las ideas innatas. Éstas son rechazadas por Hume de un modo mucho más radical que por Locke. En su entero análisis de la "naturaleza humana", Hume estaba primariamente preocupado por la reivindicación de la soberanía absoluta del pensamiento psicológico. En favor de éste abandonó todos los dogmas del ideal matemático de la ciencia. Y llamaría especialmente la atención el hecho de que deseaba explicar las pretensiones de exactitud lógica del supuestamente creativo pensamiento matemático en los términos de los mismos principios psicológicos que había empleado en la construcción del mundo de las cosas de la experiencia preteórica, a saber, la función creativa de la fantasía: "He observado ya, al examinar el fundamento de las matemáticas", escribe en este contexto, "que la imaginación, cuando ha tomado una cierta dirección en el pensar, se halla propensa a continuarla aun cuando sus objetos faltan, y del mismo modo que una barca puesta en movimiento por los remeros, sigue su camino sin un nuevo impulso. Expuse esto por la razón de que después de considerar varios criterios sueltos de igualdad y de corregir los unos por los otros, procedemos a imaginamos un criterio tan correcto y exacto de la relación que no se halla sometido al más mínimo error o variación. El mismo principio nos hace fácilmente aceptar la concepción de la existencia continuada de los cuerpos. Los objetos poseen una cierta coherencia aun tal como ellos aparecen a nuestros sentidos; pero esta coherencia es mucho más grande y más uniforme si suponemos que los objetos tienen una existencia continuada, y como el espíritu se halla siempre inclinado a observar una uniformidad entre los objetos, sigue este camino hasta hacer la uniformidad tan completa como sea posible".[1]

En otras palabras, la imaginación psíquica o fantasía es la creadora del mundo de las cosas de la experiencia preteórica. Es también el origen de las pretensiones de exactitud del pensamiento matemático. Sin embargo, esto es verdadero solamente *en apariencia*.

Pues es el *pensamiento psicológico soberano* mediante el cual Hume desea explicar este estado de cosas, y el cual es ubicado como tal por encima de la fantasía "creativa". Es el poder "creativo" de este pensamiento el que se imputa a la facultad de la imaginación, pues ésta no es capaz de aislarse de una manera teórica.

Así que en realidad el pensamiento psicológico es elevado por Hume a la posición de ἀρχέ, origen y legislador del cosmos de la experiencia.

El hecho de que no diera cuenta de esta idea trascendental de origen, el hecho de que degradara el pensamiento lógico mismo a una imagen dependiente de la fantasía sensorial, sólo demuestra que Hume todavía no había arribado a una autorreflexión crítica trascendental.

Las leyes de asociación en su ideal psicológico de la ciencia desde luego sirven el mismo propósito que la *lex continui* matemática en Leibniz. De una manera análoga, Hume las empleó como una ὑπότεσις, como el fundamento de la realidad de la experiencia. Sólo el denominador básico del ideal

---

[1] *Tratado* I, Parte IV, Secc. II, pp. 155-6.

de la ciencia fue cambiado. En Hume, también, la realidad constante es reducida a un proceso que se conforma a leyes fijas. Pero en él este proceso es psicológico.

Hume destruye el fundamento metafísico del ideal racionalista de la personalidad

A diferencia de Berkeley, Hume no restringió su crítica radical del concepto de sustancia al concepto de sustancia material de la naturaleza. También lo extendió al concepto metafísico de sustancia espiritual, en el que el ideal racionalista de la personalidad buscaba su único fundamento. De una manera crítica realmente magnífica, Hume demostró que (desde el punto de vista de la filosofía de la inmanencia) el entero conflicto entre materialismo e idealismo es solamente un conflicto entre "hermanos de la misma casa". Los idealistas llamaron ateo a Spinoza porque no aceptó una sustancia-alma. Hume correctamente observó que ambas posiciones están enraizadas en el mismo principio metafísico. Consecuentemente, si uno llama ateo a Spinoza, entonces con igual razón uno debe etiquetar de atea a la metafísica idealista del alma inmortal. Los idealistas arriban a su teoría metafísica de la inmaterialidad, la simplicidad y la inmortalidad del alma mediante el mismo tipo de especulaciones racionales: "Resulta, pues, que, desde cualquier punto de vista que se considere, aparecen las mismas dificultades y que no podemos dar un paso adelante al establecer la simplicidad e inmaterialidad del alma sin preparar el camino para un ateísmo peligroso e irreparable".[1]

Hume arribó a esta conclusión sobre la base de su posición psicológica, de acuerdo con la cual el *universo* de nues-

---

[1] *Tratado* I, Parte IV, Secc. V (p. 186).

tra experiencia es reducido en el análisis final a impresiones y a las ideas que se derivan de ellas. Desde esta posición, la oposición entre idealismo y materialismo debe, en la naturaleza del caso, ser relativa.

Hume había puesto los diferentes aspectos modales de la realidad temporal bajo un denominador psicológico básico. Por lo tanto, en congruencia con su honesta crítica, también debe rechazar la sustancia-alma. En Descartes y Leibniz el ego, la personalidad, fue identificada con el pensamiento matemático y fue hipostasiada como una sustancia pensante. Buscando el origen de este concepto, Hume declara que el ego no es él mismo una impresión, porque siempre es concebido como algo con lo cual están relacionadas todas las impresiones e ideas.[1] El "ego" es en verdad nada más que un concepto colectivo de las diferentes series de ideas que son ordenadas constantemente de acuerdo con las leyes de asociación. Hume observa: "en ninguna parte de mi experiencia me encuentro aparte de una idea y no puedo percibir nada más que ideas". No hay en el alma ninguna facultad particular que en el tiempo permanezca siendo indudablemente la misma: "El espíritu es una especie de teatro donde varias percepciones aparecen sucesivamente, pasan, vuelven a pasar, se deslizan y se mezclan en una infinita variedad de posturas y situaciones".[2]

Pero incluso esta comparación de la mente con el teatro de nuestras "percepciones" es engañosa. Pues la mente misma no consiste en otra cosa más que "percepciones".

---

[1] "el Yo o persona no es una impresión, sino lo que suponemos que tiene referencia a varias impresiones o ideas". *Tratado* I, Parte IV, Secc. VI (p. 190).
[2] *Tratado* I, Parte IV, Secc. VI (p. 191).

Incluso la ilusión que siempre causa que, a pesar de todo, "el ego" siempre nos aparezca como una entidad constante y autosuficiente, debe ser explicada en términos de la ley asociativa de la semejanza y coherencia de las impresiones. Debido a que el contenido de las ideas de un momento particular es sólo imperceptiblemente diferente de el del momento siguiente, nuestra imaginación fácilmente pasa de una fase de nuestra "existencia espiritual" a la siguiente.

Esta continuidad en el proceso asociativo causa la ilusión de una personalidad absolutamente idéntica y singular o de una "yoidad": "De aquí se sigue evidentemente que la identidad no es nada que realmente pertenezca a estas percepciones diferentes y las una entre sí, sino tan sólo meramente una cualidad que les atribuimos a causa de la unión de sus ideas en la imaginación cuando reflexionamos sobre ellas".[1] (las itálicas son mías).

La radical autodisolución de los ideales de la ciencia y de la personalidad en la filosofía de Hume

De una manera verdaderamente radical, el ideal psicológico de la ciencia ha conquistado aquí el ideal de la personalidad destruyendo su supuesto fundamento metafísico. En su método psicológico Hume ya no pudo encontrar un retorno a la personalidad "libre y soberana".

El ideal de la ciencia, de hecho, no tenía otro fundamento para la "personalidad soberana" que el concepto metafísico de sustancia. Sin embargo, en la filosofía de Hume, incluso el ideal de la ciencia en su pretensión de concebir la "naturaleza" en el sentido de "el mundo externo", se disuelve de una manera realmente radical. Esto es evidente en la

---

[1] Ibídem, p. 196.

famosa crítica del principio de causalidad, la cual recibió su formulación más clara en la *Investigación*. Veremos que en esta crítica Hume no solamente socavó los fundamentos de la física matemática, siendo al mismo tiempo los de su propio asociacionismo, en el cual el ideal de la ciencia había adquirido su sesgo psicológico.

§5 CONTINUACIÓN: LA CRÍTICA DEL PRINCIPIO DE CAUSALIDAD COMO UNA CRÍTICA DE LA EXPERIENCIA

Desde el inicio, el principio de causalidad había sido elevado por la metafísica del ideal matemático de la ciencia al rango de una verdad lógica eterna. Leibniz rompió con esta concepción puramente lógica y concibió la causalidad como una "verdad factual". Pero también él se asió a su fundamento lógico ideal (a saber, sobre el *principium rationis sufficientis*) en nuestro juicio.

La crítica de este principio por Hume se convirtió en una crítica de la experiencia en el sentido que Kant le atribuyó posteriormente. Su meta era una investigación del fundamento de validez de todos los juicios teóricos sintéticos que pretenden ser universalmente válidos y necesarios, y esto sobre la suposición de que la experiencia no tiene otros datos más que las impresiones sensoriales.

Al igual que Kant, ¡Hume no hizo ninguna distinción fundamental entre experiencia preteórica y ciencia natural!

De acuerdo con Hume, toda "experiencia" va más allá de las impresiones sensoriales, que son lo único que está dado. Sólo podemos hablar de experiencia cuando los juicios epistemológicos de validez y necesidad supuestamente universales están dados con referencia a las impresiones sensoriales, y cuando a partir de un hecho sensorialmente dado realizamos una inferencia hacia otro hecho que no está dado.

Esto sólo es posible con la ayuda del principio de la conexión de causa y efecto. Solamente a través de este principio pueden las relaciones de identidad, de tiempo y de lugar trascender aquello que está dado en los datos sensoriales. "Resulta, pues, aquí que, de las tres relaciones que no dependen de las meras ideas, la única que puede ser llevada más allá de los sentidos e informarnos de existencias y objetos que no podemos ver o tocar es la causalidad".[1]

Si el principio de causalidad con su núcleo, la necesidad de la relación entre causa y efecto, ha de poseer realmente una validez establecida, entonces se debe indicar una base en las impresiones sensoriales para la idea de causalidad. El fundamento en cuestión solamente se puede buscar en las relaciones de las impresiones.

Un análisis de la idea de causalidad muestra que las dos relaciones, a saber la de contigüidad y la de la prioridad en el tiempo de un evento antes que otro, son elementos esenciales de la relación de causalidad. Y estas relaciones están de hecho dadas sensorialmente.[2]

Pero la idea de causalidad muy decididamente va más allá de estas relaciones sensoriales. Pues el juicio de causalidad no enuncia un mero *post hoc*, sino que pretende ser capaz de indicar un *propter hoc*, una necesidad.

---

[1] *Tratado* I, Parte III, Secc. II (p. 70).
[2] Ibídem.

El problema perteneciente a la conexión necesaria entre causa y efecto es para Hume el problema del origen de las leyes naturales como tales

Para Hume el problema relativo al fundamento de la relación entre la causa y el efecto se convierte en el final análisis en el problema del origen de las leyes naturales como tales.

La física matemática había basado la certeza de sus resultados en la ley de causalidad como una ley funcional de relaciones físicas. Descartes llamó a esta ley una "idea innata". Leibniz vio en ella el principio fundacional de todos los juicios del experiencia, un terreno racional ideal mediante el cual podemos dar una explicación de los fenómenos empíricos, pero que permanece atado a las "verdades factuales". Para Hume, sin embargo, este mismo principio de causalidad se volvió problemático en tanto que había sido concebido como el principio de una conexión necesaria entre un evento anterior y uno subsecuente en el mundo externo.

Hume rechazó como sofismas los intentos hechos por Hobbes, Clarke y Locke para demostrar la necesidad lógica en la inferencia de causa a efecto. No hay ningún objeto que como una "causa" implique lógicamente la existencia de ningún otro objeto. La negación de una conexión necesaria entre causa y efecto no conduce a una contradicción lógica particular.

Sólo por la experiencia podemos concluir la existencia de un objeto a partir de la existencia de otro. Con respecto a esta experiencia, la situación es como sigue: recordamos que, después de ciertos tipos de hechos en el espacio y en el tiempo, hemos visto constantemente que se siguen otros hechos. Por ejemplo, recordamos que, después de la percepción sensorial del fuego, hemos experimentado regularmente la sensación de calor. Con ello se descubre una nueva relación que constituye un elemento esencial de la conexión entre causa y efecto, a saber, la conexión constante de dos tipos de impresiones una de las cuales sigue a la otra en el tiempo.[1]

En esta relación no hay nada que en sí mismo implique una necesidad que posea una validez objetiva: "De la repetición de una impresión pasada, aunque sea al infinito, no surgirá una nueva idea original como lo es la del enlace necesario, y el número de impresiones no tiene en este caso más efecto que el limitarnos a una sola".[2]

De acuerdo con Hume, la ley de causalidad sólo ha de ser mantenida como una ley psíquica de asociación. No obstante, está ausente todo fundamento legítimo para el ideal de la ciencia en un sentido físico matemático

Hume pensó que él sólo podía mantener la ley de causalidad en el sentido de una ley psíquica de asociación, que a través del hábito compele a la mente a proceder, sin ningún razonamiento, de aquello que está dado a aquello que no está dado.

En su *Tratado* todavía se tomó la molestia de indicar una impresión como el origen psicológico del concepto de causalidad. Aquí su argumentos es como sigue: Es desde luego verdadero que de la mera repetición de eventos similares subsecuentes a similares antecedentes previamente percibidos, nada objetivamente nuevo surge que sea de hecho sensorialmente percibido en cada caso. Pero la constante similitud en los diferentes casos hace que surja una nueva impre-

---

[1] *Treatise* I, Part III, Secc. VI (p. 78).
[2] *Tratado* I, Parte III, Secc. VI (p. 79).

sión subjetiva en la mente, a saber, una tendencia a pasar de una impresión instantáneamente dada a la idea de otra impresión que en el pasado ocurrió repetidamente después de la primera. Ésta es entonces la impresión que corresponde a la idea de causalidad.[1]

En su *Investigación*, Hume no se tomó la molestia de hacer concordar su teoría del concepto de causalidad con su doctrina concerniente a la relación entre "impresiones" e "ideas". De hecho, esto es imposible, pues la repetición de ninguna manera puede proveer una nueva impresión. Por lo tanto, Hume inmediatamente introdujo el *hábito de conectar ideas como una ley natural*.

El modo en que la crítica de Hume finalmente socava los fundamentos de su propio ideal psicológico de la ciencia

Es sólo el *hábito* lo que nos compele a juntar la idea de un evento B, que repetidamente siguió al mismo evento A, con la idea del segundo. El hábito, en la percepción constante de consecuencias semejantes después de antecedentes semejantes, es el único fundamento para el juicio de causalidad. La secuencia subjetiva de las ideas es incorrectamente interpretada como una necesidad objetiva en las relaciones entre los contenidos de las ideas.

El *"propter hoc"* — y con él la necesaria coherencia entera de los fenómenos— nunca puede ser demostrada o entendida racionalmente. Sólo puede ser creída.[2] Esta fe es solamente "algún sentimiento o sensación" que acompaña nuestra idea. Pero, implícitamente, este reconocimiento destru-

---

[1] *Tratado* I, Parte III, Secc. VI (p. 79).

[2] "Todas estas operaciones son una clase de instinto natural que ningún razonamiento o proceso de pensamiento y comprensión puede producir o evitar". *Investigación*, Secc. V, Parte I (p. 70).

ye el fundamento de las leyes psíquicas de asociación como leyes psíquicas de la "naturaleza humana". Pues también
en estas leyes está implicada una conexión necesaria entre
ideas en una secuencia temporal: "La naturaleza, por una
necesidad absoluta e inverificable, nos ha llevado a juzgar lo
mismo que a respirar y a sentir".[1]

Hume incluso admite que no puede explicar estas leyes
psíquicas de la naturaleza y apela a ellas de una manera puramente dogmática como a "un principio de la naturaleza
humana que es universalmente admitido y bien conocido
por sus efectos".[2] Es así que él no solamente socavó la metafísica humanista del ideal matemático racionalista de la ciencia y del ideal de la personalidad con sus tres temas: deidad,
libertad e inmortalidad, sino que a través de su epistemología psicológica también conmovió los pilares fundamentales
de los ideales de la personalidad y de la ciencia como tales.

Hume no considera la síntesis de significado lógico y psíquico en su denominador psicológico básico

En consonancia con el postulado de continuidad del ideal
de la ciencia en su sentido psicologizado, Hume arrasó los
límites modales de significado entre las esferas nómicas y
con ello se enredó en evidentes antinomias. No fue consciente del hecho de que su reducción de la entera realidad
dada a un denominador psicológico básico descansaba so-

---

[1] *Tratado* I, Parte IV, Secc. I (p. 145).

[2] *Investigación*, Secc. V, Parte I. Es verdad que una y otra vez en la *Investigación* aparece la introvisión de que la ley de causalidad debe ser postulada
como el fundamento de todos los eventos. (*Véase* Wentscher, *Geschichte
des Kausalproblems*, 1921, p. 102. Pero el psicologismo de Hume lo compele a buscar el fundamento de la idea de causalidad exclusivamente en las
asociaciones subjetivas.

bre una abstracción racional fundamental; no entendió que solamente el pensamiento teórico, al sintetizar los significados modales analítico y psíquico, se halla en posición de aislar el aspecto psíquico de la realidad. Que él no adquirió esta compenetración es evidente en su intento de borrar, ante el aspecto psíquico de la sensación, el sentido original del aspecto lógico y de reducir el concepto a una mera copia de la impresión psíquica del sentimiento.

Hume había reconocido tajantemente la antinomia (previamente analizada por Bayle y Berkeley) del concepto metafísico de sustancia, una antinomia que se origina en el hecho de que un producto del pensamiento es proclamado como siendo absolutamente independiente del pensamiento, y como siendo una "cosa en sí".[1]

Pero no vio la antinomia interna que yacía en su propia absolutización del aspecto psíquico (del sentimiento) de la realidad. Era inconsciente de la antinomia que surge del intento de reducir el significado del aspecto lógico al psíquico "en sí". En verdad su denominador básico para toda la realidad dada fue *psico-lógico*, y no meramente *psíquico*.

---

[1] Esta antinomia es excelentemente caracterizada por Fichte en su *Zweite Einleitung in die Wissenschaftlehre* (Sämtliche Werke 1, p. 491), cuando comenta, en oposición a aquellos que han aceptado la "Ding an sich": "Ihr Ding ist durch ihr Denken hervorgebracht; nun aber soll es gleich darauf wieder ein Ding an sich, d.i. nicht durch Denken hervorgebracht seyn. Ich verstehe sie wabrhaftig nicht; ich kann mich weder diesen Gedanken denken, noch einen Verstand denken, mit welchem man diesen Gedanken denkt..." [Su 'cosa' ha sido producida por su pensamiento; no obstante, debiera inmediatamente después de eso ser concebida como una 'cosa en sí'; esto es, como no siendo producida por el pensamiento. Verdaderamente no los entiendo; no puedo ni pensar esta idea, ni puedo pensar en un entendimiento mediante el cual esta idea sea pensada...].

En la realidad empírica el aspecto psíquico de significado sólo existe en la plena coherencia de todos los aspectos modales. Sólo el pensamiento teórico puede abstraerlo y, dentro de su matriz modal, aislar las impresiones sensoriales objetivas, las emociones subjetivas y las imágenes de la fantasía sensorial. ¿Cómo puede entonces ser comprendido el concepto lógico mismo como una mera imagen de una impresión sensorial? Quienquiera que intente hacerlo es culpable de socavar el criterio lógico de verdad y necesariamente se enreda en contradicción lógica. Donde solamente gobiernan las leyes psíquicas de asociación no hay espacio para un criterio verdaderamente normativo de la verdad, y ahí todo concepto de la ley natural se torna carente de significado. Así, en su sistema psicológico naturalista, Hume ha también socavado la pretensión de verdad de su propia teoría.

§6 EL PRELUDIO AL CAMBIO DE PRIMACÍA AL IDEAL DE LA PERSONALIDAD

La extensión del ideal psicologicado de la ciencia sobre los límites modales de los aspectos estético, diquético, moral y fídico

Aún cuando Hume acepta el "sentimiento" psicológico, en su relación sujeto-objeto modal (emoción-sensación), como denominador básico para todos los aspectos modales de la realidad, no obstante reconoce una diversidad modal relativa de significado en el cosmos. Dentro de la absolutizada esfera de leyes psíquica, los aspectos estético, diquético, moral y físico fueron distinguidos por él del lógico (al que también había psicologizado). No obstante, el ideal de la ciencia, con su psicológicamente concebida ley de causalidad, excede arbitrariamente estos límites nodales.

En Leibniz todos los aspectos modales de significado son convertidos en modos del pensamiento matemático. En Hume se convierten en modos de su denominador psicológico básico. Es así que el aspecto estético, también, se convierte en un modo del sentimiento psíquico: "Placer y dolor, por consiguiente, no son sólo acompañantes necesarios de la belleza y de la fealdad, sino que constituyen su verdadera esencia".[1] Lo mismo se puede declarar con respecto a los restantes aspectos modales normativos de la experiencia. Hume presentó una teoría mecanicista de las emociones humanas, enteramente de acuerdo con la tradición heredada por Descartes, Hobbes y Spinoza, y directamente conectada con Locke. En este punto el último había reproducido la teoría de Hobbes en la forma en que adquirió su gran influencia en la filosofía de la Ilustración inglesa, francesa y escocesa. Para Hume – como lo había sido para Hobbes– esta teoría fue el fundamento de su filosofía ética y de su concepción teórica de la fe: "en la producción y conducción de las pasiones, hay un cierto mecanismo regular que es susceptible de disquisición tan exacta como las leyes del movimiento, la óptica, la hidrostática, o cualquier parte de la naturaleza física".[2]

Las leyes de asociación son los únicos principios explicativos que Hume habría de emplear aquí. Están fundados sobre el principio de la uniformidad de la naturaleza humana en todos los tiempos.

El psicológicamente comprendido ideal de la ciencia que se halla en el fundamento de esta método enteramente explicativo es claramente formulado por Hume en el siguien-

---

[1] *Tratado* II, Parte I, Secc. VIII (p. 223).
[2] *Diss. on the Passions*, Secc. VI.

te enunciado: "hallamos que en el curso de la naturaleza, aunque los efectos son muy diversos, los principios de que surgen son comúnmente pocos y simples y que es de mal naturalista recurrir a una cualidad especial para explicar cada operación diferente. Tanto más debe ser cierto esto con respecto del espíritu".[1]

Vimos que las emociones forman una segunda clase de impresiones. Aquellas que pertenecen a la función sensorial de la percepción, y las que pertenecen a los sentimientos corpóreos de placer y dolor.[2] Hume designó a las primeras impresiones mencionadas como "restrictivas" y consideró que estaban derivadas de las impresiones sensuales originales directamente, o indirectamente a través de la intermediación de un idea de una impresión sensorial. Por lo tanto llamó a las emociones impresiones "secundarias", en contraste con las "originales" de la "sensación".

Dividió las "impresiones secundarias" en dos clases, las tranquilas y las violentas. Consideraba a las emociones de belleza y fealdad como impresiones "tranquilas". Bajo las "violentas" subsumía pasiones tales como el amor y el odio, la tristeza y la alegría, el orgullo y la humildad.

Las "pasiones" mismas eran adicionalmente divididas en "directas" e "indirectas". Bajo las primeras él entendió todas las que surgen directamente de los sentimientos elementales de placer o dolor, tales como el deseo, la aversión, la tristeza, la alegría, la esperanza, el miedo y la desesperación; bajo las segundas, todas las que, aunque se originaban en la misma fuente, no obstante lo hacían solamente combinando otras cualidades. Orgullo y humildad, ambición, vanidad, amor,

---

[1] *Tratado* II, Parte I, Secc. I (p. 212).
[2] Ibídem, (p. 207).

odio, celos, compasión, generosidad, malicia, y así consecutivamente, son consideradas pasiones "indirectas".

Todas estas emociones aparecen en la naturaleza humana en conexión con ciertas ideas y objetos; más aún, lo hacen en una conformidad regular con las leyes naturales. Hume distingue tajantemente las causas de las emociones de sus objetos. La ipseidad nunca puede ser la causa, sino solamente el objeto de una pasión.[1] Pues en la crítica de Hume del concepto de sustancia la ipseidad se había disuelto en un concepto colectivo de las series asociativas de las ideas. En el caso del orgullo y la humildad, la propia ipseidad es el objeto de las emociones, mientras que en el caso del odio y el amor, la emoción tiene otros egos como objetos.

La cooperación entre las asociaciones de ideas y las de las pasiones

Todas las varias causas de las "pasiones" son reducidas a los principios naturales simples de asociación.

Las impresiones están tan asociadas como las ideas, pero con la fundamental diferencia de que las primeras en la secuencia temporal se combinan sólo de acuerdo con la ley natural asociativa de la semejanza, mientras que las ideas están, por añadidura, conectadas de acuerdo con las leyes asociativas de la contigüidad y la causalidad.[2]

Debido a que las emociones siempre están acompañadas de un modo natural por ciertas ideas, también las asociacio-

---

[1] *Tratado* II, Parte I, Secc. II (p. 209).

[2] *Tratado* II, Parte I, Secc. IV, p. 213: "Es, pues, evidente que existe una atracción o asociación entre impresiones como entre ideas, aunque con esta diferencia notable: que las ideas se asocian por semejanza, contigüidad y causalidad, mientras que las impresiones sólo se asocian por semejanza".

nes de las ideas y las asociaciones de las pasiones se combinan en el mismo objeto: "Así, un hombre que a causa de haber sido agraviado por otro se halla muy descompuesto e irritado en su ánimo, está en disposición de encontrar mil motivos de descontento, impaciencia, miedo y otras pasiones desagradables, especialmente si puede descubrir estos motivos en o cerca de la persona que fue la causa de la primera pasión. Los principios que favorecen la sucesión de las ideas concurren aquí con los que actúan sobre las pasiones, y ambos, uniéndose en la acción, imprimen al espíritu un doble impulso. La nueva pasión, por consiguiente, debe surgir con una violencia mucho más grande y la transición a ella debe hacerse mucho más fácil y natural".[1] Una mera asociación de ideas, consecuentemente, no es suficiente para originar pasiones. En la esfera de las impresiones emocionales o secundarias, las leyes de asociación son válidas solamente sobre la base de una conexión natural y original entre una idea y una pasión.[2]

El modo en que el ideal psicológico de Hume de la ciencia destruye la concepción de la libertad de la voluntad en el sentido del ideal matemático de la ciencia

En este entero mecanismo psicológico de la "naturaleza humana" no queda espacio para la libertad de la voluntad. La

---

[1] Ibídem, p. 213.

[2] Ibídem, Secc. IX (pp. 227-8): "De este razonamiento, así como de una experiencia indubitable, podemos concluir que una asociación de ideas, aunque necesaria, no es, sola, suficiente para que surja una pasión. ... Es evidente, pues, que cuando el espíritu siente una pasión o de orgullo o de humildad ante la presencia de un objeto relacionado existe además de la relación o transición del pensamiento una emoción o impresión original producida por algún otro principio.

posición de Hume en este respecto es muy diferente de la de Locke y Leibniz.

Locke podía dejar algún espacio a la libertad de la voluntad en el sentido indeterminista de un *"liberum arbitrium indifferentiae"* o *"liberum arbitrium equilibrii"*, pues él no disolvió la personalidad y la ipseidad humana en un mecanismo de asociaciones psíquicas y se apegó al dualismo de la reflexión y la sensación.[1] En el sistema psicologizado de Hume, tal idea de libertad debe ser descartada igualmente con la concepción, concorde con el ideal matemático de la ciencia, de que la libertad de la voluntad consiste en el hecho de que está determinada por el pensamiento claro y distinto.

El baluarte metafísico del ideal de la personalidad humanista racionalista, es decir la ipseidad, concentrada en su pensamiento matemático como una sustancia, como *"res cogitans"*, había sido destruida por la crítica psicológica de Hume. Y, con igual fuerza, el contenido de este ideal de la personalidad (la libertad autónoma) tuvo que ser sacrificada al ideal psicologizado de la ciencia. Por lo tanto, la "voluntad" es concebida como una mera impresión interna que sentimos, cuando ejecutamos conscientemente nuevo movi-

---

[1] En su *Ensayo sobre el entendimiento humano* II, 2, Secc. 56, Locke encontró un lugar para la libertad moral y la responsabilidad de la personalidad en que "un hombre puede suspender el acto elegido; puede impedir que ese acto quede determinado en favor o en contra de la cosa que ha sido propuesta, hasta que no haya examinado si esa cosa es, en sí o por sus consecuencias, de tal naturaleza que realmente pueda hacerlo feliz o no" Y enseñó: "el cuidado que debemos tener en no confundir una felicidad imaginaria con la verdadera felicidad, es el fundamento necesario de nuestra libertad" (Secc. 52). En su Introducción (p. 16) al libro II del *Tratado* de Hume, Green observa correctamente que esta concesión al ideal de la personalidad evoca nuevamente una antinomia intrínseca con el ideal de la ciencia de Locke.

miento corporal o producimos una nueva idea en nuestra mente.[1]

Esta impresión psíquica que nosotros llamamos "voluntad" está tan necesariamente determinada como lo están los movimientos de los fenómenos psíquicos. Hay una conexión causal necesaria entre acciones humanas y sus motivos y las circunstancias de las que surgen. Sin embargo, esta necesidad es solamente comprendida en el sentido de las leyes naturales de asociación, en el sentido de secuencias constantes de motivos y acciones similares. No es pensado en el sentido de ninguna fuerza mecánica escondida o compulsión que proceda de los impulsos.

Hume era de la opinión de que su determinismo psicológico no podía ser llamado materialista en modo alguno, ni podía estar en lo absoluto en conflicto con la religión. Más bien, consideraba su doctrina de la necesidad psicológica de las acciones humanas como esencial tanto a la moralidad como a la religión.[2] Toda otra concepción destruye enteramente la idea de ley, no sólo de las leyes humanas, sino de las divinas también.

¡Debe concederse que sobre la base de la idea cosmonómica psicologizada de Hume no es posible ninguna otra solución!

El preludio al cambio de primacía hacia el ideal de personalidad

Hemos visto que la epistemología psicologizada de Hume disolvió los mismos fundamentos del ideal de la ciencia y de la personalidad. No obstante, el hecho de que Hume haya

---

[1] *Tratado* II, Parte III, Secc. I (p. 292).
[2] *Tratado* II, Parte III, Secc. II (p. 418 ss.).

subordinado el pensamiento matemático teórico a la función de sentimiento y sensación psíquico absolutizado puede ser considerado como el preludio al cambio de primacía del motivo naturaleza al motivo libertad.

En el principio de su exposición concerniente a los motivos de la voluntad, declara de la manera más claramente posible la contradicción que existe entre su propia posición ética y la del ideal matemático de la ciencia: "Nada es más usual en la filosofía, y aun en la vida común, que hablar de la lucha entre la pasión y la razón y darle preferencia a la razón y afirmar que los hombres son sólo virtuosos mientras se conforman a sus dictados. Toda criatura racional, se dice, se halla obligada a regular sus acciones por la razón, y si algún otro motivo concurre a la dirección de su conducta debe oponerle aquélla hasta que se halle en absoluto sometido a ella o al menos traído a conformidad con este principio superior. Sobre este modo de pensar parece fundarse la mayor parte de la filosofía moral antigua y moderna, y no hay más ancho campo, lo mismo para los argumentos metafísicos que para las declamaciones populares, como la supuesta preeminencia de la razón sobre la pasión. La eternidad, inmutabilidad y origen divino de la primera han sido desplegados para mayor ventaja; se ha insistido con fuerza sobre la ceguera, inconstancia y falsedad de la última. Para mostrar la falacia de toda esta filosofía intentaré primero probar que la razón por sí sola jamás puede ser motivo de una acción de la voluntad, y segundo, que jamás puede oponerse a la pasión en la dirección de la voluntad".[1]

La razón, en el sentido del ideal matemático de la ciencia de Descartes y Leibniz, es completamente expulsada de su

---

[1] *Tratado* II, Parte III, Secc. III, (p. 301).

posición soberana como regla última de las acciones humanas: "La razón es y sólo puede ser la esclava de las pasiones y no puede pretender otro oficio más que servirlas y obedecerlas".[1]

Desde luego que las matemáticas son útiles en toda técnica mecánica, y la aritmética se utiliza en casi todo arte y en toda ocupación: "pero no es por sí mismas por lo que tienen influencia. ... Un comerciante desea saber la suma total de sus cuentas con una persona. ¿Por qué? Porque puede saber que la suma tendrá los mismos efectos al pagar su deuda e ir al mercado que las partidas particulares juntas. El razonamiento abstracto o demostrativo, por consiguiente, jamás influencia nuestras acciones sino tan sólo en la dirección de nuestro juicio referente a las causas y los efectos".[2]

Incluso el pensamiento científico natural causal, en el que el ideal matemático de la ciencia encontró el método para extender su postulado de continuidad sobre la entera realidad de la experiencia, no puede en sí mismo influenciar ni activar la voluntad. La razón solamente *descubre* las relaciones causales entre los fenómenos, pero "cuando los objetos mismos no nos afectan, su conexión no puede concederles influencia ninguna, y es claro que, puesto que la razón no es más que el descubrimiento de esta conexión, no pueden ser mediante ella los objetos capaces de interesarnos".[3] La razón no puede motivar una acción, porque la experiencia demuestra que la acción solamente surge de una emoción: "Nada puede oponerse o retardar el impulso de la pasión más que un impulso contrario".

---

[1] Ibídem, p. 303.
[2] Ibídem, p. 302.
[3] Ibídem, p. 302.

Es así que se abandona el prejuicio racionalista de que las decisiones de la voluntad están determinadas por ideas teóricas (ya sea que estén claramente distinguidas o sean confusas).

Hume separa la moralidad del ideal de la ciencia. Primacía del sentimiento moral

Ahora bien: es esto lo que pavimentó el camino hacia la filosofía moral propia de Hume. No es correcto decir que Hume negaba el sentido normativo de la ética. Por el contrario, ningún otro filósofo humanista antes de Kant[1] había señalado tan tajantemente la necesidad de la distinción entre aquello que "es" y aquello que "debiera ser". E, incluso

---

[1] Seguramente también Leibniz hace una distinción tajante entre lo que "es" y lo que "debiera ser". *Cfr.* su *Meditation sur la notion commune de la justice* [Meditación sobre la noción común de justicia] en *Jur.* vol. IIIa, fol. 72-87; aquí comenta contra Hobbes: " Car autre chose est, ce qui se peut, autre chose ce qui se doi" [Pues lo que es posible es muy diferente de lo que debiera ser].

Sin embargo, en Leibniz esto no significa que la acción ética debiera ser independiente del pensamiento claro y distinto. Por el contrario, como hemos visto, está de acuerdo en principio con la concepción racionalista de la ética de Descartes, aunque en él el racionalismo está mitigado por un motivo místico debido a su concepción de una participación "sobrenatural" de la razón humana en el pensamiento creativo de Dios, la cual produce "amor" y "piedad". Véase Kurt Hildebrandt, *Leibniz und das Reich der Gnade* [Leibniz y el reino de la gracia] (La Haya, Nijhoff, 1953), especialmente las pp. 299 ss.

Me temo, sin embargo, que Hildebrandt ha exagerado este motivo místico a costa de una justa evaluación del racionalismo matemático de Leibniz.

en Hume, esta distinción implica el contraste entre el pensamiento científico y la acción ética.[1]

A partir de esta misma distinción, Hume extrajo la consecuencia de que la ética no es capaz de ser demostrada lógicomatemáticamente, asestando con ello un nuevo golpe al ideal matemático de la ciencia. Su argumento en apoyo de esta concepción es extremadamente interesante, pues, a su propia manera, desnudó la antinomia existente entre el ideal matemático de la ciencia y el de la personalidad.

Si el pensamiento lógico matemático ha de hallarse en posición de establecer las normas del bien y el mal, entonces, de acuerdo con Hume, o bien el carácter de la virtud y el vicio debe encontrarse en ciertas relaciones entre los objetos, o tienen que ser "cuestiones de hecho" que seríamos capaces de descubrir mediante nuestro razonamiento científico.

De acuerdo con la concepción dominante (la de Locke), las relaciones necesarias entre las ideas deben ser tajantemente distinguidas de los "cuestiones de hecho".

Así, si fuese verdadero que la virtud se puede descubrir a través del pensamiento, tendría que ser objeto de la ciencia

---

[1] *Tratado* III, Parte I, Secc. I (p. 245): " En todo sistema de moralidad que hasta ahora he encontrado he notado siempre que el autor procede durante algún tiempo según el modo corriente de razonar, y establece la existencia de Dios o hace observaciones concernientes a los asuntos humanos, y de repente me veo sorprendido al hallar que en lugar de los enlaces usuales de las proposiciones es no es encuentro que ninguna proposición se halla enlazada más que con debe o no debe. Este cambio es imperceptible, pero es, sin embargo, de gran consecuencia, pues como este debe o no debe expresa una nueva relación o afirmación, es necesario que sea observada y explicada". *Cfr.* Laing sobre este punto, *op. cit.*, pp. 189 ss.

matemática que examina las relaciones entre las ideas, o de la ciencia natural empírica. No hay, de acuerdo con Hume, ninguna actividad tercera de pensamiento.

Sin embargo, de acuerdo con la concepción racionalista dominante, solamente la primera posibilidad puede recibir consideración. Pues pretende que las normas de la ética son capaces de ser demostradas a priori, (*"more geometrico"*). Y una mera "cuestión de hecho" no es susceptible de tal demostración. Cuando se concede, sin embargo, que la virtud y el vicio consisten en relaciones concernientes a las cuales se puede lograr la certeza o para las cuales se pueden proveer una demostración matemática, entonces las cuatro relaciones filosóficas invariables de semejanza y contraste, y los grados en cantidad y cualidad, pueden ser tomados en consideración. Ahora bien, en este caso uno se enreda inmediatamente en absurdos inevitables. Pues, como no hay una sola entre las cuatro relaciones recién mencionadas que no pudiese igualmente ser aplicada a los animales y las plantas, o incluso a los objetos inertes, es inevitable la consecuencia de que incluso tales cosas serían susceptibles de ser juzgadas como sujetos morales: "Semejanza, contraste, grados de cualidad y relaciones de cantidad y número son relaciones que conciernen tanto a la materia como a nuestras acciones, pasiones y voliciones. Es indiscutible, por consiguiente, que la moralidad no consiste en algunas de estas relaciones ni su sentido en su descubrimiento".[1]

Hume fue un pensador demasiado agudo para estar ciego al hecho de que con el mismo tipo de razonamiento uno podría también indicar la antinomia intrínseca en su propia concepción psicologizada de la moralidad.

---

[1] *Tratado* III, Parte I, Secc. I (p. 336).

En su sistema la virtud y el vicio se derivan de los sentimientos de placer y dolor, los cuales no tiene nada que ver con propiedades normativas. Intenta rescatarse a sí mismo de esta antinomia señalando que el sentimiento de placer es sólo un término general que significa "sentimientos" muy diferentes. Así, el sentimiento estético y el sentimiento sensorial del gusto no son mutuamente reducibles el uno al otro.[1] No obstante, Hume olvida que su teoría del mecanismo de la naturaleza humana destruye el fundamento de toda imputación normativa. Si las distinciones éticas normativas no han de ser derivadas de la razón matemática, surge la cuestión de ¿en qué se debe buscar su base? Hume responde: en el sentido moral, una explicación que claramente delata la influencia de Hutcheson. En el sistema de Hume, las ideas morales, exactamente al igual que las otras ideas, deben ser derivadas de "impresiones". Cada sentimiento tiene sus impresiones particulares. Si existe un particular sentimiento moral, deben también existir impresiones morales que no puedan ser reducidas a otros tipos de impresiones. ¿Cual es el carácter de estas impresiones morales? "Tener el sentido de la virtud no es más que sentir una satisfacción de un género particular ante la contemplación de un carácter. El sentimiento mismo constituye nuestra alabanza o admiración. No vamos más lejos ni investigamos la causa de la satisfacción. No inferimos que un carácter sea virtuoso porque agrada, sino que sintiendo que agrada de un modo particular sentimos, en efecto, que es virtuoso".[2]

El bien y el mal, por lo tanto, no son más que sentimientos de placer y dolor de un carácter moral particular. Este

---

[1] Ibídem, p. 341.

[2] *Tratado* III, Parte I, Secc. II (p. 341).

carácter especial se halla en el sentimiento de aprobación o desaprobación que un acto provoca en nosotros o en otros. Sin embargo, en el final análisis, los motivos de las acciones incluso de las acciones morales, permanecen anormativas en Hume. Las acciones no son ejecutadas sobre la base de su carácter moralmente bueno o malo; están hedonistamente determinadas. Pero la *contemplación de la acción* crea una satisfacción particular o sentimiento de placer, que es aprobación o sentimiento de virtud, de la cual la idea de virtud es la copia. En consecuencia, puede ser que el ideal psicologizado de la ciencia todavía absorba la libertad moral personal; pero la *ratio*, en el sentido de pensamiento matemático, es en cualquier caso rechazada como fundamento de la ética y como la base para el ideal de la personalidad. La tendencia a quitarle el ideal de la personalidad al rígido puño del ideal humanista de la ciencia es claramente perceptible. No obstante, Kant fue el primero en abordar la *actio finium regundorum*.

El ataque de Hume a la teoría racionalista de la ley natural humanista y su interpretación del contrato social. Vico y Montesquieu

El rompimiento de Hume con el ideal matemático de la ciencia de sus predecesores racionalistas es también evidente en su notable crítica de la entera doctrina humanista racionalista de la ley natural, y en particular en su crítica de su concepción de que el Estado había de ser construido mediante uno o más contratos entre individuos presociales. Desde el comienzo, el rasgo nominalista del ideal humanista de la ciencia en su forma matemática se manifestó muy claramente en esta construcción. De acuerdo con sus adherentes, la comunidad política no ha de fundarse sobre la forma sustancial de la naturaleza humana, como lo había hecho la doctrina aristotélico-tomista de la ley natural. La ley natural nominalista ya no puede atribuir realidad ontológica al Estado, ni siquiera en un sentido accidental. Incluso en Hugo Grocio, quien sigue externamente la doctrina aristotélico-tomista del *appetitus socialis*, la autoridad y la obediencia no tienen un fundamento natural. Ambos deben ser construidos "*more geometrico*" a partir de elementos más simples, los individuos libres y autónomos.

La construcción del contrato social parecía ser el único método para reconciliar el postulado del ideal matemático de la ciencia y el ideal humanista de la personalidad. Pues, mientras que el primero debe conducir a una construcción del Estado como un instrumento de dominio soberano, el segundo debe requerir una justificación del concepto moderno de soberanía, introducido por Bodino, ante la libertad autónoma de la personalidad humana. Y la construcción del contrato social parecía satisfacer ambos postulados. Mientras que para el resto Hume adoptó una posición nominalista radical, no obstante llevó a cabo una crítica cortante de esta construcción, porque pensó correctamente que al hacerlo era capaz de golpear el ideal matemático de la ciencia. Con ello, en contraste con el cartesianismo, Hume, por virtud de su método histórico psicológico, vino a ponerse al lado de Vico y Montesquieu. Y como los Whigs basaban sus concepciones políticas en la doctrina matemática de la ley natural, la afinidad política de Hume con el partido Tory es también notable en esta conexión. En contra de la teoría del contrato, Hume apeló a la condición psíquica del pueblo primitivo. Éste ciertamente no podía comprender la obediencia a la autoridad política en términos de un contrato abstracto de individuos. Más aún, da testimonio del la penetrante introvisión de Hume en el lado débil de las teorías del contrato, cuando señala repetidamente que la obligación que surge de un acuerdo no es de un carácter natural sino convencional.[1] El contrato, por lo tanto, no puede preceder al establecimiento de una comunidad ordenada y a las instituciones del Estado.

El lado histórico de la crítica de Hume tal y como la desarrolló en su *El contrato original* y en su *Investigación concerniente a los principios de la moral*, no golpeó naturalmente en el corazón de la teoría del contrato. Ésta — al menos en sus tendencias generales— siempre quiso construir la justificación para el Estado en las líneas de la lógica matemática. Hume, sin embargo, había repudiado el ideal matemático de la ciencia. En concordancia con su ideal psicológico de la ciencia, la concepción matemática del Estado natural es reemplazada por una psicológica correspondiente a su teoría de la "naturaleza humana". En su tratado *El contrato original* (en agudo contraste con su concepción en el *Enquiry*[2]) Hume supuso, seguramente, una igualdad original de los hombres, a partir de la cual concluyó que había un consenso original

---

[1] Como indiqué en mi serie de tratados *In the Struggle for a Christian Politics*, la teoría del contrato fue las misma semilla de disolución dentro de la doctrina racionalista de la ley natural. El conflicto entre el absolutista concepto de soberanía estatal y los principios de la ley natural concernientes a la libertad y la igualdad de los hombres como tales documentó la antinomia interna entre el ideal de la ciencia y el ideal de la personalidad dentro de la teoría humanista de la ley natural. Véase también mi *The Contest about the Concept of Sovereignty in Modern Jurisprudence and Political Science* (H J. Paris, Ámsterdam, 1950).
[2] *Enquiry Concerning the Principles of Morals*, Secc. III, Parte II.

de individuos por virtud del cual se sujetaban ellos mismos a la autoridad. Pero este acuerdo no ha de ser entendido — en el sentido del ideal matemático de la ciencia— como una base universal continua para la autoridad de los gobernantes. De acuerdo con la psicologizada concepción de las matemáticas de Hume, los conceptos exactos que van más allá de las impresiones sensoriales (por ejemplo el concepto de una medida exacta de igualdad, el concepto de infinitesimal, el punto matemático, etcétera) carecen de fundamento. Se debe extraer la misma conclusión con respecto a la búsqueda de fundamentos matemáticamente exactos para el estado y el orden legal. En la psicologizada teoría del estado y la ley de Hume, el acuerdo original sólo puede ser entendido psicológicamente e intermitentemente en términos de las impresiones de necesidad y utilidad que surgen en una situación dada en aras de sujetarse uno a alguien de cualidades eminentes. Tales situaciones ocurren una y otra vez y, en proporción directa a la frecuencia de su recurrencia, nace una costumbre de obediencia a partir de la impresión. En el ulterior desarrollo del Estado, sin embargo, el acuerdo psicológicamente comprendido de los sujetos ya no tiene utilidad como un principio explicativo. La base factual de autoridad ha de encontrarse solamente en la fuerza continuamente ejercida.

En respuesta a la pregunta concerniente al derecho de autoridad, Hume señala la influencia del tiempo sobre la alma humana. Del sentimiento de utilidad surge el primer impulso psíquico a obedecer. Cuando, sin embargo, un gobierno ha retenido su poder lo suficiente para crear constancia y estabilidad en la vida política, surge en el alma humana una impresión o costumbre que forma el fundamento para la idea del derecho del gobierno, y el interés personal y las ventajas son reducidos a un valor subordinado.[1]

Es así que el psicologismo de Hume conquistó la posición más fuerte en la que el ideal matemático de la ciencia había entonces pensado que podía defender la libertad del individuo en el sentido del ideal de la personalidad. Incluso la doctrina humanista de la ley natural se derrumba bajo su crítica.

§7 LA CRISIS DEL CONFLICTO ENTRE EL IDEAL DE LA CIENCIA Y EL DE LA PERSONALIDAD EN ROUSSEAU

En el mundo del pensamiento filosófico de Rousseau, la tensión entre el ideal de la ciencia y el de la personalidad alcanzó una crisis religiosa. En 1750, en atención a la pregunta planteada por la Academia de Dijón, la cual ofrecía un premio a la mejor respuesta, el autodidacta ginebrino envió su tratado intitulado *Discours sur les sciences et les arts*. Este escrito estableció de golpe su renombre en Europa. Significó un ataque apasionado a la entera civilización humanista, la cual estaba dominada por el ideal racionalista de la ciencia y había pisoteado el derecho de la personalidad hu-

---

[1] *Tratado* III, Parte II, Secc. X (p. 394): "Sólo el tiempo concede solidez a su derecho, y actuando gradualmente sobre los espíritus de los hombres los reconcilia con la autoridad y hace que ésta les parezca justa y razonable. Nada como la costumbre causa un sentimiento que tenga más influencia sobre nosotros o que dirija nuestra imaginación más poderosamente hacia el objeto. Cuando nos hemos acostumbrado durante largo tiempo a obedecer a una serie de hombres, este instinto general o tendencia que suponemos una obligación moral que acompaña a la lealtad toma fácilmente su dirección propia y elige esta serie de hombres para su objeto. Es el interés el que da el instinto general, pero la costumbre es la que da su dirección particular".

mana a un desarrollo natural. Desde el mismo comienzo, el ideal humanista de la ciencia había implicado un problema fundamental con respecto a la relación entre pensamiento científico, estimulado por la pasión fáustica por el poder, y la libertad y el valor autónomo de la personalidad humana. En el alma de Rousseau, este problema adquirió una tensión tal que él abiertamente proclamó la antinomia entre los dos motivos polares del pensamiento humanista. No eludió la consecuencia de que había que repudiar el ideal de la ciencia para posibilitar el reconocimiento de la personalidad humana como una meta moral en sí misma.

"Si nuestras ciencias son vanas en el objeto que se han propuesto, son todavía más peligrosas por los efectos que producen". Así reza el juicio emitido por Rousseau sobre el ideal de la ciencia en su *Discousr sur les sciences et les arts.*[1] Y su escrito termina con la patética exhortación a retornar a nosotros mismos con toda simplicidad. Liberados de la carga de la ciencia, podemos aprender las virtudes verdaderas en los principios que están inscritos en los corazones de todos. "¡Oh virtud! Conocimiento sublime de las almas simples, ¿necesitamos tanto problema y aparato intelectual para conocerte? No se hallan tus principios esculpidos en todos los corazones y no nos es suficiente aprender tus leyes para retornar a nosotros mismos y escuchar la voz de la conciencia en el silencio de las pasiones? ".[2]

---

[1] *Oeuvres complêts de J. J. Rousseau*, 1855 (H. Bechold) II, p. 126: "Si nos sciences sont vaines dans l'objet qu'elles se proposent, elles sont encore plus dangereuses par les effets qu'elles produisent".

[2] Ibídem, p. 138: "0 vertu! science sublime des âmes simples, faut-il donc tant de peines et d'appareil pour to connaître? Tes principes ne sont-ils pas graves dans tous les coeurs? et ne suffit-il pas pour apprendre tes

Éste era el lenguaje apasionado del reanimado ideal de la personalidad que llamó al pensamiento humanista a una autorreflexión última, a una reflexión sobre el motivo religioso de la libertad y la autarquía de la personalidad, a través de la cual el ideal de la ciencia mismo había sido llamado a ser.

En su *Discours sur l'origine de o'inegalité parmi les hommes* (Discurso sobre el origen de la desigualdad entre los hombres), Rousseau rechazó la concepción que buscaba la diferencia entre los hombres y los animales primariamente en el pensamiento. Solamente la conciencia de la libertad y el sentimiento del poder moral demuestra el carácter espiritual del alma humana: "Todo animal tiene ideas porque tiene sentidos; incluso combina las ideas hasta cierto punto... Consecuentemente, no es tanto el entendimiento lo que entre los animales hace la distinción específica del hombre, sino más bien la cualidad de ser un agente libre. La naturaleza gobierna a cada animal y la bestia obedece. El hombre experimenta la misma impresión, pero es consciente de su libertad para ceder o resistir; y es especialmente en la consciencia de esta libertad que se manifiesta la espiritualidad de su alma; pues la física explica de alguna manera el mecanismo de los sentidos y la formación de ideas, pero en el poder de querer, o más bien de elegir, y en el sentimiento de ese poder, uno encuentra sólo puros actos espirituales que en ninguna parte han de ser explicados en términos de leyes mecánicas".[1]

---

lois de rentrer en soi-même et d'écouter la voix de la conscience dans le silence des passions?

[1] *Oeuvres* II, p. 30/1: "Tout animal a des idées, puisqu'il a des sens; combine même des idées jusqu'à un certain point... Ce n'est donc pas tant l'entendement qui fait parmi les animaux la distinction specifique de

Fue así que el pensamiento humanista fue degradado en un sentido sensualista a un mero nivel más alto de las asociaciones animales de ideas sensoriales, para permitir que todo el valor de la personalidad humana se concentrase en el sentimiento de la libertad.

No obstante, en su filosofía política democrática revolucionaria, Rousseau no abandonó el patrón matemático de pensamiento. Mediante éste, procuró mantener los derechos naturales de la personalidad humana ante el despotismo del Leviatán de Hobbes, aunque éste fue interpretado filosóficamente con los mismos medios del pensamiento jurídico matemático, a saber el contrato social.

Rousseau distingue tajantemente la *"volonté générale"* de la *"volonté de tous"*, porque la primera sólo puede ser dirigida hacia el bien común. Pero en esta "voluntad general", en la cual "cada uno de nosotros trae a la comunidad su persona y todo su poder, para que podamos recibir a todo miembro como una parte indivisible de la totalidad",[1] la libertad personal es nuevamente absorbida por el principio de la mayoría.[2] El Estado Leviatán, pergeñado tanto en Hobbes como en Rousseau de acuerdo con el ideal matemático de la cien-

l'homme que sa qualité d'agent libre. La nature commande à tout animal, et la bête obéit. L'homme éprouve la même impression, mais it se reconnait libre d'acquiescer ou de resister; et c'est surtout dans la conscience de cette liberté que se montre la spiritualité de son âme, car la physique explique en quelque manière le mécanisme des sens et la formation des idées; mais dans la puissance de vouloir ou plutôt de choisir, et dans le sentiment de cette puissance, on ne trouve que des actes purement spirituels, dont on n'explique rien par les lois de la mécanique".

[1]

[2] *Du Contrat Social* (*Oeuvres* II), p. 274: "chacun de nous met en commun sa personne et toute sa puissance, afin que nous recevons encore chaque membre comme partie indivisible du tout".

cia que no respeta límites, devora la personalidad libre en todas las esferas de la vida. La introducción de la idea de la "*volonté générale*" fue tomada en realidad en un sentido normativo. En ella la personalidad iba a recuperar su libertad autónoma natural en una forma más elevada construida por el pensamiento matemático. De hecho, su introducción implicaba la absorción de la personalidad libre en una construcción despótica emitida desde el condenado ideal de la ciencia. ¡Era la imagen del Leviatán con su cabeza cortada lo que formaba el frontispicio de la primera edición de *El contrato social*!

Entretanto — y este es el punto en el que Rousseau ha decididamente superado el espíritu de la Ilustración— el acento en su filosofía está definitivamente sesgado hacia el ideal de la personalidad. Y éste ya no puede ser identificado con el pensamiento matemático.

En la filosofía de Hume el ideal de la personalidad había ya empezado a amotinarse contra el ideal de la ciencia, haciendo al sentimiento moral independiente de la idea teórica. En Rousseau el sentimiento se convirtió en el verdadero asiento del ideal humanista de la personalidad que había sido despojado de su vitalidad por la hipertrofia del ideal de la ciencia.

La religión del sentimiento de Rousseau y su alejamiento de Hume

Los ataques más amargos de Rousseau estuvieron dirigidos contra la concepción racionalista de la religión de la Ilustración. En ella vio correctamente un ataque sobre el núcleo religioso del ideal humanista de la personalidad.

Su proclamación de la religión natural del sentimiento[1] estaba dirigida contra el materialismo de los enciclopedistas franceses tanto como contra el deísmo de la filosofía natural de Newton. Rousseau nunca se cansó de decirle a sus contemporáneos que la religión no estaba sentada en la cabeza, sino en el "corazón". Nunca se cansó de sostener que la ciencia abstracta no puede invadir los santos contenidos del sentimiento humano. Combatió la psicología racionalista asociacional, la cual había excluido el "alma" de su campo de investigación. Y su oposición estuvo marcada por un apasionamiento que solamente puede ser entendido en términos de una reacción religiosa última del ideal humanista de la personalidad contra la tiranía del ideal de la ciencia. Es así que no sólo necesariamente se alejó del círculo de los enciclopedistas, sino también de su anterior amigo y protector David Hume. Pues, no importa lo que Rousseau haya podido sentir de acuerdo con Hume en su emancipación de la función del sentimiento respecto del pensamiento teórico; no obstante, en el final análisis, en la absolutización por Hume del punto de vista determinista de la psicología asociacional el ideal de la ciencia todavía dominaba al de la personalidad soberana.

Desilusionado, el defensor apasionado de la libertad de la personalidad soberana dio la espalda a la cultura occidental. La libertad de la personalidad soberana debía de ser reconocida igualmente en todos los individuos, pero la cultura occidental estaba dominada en todas las esferas de la vida

---

[1] Véase el famoso cuarto libro de su *Emilio*, donde Rousseau expuso su dualista concepción de la naturaleza humana (la naturaleza sensorial versus el sentimiento de la libertad). Sospecho que esta concepción influenció el dualismo de Kant.

por la ciencia soberana, la cual no se preocupaba en primer lugar de la libertad personal. Rousseau buscó consuelo en el sueño de un estado natural de inocencia y felicidad que habría sido perturbado por la cultura moderna.

Optimismo y pesimismo en su nueva relación en Rousseau

El estado de naturaleza ya no es pintado, como en Hobbes, en los chillones colores de un *"bellum omnium contra omnes"*. Por el contrario, en su representación del Estado original de la humanidad, Rousseau revivió la idea histórica de la "edad dorada". Quizá estuvo influenciado por imágenes idealistas de la sociedad primitiva como las que eran corrientes en su tiempo. Pero su convicción del valor de lo primitivo sin lugar a dudas tenía raíces más profundas en su antirracionalista concepción de la naturaleza humana. La optimista concepción de Rousseau de la bondad original de ésta difería radicalmente de la optimista cosmovisión en la que el ideal de la ciencia mantenía la supremacía.

La ciencia no ha cumplido su promesa a la personalidad humana, no ha traído libertad al hombre, sino esclavitud, desigualdad y explotación. El optimismo y el pesimismo son la luz y la sombra en la imagen de Rousseau del estado de naturaleza y de la cultura; sin embargo, su papel es completamente lo opuesto a lo que había sido en Hobbes. Con respecto a la cultura del ideal de la ciencia, Rousseau era un pesimista. Era optimista solamente en su creencia en la personalidad libre que habría de romper la camisa de fuerza en la que había sido metida por la cultura racionalista. Construiría una nueva cultura en la que la libertad soberana del hombre brillaría con un destello mayor el que tuvo en el incorrupto estado de naturaleza. Esta nueva cultura encontraría su fundamento solamente en el valor divino de la personalidad.

Locke y Rousseau. El contraste entre los derechos humanos innatos y los derechos inalienables del ciudadano

En el estado natural todos los individuos eran libres e iguales pero permanecían siendo individuos. Sus inalienables derechos humanos fueron formulados por Locke en oposición a la doctrina absolutista de Hobbes. No obstante, Locke era una genuina figura de la Ilustración. Se apegó a la fe optimista en que el dominio del pensamiento matemático era la mejor garantía para la libertad de la personalidad.

Así como redujo todas las ideas complejas a la simples, para él la libertad individual siguió siendo el punto central del estado civil. Al igual que la entera doctrina humanista precedente de la ley natural, Locke interpretó la transición del estado natural al estado civil mediante el contrato social. Los ciudadanos ya poseían sus inalienables derechos de libertad y propiedad privada en el estado natural, pero necesitaban el contrato social para garantizarlos mediante un poder organizado. Y ésta era la única intención de este contrato en el sistema de Locke. El estado civil no es más que una compañía con responsabilidad limitada, diseñada para la continuación del estado natural bajo la protección de una autoridad. Es el estado constitucional del viejo liberalismo, el estado que tenía como su única meta el mantenimiento de los innatos derechos humanos del individuo.

Locke rompió con esta concepción liberal. Al igual que los estoicos, el no consideraba que el estado natural de libertad e igualdad fuese asimismo el ideal más alto. Esta situación se ha ido para siempre. Un destino más alto llama a la humanidad al estado civil. Sólo dentro de éste puede desplegarse completamente la soberana libertad de la personalidad en su valor divino. La libertad natural debiera ser elevada al rango de una idea de libertad normativa más elevada. Los derechos naturales innatos de los hombres deben ser transformados en derechos inalienables de los ciudadanos. Mediante el contrato social, el individuo debe rendir toda su libertad natural para recuperarla en la más elevada forma de libertad del ciudadano. Para este fin, el contrato social ya no puede ser concebido en un sentido formal, como lo habían hecho Hobbes, Pufendorf e incluso Grocio. Pues, con estos maestros de la ley natural, el contrato original podía en el final análisis incluso justificar el abandono de toda libertad de la personalidad. Para ellos la construcción del contrato social no estaba antes que nada orientada al ideal de la personalidad, sino al ideal matemático de la ciencia con su motivo del dominio. Rousseau eleva flamígera protesta contra esta sujeción del valor de la personalidad al pensamiento matemático: "Abandonar la propia libertad es abandonar la propia calidad de hombre, los derechos de la humaniodad, e incluso los deberes propios".[1]

La libertad, al igual que la igualdad, es un derecho humano inalienable que sólo puede ser abandonado en su forma natural para ser recuperado en la forma más elevada de ciudadanía. Hay solamente una única forma específica de asociación que asegura esta libertad. Por lo tanto, esta forma es la legal legítima.

---

[1] *Du contrat social* I, Cap. IV (*Oeuvres* II) p. 269: "Renoncer a sa liberté, c'est renoncer a sa qualité d'homme, aux droits de l'humanité, même à ses devoirs." Ces mots *esclavage* et *droit* sont contradictoires, ils s'excluent mutuellement".

Así, en Rousseau la transición del estado natural al estado civil se convirtió en el problema fundamental de garantizar la libertad soberana de la personalidad en la única forma legítima de asociación.

El ideal de la personalidad adquiere primacía en la definición del contrato social de Rousseau

Éste es el nuevo motivo en Rousseau, y por lo tanto podía correctamente oponer su doctrina concerniente al contrato social a las anteriores teorías humanistas de la ley natural: el ideal de la personalidad ha adquirido primacía sobre el ideal de la ciencia. En su famosa obra *Du Contrat Social ou Principes du Droit Politique* formuló el problema en cuestión como sigue: "Encontrar una forma de asociación que con todo el poder común defienda y proteja la persona y los bienes de todo miembro y mediante la cual, uniéndose cada uno con todos, no obstante sea obediente sólo a él mismo y permanezca tan libre como antes".[1]

Rousseau intentó resolver este problema a través de su "contrato social", el cual, para ser válido, debe incluir precisamente la cláusula de que cada individuo se entrega asimismo con todos sus derechos naturales a todos, colectivamente y así, sujetándose al todo mediante su participación en la "voluntad general", le son retornados todos sus derechos naturales en una forma jurídica más elevada: "Pues en primer lugar, si uno se entrega enteramente, la condición es

---

[1] Ibídem, Cap. VI (*Oeuvres* II), p. 273: " Trouver une forme d'association qui défende et protege de toute la force commune la personne et les biens de chaque associé, et par Iaquelle chacun, s'unissant a tous, n'obéisse pourtant qu'à lui même, et reste aussi libre qu'auparavant".

igual para todos; y si la condición es igual para rodos, nadie está interesado en hacerla onerosa a otros".[1]

De acuerdo con Rousseau, el inalienable derecho a la libertad se mantiene en la soberanía inalienable del pueblo, la cual nunca puede ser transferida a un magistrado. La voluntad soberana del pueblo es la voluntad general, la cual se expresa en la legislación. Como tal ha de ser distinguida tajantemente de la "*volonté de tous*".

Pues la "*volonté générale*" debiera dirigirse exclusivamente hacia el interés general; es por lo tanto incompatible con la existencia de asociaciones privadas entre el estado y el individuo, pues ellas fomentan el particularismo. En este punto, Rousseau apela expresamente al "estado ideal" de Platón.

La ley pública, formada por la voluntad general, no reconoce ningún contrapeso en las esferas privadas de asociación. El "contrato social" es la única base jurídica para todos los derechos de los ciudadanos. Es así que la construcción de la voluntad general se convierte en la palanca de un desenfrenado absolutismo del legislador. "Así como la naturaleza da a cada hombre un poder absoluto sobre todos sus miembros, el contrato social da al cuerpo político un poder absoluto sobre todos sus miembros; y es el mismo poder que dirigido por la voluntad general, porta el nombre de soberanía".[2]

---

[1] "Car, premièrement, chacun se donnant tout entier, Ia condition est égale pour tous; et la condition étant égale pour tous, nul n'a intérêt de la rendre onéreuse aux atres.

[2] "Comme la nature donne à chaque homme un pouvoir absolu sur tous ses membres, le pacte social donne au corps politique un pouvoir absolu sur tous les siens; et c'est ce même pouvoir qui, dirigé par la volonté générale, porte le nom de souveraineté".

Rousseau desde luego observó que había una tensión interna entre su doctrina de la *"volonté générale"* y la libertad individual de la personalidad humana.

La ley básica de Wolff para el Estado: *"Salus publica suprema lex esto"*, tenía que ser reconciliada con la doctrina de Locke de los derechos humanos inalienables Wolff había reconocido abiertamente que había una irresoluble antinomia entre estos dos polos de la teoría política humanista.

Por lo tanto, en la teoría de Rousseau la cuestión acerca de la relación mutua entre los derechos naturales del hombre y los derechos del ciudadano se convierten en un problema de importancia esencial. "Además de la persona pública", observa, "tenemos que considerar las personas privadas que la componen, y cuya vida y libertad son por naturaleza independientes de ella. Consecuentemente, la cuestión es que deberíamos *distinguir bien los derechos de los ciudadanos y los del soberano, y los deberes que los primeros tienen que descargar en su calidad de sujetos del derecho natural que deberían disfrutar en su calidad de hombres"*.[1] De acuerdo con él se halla más de allá de disputa que en el contrato social todo individuo transfiere al Estado solamente tanto de su poder natural, sus posesiones y su libertad, como lo requiere el "bien común" de la comunidad.

El "bien común", y así también la "voluntad general", no reconoce a ningunos individuos particulares, sino solamente a la totalidad.

---

[1] *Du Contrat Social* II, IV "Des bornes du pouvoir souverain" (*Oeuvres* II, p. 286) : "Outre la personne publique, nous avons à considerer les personnes privées qui la composent, et dont la vie et la liberté sont naturellement indépendantes d'elle. Il s'agit donc de *bien distinguer les droits respectifs des citoyens et du souverain, et les devoirs qu'ont a remplir les premiers en qualité de sujets, du droit nature! dont ils doivent jouir en qualité d'hommes"*.

La antinomia entre los derechos naturales del hombre y los derechos del ciudadano. El intento de Rousseau de resolverla

Procediendo a partir de este principio Rousseau pensó que había descubierto el modo mediante el cual los "derechos humanos naturales", como derechos privados, podrían también ser mantenidos sin restricciones en el estado civil.

El primer principio de la "voluntad general" que se sigue del hecho de que éste solamente puede apuntar hacia el interés general es, a saber, la igualdad absoluta de todos los ciudadanos con respecto a las exigencias de la comunidad.

Tan pronto como el legislador soberano (el pueblo) favoreciera a ciertos ciudadanos por encima de otros, de tal manera que se otorgaran privilegios especiales (recuérdense los privilegios del foro, la libertad de impuestos, etcétera, de la nobleza y la clerecía bajo el antiguo régimen), la "voluntad general" sería transmutada en una voluntad privada particular y el soberano excedería los límites de su competencia.[1]

---

[1] *Op. cit.* III, Cap. IV (p. 286): "On voit par la que le pouvoir souverain, tout absolu, tout sacré, tout inviolable qu'il est, ne passe ni peut passer les bornes des conventions générales, et que tout homme peut disposer pleinement de ce qui lui a été laissé de ses biens et de sa liberté par des conventions; de sorte que le souverain n'est jamais en droit de charger un sujet plus qu'un autre, parce qu'alors l'affaire devenant parti-culiére, son pouvoir n'est plus competent". [Aquí se ve que el poder soberano, no importa cuán absoluto, no importa cuán sagrado, no importa cuán inviolable pueda ser, no sobrepasa ni puede sobrepasar los límites de las convenciones generales, y que todo hombre puede disponer de lo que estas últimas le han dejado de sus bienes y libertad; de modo que el soberano nunca tiene el derecho de cargar a un sujeto más que a otro,

Pues la cláusula del "contrato social", sobre la cual se basa toda la soberanía del Estado, contiene invariablemente el principio de igualdad de todos los ciudadanos con respecto al interés público. En otras palabras, la "voluntad general", debido a su inmutable naturaleza interna, nunca puede tener un objeto particular. Este es la significado del concepto de ley estatutaria de Rousseau, la cual es muy diferente de la formal y también es diferente del así llamado "concepto material de la ley estatutaria" en el sentido de una regla jurídica positiva que toca los derechos y deberes de los ciudadanos, como la entendía la escuela positivista alemana de Laband en el siglo XIX.

De acuerdo con Rousseau, un estatuto público real (*loi*) nunca puede regular un interés particular. Y no puede proceder de un individuo por virtud de un derecho señorial: "Además, debido a que el estatuto público une en sí mismo la universalidad de la voluntad y la del objeto, es evidente que una orden emitida por cualquier individuo en virtud de su propio derecho, no es un estatuto en lo absoluto; incluso una orden del soberano concerniente a un objeto privado ya no es un estatuto, sino un decreto, no un acto de soberanía sino de magistralía".[1]. En otras palabras, no todo lo que posee la forma de un estatuto es un estatuto en un sentido material.

---

porque en este caso el asunto se convierte en particular y su poder ya no es competente"].

[1] "On voit encore que la loi réunissant l'universalité de la volonté et celle de l'objet, ce qu'un homme, quelqu'il puisse etre, ordonne de son chef n'est point une loi: ce qu'ordonne même le souverain sur un objet particulier n'est pas non plus une loi, mais un décret; ni un acte de souveraineté, mais de magistrature

Hay estatutos formales que no son reales, y consecuentemente que no son expresión de la voluntad soberana general, sino que son solamente decretos, actos privados del magistrado, que como tales no son vinculantes, a menos que tengan el efecto de *"loi"*. Así parece que en Rousseau los inalienables derechos humanos como derechos subjetivos privados no son en modo alguno absorbidos por la voluntad general, puesto que dentro de la esfera de la ley privada no pueden ser atacados por decretos o actos arbitrarios de un magistrado. Pero, como hemos visto, los derechos humanos en el estado civil han cambiado su fundamento de validez. Ahora este fundamento yace exclusivamente en el contrato social. En otras palabras, la fuente jurídica de derechos privados y públicos es, en el estado civil, una y la misma, y, sobre la condición de que el principio formal de igualdad y generalidad sea respetado, la voluntad general es omnipotente. Consecuentemente, en el estado civil los derechos humanos privados sólo pueden existir por la gracia de la voluntad general.

Todos los límites de competencia deben ceder ante la voluntad general del soberano. El mismo Rousseau escribió que el juicio concerniente a lo que exige el interés público pertenece exclusivamente al pueblo soberano. Más aún, aceptó la bien conocida doctrina, a la que se adhirió la doctrina nominalista de la ley natural desde Marsilio de Padua hasta Kant inclusive, de acuerdo con la cual la voluntad general, en la cual todo ciudadano encuentra su propia voluntad, no puede cometer injusticia a ninguno: *volenti non fit injuria*.

Los límites de competencia del legislador que Rousseau definió no son reales, pues ni están fundados en la naturaleza interna y estructura de las diferentes relaciones sociales, ni en la estructura modal del aspecto jurídico, sino que han sido deducidos del principio abstracto de igualdad y generalidad, el cual abandona todas las diferencias estructurales en la realidad social.

El origen de esta antinomia ha encontrarse otra vez en la tensión entre el ideal de la ciencia y el de la personalidad

En su indudablemente ingeniosa elaboración de la relación entre interés público y privado, es nuevamente el ideal matemático de la ciencia el que pretende garantizar el valor de la personalidad. Y en el final análisis la "personalidad soberana" es otra vez sacrificada a este ideal de la ciencia. La famosa expresión de Rousseau: *"On les forcera d'être libre""* (deben ser forzados a ser libre) pronto se convendría en la contraseña bajo la cual las legiones de la revolución francesa iban a traer a las naciones libertad e igualdad revolucionaria, aunque el mismo Rousseau era impaciente ante toda revolución. Pero fue la expresión de la irresoluble antinomia entre el ideal de la ciencia y el de la personalidad la que en la doctrina de Rousseau del contrato social había alcanzado su tensión más alta.

El despertado ideal de la personalidad había reaccionado espontáneamente en la religión del sentimiento de Rousseau contra el ideal de la ciencia. No obstante, finalmente se sometió otra vez a la interpretación matemática de éste. La protesta fulminante, sin embargo que resonó desde la profundidad religiosa de la contradictoria personalidad de Rousseau en contra de la supremacía del pensamiento científico, iba a invocar espíritus más poderosos que él a pelear por la supremacía del ideal de la personalidad.

CAPÍTULO IV

LA LÍNEA DE DEMARCACIÓN ENTRE LOS IDEALES DE LA CIENCIA Y DE LA PERSONALIDAD EN KANT. EL TIPO IDEALISTA DUALISTA (CRÍTICO) DE IDEA BÁSICA TRASCENDENTAL BAJO LA PRIMACÍA DEL IDEAL HUMANISTA DE LA PERSONALIDAD

§1 INTRODUCCIÓN. LA EQUIVOCADA IDEA DE QUE EL IDEALISMO TRASCENDENTAL DE KANT ES LA EXPRESIÓN FILOSÓFICA DEL ESPÍRITU DE LA REFORMA

En los capítulos precedentes solamente hemos dado un bosquejo de las principales líneas de desarrollo de la antinomia básica en la idea básica trascendental del pensamiento humanista durante el período en el que la primacía fue otorgada al ideal de la ciencia. Nuestra investigación terminó en un examen de la filosofía de Rousseau, en la cual se manifestó la primera reacción violenta por parte del motivo religioso de la libertad. A la luz de este previo desarrollo, el sistema filosófico de Kant debe ser visto inaugurando una nueva fase en el pensamiento humanista: a saber, la fase del "idealismo trascendental de la libertad".

Esta fase está tipificada por varios rasgos característicos: el ideal de la personalidad finalmente se liberó de la tiranía del ideal de la ciencia. Ahora se reconocía definitivamente que la primacía pertenecía al primero, y que el ideal de la ciencia se limitaba al mundo de los fenómenos sensoriales.

La raíz de la personalidad humana es buscada en la función ética normativa de su libre voluntad. Por añadidura, esta nueva fase está señalada por la creciente autorreflexión del humanismo sobre los fundamentos religiosos de su actitud filosófica.

La visión de Kroner de la relación entre el idealismo trascendental de Kant y la religión cristiana

Es típico de la carencia de una concepción crítica de las conexiones histórico-filosóficas que en el siglo XX Kant haya sido frecuentemente caracterizado como el primero en haber expresado el espíritu intrínseco de la fe cristiana dentro de una así llamada cosmovisión filosófica. En este respecto, el idealismo "crítico" de Kant es tajantemente contrastado con el pensamiento cristiano medieval. Por ejemplo el filósofo hegeliano Richard Kroner declara: "el impacto de los conceptos griegos sobre el pensamiento cristiano medieval en su totalidad fue abrumador, de manera que la verdadera esencia y la real profundidad de la fe cristiana no pudo encontrar aquí su plena expresión dentro de una concepción filosófica del mundo. Es especialmente Kant y el idealismo alemán los que merecen el crédito por haber realizado esta enorme tarea, la cual es de única importancia en la historia del mundo. Fue aquí que por primera vez el idealismo de la ipseidad, sobrepasando el de la ἰδέαι y εἴδη, se opuso a éste. Al menos aquí fue exitoso el intento de concebir a Dios ya no como idea objetiva, como Forma Pura, como Causa Primera y Sustancia, sino más bien a partir de la profundidad de la vida ético-religiosa".[1]

---

[1] Richard Kroner, *Von Kant bis Hegel* I (1921), p. 45: " Während das gesamte christliche Denken des Mittelalters dem übermächtigen Anprall

¿Es Kant el filósofo de la Reforma? Przywara

Tal declaración da poderoso testimonio de una completa falta de compenetración en la antítesis entre el motivo básico realmente cristiano y el humanista del pensamiento filosófico.

Es muy lamentable que algunos pensadores católicos romanos promuevan este básico equívoco, buscando en el idealismo alemán desde Kant la expresión filosófica de la concepción desarrollada por la Reforma con respecto a la relación entre Dios y su creación. Por añadidura se alega que la concepción católica romana, como está encarnada en el tomismo, forma la real antípoda filosófica de este idealismo.[1] Retornaremos a este punto, pero, de pasada, no está por demás observar que esta concepción de la antítesis filosófica entre la Reforma y el catolicismo romano simplemente brota de la posición de la inmanencia. Consecuentemente, no puede hacer justicia a la situación real.

Kant no es el filósofo de la idea evangélica de libertad; su filosofía está separada del espíritu bíblico de la Reforma por el irreconciliable abismo que hay entre los motivos básicos cristiano y humanista. Naturalmente, esto no excluye el hecho de que Kant haya sido *históricamente* influenciado

---

der Griechischen Begriffe gegenüber es nicht vermochte, das wahre Wesen, die eigene Tiefe des christlichen Glaubens innerhalb der philosophischen Weltanschauung zur vollen Geltung zu bringen, ist durch Kant und den deutschen Idealismus diese weltgeschichtliche Aufgabe gelöst worden. Hier zuerst wird dem Idealismus der ἰδέαι und εἴδη der ihn überragende Idealismus des Ich in gegengesetzt. Hier zuerst gelingt es, Gott, statt als objective Idee, als reine Form, als erste Ursache und Substanz, vielmehr aus der Tiefe des sittlich-religiösen Lebens heraus zu begreifen".

[1] Véase, por ejemplo, la obra de Erich Przywara, *Thomas oder Hegel*, en Logos, Band XV, Heft I, 1926, p. 12.

por el puritanismo y el pietismo en sus concepciones éticas y teológicas. Pero tanto el mismo espíritu como la idea básica trascendental de su idealismo crítico están gobernados por el motivo humanista de la naturaleza y la libertad. Y el segundo no puede ser reconciliado con el motivo básico bíblico genuino de la Reforma. Todos los intentos de síntesis nacen de una carencia de entendimiento del fundamento religioso de la filosofía de Kant, y en el carácter integral y radical del motivo básico bíblico.

No se puede negar que el idealismo crítico ha influenciado profundamente el pensamiento filosófico del protestantismo. Pero esto no ha de ser explicado en términos del espíritu religioso de la Reforma. Por el contrario, ello delata la invasión del espíritu escolástico del acomodo, que se origina en el motivo básico religioso de la naturaleza y la gracia en su concepción nominalista dualista. Y hemos mostrado que este mismo motivo básico ha impedido la reforma interna del pensamiento filosófico.

En la filosofía de Kant, es en efecto *el ideal humanista de la personalidad* el que despierta de su letargo y hace que el humanismo se vuelva consciente de la ὑπόθεσις de su actitud filosófica. La religión del sentimiento de Rousseau sólo podía significar una etapa de transición en este curso de desarrollo.

Las tendencias más profundas del ideal humanista de la personalidad no se pudieron revelar en la esfera psíquica del sentimiento, que en Kant pertenece al ámbito de la "naturaleza" y la "heteronomía". Sólo podían encontrar una expresión adecuada en un fundamental idealismo de la libertad que trascendiese la "naturaleza" como el dominio particular del ideal de la ciencia.

En la ética crítica de Kant, la "idea" es la expresión de la autonomía subjetiva de la personalidad racional y moral. Y, como el sujeto ideal de esta personalidad, es ella misma la fuente final del imperativo ético categórico. De allí en adelante, la idea es identificada en un grado cada vez mayor con la totalidad religiosa de significado y con el mismo origen del cosmos temporal.[1]

La idea de la libertad como totalidad religiosa y como origen el significado: Höningswald

En una preñada declaración, Richard Höningswald resumió este desarrollo en la concepción de la "idea", como encarnación del ideal humanista de la personalidad que se estaba volviendo autoconsciente: "es así que el curso del argumento siempre nos exige nuevamente retornar al concepto clásico de la idea: ésta significa como el ἀνυπόθετον, totalidad y proceso, fin y comienzo, contenido y norma, dato y tarea. Como punto de indiferencia de toda cuestión y toda respuesta, la idea encarna la forma más alta de necesidad. Pero esto no significa ni que la idea fuerce otra cosa, ni que la primera esté sometida a una restricción que le es extraña: la idea misma es esta necesidad. Por esta misma razón, sin embargo, también significa, en el sentido más profundo y complejo de la palabra, *libertad*. La idea es, como Bauch la llamado de un modo notable, el Λόγος de cada fenómeno;

---

[1] Hablando estrictamente, esta identificación de Origen y totalidad de significado no puede ser correcta. Pues, como vimos en la Introducción, el Origen necesariamente trasciende el significado. En los Prolegómenos señalé que la absolutización de la idea trascendental en el idealismo en realidad surge del *motivo básico* religioso que hace posible esta filosofía. En la esfera religiosa trascendental la *idea* nunca se puede mantener a sí misma como el origen real.

el significado del concepto, el problema del ser del fenómeno. Como vínculo irrompible, abarca mundo y experiencia, comunidad y verdad, lenguaje y objeto. .... Orientándose al mundo, la idea se proporciona a sí misma el órgano de su trabajo y solamente *es* a través de este trabajo. Es el Espíritu que nunca ha sido y nunca será; pues la idea simplemente "es"; es decir, está, como lo ha dicho Hegel, "presente", consecuentemente, "esencialmente *ahora*". No es *en* el tiempo, y tampoco *fuera* de él. Pues la idea misma *es* tiempo; no, de seguro, el mero concepto de su orden, no solamente el *"tempus, quod aequabiliter fluit"* de Newton, sino el tiempo en la plenitud de su desarrollo, "tiempo permanente", el tiempo como totalidad, es decir, eternidad (!). En esta —(y solamente en esta concepción)— la idea significa el *Ser* mismo; el Ser, libre de la noción de una "entidad" misteriosa, el Ser como *Significado*, fundado en sí mismo, que eternamente se renueva y se forma a sí mismo y con ello, sin embargo, impone y al mismo tiempo realiza —las condiciones más elevadas del concepto de *Gegenstand*". El significado era "en el principio"; y permanece como el fin. En él el principio y el fin son uno. *Pues el significado es la totalidad*".[1]

---

[1] R. Höningswald: *Vom Problem der Idea* [El problema de la idea], Logos, Band XV, Heft 3 (1926), p. 301: "So drängt der Beweisgang immer aufs neue zurück zu dem klassischen Begriff der Idee: Sie bedeutet als ἀνυπόθετον Inbegriff und Prozesz, Letztheit und Anfang, Gehalt und Norm, Gegebenheit und Aufgabe auf einmal. Der Indifferenzpunkt jeder Frage und jeder Antwort, verkörpert die Idee die höchste Form der Notwendigkeit. Aber Weder bedeutet das, dasz die Idee ein anderes bezwingt, noch auch dasz etwa sie fremdem Zwang unterliege: sie, die Idee, selbst *ist* diese Notwendigkeit. Ebendarum aber bedeutet sie auch im tiefsten und komplexesten Sinn des Wortes *Freiheit*. Sie ist, wie Bauch es einmal treffend nennt, der Λόγος jeglicher Erscheinung; der Sinn des Begriffs,

El curso de desarrollo en la concepción de la idea en este sentido comienza en la *Crítica de la razón práctica* de Kant. Continúa en tensión dialéctica en Fichte, Schelling y en el romanticismo, y alcanza su plenitud en el idealismo absoluto de Hegel.

Es mi intención bosquejar este curso de desarrollo a la luz de la dialéctica interna de la idea básica trascendental del pensamiento humanista. Nuestra discusión se centrará alrededor de la extremadamente complicada evolución del pensamiento de Kant y Fichte. Y a partir de esta evolución buscaremos explicar la necesidad intrínseca de los desarrollos subsecuentes.

---

das Problem des Seins der Erscheinung. Ein unzerreiszbares Band, umpfängt sie Welt und Erleben, Gemeinschaft und Wahrheit, Sprache und Object. ... Die Idee schafft sich an der Welt das Organ ihres Wirkens, Weil sie selbst in ihrem Werk und durch dieses Werk allein ist. Sie ist der Geist, der nie gewesen ist und nie sein wird; denn sie "ist" schlechthin: d.h. sie ist, mit den Worten Hegels, "präsent" also "Wesentlich itzt". Sie steht nicht *in* der *Zeit*; aber auch nicht *auszerhalb* dieser. Denn sie selbst *ist* ja die Zeit; nicht freilich der blosze Gedanke ihrer Ordnung, nicht nur Newton's "*tempus, quod aequabiliter fluit*", sondern die Zeit in der Fulle ihrer Gestaltung, die "stehende" Zeit, die Zeit als Ganzheit, d.h. als Ewigkeit (!). In diesem, und nur im diesem Verstande bedeutet die Idee das *Sein* selbst; das Sein, frei von dem Gedanken an eine dunkele "Entität", als der sich ewig erneuernde und gestaltende, gerade damit aber die höchsten Bedingungen des Gegenstandsgedankens fordernde und zugleich erfüllende, in sich selbst gegründete *Sinn*. Der Sinn war "im Anfang"; und er steht am Ende. Im Sinn sind Anfang und Ende *eins. Denn der Sinn ist das Ganze*".

§2 EL DESARROLLO DEL CONFLICTO ENTRE EL IDEAL DE LA PERSONALIDAD Y EL DE LA CIENCIA EN LA PRIMERA FASE DEL PENSAMIENTO DE KANT HASTA SU ORACIÓN INAUGURAL DE 1770

Todos los motivos filosóficos del pensamiento humanista durante los períodos racionalista y de transición se concentraron en la mente de Kant. En su lucha de liberación fue la tensión mutua de estos motivos lo que dio lugar a una nueva concepción de la idea básica trascendental humanista, cuya meta era salvar tanto el ideal de la ciencia como el de la personalidad trayendo contra ellos la *actio finium regundorum*.

Los motivos de la filosofía humanista precedente. La manera en que Kant luchó con su tensión mutua. La influencia del pietismo

Incluso en su período precrítico Kant luchó con varios motivos mutuamente antagónicos. Entre los principales estaban incluidos: la orgullosa estructura del sistema de ciencia natural de Newton, en cuya actitud filosófica la Ilustración encontró la encarnación de su propio espíritu; la metafísica leibniziana-wolffiana del ideal matemático de la ciencia, en la cual la personalidad humana libre fue proclamada como una función del pensamiento matemático creativo y un estadio de desarrollo relativamente perfecto en el sistema de las mónadas; el psicologismo epistemológico de Hume, el cual fue en detrimento tanto del ideal de la personalidad como del de la ciencia; y, finalmente, algo que no es en modo alguno menor, la súplica apasionada de Rousseau en aras de la liberación del ideal humanista de la personalidad respecto del tiránico dominio del ideal de la ciencia.

Por añadidura, la influencia religiosa del puritanismo y el pietismo, que lo había impresionado a lo largo de su entera educación, continuó gobernando la rigurosa actitud de Kant con respecto a la naturaleza humana sensorial, sin tener ninguna afinidad con la concepción bíblica del pecado. En su transición a la posición crítica, esta influencia iba a adquirir una importancia concluyente.

Ningún pensador humanista anterior a Kant había luchado tan intensamente con la polaridad interna en la estructura básica de la idea cosmonómica humanista. Ninguno había entendido la importancia religiosa de los ideales de la ciencia y de la personalidad como la entendió él.

Su "afecto a la metafísica" tenía su raíz más profunda en la esperanza de que sería capaz de encontrar un fundamento científico para sus convicciones morales y religiosas. No obstante, incluso en su período precrítico, bajo la influencia de Hume y especialmente de Rousseau, se dio cuenta de que la metafísica especulativa del ideal matemático de la ciencia era necesariamente incompetente para ayudarlo a la satisfacción de su deseo. Incluso en esta fase llegó a confiar en que la libertad soberana de la personalidad humana no había de ser aprehendida con las categorías del pensamiento científico matemático natural.

En su concepción científica natural, Kant permaneció siendo un adherente fiel del ideal de la ciencia; su reverencia por el espíritu de la "Ilustración"

Despúes de todo, Kant fue desde el mismo principio un entusiasta seguidor de este mismo ideal de la ciencia. Había quedado tan cautivado por el espíritu de la "Ilustración" que incluso en su periodo crítico todavía se refería a él con una extremada reverencia. Su corta respuesta a la pregunta "¿Qué es la Ilustración?", dada en 1784, empieza con su confesión de fe en la idea humanista de la ciencia: "la Ilustración es el abandono por el hombre de su culpa autoinfligida de minoría de edad. La minoría de edad es la incapacidad de usar el entendimiento propio sin la dirección de otro...*Sapere aude!* ¡Ármate de valor para usar tu propio entendimiento! Éste es consecuentemente el lema de la Ilustración". Ninguna iglesia puede atar contractualmente el pensamiento humano soberano a un dogma: "Digo: esto es muy imposible. Tal contracto redactado para mantener a la humanidad para siempre alejada de toda ilustración adicional, es simplemente nulo e inválido".[1]

---

[1] Kant's Werke (Groszherzog Wilhelm Ernst Ausg.), Band I, pp. 163 y 167. De aquí en adelante citaré esta edición. Sólo usaré la edicion de Cassirer para suplementar. En el texto alemán los pasajes citados rezan como sigue: "Aufklärung ist der Ausgang des Menschen aus seiner selbstverschuldeten Unmündigkeit. Unmündigkeit ist das Unvermögen, sich seines Verstandes ohne Leitung eines Anderen zu bedienen...*Sapere aude!* Habe Mut, dich deines eigenen Verstandes zu bedienen! ist also des Wahlspruch der Aufklärung..." Keine Kirehe kann "berechtigt sein, sich eidlich auf ein gewisses unveränderliches Symbol zu verpflichten, um so eine unaufhörliche Obervormundschaft uber jedes seiner Glieder, und vermittelst ihrer fiber das Volk zu führen, und diese sogar zu verewigen. Ich sage: das ist ganz unmöglich. Ein solcher Kontrakt, der auf immer alle weitere Aufklärung vom Mensehengeschlechte abzuhalten geschlossen würde, ist schlechterdings null und nichtig".

Incluso el inicio del desarrollo filosófico de Kant estuvo caracterizado por una robusta fe en el ideal de la ciencia en su concepción mecanicista. En su hipótesis concerniente al origen del sistema planetario, desarrollado en el tratado científico natural de su primer período *Allgemeine Naturgeschichte des Himmels* (1755), llevó esta concepción mecanicista a las más extremas consecuencias. Aquí repitió la famosa frase de la obra de Descartes *Le Monde*, en la que la pasión por dominar la naturaleza encontró su clá-

A lo largo del resto de su vida, Kant permaneció fiel a este ideal de la ciencia. Nunca repudió el espíritu de Newton, a quien admiraba tanto.

Incluso cuando el psicologismo epistemológico de Hume logra el liderazgo temporal en el pensamiento de Kant, la resultante actitud escéptica sólo pudo conmover momentáneamente su firmemente establecida fe en la soberanía del pensamiento científico matemático natural sobre la entera realidad "empírica en el espacio y el tiempo".

La duda radical de Kant se limitó a la soberanía del pensamiento matemático en tanto que éste se involucraba en las cuestiones más profundas de la vida y del mundo. Sólo surgió con respecto a la *metafísica* del ideal matemático de la ciencia. Kant abandonó éste en tanto que buscaba una respuesta definida a las preguntas en las que estaba directamente involucrado el ideal de la personalidad.

La influencia de Rousseau y de Hume

En este punto fue profundamente conmovido por la proclamación por Rousseau de la libertad de la personalidad humana respecto de su sujeción a la ciencia.

Windelband correctamente buscó la influencia de Rousseau un punto de inflexión decisivo en el pensamiento filosófico de Kant. A través de la influencia de Rousseau, desde luego, se logró la división entre el elemento teórico y el práctico en su filosofía de una manera cada vez más radical.

---

sica expresión: "dadme materia y construiré un mundo partir de ella".[1] (Historia natural general del cielo), W. W. Band II, p. 267: "Gebet mir Materie, ich will eine Welt daraus bauen". A lo que Kant agregó: "das ist, gebet mir Materie, ich will euch zeigen, wie eine Welt daraus entstehen soil" ["esto es, dadme materia, os mostraré cómo a partir de ella ha de proceder un mundo"].

La decisiva influencia de Rousseau sobre la concepción del valor de la personalidad en Kant aparece claramente en el famoso tratado intitulado *Träume eines Geisterehers erläutert durch Träume der Metaphysik* (Sueños de un visionario explicados por sueños de la metafísica) (1766). Kant mismo testificó la revolución en su pensamiento en su enunciado: "yo mismo soy un investigador por naturaleza. Siento toda la fuerza de la sed de conocimiento y el incansable impulso por lograr progreso en ello, pero también la satisfacción en cada avance. Hubo un tiempo en el que yo creí que todo esto podría ser para el honor de la humanidad y desdeñaba a la plebe que no sabe nada. Rousseau me ha corregido. Esta ciega preferencia está desapareciendo; aprendo cómo honrar a los hombres, y me estimaría mucho más inútil que el común de los trabajadores si no creyese que esta perspectiva puede dar a todo el resto valor en el cual fundamentar los derechos de la raza humana".[1]

Es la voz del espíritu ético religioso del *Discours sur le sciences et les arts* de Rousseau la que escuchamos en este notable escrito.[2]

---

[1] "Ich bin selbst aus Neigung ein Forscher. Ich fühle den ganzen Durst nach Erkenntnis und die begierige Unruhe, darin weiter zu kommen, oder auch die Zufriedenheit bei jedem Fortschritte. Er war eine Zeit, da ich glaubte, dieses alles könnte die Ehre der Menschheit machen und ich verachtete den Pöbel, der von nichts weisz. Rousseau hat mich zurecht gebracht. Dieser verblendete Vorzug verschwindet; ich lerne die Menschen ehren, und würde mich viel unnützer finden, als die gemeinen Arbeiter, wenn ich nicht glaubte, dasz diese Betrachtung alien übrigen einen Wert geben könnte, die Rechte der Menschheit herzustellen".

[2] Véase *Träume*, primera parte, cap. 2, p. 115 (W. W. vol. I), donde los motivos morales "que mueven al corazón humano" son empíricamente reducidos al "sentimiento moral".

En la *Conclusión práctica de todo el tratado,* Kant escribe: "Pero la verdadera sabiduría es la compañía de la simplicidad, porque con ella el corazón [aquí tomado en el sentido de sentimiento moral] fija la ley al entendimiento, generalmente hace que el equipamiento del conocimiento sea superfluo y sus metas no necesitan medios que nunca puedan hallarse en poder de todos los hombres ... Cuando la ciencia ha seguido su curso, naturalmente arribar al punto de una desconfianza modesta y, enojada consigo misma, dice: *cuántas cosas hay que no entiendo.* Pero la razón que ha madurado para convertirse en sabiduría habla por experiencia en la boca de Sócrates en medio de las mercancías de una feria anual con una mente alegre: *¡cuántas cosas hay que no necesito en lo absoluto!*".[1]

El discurso de Rousseau también terminó en esta vena. Con este enunciado se quebró definitivamente el dominio del ideal matemático de la ciencia sobre el ideal de la personalidad en el pensamiento de Kant.

Pues, en su humorística crítica del "visionario" Swedenborg, Kant se volvió en contra de la entera metafísica racionalista. De hecho golpeó la metafísica del ideal humanista

---

[1] Ibídem, pp. 159 y 155: "Allein die wahre Weisheit ist die Begleiterin der Einfalt, und da bei ihr das Herz (léase "das sittliche Gefühl"!) dem Verstande die Vorschrift gibt, so macht sie gemeiniglich die grosze Zurüstungen der Gelehrsamkeit entbehrlich, und ihre Zwecke bedürfen nicht solcher Mittel, die nimmermehr in alter Mensehen Gewalt sein können ... Wenn die Wissenschaft ihren Kreis durchlaufen hat, so gelangt sie natürlicherweise zu dem Punkte eines beseheidenen Mistrauens und sagt, unwillig fiber rieh selbst: *Wie viel Dinge gibt es doch, die ich nicht einsehe!* Aber die durch Erfahrung gereifte Vernunft, welche zur Weisheit wird, spricht in dem Munde des Sokrates mitten unter den Waren eines Jahrmarkts mit heiteren Seele: *Wie viel Dinge gibt es doch, die ich alle nicht brauche!*

de la ciencia como la concebían Leibniz y Wolff, y a la cual él mismo anteriormente se había adherido. De allí en adelante, para Kant, esta metafísica perdió el derecho de hablar sobre cuestiones de moral y religión.

Al igual que en Rousseau y en Hume, el ideal de la personalidad en Kant, si bien sólo por un tiempo, se retiró a la función del sentimiento. De allí en adelante, bajo la influencia de Hume, la metafísica teórica adquirió en un grado creciente la importancia positiva de una teoría crítica concerniente a los fundamentos y límites del conocimiento matemático de la naturaleza.

Incluso en la fase así llamada "empirista" del desarrollo filosófico de Kant, la influencia de Hume estuvo solamente restringida en su alcance. Kant ya no era más capaz de abrazar definitivamente la actitud escéptica de Hume con respecto a los fundamentos del ideal matemático de la ciencia, de lo que era de seguir la completa degradación de éste por Rousseau.

Nunca tomó en serio el intento de Hume de establecer el fundamento del juicio de causalidad científico natural en las leyes de asociación que pertenecen a la conexión de nuestras ideas psíquicas sucesivas.

Kant iba pronto a asignar a la metafísica teórica la tarea de fundamentar la validez universal objetiva del pensamiento científico matemático natural en oposición a la crítica escéptica de Hume.

Al mismo tiempo, sin embargo, en oposición a la metafísica racionalista, buscó definitivamente limitar el pensamiento matemático y causal al aspecto sensorial de la experiencia.

Me propongo ahora presentar un examen más detallado de estas diferentes fases en el desarrollo de Kant hasta su famosa oración inaugural.

El primer periodo de Kant: Kant como un defensor independiente de la metafísica de Leibniz y Wolff. La primacía del ideal matemático de la ciencia en la primera concepción de su idea básica trascendental

Desde el mismo principio, Kant fue consciente de una cierta discrepancia entre las matemáticas y la metafísica en el sentido en que ésta iba a ser posteriormente defendida por la escuela leibniziana-wolffiana. Incluso en su *Physische Monadologie* (1756), expuso la diferencia entre la metafísica leibnizizna y la concepción matemática del problema del espacio.

En el discurso con el cual empezó su carrera como docente universitario especial en filosofía, Kant se opuso al intento de Wolff de derivar el principio de causalidad a partir del *principium contradicionis* lógico. Este discurso, el primer tratado metafísico de Kant, se intituló *de Principiorum primorum cognitionis metaphysicae nova dilucidatio* (1755). Atacaba la concepción wolffiana con la distinción de Crusius entre "fundamento lógico" y "fundamento del ser" (*Realgrund*) y rechazaba la prueba ontológica de la existencia de Dios, la cual concluía a partir de fundamentos lógicos la existencia real de un ser divino perfecto.

Ambos tratados fueron escritos durante el primer período de Kant, en el cual todavía sostenía la posibilidad de una metafísica teórica en el sentido wolffiano; una metafísica que, de un modo puramente analítico, proveería un conocimiento a priori de la realidad a partir de meros conceptos, y también se imaginaba competente para responder preguntas pertenecientes al ideal de la personalidad.

Incluso en este periodo Kant había logrado entender que la raíz y origen "metafísico" de la realidad no puede ser derivado a partir de la imposibilidad de pensar lógicamente lo opuesto. Incluso en este tiempo rechazó la concepción de Leibniz y Wolff de que una posibilidad metafísica-lógica se halla en el fundamento de la realidad metafísica.

De acuerdo con Kant, el ser metafísico puede ser determinado por el pensamiento lógico sólo en el juicio de identidad, pero no puede ser demostrado como necesario a partir del *princupium contradictionis*. Es por ello que Kant puso un gran énfasis en la superioridad lógica del principio de identidad sobre el principio lógico de no contradicción.

El segundo periodo de Kant: la línea metodológica de demarcación entre las matemáticas y la metafísica. La influencia de Newton y el psicologismo inglés

En su segundo período, el cual se extendió de 1760 a 1765, estos entendimientos se intensificaron, de modo que condujeron a trazar una línea provisional de demarcación entre el método de las matemáticas y el de la metafísica.

Las concepciones de Kant en este periodo están caracterizadas especialmente por los siguientes escritos; *Die einzig mögliche Beweisgrund zu einer Demonstration des Daseins Gottes* (El único argumento posible para una demostración de la existencia de Dios), *Versuch den Begriff der negativen Grössen in die Weltweisheit einzuführen* (Intento de introducir el concepto de magnitud negativa en la filosofía) y *Untersuchung über die Deutlichkeit der Grundsätze der natürlichen Theologie und Moral* (Investigación sobre la claridad de las proposiciones fundamentales de la teología natural y la moral) (1763, publicado en 1764), el último de los cuales fue escrito en respuesta a una pregunta de concurso planteada por la Academia de Ciencias de Berlín. Kant notó una distinción entre el método matemático y el metafísico de adquirir conocimiento en dos puntos, a saber, con respecto a la importancia de las definiciones y la forma de la demostración. Las definiciones matemáticas son sintéticas, en contraste con las definiciones metafísicas que son analíticas. La matemática crea su propio *Gegenstand* en conceptos arbitrarios. El *ser* tomado en consideración por ella no surge de nada más que del concepto matemático.

Por lo tanto, en las matemáticas vienen primero las definiciones, mientras que en la metafísica los conceptos de las cosas están dados. Mediante el pensamiento éstos no pueden crear ninguna nueva realidad. La metafísica sólo puede analizar lógicamente los conceptos de hechos y cosas concretos dados en la experiencia en sus elementos más simples, para hacerlos claros y distintos. Por lo tanto, en la metafísica, a diferencia de en las matemáticas, las definiciones casi siempre deben ser ubicadas al final más que al principio. Kant dirigió la metafísica al método de la física matemática como había sido formulado por Newton: "en el fondo, el verdadero método de la metafísica es idéntico al que introdujo Newton en la física y que había tenido resultados tan útiles ahí".[1] Al hacerlo se puso inequívocamente del lado de Newton en contra del idealismo matemático de Leibniz y Wolff. De acuerdo con Newton, el conocimiento comienza con los fenómenos

---

[1] "Die ächte Methode der Metaphysik ist mit derjenigen im Grunde einerlei, die Newton in der Naturwissenschaft einführte and die daselbst von so nutzbaren Folgen war".

sensoriales, a partir de los cuales, mediante la inducción y el análisis, el pensamiento científico debe ascender a las causas de estos fenómenos, las cuales son expresadas en las leyes naturales.

El famoso pronunciamiento de Newton: *"Hypotheses non fingo"* exigía que las leyes naturales formuladas con la ayuda del pensamiento matemático debieran en el final análisis ser sometidas a la prueba de la experiencia. Las causas de los fenómenos no pueden ser elaboradas por el pensamiento. Sólo la experiencia sensorial puede ofrecernos el material necesario para el conocimiento. Incluso el pensamiento matemático debe por lo tanto permanecer dentro de los confines del experiencia sensorial si es que ha de proveernos un conocimiento veraz de la realidad. Con la aceptación de este método de la ciencia natural matemática para la metafísica, Kant implícitamente reconoció que la línea de demarcación, que había trazado entre el método de las matemáticas y el de la filosofía en sus escritos durante el año de 1763, no podía ser definitiva y fundamental.

Su opinión era solamente que todavía no había llegado el tiempo de que la metafísica siguiera el método sintético de la geometría. Tan pronto como "el análisis halla provisto conceptos claros y completamente entendidos, la síntesis de las cogniciones más simples será capaz de subsumir bajo sí misma lo complejo, igual que las matemáticas".[1]

En otras palabras, la posición de Kant durante este periodo es todavía la de la ilustración inglesa y francesa. Como

---

[1] *Untersuchung über die Deutlichkeit der Grundsätze der natürlichen Theologie und Moral* (Investigación sobre la claridad de las proposiciones fundamentales de la teología natural y la moral) W. W. Band IV, p. 299. (Conclusión de la "segunda consideración".

también aparece en los otros escritos de esta fase, el ideal de la ciencia, al menos parcialmente, todavía posee la primacía. Sin embargo, este ideal, ya no es concebido en el sentido deductivo matemático abstracto de René, sino más bien en el sentido en que fue formulado por Newton. En su primer tratado metafísico, fue esta concepción del ideal de la ciencia la que causó que Kant rechazara la libertad de la voluntad, manifestando con ello su supremacía sobre el ideal de la personalidad.

La ruptura entre la metafísica del ideal de la ciencia y la filosofía moral en este periodo del pensamiento de Kant

No obstante, durante este tiempo, bajo la influencia del psicologismo inglés empezó a aparecer una ruptura entre la metafísica teórica del ideal de la ciencia y la filosofía moral. Esta ruptura se revela en el tratado concerniente a la claridad de los principios básicos de la teología natural y la ética que acabo de citar.

Aquí Kant hizo una tajante distinción entre la facultad cognoscitiva, a través de la cual podemos representar aquello que es verdadero, y el poder de distinguir aquello que es bueno. Y junto con Shaftesbury, Hutcheson y Hume, Kant buscó la segunda facultad en el sentimiento moral: "es asunto del entendimiento analizar el concepto complejo y confuso de lo bueno y hacerlo distinto", observa Kant, "demostrando cómo se origina en impresiones más simples de lo bueno. Si alguna vez este último, sin embargo, es simple, el juicio: *esto es bueno* es totalmente incapaz de demostración,

494 *El desarrollo de la antinomia básica en la*

y efecto inmediato de la consciencia del sentimiento de placer que recibimos en la idea del objeto".[1]

Los primeros principios de la "teología natural" son desde luego capaces de la mayor evidencia filosófica, en tanto que son principios metafísicos del conocimiento como, por ejemplo, el principio de que un Ser Supremo perfecto absolutamente existente debe hallarse en el fundamento de todas las cosas posibles existentes, o el principio de la omnipresencia de este Ser Supremo.

En contraste con éstos, sin embargo, (al igual que todos los principios básicos de la ética en general) los primeros principios de esta teología sólo son capaces de *certeza moral* en tanto que se ocupan de la *libertad en acción* de Dios, su *justicia* y su *bondad*.

Vemos en ello que en la filosofía moral Kant había tomado el camino del psicologismo. Este hecho también se confirma por su *Beobachtungen über das Gefühl des Schönen und Erhabenen* (Consideraciones sobre el sentimiento de lo bello y lo sublime), publicado en 1764, donde, siguiendo las pisadas de Shaftesbury, la ética es fundamentada psicológica y estéticamente en el "sentimiento de la belleza". Durante este periodo, en el pensamiento de Kant empezó a surgir la primera división entre el ideal de la ciencia y el todavía psicológicamente comprendido ideal de la personalidad, aunque

---

[1] W. W. Band IV, p. 311 (Cuarta consideración §2): "Es ist ein Geschäft des Verstandes, den zusammengesetzen und verworrenen Begriff des Guten auf zu lösen und deutlich zu machen, indent er zeigt, wie er aus einfachern Empfindungen des Guten entspringe. Allein ist dieses einmal einfach, so ist das Urteil: dieses ist gut, völlig unerweislich und eine unmittelbare Wirkung von dem Bewusztsein des Gefühls der Lust mit der Vorstellung des Gegenstandes".

esta línea de demarcación todavía no se tratazaba radicalmente.

En esta fase, en la que Kant orientó la metafísica teórica
a la ciencia natural matemática, también procedió críticamente a examinar la contradicción entre la primera y el método logicista matemático de Christian Wolff, y pensó que
mediante el mero análisis conceptual se podía obtener conocimiento a priori de la realidad y de sus relaciones causales.

La influencia de Crusius

Las constantes confusiones entre los estados de cosas lógicos
y los reales en la dominante metafísica logicista fueron ahora analizados con un furor realmente crítico. Kant hizo de
la fundamental distinción de Crusius, entre el fundamento
lógico del conocimiento y el fundamento del ser el mismo,
el fundamento de su investigación crítica.

Siguiendo las pisadas de su maestro Rudiger, pero con
medios mucho más sólidos, Christian Augustus Crusius
(1715-75) había sido el principal oponente alemán al método geométrico en la metafísica. Crusius había relacionado los principios materiales del conocimiento con el lado
sensorial de la experiencia. Sobre los mismos fundamentos
también combatió la monadología de Leibniz con un famoso argumento que desde entonces ha sido empleado muy
frecuentemente: si, como enseñara Leibniz, la esencia de
cada mónada fuese a consistir en el hecho de que ésta se
representa a sí misma todas las otras mónadas, no está dado
un concepto absoluto de la esencia de ni una sola mónada.

Si, sin embargo, nada es absoluto, también es contradictorio suponer algo que es relativo.[1]

En otras palabras, no pueden absolutizarse las relaciones necesarias.

La distinción fundamental de Crusius entre los fundamentos del conocimiento y los fundamentos del ser, y su ulterior división de éstos en causales y meros fundamentos de la existencia (con lo que simultáneamente distinguió los físicos de los meramente matemáticos), indudablemente ejerció una influencia considerable sobre el ulterior desarrollo de la filosofía alemana.

Hombres tales como Lambert y Mendelsohn desarrollaron estas distinciones aún más, mientras que el tratado de Schopenhauer *Über die vierfache Wurzel des Satzes vom zureichenden Grunde* (Sobre la cuádruple raíz del principio de fundamento suficiente) es prácticamente una reproducción fiel del esquema de Crusius.

En su recién mencionado tratado, Kant reconoció la gran importancia de este esquema e hizo amplio uso del mismo. En su *Versuch den Begriff der negativen Grössen in die Weltweisheit einzuführen* (Intento de introducir el concepto de magnitud negativa en la filosofía) , afirmó que en la física los términos negativo y positivo tienen un significado enteramente diferente del que se les atribuye en la lógica y las matemáticas. En la física la neutralización mutua de las determinaciones físicas (fuerzas) conduce al reposo, mientras que la neutrali-

---

[1] *Entwurf der notwendigen Vernunftwahrheiten, wiefern sie den zufälligen entgegengesetzt werden* [Proyecto de las verdades necesarias de la razón, hasta donde se oponen a las contingentes] (3a. ed. 1745), §432.

zación mutua de las determinaciones lógicas conduce a una contradicción lógica y con ello a la nada lógica.[1]

El tercer periodo: la influencia dominante de Hume y Rousseau. Emancipación completa del ideal de la personalidad respecto de la metafísica del ideal de la ciencia

Como Alois Riehl había demostrado convincentemente,[2] durante el siguiente periodo de su desarrollo Kant estuvo por un corto tiempo muy cercano al escepticismo de Hume con respecto a los fundamentos del ideal matemático de la ciencia. Al mismo tiempo la influencia de Rousseau le condujo a una emancipación radical del ideal de la ciencia respecto del dominio de la metafísica teórica.

Esta fase en la evolución de su pensamiento se expresa mejor en el escrito que he mencionado arriba, *Träume eines Geistersehers*.

En este periodo (entre 1764 y 1766) Kant introdujo la distinción entre juicios analíticos, aquellos cuyo predicado no agrega nada al concepto del sujeto gramatical, y juicios sintéticos que sí lo hacen. Esta distinción, que posteriormente iba a formar el fundamento de la entera *Crítica de la razón pura*, todavía no había sido introducida en su tratado concerniente a los *negativen Grössen* (1763).[3] Es seguro que el método sintético de la formación matemática de conceptos había sido puesto, en esta etapa temprana, en oposición al método analítico de la metafísica. Pero esto sólo quería significar que la matemática crea su propio *Gegenstand* en sus

---

[1] *Versuch den Begriff der negativen Grössen in die Weltweisheit einzuführen*, primer cap. (W. W. vol IV), p. 239.
[2] Riehl, *Der Philosophische Kritizismus* I, (3a. ed.), p. 306ss.
[3] Véase Cassirer, *Erkenntnisproblem* II, p. 612ss.

conceptos. Los juicios matemáticos, que sólo desarrollan el contenido de las definiciones, todavía eran concebidos como meramente lógicos. En el periodo con el que estamos ahora tratando, sin embargo, la distinción había asumido un nuevo sentido.

Siguiendo a Hume, Kant no podía por el momento encontrar otra solución que reducir todas las proposiciones sintéticas al aspecto sensorial del experiencia, calificándolas a todas ellas como "juicios empíricos".[1] Con ello, de hecho predominó momentáneamente el escepticismo con respecto a los fundamentos universalmente válidos de la física matemática.

El principio físico de causalidad, como un "juicios sintético", no posee validez o necesidad universal. La universalidad que le atribuimos, descansa en una generalización de la percepción sensorial de la secuencia de causas y efectos.

No obstante, esta posición psicologista fue abandonada casi inmediatamente después de que Kant se dio cuenta de que los juicios matemáticos, al ser "sintéticos", deben de poseer una validez universal a priori que no puede ser fundamentada en los sentidos. Fue abandonada cuando consideró que el escepticismo con respecto a los fundamentos de la ciencia natural matemática tocarían antes que nada los mismos fundamentos de las matemáticas.[2]

En lo sucesivo surge la pregunta de si los principios a priori de forma son o no son incluidos en todos los juicios sintéticos, principios que, poseyendo ellos mismos un carácter sintético, se hallan en el fundamento de todo el conocimien-

---

[1] *Reflexionen* 496. Véase también H. J. Vleeschauer, *L'evolution de la penseé Kantienne* (1939), p. 48.
[2] *Cfr. Reflexionen* (Erdmann), pp. 92 y 500 en Cassirer II, p. 614.

to matemático y científico natural, y como tales son los pre-rrequisitos necesarios para toda experiencia.

La fase de transición en el pensamiento de Kant hasta 1770

En lo sucesivo, el desarrollo del pensamiento de Kant es muy complicado. Su trayectoria sólo puede ser reconstruida en alguna medida haciendo uso de la revista filosófica de Kant, publicada por Erdmann, *Reflexionen Kants zur kritischen Philosophie*, suplementada por las "notas extraviadas" de Kant de la herencia de Duisburgo, editada por primera vez por Reicke y posteriormente por Th. Haering.[1] Pero debe concederse que toda reconstrucción, ante la escasez de material disponible, debe retener un momento hipotético.

Del material fuente en cuestión resulta que por este tiempo el problema concerniente a la relación del espacio y el tiempo con las cosas reales había sido ubicado en el centro del interés de Kant. En un tratado intitulado *Vom ersten Grunde des Unterschiedes der Gegenden im Raume* (Acerca del primer fundamento de la diferencia de posiciones en el espacio),[2]

---

[1] No pude consultar las *Reflexionen* directamente, por lo que las cito de Cassirer, *Erkenntnisproblem* II.

[2] No es fácil traducir la palabra alemana '*Gegend*' en el sentido que Kant quiere imprimirle aquí. En sus consideraciones introductorias Kant se refiere al *analysis situs*; pero observa que no es capaz de decir qué tanta afinidad tiene el tópico de su tratado con la rama de las matemáticas a la que se refería Leibniz. Kant define el *Gegend* como la "relación del sistema de posiciones (*Lagen*) de una cosa con el espacio-mundo absoluto". Como ejemplos simples de *Gegende*, se refiere a las distinciones de arriba y más allá, derecha e izquierda, adelante y atrás de nosotros, en las cuales nuestro cuerpo es el punto de referencia en relación con los tres planos del espacio tridimensional que se intersectan ortogonalmente. Pienso que el término español 'situación' es el mejor que podemos encontrar para traducir el '*Gegend*' de Kant en el sentido aquí explicado.

que escribiera en 1768, Kant defendía la doctrina matemática de Newton y de Euler del "espacio absoluto puro" en
contra de la concepción de Leibniz, quien sostenía que el espacio no era más que un "ordre des coexistences possibles',
un concepto de relación a priori. Kant mostró, con respecto a las figuras simétricas incongruentes, que dos cosas en
el orden de sus partes puede ser completamente semejantes
sin que la una sea capaz de cubrir a la otra espacialmente.
Consecuentemente, el espacio no puede ser producto de las
relaciones de las partes materiales con respecto a cada una
de las demás, sino que es más bien el prerrequisito para las
relaciones de las cosas espaciales entre sí.

En este escrito Kant estuvo ocupado exclusivamente con
la importancia de la doctrina de Newton y Euler para la
geometría y la ciencia natural matemática; nunca quiso ser
responsabilizado de la especulación metafísica que Newton
unió a su teoría del espacio absoluto como *sensorium Dei*.

Al final de su tratado sólo mencionó las dificultades que
eran inherentes al concepto de espacio absoluto, "si uno
desea concebir su realidad mediante conceptos racionales,
mientras que el sentido interno se satisface con aprehen-
derlo en la intuición. Pero esta dificultad se manifiesta por
doquier, cuando queremos filosofar en lo absoluto acerca
de los primeros *datos* de nuestro conocimiento, pero nunca
están decisiva como aquella que se presenta a sí misma cuando las consecuencias de un concepto supuesto contradicen
la mas aparente experiencia".[1]

---

[1] *Von dem ersten Grunde des Unterschiedes der Gegenden im Raume* (W. W. Band
IV), p. 325: "wenn man seine Realität, welche dem inneren Sinne ans-
chauend genug ist, durch Vernunftideen fassen will. Aber diese Besch-
werlichkeit zeigt sich allerwärts, wenn man über die ersten *data* unserer

Es así que Kant expresamente eliminó helado metafísico de la doctrina de Newton para limitarse a los datos del experiencia.

El problema de las antinomias matemáticas. Las concepciones del espacio y el tiempo de Leibniz y de Newton

Entretanto, las mismas dificultades de esta concepción del espacio iban a ser de una importancia enorme para el desarrollo ulterior de Kant. La completa consideración del problema concerniente a la relación del espacio y el tiempo absolutos con el universo de las cosas corpóreas le condujo al descubrimiento de las antinomias matemáticas del infinito real que iban a desempeñar un papel tan importante en la parte central de la *Crítica de la razón pura*. Muy naturalmente, trataremos con ellas posteriormente.

En razón de estas reflexiones, Kant finalmente se convenció de que el espacio y el tiempo no podían ser realidades absolutas en el sentido de Newton y Euler. Por lo tanto, por el momento aceptó la doctrina de Leibniz, que había proclamado que eran formas a priori del pensamiento puro, *"notiones"* o *"conceptus intellectus puri"*; nociones, sin embargo, de las cuales nos hacemos con claramente conscientes por primera vez en ocasión de nuestras percepciones sensoriales de las cosas corpóreas.[1]

Erkenntnis noch philosophieren will, aber sie ist niemals so entscheidend als diejenige, welche sich hervortut, wenn die Folgen eines angenommenen Begriffs der augenscheinlichsten Erfahrung widersprechen".

[1] En oposición a una concepción más temprana, investigación más reciente ha hecho muy probable que no estemos aquí tratando con una influencia meramente externa de Leibniz, sino más bien con una influen-

Pues mientras Kant se hallaba en la mitad de sus reflexiones sobre la relación exacta entre la sensibilidad y la función lógica del pensamiento con respecto al conocimiento, la principal obra epistemológica de Leibniz, aparecía el famoso *Nouveaux Essais sur l'Entendement Humain.*

En ella Leibniz trataba el mismo problema y, como hemos visto anteriormente, buscaba su solución en el hecho de que el contenido dela experiencia contenía virtualmente los mismos conceptos a priori del pensamiento metafísico matemático. Consecuentemente, éstos no se originaban en los elementos sensoriales de la idea; más bien son una posesión originalmente oscura e inconsciente de la mente. Aún cuando la experiencia sensorial actúa como intermediario, la mente se hace consciente de ellos solamente en la percepción conceptual clara.

No obstante, Leibniz había dado un sesgo metafísico a su epistemología. Los conceptos a priori de la mente nos permitían conocer las "verdades eternas", el orden metafísico del cosmos; nos revelaban las leyes del "noúmeno", de la *"Ding ans sich"*, mientras que la experiencia sensorial, como una función inferior del conocimiento, nos proporciona conocimientos solamente del mundo sensorial de los fenómenos, en cuyo mundo sólo valen las verdades contingentes.

Aunque originalmente Kant había aceptado la doctrina de Leibniz de los conceptos a priori creativos de la mente, ya no pudo en este tiempo atribuir ningún valor a su aplicación metafísica. Incluso en esta fase de su desarrollo él había planeado un esquema de conceptos básicos a priori, aunque este proyecto no correspondía todavía a ningún

---

cia sólo explicable por el desarrollo interno del propio pensamiento de Kant.

punto de vista metódico específico. En este esquema, el espacio y el tiempo funcionaban originalmente al lado de los conceptos de realidad, posibilidad y necesidad, razón suficiente, unidad y multiplicidad, parte, totalidad y nada, complejo y simple, cambio y movimiento, sustancia y accidente, fuerza y actividad. En la *Reflexión* 513, escrita entre 1768 y 1769, Kant contó todos estos conceptos en ontología, en su verdadero sentido relacionados con el resto de la filosofía como la *matesis pura* a la *matesis aplicada*.[1] No obstante, no pudo permanecer satisfecho con esta concepción. Pues, como habremos de ver, fue impulsado más allá en su pensamiento por la actividad del ideal de la personalidad.

§3 EL DESARROLLO ULTERIOR DE ESTE CONFLICTO Y EL ORIGEN DE LA AUTÉNTICA FILOSOFÍA CRÍTICA

La separación de entendimiento y sensibilidad en el discurso inaugural de Kant de 1770

En sus *Prolegomena zu einer jeden künftigen Metaphysik* (Prolegómenos a toda metafísica futura), Kant declaró que fue sólo después de una larga reflexión que llegó a la conclusión de que se debía hacer una separación completa entre espacio y tiempo, como formas sintéticas a priori de la intuición sensorial, y los conceptos puros a priori del entendimiento. Ejecutó esta división en su discurso inaugural, con el cual aceptó una posición en la Universidad de Königsberg: *De mundi sensibilis atque intelligibilis forma et principiis*. No obstante, su terminología era todavía vacilante en tanto que a veces lla-

---

[1] Cassirer II, pp. 623-4.

maba al espacio y al tiempo *"conceptus singularis"*, y en otras ocasiones *"intuitus singularis puri"*.[1]

Mediante el término *"conceptus singularis"*, Kant intentaba oponer el espacio y el tiempo a los *"conceptus universalis"*, o conceptos de especies que son adquiridas mediante la abstracción: sólo existe un espacio y solamente un tiempo, los cuales respectivamente incluyen todos los espacios limitados y todos los períodos finitos de tiempo como sus partes. Esta concepción pasó sin cambios a la Estética Trascendental de la *Crítica de la razón pura*.

La raíz más profunda de esta nueva concepción del tiempo y el espacio ha de buscarse solamente en una reacción contra la metafísica teórica por parte de la gradualmente en maduración nueva concepción de Kant del ideal de la personalidad.

En tanto que el espacio y el tiempo eran subsumidos bajo los conceptos a priori creativos del pensamiento lógico, acechaba el peligro constante de que las relaciones descubiertas entre las cosas espaciales fuesen transferidas al *"mundus intelligibilis"*. Esto resultaría nuevamente en un dominio

---

[1] *De mundi sensibilis* (W. W. Band IV), Sección II §12, p. 343: "Intuitus autem purus (humanus) non est conceptus universalis s. logicus, *sub quo*, sed singularis, in *quo* sensibilia quaelibet cogitantur, ideoque continet conceptus spatii et temporis". Cassirer I, pp. 626-7, piensa que Kant concibió el espacio y el tiempo como *"conceptus singularis"* antes de concebirlos como formas de la intuición. En esta conexión se refiere exclusivamente a las *Reflexiones* escritas durante 1768 y 1769; pero Cassirer aparentemente ha pasado por alto el hecho de que Kant, incluso en su oración inaugural, en la que distinguió en el mayor grado posible las "formas de la sensibilidad pura" de los "conceptos de la razón sintéticos puros", todavía calificaba al espacio y al tiempo como *"conceptus singularis"*.

del ideal matemático de la ciencia dentro del ámbito de la personalidad humana libre y autónoma.

Ética y religión, el reino de la personalidad soberana, ya no pueden ser concebidas en las formas de la experiencia de la naturaleza. Por esta misma razón la metafísica del mundo inteligible debe ser fuertemente prohibida en el dominio de la ciencia natural.

Consecuentemente, la importancia de la oración inaugural de 1770 se halla primariamente en la tajante distinción hecha entre la esfera del conocimiento de los fenómenos sensoriales y el mundo inteligible, acompañada por el reconocimiento de las formas sintéticas a priori de la sensibilidad y el entendimiento lógico. Kant llamó a esta distinción el principio metodológico básico principal de la metafísica.[1]

Incluso en su *Träume eines Geistersehers*, había hecho una división entre la esfera de la experiencia de la naturaleza y la de la ética y la religión, y fue así que apartó al ideal de la personalidad de la supremacía del pensamiento científico natural. Incluso aquí Kant enseñó que fuera de la esfera de la experiencia sensorial no es posible ningún juicio científico. La metafísica teórica, que se propone adquirir conocimiento a partir de conceptos puros, cae en el misticismo especulativo. Trata de comprender el mundo espiritual en las formas conceptuales de la experiencia sensorial. El valor

---

[1] *De mundi sensibilis*, Sección V, §24 (p. 359): "Omnis metaphysicae circa sensitiva atque intellectualis methodus ad hoc potissimum praeceptum redit: sollicite cavendum esse, *ne principia sensitivae cognitionis domestica terminos suos migrent ac intellectualia afficiant*". [Todo método de la metafísica concerniente a lo sensorial y lo inteligible es principalmente reducido a este precepto: téngase el mayor cuidado para evitar que los principios pertenecientes al conocimiento sensorial sobrepasen sus límites y afecten lo inteligible].

de la personalidad, sin embargo, no es dependiente del pensamiento científico. Pero durante este periodo Kant todavía se adhería a la religión sentimental y a la ética defendida por Rousseau y el psicologismo inglés.

El desarrollo de la nueva concepción de Kant del ideal de la personalidad. El optimismo anterior es reemplazado por un pesimismo radical con respecto a la naturaleza sensorial del hombre

Maduró en Kant una nueva concepción del ideal humanista de la personalidad en proporción al grado en que se involucró en la antítesis entre sensibilidad y razón. Como lo ha explicado Windelband, esta antítesis adquirió un carácter axiológico. Los motivos pietistas de la juventud de Kant, recorriendo la influencia de Rousseau, estaban activos en una sospecha crecientemente rigurosa de la naturaleza humana sensorial. Y debido a esta desconfianza ya no era posible buscar el valor de la personalidad en la función del sentimiento, función que Kant consideraba siendo solamente sensual.

Con la eliminación de esta posibilidad, Kant definitivamente se despidió de la cosmovisión optimista que, en el estilo de la *Teodicea* de Leibniz, había defendido previamente en su *Versuch einiger Betrachtungen über den Optimismus* (Intento de algunas consideraciones sobre el optimismo) (1759).[1] La gradualmente en maduración idea básica trascendental dualista de Kant le hizo imposible armonizar con la natu-

---

[1] W. W. Band IV, pp. 73 ss. Es la metafísica del ideal leibniziano de la ciencia lo que motivó a Kant a escribir aquí (pp. 81-2): "...ich bin ... erfreut, mich als einen Burger in einer Welt zu sehen, die nicht besser möglich war" [Estoy ... feliz de verme como ciudadano de un mundo que no podría ser mejor]. ¡El hombre funciona como miembro de un cosmos que en su totalidad es el mejor de los posibles!

raleza sensorial del hombre la idea de libertad autónoma normativa contenida en su nueva concepción del ideal de la personalidad. Esto le hizo adoptar la visión pesimista de la naturaleza humana, expresada en su filosofía crítica de la religión, con su doctrina del "mal radical" en el hombre.

Si la naturaleza humana sensorial con sus inclinaciones sensuales forma la real antítesis a la moralidad racional del hombre, entonces, en consecuencia, el conocimiento vinculado a la experiencia sensorial no puede proveerlos con un conocimiento de la existencia real de las cosas.

"La naturaleza", como única realidad susceptible de ser experimentada, es degradada por Kant a *mundus sensibilis*. En el mismo sentido que en el psicologismo inglés,[1] este *mundus sensibilis* incluye la experiencia tanto externa como interna. El espacio era concebido como una forma sintética del "*äuszeren* Sinn" (sentido exterior), el tiempo como una forma sintética del "*inneren Sinn*" (sentido interno). Ambos espacio y tiempo eran ya reconocidos como condiciones trascendentales necesarias para toda experiencia sensorial, como condiciones subjetivas universalmente válidas de nuestra sensibilidad, en las que el material de nuestras impresiones sensoriales es ordenado a priori.[2]

---

[1] *De mundi sensibilis*, Sección II, §12 (p. 343): "Phaenomena recensentur et exponuntur *primo* sensus externi in Physica, *deinde* sensus interni in Psychologia empirica"[Los fenómenos son investigados y explicados en primer lugar en la *física*, en tanto que pertencen al sentido externo; después en la *psicología* empírica, en tanto que pertenecen al sentido interno".

[2] *De mundi sensibilis*, Sección III, §14 (p. 5): "*Tempos non est objectivum aliquid et reale* ... sed subjectiva conditio per naturam mentis humanae necessaria, quaelibet sensibilia certa lege sibi coordinandi, et *intuitus purus*" [El tiempo no es algo objetivo y real ... sino una condición subjetiva necesitada por la naturaleza de la mente humana para coordinar cualesquiera

508   *El desarrollo de la antinomia básica en la*

Pero este entero *"mundus sensibilis"* solamente nos revela el fenómeno a nosotros, el modo en que las *"Dinge an sich"* aparecen. Éstas están, como tales, fundamentalmente excluidas del esfera de la experiencia. De este modo incluso las matemáticas y la ciencia natural matemática, el dominio primigenio del ideal de la ciencia en la concepción cartesiana, están en principio limitados a los fenómenos. Es así que la metafísica del espacio de Newton, la cual elevó el espacio al rango de *"sensorium Dei"*, es cortada en su misma raíz.

Las matemáticas nos proveen conocimiento universalmente válido a priori del espacio y el tiempo, que son las formas a priori de la sensibilidad. Consecuentemente, las matemáticas solamente nos proveen con conocimiento de las formas a priori del mundo de la apariencia.

Con la ayuda de las matemáticas, cuya validez universal era así asegurada, Kant trató en su discurso inaugural de mantener los fundamentos de la ciencia natural matemática en contra de la crítica psicológica de Hume.

Siguiendo a Newton, aceptó la concepción de las cosas corpóreas como *llenando el espacio matemático* (una concepción básicamente falsa, como habremos de ver en el segundo volumen). Las cosas corpóreas sólo son posibles en el espacio, como una forma a priori de la intuición. Esta forma a priori de la sensibilidad es al mismo tiempo una ley estructural a priori del entero mundo experimental de las cosas.

En la creación de la teoría matemática del mundo de los fenómenos, el entendimiento lógico estaba todavía limita-

---

impresiones sensoriales de acuerdo con una ley fija, y es *intuición pura*]. El espacio es cualificado de un modo similar. Ibídem, p. 15.

do por Kant al *usus logicus*, esto es al análisis formal de los fenómenos dados en el tiempo y el espacio.[1]

Por añadidura, un *usus realis* es postulado para el entendimiento lógico. Los conceptos sintéticos a priori están relacionados con el "*mundus intelligibilis*". Este mundo inteligible ciertamente es todavía concebido como el de las "*Dinge an sich*". Pero incluso en el discurso inaugural de 1770 resulta que, contrariamente a la opinión de Windelband,[2] esto no indica una recaída en la metafísica especulativa leibniziana. Se trata más bien de *la nueva concepción del ideal humanista de la personalidad* que ahora se encarna en la idea de la "cosa en sí", al menos en tanto que ésta es ¡un objeto de la metafísica! Nuestra voluntad autónoma pura, está determinada solamente por la forma de la legislación moral; ella misma es "un ejemplo de la idea de libertad, de una sustancia inteligible, a saber en tanto que vincula efectos que pueden ser

---

[1] *De mundi sensibilis*, Sección V, §23: "Usus autem *intellectus* in talibus scientiis, quarum tam conceptus primitivi quam axiomata sensitivo intuitu dantur non est nisi logicus h.e. per quem tantum cognitiones sibi invicem subordinamus quoad universalitatem conformiter principio contradictionis, phaenomena phaenomenis generalioribus, consectaria intuitus puri axiomatibus intuitivis" [Pero el *uso del intelecto* en tales ciencias, cuyos conceptos primitivos así como sus axiomas están dados en la intuición sensorial, es solamente *lógica*; es decir, que por medio de éstos solamente subordinamos nuestras cogniciones a entre sí con respecto a su generalidad en conformidad con el principio de no contradiccón: los fenómenos a fenómenos más generales; las conclusiones de la intuición pura a axiomas intuitivos].

[2] *Geschichte der neueren Philosophie* II (4a. ed), p. 39.

dados en la experiencia, a fundamentos supraempíricos de determinación".[1]

En la sección 11, parágrafo 9 de su conferencia inaugural, Kant asignó dos tareas diferentes a la metafísica, a saber, una eléntica y una dogmática. En el primer respecto, la metafísica debe eliminar todos los conceptos sensoriales de la esfera de los *noúmenos*; en el segundo respecto, debe dirigir todos los principios de la razón pura —los cuales exceden experiencia sensorial— solamente hacia una cosa, a saber la *perfectio noumenon*, esto es la perfección supra-sensorial. Y en ésta, como la perfección de Dios, se convierte en un principio del conocimiento teórico; y como perfección moral, como *perfectio moralis*, se convierte en un principio para la acción humana. El conocimiento derivado de los conceptos puros de la mente es solamente una *"cognitio symbolica"*.

La expresión "conocimiento simbólico" se deriva del tratado de Leibniz *Meditationes de cognitione, veritate et ideis* de 1684, en la cual este pensador desarrolló más los criterios cartesianos para la claridad y distinción del conocimiento. Por *"cognitio symbolica"* en contraste con la *cognitio intuitiva*, Leibniz entendía una *"cognitio caeca"* (conocimiento ciego), en la cual, cuando carecemos de entendimiento del carácter total del objeto sensorial, pedimos ayuda de símbolos abreviados en vez de los objetos mismos. No obstante, es mediante estos mismos símbolos que, de acuerdo con él, podemos adquirir un conocimiento adecuado, al igual que en las matemáticas.

---

[1] *Cfr.* Cassirer II, p. 365. En *Reflexión* 1156 y en la 1157, *"die Regel der Freiheit apriori in einer Welt überhaupt"* [La regla de la libertad a priori en un mundo en general] es expresamente llamada la *"forma mundi intelligibilis"*.

Cuando Kant aplicó ahora esta concepción de la "*cognitio symbolica*" a los conceptos de la razón pura, y como resultado negó a la metafísica teórica todo modo de conocimiento intuitivo adecuado, eligió una posición diametralmente opuesta a la de Leibniz: de acuerdo con éste, adquirimos conocimiento metafísico intuitivo derivado de los conceptos puros y simples de la razón.

Kant combatió fuertemente la idea de Leibniz y Wolff de que el conocimiento sensorial es solamente una "*cognitio confusa*", mientras que, en contraste, el conocimiento derivado de conceptos simples es claro y distinto. En la *Reflexión* 414 Kant observa: "Está perfectamente descartado que las impresiones sensoriales del espacio y el tiempo sean ideas confusas; más bien proveen las cogniciones más distintas de todas, a saber las matemáticas".[1] Como se confirma por las "*Reflexiones*" de este periodo, la noción de conocimiento metafísico como meramente simbólico ha de ser considerado el preludio a la doctrina de las ideas trascendentales del período crítico de Kant. El "*mundus intelligibilis*", subraya en una de estas cursivas reflexiones, "como objeto de la intuición, es una idea meramente indeterminada; pero como objeto de la relación práctica de nuestro intelecto con las inteligencias de un mundo en general, y con Dios como el Ser práctico original de ella, es un concepto verdadero y una idea determinada: *civitas Dei*" (la ciudad de Dios)".[2]

---

[1] "Es ist so weit gefehlt, dasz die sinnlichen Anschauungen von Raum und Zeit sollten verworrenen Vorstellungen sein, dasz sie vielmehr die deutlichsten Erkenntnisse unter alle, nämlich die mathematischen verschaffen".

[2] Cassirer, ibídem: "Der *mundus intelligibilis* als ein Gegenstand der Anschauung ist eine blosze unbestimmte Idee; aber als ein Gegenstand des praktischen Verhältnisses unseres Intelligenz zu intelligenzen der Welt

En las *Reflexiones* escritas durante este tiempo, el *mundus intelligibilis* fue plenamente identificado con el *mundus moralis*, y la idea de Dios fue cualificada como el "Ser práctico original". La identificación en la citada *"Reflexión"* (1162) del *mundus intelligibilis* con la idea de la *"civitas Dei"* es indudablemente derivada formalmente de Leibniz.[1] Pero el Dios de Leibniz era, en el final análisis, la deificación del pensamiento matemático, la hipóstasis final del ideal matemático de la ciencia. Mientras que en la idea de Dios de Kant, incluso en esta fase, se expresa el ideal moralista de la personalidad, en el sentido de libertad práctica suprateórica y soberana autodeterminación.

La nueva concepción del ideal de la personalidad como ὑπόϑεσις en la transición a la posición crítica

La última fase del desarrollo de Kant, el surgimiento de su auténtica filosofía crítica, sólo puede ser entendida en términos de esta nueva concepción del ideal de la personalidad. La idea de la autodeterminación autónoma de la personalidad se convirtió en la ὑπόϑεσις oculta del conocimiento teórico.

Puede ser verdadero que de acuerdo con el propio testimonio de Kant él haya sido despertado de sus "sueños dogmáticos" por el descubrimiento de las antinomias de la metafísica teórica.[2] No obstante este descubrimiento *teórico* no puede ser considerado como habiendo sido la causa más profunda, sino solamente la ocasión de su transición al idea-

---

überhaupt und Gott als das praktische Urwesen derselben, ist er ein wahrer Begriff und bestimmte Idee: civitas Dei".

[1] Cassirer II, p. 635.

[2] Carta de Kant a Garve del 21 de septiembre de 1798. *Cfr.* Riehl, *op. cit.* I, p. 351.

lismo crítico. El motivo real de esta transición fue de una naturaleza *religiosa*.

Una vez que el ideal de la personalidad es reconocido como el fundamento del ideal de la ciencia, la autonomía de la función teórica de pensamiento puede ser proclamada en contra de las determinaciones empíricas de la sensibilidad meramente receptiva, pasiva. ¡La espontaneidad de la función lógica del pensamiento adquiere un nuevo significado en contraste con la receptividad de la sensibilidad! El valor soberano de la personalidad puede expresarse en la espontaneidad del intelecto sólo si éste, en sus funciones sintéticas a priori, es elevado a la posición de legislador con respecto a la "naturaleza". La famosa carta de Kant del 21 de febrero de 1772 a Markus Hertz es el primer testimonio claro de este nuevo cambio en su pensamiento.

Hasta ahora Kant se había aproximado el problema concerniente a la relación del pensamiento teórico con la realidad sólo desde el flanco metafísico. En su conferencia inaugural de 1770, *no fue más allá de trazar* una tajante línea de demarcación entre el *mundus visibilis* y el *mundus intelligibilis*. El *usus realis* del entendimiento lógico con sus categorías sintéticas fue relacionado aquí con la raíz metafísica de la realidad, con la "*Ding an sich*".

De aquí en adelante, Kant planteó el problema concerniente a la relación del entendimiento lógico con la realidad con referencia al mundo de la experiencia sensorial ordenado en las formas a priori de la intuición, el espacio y el tiempo.

¿Que acaso el intelecto no posee un "*usus realis*" en el fundamento a priori del "*mundus visibilis*"?

De aquí en adelante, Kant habría de concentrar su atención sobre el problema de la síntesis a priori, a través de la cual, en su opinión, el mundo de la experiencia es primeramente constituido como un cosmos ordenado universalmente válido. Para Kant, la experiencia universalmente válida se vuelve idéntica al *"Gegenstand"* del conocimiento teórico, y *"Gegenstand"* casi idéntico a "objetividad".

En su carta a Hertz, Kant escribió que la clave al entero misterio de la metafísica se encuentra en la pregunta: "¿cuál es la base para la relación entre aquello que es llamado nuestra representación y el objeto *(Gegenstand)*?".

El *"Gegenstand"* puede sernos dado por nuestros sentidos. Sin embargo, este dato sensorial aparece solamente como una masa caótica de material de la experiencia todavía desordenado, una masa de impresiones sensoriales entremezcladas, dentro de las formas a priori de la intuición, el espacio y el tiempo, en las que son recibidos.

Todas nuestras representaciones de cosas en el mundo externo son en realidad síntesis de nuestra conciencia a través de las cuales ponemos bajo la unidad de un concepto una multiplicidad sensorial dada recibida en las formas del espacio y el tiempo. La validez universal y necesidad de esta síntesis nunca se puede encontrar en las leyes psíquicas de asociación de nuestra actividad representativa. Sólo se puede originar en la función a priori del entendimiento lógico puro con sus categorías sintéticas, entendimiento que no es determinado por la sensibilidad sino, por el contrario, define el mismo el dato sensorial de una manera universalmente válida. Es esta función lógica del pensamiento en su pura estructura a priori incondicionada la que constituye sintéti-

camente el *"Gegenstand"* realizando sus categorías en la experiencia sensorial.

La razón por la cual correctamente suponemos que las cosas en la realidad que experimentamos se conforman a este
concepto y sus combinaciones es que nuestra misma mente
constituye la forma a priori del *"Gegenstand"*, mientras que
solamente el material sensorial nos es dado en las formas a
priori de la intuición.

Más allá de cualquier duda, incluso en esta letra a Markus Hertz, Kant ha formulado claramente el problema de
su filosofía "crítica". Por primera vez desarrolló el programa
de la Analítica Transcendental, en tajante contraste con la
lógica formal tradicional, e introdujo el nombre "filosofía
trascendental" para la investigación crítica concerniente a
los elementos a priori del conocimiento humano.

En la "Analítica Transcendental" Kant deseaba descubrir
el sistema de todas las funciones sintéticas del "entendimiento puro" que son relacionadas a priori con el *"Gegenstand der
Erfahrung"*.

Una vez que esta tarea hubiera sido completada, se encontraría la clave para la solución de una pregunta que iba a
formular posteriormente como problema central de su primera obra crítica, la *Crítica de la razón pura* (1781): *"¿Cómo
son posibles los juicios sintéticos a priori?"*. Pero pasaron nueve
años antes de que Kant estuviese preparado para presentar
el sistema elaborado de la *Crítica de la razón pura* al mundo
científico.

El descubrimiento del sistema de las categorías trascendentales no puede por sí mismo explicar esta larga demora.
Kant había rápidamente encontrado el principio de la "deducción metafísica" de estas categorías, como es llamada en

la *Crítica de la razón pura*. A saber, el principio de que todas estas categorías están fundamentadas en la función lógica del juicio, de manera que automáticamente surgen de las cuatro clases de estos juicios (cantidad, cualidad, relación y modalidad).

Más bien parece, como supone Riehl,[1] que la así llamada "deducción transcendental" enfrentó a Kant con sus mayores dificultades. Esta deducción implicaba la tarea de explicar porqué las categorías están necesariamente relacionadas con el *"Gegenstand"* de la experiencia y, como tales, tienen validez universal para toda posible experiencia. Como B. Erdmann ha mostrado, encontramos la primera expresión concerniente al principio de esta deducción transcendental en una carta que Kant escribió el 24 de noviembre de 1776.

Es también cierto que fue una vez más la crítica del principio de casualidad de Hume lo que estimuló a Kant a demostrar el carácter lógico trascendental de las categorías sintéticas. En la deducción transcendental, los fundamentos del patrón de conocimiento matemático y científico natural se hallaban en riesgo.

La "dialéctica de la razón pura" como corazón de la *Crítica de la razón pura* de Kant

Pero estos fundamentos tenían una conexión interna con la dialéctica intrínseca de la escondida idea básica trascendental de Kant.

De acuerdo con su propio testimonio, el núcleo de la *Crítica de la razón pura* no ha de encontrarse en la Analítica Transcendental o en la Estética Trascendental; más bien se encuentra en la Dialéctica de la Razón Pura, en la cual desa-

---

[1] Riehl I (3a. ed.), p. 371 ss.

rrolla su doctrina de las ideas trascendentales de la razón pura.

Pues es aquí donde la tiranía del ideal de la ciencia sobre el ideal de la personalidad debe romperse. Por lo tanto, en la deducción transcendental de las categorías los fundamentos del ideal de la ciencia fueron puestos de acuerdo con la meta de la dialéctica de la razón pura de Kant. Las pretensiones de la metafísica teórica, inspirada en el ideal matemático de la ciencia, de adquirir conocimiento de la raíz y origen supratemporal de la realidad dada a la experiencia debían ser rechazados, y abrirse el camino para la fe racional a priori en la realidad de la idea de la libertad autónoma de la personalidad humana.

Por esa misma razón tendremos que ubicar la doctrina de las ideas trascendentales en el centro de la *Crítica de la razón pura*.

Por encima de esto, en la explicación de la filosofía "crítica" de Kant se hará evidente para nosotros que sus tres obras críticas principales: la *Crítica de la razón pura* (1781), la *Crítica de la razón práctica* (1788), y la *Crítica del juicio* (1790) deben ser vistas como una totalidad, inseparablemente conectadas con su idea básica trascendental dialéctica. En otras palabras, como habremos de ver, si alguno, desde un punto de vista cristiano, cree que puede aceptar la epistemología de Kant mientras que rechaza su filosofía ética y religiosa, solo estará dando evidencia de una carencia de apreciación de los verdaderos fundamentos trascendentales de la filosofía de Kant.

En el segundo volumen, en nuestro tratamiento del problema de la epistemología, habremos de dar atención especial a la teoría del conocimiento de Kant; por lo tanto, en la presente conexión, solamente consideraremos su idea principal, en tanto que ello es necesario para lograr penetrar en la estructura de la idea básica trascendental de Kant.

§4 LA ANTINOMIA ENTRE EL IDEAL DE LA CIENCIA Y EL DE LA PERSONALIDAD EN LA *CRÍTICA DE LA RAZÓN PURA*

En realidad, la "acción copernicana" de Kant, es decir su reversión crítica de la relación entre el sujeto cognoscente y la realidad empírica, su ruptura fundamental con la metafísica dogmática, en breve el entero contenido de su *Crítica de la razón pura*, adquiere su importancia esencial sólo bajo la luz de la nueva relación entre el ideal de la ciencia y el de la personalidad, en la estructura básica de su idea básica trascendental.

Si uno aísla la epistemología de Kant de la última, la acción copernicana de Kant, la cual es usualmente considerada una revolución radical en la filosofía moderna, no es, en sí misma, en modo alguno radical.

Se olvida fácilmente que desde el tiempo de Descartes el pensamiento filosófico humanista había estado caracterizado por la tendencia a buscar los fundamentos de la realidad solamente en el sujeto cognoscente. Hume había tratado de mostrar con extrema agudeza que nuestra experiencia está limitada a los fenómenos sensoriales. Distinguiéndose de la metafísica "objetiva" de la filosofía griega y medieval, el adagio cartesiano "*cogito, ergo sum*", significaba la misma proclamación de la soberanía del pensamiento subjetivo. En tanto que el ideal humanista de la ciencia, con su principio logicista de continuidad, se desarrollaba sin una síntesis real con la metafísica medieval o antigua, su tendencia más profunda era la elevación del pensamiento lógico-matemático al trono del ordenador cósmico. Si hay alguien que dude de esto, puede regresar a las fuentes del ideal humanista de la ciencia y contemplar una vez más el hiato que separa al pensamiento humanista moderno, con su esencialmente nominalista concepto de sustancia, de la antigua metafísica objetiva de las formas sustanciales. Puede examinar una vez más el experimento de Hobbes, como lo presentó en el prefacio a su *"De corpore"*, de acuerdo con el cual el entero mundo dado de la experiencia es demolido teóricamente, para que pueda ser reconstruido por la actividad creadora del pensamiento matemático.[1]

Si en realidad Kant no hubiera hecho más que proclamar al sujeto lógico trascendental como legislador de la realidad empírica, su acción copernicana no hubiera sido más que la realización de la tendencia básica del ideal humanista de la ciencia restringida a los fenómenos sensoriales, y su *Criticismo* nunca se hubiese convertido en un verdadero "idealismo trascendental".

Las tendencias más profundas de la revolución copernicana de Kant en la epistemología son traídas a la luz por la atribución de primacía al ideal de la personalidad, resultando en una nueva forma de la idea básica humanista

La liberación de Kant de la *"Ding an sich"* del dominio del ideal matemático de la ciencia, y su limitación de todo conocimiento teórico a los fenómenos sensoriales, ha de entenderse solamente a partir del viraje del pensamiento humanista hacia su motivo religioso libertad, encarnado en el ideal de la personalidad.

---

[1] *Cfr.* p. ?? de este volumen.

De allí en adelante, la raíz trascendente de la existencia humana ya no iba a buscarse en las limitadas categorías matemáticas y científicas naturales, sino más bien en la función racional moral de la personalidad soberana como se expresa en la *idea* trascendental de la libertad humana. Ésta es la real causa de la aversión de Kant a la idea cosmonómica logicista de la armonía preestablecida de Leibniz, por virtud de la cual la personalidad libre era incluida en un orden cósmico continuo matemáticamente interpretado y en el cual, en el final análisis, la distinción entre sensibilidad y *libertad* racional era relativizada por el ideal de la ciencia.

En la epistemología de Kant el postulado de la soberanía del pensamiento matemático permanece con plena fuerza con respecto al conocimiento de la naturaleza, pero el ideal de la ciencia (esencialmente perteneciente sólo al dominio de la naturaleza) cede su primacía al ideal de la personalidad. Kant se había vuelto plenamente consciente de la tensión polar entre estos dos ideales.

El (*isit venia verbo!*) idealismo *naturalista* del concepto matemático es reemplazado por un normativo idealismo de la libertad de la idea trascendental que —al apuntar a la raíz de la personalidad humana— trasciende los límites del entendimiento lógico.

El idealismo neokantiano de la escuela de Marburgo, pensó en su primer entusiasmo crítico que podía corregir a Kant aboliendo su limitación de la soberanía del pensamiento teórico a los fenómenos sensoriales. Es así que deseaba extender el ideal logicista del conocimiento al mundo normativo. Entretanto, hemos observado en un contexto anterior que, al hacer eso, esta escuela simplemente no estaba consciente del hecho de que violaba la estructura típica de la idea básica trascendental de Kant. Supuso que podía elaborar el método crítico de Kant más consistentemente eliminando la función epistemológica de la sensibilidad. Era inconsciente de que al hacer ello ¡sustituía la idea básica de Kant con un nuevo tipo de idea básica humanista!

El mismo significado crítico trascendental de la epistemología de Kant está indisolublemente atado a la vinculación de las categorías matemáticas y científicas naturales con la función sensorial de la experiencia. Pues esta restricción del ideal humanista de la ciencia fue estrictamente ordenado por el entendimiento crítico de Kant de la definitiva antítesis entre los motivos naturaleza y libertad en la raíz religiosa del pensamiento humanista.

Las ideas trascendentales de la razón dirigen el pensamiento teórico regulativamente hacia la totalidad de las determinaciones de la realidad empírica sin que el entendimiento lógico sea jamás capaz de abarcar esta totalidad. Al mismo tiempo estas ideas apuntan más allá de la función lógica del pensamiento teórico hacia la raíz suprasensorial de la realidad, que el ideal humanista de la personalidad de aquí en adelante, en un grado creciente, identificaría con la idea práctica de la libertad moral autónoma.

Es aquí donde se manifiesta la más profunda tendencia en la proclamación que hace Kant de la "primacía de la razón práctica". Esta proclamación significaba el primer paso en el proceso de concentrar el pensamiento filosófico en la idea de la personalidad moral autónoma.

Como observamos en un contexto anterior, era solamente el primer paso que la filosofía crítica de Kant iba a tomar en esta dirección. Pues la tajante línea de demarcación entre los factores básicos en su idea básica trascendental evitaban

por el momento la derivación de las plenas consecuencias
del idealismo de la libertad.

El tipo dualista de la idea básica trascendental kantiana

La *Crítica de la razón pura* y su contraparte, la *Crítica de la
razón práctica*, parten el cosmos en dos esferas: la de la apariencia sensorial y la de la libertad suprasensorial. En la primera, el ideal de la ciencia es el amo y señor, la mente es
la legisladora de la naturaleza, pues constituye la realidad
empírica como "*Gegenstand*". Pero el ideal de la ciencia con
su principio mecánico de causalidad no es en modo alguno
considerado competente en la esfera suprasensorial de la libertad moral. No se le permite aplicar sus categorías fuera
del dominio de la experiencia sensorial. En el ámbito de
la libertad moral el "*homo noumenon*" (el ideal humanista de
la personalidad en la función racional moral hipostasiada)
mantiene su propia soberanía.

Kant cortó todas las conexiones cósmicas de significado
que vinculaban la función moral normativa con la sensorial.
Esta hipostasiación de la función moral de la personalidad,
como realidad metafísica autosuficiente, se venga mediante
un formalismo lógico en el tratamiento de las cuestiones
éticas.

Aquí aparece claramente cómo es perturbado el significado de las funciones normativas por el intento de desatarlas
de su coherencia con todos los otros aspectos modales en el
tiempo cósmico.

El dualismo entre el ideal de la ciencia y el de la personalidad en la concepción de la idea cosmonómica humanista
de Kant viene abruptamente al frente en la relación entre
la "unidad trascendental de la apercepción" y la idea hipos-

tasiada de la libertad moral absolutamente autónoma. Esta relación era en Kant esencialmente no clarificada y antinómica. Por un lado, el motivo libertad se expresa en el "ego pensante trascendental", concebido como el prerrequisito necesario de toda experiencia objetiva de la naturaleza y como forma a priori de la unidad lógica del sujeto cognoscente autónomo. Mientras que, por otra parte, en oposición a ella fue puesta la idea de la libertad autónoma de la "voluntad pura".

En la dualista idea básica trascendental de Kant la antinomia básica entre los ideales de la ciencia y el de la personalidad adoptó una forma que iba a convertirse en el punto de partida de todos los intentos subsecuentes hechos por el idealismo postcartesiano por conquistar este dualismo

¿Estamos confrontados aquí con dos raíces distintas en la razón humana? Si fuese a ser respondida afirmativamente esta pregunta, sería destruida la unidad de la ipseidad humana (que desde el principio había sido buscada en la razón humana). Sin embargo, esto no puede ser lo que Kant quería verdaderamente significar, pues él negaba enfáticamente que la forma lógica del "cogito trascendental" tuviese algún significado "metafísico".

¿Debemos concluir entonces que el "ego lógico trascendental" mismo pertenece al *fenómeno*? Esta suposición aparece también como insostenible porque, en este caso, este sujeto trascendental nunca hubiera podido ser concebido como el *origen formal* del mundo de los fenómenos naturales.

Es así que la antinomia básica entre el ideal de la ciencia y el de la personalidad se revela en la misma idea trascendental del ego humano autónomo. Esto iba a convertirse en el punto de partida del desarrollo del idealismo postkantiano. En Fichte, la idea de la libertad autónoma fue elevada de una manera radical al rango de raíz omnicomprensiva y origen del cosmos entero.

Pues hemos visto en un contexto anterior que, así como el ideal clásico de la ciencia implica un postulado de continuidad que requiere un arrasamiento metódico de los aspectos modales, de modo semejante el ideal de la personalidad posee su *tendencia* propia a la *continuidad* que pronto iba a desafiar la autosuficiencia del ideal de la ciencia.

Kant no concebía el "*cogito* trascendental" ni como una sustancia ni como un fenómeno, sino como una mera función lógica, como espontaneidad pura del acto unificador que sintetiza la multiplicidad de una intuición sensorial posible.[1]

---

[1] *Kritik der reinen Vernunft* (KRV) *Allgemeine Anmerkung den Übergang von der rationalen Psychologie zur Kosmologie betreffend* [Observación general concerniente a la transición de la psicología racional a la cosmología], pp. 322/3: "Das Denken, für sich genommen, ist blosz die logische Funktion, mithin lauter Spontaneität der Verbindung des Mannigfaltigen einer blosz möglichen Anschauung ... Dadurch stelle ich mich mir selbst weder wie ich bin, noch wie ich mir erscheine, vor, sondern ich denke mich nur wie ein jedes Objekt überhaupt" (sic), "von dessen Art der Anschauung ich abstrahiere". [El pensamiento, tomado en sí mismo, es meramente la función lógica, consecuentemente la pura actividad unificadora al sintetizar la multiplicidad de una intuición sensorial meramente posible ... A través de él no me represento ni como soy ni como me aparezco a mí mismo, más bien me pienso como objeto en general, abstraído del modo en que es percibido].

Trató de representar este *"cogito"* como una actividad espontánea, y como una unidad lógica final en la consciencia que siempre es elevada por encima de toda la multiplicidad lógica en conceptos.[1]

Cuando tratemos el problema del conocimiento en el segundo volumen de esta obra, analizaremos más minuciosamente la antinomia intrínseca que yace escondida en este concepto de la "unidad de la conciencia pura". No obstante, podemos notar de pasada que Kant no puede reconocer la unidad real de la autoconsciencia porque su escondida idea básica trascendental requiere un hiato infranqueable entre la así llamada razón teórica y la práctica.

La expresión de este dualismo en la antítesis de las leyes naturales y las normas

El sujeto lógico trascendental es legislador de la "naturaleza"; el sujeto trascendente de la libertad moral autónoma es legislador de la acción humana (¡o más bien es la forma lógica de la ley moral misma!).

La necesidad natural y la libertad, la ley causal y la norma, en su relación entre sí se convierten en especies antinómicas de leyes que no pueden encontrar ninguna reconciliación más profunda en la dualista idea cosmonómica de Kant.

Si la necesidad natural no puede ella misma encontrar su raíz en la idea de la personalidad libre y soberana, permanece siendo una fuerza contraria a la declaración de la absolutez de la idea moral de la libertad, y esta antítesis fundamental no puede ser resuelta por una mera subordinación axiológica de la razón teórica a la práctica.

---

[1] KRV, Lógica trascendental, 2da. parte, §§15 y 16.

Si el pensamiento filosófico ha de evitar el estar constantemente enredado en antinomias intrínsecas, el punto arquimediano de la filosofía no puede ser como una casa dividida contra sí misma.

El esquema materia-forma en la epistemología de Kant como expresión de la antinomia interna de su idea básica trascendental dualista

También en la epistemología de Kant se oculta una antinomia interna por el hecho de que la sensibilidad y el entendimiento lógico son puestos dualistamente en oposición entre sí. Y esta antinomia es peligrosa tanto al ideal de la ciencia como al de la personalidad.

A pesar de la proclamación del entendimiento lógico como legislador para la naturaleza, está seriamente amenazada la soberanía del pensamiento teórico porque la sensibilidad como instancia puramente receptiva le impone límites insuperables. El entendimiento (*"Verstand"*) es el soberano legislador sólo en un sentido *formal*. Sólo la universalmente válida *forma* de la realidad natural se origina en el *"cogito* trascendental".

El *material* del conocimiento sigue siendo profundamente alógico, de modo que en este punto el problema de la *"Ding an sich"* detrás de los fenómenos de la naturaleza surge nuevamente de una manera peligrosa. En el tradicional modo metafísico, Kant permite que la puramente receptiva sensibilidad sea afectada por la *"Ding an sich"*.

Esta *"Ding an sich"* es obviamente pensada nuevamente como una sustancia natural y no puede ser compatible con la idea del *"homo noumenon"* como un ser libre y autónomo supratemporal. En consecuencia, el idealismo trascendental

postkantiano necesariamente debe considerar esto un insul-
to a la razón soberana. La alógica "sustancia natural" amenazaba tanto al ideal de la ciencia como al de la personalidad.
En realidad, el racionalismo prekantiano había concebido la sustancia de la naturaleza como creación del pensamiento matemático absoluto, y con ello había convertido a
éste en la raíz más profunda y en el origen del cosmos. Al hacerlo, sin embargo, había dejado fuera de consideración las
exigencias propias del ideal humanista de la personalidad.

En su dualista delimitación de los ideales de la ciencia y
la personalidad, Kant permitió que una *"Ding an sich"* alógica permaneciese detrás de los fenómenos de la naturaleza,
una *"Ding an sich"* que destruye la soberanía del pensamiento[1] y da lugar al problema de una raíz más profunda detrás
tanto del pensamiento lógico como de la sustancia natural
metafísica, que por otra parte no es compatible con el postulado de continuidad del ideal humanista de la personalidad.
La aceptación de una metafísica "sustancia de la naturaleza"
no permitió que la idea de la personalidad libre y autónoma
fuese reconocida como la raíz más profunda de la realidad
empírica (natural).

---

[1] Kroner observa correctamente, *op. cit.*, p. 103: "In den so gedachten
Dingen an sich tritt dem Subject ein gleichwertiges, gleichmächtiges, ja
über-mächtiges Prinzip entgegen, zwischen beiden aber wird keine ge-
dankliche Vermittlung festgestellt (denn die "Affection" ist ein Wittig dun-
keles Wort, das nur die Stelle eines fehlenden Begriffs vertritt". [En las
cosas en sí mismas pensadas de esta manera, el sujeto es confrontado con
un principio equivalente, equipotente, qué digo, predominante; pero no
está establecida en el pensamiento una mediación entre ambos (porque
"afección" es una palabra enteramente misteriosa, que solamente toma el
lugar de un concepto faltante)].

Kant mismo sintió la antinomia en su delimitación del ideal de la ciencia por una *"Ding an sich"* natural. Trató, por lo tanto, de evitar esta antinomia mediante su construcción de un *intellectus archetypus*, una mente divina intuitiva, que creativamente produce su *"Gegenstand"* en la intuición intelectual directa no sensorial. Esta idea es esencialmente derivada de la noción de análisis infinito de Leibniz, la cual ha de ser completada solamente en el pensamiento divino. Kroner observa correctamente desde el punto de vista humanista: "la consecuencia del pensamiento epistemológico nos impele a trascender la separación y a arribar a la unidad del entendimiento intuitivo; con respecto a éste, sin embargo, la oposición entre el *"Gegenstand"* y el ego ya no puede ser mantenida. En la idea ambas son idénticas, y las tales no como *"Gegenstand"*, porque el entendimiento no es producido por aquello que es visto, sino como entendimiento, pues éste produce aquello que es visto ... La idea de que el entendimiento produce su *"Gegenstand"* conduce más allá de la lógica como epistemología: es un concepto límite —un concepto que limita a la epistemología".[1]

A pesar de todo esto, no se puede negar que en la dialéctica trascendental, al introducir las ideas trascendentales de la razón teórica, Kant dio un importante paso en la direc-

---

[1] Kroner. *op. cit.* I, p. 109: "Die Konsequenz des erkenntnistheoretischen Denkens zwingt dazu, fiber die Trennung hinauszugehen bis zur Einheit des intuitiven Verstandes; für ihn kann dann aber auch der Gegensatz von Gegenstand und Ich nicht länger fortbestehen. In der Idee sind beide identisch, und zwar nicht als "Gegenstand", denn der Verstand wird nicht vom Angeschauten erzeugt, sondern als Verstand, denn er erzeugt das Angeschaute ... Die Idee des seinen "Gegenstand" erzeugenden Verstandes führt über die Logik als Erkenntnistheorie hinaus: sie ist ein Grenzbegriff, —ein Begriff, der die Erkenntnistheorie begrenzt".

ción posteriormente tomada por Fichte. Este último eliminó completamente la *"Ding an sich"* natural y proclamó a la razón práctica como asiento del ideal ético de la personalidad, como la raíz más profunda del cosmos entero.

Con la determinación sintética del *"Gegenstand"* por las categorías matemáticas de cantidad y cualidad, y por las (categorías) físicas de relación, sustancia, causalidad e interacción, el entendimiento lógico es puesto en una trayectoria interminable; solamente de este modo es que la totalidad de las condiciones nunca pueden ser pensadas como lo "incondicionado" mismo.

La misma limitación y restricción de las categorías a los fenómenos sensoriales hace imposible que el intelecto conciba la *"Ding an sich"* en un sentido positivo como el absoluto.

El "absoluto" nunca puede estar dado en la experiencia, pues ésta está ella misma determinada por las categorías matemáticas y dinámicas (científicas naturales).

Por esta misma razón, la mente puede concebir los "noúmenos" como *"Dinge an sich"* sólo en un sentido negativo. En su notable explicación "Von dem Grunde der Unterscheidung aller Gegenstände überhaupt in *Phaenomena* und *Noumena"*, Kant escribió: "el concepto de un noúmeno es también meramente un *concepto límite*, para limitar la presunción de la sensibilidad, y también ha de ser usado solamente en un sentido negativo. No obstante, no ha sido inventado arbitrariamente, sino que está conectado con la limitación de la sensibilidad, sin que, sin embargo, sea capaz de agregar algo positivo a su extensión".[1]

---

[1] KRV (W. W. Tomo III), p. 243: "Der Begriff eines Noumenon ist also blosz ein *Grenzbegrif*, um die Anmaszung der Sinnlichkeit einzuschränken,

Fue desde este punto de vista que Kant empezó su destructiva crítica de la metafísica racionalista de la escuela leibniziana-wolffiana. Esta crítica fue expresada de una manera densa por Kant en el enunciado de que los conceptos sin impresiones sensoriales son vacíos y, viceversa, las intuiciones sin conceptos son ciegas. Empezó con el famoso apéndice: "por lo que concierne a la anfibología de los conceptos de la reflexión mediante la confusión del uso empírico del entendimiento con el trascendental" y alcanzó su punto culminante en las "antinomias de la razón pura".

No obstante, Kant simultáneamente trató de mostrar que no había ninguna contradicción implicada en la aceptación del concepto de un "nóumeno" como el *"Gegenstand"* de un intelecto infinito, aunque la realidad de las "cosas en sí mismas" es solamente asegurada por la "razón práctica" en una fe a priori.

Al reconocer la infinidad de su tarea en la determinación del *"Gegenstand"*, el intelecto se subordina a la "razón teórica", la cual, con sus ideas trascendentales —como principios meramente reguladores para el uso del entendimiento— indica a la segunda la dirección a seguir para unificar sus reglas.[1] La idea trascendental presenta al entendimiento la meta inasequible: lo "incondicionado" como totalidad de las determinaciones categóricas; así que la razón teórica su-

---

und also nur von negativem Gebrauche. Er ist aber gleichwohl nicht willkührlich erdichtet, sondern hängt mit der Einschränkung der Sinnlichkeit zusammen, ohne doch etwas Positives auszer dein Umfange derselben setzen zu könne". En la conexión presente, estoy citando exclusivamente de la segunda edición. En el volumen II, cuando aborde el problema de la epistemología, consideraré las diferencias entre la primera y la segunda edición.
[1]

jeta el pensamiento lógico a una tarea infinita. Consecuentemente, en Kant la idea teórica trascendental es vista como nada más que la categoría lógica extendida al "absoluto". Esta extensión se hace posible en la razón pura liberando la categoría de las inevitables limitaciones de la experiencia posible y al extender así el concepto más allá de los límites de lo empírico sensorial, si bien todavía en contacto con ello.[1]

La idea trascendental es un concepto necesario de la razón para la cual no se pueden dar objetos correspondientes en el aspecto sensorial del experiencia. La "razón pura" nunca está relacionada con los "*Gegenstände*", sino sólo con los *conceptos* a priori de los "*Gegenstände*", a las categorías lógicas.

Así como Kant trató de derivar su tabla de los conceptos puros o categorías del entendimiento a partir de las formas de las proposiciones lógicas de acuerdo con los puntos de vista de la cantidad, la cualidad, la relación y la modalidad,[2]

---

[1] KRV, p. 327.

[2] La lista de las formas lógicas de las proposiciones de Kant es la que sigue:

I. *Cantidad* de las proposiciones: proposiciones universales, particulares, singulares.

II. *Cualidad* de las proposiciones: proposiciones afirmativas, negativas, infinitas.

III. *Proposiciones de Relación*: proposiciones categóricas, hipotéticas, disyuntivas.

IV. *Modalidad* de las proposiciones: proposiciones problemáticas, asertóricas, apodícticas.

A esta tabla corresponde la de las categorías:

I. Categorías de la *cantidad*: unidad, pluralidad, totalidad.

II. Categorías de la *cualidad*: realidad, negación, limitación.

también trató de construir una tabla de las ideas trascendentales de la razón pura siguiendo el patrón de la forma de los juicios de relación: el categórico, el hipotético y el disyuntivo.

Es así que dividió estas ideas en tres clases:

(1) la primera es la de la unidad absoluta de sujeto pensante como sustrato absoluto de todos los fenómenos psíquicos subjetivos;

(2) la segunda es la de la unidad absoluta de las series de determinaciones sintéticas de los fenómenos sensoriales objetivos;

(3) la tercera es la de la unidad absoluta de las determinaciones de todos los objetos de pensamiento en general o la idea de un Ser supremo, un *"Wesen aller Wesen"*.[1] El primer punto de vista provee la *idea del alma* como unidad absoluta del sujeto pensante, la segunda la *idea del mundo o del universo* como totalidad de los fenómenos objetivos en el mundo externo. La tercera provee la *idea de la Deidad* como el ser que incluye toda la realidad en sí mismo (*ens realissimum*).

Ninguna de estas ideas trascendentales está relacionada con la experiencia. Como en el sistema de Kant toda ciencia está limitada al aspecto sensorial de la experiencia, es imposible adquirir conocimiento científico de tales ideas. En su uso especulativo, en el cual concluimos a partir de la mera

---

III. Categorías de la *relación*: substancia y accidente, causa y efecto, interacción.

IV. Categorías de la *modalidad*: posibilidad, actualidad, necesidad.

[1] KRV, V, pp. 297 ss.

"idea" la realidad absoluta de su contenido, surge la "ilusión dialéctica": el pensamiento teórico trasciende los límites de la experiencia y supone que de este modo puede adquirir conocimiento de lo "supraempírico".

La tarea de la *Crítica de la razón pura* es conjurar esta ilusión dialéctica y mantener al pensamiento teórico dentro de sus límites mientras que, al mismo tiempo, debe proveernos con un entendimiento del hecho de que las especulativas "conclusiones dialécticas" no son arbitrarias, sino que más bien brotan necesariamente de la propia naturaleza de la razón pura misma.[1]

Con ello son descartadas las tres ciencias metafísicas en las que el racionalismo idealista precrítico había intentado llevar la primacía del ideal de la ciencia sobre el ideal de la personalidad, a saber la psicología racional (metafísica), la cosmología (más exactamente llamada "metafísica de la naturaleza") y la teología natural.

El cambio del punto arquimediano de la filosofía humanista por Kant es claramente evidente en su crítica de la psicología metafísica, en la cual la autoconciencia se había identificado con el pensamiento matemático

En su doctrina de los "paralogismos de la razón pura" en la que la psicología racionalista, como metafísica teórica, es reducida al absurdo, Kant impactó el núcleo mismo de la conclusión cartesiana derivada de la autoconsciencia intuitiva en el *cogito*, al *esse*.[2] En esto aparece de la manera más

---

[1] KRV V, p. 302.

[2] Ibídem, p. 321: "Der dialektische Schein in der rationalen Psychologie beruht auf die Verwechselung einer Idee der Vernunft (einer Intellegenz) mit den in allen Stücken unbestimmten Begriffe eines denkenden Wesens

clara el cambio en el punto arquimediano que sufrió la idea básica trascendental humanista en la crítica de Kant.

Las tesis básicas de la psicología metafísica: la sustancialidad, inmaterialidad, simplicidad, inmortalidad y personalidad el ego "pensante", y las diferentes concepciones metafísicas concernientes a su relación con las cosas del "mundo externo", fueron hechas pedazos por la crítica de Kant. De acuerdo con él, sólo descansan en un injustificable relacionar la forma lógica vacía de la autoconciencia trascendental con un "*Gegenstand* supraempírico. Y esto se hace mediante las categorías lógicas. "Todos los modos de la autoconsciencia en el pensamiento como tales todavía no son, por lo tanto, conceptos lógicos de objetos (categorías), sino meramente funciones lógicas que nunca le dan al pensamiento un "*Gegenstand*", ni ningún conocimiento de mí mismo como un "*Gegenstand*". El objeto no es la consciencia del yo *determinante* sino solamente del yo *determinable*, esto es de mi

---

überhaupt ... Folglich verwechsele ich die mögliche *Abstraktion* von meiner empirisch bestimmten Existenz mit dem vermeinten Bewustztsein einer abgesondert möglichen Existenz meines denkenden Selbst and glaube das substantiale in mir als das transzendentale Subject zu erkennen, indem ich blosz die Einheit des Bewusztseins, welche allem Bestimmen als der bloszen Form der Erkenntnis zum Grunde liegt, im Gedanken habe". [La ilusión dialéctica en la psicología racional surge de confundir la Idea de la Razón (de una inteligencia) con el concepto de un ser pensante en general, el cual está infradeterminado en todos los respecto ... Consecuentemente, confundo la posible *abstracción* de mi existencia empíricamente determinada con la supuesta consciencia de una posible existencia *separada* de mi ego pensante, y creo que conozco lo sustancial en mí mismo como el sujeto trascendental, mientras que no tengo nada en mi mente más que la unidad de la consciencia que, como mera forma del conocimiento, se halla en el fundamento de todos los actos determinantes de pensamiento].

intuición (en tanto que su multiplicidad puede ser sintetiza-
da de acuerdo con la condición general de la unidad de la
apercepción en el pensamiento)".[1]

Tan pronto como el ideal de la personalidad se hubo liberado del sofocante puño del ideal de la ciencia, el humanismo ya no pudo buscar la raíz metafísica, la "sustancia" de
la personalidad, en el pensamiento matemático soberano.

Así, incluso el problema básico de la metafísica teórica
humanista, a saber, la relación de la sustancia material con la
sustancia alma (en sus tres soluciones prekantianas, esto es la
aceptación naturalista de un influjo físico, el ocasionalismo,
y la doctrina leibniziana de la armonía preestablecida entre
las mónadas materiales y espirituales), se hizo nulo y vacío
para Kant.

Para él, el problema entero fue reducido a la relación entre los fenómenos psíquicos subjetivos del *"sentido interior"*
y los fenómenos psíquicos objetivos del *"sentido exterior"*; en
otras palabras, a la cuestión de cómo se pueden unir estos
fenómenos en la misma consciencia.[2] De hecho, éste es el
problema concerniente a la relación entre el pensamiento lógico y la sensibilidad psíquica en la misma conciencia,
problema que Kant consideraba irresoluble en un sentido

---

[1] KRV, Dialéctica Trascendental, libro 2: "Beschlusz der Auflösung des
Psych. Paralogism", p. 322: "Alle *modi* des Selbstbewusztseins im Denken
an sich sind daher noch keine Verstandesbegriffe von Objecten (Kategorien), sondern blosze logische Functionen, die dem Denken gar keinen
Gegenstand, mithin mich selbst auch nicht als Gegenstand zu erkennen
geben. Nicht das Bewusztsein des *bestimmenden*, sondern nur des *bestimm-
baren* Selbst, d.i. meiner Anschauung (so fern ihr Mannigfaltiges der allgemeinen Bedingung der Einheit der Apperzeption im Denken gemäsz
verbunden werden kann), ist das Object".

[2] Véase la nota ?, p. ?

psicológico. Para él, la idea trascendental del alma no tiene ninguna otra función teórica que la de ser un principio regulativo de la razón pura para todo el conocimiento psicológico cuya meta final, si bien nunca asequible, se halla en el entendimiento de la unidad absoluta de las funciones de la sensibilidad y el entendimiento lógico.

No obstante, como concepto límite, la idea del alma posee en realidad una importancia *trascendental.* En su *Observación general concerniente a la transición de la psicología racional a la cosmología* Kant indicó el uso práctico de la idea trascendental en el cual dirige el pensamiento teórico hacia el *homo noumenon,* como el legislador autónomo en el ámbito suprasensorial de la libertad.

Un principio de la determinación suprasensorial de la existencia humana se encuentra realmente "a través de la admirable facultad que por primera vez nos revela la conciencia de la ley moral". La psicología metafísica había buscado vanamente este principio en el pensamiento teórico.[1]

Es así que en su tendencia práctica, dentro de los límites impuestos al ideal de la ciencia humanista por la *Crítica de la razón pura*, la idea kantiana del alma se exhibió como un fundamento trascendental, incluso desde el mismo ideal de la ciencia. Pero la idea básica trascendental dualista de Kant le impidió extraer las consecuencias a través de las cuales la grieta entre la razón "teórica" y "práctica" podía haber sido cerrada.

---

[1] Véase la nota 1 en la p. ?

La crítica de la "cosmología racional (metafísica natural) de Kant a la luz de la tendencia trascendental de las ideas cosmológicas

En el análisis de las antinomias de la razón pura, Kant redujo al absurdo la cosmología racional, en el sentido de la metafísica natural del ideal matemático de la ciencia.

De acuerdo con él, los paralogismos de la psicología metafísica causan una ilusión dialéctica completamente unilateral con respecto a la idea del sujeto de nuestro pensamiento, pues no ha de adquirirse la más mínima evidencia para la afirmación de lo contrario a través de un raciocinio especulativo a partir de la idea trascendental pura de alma. Es enteramente diferente, sin embargo, en el caso de las "ideas cosmológicas del universo". Si la razón desea extraer conclusiones teóricas a partir de estas ideas con respecto a las "*Dinge an sich*", necesariamente se enreda en antinomias.

Si, con respecto a un objeto metafísico supuesto, uno puede demostrar con el mismo derecho lógico la tesis tanto como la antítesis de una proposición especulativa, y consecuentemente violar el principio lógico de no contradicción, entonces es evidente que el supuesto objeto no puede ser un "*objeto de experiencia*" real.

Ahora bien, en primer lugar, Kant desarrollo el sistema de todas las ideas cosmológicas posibles de acuerdo con la tabla de las categorías. Estas ideas no son más que los conceptos puros del entendimiento elevados al rango del absoluto, esto es la totalidad de las determinaciones realizadas por la función lógica del pensamiento, en tanto que la síntesis contenida en las categorías forma una serie de determinaciones.[1] Fue así que Kant arribó a las cuatro ideas

---

[1] KRV, p. 328.

trascendentales, las cuales, cuando se abusa de ellas especulativamente, conducen a un número correspondiente de antinomias teóricas.

En estas cuatro ideas cosmológicas la idea del universo es relacionada con los puntos de vista categóricos de la cantidad, la cualidad, la relación y la modalidad.

Las antinomias que surgen en la aplicación especulativa de estas ideas trascendentales fueron acordemente divididas por Kant en dos matemáticas y dos dinámicas (metafísicas naturales).

De acuerdo con él, se puede demostrar con igual rigor lógico que el mundo con respecto a la cantidad es tanto limitado como infinito en el tiempo y el espacio. Y, con respecto a la cualidad se puede mostrar que el mundo consiste de partes absolutamente sencillas, mientras que al mismo tiempo se puede demostrar lo opuesto con igual fuerza lógica. Con respecto a la relación (causalidad) se puede demostrar que la causalidad a través de la libertad en el sentido de una causa primera es posible. Y, aparentemente con la misma fuerza argumentativa, se puede demostrar que tal causa metafísica no puede existir y que todo ocurre en el mundo de acuerdo con una necesidad mecánica fija. Finalmente, con respecto a la modalidad, se puede demostrar y refutar la existencia de un Ser supremo absolutamente necesario.

La tendencia trascendental real que adquirió la idea teórica en Kant es, no obstante, también evidente en este punto. Aquí también la *Crítica de la razón pura* se exhibe solamente como una preparación para la *Crítica de la razón práctica*.

La intervención del ideal de la personalidad en la solución kantiana de las así llamadas antinomias dinámicas, y la irresoluble antinomia en la idea básica trascendental dualista de Kant

El ideal humanista de la personalidad de Kant tiene como fundamentos la causalidad a través de la libertad, esto es la autodeterminación autónoma de la personalidad como "*homo noumeno*", y la existencia de Dios como hipóstasis final de la idea moral de la libertad. En el tratamiento de las así llamadas antinomias dinámicas que están relacionadas con los puntos de vista categóricos de la relación (causalidad) y modalidad (la necesidad absoluta), estos dos fundamentos son puestos en operación.

Aquí, en un sentido positivo, Kant elige el lado de las tesis, en tanto que están relacionadas con las "*Dinge an sich*", y concede validez a la antítesis sólo con respecto al mundo sensorial de la apariencia.

Ya no hay en este punto, desde luego, cuestión de una "*Ding an sich*" natural, sino más bien de la raíz inteligible y origen del cosmos, en el sentido de la concepción del ideal de la personalidad. Es así que el ideal de la personalidad de Kant está realmente involucrado en el juicio que la "razón teórica" conduce consigo misma en la dialéctica.

Tan pronto como Kant otorga a su pensamiento teórico esta inflexión realmente crítica trascendental hacia la raíz religiosa de su entera filosofía crítica, se hace inmediatamente evidente de nuevo la irresoluble antinomia en su idea básica trascendental dualista.

En todo punto esta idea básica implica "pureza" en el sentido de la incondicionalidad de la "razón teórica". Consecuentemente, el hiato entre el ideal de la ciencia y el de la personalidad no *puede* ser erradicado en una autorreflexión trascendental real. Pero *debe* ser erradicado, puesto que realidad la idea de la autonomía del pensamiento teórico puro, en el sentido más profundo, ies enteramente dependiente de la idea de la libertad autónoma de la personalidad!

En el tratamiento de las dos antinomias matemáticas, Kant rechazó igualmente tanto la tesis como la antítesis en tanto que ambas tratan de una manera insostenible una mera idea trascendental como cosa de la experiencia.

Pero en el tratamiento del interés que la razón tiene en las antinomias, da evidencia de haber visto claramente el estímulo del ideal humanista de la personalidad detrás de la metafísica racionalista idealista: "que el mundo tiene un comienzo,[1] que mi ego pensante tiene una naturaleza simple y por lo tanto indestructible, que este ego es al mismo tiempo libre en sus actos colectivos y elevado por encima de la coerción de la naturaleza, y que finalmente el entero orden de las cosas en el mundo se origina en un Ser primero, del cual todo deriva su unidad y conexión apropiada: *éstos son otros tantos fundamentos de la moral y la religión. La antítesis nos priva de todos estos apoyos, o al menos parece privarnos de ellos*" (las cursivas son mías).[2]

---

[1]

[2] Esta tesis está también orientada al intento de la escolástica cristiana de demostrar racionalmente la creación del mundo con la ayuda del principio de causalidad aplicado metafísicamente, aunque la demsotración tomista no implicaba un comienzo *temporal* del universo. Naturalmente, en sí misma esta demostración no tiene nada que ver con el ideal humanista de la personalidad. Kant dirige uno y el mismo golpe contra toda metafísica racionalista, y en el caso de la metafísica racionalista "cristiana" su tarea fue más aligerada, pues en su origen no es en modo alguno más

Surge la pregunta de por qué en la solución de las antinomias dinámicas se puede apelar a la esfera suprasensorial de la personalidad humana en favor de la tesis, mientras que en la solución de las antinomias matemáticas tal apelación a un "noumeno" detrás de los fenómenos, en apoyo de la tesis, debe ser excluida. Kant responde a esta pregunta del siguiente modo: "las series de condiciones de seguro son todas similares en tanto que uno considera solamente su *extensión* con respecto a la cuestión de si corresponden a la idea, o de si son demasiado grandes o demasiado pequeñas para la misma. Pero el concepto del entendimiento que yace en el fundamento de estas ideas contiene o bien meramente una *síntesis de lo similar* (que es presupuesto con toda cantidad tanto en su composición como en su división) o también de lo *no similar*, que al menos puede ser permitido en la síntesis dinámica de la conexión causal, así como en la de lo necesario con lo contingente. Ésta es la razón por la que en la conexión matemática de la serie de fenómenos no puede entrar ninguna otra condición más que la *sensorial*, que es una que es parte de la serie; la serie dinámica de condiciones sensoriales, por el contrario, todavía permite una condición no similar, sino que, como meramente *inteligible*, se halla fuera de la última; con ello la razón es satisfecha y lo incondicionado es ubicado en la cabeza de los fenómenos, sin con ello perturbar la serie de éstos, la cual es siempre condicionada, y sin interrumpirla contrariamente a los principios del entendimiento".[1]

---

metafísica cristiana que humanista. De hecho, a largo plazo, ¡la metafísica cristiana unió manos con la humanista!

[1] KRV, pp. 416-7: "Die Reihen der Bedingungen sind freilich in so fern alle gleichartig, als man lediglich auf die Erstreckung derselben sieht; ob sie der Idee angemessen sind, oder ob diese fur jene zu grosz oder zu

Uno no puede decir que este argumento sea muy convincente. Considere por ejemplo la segunda antinomia matemática:[1] la monadología leibniziana afirmaban que la mónada es aespacial, y, en tanto que hizo esta afirmación, enseñó que la infinita serie del análisis espacial tiene su origen metafísico en un noúmeno que no es no es similar a las partes del espacio. Así que puede decirse, con respecto a la tesis de la primera antinomia matemática (el mundo tiene un principio en el tiempo y está espacialmente limitado), que el tiempo cósmico se origina en la eternidad como atemporalidad y con ello es asimismo aceptado como un "noúmeno" heterogéneo fuera de la "serie sintética de los momentos temporales".

---

klein sind. Allein der Verstandesbegriff, der diesen Ideen zum Grunde liegt, enthält entweder lediglich *eine Synthesis des Gleichartigen* (welche bei jeder Grösze in der Zusammensetzung sowohl als Teilung derselben vorausgesetzt wird) oder auch des *Ungleichartigen*, welches in der dynamischen Synthesis der Kausalverbindung sowohl, als der des Notwendigen mit dem Zufälligen wenigstens zugelassen werden kann".

"Daher kommt es, dasz in der mathematischen Verknüpfung der Reihen der Erscheinungen keine andere als sinnliche Bedingung hinein kommen kann, d.i. eine solche, die selbst ein Teil der Reihe ist; da hingegen die dynamische Reihe sinnlicher Bedingungen doch noch eine ungleichartige Bedingung zuläszt, die nicht ein Teil der Reihe ist, sondern als blosz *intelligibel* auszer der Reihe liegt, wodurch denn der Vernunft ein Genüge getan und das Unbedingte den Erscheinungen vorgesetzt wird, ohne die Reihe der letzteren, als jederzeit bedingt, dadurch zu verwirren und den Verstandes Grundsätzen zuwider abzubrechen".

[1] La tesis reza como sigue: "Eine jede zusammengesetzte Substanz in der Welt besteht aus einfachen Teilen und es existiert überall nichts als das Einfache oder das, was aus diesem zusammengesetzt ist". [Toda substancia compuesta en el mundo consiste de partes simples y no existe en ninguna parte algo que nos sea simple o compuesto de ello"].

Dentro del marco de la idea básica trascendental de Kant ya no puede mantenerse la *"Ding an sich* natural. La depreciación de la idea teórica de Dios

La verdad del asunto es que, en el fundamento más profundo de su idea básica trascendental, Kant tuvo que rechazar la *"Ding an sich"* natural y sólo podía aceptar la función ética normativa de la personalidad como raíz misma de la realidad natural. Esto es también verdadero con respecto a la idea teórica de Dios de Kant, la cual como *"Transzendentales Ideal"* (prototipo trascendental), sólo tenía que pavimentar el camino para la idea práctica de la deidad como un "postulado de la razón práctica", una idea que en esta función práctica no es más que el ídolo del ideal humanista de la personalidad.

La entera *theologia naturalis*, con sus demostraciones racionales especulativas de la existencia de Dios, debe ser destruida por la *Crítica de la razón pura*, porque el ideal de la personalidad ya no puede encontrar su verdadera idea de Dios en el pensamiento matemático absolutizado, sino solamente en la función moral hipostasiada de la personalidad libre y autónoma. Para esta finalidad, incluso la idea teórica de Dios debe ser *depreciada*. En tanto que concierne a la "razón meramente especulativa", uno haría mejor en hablar de la "naturaleza de las cosas del mundo" que de un "creador divino de la naturaleza", y mejor de la "sabiduría y providencia de la naturaleza" que de la sabiduría divina, pues el primer modo de expresión se abstiene de "la presunción de una aserción que excede nuestra competencia y al mismo tiempo dirige nuestra razón de regreso a su campo propio, esto es la naturaleza".[1]

§5 EL DESARROLLO DE LA ANTINOMIA BÁSICA EN LA
CRÍTICA DE LA RAZÓN PRÁCTICA

El núcleo del ideal humanista de la personalidad en la forma típica que adopta en la idea básica trascendental de Kant es la libertad y autonomía de la función ética de la personalidad en su hipostasiación como "*homo noúmeno*".

Como hemos ya visto en otro contexto, es esencialmente la hipostasiación de la ley moral misma, concebida de una manera meramente formal, la que es identificada con el "latín", como "voluntad pura".

Autos y *nomos* **en la idea de autonomía de Kant**

Kroner observa sorprendentemente que "un doble sentido es incluido en la idea de autonomía moral". El ego no solamente se sujeta *por sí mismo* a la ley moral, en vez de recibir como esclavo la orden de su amo desde afuera, sino que también adquiere su propia *ipseidad* y seguridad sólo a través de la misma ley. No se convierte en *autos* sino sólo por el hecho de sujetarse al *nomos*; se convierte en un ego sólo cuando se obedece *a sí mismo*: "la ley (moral) es consecuentemente el verdadero ego en la ipseidad, es la consciencia trascendental, la pura razón práctica, a cuyo rango la voluntad empírica tiene que elevarse si es que ha de volverse ética. La razón se convierte solamente, como legisladora, en la razón que se separa de la arbitrariedad y la inclinación. La ley que deriva

---

[1] Ibídem, p. 533: "die Anmaszung einer gröszeren Behauptung, als die ist, wozu wir befugt sind, zurück halt und zugleich die Vernunft auf ihr eigentümliches Feld, die Natur, zurückweiset".

su legitimación de sí misma y manda por su propia autoridad, eleva a la razón por encima de todas las conexiones finitas y la hace ser infinita, absoluta".[1]

En la filosofía teórica de Kant la autoconsciencia tenía solamente un existencia flotante en la "unidad trascendental de la percepción" que está relacionada con el fenómeno. En la cursivas crítica de la razón práctica, sin embargo, revela su "raíz metafísica".[2]

Hemos visto que en esta muy dualista concepción de la ipseidad una vez más es revelada la irresoluble antinomia en la idea básica trascendental de Kant: en la *Crítica de la razón pura*, el "ego pensante", concebido como un sujeto lógico trascendental puro, es convertido en la unidad autónoma de la autoconsciencia, mientras que en las *Crítica de la*

---

[1] *Von Kant bis Hegel*, vol. I, p. 167: "Das Gesetz ist also das wahre Ich im Ich, es ist das transzendentale Bewusztzsein, die reine praktische Vernunft, zu der sich der empirische Wille zu erheben hat, wenn er ein sittlicher werden will. Die Vernunft wird als Gesetzgeberin erst zur Vernunft, die sich von Willkur und Neigung unterscheidet. Das Gesetz, das seinen Rechtsgrund aus sich schöpft, das eigener Vollmacht gebietet, erhebt die Vernunft fiber alle endlichen Zusammenhänge, macht sie unendlich, absolut".

[2] *Kritik der praktischen Vernunft* (W. W., vol. V), Preámbulo, p. 108: "Hierbei erhält nun zugleich die befremdliche, obzwar unstreitige, Behauptung der spekulativen Kritik dasz sogar *das denkende Subject ihm selbst in der inneren Anschauung blosz Erscheinung* sei, in der Kritik der Praktischen Vernunft auch ihre voile Bestätigung, so gut, dasz man auf sie kommen musz, wenn die erstere diesen Satz auch gar nicht bewiesen hätte" [Con esto, la crítica de la razón práctica al mismo tiempo confirma completamente sorprendente si bien indisputable aserción de la crítica especulativa, de que incluso *el sujeto pensante en la intuición interna sólo puede concebirse como fenómeno*; y esta confirmación es tan impactante que uno debe incluso arribar a esta tesis si la segunda (esto es, la crítica especulativa) no lo hubiera demostrado en lo absoluto].

razón práctica las funciones ética y fídica de la personalidad humana son hipostasiadas como raíz metafísica de la existencia humana. De este modo el ego humano es partido en dos raíces diametralmente opuestas. Esto sigue siendo verdadero aun cuando Kant rechaza la concepción de que la autoconsciencia trascendental es una *"Ding an sich"*.

La división dualista entre el ideal de la ciencia y el ideal de la personalidad entrega al segundo en las manos del formalismo lógico

La hipostasiación de las funciones moral y fídica de la personalidad humana necesariamente resulta en una formalización lógica de la ética y la teología, lo cual, como vimos, conduce a una perturbación del significado de las esferas nómicas modales en juego. Contrariamente a la propia intención de Kant, la lógica teórica domina al ideal de la personalidad como está formulado en el imperativo categórico. El tajante "esto o aquello" dualista entre la sensibilidad y la razón, le indujo a aplicar –si bien no en un sentido teórico epistemológico– incluso a los principios morales el mismo *esquema materia-forma* que había desempeñado un papel dominante en su epistemología: "si un ser racional ha de pensar sus máximas como leyes universales prácticas, sólo puede pensar las mismas como principios tales que contienen el fundamento de determinación de la voluntad, no con respecto a la materia, sino meramente con respecto a la forma".[1]

---

[1] *Kritik der praktische Vernunft* (KPV), p. 136: "Wenn ein vernünftiges Wesen sich seine Maximen als praktische allgemeine Gesetze denken soll, so kann es sich dieselbe nur als solche Prinzipien denken, die nicht der Materie, sondern blosz der Form nach den Bestimmungsgrund des Willens enthalten".

El imperativo categórico de Kant: "Actúa conforme a una máxima de tu voluntad que pueda al mismo tiempo valer como un principio de la legislación universal", es en esencia un juicio logicista, por la misma razón de que es pensado como un principio "absoluto", separado de la coherencia de significado cósmico temporal. Debido a su eliminación de la coherencia cósmica entre las esferas nómicas modales, carece de cualquier verdadera síntesis intermodal. En nuestro tratamiento del problema epistemológico, tendremos amplia oportunidad de demostrar esta tesis de una manera más elaborada. En Kant el significado religioso del ideal humanista de la personalidad se concentra esencialmente en la absolutización de una *función* de la personalidad humana.

El concepto trascendental de la libertad considerado en sí mismo es meramente negativo (libertad con respecto a la causalidad natural) y ha de adquirir un sentido positivo sólo a través del principio de autonomía, en el sentido de la soberanía absoluta de la personalidad humana como el más alto legislador. Pero esta "autonomía", también, carece como tal de un contenido significativo. Es en sí misma sólo un principio formal. El motivo religioso básico que encuentra su expresión en la idea trascendental de la libertad de Kant implica la *autosuficiencia* del *homo noúmeno* y es este mismo predicado divino el que hace que cualquier autonomía moral del hombre carezca de significado.

En la concepción de Kant, el ideal de la personalidad en realidad requiere la hipostasiación logicista del "imperativo categórico"; sin embargo, se destruye a sí mismo por el mismo hecho de que solamente puede ofrecer "piedras en vez de pan" cuando es desafiado a revelar su contenido religioso pleno. Quizá nunca en la historia de la filosofía ha recibido el ideal humanista de la personalidad una formulación más impresionante que en el famoso elogio del deber de Kant, pero, por otro lado, este idea de la personalidad nunca se había agotado en un formalismo más vacío. A la impresionante cuestión: "¡Deber! Nombre sublime y grande ... ¿cuál es el origen digno de ti, y donde se ha de encontrar la noble raíz que orgullosamente excluye todo parentesco con las inclinaciones y que es el origen indispensable a partir del cual el hombre puede derivar cualquier valor que pueda darse asimismo?" –El filósofo de Königsberg replica: "debe ser nada menos que aquello que eleva al hombre (como parte del mundo sensorial) por encima de sí mismo, y lo conecta con un orden de cosas que solamente es concebido por el entendimiento, un orden que abarca el entero mundo de los sentidos –incluyendo la empíricamente determinable existencia del hombre del tiempo– así como la totalidad de todos los propósitos ... No es más que la *personalidad*, esto es la libertad e independencia del mecanismo de la completa naturaleza. Pero al mismo tiempo ha de ser considerado como facultad de un ser a cuyas propias y peculiares –es decir impuestas por su propia razón– y puramente prácticas leyes es sujetado, en tanto que pertenece al mundo sensorial. En otras palabras, la persona, como perteneciente al mundo de los sentidos, está sujeta a su propia personalidad en tanto que pertenece al mundo inteligible. No es sorprendente, por lo tanto, si el hombre, quien pertenece a ambos mundos, mira por encima de su propio ser en relación a su segundo y más alto destino con veneración y considera a sus leyes con el mayor respeto".[1]

---

[1] KPV, p. 211/2: "*Pflicht!* du erhabener, groszer Name ... welcher ist der deiner würdige Ursprung, und wo findet man die Wurzel deiner edlen

La definición precisa del principio de autonomía a través de la idea de la personalidad como un "fin en sí mismo"

La personalidad libre es vista como un fin en sí mismo, como *"absoluter Selbstweck"*. Ciertamente, es suficientemente verdadero que el hombre no es santo, pero la "humanidad" en su persona debiera ser sagrada para él.

En el entero cosmos todo lo que el hombre desea, y todo aquello sobre lo que tiene poder, puede ser usado meramente como un medio; sólo el hombre y con él toda criatura racional es *"Zweck an sich selbst"*.

Este "valor humano", sin embargo, el cual debe ser sagrado para todos como *homo noumenon*, es el mismo, en el último análisis, la fórmula vacía del imperativo categórico. El motivo real de la "razón práctica pura" no es tampoco ningún otro que la ley moral "pura"; esto es, la ley moral absolu-

---

Abkunft, welche alle Verwandtschaft mit Neigungen stolz ausschlägst, und von welcher Wurzel abzustammen, die unnachläszliche Bedingung desjenigen Werts ist, den sich Menschen allein selbst geben können? Es kann nichts minderes sein, als was den Menschen über sich selbst (als einen Teil der Sinnenwelt) erhebt, was ihn an eine Ordnung der Dinge knüpft, die nur der Verstand denken kann, und die zugleich die ganze Sinnenwelt, mit ihr das empirische bestimmbare Dasein des Menschen in der Zeit und das Ganze alter Zwecke ... unter sich hat. Es ist nichts anders als die *Persönlichkeit*, d.i. die Freiheit und Unabhängigkeit von dem Mechanism der ganzen Natur, doch zugleich als ein Vermögen eines Wesens betrachtet, welches eigentümlichen, nämlich von seiner eigenen Vernunft gegebenen, reinen praktischen Gesetzen, die Person also, als zur Sinnenwelt gehörig, ihrer eigenen Persönlichkeit untervorfen ist, so fern sie zugleich zur intelligibelen Welt gehört: da es denn nicht zu verwundern ist, wenn der Mensch als zu beiden Welten gehörig, eignes Wesen in Beziehung auf seine zweite und höchste Bestimmung nicht anders als mit Verehrung and die Gesetze derselben mit der höchsten Achtung betrachten musz".

tizada y, por lo tanto, formalizada y vacía.[1] En ello consiste, en Kant, la diferencia fundamental entre la mera *moralidad* y la *legalidad*.

La tesis de que la personalidad humana es un fin en sí mismo puede tener un buen significado sólo con respecto a las cosas que pueden convertirse en objeto de las metas humanas. Es decir, es significativa solamente en la *relación sujeto-objeto temporal* en la que las cosas tienen funciones de objeto modales con respecto a las diferentes funciones modales del acto volitivo del hombre.

Sin embargo, tan pronto como esta tesis es extendida a la esfera religiosa central, se torna vacía porque contradice el carácter ex-sistente del centro religioso de la personalidad humana.

La verdadera raíz religiosa de nuestra existencia no es nada *en sí misma*, porque es solamente una *imago Dei*.

Tan pronto como es absolutizada, se desvanecen en la nada y no puede darle ningún contenido positivo a la idea de la libertad de Kant. Esta misma absolutización está implicada en la concepción de Kant de la idea ética de la personalidad humana como un fin *absoluto* en sí mismo.

Hemos aprendido, en un contexto anterior, que la antinomia en el concepto humanista de sustancia consiste en el hecho de que se absolutiza un resultado de la abstracción teórica como una "cosa en sí misma".

---

[1] Ibídem, p. 213: "So ist die ächte Triebfeder der reinen praktischen Vernunft beschaffen; sie ist keine andere als das reine moralische Gesetz selber, so fern es uns die Erhabenheit unserer eigenen übersinnlichen Existenz spüren läszt ..." ["Tal es la naturaleza del verdadero motivo de la razón pura práctica; no es más que la pura ley moral misma en tanto que nos hace conscientes de la sublimidad de nuestra propia existencia suprasensual".

¡En la filosofía práctica de Kant, la libertad absoluta del "homo noumenon" existe por la gracia del mismo entendimiento lógico que ha atado en su epistemología a la cadena de los fenómenos sensoriales!

Ahora este entendimiento, con sus leyes analíticas, incluso sujeta al mismo ideal de la personalidad a una formalización lógica, mientras que uno hubiera esperado que, en consonancia con la primacía de la "razón práctica", debiera, por el contrario, está sujeta a ésta.

Esto es claramente evidente en la notable sección de la Analítica de la Razón Práctica, en la que Kant trata el tema del juicio práctico puro.[1]

En este punto surge un problema con respecto al imperativo categórico, el cual corre paralelo al problema que Kant había planteado en el así llamado "Capítulo del Esquematismo",[2] con respecto a los conceptos puros del entendimiento. Así como estos conceptos puros deben ser capaces de ser aplicados a la intuición sensorial, de la misma manera aquello que en la regla ética se dice generalmente (*in abstracto*) debe ser aplicado, por la facultad práctica del juicio, a una acción *in concreto*.

Esto da lugar a la dificultad de que en el sistema de Kant una acción concreta esta siempre "empíricamente determinada"; esto es, pertenece a la experiencia sensorial de la naturaleza. Y, como Kant lo expresara: parece absurdo que uno pueda encontrar un caso en el mundo sensorial que, aunque el mismo esté sujeto a las leyes de la naturaleza, no obstante sea capaz de ser puesto bajo una ley de libertad. Natu-

---

[1] Ibídem, p. 188.

[2] Debo posponer un análisis detallado de esta importante parte de la *Crítica de la razón pura* hasta el segundo volumen, en el que discutiré los problemas de la epistemología.

ralmente, no hay posibilidad de una esquematización de la idea práctica de la razón semejante a la esquematización de las categorías del entendimiento, porque el bien moral ("la voluntad pura") es algo suprasensorial que nunca permite que se le relacione con la experiencia.

En la aplicación del imperativo categórico de Kant a acciones concretas, el dualismo entre "naturaleza" (ideal de la ciencia) y "libertad" (ideal de la personalidad) se convierte en una antinomia

La antinomia que necesariamente debe surgir de la división dualista de naturaleza y libertad emerge en este punto. La función de la actividad moral es imposible fuera de su coherencia cósmica temporal de significado con las funciones "naturales". Pero el reconocimiento de esa conexión de significado hubiera destruido inmediatamente la hipostasiación de la función moral en la concepción del ideal de la personalidad de Kant.

El modo en que Kant buscó escapar a esta contradicción es muy típico. La idea trascendental ha de ser relacionada solamente con conceptos del entendimiento y no con la experiencia sensorial. Consecuentemente, la ley moral sólo puede ser esquematizada relacionándola, en su formulación lógica abstracta, con la mera forma de una ley natural que es entonces cualificada como un tipo de la ley moral.

La ley natural misma puede ser relacionada con los "objetos sensoriales" en concreto. Es evidente que con ello no se demuestra la posibilidad de aplicar el imperativo categórico a las acciones concretas. Si bien en el sistema de Kant la categoría de la causalidad puede ser relacionada con acciones sensoriales en concreto, esto sólo es posible mediante su esquematización en el tiempo.

Pero la mera forma de la ley natural no puede ser aplicada a la experiencia sensorial sin su esquematización en el tiempo como una forma de intuición del "sentido interno".[1]

De acuerdo con Kant, la regla de la facultad judicativa bajo las leyes de la razón práctica pura es esta: pregúntate si la acción que pretendes realizar puede ser vista como posible a través de tu voluntad, si ocurriese de acuerdo con una ley de la naturaleza, naturaleza de la cual tú mismo serías una parte. Consecuentemente, si la máxima subjetiva de acción no permite ser *pensada* de acuerdo con la forma de la ley natural, como una ley universal de la acción humana, es *moralmente imposible*.

En el final análisis, esta *Typik der reinen praktischen Urteilskraft* es simplemente reducida al juicio de las acciones con-

---

[1] Ibídem, p. 191: "Es ist also auch erlaubt, die *Natur der Sinnenwelt* als *Typus* einer *intelligibelen* Natur zu brauchen, so lange ich nur nicht die Anschauungen, and was davon abhängig ist, auf diese übertrage, sondern blosz die *Form der Gesetzmdszigkeit* überhaupt (deren Begriff auch im gemeinsten Vernunftgebrauche stattfindet, aber in keiner anderen Absicht, als blosz zum reinen praktischen Gebrauche der Vernunft a priori bestimmt erkannt werden kann) darauf beziehe. Denn Gesetze als solche sind so fern einerlei, sie mögen ihre Bestimmungsgründe hernehmen, woher sie wollen" [Consecuentemente, se permite también usar la *naturaleza del mundo sensorial* como un *tipo* de una naturaleza *inteligible*, en tanto que no transfiero a ésta las intuiciones sensoriales y lo que de ellas depende, sino que sólo relaciono con ella la forma de la *conformidad a la ley* en general (cuyo concepto se halla también presente en el uso más común de la razón, pero para ningún otro fin que lo que puede ser entendido como destinado meramente al uso práctico puro de la razón a priori). Pues las leyes como tales son del mismo tipo, no importa de dónde derivan sus fundamentos determinativos".]

cretas de acuerdo con el principio lógico de no contradicción. La mera forma de la ley natural es, de acuerdo con
la propia declaración de Kant, nada más que la forma de la
"conformidad a la ley en general"; pues las leyes como tales
son del mismo tipo, no importa de dónde deriven sus "fundamentos determinativos".

Para aplicar el imperativo categórico, Kant no tiene otra
elección que relacionarlo con el concepto genérico logicista
de "ley", el cual es de hecho identificado con el principio
analítico de no contradicción.

Como resultado de este formalismo lógico, la antinomia
entre el ideal de la ciencia y el de la personalidad adquiere
su mayor agudeza en la idea básica trascendental de Kant. La
"voluntad pura" debe ser comprendida como *causa noumenon*", es decir como causa metafísica absoluta de las acciones
humanas en su modo sensorial de aparición. Bajo el "mecanismo de la naturaleza" –el dominio soberano del ideal de
la ciencia– Kant subsumió la causalidad psíquica tanto como la física, y burlonamente llamó a la libertad psicológica
"la libertad de un escupitajo, el cual también, una vez que
es lanzado, ejecuta sus movimientos por voluntad propia".[1]

**La caracterización de Kant de la concepción de Leibniz de
la personalidad libre como "*automaton spirituale*"**

El leibniziano *automaton spirituale*, que a través de sus representaciones es determinado a su actividad, está, de acuerdo
con él, tan privado de una libertad trascendental real como el *automaton materiale* que no es más que una máquina
material. Subraya Kant: "si es el caso que las acciones humanas, como realmente pertenecen a las determinaciones del

---

[1] KPV, p. 224.

hombre en el tiempo, fuesen no sólo determinaciones del hombre como fenómeno, sino como una "cosa en sí", entonces no se podría salvar la libertad. El hombre sería una marioneta o un autómata Vauconson, construido por el más alto maestro de todas las obras de arte, e incluso, aunque la autoconsciencia le hiciese un autómata pensante, sería de tal naturaleza que la consciencia de su espontaneidad, cuando fuese considerada como libertad, sería un mero engaño...".[1]

Dios ha creado al hombre, sin embargo, sólo como un *homo noumenon*, no como un *"phenomenon"*. Así que es una contradicción decir que Dios, como creador, es la causa de las acciones en el mundo sensorial, mientras que es al mismo tiempo la causa de la existencia del ser actuante como *noumenon*.[2]

Pero la misma *"causa noumenon"* de las acciones sensoriales parece no ser nada más que la forma absolutizada de la ley *"überhaupt"*. Ésta es la antinomia misma de cuerpo entero.

El mismo imperativo categórico, como ley moral, es pensado como *"causa noumenon"* subjetivo. ¿Por qué? Porque la función volitiva moral subjetiva (contra la cual el imperativo categórico se impone como una "norma", debido a que la función volitiva puede exceder la ley) no puede ser comprendida como una "causa libre". Pues Kant ve esta función-sujeto como "empíricamente condicionada" y dependiente de la naturaleza sensorial.

---

[1] KPV, p. 229.
[2] Ibídem, p. 231. En este punto puede uno ver claramente cómo la idea de Dios de Kant está determinada por el ideal de la personalidad.

Kroner piensa que puede resolver esta antinomia declarando que no es la voluntad "pura" (esto es hipostasiada), sino solamente la "voluntad pura empíricamente condicionada", la que ha de ser entendida como *"causa noumenon"* de las acciones. Sin embargo, sin intención da de este modo la más densa formulación a esta antinomia kantiana.[1] Pues ¿cómo puede una "voluntad pura" estar "empíricamente condicionada" sin perder su "pureza", esto es su carácter absoluto? El idealismo especulativo con su método dialéctico sanciona la antinomia como una etapa transicional a una síntesis más alta. Sin embargo, Kant no acepta antinomias, así que esta solución nunca puede constituir una respuesta dentro de su sistema.

La concepción de Kroner del origen de la antinomia en la doctrina de la "voluntad pura" de Kant como "*causa noumenon***"**

Kroner, sin embargo, ha visto penetrantemente dónde yace el origen del antinomia en la doctrina de la "voluntad pura" de Kant como *"causa noumenon"*. Este origen está escondido en la imposibilidad de pensar la *forma* moral-lógica de la razón junto con su sensorialmente determinado *material*.

Como vimos antes, la *Typik der reinen praktischen Vernunft* no provee ningún escape esta dificultad. En el sistema de Kant, la Dialéctica de la Razón Pura podía no solamente demostrar que la categoría científica natural de causalidad está exclusivamente relacionada con la experiencia sensorial pero nunca con la *"Ding an sich"*. La *Crítica de la razón pura*, sin embargo, no podía permitirnos entender la posibilidad de una conexión real entre la naturaleza y la libertad suprasen-

---

[1] Kroner, *op. cit.* I, p. 199.

sorial, pues ella misma estaba basada en la hipostasiación de las funciones lógica y psíquica de la consciencia. Kant pensaba que podía elevar estas funciones por encima de la coherencia temporal cósmica de significado sin esta hipostasiación. Pero ello es imposible.

La antinomia entre la naturaleza y la libertad en el concepto del bien más alto de Kant

En un intento final Kant trató de restablecer en la razón práctica la coherencia de significado entre naturaleza y libertad que él había crudamente cortado. Para este fin usó el concepto de *el bien más alto*. No obstante, ha sido reconocido generalmente que es precisamente este mismo punto en el sistema de Kant el que exhibe su lugar más débil y el que en realidad se resuelve en antinomias intrínsecas.

Es nuestra intención examinar brevemente este intento final de lograr una síntesis. Kant consideraba a la antigua ética heterónoma (no realista) como caracterizada por el hecho de que perseguía un "objeto de la voluntad" para hacer de éste al mismo tiempo tanto el material como el fundamento de la ley moral. Esto se hacía en vez de buscar primeramente una ley, que de manera a priori y directa determinara la voluntad y el objeto de ésta solamente a través de la misma voluntad.

Es así que en esta ética heterónoma el concepto del bien más alto se convirtió en el fundamento final determinativo de la voluntad moral.[1] Para Kant el concepto del "bien más alto" se convierte en la "totalidad incondicional del objeto de la razón pura práctica", pero nunca ha de ser comprendida como el fundamento determinativo de la "voluntad pu-

---

[1] Ibídem, pp. 183-4.

ra".[1] La ley moral como fundamento determinativo final es
más bien presupuesta en este concepto.

Sin embargo, en el concepto del bien más alto, la virtud
(como la determinación de la voluntad exclusivamente por
el imperativo categórico) y la beatitud (como el motivo de
nuestra sensibilidad) deben, de acuerdo con Kant, ser concebidos como necesariamente unidos. Pues no se puede suponer que la personalidad necesite bienaventuranza y sea
digno de ella, pero no obstante no puede poseerla; esto sería incompatible con la voluntad perfecta del Ser racional
y que al mismo tiempo es omnipotente (esto es, la deidad).
Esta unión de la virtud y la beatitud no puede ser concebida
analíticamente, pues la libertad y la naturaleza no se siguen
lógicamente una de la otra, sino más bien se excluyen.[2] Sólo puede ser pensada sintéticamente, y entonces sólo de tal
manera que o bien la felicidad es el resultado necesario de
la virtud como "*causa noumenon*", o viceversa, el deseo de la
felicidad es la causa motriz de la acción moral. La segunda

---

[1] Ibídem, pp. 283-9.

[2] KRV, p. 243: "Also bleibt die Frage: *wie ist das höchste Gut praktisch möglich?* noch immer unerachtet aller bisherigen Koalitionsversuche eine
unaufgelösete Aufgabe. Das aber, was sie zu einer schwer zu lösenden Aufgabe macht, ist in der Analytik gegeben, nämlich dasz Glückseligkeit und
Sittlichkeit, zwei spezifisch ganz *verschiedene Elemente* des höchsten Guts
sind, und ihre Verbindung also nicht *analytisch* erkannt werden sondern
eine *Synthesis* der Begriffe sei". [Así, a pesar de todos los intentos de solución, la pregunta "*¿cómo es posible el bien más alto?* permanece siendo
un problema no resuelto. Aquello, sin embargo, que hace del último un
problema que difícilmente se puede resolver, está dado en la Analítica,
a saber que la beatitud y la moralidad son específicamente y completamente dos *elementos diferentes* del bien más alto, de modo que su unión no
puede ser entendida *analíticamente* ... sino más bien como una *síntesis* de
conceptos"].

alternativa queda excluida por el principio de la autonomía. Pero el primer camino parece igualmente imposible, pues toda unión práctica de causas y efectos en el mundo como resultado de la determinación de la voluntad no está dirigida por la inclinación moral de la voluntad, sino más bien por el conocimiento de las leyes naturales y el poder físico para emplear éstas para sus propósitos.

Kant fórmula la antinomia entre el ideal de la ciencia y el de la personalidad como está implicada en el concepto del bien más alto como la "antinomia de la razón práctica"

Es así como surge la "antinomia de la razón práctica" que Kant trata en el capítulo intitulado "Acerca de la dialéctica de la razón pura en la definición del concepto del mayor bien". Él pensaba, sin embargo, que la siguiente solución proveería una respuesta satisfactoria a la dificultad. Concedió que el juicio de acuerdo con el cual el deseo de la felicidad es la causa motriz de la acción moral debe ser incondicionalmente calificado como falso. La segunda proposición, que la felicidad es el resultado necesario de la virtud, sin embargo, es solamente falso en tanto que la virtud es considerada la causa de la felicidad en el *mundo sensorial*, de modo que solamente un existencia fenoménica podría ser atribuida a los seres racionales. Sin embargo, no solamente es muy razonable pensar la existencia del hombre como *noumenon* en un mundo inteligible, sino que incluso está dado en la ley moral un fundamento determinativo inteligible de la causalidad de la personalidad libre en el mundo sensorial. Por lo tanto, de acuerdo con Kant, no es imposible que por un inteligible creador de la naturaleza la inclinación moral sea puesta en una necesaria coherencia causal con la beatitud como su efecto en el mundo sensorial.

Es así que Kant finalmente se sintió compelido a aceptar una coherencia entre "naturaleza" y "libertad" para escapar las consecuencias antinómicas de su hipostasiación (y consecuentemente la formalización logicista) de la personalidad moral. La aceptación de tal creador inteligible de la naturaleza (la Deidad) no puede ser demostrada racionalmente, sino que es un *postulado de la razón pura práctica* que hace posible la realización del bien más alto. Este postulado, consecuentemente, no descansa en un conocimiento teórico, sino precisamente, como los otros dos postulados de la razón pura práctica (libertad en un sentido positivo e inmortalidad), descansa sobre una fe universalmente válida y necesariamente razonable en la realidad de un mundo no nouménico suprasensorial y en la posibilidad de la realización del bien más alto.

Se ve fácilmente que este entero intento de poner a la "naturaleza" y la "libertad" nuevamente en una coherencia más profunda sólo puede ser exitoso abandonando la idea del "*homo noumenon*" como "*Ding an sich*". Si la función moral libre y autónoma de la personalidad ha de ser en realidad la "sustancia" del ser humano (la existencia), una sustancia que, de acuerdo con la densa descripción de Descartes, *nulla re indiget ad existendum*", entonces no hay un puente posible entre "naturaleza" y "libertad". Todo intento de llevar a cabo una síntesis debe disolver necesariamente la absolutización básica en el ideal humanista de la personalidad de Kant. Kroner observa correctamente que la misma característica de la razón pura práctica, esto es su autonomía, es socavada por la inclusión de la felicidad como determinación material (*"Inhaltsbestimmung"*) en la ley moral pura. Al hacerlo, la misma soberanía absoluta de la voluntad moral es restringida a la sensibilidad, en vez de mantener su independencia absoluta ante la segunda.[1]

¡Es en el mismo concepto del bien más alto en el que se amontonan todas las antinomias entre el ideal de la personalidad y el de la ciencia!

En la idea de Dios de Kant el ideal de la personalidad domina al ideal de la ciencia

La idea de la deidad de Kant como postulado de la "razón pura práctica" es la hipostasiación final del ideal de la personalidad. En esta hipostasiación alcanza su clímax la idea del mundo *nouménico* como "una naturaleza bajo la autonomía de la razón pura práctica".[2] Este Dios razonable es el mismo imperativo categórico, concebido como *el fundamento nouménico determinativo de la naturaleza sensorial*. Su voluntad no excede la "razón práctica" con su hipostasiada ley moral. Pues el "principio de la moralidad no está meramente restringido a los hombres, sino que se extiende a todos los seres finitos que tengan razón y voluntad; es más, incluso incluye al Ser infinito como Inteligencia Suprema".[3]

La voluntad autónoma sólo puede reconocer un mandamiento como divino en tanto que se origine en la "razón práctica".

La filosofía de la "religión" que Kant construyó sobre su metafísica de la "fe razonable" es la "religión dentro de los límites de la mera razón". En el escrito publicado bajo el

---

[1] Kroner, *op. cit.* I, p. 209.
[2] KPV, p. 158.
[3] KPV, p. 143

mismo título, Kant intenta acomodar la fe cristiana a su metafísica enraizada en el ideal humanista de la personalidad. Al hacerlo da un impactante ejemplo de la fundamental carencia de entendimiento de la esencia de punto de partida de la doctrina cristiana, una carencia de entendimiento que desde el principio ha caracterizado a la filosofía humanista. La fe de la razón pura es, de acuerdo con él, el núcleo de todos los dogmas religiosos. La humanidad no es capaz de concebir este núcleo en su "pureza"; debe hacerse perceptible, para que se pueda convertir en una fuerza viviente, en una "realidad religiosa".

Si este "núcleo ético puro" es seleccionado de la revelación cristiana, se halla maravillosamente de acuerdo con la "fe a priori razonable". La caída del pecado no es entonces nada más que el antagonismo entre la naturaleza sensorial y la moral, entre la "naturaleza" y la "libertad" en el hombre.

El "mal radical" en la naturaleza humana es su tendencia a sujetar su voluntad a las inclinaciones sensoriales, en vez de dirigirla mediante el "imperativo categórico". La regeneración es una acción libre de nuestra naturaleza moral a través de la cual el bien conquista el mal.

El "Dios-hombre" es la idea del "hombre moral ideal" en el que la fe razonable acepta la absoluta realización de la idea del bien; en este sentido, el Dios-hombre es el prerrequisito para la regeneración, pues ésta solamente puede tener efecto en tanto que creamos en la posible realización de la idea moral.

Consecuentemente, en la medida en que el Dios-hombre sea la fuerza redentora a través de la cual se efectúa la regeneración en este ideal moral de la humanidad y en la lucha hacia su realización, ¡los pecados individuales son expiados!

Esta es la religión del ideal humanista de la personalidad, vestido con el estirado atuendo del racionalismo moralista. ¡Y este es el "núcleo ético puro" que Kant pensó que podía seleccionar de la revelación cristiana!

§6 EL DESARROLLO DE LA ANTINOMIA BÁSICA EN LA *CRÍTICA DEL JUICIO*

Ni en la *Crítica de la razón pura* ni en la *Crítica de la razón práctica* logró Kant resolver la antinomia entre el ideal de la ciencia y el de la personalidad. En su tercera obra principal, la *Crítica del juicio*, Kant intentó tender un puente para cerrar la brecha entre naturaleza y libertad de otro modo. Aquí él revisó el entero curso que había adoptado previamente su pensamiento filosófico. En su famosa Introducción escribió: "ahora, de seguro, se ha abierto una inmensa grieta entre el ámbito del concepto de la naturaleza como lo sensorial, y el ámbito de la idea de la libertad como lo suprasensorial, de manera que no es posible ninguna transición del primero al segundo (esto es, mediante el uso teórico de la razón), como si hubiese dos mundos diferentes, uno de los cuales no puede tener influencia sobre el otro. No obstante, lo suprasensorial *debiera* influenciar lo sensorial; es decir, la idea de la libertad debiera realizar en el mundo sensorial la finalidad planteada por sus leyes; consecuentemente, la naturaleza debe ser también concebible de tal modo que las leyes de sus formas al menos estén de acuerdo con la posibilidad de las finalidades que han de ser realizadas en ella en conformidad con las leyes de la libertad. –Consecuentemente, debe haber después de todo un fundamento para la *unidad* de lo suprasensorial, que yace en el fundamento de la naturaleza, con el contenido práctico de la idea de la libertad; y aunque

el concepto de esta unidad no arriba ni teórica ni prácticamente a un conocimiento de la misma, y consecuentemente
no tiene un ámbito propio [las cursivas son mías], no obstante
debe hacer posible la transición del modo de pensamiento
acorde con los principios de uno al modo de pensamiento
acorde con los principios del otro".[1]

El problema planteado por la *Crítica del juicio* no es, consecuentemente, nuevo al sistema de Kant. Pues es una vez
más la posibilidad de subsumir la naturaleza bajo la libertad de la razón lo que es convertido en un problema. Pero
la manera en la que esta tercera *Crítica* busca arribar a una
solución es ciertamente original. El curso de pensamiento
aquí seguido constituye una contraparte al modo que había
adoptado Leibniz.

---

[1] *Kritik der Urteilskraft* (KU) (W. W., vol. VI), pp. 19-20: "Ob nun zwar eine
unübersehbare Kluft zwischen dem Gebiete des Naturbegriffs, als dem
Sinnlichen, and dem Gebiete des Freiheitsbegriffs, als dem übersinnlichen, befestigt ist, so dasz von dem ersteren zum anderen (also vermittelst des theoretischen Gebrauchs der Vernunft) kein Übergang möglich
ist, gleich als ob es so viel verscheidene Welten wären, deren erste auf
die zweite keinen Einflusz haben kann: so *soll* doch diese auf jene einen
Einflusz haben, nämlich der Freiheitsbegriff soll den durch seine Gesetze
aufgegebenen Zweck in der Sinnenwelt wirklich maehen; and die Natur
musz folglich auch so gedacht werden können, dasz die Gesetzmäszigkeit
ihrer Form wenigstens zur Möglichkeit der in ihr zu bewirkenden Zwecke nach Freiheitsgesetzen zusammenstimme. –Also musz es doch einen
Grund der *Einheit* des Übersinnlichen, welches der Natur zum Grunde
liegt, mit dem, was der Freiheitsbegriff praktisch geben, wovon der Begriff, wenn er gleich weder theoretisch noch praktisch zu einem Erkenntnisse desselben gelangt, *mithin kein eigentümliches Gebiet hat*, dennoch den
Übergang von der Denkungsart nach den Prinzipien der einen zu der
nach Prinzipien der anderen möglich macht".

La concepción racionalista de la individualidad de Kant

El camino seguido por Kant le condujo a considerar el problema de la individualidad, o más bien el de la "especificidad de la naturaleza", pues Kant siempre estuvo preocupado con la conformidad a la ley y, como sabemos, dentro del marco de su racionalista idea cosmonómica, una y otra vez identificó ley con sujeto.[1]. Sólo la filosofía estética de Kant, con su doctrina del genio creativo, le atribuyó un lugar independiente a la individualidad subjetiva. En el final análisis, resultó que tanto las leyes del entendimiento como las de la razón sólo pueden determinar su "objeto" a priori de un modo universal abstracto. Hay, sin embargo, muchas formas de naturaleza, "como si fueran otras tantas modificaciones del concepto trascendental universal de naturaleza" que son dejadas en la indeterminación por las leyes dadas a priori por la pura función lógica del entendimiento. Para estas formas de la naturaleza debe haber también leyes, las cuales seguramente son empíricas y, consecuentemente, de acuerdo con nuestro entendimiento racional, deben ser llamadas contingentes, pero las cuales no obstante, si en realidad han de ser llamadas leyes, deben ser vistas como originándose necesariamente en un principio de unidad en la multiplicidad. Y esto es el caso aun cuando este último principio pueda ser desconocido para nosotros.[2]

---

[1] En nuestro posterior tratamiento del problema de la individualidad habremos de ver que la especie como un concepto-tipo sólo incluye la típica conformidad a la ley, pero no incluye la individualidad subjetiva. Más aún, encontraremos que en la irreducibilidad de la individualidad subjetiva a la ley típica de individualidad el lado sujeto de nuestro cosmos revela muy claramente su propio papel no intercambiable con respecto al lado ley.

[2] KU, p. 24.

Ahora bien, en la "clase de las facultades cognitivas más altas" hay un peculiar vínculo conectivo entre el entendimiento y la razón, a saber, el "poder de juicio" (*"Urteilskraft"*). Esta facultad subsume lo particular bajo las leyes universales y como tal, es decir como "facultad de juicio trascendental determinante", es constitutivo de la experiencia; mientras que, como mero "poder de juicio reflexivo", juzga acerca del acomodo apropiado de la particularidad en las leyes de la naturaleza a nuestra facultad cognitiva (la cual sólo puede dar leyes universales a priori). En esta última función no es constitutiva de la experiencia, sino solamente regulativa.

Cuando se le compara con la facultad determinante, la facultad de juicio reflexivo, consecuentemente, opera precisamente del modo opuesto. Ésta juzga lo particular en su acomodo a las leyes universales dadas a la "naturaleza" por el entendimiento en la síntesis a priori. La determinante facultad judicativa, por el contrario, procede a partir de las mismas leyes universales a priori y subsume bajo éstas las leyes empíricas particulares de la naturaleza. El "juicio reflexivo", en contraste con el determinante, no posee principios objetivos a priori, sino sólo subjetivos. Juzga la particular multiplicidad de la naturaleza *como si* un entendimiento más alto que el nuestro hubiese dado las leyes empíricas de la naturaleza para beneficio de nuestra facultad cognitiva, para hacer posible un sistema de experiencia acorde con las leyes particulares de la naturaleza.

Kant relacionó el poder reflexivo del juicio con su famoso esquema de las facultades del alma. De acuerdo con él, todas éstas pueden ser reducidas a tres, las cuales no permiten ninguna deducción ulterior a partir de una base común. Estas facultades son la cognitiva, el sentimiento de placer y dolor, y el poder de desear. En tanto que el primero, como facultad para la adquisición de conocimiento teórico, está relacionada con la "naturaleza", recibe leyes a priori solamente del entendimiento. El poder de desear, como una "facultad más alta de acuerdo con la idea de la libertad", recibe sus leyes a priori solamente de la razón. Por lo tanto, de acuerdo con su esquema, es muy natural que Kant relacione el poder reflexivo del juicio con el sentimiento que tenemos cuando somos confrontados con la teoréticamente conocida naturaleza.

De acuerdo con la extremadamente racionalista concepción de Kant, todo sentimiento es una "actividad sintética" a través de la cual relacionamos la representación de un objeto con nuestra actividad intencional subjetiva en la que nos damos un propósito. En todo sentimiento ordenamos un objeto imaginado bajo un fin.

La idea de la teleología en la naturaleza

En su forma empírica la facultad reflexiva del juicio, de acuerdo con Kant, coincide completamente con la "vida interna del sentimiento". Es esta potencia lo que nos permite reconocer la unidad más alta entre entendimiento y razón, porque ordena un *"Gegenstand"* del conocimiento bajo una finalidad. Pero estas reflexiones empíricas en el sentido de que el poder del juicio es enteramente arbitrario y subjetivo nunca son capaces de poseer un carácter universalmente válido y necesario. El juicio reflexivo posee, sin embargo, un principio a priori universalmente válido, un principio trascendental unido a un sentimiento que es igualmente necesario y universal. Este principio es el de la *"teleología formal de la naturaleza"*.

Pues el concepto de los objetos, en tanto que son juzgados de acuerdo con este principio, es solamente "el concepto puro de los objetos de conocimiento empírico posible en general" y no incluye ningún contenido empírico singular.[1]

De acuerdo con este principio trascendental, el poder reflexivo del juicio debe considerar a la naturaleza como si fuese generada siguiendo un plan teleológico. Como lo dice el mismo Kant: "como si aquello que, para nuestro entendimiento humano, es contingente en la especificidad empírica de las leyes de la naturaleza, es, no obstante,, generado por un intelecto más alto en conformidad con una unidad conformada a la ley, unidad que, aunque no nos es cognoscible, es, sin embargo, concebible".

La ley de especificación como el principio regulador de la facultad trascendental del juicio para la contemplación de la naturaleza

Este concepto trascendental de una teleología en la naturaleza no es ni un concepto de la naturaleza, ni un concepto de la libertad. Pues el poder del juicio, a través de su principio trascendental, no dicta una ley a la naturaleza, sino más bien a sí mismo para juzgar la naturaleza.[2] Esta ley puede ser llamada la "ley de la especificación" y es un principio meramente regulativo para nuestra concepción de la naturaleza. "Pues no es un principio del poder del juicio determinante sino solamente del reflexivo; uno sólo quiere que las leyes empíricas de la naturaleza —por lo que concierne a sus leyes universales éstas pueden ser ordenadas como deseen— deben absolutamente ser investigadas de acuerdo con este

---

[1] KU, pp. 26-7.
[2] Kant Habla aquí de la "heautonomía" del juicio reflexivo.

principio y las máximas que allí se fundamentan; porque solamente en este caso podemos proceder con el uso de nuestro entendimiento en la experiencia y podemos adquirir conocimiento".[1]

Si momentáneamente pasamos por alto la tarea que Kant asigna aquí en un sentido general al poder reflexivo del juicio, es fácilmente aseverado que el problema básico sometido para su solución a la *Crítica del juicio* tiene su raíz en la pregunta que las otras dos *Críticas* no habían podido resolver; a saber, el problema concerniente a la relación entre el ideal de la ciencia y el de la personalidad. La *Crítica de la razón pura* no atribuyó al entendimiento la posibilidad de poseer conocimiento de la "totalidad de las determinaciones", conocimiento que se suponía que había incluido el de la necesidad teórica de las leyes empíricas. Si tal posibilidad estuviese abierta al entendimiento entonces, una vez más, el ideal de la ciencia habría dominado el ámbito de lo "absoluto" que de una vez por todas Kant había intentado apartar en el reino teleológico suprasensorial de la personalidad como "*Selbstweck*" (fin en sí mismo).

Consecuentemente, las funciones lógica y psíquica de la consciencia sólo pueden ser unificadas en una síntesis *formal*, y el material sensorial debe seguir siendo un límite para el pensamiento lógico.

---

[1] KU, p. 32: " Denn es ist nicht ein Prinzip der bestimmenden, sondern blosz der reflektierenden Urteilskraft; man will nur, dasz man, die Natur mag ihren allgemeinen Gesetzen nach eingerichtet sein, wie sie wolle, durchaus nach jenem Prinzip und den sich darauf gründenden Maximen ihren empirischen Gesetzen nachspüren müsse, weil wir, nur so weit als jenes statt findet, mit dem Gebrauche unseres Verstandes in der Erfahrung fortkommen und Erkenntnis erwerben können".

El modo teleológico de contemplación de la razón práctica, por otra parte, no puede penetrar en el dominio del ideal de la ciencia, pues Kant no iba a abandonar la soberanía del pensamiento científico matemático natural sobre la naturaleza. Esto le impidió seguir el curso adoptado por Fichte, quien, a costa del ideal de la ciencia, ¡aceptó el dominio del ideal de la personalidad sobre la naturaleza!

La razón por la que la *Crítica del juicio* no puede resolver la discordia básica en el punto arquimediano de Kant

Consecuentemente, no le quedó a Kant otro camino que el de buscar un vínculo que conectase el entendimiento con la razón. Sin embargo, este vínculo conectivo, en su carácter funcional subjetivo, en realidad no es el absoluto "sujeto suprasensorial más allá de la razón teórica y la práctica", sino sólo una tercera función inmanente de la consciencia a un lado de las últimas y entre ellas. Por esa misma razón, no puede efectuar una unión verdadera entre los dos factores antagonistas de la idea básica trascendental humanista.

De acuerdo con ambas "fuentes de conocimiento", que la facultad de juicio compara entre sí reflexionando sobre su mutuo acuerdo apropiado, esto es la intuición sensorial y el entendimiento lógico, esta facultad puede exhibir una función alternativa: o bien puede juzgar una representación sensorial dada —antes de que hayamos adquirido un concepto lógico de ella— y establecer que en su inmediata visibilidad tiene un acomodo apropiado a nuestro entendimiento; o puede, inversamente, juzgar que el concepto de un objeto es el fundamento del ser del segundo y, consecuentemente, establecer que el concepto tiene un acomodo apropiado a la realidad visible del objeto.

En el primer caso, el objeto es llamado apropiado solamente sobre un fundamento subjetivo, pues su representación está directamente unida a un sentimiento subjetivo de placer (complacencia) que nunca puede convertirse en un objetiva "retazo de conocimiento", y esta representación es ella misma una representación teleológica de carácter estético. En el segundo caso, el juicio teleológico está relacionado con un conocimiento objetivo específico del objeto bajo un concepto dado; no tiene nada que ver con un sentimiento subjetivo de placer concerniente a las cosas, sino solamente con el entendimiento en el juicio de las cosas. En este caso juzgamos que la teleología es puesta objetivamente (en realidad) en la cosa de la naturaleza como un organismo.

En el primer caso, el punto original yace en el efecto emocional de las cosas "naturales) sobre nosotros, y nos hacemos explícitamente conscientes de las relaciones tecnológicas sólo mediante la investigación analítica. En el segundo caso, el centro de gravedad de nuestra actitud hacia las cosas yace en la concepción racional de las relaciones en el "objeto" que juzgamos apropiado. Más aún, en este caso, el sentimiento de placer está sólo secundariamente unido a su juicio.

Es sobre estas funciones alternativas que Kant basó la división de la *Crítica del juicio* en las críticas del juicio estético y del juicio teleológico: "por el primero entendemos la facultad de juzgar la adecuación formal (ordinariamente también llamada la subjetiva) a través del sentimiento de placer o dolor: por el segundo la facultad de juzgar la adecuación real (objetiva) de la naturaleza a través del entendimiento y la razón".[1]

---

[1] KU, p. 41.

La primera tiene que demostrar cómo es que la validez universal de un juicio cognitivo puede ser correctamente atribuida al juicio estético, aún cuando tal juicio carezca de un concepto. La crítica del juicio teleológico tiene que mostrar que toda la contemplación teleológica de la naturaleza sólo posee un valor regulativo para la investigación biológica y debe rechazar sus posibles pretensiones de ser un valor constitutivo para el conocimiento.

En el parágrafo final de la Introducción, Kant trató de "la unificación de las leyes dadas por el entendimiento por la razón a través de la facultad del juicio". Aquí, una vez más, el dualismo entre el ideal de la ciencia y el de la personalidad es formulado con gran perspicacia: "El ámbito del concepto de la naturaleza sujetado a las leyes de un legislador, y el de la idea de la libertad sujetada al de otro, está completamente aislados entre sí, impidiendo toda influencia recíproca que ellos (cada uno de acuerdo con sus leyes básicas) pudiera tener sobre la otra; esta separación está garantizada por la gran abismo que separa lo suprasensorial de los fenómenos. La idea de la libertad no determina nada con respecto al conocimiento teórico de la naturaleza; así como el concepto de la naturaleza no determina nada con respecto a las leyes prácticas de la libertad; y por tanto es imposible cerrar el hiato entre los dos ámbitos diferentes".[1]

---

[1] KU, p. 43: "Das Gebiet des Naturbegriffs unter der einen und das des Freiheitsbegriffs unter der anderen Gesetzgebung sind gegen allen wechselseitigen Einflusz, den sie für sich (ein jedes nach seinen Grundgesetzen) auf einander haben könnten, durch die grosze Kluft, welche das Cbersinnliche van den Erscheinungen trennt, gänzlich abgesondert. Der Freiheitsbegriff bestimmt nichts in Ansehung der theoretischen Erkenntnis der Natur; der Naturbegriff eben sowohl nichts in Ansehung der

Sea como fuere, la *Crítica de la razón práctica* proveyó la idea de una causalidad a través de la libertad. Esta causalidad a través de la libre voluntad es la finalidad última, la cual (o la apariencia de la cual en el mundo sensorial) *debiera* de existir, a cuyo fin se presuponía en la naturaleza la condición que permitiría la posibilidad de tal efecto. Ahora bien, de acuerdo con Kant, se supone que la facultad del juicio nos dota con un concepto mediador entre el concepto de naturaleza y el de la libertad, y esto en el concepto de una teleología en la naturaleza: "porque a través de ésta se entiende la posibilidad del fin último que sólo puede ser realizado en la naturaleza y de acuerdo con sus leyes".[1]

Kant pensó que en su sistema el concepto de una causalidad absoluta a través de la libertad podía ser concebida sin una contradicción intrínseca. Sin embargo, ha resultado evidente que el concepto de una incondicional *"causa noumenon"* es encumbrada con todas las antinomias del concepto humanista de substancia.

Se supone que el *"homo noumenon"* es una *"Ding an sich"* en un sentido absoluto, y que su libertad moral iba a tener una validez incondicional. No obstante, esta hipostasiación es en realidad determinada por el pensamiento analítico en su relatividad cósmica.[2] No es más que una absolutización

---

praktischen Gesetze der Freiheit; und es ist in sofern nicht möglich, eine Brücke von einem Gebiete zu dern andern hinüberzuschlagen".

[1] Ibídem, p. 44.

[2] En el famoso parágrafo 76 de la *Crítica del juicio*, Kant escribe: "Die Vernunft ist ein Vermögen der Prinzipien und geht in ihrer äussersten Forderung auf das Unbedingte; da hingegen der Verstand ihn immer nur unter einer gewissen Bedingung die gegeben werden musz zu Diensten steht. Ohne Begriffe des Verstandes aber, welchen objective Realität gegeben werden muss, kann die Vernunft gar nichts objectiv (synthetisch)

del aspecto moral de la existencia humana, el cual es elevado y extraído de la coherencia temporal cósmica de las esferas modales nómicas mediante un falso análisis y es así lógicamente formalizado. Y en esta formalización lógica se autodestruye. Incluso el humanista motivo de la libertad es de este modo casi completamente reducido al principio lógico de no contradicción. Es solamente la idea de la personalidad humana como *"Selbstweck"* en la cual el significado religioso de este motivo podría retirarse para escapar de su completa disolución en una tautología formal. Pero hemos visto que esta misma idea, debido a su absolutización, se disuelve en la nada.

La misma antinomia que intrínsecamente destruye la idea del *"homo noumenon"* recurre en el principio del juicio teleológico

La misma antinomia reaparece en el principio del juicio teleológico. El punto en cuestión aquí es la posibilidad de con-

---

urteilen und enthält als theoretische Vernunft für sich schlechterdings keine konstitutive, sondern blosz regulative Prinzipien". [La razón es una facultad de principios, y en sus extremas exigencias apunta hacia lo incondicional; el entendimiento, por el contrario, está siempre sólo al servicio de la primera sobre una condición específica que que debe ser previamente satisfecha. La razón, sin embargo, no es capaz de juzgar nada objetivamente (sintéticamente) sin conceptos del entendimiento a los cuales debe darse realidad objetiva, y como razón teórica no contiene en sí misma ningunos principios constitutivos, sino meramente regulativos].

Pero Kant no ha visto que la idea del *"homo noumenon"* como hipóstasis de la función moral de la personalidad es ella misma ¡producto de una actividad mental analítica religiosamente basada que ignora la coherencia cósmica y es por ello falsa! Pues la "idea" trascendental apunta hacia la totalidad de significado y no hacia una abstracción analítica, la cual en su hipostasiación destruye la coherencia del significado.

cebir la restrictiva causalidad mecánica del ideal humanista de la ciencia clásico junto con una teleología en la naturaleza, una teleología que solamente puede encontrar terminación en un *"Selbstweck"* moral.

La crítica del juicio teleológico derivo la justificación de una concepción teleológica de la naturaleza del hecho de que en la naturaleza misma están dados fenómenos, a saber los organismos vivientes, que imponen un límite a la explicación causal y se presentan a nuestra contemplación como si estuviesen construidos conforme a un plan teleológico.

Una cosa que, como producto de la naturaleza, puede no obstante ser concebida solamente como un *organismo natural*, debe ser *relacionada con ella misma* como causa y efecto. Es un producto de la misma naturaleza y no, como lo bello, sólo la *representación* de una cosa que es producida por la naturaleza o por el arte. Pues da "realidad objetiva" al concepto de finalidad. Como esto es el caso, se debe plantear necesariamente la pregunta: ¿cómo es esto posible de acuerdo con las "condiciones trascendentales de la realidad objetiva" en conformidad con la categoría de la causalidad? Ahora la conexión de causa y efecto, en tanto que es solamente pensada mediante el entendimiento, es una determinación sintética de los fenómenos que forma una serie de causas y efectos y en la cual el efecto es siempre subsecuente a la causa. Por lo tanto, la coherencia causal en un organismo natural nunca puede ser un *nexus effectivus*, una coherencia de causas mecánicas, eficientes.

El organismo no puede resultar de una causa externa, sino que debe ser pensada como su propia causa y al mismo tiempo como el efecto de esta causa; por lo tanto, esta relación de causalidad puede ser considerada por el juicio reflexivo sólo de tal manera que sea vista como un *nexus finalis*, en la cual el efecto es al mismo tiempo pensado como una *causa finalis*.[1] Esto incluye una condición doble:

(1) las partes del organismo sólo pueden existir a través de su relación con el todo, y

(2) las partes sólo están conectadas con la unidad del todo a través del hecho de que son la causa mutua y cada una efecto de la forma de la otra.

El carácter ficticio de la concepción teleológica de la naturaleza se sigue directamente de la idea básica trascendental de Kant

Como tal unión teleológica de causa y efecto nos es conocida solamente partir de nuestra propia humana acción, podemos, de seguro, establecer este principio teleológico en el fundamento de nuestro juicio concerniente a los organismos naturales, pero siempre debemos mantener en mente que al hacerlo no determinamos categóricamente la "realidad objetiva" de lo orgánico, sino que solamente reflexionamos sobre ello, para adquirir un principio regulativo para la determinación mecánica de la naturaleza. Podemos juzgar el organismo viviente solamente *como si* se hallare en su fundamento una actividad teleológica. La idea básica trascendental dualista de Kant no permite ninguna otra concepción.

El principio de la teleología interna en la naturaleza conduce al juicio reflexivo necesariamente más allá del organismo viviente a la *"Idee der gesamten Natur als eines Systems nach der Regel der Zwecke"*. En otras palabras, a la idea de la naturaleza como un "organismo universal" (expresión que

---

[1] KU, pp. 261-2

fue primeramente empleada por Schelling) y a la cual todo mecanismo de la naturaleza debe ser subordinado de acuerdo con los principios de la razón: "el principio de la razón tiene para él (esto es, para el juicio teleológico) sólo competencia subjetiva, es decir como máxima. Todo en el mundo es bueno para cualquier otra cosa; nada en él carece de finalidad; y por el ejemplo que la naturaleza da en sus productos orgánicos, uno está autorizado, más aún llamado, a esperar de ella y de sus leyes nada más que lo que es apropiado en su totalidad".[1]

La concepción teleológica nunca puede ser introducida nuevamente como un principio inmanente de la explicación causal de la naturaleza. Permanece siendo una idea trascendental, un concepto límite para la segunda y tiene como tal el valor heurístico que constantemente plantea la pregunta de qué mecanismo es responsable de llevar a cabo el fin particular de la naturaleza.

Por otro lado, en tanto que no puede descubrir un "*Selbstweck*" singular, ninguna finalidad final singular en la naturaleza, la concepción teleológica de la naturaleza automáticamente resulta en la idea suprasensorial del "*homo noumenon*" y con ella en una *teología ética*. Es así que parece que en la "facultad reflexiva del juicio" se ha de encontrar realmente una reconciliación entre el ideal de la ciencia y el de la personalidad. *Sin embargo, esta reconciliación no es real.* En la dialéctica del juicio teleológico Kant mismo empieza con la formulación de la antinomia entre la concepción mecáni-

---

[1] KU, pp. 268-9: "Das Prinzip der Vernunft ist ihr als nur subjectiv, d.i. als Maxime zuständig. Alles in der Welt ist irgend wozu gut; nichts ist in ihr umsonst; und man ist durch das Beispiel, das die Natur an ihren organischen Produkten gibt, berechtigt, ja berufen, von ihr and ihren Gesetzen nichts, als was im Ganzen zweckmäszig ist, zu erwarten".

ca de la naturaleza del ideal de la ciencia y la concepción teleológica de la naturaleza que es derivada esencialmente del ideal de la personalidad. La tesis en esta antinomia es: "Toda producción de cosas materiales es posible de acuerdo con leyes meramente mecánicas".

La antítesis: "Alguna producción de las mismas no es posible de acuerdo con leyes meramente mecánicas".[1]

Está claro que la antinomia aquí formulada encaja enteramente en el marco de la idea cosmonómica humanista, en la cual los postulados antagonistas de continuidad del ideal de la ciencia y de la personalidad están enredados en un conflicto irreconciliable entre ellos.

El origen de la antinomia de la facultad del juicio teleológico a la luz de la idea cosmonómica de Kant

No estamos ocupados aquí con el mantenimiento de los límites modales de significado entre las esferas nómicas que están ancladas en el orden cósmico del tiempo, sino solamente con el mantenimiento del ideal de la personalidad en contra del ideal de la ciencia que desea borrar todos los límites de significado a través del pensamiento soberano creativo. Por esta misma razón, la solución dada por Kant a la antinomia que ha formulado descansa enteramente sobre una división hipostática analítica de las funciones de la consciencia de juicio reflexivo y determinativo: "Toda apariencia de una antinomia de las máximas de los modos de explicación propiamente físic (mecánico) y teleológico (técnico) consecuentemente descansa sobre esto: que un principio de la facultad reflexiva del juicio es tomado como el de la facultad determinativa y la *autonomía de la primera* (la cual

---

[1] Ibídem, p. 278.

sólo subjetivamente vale para el uso de nuestra razón con respecto a las leyes particulares de la experiencia) por la *heteronomía* de la segunda que deben conformarse a las leyes (universales y particulares) dadas por el entendimiento".[1]

¿Dónde surge entonces, sin embargo la antinomia del juicio teleológico? Surge de pensar juntos los principios que, de acuerdo con Kant, realmente tiene su origen en dos funciones de la razón enteramente diferentes y separadas.

Esta antinomia no puede ser resuelta refiriendo cualquiera de estas funciones a sus propios principios a priori. Aquí nos ocupamos con la misma cuestión fundamental que toda idea básica trascendental debe responder en principio: ¿dónde ha de encontrarse la unidad más profunda de la coherencia mutua de significado de las diferentes funciones de nuestra consciencia y de la realidad temporal?

Este problema no es abordado nuevamente por Kant antes del famoso parágrafo 78 de su *Crítica del juicio,* donde trata *"Von der Vereinigung des Prinzips des allgemeinen Mechanismus der Materie mit dem teleologischen in der Technik der Natur".*

Después de haber establecido primeramente que los modos mecánico y teleológico de explicar la naturaleza deben excluirse mutuamente entre sí, Kant observa: "el principio que ha de hacer posible la compatibilidad de los dos, al juzgar la naturaleza de acuerdo con ellos, debe ser ubicado en

---

[1] KU, p. 281: "Aller Anschein einer Antinomie zwischen den Maximen der eigentlich physischen (mechanischen) und der teleologischen (technischen) Erklärungsart, beruht also darauf: dasz man einen Grundsatz der reflectierenden Urteilskraft mit dem der bestimmenden and die *Autonomie* der ersteren (die blosz subjectiv für unsern Vernunftgebrauch in Ansehung der besonderen Erfahrungsgesetze gilt) mit der *Heteronomie* der anderen, welche sich nach den von dem Verstande gegebenen (allgemeinen und besonderen) Gesetze richten musz, verwechselt.

aquello que yace fuera de ambos (consecuentemente, también fuera de la posible representación empírica de la naturaleza) pero que no obstante contiene el fundamento de ellos. Esto es lo suprasensorial y cada uno de los dos modos explicación ha de ser relacionado con él".[1]

La razón por la que las concepciones causal y tecnológica de la naturaleza son capaces de coexistir armoniosamente en el pensamiento es consecuentemente buscada por Kant en el sustrato supra sensorial de la naturaleza, de la cual, sin embargo no podemos adquirir ningún conocimiento teórico.[2] La influencia de la concepción, de Newton, de la compatibilidad del mecanismo y la teología divina en la naturaleza es aquí muy evidente.[3]

---

[1] KU, p. 309: "Das Princip, welches die Vereinbarkeit beider in Beurteilung der Natur nach denselben möglich machen soll, musz in dem, was auszerhalb beiden (mithin auch auszer der möglichen empirischen Naturvorstellung) liegt, von dieser aber doch den Grund enthält, d.i. im Übersinnlichen gesetzt und eine jede beider Erklärungsarten darauf bezogen werden".

[2] Ibídem, p. 312: Kant escribió como demostración de la necesidad de pensar conjuntados el mecanismo natural y la teología natural: " Denn wo Zwecke als Grunde der Möglichkeit gewisser Dinge gedacht werden, da musz man auch Mittel annehmen, deren Wirkungsgesetz *für sich* nichts einen Zweck Voraussetzendes bedarf, mithin mechanisch und doch eine untergeordnete Ursache absichtlicher Wirkungen sein kan". [Donde los fines son pensados como fundamentos de la posibilidad de ciertas cosas, deben también postularse medios cuya ley de operación en sí misma no necesita nada que presuponga una finalidad, y consecuentemente puede ser una causa mecánica y pero no osbtante subordinada a efectos teológicos]. Si se aplica consistentemente, esta idea conduce a la disolución de la hipostasiación de la función moral en el "*homo noumenon*.

[3] La más bien primitiva concepción de la divina providencia en la naturaleza siguiendo el patrón de la técnica humana (¡compárese con la máquina!) fue aceptada por la totalidad del deísmo ilustrado.

Una vez más estamos confrontados con el concepto de la *"Natur-ding an sich"*, el cual es tan extremadamente problemático en el sistema de Kant. Más aún, en esta conexión es doblemente problemático, pues Kant mismo empezó a explicar que el principio teleológico a priori del juicio reflexivo nunca puede ser relacionado con la realidad objetiva de las cosas en la naturaleza, sino que es solamente un principio subjetivo para juzgar la naturaleza, ¡qué esencialmente derivamos de la teología en nuestras propias humanas acciones!

Como puede entonces ser buscada repentinamente la base para la compatibilidad en el pensamiento de la explicación mecánica y la teleológica de la naturaleza en un sustrato suprasensorial de la naturaleza, mientras que un poco antes Kant mismo había escrito: "en conformidad con la constitución particular de nuestro entendimiento *nosotros* estamos *obligados* a considerar algunos productos de la naturaleza con respecto a su posibilidad, como siendo producidos en conformidad con un plan y como finalidades; no podemos pretender, sin embargo que realmente exista una causa particular que tengas su fundamento determinativo en la idea de una finalidad; consecuentemente, no se permite negar que otro entendimiento (más alto) que el humano puede encontrar el fundamento de posibilidad de tales productos también en el mecanismo de la naturaleza; es decir, de una conexión causal para la cual no se asume como causa exclusivamente un entendimiento".[1]

---

[1] KU, p. 301: "gewisse Naturprodukte *müssen* nach der besondern Beschaffenheit unseres Verstandes *von uns* ihrer Möglichkeit nach als absichtlich und als Zwecke erzeugt *betrachtet werden*, ohne doch darum zu verlangen, dasz es wirklich *eine* besondere Ursache, welche die Vorstellung eines Zwecks zu ihrem Bestimmungsgrunde hat, gebe, mithin ohne

En esta conexión Kant mismo habla expresamente de una "*gewisse Zufälligkeit der Beschaffenheit inseres Verstandes*" (una cierta casualidad en la constitución de *nuestro* entendimiento), el cual necesitaría un juicio teleológico de la naturaleza. Más aún, en los precedentes SS76 y 77 el había elaborado esta idea más precisamente en el famoso contraste entre el entendimiento divino intuitivo que es creativo en un *sentido material* y el entendimiento humano que es solamente creativo en un *sentido formal*.

Nuestro entendimiento tiene esta peculiaridad, que se le debe dar material sensorial que no se encuentran en el mismo entendimiento, y que por ende no es creado por éste. Este material es el fundamento de toda contingencia de lo particular en la naturaleza, en oposición a las leyes formales y universales dadas por el entendimiento. Por las mismas razones, nuestro entendimiento debe distinguir la sensibilidad y la realidad de las cosas. Si a nuestra facultad cognitiva no le fuese asignada la cooperación de las dos funciones distintas, es decir el entendimiento lógico y la intuición sensorial, entonces la distinción entre posibilidad y realidad desaparecería.[1] Un entendimiento absolutamente intuitivo sólo podría conocer *la realidad*. "Para un entendimiento en el cual esta diferencia no debiera presentarse, valdría: todos los objetos que conozco son (existen)"[2] y la distinción en-

---

in Abrede zu ziehen, dasz nicht ein anderer (höherer) Verstand, als der menschliche auch im Mechanism der Natur, d.i. einer Kausalverbindung, zu der nicht ausschlieszungsweise ein Verstand als Ursache angenommen wird den Grund der Möglichkeit solcher Produkte der Natur antreffen könne".

[1] *Op. cit.*, p. 300.

[2] "Für einen Verstand bei dem dieser Unterschied nicht einträte, würde es heiszen: alle Objekte, die ich erkenne, *sind* (existieren)".

tre contingencia y necesidad también desaparecería para tal mente (compárese con Leibniz). Ahora bien, aunque la razón humana puede ascender a la idea trascendental de la necesidad absoluta (en la cual la posibilidad y la realidad están inseparablemente unidas), no obstante esta idea misma es solamente algo *posible*; como *idea*, es distinta de la realidad.

La situación que vale para nuestro humano entendimiento con respecto a la relación entre posibilidad y realidad también tiene validez con respecto a su concepción de la relación entre mecanismo y teleología en la naturaleza. La contingencia en lo particular en la naturaleza es el remanente que para nuestro entendimiento no es definible por las leyes universales que impone a priori sobre los fenómenos. Para sujetar este remanente al entendimiento, debemos ascender por encima de la mera posibilidad, por encima del mero universal, por encima del mero concepto, a la idea trascendental de la razón, la cual requiere una necesidad absoluta. Es verdad que al hacer ello sujetamos a lo particular mismo mediante el juicio teleológico a una ley, a saber un principio teleológico, pero este es solamente un principio subjetivo de la razón, válido para nuestro juicio, "el cual, como regulativo (no constitutivo) vale para nuestra *humana facultad de juicio* con la misma necesidad que si fuese un principio objetivo".[1]

En otras palabras, la antinomia que entre el modo funcionalista de pensar de Kant necesariamente emerge entre la causalidad natural y la teleología natural permanece de hecho sin resolver. Pues el principio de la teleología la natu-

---

[1] KU, p. 300: "welches als regulativ (nicht konstitutiv) unsere *menschliche Urteilskraft* eben so notwendig gilt, als ob es ein objectives Prinzip wäre.

raleza permanece en el análisis final siendo ficticio, perteneciendo a la consideración del "*como si*" de nuestra humana razón. Consecuentemente, podemos concluir que tampoco su tercera *Crítica* pudo dar una solución real a la antinomia básica entre el ideal de la ciencia y el de la personalidad.

Esta antinomia básica es irreconciliable, pues la absolutización de la razón debe necesariamente proceder de un rechazo del orden cósmico del tiempo, el único que puede determinar la relación mutua entre las leyes modales, y el único que puede mantener la coherencia cósmica de significado en la soberanía de cada esfera.

Incluso la apelación a una mente intuitiva absoluta es inútil, porque esta "mente absoluta" es ella misma la hipostasiación final de la idea humanista de la ciencia, y como tal no es idéntica a la hipóstasis final del ideal de la personalidad en el Dios moral de la razón.

La antinomia básica entre los ideales de la ciencia y de la personalidad en Kant está por todos lados cristalizada en el esquema materia-forma. Una sinopsis del desarrollo de esta antinomia en las tres *Críticas*

Si revisamos las tres *Críticas* de Kant, resulta que la antinomia básica entre el ideal de la ciencia y el de la personalidad se ha cristalizado por doquier en el esquema dialéctico materia-forma. Con ello hemos demostrado la tesis, desarrollada en nuestros Prolegómenos, de que este esquema, formalmente derivado del motivo religioso básico del pensamiento griego, en la filosofía de Kant ha asumido un sentido intrínsecamente humanista.

En la *Crítica de la razón pura* violó la soberanía del ideal humanista de la ciencia y, donde quiera que apelaba a una sustancia natural, simultáneamente invocaba una antinomia con el ideal de la personalidad que solamente puede encontrar su "sustancia" en la ley moral.

En la *Crítica de la razón práctica*, disolvió la hipóstasis del ideal de la personalidad, la idea del *"homo noumenon"* como una *"Ding an sich"*, relacionando nuevamente esta idea con lo sensorial.

Finalmente, en la *Crítica del juicio* produjo la antinomia que necesariamente surge al sujetar el mismo aspecto sensorial de la realidad a dos principios que por definición se excluyen mutuamente entre sí, a saber, el de la causalidad mecánica y el de la teleología en la naturaleza.[1]

En el sistema de Kant una teleología nunca puede ser una teleología de la *naturaleza*, si, como se supone, debe ser pensada como suprasensorial.[2] Pues ¿cómo puede ser relacionado el principio de la teleología con la experiencia

---

[1] En el segundo discurso de la edición posterior (1804) de su *Wissenschaftslehre*, Fichte observó estas antinomias muy claramente, donde escribión acerca de las tres *Críticas* de Kant con sus tres absolutos: "Überdies, was noch mehr bedeutete, war über der zuletzt aufgestellten moralischen Welt, als der einen Welt an sich, die empirische verloren gegangen, zur Vergeltung, dasz sie zu erst die moralische vernichtet hatte...". [Además, lo que significa aún más, con el finalmente proyectado mundo moral como único mundo en sí, lo empírico había sido perdido, a cambio de que primero había destruido el moral..."].

[2] En su *Crítica del juicio* Kant pensó que podía seguir hablando de teleología natural concibiendo simultáneamente el producto organizado de la naturaleza bajo la ley de la causalidad mecánica: "da ferner ohne alien zu der teleologisch gedachten Erzeugungsart hinzukommenden Begriff von einem dabei zugleich anzutreffenden Mechanism der Natur dergleichen Erzeugung gar nicht als Naturprodukt beurteilt werden köntte". [más aún, debido a que sin combinar la concepción teleológica del modo de producción con el concepto de un mecanismo simultáneo de la naturaleza, tal producción no puede ser juzgada em lo absoluto como

sensorial mientras que lo sensorial y los suprasensorial están divididos por un abismo infranqueable?

Más aún, tan pronto como Kant relaciona nuevamente este principio de la teleología con el material sensorial de la experiencia, si bien cuando solamente como un principio subjetivo para el uso del entendimiento, este material está sometido a dos principios que se excluyen mutuamente entre sí. De este modo el conflicto entre el ideal de la ciencia y el de la personalidad es desencadenado en el dominio original del ideal humanista de la ciencia, a saber, la experiencia de la naturaleza. Así como, por otro lado, el ideal de la personalidad es disuelto al unir el principio de la teleología (y con él en el último análisis el *"homo noumenon"* como finalidad última) con el sustrato de un mecanismo de naturaleza.

La idea básica trascendental dualista de Kant carece de un punto arquimediano inequívoco y de una idea inequívoca de la totalidad de significado

Como observamos en un contexto anterior, la idea básica trascendental de Kant carece de unidad en su punto arquimediano y, consecuentemente, de una idea inequívoca de totalidad. Es verdad que en su uso trascendental la idea apunta muy claramente hacia el aspecto moral de la existencia humana y parece absolutizado como una totalidad de significado. El dualismo entre el ideal de la ciencia y el de la personalidad, sin embargo, que caracteriza a la idea básica trascendental de Kant, le impidió reducir todas las funciones del existencia humana a lo moral, como la supuesta raíz de la personalidad. La *"Ding an sich"* de la naturaleza, que

---

un producto de la naturaleza"]. Con ello, sin embargo, ¡sólo se salva el mecanismo de la naturaleza, no el de la teleología de la naturaleza!

Kant no eliminó definitivamente, continuó siendo un contraejemplo en oposición a su idea moralista de totalidad. Esta es la fuente de todas las contradicciones en su filosofía.

Debe concederse que fue un motivo crítico realmente trascendental lo que le impidió construir una unidad que, desde luego, fue excluida por su dualista motivo básico religioso.[1] No obstante, el mismo hecho de que en el marco de su idealismo trascendental haya proclamado enfáticamente la primacía del ideal de la personalidad debe resultar con necesidad interna en el desarrollo del idealismo de la libertad postkantiano, el cual trató de superar el dualismo crítico mediante una dialéctica teórica.

La idea trascendental de la libertad de Kant se convirtió en el punto de partida de esta evolución dialéctica del pensamiento humanista.

---

[1] En este respecto debo corregir la opinión defendida en la primera edición (neerlandesa) de esta obra, de que el mantenimiento de este dualismo se debía a una carencia de consistencia crítica en el pensamiento de Kant.

CAPÍTULO V

LA TENSIÓN ENTRE EL IDEAL DE LA CIENCIA Y EL DE LA PERSONALIDAD EN LA FILOSOFÍA DE LA IDENTIDAD DEL IDEALISMO POSTKANTIANO DE LA LIBERTAD

§1 EL PERIODO TRANSITORIO ENTRE EL IDEALISMO CRÍTICO Y EL IDEALISMO DE LA LIBERTAD MONISTA. DE MAIMON A FICHTE

Fue así que la dialéctica interna del motivo religioso básico de la naturaleza y de la libertad no pudo llegar a descansar en la separación dualista que hizo Kant entre los ideales de la ciencia y la personalidad. Impulsó al idealismo de la libertad postkantiano más allá de la crítica trascendental kantiana.

La separación crítica[1] entre entendimiento y sensibilidad, forma universal e individualidad, forma y materia de la experiencia, entendimiento y razón, tenía que ser superada. El motivo libertad, que desde Kant había sido crecientemente reconocido como la misma raíz de la cosmovisión humanista, puso en juego con creciente urgencia su propio postulado interno de continuidad. Debía transformar, con una

---

[1] Este término y el sustantivo "criticismo" se usan aquí para designar la filosofía kantiana como se expone en las tres *Críticas* del filósofo de Königsberg. [N. del T.]

necesidad verdaderamente dialéctica, la idea trascendental concerniente a la coherencia y relaciones mutuas entre los aspectos modales. Con ello cambió de forma la entera idea cosmonómica del pensamiento humanista.

La dialéctica de la razón teórica con sus ideas trascendentales, por la cual en Kant la razón se eleva por encima de los límites de la experiencia sensorial, iba a ser transformada y agrandada en una nueva lógica dialéctica, como verdadero "*órganon*" del idealismo de la libertad. De aquí en adelante, todos los límites a la razón debían de ser abrogados y la "naturaleza" y la "libertad" debían ser *pensados conjuntamente* de un modo dialéctico. En el pensamiento filosófico este programa sólo podía ser realizado mediante un adicional empujón hacia atrás al ideal clásico de la ciencia y por su completa sujeción al ideal de la personalidad. Mientras que para Kant la dialéctica teórica con sus irresolubles antinomias era la demostración de un mal uso especulativo de las ideas trascendentales, mediante el cual la razón teórica trata de exceder sus límites críticos, la antinomia era ahora sancionada como una necesaria fase transitoria del pensamiento dialéctico que debe proceder continuamente a una síntesis más alta para finalmente puentear la antítesis religiosa en el punto de partida de la filosofía humanista.

El intento de Maimon de resolver la antinomia en el esquema materia-forma de Kant mediante el principio de continuidad de Leibniz

Un primer intento de puentear el dualismo fundamental en las *Críticas* de la razón teórica y práctica de Kant (con su relación antitética o más bien antinómica entre "razón" y "sensibilidad", forma a priori universalmente válida y materia "empírica" sensorial) fue abordada por Salomón Maimon (1753-1800). Éste intentó transformar la antítesis de Kant entre sensibilidad y entendimiento lógico de fundamental a gradual, introduciendo en la epistemología kantiana la doctrina de Leibniz concerniente a las *"petites perceptions"*. Por esta misma razón, eliminó de una manera radical el concepto metafísico intrínsecamente antinómico, de "cosa en sí" que Kant había mantenido porque consideraba a la sensibilidad como meramente *receptiva*.

Con Maimon entró en el pensamiento trascendental una tendencia idealista absoluta que surgía de Kant. Esta tendencia incluso sostendría que la "materia" de la experiencia se origina solamente en la consciencia trascendental. Pero el método de Maimon para la realización de este programa ha de ser cualificado solamente como una apostasía respecto del verdadero *motivo trascendental* en la filosofía de Kant. Esta cualificación vale a pesar de la considerable influencia que Maimon ejerció sobre el desarrollo del idealismo trascendental en ficha.

La epistemología kantiana está completamente disociada de su ὑπόϑεσις, de la idea de libertad autónoma de la personalidad humana. La autorreflexión crítica sobre el ideal de la personalidad, como raíz del ideal de la ciencia, había empezado en la filosofía de Kant sólo para perderse nuevamente en Maimon.

Es esencialmente el ideal matemático de la ciencia el que recupera la preeminencia en su pensamiento crítico. El principio matemático de continuidad de Leibniz es introducido en la filosofía crítica para superar, si es que ello es posible, la antinomia interna del esquema materia-forma crítico. ¡Como si esta antinomia tuviese un origen "puramente teórico" y pudiese ser resuelta mediante los métodos del ideal matemático de la ciencia!

Maimon incluso redujo la "materia sensorial de la experiencia" a la consciencia creativa, entendida como puramente *teórica*. La materia del conocimiento es producida *inconscientemente* en la consciencia: su *génesis* le es desconocida a ésta. Pero, si no ha de permanecer completamente extraña a la "razón", debe ser entendida como el "*diferencial* trascendental" del pensamiento lógico trascendental claro.

La caída de Maimon del motivo verdaderamente trascendental. Como es que la idea trascendental pierde para él su dirección hacia el ideal de la personalidad de Kant

La "*Ding an sich*" pierde entonces realmente todo significado metafísico. Se hace confluir su significación en un *concepto límite teórico*. Indica los límites bajo los cuales nuestra consciencia ya no puede controlar su contenido mediante sus propias formas creativas de pensamiento.

Sin embargo, este concepto límite carece de todo el *significado trascendental* verdadero que había tenido para Kant. Más bien, está exclusivamente orientado hacia el postulado de continuidad del ideal matemático de la ciencia, como se verá más abajo.

El problema básico que Maimon encontró incluso en su primera obra, *Versuch über die Transcendentalphilosophie*, fue el de la relación entre las formas universales a priori de la "consciencia trascendental" y la *materia particular*. Este fue el mismo problema que Kant había tratado de resolver en su *Kritik der Urteilskraft* y en el año de 1789 el libro de Maimon le había sido enviado por Marcus Herz para ser criticado incluso antes de que apareciese la tercera de las obras principales de Kant. Para puentear el hiato entre lo universal y lo particular en nuestro conocimiento, Kant también había usado la idea teológica de Leibniz del *"intellectus archetypus"* con su análisis matemático completado en una intuición singular (*uno intuito*) de la realidad individual completa (a no ser penetrada por nuestro entendimiento finito). Pero con él esta idea permaneció siendo un principio meramente *regulativa* para el uso del entendimiento, una idea normativa que obtenía su sesgo trascendental en la concepción teológica de la naturaleza, en tanto que ésta se refería en el último análisis al suprasensible *ámbito de la libertad*. Sobre la base de su idea básica trascendental, Kant debió rechazar el sesgo metafísico de la idea de Leibniz del *"intellectus archetypus"*, resultante en un idealismo matemático que busca tanto el origen como la raíz del cosmos en el pensamiento matemático creativo. Esta metafísica del ideal de la ciencia era incompatible con el idealismo de la libertad de la filosofía crítica de Kant.

La crítica matemática de Maimon y la Escuela de Marburgo entre los neokantianos

Maimon en realidad trató de reconciliar este idealismo matemático con la filosofía crítica trascendental.[1] De acuerdo con él, la idea del "entendimiento divino" en su sentido leibniziano sigue siendo "una idea, a la cual cualquier crítica de

---

[1] En tiempos modernos los neokantianos de la Escuela de Marburgo han hecho un intento similar.

la razón pura debe ser reducida, si es que ha de ser satisfactoria".[1]

Esto fue sin duda una regresión hacia la actitud dogmática de pensamiento que, bajo la supremacía de la fe en el ideal matemático de la ciencia, no podía penetrar en la verdadera ὑπόθεσις de la segunda.

Leibniz había querido dar a los fenómenos en su forma sensorial un *fundamento* en el pensamiento matemático creativo (de ahí su continuo hablar de los *"phénomènes bien fondés"*). De modo similar, Maimon busca una base matemática para la *materia* de Kant de la consciencia, como tal. Esta materia ya no podía ser relegada a la mera receptividad de la sensibilidad, una vez que se había producido una ruptura con la doctrina de Kant de la "afección" de nuestra función sensorial subjetiva por la *"Ding an sich"*.

El entendimiento no puede simplemente aceptar las impresiones sensoriales del *"Gegenstand"* como un *datum*; necesariamente se pregunta por los *principios de su origen*. "Como el negocio del entendimiento no es más que pensar —esto es, producir unidad en la multiplicidad— no puede pensar ningún objeto salvo indicando la regla o manera de su origen. Pues solamente con ello puede la multiplicidad del mismo ser puesto bajo la unidad de la regla. Consecuentemente, no puede pensar ningún objeto como ya originado, sino meramente como originándose, es decir fluyendo. La regla especial de origen de un objeto, o la naturaleza de su diferencial, lo hace ser un objeto especial, y las relaciones

---

[1] *Über die Progressen der Philosophie*, Streitfereien, p. 42, citado por Cassirer III, p. 96: "eine Idee, worauf eine jede Kritik der reinen Vernunft zurückgebracht werden musz, wenn sie befriedigend sein soll".

de los diferentes objetos se originan en las relaciones de sus reglas de origen o sus diferenciales".[1]

Así que la *idea* kantiana, o el *noumenon*, como concepto límite, obtiene con Maimon la importancia de un *concepto diferencial matemático* como el *fundamento* de la *materia* sensorial de Kant de la consciencia.

Las categorías puras de pensamiento nunca pueden ser aplicadas *inmediatamente* a las percepciones sensoriales "si no meramente a sus elementos, que son ideas de la razón concernientes al modo de origen de estas intuiciones, y mediante éstas a las intuiciones mismas".[2]

La idea como tal se convierte en el principio lógico de *origen* que no conoce otro ἀρχέ más que el pensamiento matemático creativo. Éste fue el camino metódico que actualmente iba a ser adoptado por la Escuela de Marburgo, mucho más consistentemente que lo que Maimon había hecho. Esta escuela empezó a aplicar el principio de continuidad de Leibniz como un "principio de creación" lógico trascendental (*"Erzeugungsprinzip"*) a las categorías de Kant. Éstas ya no

---

[1] *Versuch über die Transcendentalphilosophie*, citado por Cassirer III, p. 98: "Denn da das Geschäft des Verstandes nicht anderes als Denken, d.h. Einheit im mannigfaltigen hervorzubringen ist, so kann er sich kein Objekt denken, als blosz dadurch, dasz er die Regel oder Art seiner Entstehung angibt: denn nur dadurch kann das Mannigfaltige desselben unter die Einheit der Regel gebracht werden, folglich kann er kein Objekt als schon entstanden, sondern blosz als entstehend, d.h. flieszend denken. Die besondere Regel des Entstehens eines Objekts oder die Art seines Differentials macht es zu einem besonderen Objekt, und die Verhältnisse verschiedener Objekte entspringen aus den Verhältnissen ihrer Entstehungsregeln oder ihrer Differentialen".

[2] Ibídem, p. 355: "sondern blosz auf ihre Elemente, die Vernunftideen von der Entstehungsart dieser Anschauungen sind and vermittels dieser auf die Anschauungen selbst".

podían ser analizadas como un *datum* estático de la tabla de las formas del juicio lógico; más bien, debieran ser derivadas en un proceso dinámico de creación a partir de su origen lógico, a partir de una síntesis original de pensamiento.

Pero, incluso para esta dinámica, la concepción genética de las "formas puras de la consciencia" encontramos el punto de contacto en el criticismo matemático de Maimon. Maimon afirma su concepción del *datum* como "diferencial trascendental de la consciencia" no solamente con respecto a la *materia sensorial* del conocimiento, sino también con respecto a las *formas a priori* de la consciencia cognoscente.

El problema de la relación entre lo universal y lo particular en el conocimiento dentro del dominio de las formas a priori de la consciencia de Kant. La idea cosmonómica de Maimon

Fue la relación de lo *particular* con lo *universal* en el conocimiento lo que trató de clarificar mediante su nueva concepción de la idea como "diferencial de la consciencia". El mismo problema, sin embargo, ocurre en las formas a priori de la consciencia. Aquí se convierte en el de la relación del *origen* lógico trascendental del cosmos teórico con la diversidad modal de los conceptos lógicos formales, matemáticos y científicos naturales. En otras palabras, los problemas básicos que deben ser respondidos por la idea básica trascendental (idea cosmonómica) entran aquí en juego.

Si el origen, el ἀρχέ, ha de encontrarse solamente en la idea de pensamiento creativo deificado, entonces la *particularidad del significado* modal debe también ser reducida a su origen, de acuerdo con un *principio de creación lógico*.

Esta particularidad modal puede a primera vista aparecer como un *datum apriori* trascendental en la organización a priori de nuestra consciencia. No obstante, el ideal de la ciencia crítico requiere la indicación de la *regla de origen*, de acuerdo con la cual esta particularidad ha de ser *creada lógicamente*.

Es así que el problema de la *especificación* que Kant había tratado de resolver en su *Crítica del juicio* es ahora planteado inmediatamente *en el marco de una idea cosmonómica*.

Maimon empieza con el problema concerniente a la especificación de los conceptos lógicos formales del entendimiento en los conceptos especiales de las matemáticas.

Encontrando un punto de contacto en la doctrina del espacio y el tiempo de Kant, como *formas de la intuición sensorial,* concibe el espacio como una particularidad que no puede permanecer meramente como un dato, como una "forma a priori de la intuición", una ὕλε νοητή, sino que debe ser referida a su *origen* lógico. El problema se amplía sin embargo, inmediatamente a la pregunta concerniente al principio del origen de todo el así llamado pensamiento real, el cual aparece en *juicios del conocimiento* sintéticos universalmente válidos que tienen un sentido especial. Maimon trata de responder esta pregunta en su *principio de determinabilidad* ("*Satz der Bestimmbarkeit*"). ¿Qué ha de entenderse por este principio?

Con Maimon expresa la idea de *dominio lógico* (por un sistema de determinaciones categóricas adicionales) de la multiplicidad en los especiales "*Gegenstände*" de pensamiento, la cual no puede ser derivada de los *principios meramente analíticos*; esto es, sólo de los principios lógicos de identidad y no contradicción.

Como el *"principium contradictionis"* es el principio básico de todo juicio analítico meramente formal, así la *"Satz der Bestimmbarkeit"* se convierte en el principio original de todos los juicios *particulares* del conocimiento, en los cuales el pensamiento, de acuerdo con el tardío pronunciamiento de Cohen, se convierte en *"pensamiento del ser"* y todo *ser* se convierte en *"ser de pensamiento"*. Pues, de acuerdo con la idea cosmonómica aquí puesta en el fundamento, la realidad solamente se puede *sostener* como realidad en tanto que es derivada de su *origen lógico*, en el proceso creativo llevado a cabo por el pensamiento teórico.

En la explicación de su "principio de determinabilidad" Maimon parte de los tres modos fundamentalmente diferentes en los que el pensamiento puede combinar una multiplicidad de "objetos de la consciencia" en una unidad lógica

Hay tres posibilidades con respecto a la relación entre los elementos de la multiplicidad que son combinados por el pensamiento en una *unidad*. En primer lugar, pueden ser enteramente independientes entre sí, de manera que cada uno puede ser pensado por sí mismo separadamente, por ejemplo las cualidades sensoriales de color y gusto, o las "sustancias" como mesa y silla.

En este caso, el pensamiento permanece siendo meramente *formal* y arbitrario y conecta los "objetos de la consciencia" sólo de acuerdo con el principio analítico de no contradicción. *Realiter*, sin embargo, los objetos no son unificados entre sí de acuerdo con un principio fijo.

En el segundo lugar, es posible que los elementos de la multiplicidad, a ser combinados en el pensamiento, sean interdependientes, de modo que uno no pueda ser pensado siendo parte del otro. De acuerdo con Maimon, el juicio de *causalidad*, como un puro juicio de relación, es típico de este modo de síntesis lógica, pues la causa y el efecto se hallan en *correlación entre sí*. A partir de esta relación de pensamiento, sin embargo, no puede surgir ningún "*Gegenstand*". Como cada uno de sus dos elementos supone el otro, ambos carecen de la característica de esa existencia independiente requerida por el "*realen Gegenstand*".

Sólo en el tercer modo de conexión o síntesis lógica se convierte el pensamiento en *pensamiento de la realidad*, en el cual el principio de origen del "*Gegenstand*" puede ser demostrado. En este modo de conexión lógica, el "sujeto", ciertamente, debe ser pensado en el juicio sin el "predicado", pero no al revés. Solamente un sujeto en el juicio que puede ser pensado de manera enteramente independientemente es un verdadero "*Gegenstand*" *en* el pensamiento. Aquí el pensamiento se ata con el concepto del "*Gegenstand*" en un entero sistema de *determinaciones adicionales*.

Para este modo de síntesis lógica, el estilo *matemático* de pensamiento es el prototipo. Pues la totalidad de conceptos y juicios matemáticos forman un sistema que, tomando su principio en un origen lógico trascendental independiente, es creado por la visión continua de determinaciones lógicas adicionales. Sujeto y predicado son constantemente combinados en el juicio matemático de acuerdo con el "principio de determinabilidad" ("*Satz der Bestimmbarkeit*").

La ruptura entre forma y materia sensorial del conocimiento. El escepticismo tardío crítico de Maimon con respecto al concepto de experiencia de Kant

No todo "pensamiento real", sin embargo, responde a este principio básico. Los juicios "empíricos", los cuales apelan al aspecto sensorial del experiencia, ciertamente son sintéticos, pero no se entrelazan de una manera a priori sistemática de acuerdo con el "principio de determinabilidad". La percepción sensorial siempre nos provee sólo un grupo de características, que *regularmente existen juntas*, pero con respecto a las cuales nunca se puede demostrar que una característica esté *determinada* por la otra. Así, por ejemplo, la "compleja percepción sensorial" que llamamos oro está caracterizada por su color amarillo, por su gravedad específica, su solubilidad y así consecutivamente. Pero la razón por la que estas mismas cualidades y no otras hacen su aparición juntas permanece oculta a nuestro limitado entendimiento. La conclusión de la percepción *constante* de su *configuración* a la *necesidad* de su combinación descansa en la asociación psicológica de las ideas, que Hume había previamente analizado. Es un producto de la imaginación creativa pero no está fundamentada en el pensamiento creativo.

Maimon ha aterrizado así en un *escepticismo crítico* con respecto a la posibilidad real de aplicar las formas a priori de la consciencia a la materia kantiana de la experiencia sensorial.

De acuerdo con él, la categoría de causalidad natural permanece siendo una síntesis meramente *formal* de pensamiento, que *no crea ningún* Gegenstand *real* . No ha de ser reducido de acuerdo con el "principio de determinabilidad".

Las ciencias naturales exactas no relacionan las "categorías puras del pensamiento" con las percepciones sensoriales mismas, sino más bien con conceptos límite ideales, con los "diferenciales", con los cuales sustituyen estas percepciones. Los fenómenos sensoriales no permiten ser conectados por el pensamiento, en conformidad con el principio lógico de origen de la determinabilidad.

Es así que la crítica matemática de Maimon termina en un escepticismo fundamental con respecto a los *principios a priori de la experiencia* de Kant, los cuales en realidad trataban de relacionar las *formas de pensamiento* lógicas constitutivas a priori con el *material sensorial* del conocimiento. Las únicas ciencias sintéticas a priori que permite que sean válidas son las matemáticas lógicas y la filosofía trascendental como ciencia del origen sintético de las formas puras de la consciencia.

¡El postulado de continuidad del ideal matemático de la ciencia se detiene en la filosofía crítica de Maimon ante el límite de los fenómenos sensoriales!

¿Cómo ha de ser esto explicado en vista del hecho de que en su primera obra, *Versuch über die Transcendentalphilosophie*, Maimon había expresamente mantenido que las categorías de pensamiento también se pueden relacionar con las percepciones sensoriales mismas mediante las ideas de la razón (como conceptos límite en el sentido de "diferenciales de la consciencia")?

La explicación ha de encontrarse en la circunstancia de que en la primera obra de Maimon el idealismo matemático de Leibniz fue aceptado en una medida que realmente no concordaba con la crítica de Kant. Con Leibniz, en el último análisis, el aspecto sensorial de la realidad se convierte en un modo del pensamiento matemático, mientras que el concepto de diferencial adoptó un sesgo especulativo metafísico. Fue la idea de Leibniz del origen divino como pensamiento matemático creador de la entera coherencia cósmica la que originalmente dominó la entero posición crítica de Maimon.

La concepción de Leibniz de la relación entre *fenómeno* y *noumenon* no fue, sin embargo, enteramente diferente de la de Kant.

Sólo la *metafísica del ideal de la ciencia* podría intentar reducir los fenómenos sensoriales al pensamiento matemático como su origen último y suponer que, en el análisis creativo del pensamiento divino, responden adecuadamente a los conceptos puros del entendimiento.

Kant *no podía* relativizar y eventualmente anular los límites entre sensibilidad y razón de esta manera metafísica.

El modo en que Kant se propuso sintetizar ambos factores antagónicos fue eventualmente determinado por su concepción de la *idea trascendental* de la razón teórica como *concepto límite de la libertad*. Que Kant con ello se enredó en una antinomia irresoluble se debió a su dualista idea básica trascendental, la cual no permitía un verdadero puenteo del hiato entre *forma* y *materia*.

Maimon, quien trató de entender la doctrina de las ideas trascendentales de Kant en un sentido "puramente teórico", estaba ahora ante el dilema de dar a las "ideas" el sesgo metafísico especulativo que habían poseído en la concepción idealista matemática de Leibniz del "*intellectus archetypus*", o de dejar que se marchitaran para convertirse en meras ficciones de la fantasía creativa, en el sentido pretendido por Hume.

El primer camino lo hubiera llevado irrevocablemente hacia la metafísica prekantiana, la cual él había rechazado más consistentemente incluso que el mismo Kant en su crítica radical de la *"Ding an sich"*.

Dentro de los límites de la posición crítica, el ideal matemático de la ciencia resulta incapaz de superar el dualismo radical entre sensibilidad y razón

Como en las obras posteriores de Maimon la idea especulativa de Dios de Leibniz perdió importancia positiva, y los límites del ideal matemático de la ciencia fueron trazados más tajantemente en el sentido crítico, las ideas en Maimon también tendían cada vez más pronunciadamente a convertirse en meras ficciones.[1] En el mismo grado, los límites que Kant había trazado entre razón y sensibilidad ganaron en agudeza en la crítica de Maimon. El concepto diferencial y el principio de continuidad que se originaban en el pensamiento matemático se detuvieron ante un límite entre sensibilidad y razón que Kant, sin embargo, había trazado en aras de su nueva concepción del ideal de la personalidad. La idea básica trascendental de Maimon carece en última instancia de unidad en su punto arquimediano, a pesar de su recaída en la supremacía del ideal matemático de la ciencia.

Sólo a partir del ideal de la personalidad mismo podía el desarrollo inmediatamente siguiente del idealismo trascendental intentar superar el dualismo de Kant. El ideal de la ciencia concebido de acuerdo con el criticismo no demostró ser capaz de esto.

---

[1] *Cfr.* Cassirer III, pp. 104 ss. para mayores detalles sobre este punto.

§2 EL POSTULADO DE CONTINUIDAD EN LA NUEVA CONCEPCIÓN DEL IDEAL DE PERSONALIDAD Y LA GÉNESIS DE LA FILOSOFÍA DIALÉCTICA EN LA PRIMERA ALEMÁN DE FICHTE (1794)

La *"Naturding an sich"* con la doctrina (adjuntada a ella por Kant) de la *materia* de la experiencia, recibida de una manera enteramente pasiva por la función sensorial de la consciencia, se había convertido en el blanco de la crítica más efectiva, en la primera controversia que se desarrolló acerca de la nueva filosofía crítica trascendental. Por encima de todo, la grosera forma que Reinhold, discípulo de Kant, había dado a la doctrina concerniente a la *"Affizierung"* (afección) de la sensibilidad subjetiva por la misteriosa *"Ding an sich"* había expuesto bruscamente la antinomia que le era inherente. Reinhold concebía esta *"Affizierung"*, de hecho, como un "proceso causal", y esta concepción cayó presa del aniquilador ataque que Gottlieb Ernst Schulze, orientado al criticismo psicologista de Hume, dirigió en su anónimamente publicado escrito *Aenesidemus* contra las "presunciones" de la *Crítica de la razón pura*. De acuerdo con Kant, la categoría de causalidad está restringida al aspecto sensorial del experiencia. ¿Cómo podía entonces está relacionada con la *"Ding an sich"*, más allá de toda experiencia?

Maimon le había dado la forma más tajante al problema de la relación entre sensibilidad y razón, materia y forma del conocimiento. En su primera obra había establecido el requerimiento de explicar también el origen de la *materia* de la experiencia a partir de la "consciencia trascendental" misma. Había aventurado adicionalmente un primer intento de dar un sistema verdaderamente *genético* de las "formas puras de la conciencia" con la ayuda del *principio de origen*.

Todo esto fue solamente una preparación para el desarrollo dialéctico que el idealismo trascendental iba a sufrir después de Kant.

El motivo básico de la primera *Wissenschaftslehre* de Fichte. El momento creativo en el ideal de la personalidad

No fue hasta la primera *Wissenschaftslehre* (doctrina de la ciencia)[1] de Fichte del año 1794, que empezó este desarrollo dialéctico a partir de la reflexión trascendental sobre la idea de libertad como una hipótesis incluso del ideal de la ciencia.

El concepto metafísico de la "*Naturding an sich*" (antes de Kant, el denominador básico del ideal racionalista de la ciencia, en el sistema de Kant mismo una amenaza tanto al ideal de la ciencia, como al de la personalidad) fue abandonado completamente. Como concepto básico del "realismo dogmático", debe ser abolido en la "*Wissenschaftslehre*", la cual, como autorreflexión de la razón sobre su propia actividad, refiere todas las funciones de la conciencia, incluso la receptiva sensorial, a su *raíz absoluta, trascendental*; esto es la autoconsciencia como *ego absolutamente libre*, no determinado por nada más.

Ese *ego* no es él mismo un *ser*; ya no es más una unidad de consciencia supraindividual universalmente dada, como en Kant, sino que *se crea a sí misma* en una *actividad* libre no determinada por nada, mediante un libre "*Tathandlung*" ("acto práctico").

---

[1] Ésta es la traducción de "Wissenschaftslehre" en el *Diccionario de filosofía* de D. D. Runes (1951). Los términos "gramática de la ciencia", "filosofía de la ciencia" y "ciencia de la ciencia" usualmente no tienen el significado que pretendía Fichte. El término alemán será ocasionalmente abreviado como *wl*.

Este *ego* absoluto, *creándose a sí mismo en la actividad libre*, no se encuentra entre las determinaciones "empíricas" (¡léase "psicológicas¹) de nuestra consciencia y *no puede* ser encontrada entre ellas, sino que se encuentra en la base de toda consciencia (a la cual solamente ella hace posible).¹

Este *ego* ya no es la forma estática fundamental de todo pensamiento sintético como lo fue la "unidad trascendental de la apercepción" de Kant. Como *tesis absolutamente libre*, es necesariamente pensada como la *totalidad dinámica* de actividad, en sí misma todavía indiferenciada, a partir de la cual nuestro entero cosmos debe originarse a través de una serie de actos adicionales de la consciencia.² La naturaleza no puede poseer una raíz independiente en contraste con este *ego* tético absoluto. La necesidad misma en la coherencia causal de la naturaleza sólo se puede entender como un producto de la actividad libre del yo absoluto.

El punto arquimediano en la idea básica trascendental de Fichte

¿Cuál es este "ego absoluto" que Fichte convierte en la base de su entera filosofía, en el *principio* primero y más alto de su *Wissenschaftslehre*: *"Das Ich setzt selbst"* (el ego se pone a sí mismo)?

----

¹ *Grundlagen der gesammten Wissenschaftslehre* (en J. J. Fichte, *Sämmtlichen Werke*, vol. I, ed. de J. H. Fichte), p. 91. De aquí en adelante cito esta edición de las obras de Fichte, consultada por mí.

² *Op. cit.*, p. 99: "Auf unseren Satz, als absoluten Grundsatz alles Wissens hat gedeutet Kant in seiner Deduction der Kategorien; er hat ihn aber nie als Grundsatz bestimmt aufgestellt". [Kant, en su deducción de las categorías, ha apuntado a nuestra proposición como principio absoluto de todo conocimiento. Pero nunca lo estableció definidamente como un principio].

Podríamos suponer por un momento que aquí la raíz religiosa más profunda del cosmos temporal entero ha sido descubierta, y, como un a priori religioso, convertido en el punto de partida de la filosofía.

Esto podría suponerse de la manera más rápida, pues Fichte, en su tratado *Über den Begriff der Wissenschaftslehre* (primera edición 1794, segunda edición 1798), declara expresamente que su doctrina de la ciencia, con su principio tético absoluto, no está determinado por la lógica, sino, más bien al contrario, provee la base de la segunda.[1]

Así que incluso la lógica teórica, el *"organon"* de toda hipostasiación en la filosofía de la inmanencia, está sujetado a la doctrina de la ciencia.

La síntesis transcendental del "ego" debe ser ella misma entendida como el origen de los principios analíticos –una tesis que Kant había postulado en toda su agudeza si se toma en un sentido meramente *lógico* trascendental, pero a la cual se volvió infiel en su deducción de las categorías a partir de las formas analíticas del juicio.

Maimon había aceptado una dependencia mutua de análisis y síntesis, pero en el *sentido material* el reconoció igualmente la síntesis lógica trascendental como condición de la analítica. Fichte, sin embargo, fue el primero en reducir el

---

[1] WW I, p. 68: "die Wissenschaftslehre wird nicht durch die Logik, aber die Logik wird durch die Wissenschaftslehre *bedingt* und *bestimmt*. Die Wissenschaftslehre bekommt nicht etwa von der Logik ihre Form, sondern sie hat sie in sich selbst und stellt sie erst für die mögliche Abstraction durch Freiheit auf". [La doctrina de la ciencia no está *condicionada* y *determinada* por la lógica, sino más bien la lógica por la doctrina de la ciencia. La doctrina de la ciencia no obtiene de ninguna manera su forma de la lógica, sino que la tiene en sí misma y solamente la planea a través de la libertad en aras de la posible abstracción].

origen de la analítica en el último análisis al "ego" absoluto, el cual parece ser elevado por encima de toda determinación lógica.

Pero pronto resulta que en el primer "*Grundsatz*" (principio) de la doctrina de la ciencia no hay nada incorporado más que la proclamación de la soberanía absoluta de la "razón práctica", en el sentido del ideal humanista de la libertad moral.

El primer "*Tathandlung*" (acto práctico) absoluto de la razón se origina, como el mismo Fichte lo explica, en el *pensamiento* de sí mismo por parte del ego absoluto. "Esto necesita una *reflexión* sobre aquello que en el primer lugar podría ser tomado por él, y una *abstracción* de todo aquello que no pertenece realmente a él mismo".[1]

Concede, adicionalmente: "las leyes (de la lógica general) de acuerdo con las cuales esa actividad debe ser pensada absolutamente como la base del conocimiento humano, o —lo que es lo mismo— las reglas de acuerdo con las cuales se ejecuta esa reflexión, todavía no son demostradas como válidas, sino que son tácitamente presupuestas como conocidas y establecidas. Solamente más adelante serán derivadas del principio cuya formulación es correcta solamente sobre la condición de su corrección. Esto es un círculo; pero es un círculo inevitable".[2]

---

[1] *Op. cit.* I, p. 91: "Dies macht eine *Reflexion* über dasjenige, was man etwa zunächst dafür halten könnte, und eine *Abstraction* von allem, was nich wirklich dazu gehört, nothwendig".

[2] Ibídem I, p. 92: "Die Gesetze (der allgemeinen Logik), nach denen man jene Thathandlung sich als Grundlage des menschlichen Wissens schlechterdings denken muss, oder —welches das gleiche ist— die Regeln, nach welchen jene Reflexion angestellt wird, sind noch nicht als gültig erwiesen, sondern sie werden stillschweigend, als bekannt und ausgemacht,

Tiene que ser concedido a Lask que el "ego absoluto", llamado así por *abstracción* y *reflexión*, no puede ser cualificado de otra manera más que como una "hipostasiación del concepto *universal* 'ego' como la *totalidad* de la razón".[1]

El "ego absoluto" de Fichte como origen y totalidad de toda la diversidad cósmica de significado no es nada más que la hipostasiación de la función moral

El "ego absoluto" en Fichte es la actividad libre absolutamente limitada de la *función moral*, hipostasiada en el ideal de la personalidad. Como función soberana de la razón, tiene la tarea infinita de crear a partir de sí mismo el cosmos como producto de la libertad.

El postulado de continuidad inherente al ideal humanista de la ciencia como fue concebido en el racionalismo prekantiano había requerido que el pensamiento matemático produjese un orden cósmico siguiendo su propio patrón.

De modo similar, el postulado de continuidad, implicado en el motivo religioso de la libertad y descubierto por primera vez por Kant en el ideal humanista de la personalidad, mueve al pensamiento filosófico a exceder los límites modales de los diferentes aspectos del cosmos y a elevar la función moral de la personalidad humana a un denominador básico de la diversidad modal de significado. Con esta finalidad, la necesidad natural debe ser interpretada como producto de la libertad moral hipostasiada en el pensamiento "reflexivo" de la WL.

---

vorausgesetzt. Erst tiefer unten werden sie von dem Grundsatze, dessen Aufstellung blosz tinter Bedingung ihrer Richtigkeit richtig ist, abgeleitet. Dies ist ein Cirkel; aber est ist ein unvermeidlicher Cirkel".

[1] Lask, *Gesammelte Schriften* I, p. 88: "Hypostasierung des *Allgemein* begriffs 'Ich' zur Totalität der Vernunft".

La "razón teórica", la "razón práctica" y la "facultad del juicio" ya no pueden seguir siendo "departamentos de la razón" mutuamente aislados. Deben ser relacionados con la raíz de la autoconsciencia, vista por Fichte como una *actividad moral libremente creativa*.

Esto fue límite ante el cual Kant se había detenido en el interés de mantener el ideal de la ciencia. Se delineaba, en su filosofía crítica, la antinomia entre libertad moral hipostasiada en la idea del *homo noumenon*, y el ideal de la ciencia, basado en la *Crítica de la razón pura*, que encontró el cetro de su soberanía en la categoría de la causalidad natural. En la dialéctica crítica trató, si bien infructuosamente, de "momificar" esta antinomia relegando a la "razón práctica" y a la "teórica", cada una dentro de sus límites.

Kant haría que el entendimiento se inclinase ante el principio lógico de no contradicción. La idea trascendental de la libertad no puede ser relacionada como categoría del entendimiento a la experiencia sensorial y con ello a la naturaleza, así como la categoría de la causalidad natural tampoco puede ser relacionada con la idea práctica del *"homo noumenon"*.

Con Fichte, el pensamiento dialéctico empieza a sobrepasar estos límites críticos para hacer que el cosmos se origine en la actividad libre del "ego absoluto", a partir de la supuesta *unidad radical de la razón misma*: "puede ser indicado algo a partir de lo cual toda categoría es ella misma derivada: el ego como sujeto absoluto. De todo lo demás a lo cual puede posiblemente ser aplicado, debe mostrarse que la realidad es transferida *del ego* a ella: –que debe ser, en tanto que el ego es".[1]

Intento de Fichte de una deducción transcendental de las formas kantianas de pensamiento a partir de la autoconsciencia

En primer lugar, el principio lógico de identidad se deriva del primer principio de la doctrina de la ciencia. De acuerdo con Fichte, no es más que la *forma* de la conclusión a partir del "ser puesto" al "ser" (*"vom Gesetztsein auf das Sein"*), que ha sido extraído de la proposición fundamental "yo soy", por mediante la eliminación de *el contenido* implicado en el ego. En el juicio lógico "*A es A*", ningún *A* posible puede ser otra cosa que un *A* creado y activado en el *ego*. Tan seguramente como que el *ego* mismo no es un *datum* estático, sino una *actividad infinita*, la *identidad* no es meramente una *forma* lógica inmóvil, sino una *tarea infinita* en el proceso de la *determinación* sintética del cosmos en el curso del volverse autoconsciente de la razón.

El "modo de actividad de la mente humana en general" (*"Handlungsart des menschlichen Geistes überhaupt"*), que se revela en la *forma* lógica del juicio de identidad, es la *categoría de realidad*. "Todo aquello a lo cual se aplica la proposición *A = A*, tiene realidad, *en tanto que esta proposición le es aplicable*. Aquello que es puesto por el mero poner algo en lo

---

[1] W. W. I, p. 99: .es läszt sich etwas aufzeigen, wovon jede Kategorie selbst abgeleitet ist: das Ich als absolutes Subject. Für alles mögliche übrige, worauf sie angewendet werden soil, musz gezeigt werden, dass *aus dem Ich* Realität darauf übertragen werden: − dass es seyn müsse, wofern dos Ich sey".

absoluto (esto es, puesto en el Ego) es realidad en él, es su esencia".[1]

La categoría de realidad, para Kant, una de las categorías de la *clase de la cualidad*, que él simplemente derivó de las varias formas de los juicios lógicos, es así reducida por Fichte en el juicio lógico de identidad al *ego absoluto*, como origen efectivo de toda realidad. Su relación con la experiencia sensorial ya no puede estar fundamentada en la "cosa natural en sí misma" que afectan nuestra sensibilidad. Más bien está enteramente basada en el "ego absoluto" como fuente de toda realidad creada libremente en la autoconciencia. Después de que el juicio lógico de identidad hubo recibido esta base, el juicio lógico de contradicción (no *A* es no *A*) es también referido al primer principio de la doctrina de la ciencia.

El primer principio mencionado, así como el segundo, se encuentra entre los "hechos de la conciencia empírica" y debe ser sujetado en la doctrina de la ciencia a la justificación última que la misma lógica no puede ofrecer. En el juicio lógico de la antítesis (no *A* es no *A*), la pregunta: "*es entonces el contrario de A puesto, y bajo qué condición de la forma del mero* acto es entonces puesto?".[2] permanece enteramente sin respuesta.

---

[1] "Alles, worauf der Satz $A = A$ anwendbar ist, hat, *inwiefern derselbe darauf anwendbar ist,* Realität. Dasjenige, was durch das blosze Setzen irgend eines Dinges (eines im Ich gesetzen) gesetzt ist, ist in ihm Realität, ist sein Wesen".

[2] W. W. I, p. 102: "*Ist* denn, and unter welcher Bedingung *der Form der blossen Handlung* ist denn das Gegentheil von *A* gesetzt?".

La antítesis lógica es un acto absoluto del ego. "La oposición como tal es puesta meramente por el ego".[1]

Este acto de la conciencia que es promulgado en la antítesis sólo es posible bajo la condición de la unidad de la conciencia en su tesis y antítesis. Si la conciencia del primer acto no se mantiene junto con la conciencia del segundo, la segunda "posición" (la antítesis) no sería un "*contra* poner", sino una tesis y nada más. Es sólo por virtud de su relación con la *tesis* absoluta que se convierte en una *anti-tesis*.

Originalmente nada puesto más que el *ego*. Por lo tanto, se debe hacer toda posición con referencia a éste. Pero la antítesis del *ego* es el *no ego*. Así que un *no ego* es puesto en oposición al *ego*, tan ciertamente como que la evidencia absoluta del juicio lógico "no *A* es no' *A*" se encuentra entre los hechos de la conciencia empírica.

Por abstracción a partir del contenido del ego, Fichte deriva el principio lógico de no contradicción a partir del juicio material "al *ego* se le opone un it no ego". Finalmente, si se hace total abstracción del *acto de juicio* y se dirige la atención solamente a la *forma* de la conclusión a partir de la antítesis al *no ser*, se origina la segunda categoría de cualidad de Kant, la de *negación*. Esta categoría también tiene su verdadero origen en la actividad libre e infinita del *ego*; no es meramente una *forma* lógica estática. Ha de ser entendida, al igual que todas las otras categorías del pensamiento, sólo como un *punto dialéctico de transición* a través del cual el ego se hace consciente de sí mismo como actividad *libre* infinita.

Ahora se incluye en el segundo "principio de la doctrina de la ciencia" ("*Grundsatz der Wissenschaftslehre*") una antino-

---

[1] W.W. I, p. 103: "Das Entgegengesetztsein überhaupt ist schlechthin durch das Ich gesetzt".

mia declarada. Pues el *no ego* (esto es, la naturaleza), como aparece a partir del primer principio, ha de ser puesto solamente *en el ego* como totalidad absoluta, pero al mismo tiempo, como antítesis, *cancela* el *ego*. "Es así que el segundo principio se opone a sí mismo y se cancela a sí mismo".[1] No obstante, en la tesis absoluta del primer principio esta implicada la exigencia de que el *ego* y el *no ego* sean pensados juntos en el *ego absoluto*. Así que la tesis y la antítesis requieren su síntesis, la cual está contenida en el tercer principio: "el *ego* pone en el *ego* el *no ego* por *limitación de si mismo*". Si se hace abstracción de la forma *definida* de este juicio (esto es, que está fundado sobre una base de distinción o relación) y se presta atención solamente al "característico universal del modo de acción –la limitación de uno por el otro", se origina la *categoría de la determinación* (en Kant, la de la *limitación*): "a saber, un poner la cantidad en general, ya sea la cantidad de la realidad o la de la negación, es llamada determinación".[2]

El pensamiento dialéctico, dominado por el ideal de la personalidad, usurpa la tarea del orden cósmico

Está claro lo que ocurre en esta síntesis. *El pensamiento dialéctico usurpa la tarea del orden cósmico* que regula la relación de las esferas modales nómicas *en la continuidad cósmica del tiempo*. Como demostramos en la Parte I, el orden cósmico del tiempo fundamenta y al mismo tiempo relativiza la soberanía de esfera de las esferas modales nómicas, puenteando sobre sus límites. Consecuentemente, si el pensamiento ló-

---

[1] W. W. I, p. 106: "Also ist der zweite Grundsatz sich selbst entgegeng setzt, and hebt sich selbst auf".

[2] TAP, pp. 122-3: "Nemlich ein setzen der Quantität überhaupt, sey es nun Quantität der Realität oder der Negation, heiszt Bestimmung".

gico en la línea de la *dialéctica especulativa* es puesta en lugar del orden cósmico, *ese pensamiento* debe relativizar los límites de las esferas modales. Pero, puesto que el pensamiento lógico en su mismo principio de no contradicción requiere un mantenimiento estricto de estos límites, puede tomar sobre sí mismo esta imposible tarea sólo mediante una falsa relativización *lógica* de sus leyes básicas.

El pensamiento lógico, consciente de sus límites, nunca puede llegar al punto de hacer que el significado de los aspectos prelógicos de la realidad –concebidos en una abstracción teórica como "naturaleza" –se originen en la función moral de la personalidad libre. El pensamiento dialéctico, sin embargo, supone que puede lograr esta proeza mágica concibiendo el aspecto moral absolutizado como una *totalidad* ilimitada, a partir de la cual mediante la *división* (*cfr.* la división de una línea recta geométrica, ¡una imagen a la que Fichte apela una y otra vez!) han de originarse las funciones limitadas finitas: "hemos unido el ego opuesto y el no ego a través del concepto de divisibilidad".[1] El *ego limitado* y el *no ego* limitante de la antítesis se han originado ambos en la división cuantitativa o autolimitación del ego absoluto en el cual, naturalmente no ha de pensarse una división *espacial*. Es así que en la síntesis, la "naturaleza" finita y la "libertad" finita, la sensibilidad y la razón finita, la materia y la forma, son pensadas juntas, después de que la libertad moral es hipostasiada mediante una primera síntesis teórica como denominador básico para ambas! ¡Este denominador básico es nuevamente vista de modo racionalista como la ley moral!

---

[1] W. W. I, p. 110: "Wir haben die entgegengesetzten Ich and nicht-Ich vereinigt durch den Begriff der Theilbarkeit".

Fichte mismo había formulado la función moral de la ley como denominador básico para la realidad temporal en su pronunciamiento: "nuestro mundo es el material de nuestro deber, hecho sensible; esto es auténticamente real en las cosas, la verdadera materia básica de toda apariencia".[1]

Pero la libertad moral absolutizada de la acción del ego no puede servir como *denominador básico* para la síntesis teórica de significado. Por la hipostasiación es arrancado de la coherencia temporal cósmica de los aspectos modales, y se convierte en una *forma* abstracta carente de significado y no en una *totalidad de significado*.

En la *Wissenschaftslehre* de Fichte del año 1794, de acuerdo con la excelente observación de Kroner, "la ética es elevada la posición de la metafísica".

La dialéctica especulativa, que no iba a ser elaborada consistentemente hasta el sistema de Hegel, demanda que la tesis, el "ego absoluto", no debiera ser puesto en lo absoluto en el sentido de estar realmente cayendo *fuera del sistema dialéctico*. Requiere que tanto la tesis como la antítesis sean vistas sólo como momentos de la síntesis que determinan y mutuamente limitan una a la otra. Pero si bien Fichte puso los fundamentos de la dialéctica especulativa moderna, su moralismo le impidió aceptar esta consecuencia.

El *ego absoluto* de la tesis es separado por él del *ego limitado* de la antítesis.

---

[1] W. W, V, p. 211: "Unsere Welt ist das versinnlichte Material unserer Pflicht; dies ist das eigentlich Reelle in den Dingen, der wahre Grundstoff aller Erscheinung".

Para Fichte, el "ego absoluto" permanece fuera del sistema dialéctico. La idea de ego absoluto como tarea ética

El sistema dialéctico que desarrolla la doctrina de la ciencia no se ocupa del *ego absoluto* de la tesis (que no se refleja como lo hace el ego *finito*), sino solamente del ego *finito* que se origina a través de la creación de la antítesis en el ego.

La síntesis absoluta, el retorno del ego absoluto a sí mismo, permanece siendo una *tarea* que nunca habrá de ser realizada.

Aquí la idea del ego absoluto como "tarea" *ética* hace su entrada en la dialéctica de Fichte: "en tanto que el predicado de la libertad puede valer para el hombre, esto es en tanto que es un sujeto absoluto, y no uno que es representado o capaz de ser representado, no tiene nada en común con el ser natural, y por lo tanto ni siquiera le es opuesto. De acuerdo con la forma lógica del juicio que es positivo (a saber: el hombre es libre de necesidad natural), ambos conceptos debieran, no obstante, estar unificados. No, de seguro, en cualquier concepto, sino meramente en la idea de un ego cuya conciencia no esta determinada por nada fuera de sí misma, sino que más bien determina todo lo que está fuera de si misma por su mera consciencia. Pero esta misma idea no es pensable en tanto que contiene una contradicción. No obstante, es puesta como la meta práctica más elevada. El hombre debiera aproximar infinitamente la la libertad que en sí es asequible".[1]

---

[1] W. W. I, p. 117: "der Mensch, insofern das Prädicat der Freiheit von ihm gelten kann, d.i. insofern er absolut und nicht vorgestelltes noch vorstellbares Subject ist, hat mit dem Naturwesen gar nichts gemein, und es ist ihm also nicht entgegengesetzt. Dennoch sollen laut der logischen Form des Urteils, welche positiv ist (scl. Der Mensch ist frei von Natur-

Por lo tanto, en el desarrollo del sistema dialéctico, la antinomia *final* no puede ser *lógicamente* reconciliada. También en el proceso de pensamiento sólo puede ser resuelta *éticamente*. Por lo tanto, Fichte escribe que, en las antítesis que están unidas a través de la primera síntesis, el pensamiento debe buscar nuevas antinomias para unirlas a través una nueva síntesis, "hasta que lleguemos a los opuestos, los cuales ya no puede ser unidos perfectamente y por lo tanto pasamos hacia el ámbito de la parte práctica".[1]

Kroner correctamente compara el primer principio absoluto en el primer bosquejo de Fichte de la *Wissenschaftslehre* con el imperativo categórico de Kant y llama a la proposición del ego absoluto autocreativo "la ley básica de la razón práctica pura en su uso especulativo". La producción de la síntesis en la dialéctica es puesta en perfecta analogía con la actividad moral. Es vista como actividad moral que continúa en el pensamiento y se torna especulativa.[2] Es así que se puede explicar la observación de Fichte: "acordemente, empezamos con una deducción y proseguimos con ella tan lejos como podemos. La imposibilidad de continuarla indudablemente nos mostrara el punto donde tenemos que rom-

---

notwendigkeit), beide Begriffe vereinigt werden; sie sind aber in gar keinem Begriffe zu vereinigen, sondern blosz in der Idee eines Ich, dessen Bewustseyn durch gar nichts ausser ihm bestimmt würde, sondern vielmehr selbst alles ausser ihm durch sein blosses Bewusstseyn bestimmte: welche Idee aber selbst nicht denkbar ist, indem sie für uns einen Widerspruch enthält. Dennoch aber ist sie uns zum höchsten praktischen Ziele aufgestellt. Der Mensch soll sich der an sich unerreichbaren Freiheit ins Unendliche immer mehr nähern".

[1] W. W. I, p. 115: "bis wir auf Entgegengesetzte kommen, die sich nicht weiter vollkommen verbinden lassen, und dadurch in das Gebiet des praktischen Theils übergehen.

[2] Kroner I, p. 398.

perla y apelar a ese dictado autoritativo e incondicionado de la razón que resultará de la tarea".[1]

Fichte intenta dar una explicación de la posibilidad del conocimiento teórico refiriendo éste a la ipseidad. Porqué no puede tener éxito este intento en la posición de inmanencia de Fichte

Incluso en la *Wissenschaftslehre* de 1794, Fichte aventuró un intento serio de clarificar el problema de la *síntesis* en epistemología, un problema que Kant realmente no había resuelto. Para esta finalidad había de relacionar la síntesis teórica con la raíz de la autoconsciencia.[2]

---

[1] W. W. I, p. 106: "Wir heben demnach mit einer Deduktion an, und gehen mit ihr, so weit wir können. Die Unmöglichkeit sie fortzusetzen wird uns ohne Zweifel zeigen, wo wir sie abzubrechen, und uns auf jenen unbedingten Machtspruch der Vernunft, der sich aus der Aufgabe ergeben wird, zu berufen haben".

[2] *Op. cit.*, p. 114: "La celebrada pregunta que Kant planteó en el ápice de la *Crítica de la razón pura*: ¿cómo son posibles los juicios sintéticos a priori? es ahora respondida de la manera más general y satisfactoria. Hemos en el tercer principio llevado a cabo una síntesis entre el ego opuesto y el no ego, mediante la puesta divisibilidad de ambos, acerca de cuya posibilidad nada ulterior puede ser preguntado, ni tampoco se puede aducir un fundamento para la misma. Es simplemente posible, uno está autorizado a ello sin ningún fundamento adicional. Todas las otras síntesis que han de ser válidas deben estar implicadas en él. Deben a la vez ser realizadas en él y con él. Y así como se demuestra esto, es proporcionada la demostración más convincente de que son válidos incluso como los primeros". [Die berühmte Frage, welche Kant an die Spitze der Kritik der reinen Vernunft stellte: vie sind synhetische Urteile a priori? −ist jetzt auf die allgemeinste und befriedigendste Art beantwortet. Wir haben im dritten Grundsatze eine Synthesis zwischen dem entgegengesetzten Ich und nicht-Ich, vermittelst der gesetzten Theilbarkeit bei der, vorgenommen, über deren Möglichkeit sich nicht weiter fragen, noch ein Grund dersel-

Sin embargo, este problema demuestra ser irresoluble sobre la base de la posición de inmanencia de la idea cosmonómica humanista de Fichte, a pesar de la penetrante visión filosófica de Fichte. La elevación del hombre nouménico moral (*homo noumenon*) como raíz de la autoconciencia sólo tiene el efecto de enraizar la síntesis en la *antinomia*, la cual es siempre ¡la marca de una brecha en las límites modales de significado por el pensamiento dado a hipostasiar!

¡La relación antitética del pensamiento teórico aquí se convierte en una contradicción lógica en el sentido dialéctico!

Fichte deriva las categorías kantianas de cantidad[1] y cualidad por abstracción del *ego absoluto* (como *origen* de las *formas* kantianas de conciencia así como de la *materia* sensorial de la experiencia).

---

ben sich anführen lässt; sie ist schlechtin möglich, man ist zu ihr ohne alien weiterer Grund befugt. Alle übrigen Synthesen, welche gültig seyn sollen, müssen in dieser liegen; sie müssen zugleich in und mit ihr vorgenommen seyn: und so, wie dies bewiesen wird, wird der überzeugendste Beweis geliefert, das sie gültig sind, wie jene].

[1] Al poner al *ego* y al *no ego* en el tercer "*Grundsatz*" como partes limitadas del ego absoluto, de acuerdo con Fichte, ambos están unidos por la *cantidad* (véase §3 de la *Wissenschaftslehre*). "Al igual que ahí (esto es en el §3) el ego fue primeramente simplemente puesto como realidad absoluta *de acuerdo con la cualidad*, así que aquí *algo*, es decir algo determinado por la *cantidad*, es simplemente puesto en el ego o el ego es simplemente puesto como *cantidad* determinada" (1, p. 205). ["So wie dort"(viz, in § 3) "zuvörderst das Ich, der Qualität nach als absolute Realität schlechthin gesetzt wurde; so wird hier *etwas*, d.h. ein durch Quantität bestimmtes, schlechthin in das Ich *gesetzt* oder das Ich wird schlechthin gesetzt als bestimmte Quantität].

La deducción transcendental de las categorías kantianas de la relación a partir de la autoconsciencia. El ideal de la ciencia es aquí derivado del ideal de la personalidad

En el desarrollo dialéctico ulterior de su sistema, Fichte trata de deducir de esta manera las categorías kantianas de sustancia e inherencia, causalidad e interacción. La síntesis entre *libertad razonable* (del ego) y *naturaleza sensorial,* puesta en el tercer principio, es el punto de partida para esta deducción. Aquí no seguiremos el surgimiento de este desarrollo dialéctico, sino simplemente fijaremos nuestra atención sobre el hecho de que Fichte en realidad busco derivar el *ideal de la ciencia* humanista —que encontraba su foco la categoría de causalidad— del *ideal de la personalidad.* Con esta finalidad, su pensamiento siguió el camino de la *continuidad* dialéctica, contenida como postulado en la idea práctica de la libertad de Kant. En la dialéctica de Fichte este dominio del *postulado de continuidad,* implicado en el motivo libertad, encuentra su expresión clara en la deducción transcendental de las categorías científicas naturales de relación (sustancia, causalidad e interacción). Aquí Fichte observa: "la actividad independiente (como unidad sintética) determina el cambio (como unidad sintética) y viceversa; es decir, uno determina al otro recíprocamente, y ellos mismos están sintéticamente unidos. La actividad, como unidad sintética, es una *transición* absoluta (*Übergehen*); el cambio, una *intrusión* absoluta (*Eingreifen*) enteramente autodeterminada. Que la primera determina la segunda, significaría: sólo por virtud de la transición, es puesta la intrusión causal de los términos cambiantes; que la segunda determina el primero significaría: conforme los términos se interpenetran, debe necesariamente pasar la actividad de uno al otro... Todo es uno y lo mismo. –El todo, sin embargo, es puesto absolutamente; se basa en sí mismo".[1] y un poco después: "es así que retorna la actividad a sí misma mediante el cambio; y el cambio retorna asimismo mediante la actividad. Todo se reproduce a sí mismo, y no hay *hiato* posible ahí; de cualquier término singular uno es conducido a todo el resto".[2].

El dominio del postulado de continuidad del ideal de la personalidad. La idea básica trascendental humanista en su tipo monista moralista trascendental

Sería injusto ignorar la profunda tendencia filosófica que se halla presente en este entero proceso de pensamiento: la búsqueda de la unidad radical de la reflexión filosófica en una *ipseidad más allá de la diversidad teórica de las síntesis* y el entendimiento de la coherencia continua de significado del cosmos. Pero este entendimiento es dirigido por los canales erróneos por la idea cosmonómica humanista de Fichte. Es mediante el pensamiento lógico *dialéctico* que el ideal huma-

---

[1] I, p. 169: "Die unabhängige Thätigkeit (als synthetische Einheit) bestimmt den Wechsel (als synthetische Einheit) und umgekehrt, d.i. beide bestimmen sich gegenseitig, und sind selbst synthetisch vereinigt. Die Thätigkeit, als synthetische Einheit, ist ein absolutes *Uebergehen*; der Wechsel ein absolutes durch sich selbst vollständig bestimmtes *Eingreifen*. Die erstere bestimmt den letzteren, würde heiszen: blosz dadurch das übergangen wird, wird das Eingreifen der Wechselglieder gesetzt: der letztere bestimmt die erstere, würde heissen: so wie die Glieder eingreifen, muss nothwendig die Thätigheit von einem zum anderen übergehen. . . Alles ist Eins und Ebendasselbe. –Das Ganze aber ist schlechhin gesetzt; es gründet sich auf sich selbst".

[2] I, p. 169: "Also die Thätigkeit geht in sich selbst zurück vermittelst des Wechsels; und der Wechsel geht in sich selbst zurück vermittelst der Thätigkeit. Alles reproducirt sich selbst, und es ist da kein *hiatus* möglich; von jedem Gliede aus wird man zu allen übrigen getrieben."

nista de la personalidad intenta transportar la continuidad del postulado de la libertad, el cual no tolera ningún *hiato*, a través de todo el pensamiento cosmológico, pero este intento multiplica la antinomia básica entre los ideales de la ciencia y de la personalidad en cada nueva fase sintética del proceso de pensamiento dialéctico. Con Fichte, la antinomia no puede ser resuelta por el *pensamiento*, porque hace de la ley moral categórica (esto es hipostasiada) la base de su *Wissenschaftslehre*, en su parte teorética tanto como en su parte práctica, y debido a que —en la línea de la idea práctica kantiana— proclama la síntesis absoluta de la naturaleza y la libertad como una "tarea" eterna para la personalidad humana. Los límites que la razón se impone a sí misma en cada nueva antítesis, en cada nueva antinomia entre ego y no ego, entre libertad moral y necesidad natural, no se encuentran para Fichte en un orden cósmico puesto por Dios en su creación y a no ser transgredido por la razón, sino que descansan *sobre autolimitaciones libres de la razón misma*. Por lo tanto, la razón teórica en el sistema dialéctico puede también una y otra vez anular los límites y en cada nueva síntesis intentar llevar adelante el postulado de continuidad del idealismo de la libertad, hasta que, de sí mismo, trae a la luz el hecho de que la síntesis absoluta debiera ser efectuada en última instancia por el pensamiento ético hipostasiado de la "razón práctica", por una sola *"Machtspruch der Vernunft"* [declaración de poder de la razón].

La imaginación productiva es para Fichte el origen creativo de la materia sensorial

¿Qué función de la razón, sin embargo, logra esta síntesis absoluta, que es pensada, a diferencia de en Kant, como una síntesis *material* productiva, una síntesis que crea por igual forma y contenido (aunque sea en la tarea infinita a través de la cual el ego se hace autoconsciente como una capacidad productiva)? Esta función es para Fichte el "poder de la imaginación productiva" (*"productive Einbildungskraft"*), que él —nuevamente a diferencia de Kant— proclama como origen creativo libre de la materia sensorial. Es una función *teórica* tanto como *práctica*. Kant no podía realmente sujetar la sensorial *materia de la experiencia* a una deducción transcendental; más bien la excluyó como lo "contingente" y "empírico" de la investigación trascendental y, para la explicación de esta materia, nuevamente apeló a la afección de nuestros sentidos por la "cosa natural en sí".

La tesis absoluta de Fichte, sin embargo, requiere la deducción incluso de la materia sensorial como producto del ego libremente creativo, y como comprehendido en el ego absoluto.

Para este fin, introduce la *imaginación productiva*, que en un sentido trascendental tenía para Kant solamente la función de lograr una síntesis entre la materia sensorial dada y las "formas puras del pensamiento". En Kant esta síntesis es realizada mediante la "esquematización" de las categorías en el tiempo como una "forma de intuición", por la creación de un "patrón trascendental" para todos los *Gegenstände* empíricos.

El proceso dialéctico fue descrito por Fichte como una transición del *ego* libre hacia su opuesto (el no ego) que limita al primero y como la reducción sintética de este *no ego* al *ego* absoluto a través de la mutua determinación y limitación de los dos momentos: el *ego limitado* y el *no ego limitante*, ambos puestos por y en el ego absoluto.

El *pensamiento* teórico *determinante*, sin embargo, que pone *límites conceptuales rígidos*, no puede producir la síntesis más alta. Permanece confinado en la antinomia final entre el ego infinito libre y el ego finito limitado por el no ego, dos ecos que se excluyen recíprocamente entre sí.

Los términos opuestos de la antítesis teórica final sólo pueden ser sintetizados en el concepto de la mera *determinabilidad* (*Bestimmbarkeit*), no en la de la *determinación* (*Bestimmung*); y aquí Fichte exhibe claramente la influencia del "principio de determinabilidad" de Maimon: "pues si el límite puesto entre los opuestos (uno de los cuales es el mismo elemento que crea la oposición, mientras que el otro, con respecto a su existencia, yace enteramente fuera de la conciencia y es puesto meramente en vista de la limitación necesaria) es puesto como un límite duro, rápido e inmutable, entonces ambos elementos están unidos por la *determinación*, pero no por la *determinabilidad*; entonces, sin embargo, la totalidad requerida en el cambio de sustancialidad tampoco sería completada... Acordemente, ese límite no debe ser aceptado como un límite fijo".[1]

La síntesis teórica final es así asequible solamente relativizando los límites que el pensamiento determinante pone entre el ego *finito* y el no ego *finito* en el ego *infinito*. El pensamiento dialéctico puede aprehender esta síntesis final sólo

---

[1] I, p. 216: "Wird nemlich die zwischen die Entgegengesetzten (deren eines das entgegensetzende selbst ist, das andere aber seinem Daseyn nach völlig ausser dem Bewusstseyn liegt, und blosz zum Behuf der notwendigen Begrenzung gesetzt wird) gesetzte Grenze als feste, fixierte, unwandelbare Grenze gesetzt, so werden beide vereinigt duch *Bestimmung*, nicht aber durch *Bestimmbarkeit*: aber dann ware auch die in dem Wechsel der Substantialität geforderte Totalität nicht erfüllt ... Demnach muss jene Grenze nicht als feste Grenze angenommen werden".

como "determinabilidad", como "la idea de determinación que no es asequible de este modo". (1, p. 216): "el ego es solamente aquello que se propone hacer de sí mismo. Que es infinito es decir que se pone a sí mismo como infinito: se *determina* a sí mismo a través del predicado de infinitud, así él (el ego) se limita a sí mismo, como sustrato de infinitud; se distingue de su actividad infinita (de las cuales ambas son una y la misma en sí mismas). Y esto debe ser el estado de cosas si el ego ha de ser infinito. Esta actividad de ir al infinito que lo distingue (esto es al ego) de sí mismo debe ser *su propia* actividad; debe ser atribuido a ella: en consecuencia, simultáneamente en uno y el mismo acto indiviso que no permite distinciones adicionales, el ego debe nuevamente asumir esta actividad en sí mismo (determinar $A + B$ a través de A). Pero si asume esta actividad en sí mismo, el primero es así determinado y consecuentemente no es infinito: sin embargo, debiera ser infinito, y por lo tanto debe ser puesto fuera del ego".

.ᴱˢte cambio del ego en y consigo mismo, en tanto que se pone a sí mismo como finito e infinito mismo tiempo, es la facultad de la imaginación. Es un cambio que consiste, por así decirlo (!), en un conflicto consigo mismo, y con ello se reproduce a sí mismo en que el ego busca unir aquello que es incapaz de ser unido, y en un momento busca asumir el infinito en la forma de lo finito, y en otro, impulsada hacia atrás, se pone nuevamente fuera del mismo, y en el mismo momento nuevamente busca asumir la forma de la finitud".[1]

---

[1] I, pp. 214, 215: "Das Ich ist nur das, als was es sich setzt. Es ist unendlich heisst, es setzt sich unendlich: es *bestimmt* sich durch das Prädicat der Unendlichkeit; also es begrenzt sich selbst (das Ich) als Substrat der Unendlichkeit; es unterscheidet sich selbst von seiner unendlichen Thätigkeit (welches beides an sich Eins und ebendasselbe ist) ; und so musste

Fichte concibe la imaginación productiva como una función inconsciente de la razón

Esta imaginación productiva (en su actividad tética, antitética y sintética) no produce *conscientemente* el contenido de las representaciones. *Más bien es el caso que solamente ella hace posible la consciencia. Solamente la reflexión la eleva al nivel de la consciencia.* Es un acto libre no determinado por fundamento alguno. En la deducción del poder de la imaginación, la doctrina teórica de la ciencia alcanza su síntesis más alta. La imaginación es operativa antes de toda reflexión, como actividad preconsciente, y en su actividad antitética no pone límites fijos, en tanto que primeramente ha de fijar el poder de la imaginación: "El poder de la imaginación es una facultad que flota entre la determinación y la no determinación, entre lo finito y lo infinito ... Este mismo flotar indica el poder de la imaginación por su producto; éste es produ-

---

es sich verhalten, wenn das Ich unendlich seyn sollte, –Diese ins Unendliche gehende Thätigkeit, die es von sich unterscheidet, soll *seine* Thätigkeit sein; sie soil ihm zugeschrieben werden: mithin muss zugleich in einer und ebenderselben ungetheilten und unzuunterscheidenden Handlung das Ich diese Thätigkeit auch wieder in sich aufnehmen (*A* + *B* durch *A* bestimmen). Nimmt es sie aber in sich auf, so ist sie bestimmt, mithin nicht unendlich: doch aber soll sie unendlich seyn, und so muss sie ausser dem Ich gesetzt werden.

"Dieser Wechsel des Ich in und mit sich selbst, da es sich endlich und unendlich zugleich setzt –ein Wechsel der gleichsam (!) in einem Widerstreite mit sich selbst besteht, und dadurch sich selbst reproducirt, indem das Ich unvereinbares vereinigen will, jetzt das unendliche in die Form des endlichen aufzunehmen versucht, jetzt, zurückgetrieben, es wieder ausser derselben setzt, und in dem nemlichen Momente abermals es in die Form der Endlichkeit aufzunehmen versucht –ist das Vermögen der Einbildungskraft".

cido por la imaginación, por así decirlo durante su vuelo y mediante su vuelo".[1]

Así, para resolver la antinomia básica en su *Wissenschafts-lehre*, Fichte se retira detrás del análisis reflexivo hacia una imaginación *productiva* "preconsciente" –con la cual aparentemente significó la imaginación *preteórica*. Supone que, después de haber llegado a este punto, ha superado todas las antinomias. Agudamente reconoce que las antinomias surgen a través del *pensamiento* que ha sobrepasado sus límites. La imaginación productiva, sin embargo, no impone límites fijos, puesto que "no tiene una posición fija", pero en su naturaleza voladora conservará la media entre la *definición* y la *indefinición*, la *finitud* y la *infinitud*. Y entonces Fichte supone que puede concluir: "todas las dificultades que se presentan son eliminadas de una manera satisfactoria. La tarea era la de unir los opuestos, ego y no ego. Pueden ser completamente unificados a través del poder de la imaginación que une los contradictorios".[2]

El "poder productivo de la imaginación" explícitamente cualificado por Fichte como "*Faktum*" (esto es, presente antes de toda reflexión en la mente humana), es expresamente anunciado por él como una *síntesis* y al mismo tiempo es ex-

---

[1] I, p. 216 ss. "Die Einbildungskraft ist ein Vermögen, das zwischen Bestimmung und nicht-Bestimmung, zwischen Endlichen und Unendlichen in der Mitte schwebt ... Jenes Schweben eben bezeichnet die Einbildungskraft durch ihr Produkt; sie bringt dasselbe gleichsam während ihres Schwebens, und durch ihr Schweben hervor".

[2] *Op. cit.*, p. 218: "Alle Schwierigkeiten, die sich uns in den Weg stellten, sind befriedigend gehoben. Die Aufgabe war die, die entgegengesetzen Ich und nicht-Ich, zu vereinigen. Durch die Einbildungskraft, welche widersprechendes vereinigt, können sie vollkommen vereinigt werden".

presamente llamada una *"Funktion des Gemüths"* (función del sentimiento).[1]

Aquí claramente aparece que en su *Wissenschaftslehre* alemán de 1794, Fichte estaba todavía profundamente involucrado en el modo de pensar funcionalista de Kant, aunque en su concepción de la imaginación productiva se desvió fundamentalmente de su maestro. Kant había intentado resolver el problema de la síntesis a priori mediante su doctrina concerniente a la imaginación productiva *trascendental* en la que el entendimiento y la sensibilidad son unidos. En el último análisis, sin embargo, fue de la función lógica trascendental que debiera surgir la síntesis a priori. Fichte vio claramente que esto no podía ser una solución real del problema, porque la síntesis entre entendimiento y sensibilidad requiere una facultad que excede la relación antitética pensamiento teórico. Pero, en vez de enfocar su reflexión hacia

---

[1] *Op. cit.*, p. 226: "Los opuestos absolutos (el subjetivo finito y el objetivo infinito) anteriores a la síntesis, son un mero objeto de pensamiento y, en el sentido que ya hemos tomado la palabra, ideal. Como debieran ser unificados por el poder del pensamiento, pero no pueden serlo, adquieren realidad a través del vuelo del sentimiento (*"Gemüths"*) que, en esta *función*, es llamado el poder de la imaginación, pues mediante ella se se vuelven susceptibles de ser intuidos: esto es, adquieren realidad como tal; pues no hay ni puede haber otra realidad que aquella que es mediada por la intuición". ["Die absolut entgegengesetzen (das endliche subjektive und das unendliche objektive) sind vor der Synthesis etwas bloss gedachtes, und, wie wir das Wort immer genommen haben, ideales. So wie sie durch das Denkvermögen vereinigt werden sollen, und nicht können, bekommen sie durch das Schweben des Gemüths, welches in dieser Funktion Einbildungskraft genannt wird, Realität, weil sie dadurch anschaubar werden: d.i. sie bekommen Realität überhaupt; denn es gilt keine andere Realität, als die vermittelst der Anschauung und kann keine andere geben"].

el ego suprateórico, solamente busca una *función* "prelógica" del ego como vínculo conectador, todavía no involucrado en la rígida relación antitética de la actitud teórica del pensamiento. Obviamente, supone que aquí apela a la actitud preteórica de la experiencia ingenua. Sin embargo, esto es un error fundamental.

En su concepto de la imaginación productiva, Fichte no penetra en la autoconsciencia cósmica preteórica, sino que permanece involucrado en la concepción funcionalista del conocimiento de Kant

Una *función* sintética de la conciencia en su aislamiento nunca puede ser independiente del pensamiento teórico, y ciertamente nunca puede puentear la antítesis teórica implicada en la "relación *Gegenstand*".

Sólo la *autoconciencia cósmica* (a ser examinada posteriormente en la discusión del problema del conocimiento) puede aprehender la unidad más profunda de todos los aspectos de la realidad, porque en la raíz trascendental de la ipseidad trasciende todas sus funciones modales, las cuales están entretejidas en el orden cósmico del tiempo.[1]

---

[1] Que la autoconsciencia permanece siendo una abstracción, tanto para Fichte como para Kant, debiera ser aparente en el siguiente pasaje (1, p. 244): "Das Ich aber ist jetzt als dasjenige bestimmt, welches, nach Aufhebung alles Objects durch das absolute Abstraktionsvermögen, übrig bleibt ... (Dies ist denn auch wirklich die augenscheinliche, und nach ihrer Andeutung gar nicht mehr zu verkennende Quelle des Selbstbewustseyns. Alles, von welchem ich abstrahieren, was ich wegdenken kann ... ist nicht mein Ich und ich setze es meinem Ich blosz dadurch entgegen dass ich es betrachte als ein solches, das ich wegdenken kann) ...". [Pero el ego es ahora determinado como aquello que queda después de la eliminación de todo objeto a través de la facultad absoluta de abstracción ... (Esto es

Pero, ¿cómo puede una "función de sentimiento", anterior a toda reflexión lógica, lograr una síntesis obviamente *interfuncional*, y en esta síntesis garantizar la unidad de las funciones que se oponen teóricamente entre sí, y que consecuentemente no pueden ser derivadas una de la otra?

En la "imaginación productiva", la antinomia básica de la dialéctica de Fichte se presenta abierta y claramente ante nosotros. Al ser prelógica, haría fluidos todos los límites fijados por el pensamiento entre "naturaleza" y "libertad", y con ello "unificaría los contradictorios".

El orden cósmico impuesto por la voluntad creativa soberana de Dios es dejada de lado por el ὕβρις (orgullo) de la "razón soberana". Los límites de las esferas nómicas en los ámbitos de la "naturaleza" y la "libertad" se convierten en una creación de la razón misma, y por lo tanto pueden ser cancelados nuevamente por la misma razón.

Como para Fichte la tensión entre el ideal de la ciencia y el de la personalidad es él mismo concebido como una tarea ética infinita,[1] rechaza sin vacilación el intento de una solución de la antinomia mediante el pensamiento dialéctico. Más bien eleva esta antinomia a la posición de condición y base de la entera *Wissenschaftslehre*, como resultado necesario de un *acto* preconsciente y no fundamentado de la personalidad libre que no está vinculado a ley alguna: "vemos cómo esa misma circunstancia que amenazaba con aniquilar la posibilidad de una teoría del conocimiento humano se con-

---

por lo tanto realmente la fuente aparente de la autoconciencia que ya no ha de ser ignorada después de que ha sido indicada. Todo aquello de lo que soy capaz de abstraer, todo aquello que soy capaz de dejar de pensar ... es mi ego, y lo pongo en contraste con mi ego, meramente considerándolo como algo que puedo dejar de pensar].

[1] Véase I, p. 156.

vierte aquí en la única condición para la construcción de tal teoría. No vimos cómo podíamos llegar a unificar opuestos absolutos; aquí vemos que un explicación de las ocurrencias en nuestra mente no podría ser en lo absoluto posible sin opuestos absolutos; pues esa misma facultad sobre la cual descansan todas estas ocurrencias, esto es el poder productivo del imaginación, no sería en lo absoluto posible a menos que opuestos absolutos que no pueden ser sintetizados apareciesen como plenamente inapropiados al poder de la aprehensión ... Desde este estado de oposición absoluta surge el entero mecanismo de la mente humana; y este entero mecanismo no puede ser explicado de otra manera que por un estado de oposición absoluta".[1] de esta manera, Fichte supone que ha cancelado el *idealismo dogmático* así como el *realismo dogmático* en un idealismo crítico más alto.

La primera parte dialéctica formal de la *Wissenschaftslehre* (1794) comienza con los principios absolutos (*Grundsätze*) y termina así con la deducción de la "imaginación productiva".

---

[1] *Op. cit.*, p. 226: "Wir sehen, dass gerade derjenige Umstand, welcher die Möglichkeit einer Theorie des menschlichen Wissens zu vernichten drohte, hier die einzige Bedingung wird, unter der wir eine solche Theorie aufstellen können. Wir sahen nicht ab, wie wir jemals absolut entgegengesetzte sollten vereinigen können; hier sehen wir, dass eine Erklärung der Begebenheiten in unserem Geiste überhaupt gar nicht möglich seyn würde ohne absolut entgegengesetzte; da derjenige Vermögen, auf welchem alle jene Begebenheiten beruhen, die produktive Einbildungskraft gar nicht möglich seyn würde, wenn nicht absolut entgegengesetze, nicht zu vereinigende, dem Auffassungsvermögen des Ich völlig unangemessene vorkämen ... Eben aus dem absoluten Entgegengesetztseyn erfolgt der ganze Mechanismus des menschlichen Geistes; and dieser ganze Mechanismus lässt rich nicht anders erklären, als durch ein absolutes Entgegengesetztseyn".

En la segunda parte, descrita sólo esquemáticamente en la WL de 1794, y elaborada ulteriormente en su *Grundrisz des Eigentümlichen der W. L. in Rücksicht auf das theoretische Vermögen* de 1795, Fichte sigue el mismo método en reversa. El punto de partida es aquí el "hecho" de la consciencia. Trata de mostrar cómo el *ego* que originalmente experimenta sólo impresiones sensoriales, puede elevarse a esa abstracción y reflexión filosófica con la cual el filósofo empieza la doctrina teórica de la ciencia. En la segunda parte aparece aún más claramente que el *ego absoluto* de Fichte no puede ser la totalidad supratemporal de la diversidad temporal de significado.[1]

El esquema del tren de pensamiento de Fichte es, a saber, el siguiente: el ego unifica en sí dos momentos irreconciliables en conflicto; debe distinguirse a sí mismo de sí mismo, debe ponerse a sí mismo en oposición consigo mismo como algo extraño y contradictorio —es decir como "naturaleza", como no ego. En tanto que se produce a sí mismo, debe producir este no ego mediante la imaginación, debe crear imágenes sensoriales, debe experimentar impresiones sen-

---

[1] Del siguiente pasaje —en el cual intenta concebir la síntesis entre forma y materia como una interacción entre ego y no ego— puede parecer que Fichte de hecho entiende la *totalidad* del ego como una relativa: "*Ninguna de las dos*" (a saber la materia y la forma) "*ha de determinar a la otra, sino que ambas se han de determinar entre sí recíprocamente*, significa: —para llegar al punto en unas cuantas palabras— la base absoluta y relativa de la determinación de totalidad ha de ser una y la misma; la relación ha de ser absoluta y lo absoluto ha de ser nada más que una relación" (1, p. 199). [" *Keins von beide*" (viz. Form und Materie) "soll das andere, sondern beide sollen sich gegenseitig bestimmen, heisst: —um ohne lange Umschweifungen zur Sache zu kommen— absoluter und relativer Grund der Totalitätsbestimmung sollen Eins und Ebendasselbe seyn; die Relation soll absolut, und das absolute soll nichts weiter seyn, als eine Relation"].

soriales perceptibles (la *"Empfindung"* kantiana). Pero, como la conciencia que se revela a sí misma en la impresión perceptible es solamente una parte del ego mismo, el ego debe encontrarse *a sí mismo* en ella. Es decir, debe trascender la función sensorial, debe convertir a la percepción sensorial en *suya propia*. Esta actividad no puede cesar hasta que la ipseidad haya alcanzado la consciencia de que el ego ha producido el no ego *en sí mismo*. Como la consciencia procede continuamente de este modo, la mera sensación original es cambiada en el objeto de la *intuición y la experiencia*, la cual a su vez se convierte en el *"'Gegenstand"* de la epistemología, concebido de manera trascendental, hasta que finalmente el ego se hace consciente de sí mismo como consciencia trascendental o como "razón teórica", misma que crea este *"Gegenstand"*.[1]

En otras palabras la *Wissenschaftslehre* descansa enteramente sobre la posición kantiana con respecto a la realidad; es decir, sobre la concepción de la realidad empírica como fenomenalismo de la naturaleza, constituyen una síntesis de funciones sensoriales y lógicas, pero con una eliminación definitiva de la *"cosa natural en sí misma"*. El "impulso" (*"Anstosz"*), que el no ego da al ego, y que Fichte continúa considerando necesario para la explicación de la *representación* mental, es explícitamente referido a la función moral hipostasiada de la personalidad libre: "sólo la pregunta de cómo y donde el impulso ha ser asumido para la explicación de la representación mental es dada al ego, no ha de ser respon-

---

[1] *Cfr.* Kroner I, p. 487.

dida aquí; pues se halla más allá de los límites de la parte teórica de la "doctrina de la ciencia".[1]

La doctrina de Fichte de la imaginación productiva y la interpretación de Kant por Heidegger

Es notable que Fichte, en esta segunda parte de la WL teórica haga que las categorías, junto con los objetos sensoriales en sus formas sensoriales a priori del espacio y el tiempo, surjan dialécticamente de la imaginación productiva.[2] Esto es notable, pues Martín Heidegger, aunque desde un tren de pensamiento enteramente diferente, en su interpretación de la crítica del conocimiento de Kant (con la que trataremos en

---

[1] *Grundlagen der gesamten Wissenschaftslehre*, Werke I, p. 218: "Blosz die Frage wie und wodurch der far Erklärung der Vorstellung anzunehmende Anstosz auf das Ich geschehe, ist hier nicht zu beantworten; denn sie liegt auszerhalb der Grenze des theoretischen Theils der Wissenschaftslehre".

[2] Fichte señala (I, p. 387) expresamente a la concepción de la materia de Kant, *sin, sin embargo, al igual que Heidegger, atribuir su propia concepción a Kant*: "Kant, der die Kategorien ursprünglich als *Denkformen* erzeugt werden läszt, und der von seinem Gesichtspuncte aus Daran völlig Recht hat, bedarf der durch die Einbildungskraft entworfenen Schemata, um ihre Anwendung auf Objecte möglich zu machen; er läszt sie demnach eben so wohl, als wir, durch die Einbildungskraft bearbeitet werden, und derselben zugänglich seyn. In der Wissenschaftslehre entstehen sie *mit den Objecten* zugleich, und, um dieselbe erst möglich zu machen, auf dem Boden der Einbildungskraft selfst". [Kant, en quien las categorías son producidas originalmente como formas de pensamiento y quien, desde su propio punto de vista, tiene pleno derecho a hacerlo, se hallaba en necesidad de los esquemas proyectados por el poder de la imaginación, para posibilitar su aplicación a los objetos; acordemente, justo como nosotros lo hacemos, los tenía diseñados por el poder de la imaginación y los hacía accesibles al mismo (poder). En la "doctrina de la ciencia" se originan *junto con los objetos*, y sobre el suelo de la imaginación misma, para hacer posibles los objetos].

el Volumen II), supone igualmente que ha encontrado en esta imaginación productiva la raíz de las dos fuentes del conocimiento, el entendimiento y la sensibilidad.

§3 LA TENSIÓN ENTRE LOS IDEALES DE LA CIENCIA Y DE LA PERSONALIDAD EN LA *PRAKTISCHE WISSENSCHAFTSLEHRE* DE FICHTE (1794)

La *tesis guía de la teórica "doctrina de la ciencia"* era la siguiente: "el ego se pone a sí mismo como *determinado* por el no ego". Esta tesis estaba contenida en el resultado de las tres tesis básicas de la entera *Wissenschaftslehre*: "El ego y el no ego se determinan uno al otro recíprocamente". En esta última tesis se expresa la necesaria interacción entre los elementos antitéticos en la actividad de la autoconsciencia; es decir, la interacción entre el sujeto (libre) y el objeto (natural).

En esta tesis, sin embargo, está también implicado el *"principio guía" de la práctica "doctrina de la ciencia"*: "El ego se pone a sí mismo como *determinando* al no ego". Éste es significativo sólo después de la demostración en la doctrina teórica de la ciencia de que el ego de hecho produce al no ego como real, de manera que el no ego en efecto posee *realidad para y en* el ego.[1]

Sólo en la parte práctica se clarifica plenamente la base ética idealista incluso de la doctrina teórica de la ciencia.

Fichte observa inmediatamente, con ocasión de la *"Leitsatz"* ("tesis guía") de la doctrina práctica de la ciencia: "pues esta tesis implica una antítesis principal que contiene la ente-

---

[1] Fichte observa (I, p. 247) significativamente: "es versteht sich, *für* das Ich, —wie denn die ganze Wissenschaftslehre, als transcendentale Wissenschaft, nicht über das Ich hinausgehen kann, noch soll...". [naturalmente para el ego —en tanto que la entera doctrina de la ciencia, como ciencia trascendental, ni puede ir más allá del ego, ni debe hacerlo...].

ra contradicción entre estas entidades como siendo simplemente puesta y consecuentemente limitada, y nos compele a suponer una facultad práctica del ego en aras de unirlas".[1] Sólo en la parte "práctica" se da eventualmente una explicación de la reducción de la razón "teórica" a la "práctica", e implícitamente del ideal de la ciencia al de la personalidad. La esencia de la razón teórica no consistía más que en el incansable movimiento dialéctico, en el cual se pone límites a sí mismo (en las "antítesis") para sobrepasarlas una y otra vez mediante nuevas síntesis. Aparecía dependiente de la "sensación" como el primer límite *carente de base* (y por lo tanto teóricamente *incomprensible*), que el ego se impone a sí mismo. El ego teórico descubrió la antinomia entre la actividad ilimitada y la limitada como el fundamento de su entero movimiento dialéctico de pensamiento, sin ser capaz de entender este fundamento. El primer impulso para el desarrollo de la entera serie dialéctica, esto es la impresión sensorial (*Empfindung*), es el único que hace posible la razón "teórica", así que no ha de ser derivado de ella.

Fichte refiere el impulso hacia la experiencia sensorial a la función moral de la personalidad, en la que se concentra el ideal de la personalidad

El fundamento de este impulso sólo se puede buscar en el hecho de que el ego es "*práctico*", por lo que concierne a su naturaleza más interna, y que la verdadera raíz no solamente de la personalidad, sino incluso de la "*naturaleza*" debe

---

[1] I, p. 247: "Es liegt (nehmlich) in diesem Satze eine Haupt-Antithese, die den ganzen Widerstreit zwischen ebendenselben, als schlechthin gesetzten, mithin unbeschränkten Wesen umfasst, und uns nöthiget, als Vereinigungsmittel ein praktisches Vermögen des Ich anzunehmen".

ser buscada en la función *moral.*[1] En el *"Leitsatz"* de la doctrina práctica de la ciencia está implicado el requerimiento de que el ego opere causalmente sobre el no ego. Con ello debe ser superada la antinomia entre la independencia del ego como un ser absoluto, por un lado, y su dependencia y limitación como *inteligencia,* por el otro. En esta misma exigencia, sin embargo, está implicada una antinomia. La exigencia de que el ego libre opere causalmente sobre el no ego está basada en la esencia absoluta del ego, la cual no permite nada al lado de él u opuesta al mismo. La objeción en contra de esta causalidad postulada está fundamentada en el hecho de que un no ego es simplemente opuesto al ego, y que debe permanecer así, si es que la ipseidad no ha de convertirse en una forma vacía. La antinomia que está contenida en la *"Leitsatz"* práctica puede ser reducida a la antinomia entre el ego como *ilimitado e infinito* y el ego como *actividad limitada y finita.* Consecuentemente, en este punto está involucrada una discrepancia más alta en la misma naturaleza del ego. ¿Cómo es resuelta esta antinomia por Fichte?

El ego infinito e ilimitado como lucha moral. La eliminación también del concepto práctico de sustancia de Kant. El ego como actividad creativa infinita es identificado con el imperativo categórico de Kant

La antinomia se resuelve en que el carácter infinito e ilimitado del ego es visto no como una *sustancia* infinita en reposo,

---

[1] Fichte da a este entendimiento una expresión intensa en su *Grundlage des Naturrechts*: "Das praktische Vermögen ist die innerste Wurzel des Ich, auf diese wird erst alles andere aufgetragen und daran gehefte", III, p. 20 ss. [La facultad práctica es la raíz más interior del ego; sólo sobre ella se construye y se fija todo el resto].

sino más bien como una *lucha* infinita. El ego libre ilimitado e infinito *debiera* una y otra vez imponerse límites a sí mismo como *"inteligencia"* por un no ego objetivo, para proveerle a su actividad infinita en lucha una resistencia a ser superada de vez en cuando, que es lo único que da contenido a esta lucha.

.^sí como el ego es puesto, toda realidad es puesta; en el ego todo ha de ser puesto; el ego ha de ser simplemente independiente; todo, sin embargo, ha de depender de él. Consecuentemente, se requiere concordancia del objeto con el ego; y es el ego absoluto el que lo requiere precisamente en aras de su ser absoluto".[1]

En la *lucha* reside el fundamento final de la oposición y de aquello que es puesto en oposición, el fundamento final del "impulso", que la WL teórica era incapaz de explicar. Por lo tanto, *la razón práctica se halla en la base de lo teórico como su condición, pues sin la lucha no es posible ningún objeto.*[2]

En una nota al pasaje recién citado, Fichte observa: "el imperativo categórico de Kant". Es así que claramente resulta que Fichte realmente buscar la raíz más profunda de la autoconsciencia en la *ley moral* hipostasiada, identificada con el sujeto ideal en la concepción racionalista de la idea cosmonómica del pensamiento humanista.[3]

---

[1] I, p. 260: "So wie das Ich gesetzt ist, ist alle Realität gesetzt; im Ich soll alles gesetzt seyn; das Ich soll schlechthin unabhängig, Alles aber soll von ihm abhängig seyn. Also, es wird die Uebereinstimmung des Objects mit dem Ich gefordert; and das absolute Ich, gerade um seines absolutes Seyns willen, ist es, welches sie fordert".

[2] I, p. 264.

[3] Windelband observa correctamente, *op. cit.* II, p. 224: " Das Sittengesetz also, d.h. die Forderung eines Handelns, das lediglich sich selbst zum Zwecke hat ist der die Welt erzeugende Trieb des absolutes Ich". [Conse-

Al mismo tiempo resulta de la secuela que la Divinidad, como el ego absoluto, no es nada más que el resultado de esta hipostasiación moralista. La actividad *luchadora* del ego, yéndose al infinito, es *como lucha* caracterizada una vez más como finita: "Incluso el mismo concepto de lucha, sin embargo, implica finitud, pues aquello que no es *contrarrestado* (por una lucha en *contra*), no es lucha".[1]

El ego finito (moral, "práctico"), sin embargo, no puede tener otra meta para su lucha infinita que la de volverse una vez más *absoluto*.

La tensión entre ego y no ego, entre forma y materia, consciencia y ser, libertad y naturaleza, el ideal de la personalidad y el ideal de la ciencia, debiera ser eliminada en el ego absoluto (la Divinidad), lo cual es hasta aquí una idea impensable (impensable, porque la razón es incapaz de emerger más allá de la antinomia). En realidad, sin embargo, el ego absoluto no es más que una hipostasiada idea moral de la razón concebida como actividad, que como tal permanece enredada en la antinomia entre el ideal de la ciencia y el ideal de la personalidad; pues, por un lado, debe contener el *origen* así como la *totalidad de significado*, pero, por el otro lado, no es más que una abstracción absolutizada de la coherencia de significado temporal cósmico.[2] Desde el

---

cuentemente, es la *ley moral*, esto es la demanda de un actuar que se tiene a sí mismo solamente como su meta, lo que es el impulso del ego absoluto por el cual el mundo es generado].

[1] V, p. 270: "Im Begriffe des Strebens selbst aber liegt schon die Endlichkeit, denn dasjenige, dem nicht *widerstrebt* wird, ist kein Streben".

[2] Fichte ha dado a su concepción de la deidad como ley moral absolutizada una densa expresión en su tratado *Ueber den Grund unseres Glaubens an eine göttliche Weltregierung* (W. W. V, p. 185), donde escribe: "Dies ist der wahre Glaube; diese moralische Ordnung ist das Göttliche das wir anneh-

punto de vista humanista, Kroner correctamente observa: *"incluso el ego absoluto necesita necesariamente el 'impulso' si es que en algún sentido ha de ser un ego".*[1] En otras palabras, incluso en el "ego absoluto" como función hipostasiada se halla latente la antinomia básica entre "naturaleza" y "libertad".

En la doctrina práctica de la ciencia, el ego es concebido como lucha absoluta. Con la lucha ahí está conectada una *lucha en contra*, y el *ego teórico* es ahora visto por Fichte como necesariamente coherente con el *práctico*. Pues, por razón de la *acción en contra* (esto es de la " naturaleza" como el no ego), el ego está determinado por algo fuera de sí mismo. Debido a que es un *ego*, debe *reflejar* este ser limitado, debe relacionarse con el *"Gegenstand"*, como su opuesto. En la doctrina teórica de la ciencia, en la deducción de la *representación*, el *ego* (concibiéndose a sí mismo como limitado por el no ego) es deducido genéticamente ascendiendo de la consciencia sensorial (limitada por el no ego) a la consciencia trascendental libre. De igual manera, en la segunda parte constructiva de la WL práctica, empezando con el §6, el origen del ego práctico, que se consigue a sí mismo como libre y determina el no ego, es deducido del ego que es determinado meramente por el "impulso". Hay una correspondencia estricta entre estos dos modos de deducción.

---

me". [Ésta es la fe verdadera; este orden moral es la Deidad que aceptamos]. Y en su *Appellation an des Publikum gegen die Anklage des Atheismus* (1799; W. W. V, p. 210, donde escribe: [Sólo produce en ti la inclinación en conformidad con el deber moral y conocerás a Dios]. El orden moral, como Deidad, está para Fichte impregnado con el motivo actividad de su filosofía del ego. Es *"Thätiges Ordnen"* (ordenar activo), *ordo ordinans. Cfr.* W. W. V, p. 382, *Aus einem Privatschreiben.*

[1] Kroner, I, p. 511: *"Der 'Anstosz' ist auch dem absolutem Ich, damit es nur überhaupt ein Ich sein könne, notwendig".*

Además, resulta en la naturaleza del caso que el ego teórico y práctico son *uno y el mismo* (¡pues vimos previamente que Fichte trata de reducir el ideal de la ciencia al ideal de la personalidad y de absorber el primero en el segundo!). "Toda reflexión está basada en la lucha, y no hay reflexión posible si no hay lucha".[1] La lucha es la raíz común final de los egos teórico y práctico: toda reflexión teórica, toda sensación, toda intuición brota del luchar práctico, de la actividad de la función moral del ego, la cual trasciende sus límites. En este contexto citaré un pasaje que es muy característico para todo el sistema, porque da una expresión clara a la eventual absorción del ideal de la ciencia en el ideal de la personalidad. Lo insertamos aquí enteramente por esa razón: "De esto se sigue, desde luego, de la manera más clara, la subordinación de la teoría a lo práctico; se sigue que todas las leyes teóricas están basadas en *prácticas* y, como sólo puede haber una sola ley práctica, sobre una y la misma ley; consecuentemente, el sistema más completo en el ser (humano) total; si el impulso debiera permitirse el ser elevado, entonces también se sigue la elevación del entendimiento y viceversa; entonces se sigue la libertad absoluta de la reflexión y la abstracción también en un respecto teórico, y la posibilidad de enfocar la atención de uno en algo *de acuerdo con el deber moral* y de abstraerlo de otra cosa, sin lo cual no sería posible ninguna moralidad en lo absoluto".

"El fatalismo es destruido en su misma raíz, este fatalismo basado en la opinión de que nuestro actuar y querer depende del sistema de nuestras representaciones; pues se muestra aquí que el mismo sistema de nuestras representaciones de-

---

[1] "Alle Reflexion gründet sich auf das Streben, und es ist keine möglich, wenn kein Streben ist".

pende de nuestro impulso y nuestra voluntad; y ésta es desde luego la única manera de refutar completamente esta concepción –en resumen, mediante este sistema se trae *unidad* y *coherencia* al hombre completo, una unidad y coherencia que faltan en tantos sistemas".[1]

La totalidad de significado de la consciencia, la misma raíz de la existencia humana, y consecuentemente del cosmos entero, reside en la *función moral absolutizada*. Es ella la que debe traer unidad y coherencia al hombre completo.

---

[1] I, pp. 294-5: "Hieraus erfolgt denn auch auf das einleuchtendste die Subordination der Theorie unter das Praktische; es folgt, dass alle *theoretischen* Gesetze auf *praktische* und da es wohl nur Ein praktisches Gesetz geben dürfte, auf ein und ebendasselbe Gesetz sich gründen; demnach das vollständigste System im ganzen Wesen; es folgt, wenn etwa der Trieb sich selbst sollte erhöhen lassen, auch die Erhöhung der Einsicht, und umgekehrt; es erfolgt die absolute Freiheit der Reflexion und Abstraktion auch in theoretischer Rücksicht, und die Möglichkeit *pflichtmäszig* seine Aufmerksamkeit auf etwas zu richten, und von etwas anderem abzuziehen ohne welche gar keine Moral möglich ist. *"Der Fatalismus wird von Grund aus zerstört, der sich darauf gründet, das unser Handeln und Wollen von dem Systeme unserer Vorstellungen abhängig sey* [¡las cursivas son mías!], indem hier gezeigt wird, das hinwiederum das System unserer Vorstellungen von unserem Triebe und unserem Willen abhängt: und dies ist denn auch die einzige Art ihn gründlich zu wiederlegen. –Kurz, es kommt durch dieses System *Einheit* und *Zusammenhang* in den ganzen Menschen, die in so vielen System fehlt".

Véase también I, p. 284, nota: "Die Wissenschaftslehre soll den ganzen Menschen erschöpfen; sie läszt daher sich nur mit der Totalität seines ganzen Vermögens auffassen...". [La doctrina de la ciencia debiera agotar al hombre completo; consecuentemente ha de ser concebida solamente con la totalidad de todas las facultades humanas...].

El "fatalismo" al que tan agudamente se opuso Fichte no es más que el ideal de la ciencia de la "*Aufklärung*", dominando al ideal de la personalidad

El fatalismo al que tan agudamente se opuso Fichte no es más que el ideal humanista de la ciencia de la "Ilustración", la cual no tenía lugar para la libertad de la personalidad humana porque fue hecho independiente de ésta.

En la tensión polar entre este ideal de la ciencia y el ideal de la personalidad, Fichte elige incondicionalmente la primacía absoluta del segundo — ¡a costa del primero, como habremos de ver!

En su doctrina práctica de la ciencia, Fichte consecuentemente no permanece con el dualismo kantiano entre la autodeterminación moral y la sensorial "inclinación de naturaleza". Así como el "ego sensorial", *qua* ego, es impulsado dialécticamente hacia adelante por sí mismo para *convertirse* en el ego que se conoce a sí mismo como inteligencia, así también el ego dominado por sus impulsos sensuales se convierte en el *ego determinándose a sí mismo* como "pura voluntad ética".

Es así que Fichte intenta mostrar que incluso en el "*triebhafte Ich*" (ego salvaje), la "voluntad pura" o el "impulso absoluto" es operativo, y que sólo con ello se siente el ego mismo "impulsado hacia adelante" por los impulsos naturales. La naturaleza sensorial debe finalmente surgir dialécticamente de la misma libertad moral. En *el ego* hay una lucha original por "llenar" la infinitud. Esta lucha entra en conflicto con toda limitación en un objeto. Una lucha autoproducente es llamada impulso ("*Trieb*").

La lucha infinita requiere, por otro lado, la resistencia, la *acción en contra* de un objeto, para superar a este último. El ego tiene en sí mismo la ley, de acuerdo con la cual debe reflexionar acerca de sí mismo "como llenando la infinitud". Pero no puede reflexionar acerca de sí mismo si no está limitado. El cumplimiento de esta ley, o —lo que es lo mismo— la satisfacción del "*Reflexionstrieb*" (impulso a la reflexión), es así *determinado* por el no ego, y depende solamente del objeto (el no ego). Este impulso hacia la reflexión no puede ser satisfecho aparte de un objeto: de ahí que también pueda ser descrito como un "*impulso hacia el objeto*".[1] La lucha por lo tanto requiere una acción en contra que lo mantenga en *equilibrio*.

En la limitación, que el "impulso" experimenta hacia el objeto, surge el *sentimiento* como la expresión de un sufrimiento, una pasividad, una *inhabilidad*: "la expresión de impotencia en el ego es llamada un *sentimiento*. En ella se une de la manera más íntima una *actividad* —yo siento, soy el sujeto sentidor; y esta actividad es la de la reflexión —y una *limitación*— yo *siento*, soy pasivo y no activo; se halla presente una restricción. Esta limitación necesariamente supone un impulso a ir más allá de ella. Aquello que quiere, necesita, no abarca nada más, es —naturalmente con respecto a sí mismo— ilimitado".[2]

En su limitación por el sentimiento, el "*Reflexionstrieb*" es el mismo tiempo satisfecho y no satisfecho:

---

[1] I, p. 291.

[2] I, p. 289: "Die Aeusserung des Nicht-könnens im Ich heiszt ein *Gefühl*. In ihm ist innigst vereinigt *Thätigkeit* —ich fühle, bin das fühlende, and diese Thätigkeit ist die der Reflexion— *Beschrankung* —ich *fühle*, bin leidend, und nicht thätig: es ist ein Zwang vorhanden.

Diese Beschränkung setzt nun notwendig einen Trieb voraus, weiter hinaus zu gehen. Was nichts weiter will, bedarf, umfasst, das ist —es versteht sich, *für sich selbst*— nicht eingeschränkt".

(a) Es satisfecho: el ego debe *reflexionar* sobre sí mismo: reflexiona con absoluta espontaneidad y es con ello satisfecho con respecto a la *forma* de esta operación de la consciencia. Hasta aquí el sentimiento puede ser relacionado con el *ego* libre.

(b) *No es satisfecho* con respecto al contenido de esta operación de la consciencia. "El ego iba a ser puesto como llenando la infinitud, pero es puesto como limitado. Esto, también, se halla ahora necesariamente presente en el sentimiento".[1]

(c) El origen de la condición de *no satisfacción*, sin embargo, está determinado por el ego procediendo más allá del límite que le es impuesto por el sentimiento.[2]

La línea dialéctica de pensamiento de la doctrina práctica de la ciencia: sentimiento, intuición, aspiración, aprobación, impulso absoluto (imperativo categórico)

El curso de las deducciones de Fichte es por lo tanto como sigue: el *ego*, como ego limitado y finito, es un *luchador moral* de acuerdo con su ser más profundo. Para crearse a sí mismo como tal, y para volverse consciente de sí mismo como tal, se requiere, sin embargo, que deba ser y *sentirse* a sí mismo como un *ego sentidor, intuitivo, sensiblemente impulsado*. Pero, conversamente nunca debe sentirse como *limitado sensiblemente*, si no fuese un *luchador moral* de acuerdo con su ser más profundo.

---

[1] "Das Ich sollte gesetzt werden als die Unendlichkeit ausfüllend, aber es wird als begrenzt. —Dies kommt nun gleichfalls nothwendig vor mi Gefühle".

[2] I, pp. 291-2.

Como consecuencia de la *apropiación* por el ego luchador del sentimiento de *compulsión*, que surge de la acción en contra del no ego, esto es en consecuencia de la *reflexión* consciente acerca de él como propio límite del ego, surge un nuevo sentimiento, en el cual el ego sentidor siente en sí mismo el impulso que lucha por rebasar el límite.

En tanto que el impulso que está formalmente satisfecho en la reflexión acerca del *ego sentidor* lucha por rebasar el límite que le es impuesto en la reflexión, como una fuerza que lucha hacia fuera, se convierte en aspiración, ("*Sehnen*"), "un impulso hacia algo completamente desconocido, que meramente se manifestaba por una necesidad, por una incomodidad, por un vacío, que busca el ser llenado, y no indica desde dónde". Fichte hace aquí está nota: "esta aspiración es importante, no sólo para la práctica, sino para la doctrina entera de la ciencia. Sólo por la misma el ego es *en sí mismo* impulsado *más allá de sí mismo*: sólo por él mismo se revela un mundo externo en el mismo ego".[1]

Sin embargo, esta aspiración también está limitada, pues de otra manera no sería deseo, sino *satisfacción* del deseo: *causalidad*. A través de esta limitación *por el no ego* surge un nuevo sentimiento de compulsión, el cual nuevamente se convierte en el fundamento para la creación de un objeto, la producción de algo fuera del ego a través de la "actividad ideal", el "ideal" al que el ego aspira en su lucha.

---

[1] I, p. 303: "einen Trieb nach etwas vollig unbekannten, das sich bloss durch ein Bedurfniss, durch ein *Misbehagen*, durch eine *Leere* offenbart, die Ausfulling sucht, and nicht andeutet woher.Dieses Sehnen ist wichtig, nicht nur für die praktische, sondern für die gesammte Wissenschaftslehre. Lediglich durch dasselbe wird das Ich in sick selbst – ausser sich getrieben: lediglich durch dasselbe offenbart sich*in ihm selbst eine Aussenwelt*".

El objeto del sentimiento de compulsión producido por la limitación es algo real. El objeto de la aspiración, sin embargo, carece de realidad (pues el ego en sí mismo no puede tener causalidad, sin cancelarse a sí mismo como "actividad pura"), "pero debiera tenerla como consecuencia de aspirar; pues éste busca la realidad".[1] Ambos objetos se hallan en una relación antinómica entre sí (¡"naturaleza" y "libertad"!).

La realidad *sentida* determina (limita) al ego. Sin embargo, el ego es sólo en tanto que se determina *a sí mismo* (en la reflexión acerca del *sentimiento*). Por lo tanto su aspirar se convierten en el *impulso* para autodeterminarse. O desde luego, puesto que siente su determinación (limitación) en la realidad del objeto, su aspirar se convierten el impulso para determinar *esta realidad* para el objeto y así para crear la determinación *en sí mismo*.

En el "aspirar" surge el impulso a la percepción sensorial (*"Empfindungstrieb"*) y el "impulso hacia el conocimiento" en general, el cual lucha por recuperar para el ego el objeto natural creado por él, pero no creado con reflexión sobre este acto (y por lo tanto no experimentado como *propio* del ego); lucha por *representar* el objeto en la ipseidad. El límite es sentido *como* sentido, esto es como uno creado *en el ego por el ego*. El sentimiento sensorial (*"Empfinden"*) es transformado (como la WL lo ha mostrado) por una nueva reflexión en una *intuición*. En tanto que el ego todavía no se ha *apropiado* teóricamente, en la autorreflexión del pensamiento, aquello que es sensiblemente percibido, todavía no considera a la imagen sensorial como producto del ego, sino que la ima-

---

[1] I, p. 306: "aber es soll sie zufolge des Sehnens haben; denn dasselbe geht aus auf Realität".

gen es incluida como un "carácter objetivo". Como la libre espontaneidad del ego en la actividad de la intuición es la *fuerza motriz*, seguramente la imagen ha de ser incluida como un carácter que pertenece al *objeto*, pero *contingente*, no determinada por alguna necesidad.[1]

Si, sin embargo, el objeto ha de convertirse en un *objeto para el ego*, entonces el ego debe volverse consciente de esta autodeterminación del objeto como un *producto del ego mismo*. El *ego sentidor* se siente a sí mismo *limitado*, el *ego que intuye excede libremente límite*. El ego sentidor y el ego que intuye son, sin embargo, *uno y el mismo*: sentimiento de intuición deben por lo tanto estar unidos sintéticamente. En sí mismos carecen de coherencia. "La intuición *ve*, pero es *vacía*: el sentimiento *esta relacionado con la realidad*, pero es *ciego*".[2] Sólo pueden ser unidos cuando el *ego sentidor* ya no se siente a sí mismo como *limitado*, cuando, por así decirlo, mantiene el paso con la intuición, la cual ve que es sentida como algo *contingente* en el objeto. Esto es solamente posible de un modo tal que el ego sentidor *como tal* excede sus límites, y que él, como ego sentiente, procede el infinito, o que es im-

---

[1] I, p. 317: "Würde das Ich seiner Freiheit im Bilden (dadurch, dass es auf die gegenwärtige Reflexion selbst wieder reflektirte) sich bewuszt, so würde das Bild gesetzt, als zufällig *in Beziehung auf das Ich*. Eine solche Reflexion findet nicht statt; es muss demnach zufallig gesetzt werden (*in Beziehung auf ein anderes nicht-Ich*, das uns his jetzt noch gänzlich unbekannt ist)". [Si el ego ha de volverse consciente de su libertad en su producción (con ello, que reflexiona nuevamente sobre la presente reflexión misma), la imagen será puesta como contingente en *relación con el yo*. La reflexión ocurre; consecuente ha de ser puesta contingentemente (*en relación con otro no ego*), que hasta ahora nos es enteramente desconocido)].

[2] I, p. 319.

pulsado en su aspirar, en vez de perderse en el sentimiento sensual.

Así que el aspirar se revela como un "impulso hacia el cambio de sentimientos": sólo donde los sentimientos cambian es satisfecho el aspirar primitivo.

El *sentimiento* como tal, sin embargo, no puede determinar el *cambio de sentimientos*. El ego puede reflexionar acerca de lo que es sentido solamente en un estado más alto de consciencia. "Consecuentemente, la situación transformada no puede ser *sentida* como una situación transformada. Esta otra debiera ser por lo tanto meramente *intuida* por la actividad ideal como algo otro y opuesto al sentimiento presente".[1] El sentimiento transformado debe por lo tanto ser *intuido como transformado*, si es que el ego ha de ser capaz de reflexionar acerca del impulso a transformar sus sentimientos.

Es sólo a través de esta reflexión que *el ego* se convierte en *un ego*, porque es un ego sólo en tanto que no meramente aspira, sino en tanto que *se hace consciente* de que anhela cambiar los sentimientos. Si el ego es capaz de arribar a esta consciencia, entonces debe ser capaz como *ego sentidor* de relacionarse con un sentimiento que no es él mismo aquello que es sentido. Y para esta finalidad la *intuición* y el *sentimiento* deben ser unidos sintéticamente en este sentimiento. Este es el *sentimiento de aspiración*, el cual está necesariamente acompañado por un *sentimiento de satisfacción*. El sentimiento alterado debe satisfacer la aspiración después un cambio del

---

[1] I, p. 321: "Also der veranderte Zustand kann als veranderte Zustand nicht gefühlt werden. Das andere müsste daher lediglich durch die ideale Thätigkeit *angeschaut* werden, als etwas anderes and dem gegenwärtigen Gefühle entgegengesetztes".

sentimiento. La síntesis aquí lograda es llamada por Fichte "aprobación" (*"Beifall"*).

El ego reflexiona acerca de su sentimiento en la intuición del mismo. El acto de determinar el sentimiento (el *intuir*) y el impulso hacia la determinación (el *aspirar*) son ahora uno y el mismo.[1]

El ego no puede producir esta síntesis de *impulso* (aspirar) y *acción* (intuir) sin distinguir los dos, pero no puede distinguir los dos sin postular algún respecto en el cual ellos *se contradicen*: así que el sentimiento de aprobación encuentra su opuesto en el disgusto (*"Missfallen"*), en el cual la desarmonía entre impulso y acto viene a ser expresada. "No todo aspirar está necesariamente acompañado por el disgusto, pero cuando es satisfecho surge un disgusto respecto del primero; se torna insípido, plano". Es así que son "las determinaciones internas de las cosas (que están relacionadas con el sentimiento) nada más que grados de disgusto o placer".[2]

La síntesis en la aprobación, sin embargo, puede no ser llevada a cabo meramente por el *espectador*; es decir, sólo *teóricamente*, sino que el ego *mismo* debe llevarla a cabo. El ego debe ser impulsado a desear la aprobación como tal; también debe ser consciente del impulso que lucha hacia la aprobación, y con ello hacia la unidad de su ipseidad.

Si el ego ha de volverse *consciente* de la síntesis entre intuición y sentimiento en la aprobación, entonces la intuición y el impulso por igual deben ser entendidos como *determinados* y *autodeterminantes* al mismo tiempo. Entonces sólo el ego es consciente de sí mismo como un ego que se determina a

---

[1] I, p. 325.
[2] Ibídem.

sí mismo absolutamente y, consecuentemente, es también determinado de modo absoluto.

Si la acción que satisface el impulso es determinada y autodeterminante *a la vez*, entonces ocurre a partir de la libertad absoluta, como la autocreación del ego absoluto. Si el impulso que determina esta acción es *absoluto* del mismo modo, *entonces está fundamentado en sí mismo.* Es el impulso que se tiene a sí mismo como su meta. El impulso hacia el cambio (*"Trieb nach Wechsel"*) es en el último análisis determinado por el "impulso hacia la determinación mutua del ego a través de sí mismo" ("Trieb nach Wechselbestimmung des Ich durch sich selbst") o el impulso hacia la *unidad* absoluta y perfección del ego en sí mismo (*"Trieb nach absolute* Einheit *und Vollendung des Ich in sich selbst"*).[1]

El imperativo categórico, como el impulso absoluto está fundamentado en sí mismo

Es el impulso que se tiene a sí mismo como meta el que lucha por crearse a sí mismo (y con ello la armonía en el ego, de la cual el último es consciente): es decir, el impulso absoluto: *"der Trieb um des Triebens willen"*. A esto agrega Fichte: "si es expresado en términos de una ley, como en aras de esta determinación debiera ser expresado en un cierto punto de la reflexión, entonces debe ser establecido que una ley en las mismas aras de la ley es una ley absoluta, o el imperativo categórico: —un deber incondicional. Es fácil entender dónde en tal impulso yace el momento indeterminado: nos

---

[1] I, p. 326.

impulsa, a saber, hacia lo indefinido sin una meta (el imperativo categórico es meramente formal sin ningún objeto)".[1]

Si ahora la acción y el impulso han de determinarse entre
sí recíprocamente, el objeto producido por la acción (esto
es el efecto del impulso que puede ser intuido en el mundo
sensible teóricamente determinable) debe ser determinado
por el impulso y concordar con el "ideal de la aspiración".
De manera conversa, el impulso debe ser intuido en la misma reflexión, como el desear este objeto solo. En este caso el
aspirar luchando encuentra su *consumación*. Pero como el aspirar y el luchar en su misma esencia *no puede ser completados*,
el ego debe nuevamente ser impulsado lejos del sentimiento
de armonía y hacia el infinito.

El *"Du sollst"* permanece, enteramente en la línea kantiana, *"ewige nimmer erfüllbare Aufgabe"* (una tarea eterna que
nunca será plenamente lograda).

Ciertamente, en la filosofía de la identidad de Fichte, el
ideal humanista de la personalidad en su sentido moralista
ha absorbido enteramente el ideal de la ciencia siguiendo
la línea del postulado de continuidad de la libertad pero,
como vimos continuamente, al *costo de validar la antinomia*.

---

[1] I, p. 327: "Drückt man es als Gesetz aus, wie es gerade um dieser Bestimmung willen auf einem gewissen Reflexionspunkt ausgedrückt werden
muss, so ist ein Gesetz um des Gesetzes willen ein absolutes Gesetz, oder
der kalegorische Imperativ: *Du sollst schlechthin*. Wo bei einem solchem
Triebe das *unbestimmte* liege, lässt sich leicht einsehen; nemlich er treibt
uns ins unbestimmte hinaus, ohne Zweck (der kategorische Imperativ ist
bloss formal ohne allen Gegenstand)".

El ditirambo de Fichte sobre el ideal de la personalidad: "*Ueber die Würde des Menschen*" (Sobre la dignidad del hombre)

De un modo ditirámbico, Fichte canta las alabanzas de este ideal de la personalidad en el discurso "*Ueber die Würde des Menschen*" pronunciado en la clausura de sus conferencias filosóficas en 1794: "sólo desde el hombre se propaga el arreglo ordenado alrededor de él hasta el límite de su observación, —y cuando expenda esta a una distancia mayor, también el orden y la armonía se extienden en el mismo grado. Su observación indica el lugar de todas las cosas en su diversidad infinita, de manera que ninguno puede suprimir al otro; traer unidad a la diversidad infinita ... A través de ésta los cuerpos celestes se mantienen juntos, y se convierten en un solo cuerpo organizado; a través de ésta los soles giran en sus órbitas determinadas. A través del ego la escalera gigante (de entidades) surge desde el liquen hasta el serafín; en él está el sistema del entero mundo de los espíritus y el hombre espera, con razón, que la ley que él impone sobre sí mismo y sobre este mundo debe ser válida para éste; espera con razón el futuro reconocimiento universal del mismo. Y en el ego yace la segunda promesa de que a partir de él el orden y la armonía habrán de ser extendidos al infinito donde hasta ahora ha faltado; que con la cultura humana en expansión al mismo tiempo se expandirá la cultura del universo. Todo lo que todavía carezca de forma y orden será convertido en el orden más hermoso, y lo que ya es armonioso habrá de convertirse —de acuerdo con leyes que todavía no se han desarrollado— continuamente en más armonioso. El hombre traerá orden a la confusión y un plan a la destrucción general; a través de él la putrefacción producirá forma, y la muerte será convocada a una nueva vida gloriosa. Ésto es el hombre cuando lo consideramos meramente como inteligencia observadora; ¡que no será cuando pensamos en él como una potencia *prácticamente* activa!".[1]

La pasión por el poder en el ideal de la personalidad de Fichte. El ideal de la ciencia se convierte en un titánico ideal de la cultura

¡La pasión fáustica por el poder en el ideal humanista de la ciencia se ha disuelto en la pasión por el poder en el ideal de la personalidad.

---

[1] I, p. 413: "Allein von Menschen aus verbreitet sich *Regelmässigkeit* rund um ihm herum bis an die Grenze seiner Beobachtung, –und wie er diese weiter vorrückt, wird Ordnung und Harmonic weiter vorgerückt. Seine Beobachtung weist dem his ins unendliche verschiedenen, jedem seinen Platz an, dass keines das andere verdränge; sie bringt Einheit in die umendliche Verschiedenheit. ... Durch sie erhalten sich die Weltkörper zusammen, und werden nur *Ein* organisierter Körper; durch sie drehen die Sonnen sich in ihren angeviesen Bahnen. Durch das Ich steht die ungeheure Stufenfolge da von der Flechte bis zum Seraph; in *ihn* ist das System der ganzen Geisterwelt, und der Mensch erwartet mit Recht, dass das Gesetz, das er sich und ihr giebt, für sie gelten müsse; erwartet mit Recht die einstige allgemeine Anerkennung desselben. Im Ich liegt das sichere Unterpfand, das von ihm aus ins unendliche Ordnung und Harmonic sich verbreiten werde wo jetzt noch keine ist; dass mit der fortrückenden Cultur des Menschen, zugleich die Cultur des Weltalls fortrücken werde. Alles was jetzt noch unförmlich und ordnungsloss ist, wird durch den Menschen in die schönste Ordnung sich auflösen, und was jetzt schon harmonisch ist, wird –nach bis jetzt unentwickelten Gesetzen– immer harmonischer werden. Der Mansell wird Ordnung in das Gewühl, und einen Plan in die allgemeine Zerstörung hineinbringen; durch ihn wird die Verwesung bilden, und der Tod zu einem neuen herrlichen Leben rufen. Das ist der Mensch, wenn wir ihn bloss als beobachtende Intelligenz ansehen; was ist er erst, wenn wir ihn als praktisch-thätiges Vermögen denken!".

El ideal de la ciencia se ha convertido en un ideal moralista de la cultura que alcanza plena expresión en la actividad titánica![1]
Ya no hay ningún lugar, sin embargo, para el ideal de la ciencia en su sentido anterior, el cual hipostasió la "naturaleza" en sus funciones matemáticas y mecánicas, para extender la continuidad del pensamiento científico natural a través de todos los límites modales de los aspectos. Con respecto al sistema de Fichte, Windelband justamente escribe: "la naturaleza tiene significado solamente como material para el desempeño de nuestro deber. Por lo tanto, la doctrina de Fichte no abarca una filosofía natural en el sentido anterior de la palabra. No podía haber dado tal filosofía puesto que —aparentemente debido a la unilateralidad de su educación cuando joven— careció de cualquier conocimiento detallado de la ciencia natural. *Sin embargo, los mismos principios de su filosofía no le permiten proyectarla. La doctrina de la ciencia no podía considerar la naturaleza como un mecanismo causal existente en sí mismo*".[2]

Fichte no podía ver la naturaleza ni como un mecánico "mundo en sí mismo", ni como un mundo orgánico inmanentemente adaptado a su propio fin. Su concepción teleo-

---

[1] Esta conversión del auténtico ideal de la ciencia en un *ideal de la cultura* alcanza su expresión densa en el escrito de Fichte *Die Bestimmung des Menschen* que apareció en 1800 (W. W., vol II, pp. 267 ss).

[2] Windelband, *op. cit.* II, pp. 226 ss.: "Die Natur hat Sinn nur als Material unserer Pflichterfüllung. Deshalb gibt es für die Fichtesche Lehre keine Naturphilosophie im sonstigen Sinne des Wortes. Er hätte sie nicht geben können, weil ihm, wie es scheint bei der Einseitigkeit seiner Jugendbildung genaue und spezielle naturwissenschaftliche Kenntnisse mangelten. *Aber die Prinzipien seiner Philosophie erlaubten sie ihm gar nicht. Als einen in sich besfehenden Kausal-mechanismus konnte die Wissenschaftslehre die Natur nicht betrachten*".

lógica de la naturaleza no tenía otra intención que demostrar en el modo dialéctico de su *Wissenschaftslehre* que la naturaleza, tal y como existe, debe haber sido creada por el ego libre para hacer posible una resistencia en contra de la realización de su tarea moral.[1]

La antinomia entre el ideal de la ciencia y el ideal de la personalidad se ha de hecho convertido en el primer periodo de Fichte en una antinomia entre idea y sentido dentro del mismo ideal de la personalidad

En la dualista imagen del mundo de Kant, la antinomia entre el ideal de la ciencia y el de la personalidad en realidad implicaba el reconocimiento de ambos factores. Para Fichte esta antinomia es realmente convertida en una contradicción dentro del ideal mismo de la personalidad, entre actividad libre (espontaneidad) y vinculación a la resistencia de la naturaleza inferior, o entre "idea" y sentido.[2]

Kant también había planteado la última antinomia en su *Crítica de la razón práctica*. El ideal de la personalidad *no puede* cancelar la atadura a la naturaleza sensorial sin disolverse en un abstracción vacía. Con la hipostasiación de la norma

---

[1] Por lo demás, Fichte no abandonó este punto de vista, incluso en su *cuarto periodo metafísico. Cfr.* , por ejemplo, su escrito *Thatsachen des Bewusztseyns* (1810-11), basado en la *Transzendentale Logik* incluida en el primer volumen de las *Nechgelassene Werke* (W. W. vol. II, p. 663): "Die Natur ist Bild unserer realen Kraft, und so absolut zweckmässig; wir können in ihr und an ihr das was wir sollen. Ihr Prinzip ist schlechthin ein sittliches Prinzip, keinesweges ein Naturprincip (denn dann eben ware sie absolut)...". [La naturaleza es imagen de nuestro real poder y así absolutamente propositiva, podemos hacer en ella y con respecto a ella lo que debiéramos hacer. Su principio es simplemente moral, en modo alguno un principio natural (pues en este caso sería absoluta)...].

[2] Véanse también las páginas características en *Die Bestimmung des Menschen* (La vocación del hombre) II, pp. 313-319.

moral, esta antinomia *debe* ser retenida. Windelband observó correctamente en esta conexión: "por esta misma razón el mundo es para Fichte la contradicción puesta, y la dialéctica es el método para conocerla".[1]

---

[1] *Op. cit.*, II, p. 227: "Eben deshalb ist die Welt für Fichte der gesetzte Widerspruch and die Dialektik die Methode ihrer Erkenntnis".

CAPÍTULO VI

LA VICTORIA DE LA CONCEPCIÓN IRRACIONALISTA DE LA IDEA BÁSICA TRASCENDENTAL HUMANISTA SOBRE LA RACIONALISTA. EL IDEAL DE LA PERSONALIDAD EN SU INFLEXIÓN IRRACIONALISTA EN LA FILOSOFÍA DE LA VIDA

§1 LA TRANSICIÓN AL IRRACIONALISMO EN EL TERCER PERIODO DE FICHTE BAJO LA INFLUENCIA DEL MOVIMIENTO DEL *Sturm un Drang* (TORMENTA E ÍMPETU)

El desarrollo de Fichte no se detuvo en la posición de la primera edición de la *Wissenschaftslehre*. Emil Lask merece un crédito especial por haber analizado rigurosamente las varias fases de este desarrollo desde 1797. Aquí no estamos tan interesados en el segundo período de Fichte, caracterizado por la *Segunda introducción a la doctrina de la ciencia* (*Zweite Einleitung in die Wissenschftslehre*) de 1797. En esta fase sólo podemos observar un retorno a la filosofía trascendental crítica y un completamiento de la misma en un sistema teleológico de "las formas puras de la razón". No abre nuevos puntos de vista con respecto al desarrollo dialéctico del pensamiento humanista. Por lo tanto, enfocaremos ahora nuestra atención sobre el *tercer período* de Fichte, en el cual, bajo la poderosa influencia de la *filosofía del sentimiento* de Jacobi *una nueva tendencia racionalista ganó terreno en el ideal humanista de la personalidad.*

La relación de Fichte con la *Sturm und Drang*

Las relaciones de Fichte con la así llamada *"Sturm und Drang"* han sido examinadas recientemente en detalle por León,[1] Bergmann,[2] Gelpcke[3] y otros. Gelpcke ve operativa desde el mismo comienzo en Fichte la influencia de representantes típicos de este movimiento como Lavater, Hamann y Jacobi, incluso antes de que se interesase en el idealismo crítico kantiano. El motivo de la actividad titánica, la poderosa tendencia voluntarista, característica de la filosofía de Fichte en todas las fases de su desarrollo, y la cual señaladamente la diferencia del más estático sistema kantiano, muestra desde luego una verdadera congenialidad de espíritu con los motivos más profundos del *"Sturm und Drang"*, glorificando la "actividad del genio". El ideal activista de la personalidad tenía todas las expresiones de este período de transición y se concentra, por así decirlo, en el *Fausto* de Goethe, con su típica declaración: *"Im Anfang war die Tat"* ("En el principio era la acción").

La *"Sturm und Drang*, como observa Gelpcke, encuentra su forma artística de expresión en el "drama del ego". La actividad y la ipseidad son los dos polos en este mundo de pensamiento. El "ego" ideal es absolutizado en un subjetivismo sin límites y es elevado al rango de *genio* que posee en sí mismo la medida moral perfectamente individual de su acción, sin vinculación a norma general alguna. En el prefacio a su *Rauber*, Schiller ha dado la siguiente expresión a este ingenioso subjetivismo: "la ley todavía no ha formado un solo

---

[1] Xavier Leon: *Fichte et son temps*, 2 vols., París 1922.

[2] Ernst Bergmann: "Fichte und Goethe", *Kanstudien* 1915, vol. 20.

[3] Ernst Gelpcke: *Fichte und die Gedankenwelt des Sturm und Drang* (Leipzig 1928).

gran hombre, pero la libertad incuba colosos y extremidades".[1]

En su *Sokratische Denkwürdigkeiten* (1759)[2] Hamann expresó la misma idea en la siguiente forma: "¿Qué reemplaza en Homero la ignorancia de las reglas del arte que un Aristóteles inventó, y qué en un Shakespeare la ignorancia o violación de estas leyes críticas? El genio es la respuesta unánime".[3]

Sólo en la *acción* misma puede esta ipseidad del genio tornarse objetiva. Un verdadero entusiasmo y optimismo de la acción caracteriza el período de la *"Sturm und Drang"*, distinguiendo tajantemente su tono básico del preponderantemente pesimista de Rousseau, a pesar de toda su dependencia respecto de la filosofía del sentimiento de Rousseau.

La concepción irracionalista de la individualidad del genio. La inflexión irracionalista en el ideal de la personalidad

Este entero movimiento estaba todavía atado a Rousseau por la concepción naturalista del ideal de la personalidad expresado en el lema "la formación natural de la vida". Pero, para el racionalismo del tiempo de la Ilustración, lo "natural" era idéntico a lo que era "concebido en términos de leyes naturales". En contraste, el movimiento de la *"Sturm und Drang"* corrió al otro extremo: absolutizó la *individualidad subjetiva*

---

[1] "Das Gesetz hat noch keinen groszen Mann gebildet, aber die Freiheit brütet Kolosse und Extremitäten aus.
[2] *Memorabilia socrática.*
[3] "Was ersetzt bei Homer die Unwissenheit der Kunstregeln, die ein Aristóteles nach ihm erdacht, und was, bei einem Shakespeare die Unwissenheit oder Uebertretung jener kritische Gesetze? Das Genie ist die einmütige Antwort".

en la naturaleza: el genio debe realizarse en la expresión completamente individual de sus impulsos psíquicos.

La verdadera realidad es buscada en las profundidades completamente irracionales de la individualidad subjetiva y estas profundidades de la realidad subjetiva han de ser aprehendidas no por el entendimiento analítico, sino por el *sentimiento*. Esta irracional filosofía del sentimiento, predominante especialmente en Hamann, el joven Herder y Jacobi, y de la cual Goethe hace a su Fausto portavoz en la expresión: "*Gefühl ist alles*", es el polo contrario verdaderamente humanista de la línea racionalista de pensamiento característica de la Ilustración.

La filosofía de la vida del período de la "*Sturm und Drang*" encuentra su punto culminante en la exigencia de libertad ética subjetiva. Este nuevo postulado humanista de la libertad es averso a todas las normas racionales universales. Gelpcke lo caracteriza como sigue: "El recuperado concepto de la libertad se convierte en un dogma. Es la libertad en contra de toda regla, toda autoridad, toda compulsión de la equivocada sociedad. Consecuentemente, implica libertad incondicional del sentimiento respecto de toda dependencia, así como la Ilustración había predicado la libertad incondicional de la razón".[1]

---

[1] Gelppcke, *op. cit.*, p. 27: "Der neu gewonnene Begriff der Freiheit wird zum Dogma. Es ist die Freiheit gegen die Regel, gegen die Autorität, gegen den Zwang der verkehrten Gesellschaft. Freiheit also des Gefühls schlechthin von aller Abhängigkeit, wie einst die Aufklärung Freiheit der Vernunft von aller Abhängigkeit gepredigt hatte".

Tensión entre la concepción racionalista de la libertad y el ideal de la ciencia en su forma leibniziana en Herder. La antinomia es buscada en la "vida" misma. El motivo de Fausto y el de Prometeo

El ideal humanista de la personalidad se revela aquí en un tipo de racionalista, todavía orientado hacia la concepción estética de la naturaleza, pero exhibiendo de la manera más poderosa su polaridad con el ideal racionalista de la ciencia, del cual la "*Sturm und Drang*", a pesar de su apasionada protesta en contra del racionalismo determinista, nunca fue capaz de liberarse definitivamente. Esto es especialmente evidente en la filosofía de la historia de Herder, con su concepto naturalista de desarrollo derivado de Leibniz. La antinomia no es rehuida, sino más bien buscada en la misma realidad de la vida.

"Fausto" y "Prometeo" se convierten en los problemas favoritos de este período. Fausto contiende con la naturaleza, a la cual quisiera arrancarle sus secretos más profundos en una ilimitada lucha hacia el poder y la infinitud. Prometeo es el asaltante del cielo, quien con orgullo titánico trae el fuego del cielo a la tierra. Klopstock ha dado a su motivo Prometeo la siguiente densa expresión: "Fuerzas del *otro* mundo están contenidas en la idea de Dios, pero el hombre se siente como un segundo creador, capaz de reflejar la idea del universo".[1]

---

[1] Janensky, *Lavater*, p. 2: "Kräfte jener Welt hat der Gedanke an Gott, aber wie ein zweiter Schöpfer fühlt sich der Mensch, der die Idee des Universums nachzudenken vermag".

La idea irracionalista de la humanidad y el aprecio de la individualidad en la historia

El nuevo ideal de la humanidad no brotó del pensamiento matemático, sino de las irracionales profundidades del sentimiento. Se despliega en una ilimitada reverencia hacia todo lo que es el hombre y, como tal, posee individualidad creativa y racional. Se despliega adicionalmente en un aprecio de la individualidad histórica en el pueblo (*Volk*), la nación y el Estado, usualmente extraños en el tiempo de la Ilustración.

La concepción de la "*Sturm und Drang*" acerca de la individualidad desde luego que ya no tiene nada en común con el individualismo atomista del tiempo de la Ilustración. Es una concepción irracionalista que gana terreno aquí y que busca por doquier relaciones irracionales mediante las cuales el individuo es parte de la totalidad de una comunidad individual. Es esta misma concepción la que es característica de la filosofía de la historia de un Herder, quien trata de entender la voz de la historia mediante la empatía, sintiéndose en el espíritu de las individualidades históricas. Herder acepta sin vacilación la polaridad, la antinomia interna entre esta concepción irracionalista y la concepción determinista del desarrollo que había tomado de Leibniz. Necesidad de la naturaleza y libertad creativa de la individualidad irreducible vienen juntos en la historia y hacen imposible el intento de Kant de separar los dos ámbitos. En esta filosofía de la historia, el ideal de la ciencia de la *Aufklärung* todavía revela su influencia, en tanto que el desarrollo histórico es pensado como sujeto a leyes naturales. De acuerdo con la *lex continui* de Leibniz, el desarrollo es aquí concebido en series crecientemente complicadas y más altamente ordenadas, como pasando en una transición continua de la materia inorgánica a la vida orgánica y a la historia humana, y como revelando un progreso constante en la evolución de la cultura. Pero este optimismo cultural naturalista está enteramente permeado y refinado por el nuevo ideal de la humanidad de la "*Sturm und Drang*". El impulso hacia un *entendimiento simpatético* de toda individualidad en el proceso cultural protegió a esta concepción de la historia de la construcción racionalista de la historia del mundo a la manera de Voltaire.

El tercer período de Fichte y la influencia de Jacobi. La filosofía trascendental en contraste con la experiencia vital. La primacía de la vida y el sentimiento

¿De qué manera, entonces, encontró expresión la influencia de la filosofía irracionalista de la vida, brevemente bosquejada arriba, en el tercer período de Fichte, del cual sus escritos *Die Bestimmung des Menschen* (1ª· edición 1800) y su *Sonnenklarer Bericht an das grössere Publikum über das eigentliche Wesen der neuesten Philosophie* son sumamente característicos?

Esta influencias se exhibe en la tajante escisión que establece Fichte aquí entre el conocimiento teórico y la vida real, identificando la segunda con el sentimiento, el deseo y la acción,[1] y poniendo el pleno acento del valor sobre la *vida* en oposición a la especulación filosófica. En su *Rückerinnrungen, Antworten, Fragen* (Recuerdos, respuestas, preguntas), un escrito inédito del año de 1799, Fichte observa: "Ahora la meta es la *vida*, y en modo alguno la especulación, ésta es solamente un medio (un instrumento) para *formar* vida, pues reside en un mundo enteramente otro y lo que han

---

[1] W. W. V, p. 351.

influenciar a la vida debe ello mismo haberse originado en la vida. Es solamente un medio para conocer la vida".[1]

Un poco después leemos: "*La vida* en su verdadera esencia *no es el filosofar; el filosofar* en su verdadera esencia *no es vida*... Hay aquí una antítesis completa, y es seguramente imposible un punto de juntura, como la concepción de la X que descansa en el fundamento del ego sujeto-objeto...".[2]

La oposición entre su propia posición filosófica y la de sus oponentes que lo acusaron de ateísmo (Eberhard y otros) es aquí formulada como sigue: "el verdadero asiento del conflicto entre mi filosofía y las doctrinas opuestas, que son más o menos conscientes de esta situación, tiene que ver con la relación entre el (mero, dirigido objetivamente) conocimiento y la vida (el sentimiento, el poder apetitivo y la acción). Los sistemas opuestos hacen del conocimiento el principio de la vida: creen que a través del pensamiento libre, arbitrario, pueden originar algún conocimiento y conceptos e implantarlos en el hombre mediante el razonamiento, y que con ello se producirían sentimientos, el poder apetitivo sería afectado y así finalmente la acción humana sería determinada. Para ellos el conocimiento es consecuentemente lo más alto, la vida es lo más bajo y absolutamente dependiente del primero... *Nuestra filosofía*, por el contrario,

---

[1] Ibídem, p. 342: "Nun is das *Leben* Zweck, keinesweges das Speculieren; das letztere ist nur Mittel, das Leben zu bilden, denn es liegt in einer ganz anderen Welt, und was auf das Leben Einflusz haben soil, musz selbst aus dem Leben hervorgegangen sein. Es ist nur Mittel, das Leben zu erkennen".

[2] "*Leben* ist ganz eigentlich *Nicht-Philosophieren; Philosophieren* ist ganz eigentlich *Nicht-Leben*... Es ist hier eine volkommene Antithesis und ein Vereinigungspunct ist ebenso unmöglich, als das auffassen des X, das dem Subjekt-Objekt Ich, zu Grunde liegt...".

hace de la vida, el sistema de sentimientos y apetitos, lo más alto y permite al conocimiento por todas partes solamente mirar" (las cursivas son mías).[1]

Hegel en tanto que opuesto a la filosofía de la vida y el sentimiento

Para entender la distancia polar, que separa el pensamiento filosófico de Fichte en este período de la filosofía, de la filosofía de la identidad de Hegel, sólo es necesario comparar estas declaraciones sobre la relación del concepto dialéctico y la realidad de la vida (incautada inmediatamente en el sentimiento) con el siguiente pronunciamiento de Hegel en su *Enciclopedia*: "Es erróneo suponer que las cosas que forman el contenido de nuestras representaciones fueron primero, y que nuestra actividad *subjetiva*, que a través de la operación anteriormente mencionada de abstraer y sintetizar las características comunes de los objetos produce los conceptos de

---

[1] "Der wahre Sitz des Wiederstreites meiner Philosophie und der entgegengesetzten Lehren, welche letztere sich dieses Umstandes mehr oder weniger deutlich bewusst sind, ist fiber das Verhältniss der (blossen, auf Objecte gehenden) Erkenntniss zum wirklichen Leben (zum Gefühle, Begehrungsvermögen und Handeln). Die entgegengesetzte Systeme machen die Erkenntniss zum Prinzipe des Lebens: sie glauben, durch freies, willkürliches Denken gewisse Erkenntnisse und Begriffe erzeugen und dem Menschen durch Räsonnement einpflanzen zu können, durch welche Gefühle hervorgebracht, das Begehrungsvermögen afficirt und so endlich das Handeln des Menschen bestimmt werde. Ihnen also ist das Erkennen das Obere, das Leben das Niedere und durchaus von jenem Abhängendedots *Unsere Philosophie macht umgekehrt das Leben, das System der Gefühle und des Begehrens zum Höchsten and lässt der Erkenntniss überall das Zusehen*". Vol. V, pp. 351-2.

la misma, vendría posteriormente. El concepto es más bien el verdadero primero".[1]

La materia sensorial de Kant es ahora la "verdadera realidad" para Fichte

La irracional "materia sensorial de la experiencia" de Kant, que en la *Crítica de la razón pura* desempeñó solamente el papel negativo de un límite para la posibilidad trascendental del conocimiento, adquirió en el tercer período de Fichte el significado positivo de "verdadera realidad". Sólo el "material del experiencia" accesible al sentimiento inmediato, todavía no "lógicamente sintetizado" y profundamente irracional, puede pretender ser realidad.

En la impresionante conclusión del segundo libro del escrito *Die Bestimmung des Menschen* (La vocación del hombre), el "espíritu" le dice al "ego" que deseaba venir al conocimiento de la realidad a través de la *Wissenschaftslehre*: "todo conocimiento teórico es solamente imagen, y siempre hay algo requerido en él que corresponde a la imagen. Esta demanda no puede ser satisfecha por ningún conocimiento teórico; y un sistema de la ciencia es necesariamente un sistema de meras imágenes, sin ninguna realidad, importancia y meta… Ahora buscas después de todo algo real que resida fuera de la mera imagen… Y otra realidad que la que fue destruida justamente ahora, como igualmente lo sé. Sin embargo, sería en vano, si tratases de crearla través de tu co-

---

[1] Hegel, *Werke* VI, p. 323: "Es ist verkehrt, anzunehmen, erst seien die Gegenstände, welche den Inhalt unserer Vorstellungen bilden, und *dann hinterdrein* komme unsere *subjective* Tätigkeit, welche durch die vorher erwähnte Operation des Abstrahierens und des Zusammenfassens des den Gegenständen Gemeinschaftlichen die Begriffe derselben sind. *Der Begriff ist vielmehr das wahrhaft Erste…*".

nocimiento y a partir de él, y de abarcarla con tu ciencia. Si no tienes otro órgano para aprehenderla, nunca habrás de encontrarla. Sin embargo, posees tal órgano. Vivifícalo y caliéntalo: y vendrás al completo reposo. Te dejo solo contigo mismo".[1]

De acuerdo con Jacobi, Fichte ahora busca este otro órgano en la *creencia*, que él, junto con este filósofo del sentimiento, ve como diametralmente opuesta al pensamiento cognitivo. Jacobi había pensado que el "ser incondicional" no podía ser demostrado teóricamente, sino que sólo podía ser sentido inmediatamente. Y no había restringido el valor meditativo del sentimiento inmediato a los límites de la percepción sensorial, sino que había proclamado como su segunda forma básica la certeza de la creencia suprasensorial. De igual manera, también Fichte enseña ahora que la verdadera realidad es descubierta solamente por la *creencia*, enraizada en el sentimiento inmediato del impulso a la actividad absoluta, independiente.[2]

Jacobi supuso que su concepción estaba basada en la experiencia intuitiva cuando identificó a ésta con la función

---

[1] V, p. 246 ss: "Alles Wissen (aber), ist nur Abbildung, und es wird in ihm immer etwas gefordert, das dem Bilde entspreche. Diese Förderung kann durch kein Wissen befriedigt werden; und ein System des Wissens ist nothwendig ein System bloszer Bilder, ohne alle Realitat, Bedeutung und Zweck... Nun suchst du denn doch etwas, ausser dem blossen Bilde liegendes Reales... und eine andere Realitat, als die soeben vernichtete, wie ich gleichfalls weiss. Aber du würdest dich vergebens bemühen, sie durch dein Wissen, und aus deinem Wissen zu erschaffen, und mit deiner Erkenntniss zu umfassen. Hast du kein anderes Organ, sie zu ergreifen, so wirst du sie nimmer finden. Aber du hast ein solches Organ. Belebe es nur, und erwärme es: und du wirst zur vollkommensten Ruhe gelangen. Ich lasse dich mit dir selbst allein".

[2] W. W. II, p. 249 ss.

del sentimiento. Fichte lo sigue al enseñar que el hombre intuitivo, incluso sin ser consciente de ello, aprehende toda realidad existente para el sólo mediante el fiel sentimiento: "nacemos todos en la creencia; quien es ciego sigue ciegamente el impulso secreto e irresistible; el que ve, sigue viendo; y cree porque quiere creer".[1]

Esta fe ya no es la *fe razonable* práctica a priori de Kant, que eleva la ideas nouménicas abstractas a una realidad práctica "en sí". Es más bien la *fe emocional* de Jacobi que este pensador puso nuevamente, a la vieja manera nominalista, *en oposición* al entendimiento en su famosa expresión: "los paganos con la cabeza, el cristiano con el corazón".[2] Debe, sin embargo, mantenerse en mente que Jacobi supuso que había encontrado el verdadero cristianismo en los bien conocidos postulados del ideal humanista de la personalidad: creencia en la personalidad de Dios, en la libertad y la autonomía moral, y en la inmortalidad de la personalidad humana; mientras que Fichte, quien identificaba a la Deidad con el "orden moral del universo", abandonó la creencia en un Dios personal. Fue esto lo que le acarreó el cargo de ateísmo.

La relación que acepta Fichte aquí entre "fe" y pensamiento reflexivo también diverge diametralmente de la que acepta entre los dos en su *Staatslehre* de 1813.

En la obra últimamente mencionada todo progreso en la historia es visto como una victoria metódica del entendimiento sobre la fe "hasta que la primera a destruye entera-

---

[1] "Wir werden allen in Glauben geboren, wer da blind ist, folgt blind dem geheimen und unwiderstehlichen Zuge; wer da sieht, folgt sehend; und glaubt, weil er glauben will". *Cfr.* la entera concepción centralista de la experiencia ingenua explicado en el contexto del pasaje citado (p. 255).

[2] "Heiden mit dem Verstande, Christen mit dem Gemüt".

mente la segunda y ha traído su contenido en la más noble forma de entendimiento claro".[1]

No obstante, se cometería un grave error si el acuerdo entre la filosofía del sentimiento y la posición de Fichte en su tercer periodo fuesen interpretados como una completa rendición del primero.

Incluso Lask, quien en la mayor parte claramente indica los puntos de diferencia, va demasiado lejos al imputarle a Fichte una depreciación radical de la *Wissenschaftslehre* en su tercer periodo.[2] Ha pasado por alto que el mismo escrito en el que Fichte atribuye el descubrimiento de la verdadera realidad al sentimiento *vital* solo —permitiéndole a la filosofía solamente el *"Zusehen"* (mirar)— concluye con un verdadera elogio de la *Wissenschaftslehre*: "en breve: mediante la aceptación y propagación universal de la doctrina de la ciencia entre aquellos a quienes les es apropiado, la totalidad de la humanidad será liberada del ciego azar y el destino será destruido por la misma. Toda la humanidad se convierte en su propio amo bajo el control de su propio concepto; se hace de aquí en adelante con absoluta libertad en todo, en lo cual solamente quiere hacerse a sí mismo".[3]

---

[1] IV, p. 493: "so lange bis der erste den letzten ganz vernichtet und seinen Inhalt aufgenommen hat in die edlere Form der klaren Einsicht". Esencialmente el mismo motivo de pensamiento se encuentra en los *Grundzüge des gegenwärtigen Zeitalters*, (1804-5) VII, pp. 1-15 y *passim*.

[2] Lask, *op. cit.*, pp. 105-6: "Genauer konnte des Glaubensphilosophen Jacobi Beurteilung der Wissenschaftslehre nicht bestatigt werden". [El juicio de la doctrina de la ciencia por el filósofo de la fe Jacobi no podía ser afirmado de una manera más precisa].

[3] *Sonnenklarer Bericht*, p. 409: "Mit einem Worte: durch die Annahme und allgemeine Verbreitung der Wissenschaftslehre unter denen, für welche sie gehört, wird das ganze Menschengeschlecht von dem blinden Zuall erlöst, und das Schicksal wird für dasselbe vernichtet. Die gesammte ensch-

Jacobi nunca fue capaz de reconocer el valor de la "doctrina de la ciencia". Para Fichte, por el contrario incluso en su cercana aproximación a la filosofía del sentimiento, siguió siendo el único modo de concebir las plenas consecuencias del motivo de la libertad así como, incluso en este tiempo, nunca abandonó la posición moralista trascendental y nunca cayó en el esteticismo de la filosofía de la vida y el sentimiento.[1]

Reconocimiento del valor individual de lo empírico como tal. La estimación de Fichte de la individualidad contrastada con la de Kant. La individualización del imperativo categórico

Egn este periodo el reconocimiento del *valor* de la individualidad "empírica" va de la mano con el reconocimiento del "sentimiento" como fuente inmediata del conocimiento de la realidad. En su frecuentemente citado escrito, Lask ha dado un agudo análisis de la diferencia fundamental entre el concepto lógico trascendental de Kant de la individualidad "empírica" y la concepción desarrollada por Fichte en su tercer período concerniente al valor individual epistemológico de lo "empírico" como tal.

Kant no fue capaz de atribuir ningún valor a la individualidad empírica como tal, y sólo podía cualificarla como contingente en contraste con las normas de la razón, sólo

---

heit bekommt sich selbst in ihre eigene Hand, unter die Botmässigkeit ihres eigenen Begriffes; sie macht von nun an mit absoluter reiheit Alles aus sich selbst, was sie aus sich machen nur wollen kann". Lask aparentemente no prestó atención a este entero ditirambo sobre la *Doctrina de la ciencia*.

[1] En todos los escritos de este periodo, "sentimiento" e "impulso" permanecen *orientados* a la conciencia activista y moralista del deber.

las cuales tienen valor. Para Fichte, por el contrario, la individualidad empírica ha adquirido ahora un valor interno como estando enraizado en la individualidad del ego moral mismo. Incluso en el *System der Sittenlehre* (Sistema de la ética) de Fichte de 1798 este reconocimiento del valor de la individualidad se muestra en su suplemento al principio formal de la ética. El "universalmente válido" imperativo categórico de Kant es individualizado. Viene ahora a leerse como sigue: "actúa en conformidad con tu destino individual, y tu situación individual".[1]

La individualidad del mundo empírico, incomprensible de un modo teórico, adquiere significado práctico para la personalidad en tanto que el material de nuestro deber individual se revela en ella.[2] En cada acto individual de percibir y conocer se esconde un *núcleo del sentimiento* "práctico", a pesar de su función teórica.[3]

En esta conexión, también, la estimación de la individualidad es sujetada a la evidencia inmediata del sentimiento: "si dudo o estoy seguro, no se origina en la argumentación... sino en el sentimiento inmediato... este sentimiento nunca engaña".[4]

---

[1] IV, p. 166: "Es ist daher fur jeden bestimmten Menschen in einer jeden Lage nur etwas bestimmtes pflichtmässig". [Por lo tanto, para todo convivir individual en toda situación (individual) hay solamente alguna conducta individual en conformidad con el deber].

[2] Este motivo continúa siendo mantenido incluso en el cuarto período metafísico panteísta de Fichte. *Cfr. Die Thatsachen des Bewusstseyns* (1810-11) II, p. 641: "Nur in der individuellen Form ist das Leben praktisches Prinzip" [La vida es un principio práctico solamente en la forma individual.

[3] IV, p 166-7.

[4] IV, p. 169.

En la *Wissenschaftslehre* de 1801 el principio de individuación (*principium individuationis*) es explícitamente buscado
en el sentimiento como punto de concentración del conocimiento (*Konzentrationspunkt des Wissens*).[1]

No hay un irracionalismo radical en el tercer período de Fichte

Gracias a la influencia de la línea crítica trascendental de
pensamiento, la cual nunca desapareció completamente de
la *Wissenschaftslehre*, nunca hubo, en el caso del mismo Fichte, una completa victoria de la filosofía irracionalista del sentimiento. La ley moralista de la razón no es abrogada incluso
donde, en su tercer período, el reconocimiento del valor de
lo que es individualmente experimentado en el sentimiento
se hace cada vez más operativo en su ideal moralista y activista de la personalidad. Fichte busca solamente individualizar
su *contenido* dentro del marco de su *forma* universalmente
válida.

§2 EL IRRACIONALISMO ESTÉTICO EN EL IDEAL
HUMANISTA DE LA PERSONALIDAD. EL IDEAL DEL "ALMA
HERMOSA". ELABORACIÓN DEL IRRACIONALISTA MOTIVO
LIBERTAD EN LA MODERNA FILOSOFÍA DE LA VIDA Y SU
TENSIÓN POLAR CON EL IDEAL DE LA CIENCIA

De una manera más fuerte se afirma la inflexión irracionalista en el ideal humanista de la personalidad en la filosofía
del sentimiento del "*Sturm und Drang*" y en el romanticismo temprano. Desde el comienzo, esta tendencia procede
en una dirección estética. Aquí la *Crítica del juicio estético* de
Kant, con su orientación del juicio estético al sentimiento

---

[1] II, p. 112.

libre y con su reconocimiento del valor individual absoluto del genio, ofreció un inmediato punto de contacto.

Schiller y la *Crítica del juicio estético* **de Kant. El idealismo estético. La influencia de Shaftesbury**

Schiller transformó esta teoría en un *idealismo estético*, en el cual el aspecto estético del significado es elevado al rango de la raíz más profunda de la realidad. Detrás de la influencia de Kant sobre este punto, se hallaba aquí en operación la *ética estética de la virtuosidad* de Shaftesbury. Como Cassirer[1] ha mostrado, la estética de Shaftesbury tuvo una decisiva importancia para las propias concepciones estéticas de Kant. Incluso en Shaftesbury (1671-1713) el ideal humanista de la personalidad, en una irracionalista transformación del ideal griego de la καλοκάγατον, fue convertido en el principio de la moralidad estética del genio, volviéndose en contra de toda norma y ley supraindividual. La verdadera moralidad no consiste en la regla de las máximas generales, ni en la sujeción de la subjetividad a una norma universal, sino en una autorrealización estética, armoniosa, de la individualidad total.

La más elevada revelación de la personalidad soberana en el ámbito moral es la *virtuosidad*, la cual no permite que ningún poder y tendencia instintiva en el talento individual languidezca, sino que las trae a todas a la armonía estética mediante una perfecta práctica de la vida, y con ello realiza la felicidad del individuo así como el bienestar de la entera sociedad. En la naturaleza del caso, esta ética de la virtuosidad no puede encontrar la fuente del conocimiento moral en las funciones racionales orientadas hacia leyes generales,

---

[1] Cassirer, *Die Philosophie der Aufklärung* (1932) pp. 246 ss.

sino solamente en las profundidades subjetivas del *sentimiento individual.* En consecuencia, la moralidad fue puesta bajo un denominador básico subjetivo y estético. Lo moralmente bueno fue considerado como lo bello en el mundo de la volición y la acción prácticas: de acuerdo con Shaftesbury, el bien, al igual que lo bello, consiste en una unidad armoniosa de la multiplicidad, en un completo despliegue de aquello que duerme en la naturaleza individual como talento subjetivo. Es, exactamente al igual que lo bello, el objeto de una *aprobación* original, enraizada en el ser más profundo del hombre: así el *"gusto"* se convierte en la *facultad básica* para la ética así como para la estética.

Esta filosofía estética del sentimiento ha adquirido una profunda influencia, aún cuando Hutccheson y la *Escuela escocesa* sustituyeron el absolutismo de la individualidad en Shaftesbury por el absolutismo de la ley, característico de los tipos racionalistas de la idea cosmonómica humanista. Como vimos antes, la inflexión que Rousseau le dio al motivo humanista de la libertad, en la emancipación de la personalidad respecto del dominio del ideal de la ciencia, descansa esencialmente en una movilización del sentimiento natural no depravado en contra del sobrio entendimiento analítico del período de la Ilustración.

Con el filósofo holandés Franz Hemsterhuys, y los filósofos de la vida de la *"Sturm und Drang"*, esta filosofía del sentimiento recaptura su carácter irracionalista original, revelándose en una absolutización de la individualidad estética.

El ideal del "alma hermosa"

En el humanismo estético de Schiller, la concepción irracionalista y estética del ideal de la personalidad se encarna, si bien dentro de los límites formales del idealismo trascendental, en la idea del "alma hermosa". *El denominador filosófico básico de la realidad es cambiado al aspecto estético de significado visto exclusivamente desde su lado subjetivo individual.*

La belleza es, de acuerdo con la definición de Schiller, "la libertad de la apariencia (el fenómeno)".[1] En el impulso lúdico estético ("*Spieltrieb*"), se hace evidente la plenitud de la personalidad humana y con ella la del cosmos. El hombre es realmente *hombre* sólo donde está jugando, donde el conflicto entre el naturaleza sensual y la libertad moral racional en él calla. La rigorista moralidad de Kant sólo vale para el hombre que todavía no ha madurado para alcanzar la plena armonía, en cuyo más interno ser el impulso moral todavía debe guerrear contra la naturaleza sensual. En el "alma hermosa", sin embargo, se realiza la armonía que ya no sabe de este combate, pues su naturaleza ha sido tan ennoblecida que hace el bien por impulso natural. Sólo mediante la educación estética adquiere un hombre este refinamiento. Sólo de este modo se reconcilian la discordia entre las funciones sensuales y suprasensuales en la naturaleza humana.

Windelband ha agudamente comprendido el intento de solución de todas las antinomias entre los ideales de la ciencia y la personalidad emprendida por este humanismo estético, en el cual el segundo Renacimiento Alemán alcanza su punto de culminación. Con respecto a este punto, subraya: "este segundo Renacimiento de los Alemanes no es solamente la compleción del primero, el cual se había roto a la mitad, sino que también contiene la primera consciencia del impulso básico que inspiró el entero Renacimiento Europeo. Antes de este humanismo estético no había existido la

---

[1] Véanse las así llamadas cartas Kallias a Körner de febrero de 1793.

consciencia del significado más profundo de todos los contrastes en cuya reconciliación la cultura moderna encuentra su tarea. Los dos lados del ser humano, cuya reconciliación armónica es el mismo contenido de la cultura, han asumido proporciones múltiples en el movimiento histórico. En la cultura antigua prevalece lo sensual, en la cultura cristiana el hombre suprasensual. Desde el mismo comienzo fue la tendencia de la cultura moderna encontrar la plena reconciliación de estos dos desarrollos. La naturaleza sensual del hombre gobierna su conocimiento científico, la suprasensual determina su consciencia ética y la fe apegada a ésta. Es la lucha continua del pensamiento moderno encontrar la síntesis de esta "doble verdad". Sin embargo, la las sensual suprasensual naturaleza del hombre se revela como totalidad completa sólo en su función estética. Por lo tanto, ¡el entero Renacimiento fue movido en primer lugar de manera artística...! Esta fue la misma grandeza de la época, que al mismo tiempo esta síntesis del hombre sensual y suprasensual estaba viviendo en el *griego* moderno, en Goethe, y es el mérito inmortal de Schiller que ha entendido este momento en su significación más profunda y que la ha formulado de acuerdo con todas sus direcciones. El es verdaderamente el profeta de la autoconsciencia de la cultura moderna".[1]

Windelband supone que puede identificar la antinomia entre la naturaleza sensual y la conciencia moral suprasensual en el idealismo humanista de la libertad con la tensión entre la cultura griega y la cristiana. Esto testifica de una fundamental carencia de entendimiento del hecho de que el ideal humanista de la personalidad en su concepción mo-

---

[1] *Historia de la filosofía moderna* (*Geschichte der neuren Philosophie*) II, pp. 267-8.

ralista no es esencialmente cristiana, sino más bien una secularización de la idea cristiana de libertad que implica una
apostasía respecto de la última.

La "moralidad del genio" en el romanticismo temprano

En el período más maduro de Schiller, el irracionalismo estético fue todavía mantenido dentro de los límites del idealismo trascendental. En la "moralidad del genio" del romanticismo temprano, sin embargo, donde la moralidad del "alma hermosa" se vuelve una religión, este irracionalismo se
revela en su sentido *radical*.[1] Por medio de Schelling, habría
de cavar para sí un amplio canal en la filosofía más reciente
de la vida, con su fundamental depreciación del ideal de la
ciencia y su absolutización de la "evolución creativa".

La tensión de los ideales de la ciencia y la personalidad en el desarrollo de Nietzsche. La biologización del ideal de la ciencia (Darwin)

El ideal humanista de la personalidad en su inflexión irracionalista fue confrontado con un nuevo desarrollo del ideal
de la ciencia natural que, desde la segunda mitad del siglo
XIX, bajo la poderosa influencia de la teoría de la evolución
de Darwin, permearía el nuevo "modo histórico de pensamiento". Como habremos de mostrar ahora, este nuevo
"modo histórico de pensar" se originó en el inflexión irracionalista del idealismo humanista de la libertad. Esta lucha

---

[1] *Cfr.* el enunciado de Novalis: *"Gesetze sind der Moral durchaus entgegen"*
[las leyes están absolutamente opuestas a la moralidad] y *"Gesetze sind das
Komplement mangelhafter Naturen und Wesen"* [las leyes son el complemento
de las naturalezas y entidades defectuosas] citado en W. Metzger, *Gessells-
chaft, Recht und Staat in der Ethik des Deutschen Idealismus* (1917, p. 207, nota
3).

dialéctica entre los dos factores básicos de la idea básica trascendental humanista en su nueva concepción se revela de
una manera verdaderamente impresionante en el desarrollo
dialéctico de Nietzsche, cuya fase final, como observamos en
un contexto previo, es el anuncio del principio del desarraigo religioso del pensamiento moderno, como resultado de
una autodestrucción dialéctica del motivo básico humanista
en un historicismo radical.

Sólo tenemos que comparar el primer período estético
romántico de Nietzsche, influenciado fuertemente por Schopenhauer y Richard Wagner, con la segunda fase positivista
que empieza en 1878, en la cual el ideal biológico de la ciencia logra el liderazgo, y el último período de la filosofía de
la cultura del "Superhombre" que empezó en 1883. En este
último período, el ideal de la ciencia ha sido enteramente
depreciado. De allí en adelante, la ciencia es vista como un
medio meramente biológico en la lucha por la existencia,
sin ningún valor de verdad propio. Bergson y otros filósofos
modernos de la vida adoptaron esta concepción pragmatista biológica de la imagen teórica del mundo creada por el
pensamiento científico.

Sería falso suponer que la filosofía racionalista de la vida predicaba el caos. Por el contrario, *no intenta abandonar
el orden. Pero, como los tipos racionalistas de la filosofía humanista hacen del concepto de sujeto una función del concepto de la ley
en un sentido modal especial, y de esa manera disuelven el primero
en el segundo; así, de una manera inversa, los tipos irracionalistas reducen el orden "verdadero" a una función de la subjetividad
individual.*

La relación entre αὐτός y νόμος en el ideal irracionalista de la personalidad. Carácter dialéctico de la filosofía de la vida. Fenomenología dialéctica moderna

En la formulación del ideal humanista de la personalidad de Kant, el verdadero αὐτός sólo se descubre en el νόμος; en la concepción irracionalista de la autonomía, el νόμος (nomos) es más bien un reflejo del absolutamente individual αὐτός.

El racionalismo y el irracionalismo, en su sentido moderno, son meramente contrastes polares en la estructura básica de la idea cosmonómica humanista.

La tensión, la antinomia interna que se origina para los tipos irracionalistas entre la individualidad subjetiva absolutizada y la ley, condujo a Hamann y el romanticismo temprano a una concepción dialéctica de la realidad que atribuyó el carácter de realidad absoluta a la contradicción lógica.

En la moderna fenomenología dialéctica, la cual surge de la irracionalista filosofía histórica de la vida de Dilthey, el "pensamiento dialéctico" tiene este mismo carácter irracionalista. Ha de ser tajantemente distinguido de la fenomenología *racionalista* de Husserl.[1]

En este rasgo dialéctico del irracionalismo podemos una vez más encontrar la demostración de la tesis de que, en el final análisis, incluso los tipos irracionalistas de la filosofía humanista están enraizados en una absolutización de la actitud teórica del pensamiento.

Una antinomia es siempre el producto de la incapacidad del pensamiento teórico para reconocer sus límites. En la experiencia intuitiva preteórica quedan descartadas las an-

---

[1] Véase el detallado análisis de esta fenomenología irracionalista en mi obra *De Crisis der Humanistische Staatsleer* (*La crisis de la teoría humanista del Estado*), Ten Have, Ámsterdam, 1931, pp. 47ss.

tinomias teóricas. La aprobación de una antinomia teórica exhibe la estampa de una actitud subjetiva del pensamiento dirigida en contra del orden cósmico y de las leyes lógicas básicas que funcionan en éste. Esta actitud de pensamiento es indudablemente una parte componente de la realidad pecaminosa, pero sólo en tanto que su significado antinormativo está determinado por el orden cósmico y por las normas lógicas dentro de este orden, en contra del cual se amotina. Aprobar la antinomia en la identificación del pensamiento dialéctico con la realidad irracional significa una negación carente de sentido del lado ley de la realidad fundado en el orden cósmico. Esta negación carece de sentido porque la subjetividad sin un orden que la defina *no puede tener existencia y significado*.

Los tipos de la idea cosmonómica irracionalista del pensamiento humanista

Así como el racionalismo en la filosofía humanista es matizado en varios tipos de ideas cosmonómicas mutuamente antagónicas, también lo es el irracionalismo. En principio podemos pensar en tantos tipos de irracionalismo como hay aspectos no lógicos de la realidad temporal.

§3 LA GÉNESIS DE UN NUEVO CONCEPTO DE CIENCIA A PARTIR DEL IDEAL HUMANISTA DE LA PERSONALIDAD EN SUS TIPOS IRRACIONALISTAS. EL CUARTO PERÍODO DE FICHTE

El ideal humanista de la personalidad, habiéndose vuelto consciente de sus tendencias más profundas, debe a largo plazo transferir su tensión con el ideal mecanicista de la ciencia al ámbito del pensamiento científico especial. El postulado de continuidad del motivo libertad humanista no podía aceptar finalmente la identificación kantiana del pensamiento científico con la ciencia natural matemática. No podía finalmente abandonar de este modo sus pretensiones de conocimiento de la realidad temporal.

La filosofía humanista había proclamado en sus tipos racionalistas prekantianos la supremacía del ideal matemático de la ciencia sobre los aspectos normativos de la realidad temporal.

Como vimos, Kant llevó la antinomia entre los ideales de la ciencia y la personalidad a una densa formulación y estableció entre los dos la *actio finium regundorum.** Fichte había empezado a privar al ideal mecánico de la ciencia de su independencia con respecto al ideal de la personalidad y a deducir el primero del segundo. Debía llegar el momento en el que esta traslación de la primacía del ideal de la personalidad se hiciese sentir en el pensamiento científico especial y reclamara el dominio exclusivo de la concepción física matemática de la ciencia.

El estímulo a este desarrollo no podía surgir de las corrientes irracionalistas que habían absolutizado el lado subjetivo de los aspectos normativos de la existencia humana en su completa individualidad bajo este o aquel denominador básico, y había diluido la idea racionalista de la *lex* en una idea irracionalista del sujeto.

¿Dónde más, si no en la subjetividad individual podía el motivo libertad del irracionalista ideal humanista de la personalidad hacer sentir su dominio sobre la realidad "empírica"? Si la individualidad subjetiva ya no es proclamada, con Kant, como un límite lógico meramente negativo del cono-

---

* Acción de deslinde [N. del T.].

cimiento causal matemático, sino más bien como realidad empírica κατ᾽ ἐξοχήν,* la entera concepción de la experiencia humana debe ser alterada en principio. El pensamiento científico natural, apropiado solamente para el descubrimiento de leyes universalmente válidas, no podía ya más elevar la pretensión de proveernos con conocimiento genuino del entero campo de la realidad empírica.

Orientación de un nuevo ideal de la ciencia a la ciencia de la historia

Desde el principio vemos a los tipos irracionalistas en la filosofía humanista concentrando su atención sobre la *ciencia de la historia*, la cual fue desnaturalizada por los corifeos del período de la Ilustración para ser convertida en una ciencia criptonatural con tendencias de un fuerte carácter ético (¡el ideal del necesario progreso de la humanidad a través de la iluminación del pensamiento!).

Debe ser inmediatamente evidente que el método de la ciencia natural no podía aprehender el *"Gegenstand"* propio de la investigación histórica tan pronto como la prohibición puesta en efecto por el ideal matemático de la ciencia fuese roto por las pretensiones antagonistas de un irracionalistamente concebido ideal de la personalidad. La crítica trascendental de Kant del juicio teleológico solamente había despejado la vía para una *filosofía* de la historia, orientada, hasta cierto punto al menos, al ideal de la personalidad, todavía concebido en términos esencialmente racionalistas. Su concepción teleológica del desarrollo histórico, como explicó en su tratado *La paz perpetua* (*Vom ewigen Friede*) no pretendía poseer un carácter científico. Para arrebatar al pen-

---

* Exógena. [N. del T.].

samiento *histórico científico especial* de la supremacía del ideal racionalista de la ciencia, se necesitaba antes que nada una *evaluación* fundamentalmente diferente de la individualidad subjetiva.

Fue originalmente un irracionalismo estético el que incluso en las *Ideen zur Philosophie der Geschichte der Menschheit* de Herder (1784-1791) —si bien aquí todavía controlado por la idea racionalista del desarrollo de Leibniz— despejó la vía al método irracionalista para cultivar la ciencia de la historia: un tratamiento empático y comprensivo de los contextos históricos en su incomparable individualidad. De hecho, el idealismo órganológico de Schelling iba a proporcionar el equipamiento filosófico para la concepción de la historia sostenida por la *Escuela Histórica*, con su doctrina del originalmente inconsciente crecimiento de la cultura a partir del "*Volksgeist*" histórico en las nacionalidades individuales.

El espíritu de la restauración, que obtuvo el liderazgo después de la liquidación de la Revolución Francesa y la caída de Napoleón, naturalmente favoreció el surgimiento del modo histórico de pensamiento. Las construcciones a priori del Estado y la sociedad por la escuela humanista de ley natural fueron sustituidas por el entendimiento histórico de que el Estado, la sociedad, la ley y la cultura en general no podían ser "creados" a partir del pensamiento matemático siguiendo un patrón válido para todos los tiempos y para todas las personas, sino que más bien son resultado de una larga evolución histórica de un pueblo cuyo "espíritu" tiene una individualidad irreducible.

El surgimiento de la ciencia de la sociología en la parte temprana del siglo XIX fue también un factor importante en el desarrollo de un nuevo modo histórico de pensamiento; esta sociología, sin embargo, intentaba llevar a cabo una síntesis entre el segundo y el patrón científico natural de pensamiento, cuya síntesis en efecto iba a conducir a una invasión del evolucionismo darwinista en la ciencia histórica.

Fichte en su cuarto período y la escuela de neokantismo alemana sudoccidental

En la conexión actual, sin embargo, nos restringiremos a una investigación de la contribución dada por Fichte, en su cuarto período metafísico, a la metodología del pensamiento histórico. A partir de este contexto cae una clara luz sobre la epistemología del pensamiento histórico, propagada en tiempos recientes por la escuela alemana sudoccidental de los neokantianos, especialmente sus dos figuras líderes, Rickert y Max Weber.

Las indagaciones de Lask, en particular, han mostrado que fue esencialmente el cambio fundamental en la valoración de la individualidad lo que llevó a Fichte en su cuarto período a una metafísica especulativa completamente diferente de la filosofía de la identidad que encontramos en la *Wissenschaftslehre* de 1794.

El desarrollo posterior de Fichte desde luego ha de ser visto en plena conexión con la oposición más bien general que surgía en este tiempo contra el abstracto criticismo kantiano, llevada a un punto crítico en la oposición entre forma y materia, y hostil a la verdadera valoración de la individualidad.

El así llamado método "crítico" había concentrado todo el valor en las universalmente válidas formas de la razón y había depreciado lo individual, como lo *irracional* trascendental, como "meramente empírico", como el caso meramente contingente de la conformidad formal a la ley de la razón. Los irracionalistamente orientados idealistas metafísicos de este periodo, quienes habían sufrido la influencia de Kant, supusieron ahora que tenían que rechazar el entero método crítico. Ciertamente, Kant, en su *Crítica del juicio*, había *planteado* el problema de la *especificación* pero aquí, también, sólo *dentro del marco del esquema materia-forma*. Solamente en la *Estética* se hallaba en posición de apreciar la individualidad subjetiva como tal.

El irracionalistamente concebido motivo libertad exigía un nuevo método especulativo para el conocimiento de la individualidad, y eventualmente fue bajo la inspiración de los *problemas de la filosofía de la cultura* que este motivo empezó su lucha contra el antiguo ideal racionalista de la ciencia.

El supuesto "racionalismo" de Hegel

La nueva metafísica del *Ser absoluto, como totalidad de la individualidad*, no es más que una metafísica del ideal irracionalista de la personalidad. La tardía racionalización formal de este irracionalismo en el así llamado "panlogismo" de Hegel es solamente un espécimen típico de la polaridad interna de la idea básica humanista trascendental; pero nunca garantiza la negación del hecho de que este aparente racionalismo es la misma antípoda del racionalismo en el patrón del ideal humanista de la ciencia clásico, orientada a las matemáticas y la ciencia natural.

Schelling se convirtió en el líder reconocido en la controversia en contra del idealismo trascendental formalista. La concepción del conocimiento en términos del abstracto esquema kantiano materia-forma —en el cual, como vimos previamente, se amontonaron todas las antinomias entre los ideales de la ciencia y la personalidad— tenía que ser abrogada. La filosofía iba a ser entendida como "el conocimiento absoluto del absoluto". Aquí se hizo una asociación con el antiguo motivo especulativo de un entendimiento divino intuitivo, al cual también hubieron alusiones en la *Kritik der Urteilskraft* de Kant. Pero se hallaba ahora liberado del ideal matemático de la ciencia. No fue la idea del análisis matemático perfeccionado *uno intuito** (Leibniz) la que inspiraba al nuevo "idealismo del espíritu".

La "intuición intelectual" en Schelling

En contraste con las dualistamente separadas fuentes del conocimiento en la crítica kantiana del conocimiento, Schelling postula la "intuición intelectual", en la que la totalidad absoluta de significado es comprendida por una mirada única omniabarcante. Krause eleva el conocimiento de lo proto-esencial (*das ur-wesentliche*), la intuición de la esencia, por encima del conocimiento relativo a partir de conceptos. Troxler, con una explícita apelación a Jacobi, pone a la proto-consciencia, o conocimiento inmediato, en oposición al conocimiento reflexivo y discursivo; y Solger cuestiona el dualismo de lo universal y lo particular.

En sus *Lecciones sobre el método de estudio académico*, dictadas en 1802 en la Universidad de Jena, Schelling apeló a un método del genio para el entendimiento científico[1] Y al ha-

---

* De un vistazo [N. del T.].

[1] Schelling, *Vorlesungen über die Methode des akademischen Studiums* (Stuttgart y Tubinga, 3a. ed., 1830), p. 15: "Von der Fähigkeit, alles auch das einzelne Wissen, in den Zusammenhang mit dem ursprünglichen und Einen zu erblicken, hängt es ab, ob man in der einzelnen Wissenschaft mit Geist und mit derjenigen höhern Eingebung arbeite, die man wissens-

cerlo simplemente dio expresión al entero espíritu de este tiempo, el cual estaba profundamente inspirado por el ideal racionalista de la personalidad. Por doquier era el valor de la individualidad absoluta la que uno esperaba aprehender mediante un método metafísico especulativo de la intuición intelectual que aprehendía inmediatamente el absoluto.

En oposición al irracionalismo del sentimiento por parte del "*Sturm und Drang*", toda atención fue ahora dirigida a la relación individual del "Espíritu", de la "Idea".

La nueva lógica dialéctica de Hegel y su orientación histórica

En sus años mozos, el mismo Hegel había vivido en la esfera de la filosofía irracionalista del sentimiento. En su periodo maduro él racionalizó el pensamiento irracionalista del romanticismo mediante su nueva lógica dialéctica, la cual en su núcleo no es más que una lógica universalista, antirracionalista, del desarrollo histórico. Lask observa correctamente que la misma estructura de la totalidad individual, como se exhibe por ejemplo en la concepción transpersonalista-universalista del Estado como un "organismo moral", se convierte en el patrón para la concepción de la estructura del concepto lógico de Hegel. La ruptura con la lógica del ideal naturalista de la ciencia —una lógica que había conducido a un individualismo atomista en el campo de la filosofía de la cultura— fue desde luego inevitable después de la victoria del ideal irracionalista de la personalidad. La obra positiva de Hegel fue la creación de una nueva lógica metafísica

---

chaftliches Genie nennt!" [Depende de la habilidad de ver todo, también el conocimiento especial, en el contexto con lo original y la unidad, si es que uno ha de ser capaz de trabajar en la ciencia especial con espíritu ¡y con la más alta inspiración llamada genio científico!].

especulativa de la individualidad, mediante la cual buscaba simplemente reemplazar la lógica científica natural del ideal humanista de la ciencia, a lo largo de la entera línea del conocimiento humano. Con Hegel, la concepción irracionalista e idealista del ideal de la personalidad crea su propia lógica metafísica. Con ella se pone tajantemente en oposición al idealismo crítico, el cual no obstante, a pesar de su atribución de primacía al ideal de la personalidad, en su método de formar conceptos había permanecido enteramente orientado a la lógica del ideal naturalista de la ciencia.

La "metafísica del espíritu" de Fichte, la cual rápidamente alcanzó el liderazgo en su pensamiento después del breve período de su aproximación hacia la filosofía de la vida, también se originó esencialmente en la concepción irracionalista y universalista del motivo libertad con su orientación a los problemas de la filosofía de la cultura.

En contraste con el problema del universalmente válido ego trascendental de los primeros bosquejos de la "doctrina de la ciencia", emergió incluso en su *System der Sittenlehre* (1798) la pregunta acerca del *ego individual*. Esto lo impulsó a proceder más allá del análisis trascendental inmanente de la consciencia y a plantear la pregunta relativa a los fundamentos metafísicos *en el ser* para la vida espiritual.[1]

Pertenece a la esencia de la autoconsciencia del ego propio, como Fichte claramente lo entiende, la consciencia del otro ego, el Tú. La libertad concreta y la determinación autónoma de la voluntad solamente surgen en la conexión inmediata del ego individual con otros "seres espirituales". Ya no es satisfactorio deducir mi conocimiento de *otros egos*, co-

---

[1] Sobre esto, véase adicionalmente H. Heimsoeth: *Metaphysik der Neuzeit* (1929), pp. 120 ss.

mo una actividad necesaria de la consciencia, de la auto-consciencia trascendental. Los otros egos, la pluralidad de los seres espirituales fuera de mí, tienen un modo entera-mente otro de ser con respecto a mí mismo que el mundo material externo ("la naturaleza").

El problema de la *Realität der Geisterwelt* (realidad del mundo de los espíritus)

El problema de la realidad del "*Geisterwelt*" (mundo de los espíritus) emerge y surge del fundamento moral del ego mismo, del deber de reconocer a todo individuo libre co-mo un "fin en sí mismo" independiente y moral. El ego no solamente debe *pensar o intuir* a los otros egos en sí (como si fuesen cosas naturales), sino que se halla también en un contacto espiritual real, en un intercambio espiritual vivien-te con ellos. Consecuentemente, las síntesis llevadas a cabo por el ego trascendental de la doctrina crítica de la ciencia no agotan el desarrollo de la síntesis del sistema de la razón. Éste exige urgentemente una conclusión en una metafísica "síntesis del mundo real de los espíritus" (Heimsoeth).

En la *Wissenschaftslehre* de 1801 esta síntesis metafísica más alta es vista como una síntesis del ser absoluto con la libertad infinita. El ego individual es uno de los muchos puntos de concentración del "Espíritu Absoluto", del Origen del cos-mos. Tiene la *forma* de existencia ("*Dasein*") del *Ser absoluto* pero un *Ser definido, concreto, individual,* a partir de la inter-acción de su libertad con la totalidad del mundo espiritual.[1]

Consecuentemente, Fichte busca la realidad original y esencial de todos los egos individuales finitos en una trans-personalmente concebida vida de la razón. Los egos indivi-

---

[1] W. W. II, pp. 112, 113.

duales no son sustancias, sino diferenciaciones individuales y "formas de manifestación" de la única e infinita vida de la razón; el "vínculo de unión" en el mundo de los espíritus no es un reunirse después de mónadas-ego aisladas; es más bien la comunión fundamental de todos los egos individuales como apariencias del Origen infinito, a partir del cual los seres espirituales libres, con todas sus interacciones espirituales, se originan por un metafísico *actus individuationis* en el que el tiempo mismo adquiere puntos de concentración individuales.[1] Así, incluso en el cuarto período de Fichte, el ideal de la personalidad adquiere el sesgo *transpersonalista* que iba a encontrar su consumación en la filosofía de la identidad de la idea absoluta en autodesarrollo de Hegel.

---

[1] W. W. II, p. 113: "Was ist nun also —dies ist eine *neue* Frage— der Charakter des wirklichen Seyns? Durchaus nur ein Verhältniss von Freiheit zu Freiheit zufolge eines Gesetzes. Das *Reale*, das nun daliegt und vor allem wirklichen Wissen vorher das Wissen trägt, ist ein Concentrationspunct zuvörderst aller Zeit des Individuums, und es ist begriffen als das was es ist, nur inwiefern diese begriffen ist; —aber sie wird immer begriffen und nie. Es ist ein Concentrationspunct aller wirklichen Individuen in diesem Zeitmomente, ferner, vermittelst dessen, aller Zeit dieser und aller noch möglichen Individuen; —das Universum der Freiheit in *einem* Puncte und in *allen* Puncten" [¿Cual es, por lo tanto, —ésta es una *nueva* pregunta— el carácter del ser real? Absolutamente sólo una relación de libertad a libertad en consecuencia de una ley. Lo *real*, que ahora se presenta y que porta un conocimiento anterior a todo real conocimiento, es un punto de concentración en primer lugar de la totalidad del entero tiempo de lo individual y es entendido como tal sólo en tanto que esta totalidad del tiempo es entendida; —pero la última es entendida siempre y nunca. Es un punto de concentración de todos los individuos reales en este movimiento del tiempo, más aún, por mediación de este momento, de todo el tiempo de este ideal todavía todos los individuos posibles; —el universo de la libertad en *un* punto y en *todos* los puntos].

El sesgo transpersonalista en el ideal de la personalidad. La nueva concepción del "*ordo ordinans*" en la metafísica panteísta de Fichte

El *ser* del "espíritu" es un *ser transpersonal de la libertad*, el cual, en la totalidad de la vida espiritual individual, realiza su libertad real infinita, todavía precediendo a todo pensamiento. El "orden moral del mundo" como el activo e infinito *ordo ordinans*, o la "voluntad infinita", ahora se convierte en el vínculo transpersonal de unión para todos los espíritus finitos en su destino moral individual. Se ha convertido en la verdadera antípoda, irracionalista en su más profunda raíz, del abstracto "universalmente válido imperativo categórico" de Kant. La individualidad ética del ego, en la irracionalista concepción que tiene Fichte del mismo, conduce a través de sí mismo a una *comunidad transpersonal de espíritus libres*. Sólo a partir de esta totalidad de la comunidad puede entenderse la individualidad espiritual. El concepto de "libertad material" obtiene consecuentemente en Fichte un carácter transpersonal que, desde el comienzo, estaba afinado para la aprehensión de las coherencias culturales objetivas en las que se entretejen los individuos.[1] La filosofía de la historia de Fichte ha de entenderse solamente en el marco de esta transpersonalista y, al menos en su raíz, irracionalista metafísica del espíritu.

---

[1] Véase, p. ej., W. W. IV, p. 584: "Die durch Vernunft a priori eingesehene Voraussetzung ist nemlich die, dass jedem unter den freien Individuen im göttlichen Weltplane angewiesen sey seine bestimmte Stelle, die nicht sey die Stelle irgend eines anderen zu derselben Zeit in demselben Ganzen Lebende..." [la presuposición, percibida a priori por la razón es a saber ésta, que en el plan divino del mundo se le debe indicar a cada uno de los individuos libres su lugar individual, el cual no puede ser lugar de ningún otro individuo que vive al mismo tiempo en la misma totalidad...].

Entretanto, esta metafísica encuentra su conclusión solamente en una hipóstasis final: el *Ser absoluto,* elevado por encima de todo devenir y cambio, de la Divinidad impersonal, debido a que es infinita en acto. Este Ser absoluto es eternamente *trascendente* a toda reflexión, a todo *conocimiento,* y no es una *"Ding an sich"* externa, sino el *fundamento interno real de la posibilidad de la libertad racional* con todas sus manifestaciones finitas. Como tal, sin embargo es al mismo tiempo lo *absolutamente irracional,* lo completamente incomprensible. Toda vida es solamente manifestación, imagen o *esquema* de Dios, la "existencia" (*Dasein*) finita, la forma finita de manifestación del Ser absoluto. Pero sólo en la libertad moral de la personalidad humana tiene inmediato *"Dasein"* (existencia) este Ser absoluto.

La "naturaleza" en el sentido del ideal naturalista de la ciencia es solamente la apariencia de la razonable *apariencia ética de Dios.* Esta última se revela en la vida individual transpersonal del libre mundo ético de los espíritus. La naturaleza sigue careciendo de un significado independiente con referencia a los aspectos éticos del cosmos. No es en la "naturaleza", sino solamente en la actividad ética, que Dios se revela a sí mismo en la "apariencia".

La anterior deificación racionalista de la ley moral es ahora reemplazada por una idea de Dios enteramente irracionalista. Dios se ha convertido en la hipóstasis absoluta de la corriente ética subjetiva y creativa de la vida, la cual es el vínculo transpersonal y la totalidad de los sujetos individuales libres.

El denominador básico de Fichte para los aspectos de significado se vuelve histórico en carácter. La filosofía de la historia de Fichte

No obstante —y esto es de la mayor importancia en esta nueva metafísica del espíritu— el denominador moral básico, al cual Fichte aparentemente todavía reduce todos los aspectos de la realidad temporal y que encuentra su hipóstasis final en la idea irracionalista de Dios, es, no obstante, bajo la influencia del ideal irracionalista de la personalidad, él mismo transformado en un denominador básico *histórico*.

Heimsoeth observa correctamente: "por primera vez en la historia de la filosofía, la realidad específica de la existencia histórica no es solamente concebida como una realidad original de rango metafísico, sino que incluso es interpretada como el modo final de ser de la existencia finita como tal... El pathos moderno del "libro de la naturaleza" es reemplazado por la concepción metafísica religiosa de la historia como el modo propio de aparición del Espíritu Absoluto o divino. El mundo se presenta a Fichte como una cadena activa infinita de "desafíos", de interacción evocadora de la libertad y cultivadora del espíritu de centros vitales que actúan por sí mismos, en libertad creadora produciendo nuevas y nuevas fases como si fuera de la nada".[1]

---

[1] "Zum ersten Male in der Geschichte der Philosophie wird die spezifische Realität des geschichtlichen Daseins nicht nur als eigenwüchsige Realität von metaphysischem Rang erfaszt, sondern sogar als die entscheidende Seinsweise endlichen Daseins überhaupt gedeutet... Das neuzeitliche Pathos vom "Buche der Natur" schlägt um in die metaphysischreligiöse Fassung der Geschichte als der eigentlichen Erscheinungssphäre des Absoluten, oder des Göttlichen Geistes. Als eine unendliche Wirkenskette der "Aufforderungen", des freiheitsweckenden und geistgestaltenden Ineinandergreifens selbsttätiger Lebenszentren steht die Welt vor Fichte,

La idea ética absoluta, el Ser absoluto, asume un modo puramente histórico de aparición en su manifestación en la "vida espiritual" de la comunidad humana temporal. Se esquematiza en el movimiento infinito del desarrollo de la historia, en el cual la Deidad, de una manera creativa y racional, continuamente asume nuevas formas espirituales de manifestación. El tema de la historia para Fichte, al igual que para Kant, es el de la lucha por ascender hacia la *libertad*. Pero en el cuarto período de Fichte, el *ethos* más alto de la vida espiritual ya no es, como lo era en Kant, concebido de manera racionalista en la formalista idea de autonomía, en la cual el *autos* sólo se realiza en el *nomos*; esto es, en el imperativo categórico formal. Es más bien concebida en el sentido irracionalista del proceso histórico "creativo", en el cual la idea metafísica absoluta una, a través de los puntos de concentración de las grandes personalidades líderes, se realiza en las diversas formas de las ideas culturales: en las ideas del arte, el Estado, la ciencia y la religión. El valor interno de la última corresponde a su precedencia.[1] En este período, Fichte estuvo profundamente convencido de la irracionalidad de la idea absoluta en su inagotable plenitud creadora de vida.[2]

---

in schöpferischer Freiheit neue und neue Gesichte wie aus dem Nichts hervorbringend".

[1] W.W. VII, pp. 58ss. Por lo que concierne a la concepción de la belleza como la forma más baja de manifestación de la idea, *cfr. Die Anweisung zum seligen Leben* [Instrucciones para una vida dichosa] (1806), W.W. V, p. 526.

[2] *Cfr.* también la carta de Fichte a Schelling del 5 de mayo al 7 de agosto de 1801 (*Aus Schelling's Leben* [De la vida de Schelling] I, p. 345), donde habla enfáticamente de la "raíz" del mundo de los espíritus como "irracional".

Sólo en la originalidad espiritual de los grandes individuos, de los genios creadores, irrumpe inmediatamente la
imagen divina en la apariencia. La historia, como manifestación inmediata de la idea ética, es esencialmente hecha
por grandes personalidades. Así lo expresa Fichte: "todo lo
que es grande y bueno, sobre lo que se basa nuestra existencia actual, de lo cual parte, y que es la única suposición
bajo la cual puede desplegarse su esencia en la manera en
que la despliega, sólo ha sido realizada por el hecho de que
hombres nobles y vigorosos han sacrificado todo disfrute de
la vida en aras de las ideas; y nosotros mismos, con todo lo
que somos, somos el resultado de los sacrificios de todas las
generaciones previas, y especialmente de sus miembros más
valiosos".[1] "La idea divina original de una posición definida

---

[1] *Die Grundzüge des gegenwärtigen Zeitalters* [Las características principales
de nuestro actual periodo], W.W. VII, p. 41: "Alles grosse und gute, worauf unsere gegenwärtige Existenz sich stützt, wovon sie ausgeht, und
unter dessen alleiniger Voraussetzung unser Zeitalter sein Wesen treiben
kann, wie es dasselbe treibt, ist lediglich dadurch wirklich geworden, dass
edele und kräftige Menschen allen Lebensgenuss für Ideeën aufgeopfert
haben; und wir selber mit allem, was wir sind, sind das Resultat der Au-
fopferung aller früheren Generationen, und besonderes ihrer würdigs-
ten Mitglieder". "Die ursprüngliche göttliche Idee von einem bestimmten Standpunkt in der Zeit läszt gröszten Teils sich nicht eher angeben,
als bis der von Gott begeisterte Mensch kommt und sie ausführt ... Im allgemeinen ist die ursprüngliche und reine göttliche Idee ... für die Welt
der Erscheinung schöpferisch, hervorbringend das neue, unerhörte und
vorher nie dagegewesene". "Von jeher war es Gesetz der übersinnlichen
Welt, dasz sie nur in Wenigen Auserwählten ... ursprünglich herausbrach
in Gesichte; die grosze Mehrzahl der übrigen sollte erst von diesen Wenigen aus ... gebildet werden". "In der Geisterwelt ist Jedwedes um so edler,
je seltener es ist; ... in aüszerst Wenigen spricht die Gottheit sich unmit-
telbar aus".

en el tiempo en su mayor parte no ha de ser indicada antes de que llegue el hombre (elegido), inspirado por Dios, y la ejecute ... La idea divina original y pura es en general ... creativa para el mundo de la apariencia, originando aquello que es nuevo, inaudito y que nunca había existido antes". "Desde tiempo inmemorial ha sido una ley del mundo suprasensorial que solamente en unos cuantos hombres elegidos ... Irrumpió originalmente en visiones: la gran mayoría del resto debiera solamente ser cultivada por mediación de estos cuantos...". "En el mundo de los espíritus la nobleza de todo se hace mayor de acuerdo con su rareza ... En extremadamente pocas (personalidades) la Deidad se expresa inmediatamente".[1]

La individualidad natural debe ser aniquilada en el proceso histórico por la individualidad del espíritu

El valor de la individualidad del genio, que Fichte pone aquí tan enfáticamente al frente, no es la de la meramente sensual individualidad de la naturaleza. Así como la "naturaleza" como tal no posee para Fichte un significado propio, también la individualidad de la naturaleza (la individualidad natural) debe ser *aniquilada* en aras de la revelación de la idea absoluta. De una manera clara Fichte dice que su "rechazo incondicional de toda individualidad" se relaciona exclusivamente con la "existencia personal sensorial del individuo", pero que, por el contrario, su filosofía postula que "en cada individuo particular en que viene a la vida, la idea eterna una se exhibe absolutamente en una nueva figura que nunca existió antes; y esto muy independientemente de la naturaleza sensorial, a través de sí misma y de su propia le-

---

[1] Compare con el texto alemán en la nota??

gislación, consecuentemente en modo alguno determinada a través de la individualidad sensorial, sino más bien aniquilando ésta y a partir puramente de sí misma determinando la individualidad ideal o, como se llama más exactamente, la originalidad".[1]

Individualidad y sociedad

Como esta individualidad "espiritual" (histórica) es además pensada solamente como un punto de concentración en el que la idea absoluta se hace concreta en la corriente histórica suprapersonal de la vida, hay automáticamente una ruptura con la concepción atomista científica natural de la historia. De acuerdo con Fichte, la individualidad sólo puede ser entendida desde las *comunidades* individuales, solamente en las cuales tiene existencia temporal. Incluso en su *Reden an die deutsche Nation* [Discurso a la nación alemana] (1808), Fichte ha hecho un serio intento por concebir la individualidad de una nación como una totalidad histórica.

La notable característica de esta entera concepción metafísica, típica al mismo tiempo de su raíz irracionalista, es la concepción nominalista, la cual niega tanto la realidad de los conceptos generales abstractos (universales) como la posibilidad de una derivación de la subjetividad a partir de una ley. La idea trascendente absoluta de Fichte no es un *universal*, sino una *totalidad*. Rechaza incondicionalmente to-

---

[1] W.W. VII, p. 69: "die Eine ewige Idee im jedem besonderen Individuum, in welchem sie zum Leben durchdringt, sich durchaus in einer neuen, vorher nie dagewesenen Gestalt zeige; und dieses zwar ganz unabhängig von der sinnlichen Natur, durch sich selber und ihre eigene Gesetzgebung, mithin keinesweges bestimmt durch die sinnliche Individualität, sondern diese vernichtend und rein aus sich bestimmen die ideate oder, wie es richtiger heisst, die Originalität".

da hipóstasiación de conceptos generales en el sentido de ideas platónicas. En mi opinión, es también enteramente incorrecto caracterizar la metafísica de Fichte como un eleaticismo monista, como lo hace Lask.[1] La estática concepción eleática del "ser absoluto" no tiene nada en común con la concepción de la idea absoluta de Fichte, como una totalidad del ser, que se despliega en el proceso histórico. El ser eleático, como el mostrado en el primer volumen de mi *Reforma y escolástica en la filosofía*, no ha de ser entendido aparte del motivo religioso de la forma del pensamiento griego. Es la forma de ser indivisible, suprasensorial y divina como tal, que puede ser incluida solamente en la "teoría", y que no puede tener ninguna relación con el "principio materia", el principio del devenir y el declinar. Esta "forma de ser" es pensada como puramente geométrica, correspondiente a la configuración inmaterial de la esfera, que en la filosofía griega era vista como lo más perfecto.

El "ser divino" de Fichte, por el contrario, aunque es en sí mismo suprahistórico, tiene una relación esencial con el proceso histórico. Es el origen divino de toda actividad e individualidad cultural, y es por ello por lo que de ninguna manera ha de ser caracterizado como un "universal" estático.

Abandono del esquema forma-materia crítico

En la concepción metafísica de la idea de Fichte (como totalidad cerrada de sus revelaciones individuales en el desarrollo histórico), el esquema crítico forma-materia es en principio superado y abandonado. Dentro del marco del segundo esquema, la totalidad de las determinaciones individuales

---

[1] WW I, p. 175.

solamente puede ser una *idea* en el sentido de un concepto límite, por el cual el pensamiento trascendental es impulsado, sin ser capaz de realizar su exigencia debido a sus limitaciones en la comprensión del material empírico del experiencia. El reconocimiento de estas limitaciones es aquí el punto de partida. La metafísica racionalista de Fichte, por el contrario, sigue el curso inverso al partir de la totalidad absoluta como "ser absoluto". La "idea" no es pensada aquí como una tarea eterna para tender un puente sobre el hiato entre la forma y la materia de nuestro conocimiento, sino más bien como una totalidad metafísica de toda individualidad.

Al proceder a partir de la totalidad absoluta en este sentido metafísico, hay la constante amenaza de una construcción a priori del desarrollo histórico. Tal construcción abandona el material temporal de la experiencia, el cual, como *meramente* empírico, como solamente un simple *fenómeno*, es expulsado mediante el razonamiento en la metafísica de la historia de Fichte.

Fichte cayó víctima de esta pasión metafísica por la construcción a priori en su primera obra sobre la filosofía de la historia, el *Grundzüge der gegenwärtigen Zeitalters* [Líneas generales de la era presente] (1804-05). Aquí observa: "si el filósofo tiene la tarea de reducir los fenómenos, posibles en la experiencia, a partir de la unidad de su idea supuesta, entonces es evidente que para el logro de esta tarea no necesita en lo absoluto la experiencia; y que él, meramente como filósofo y prestando atención estrictamente a sus limitaciones, puede hacer su trabajo sin permitir ninguna experiencia, y simplemente a priori, como es llamado con el término técnico, y que —en relación con nuestro tema— debe ser capaz de describir a priori la totalidad del tiempo y todos sus posibles periodos".[1]

Es así que la idea de un plan histórico del mundo es construida a priori. Fichte la define en un sentido teleológico: "*la meta de la vida terrenal de la humanidad es esta, que la segunda debiera ordenar todas sus relaciones dentro de la misma con libertad de acuerdo a la razón*".[2]

"*Este plan del mundo es la idea de la unidad de la totalidad de la vida terrenal humana*".[3]

A partir de esta idea a priori Fichte deduce, una vez más a priori, sus cinco períodos principales de la historia del mundo. No es el individuo, sino más bien la "raza humana" como un todo la que funciona como sujeto de la segunda.

En esta entera concepción filosófica, no parece haber un punto de contacto para un concepto metodológico de la historia como condición para el cultivo de la *ciencia de la historia*. La ciencia empírica de la historia aparece más bien delegada al "*Chronikmaker*" (cronista), mientras que la sistemática de la historia es enteramente reservada para la metafísica a priori de la historia como "*Vernunftwissenschaft*" (ciencia de la razón).

---

[1] W.W. VII, p. 5: "hat der Philosoph die in der Erfahrung mögliche Phänomene aus der Einheit seines vorausgesetzten Begriffs abzuleiten, so ist klar, dass er zu seinem Geschäfte durchaus keiner Erfahrung bedürfe, und dass er blosz als Philosoph und innerhalb seiner Grenzen streng sich haltend, ohne Rücksicht auf irgend eine Erfahrung und schlechthin a *priori*, wie sie dies mit dem Kunstausdrucke benennen, sein Geschäft treibe, und, in Beziehung auf unseren Gegenstand, die gesammte Zeit und alle möglichen Epochen derselben a *priori* müsse beschreiben können".

[2] W.W. VII, p. 7: "*der Zweck des Erdenlebens der Menschheit ist der, dass sie in demselben alle ihre Verhältnisse mit Freiheit nach der Vernunft einrichte*".

[3] "*jener Weltplan ist der Einheitsbegriff des gesammten menschlichen Erdenleben*" (las cursivas son mías).

Sin embargo, Lask ha señalado que en los *Grundzüge* se anuncia otro motivo en la filosofía de la historia al lado de este metafísico. No pueden ser puestos enteramente de acuerdo los dos motivos. El segundo de ser explicado en términos de la operación continuada de los motivos críticos trascendentales incluso en el último período de Fichte. Este segundo motivo puede ser caracterizado como sigue: nuestro pensador en modo alguno hizo que la tarea de la filosofía de la historia consistiera enteramente la construcción del plan del mundo, sino que se impone también el requerimiento de que debiera de hacer un análisis lógico completo de las condiciones generales de la "existencia empírica" como el *material de la construcción histórica*.

La lógica del pensamiento histórico de Fichte

En este requerimiento de una "lógica del modo histórico de investigación", el cual no ha de encontrarse en Kant, el *carácter irracional* del material histórico de la experiencia es ubicado en el primer plano.

Es especialmente importante la novena conferencia de los *Grundzüge*, en la que Fichte se impone la tarea de una delimitación "lógica trascendental" del concepto de campo histórico de investigación, y describe esta tarea explícitamente como *filosófica*. No es la tarea del historiador considerar la existencia empírica y sus condiciones como tal. Ambos pertenecen a sus tres presuposiciones: "la pregunta de cuáles son estas condiciones de existencia empírica —qué ha de presuponerse para la mera posibilidad de una historia como tal, y qué en primer lugar debe estar (presente), antes de que la historia pueda meramente empezar— pertenece a la competencia del filósofo, *quien tiene que garantizarle al historiador su base y fundamento*".[1]

Con el "Ser atemporal" o "la vida divina" sumegiéndose en la existencia humana, o en el "fluir de la vida" en el tiempo, *la infinitud y la irracionalidad* se juntan para el conocimiento. La *física* es la ciencia que investiga empíricamente las características objetivas y periódicamente recurrentes de la existencia temporal; esto es, la "naturaleza". La investigación dirigida hacia los contenidos de la fluida serie del tiempo es llamada la ciencia de la historia: "su 'Gegenstand' es el siempre inconcebible desarrollo del conocimiento concerniente a lo incomprensible".[2] Mientras que el historiador acepta sus "hechos" (*facta*) simplemente como tales, la tarea del filósofo de la historia, quien ve a través de su estructura lógica, es "comprenderlos en su incomprensibilidad" y hacer inteligible la apariencia de su "contingencia" a partir de su carácter, el cual es incomprensible al entendimiento. Consecuentemente, es la tarea de la filosofía indicar los límites entre especulación y experiencia en el estudio de la historia. En este punto, donde opone todo intento de deducir los hechos históricos mismos a partir del entendimiento infinito del *Ser* absoluto, se exhibe claramente la influencia del criticismo sobre la concepción de la historia de Fichte.

---

[1] W.W. VII, pp. 131-2: "Das empirische Daseyn selber und alle Bedingungen davon setzt er daher voraus. Welche nun diese Bedingungen des empirischen Daseyns – was daher für die blosze Möglichkeit einer Geschichte überhaupt vorausgesetzt werde und vor allen Dingen seyn müsse, ehe die Geschichte auch nur ihren Anfang finden könne, – ist Sache des Philosophen, *welche dem Historiker erst seinen Grund und Boden sichern muss* (las itálicas son mías).

[2] Ibídem, p. 131: "Ihr Gegenstand ist die zu alter Zeit unbegriffene Entwickelung des Wissens am Unbegriffenen".

"Consecuentemente: el ser *atemporal* y la existencia no es en modo alguno contingente; y ni el filósofo ni el historiador es capaz de dar una teoría de su origen: la existencia *fáctica* en el tiempo aparece como contingente porque aparentemente no puede ser de otra manera; sin embargo, esta apariencia se origina en el hecho de que no es comprendida: el filósofo puede, de seguro, decir en general *que* el Uno inconcebible, al igual que la comprehensión infinita del mismo, es tal como es por la misma razón de que ha de continuar siendo entendida al infinito; no puede, sin embargo, deducir genéticamente lo absoluto y definirlo a partir de este infinito comprender, porque entonces habría *concebido* el infinito, lo cual es absolutamente imposible. Aquí, consecuentemente, está su límite, y, si desea saber algo en este departamento (ámbito), es referido a la experiencia. Tampoco puede el historiador señalar genéticamente este inconcebible (la infinitud) como el comienzo original del tiempo. Su llamamiento es exponer las determinaciones sucesivas factuales de la existencia empírica. La existencia empírica misma y todas las condiciones de la misma son consecuentemente presupuestas por él".[1]

---

[1] Ibídem, p. 131: "Also: das *zeitlose* Seyn und Daseyn ist auf keine Weise zufällig; und es lässt sich weder durch den Philosophen, noch durch den Historiker eine Theorie seines Ursprunges geben: das *factische* Daseyn in der Zeit erscheint als anders seynkönnend, und darum zufällig; aber dieser Schein entspringt aus der Unbegriffenheit: und der Philosoph kann zwar wohl im Allgemeinen sagen, *dass* das Eine Unbegriffene, sowie das unendliche Begreifen an demselben, *so* ist, *wie* es ist, eben weil es in die Unendlichkeit fortbegriffen werden soil; er kann es aber keinesweges aus diesem unendlichen Begreifen genetisch ableiten und bestimmen, weil er sodann die Unendlichkeit *erfasst* haben müsste, was durchaus unmöglich ist. Hier sonach ist seine Grenze, und er wird, falls er in diesem Gebie-

De este modo Fichte llega a la conclusión de que ni el filósofo ni el historiador pueden decir algo acerca del origen del mundo o de la humanidad: "pues no hay origen en lo absoluto, sino solamente el Ser uno atemporal y necesario". El filósofo sólo tiene que dar cuenta de las *condiciones* de la existencia fáctica "como yaciendo más allá de toda existencia fáctica y de toda experiencia".

Lo que Fichte tenía en mente con esta tarea, en realidad epistemológica, de la filosofía con respecto a la ciencia de la historia, aparece claramente en este enunciado: "adquiere un concepto definido de lo que es realmente requerido por la historia y de lo que le pertenece a ella, junto a una lógica de la verdad histórica; y así, aún en este territorio infinito, el tanteo aleatorio es reemplazado por el seguro proceder de acuerdo con una regla".[1]

Fichte también menciona más precisamente la relación en la que los componentes del desarrollo histórico a ser conocidos a priori se hallan en su opinión con aquellos a ser conocidos a posteriori. La historia es sin duda concebida por Fichte como el desarrollo de la cultura que no empieza antes de el "*Normalvolk*", postulado por él, fue dispersado sobre los "asientos de la rudeza y la barbarie". Se supone que es-

---

te etwas zu wissen begehrt, an die Empirie gewiesen. Ebensowenig kann der Historiker jenes Unbegriffene, als den Uranfang der Zeit, in seiner Genesis angeben. Sein Geschäft ist: die factischen *Fort*bestimmungen des empirischen Daseyns aufzustellen. Das empirischen Daseyn selber und alle Bedingungen davon setzt er daher voraus".

[1] Sie erhält einen bestimmten Begriff davon, wonach die Geschichte eigentlich frage, und was in sie gehöre, nebst einer Logik der historischen Wahrheit; und so tritt selbst in diesem unendlichen Gebiete das sichere Fortschreiten nach einer Regel an die Stelle des Herumtappens auf gutes Glück.

te *"Normalvolk"* ha estado en una situación de perfecta *"Vernunftkultur"* (cultura de la razón) y la tal "a través de su mera existencia, sin ciencia o arte algunos". "Ahora, por primera vez, algo nuevo y notable se ha presentado que estimuló el recuerdo de los hombres para retenerlo: – ahora, por primera vez, podía empezar la verdadera historia, la que no puede hacer nada más que observar fácticamente, mediante la mera experiencia, el cultivo gradual de la hitoria de la verdadera raza humana, originada de una mezcla de la cultura original y la barbarie original".[1]

El componente a priori, metafísicamente concebido, del desarrollo histórico es el anteriormente discutido *plan del mundo* que conduce a la humanidad a través de los cinco períodos de la historia del mundo. Sin ninguna experiencia histórica, el filósofo puede saber que estos periodos deben seguirse uno del otro: "ahora este desarrollo de la raza humana no hace su entrada de la manera general en que el filósofo la pinta en una sola revisión, sino que gradualmente, perturbada por fuerzas que le son extrañas, en tiempos definidos, en lugares definidos, bajo circunstancias definidas. Todos estos entornos particulares de ninguna manera se originan en la idea de este plan del mundo; son aquello que no es entendido en el mismo, y, como es la única idea para este plan del mundo, lo no entendído en general; y

---

[1] W.W. VII, p. 138: "Erst nun gab es etwas neues und merkwürdiges, das das Andenken der Menschen reizte, es aufzubehalten; – erst jetzt konnte beginnen die eigentliche Geschichte, die nichts weiter thun kann, als durch blosse Empirie factisch auffassen die allmählige Cultivirung des nunmehr durch Mischung der ursprünglichen Cultur und der ursprünglichen Uncultur entstandenen, eigentlichen Menschengeschlechtes der Geschichte".

aquí hace su entrada el puro empirismo de la historia; es a posteriori: la propia historia en su forma".[1]

El nuevo elemento, irracional, irrepetiblete, el cual sólo puede ser descubierto empíricamente, llena las series del tiempo del desarrollo histórico y surge en la sujeción de la naturaleza bruta a través de la actividad cultural racional y libre de la raza humana en las varias *formas* de la idea absoluta. En esto se ve el criterio "lógico trascendental" de la historia en la primera obra principal de Fichte sobre la filosofía de la historia.

El nuevo concepto histórico del tiempo de Fichte

Notable en un alto grado, y no obstante apenas observado hasta ahora, es el hecho de que Fichte ha prestado especial atención también el tiempo histórico. Distingue el *verdadero tiempo histórico* del tiempo *vacío*.

En el segundo sólo se mueve el sueño y el espectáculo, todo aquello que sirve solamente para pasar el tiempo o para la mera satisfacción de una curiosidad que no está fundada en un deseo serio de conocimiento: "el pasatiempo es verdaderamente un tiempo vacío que es ubicado en medio entre el tiempo llenado por los asuntos serios". En el "tiempo verdadero y real", por el contrario, algo sucede, "cuando

---

[1] "Nun tritt diese Entwickelung des Menschengeschlechtes nicht überhaupt ein, wie der Philosoph in einem einzigen Überblicke es schildert; sondern sie tritt allmählig, gestört durch ihr fremde Kräfte, zu gewissen Zeiten, an gewissen Orten, unter gewissen besonderen Um-stande ein. Alle diese besonderen Umgebungen gehen aus dem Begriffe jenes Weltplanes keinesweges hervor: sie sind das in ihm Unbegriffene, und da er der einzige Begriff dafür ist, das überhaupt Unbegriffene; und hier tritt ein die reine Empirie der Geschichte, ihr *a posteriori*: die eigentliche Geschichte in ihrer Form.

se convierte en un principio, en un fundamento necesario, y causa de nuevos fenómenos que nunca antes habían existido. Entonces por primera vez ha surgido una vida viviente que origina otra vida a partir de sí misma".[1]

Vemos aquí como Fichte, de una manera típica, anticipa la concepción histórica del tiempo en la filosofía moderna de la vida. Su distinción entre tiempo *verdadero* y *aparente* tiene todavía que capturar nuestra atención en detalle, en nuestra ulterior discusión de este problema.

No obstante, a pesar de todo lo que se ofrece en los *Grundzüge* para el desarrollo de una lógica irracionalista de la ciencia de la historia, todavía no se ha tendido aquí un puente sobre el dualismo fundamental entre la individualidad meramente empírica y la individualidad del valor en la historia. Consecuentemente, en esta etapa la lógica histórica exhibe un hiato fundamental.

Desde luego, la verdadera ciencia de la historia permanece restringida a la "*Sammlung der blossen Facten*" (colección de meros hechos), y el historiador profesional sigue siendo uno "que al recolectar hechos históricos no tiene otro criterio más que la secuencia externa de los años y los siglos, "*ohne alle Rücksicht auf ihren Inhalt*"[2] (Sin ninguna consideración de su contenido) aun cuando su obra es llamada "útil y honorable".

---

[1] W.W. VII, p. 245: Der Zeitvertreib ist ganz eigentlich eine leere Zeit, welche zwischen die durch ernsthafte Beschäftigungen ausgefüllte Zeit in die Mitte gesetzt wird"; en el "tiempo verdadero y real", por el contrario, sucede algo "wenn es Princip wird, nothwendiger Grund und Ursache, neuer und vorher nie dagewesener Erscheinungen in der Zeit. Dann erst ist ein lebendiges Leben geworden, das anderes Leben aus rich erzeugt".
[2] W.W. VII, p. 140.

Ahora Lask a demostrado que en los escritos entre 1805-9 este dualismo entre la individualidad empírica y la del valor, todavía no superado en los *Grundzüge*, es removido *de hecho*, por virtud de la atribución explícita del *carácter de valor* a aquello que es reconocido como irracional con respecto a su estructura lógica. No fue sino hasta la última de todas las fases (a saber en el *Staatslehre* de 1813) que se convierte en un problema la atribución de un carácter de valor al material histórico de la experiencia (reconocido lógicamente como irracional), lo cual solo fue posible mediante una profundización de las investigaciones metodológicas comenzadas en 1805.

Desde luego que encontramos por primera vez en las importantes consideraciones sobre la *Deducción del* Gegenstand *de la historia de la humanidad* en el *Staatslehre* de 1813, propiamente hablando una elaboración de la tarea propuesta en los *Grundzüge*: el descubrimiento de la lógica de la verdad histórica.

En el *Staatslehre* de 1813, Fichte anticipa el método "cultural histórico" de la escuela alemana de neokantismo del suroeste. La síntesis entre naturaleza y libertad en el concepto de "fuerza libre"

Aquí se hace por primera vez un intento serio por encontrar una síntesis entre naturaleza y libertad dentro del trascendentalmente analizado campo histórico de investigación. La manera en que Fichte trata de alcanzar esta síntesis es característica del motivo irracionalista que está operativo detrás de la forma crítica.

Fichte empieza sus concepciones postulando una tajante antítesis entre el "ámbito de la naturaleza" (como el dominio del ideal naturalista de la ciencia) y el "ámbito de la libertad" (como el dominio de la idea de la personalidad).

Estos dos ámbitos son ahora sintéticamente unificados mediante un concepto intermedio; es decir, el de la *fuerza libre*: "la naturaleza es *muerte* y *descanso*: la libertad solamente debe vivificarla y estimularla nuevamente; de acuerdo con un concepto; y este es el mismo carácter de la fuerza libre, que solamente puede ser movida de acuerdo con un concepto".[1] "Consecuentemente –y ese es el punto aquí– adquirimos en aquello que está posiblemente dado, además de aquello que está dado en la naturaleza, también un mundo de productos de la libertad, construidos a través de la libertad absoluta sobre la base del primero; sin embargo, no fundamentados en lo absoluto sobre esta naturaleza que estaba cerrada con esta fuerza muerta". "A partir de esto (se origina) la esfera de los productos de la libertad, como siendo posiblemente dados y bajo una condición particular: *estos (productos de la libertad) son contingentes para la intuición, no importa cuán calificada para la misma historia como una descripción de lo que está dado de este modo*" (las cursivas son mías).[2]

---

[1] W.W. IV, p. 461: "Die Natur ist *Tod* und *Ruhe*: die Freiheit erst muss sie wieder beleben und anregen; nach einem Begriffe: und das ist eben der Charakter der freien Kraft, dass sie nur nach einem Begriffe bewegt werden kann".

[2] W.W. IV, p. 462: "Wir erhalten sonach, worauf es ankommt, ausser dem in der Natur Gegebenen, in dem möglicherweise Gegebenen auch noch eine Welt der Freiheitsproducte, aufgetragen durch absolute Freiheit auf die erste, in dieser aber, die mit jener todten Kraft geschlossen war, durchaus nicht begründet". "Daraus die Sphäre der Freiheitsproducte, als eines möglicherweise und unter einer gewissen Bedingung gegebenen: *diese sind für die Anschauung ein Zufälliges, also aber eben zur Geschichte, als einer Darstellung des also Gegebenen, sich qualificirend*" (las cursivas son mías).

El siguiente dilema se presenta directamente en la imagen del mundo de Fichte, el cual no sabe nada de esferas modales de ley: el ámbito de la "naturaleza muerta" está gobernado por las leyes matemáticas y mecánicas impuestas por el entendimiento; el ámbito de la libertad real viviente, por la ley moral autónoma. ¿A qué leyes está ahora sujeto el tercer ámbito, el de la historia, como el ámbito sintético de la libertad visible, cultural?

Fichte observa enfáticamente: "El (ámbito) ético es puramente espiritual y sin figura, es una *ley* sin ninguna imagen. Adquiere su figura concreta solamente a partir de la materia ética".[1]

Consecuentemente, la historia en sus figuras individuales y sus "fuerzas libres" productoras de cultura debe ser caracterizada como "sin ley". Para Fichte no hay otra solución posible: "el estado de cosas es por lo tanto como sigue: con mucho la mayor parte de los productos de la libertad presentes en un periodo de tiempo de la intuición, no han surgido de acuerdo con el concepto claro de la ley moral, consecuentemente no de acuerdo con esta ley; tampoco provienen de la ley de la naturaleza, pues ésta está cerrada a la creación de estos productos que se han originado en la libertad. Como no hay legislación además de estos dos, este (originar) ocurre muy *sin ley*, aleatoriamente. Éste es verdaderamente, como es bien sabido, el objeto de la historia humana como se ha desarrollado hasta ahora'dots".[2]

---

[1] "Das Sittliche ist rein geistig und gestaltlos, *Gesetz*, ohne alles Bild. Seine Gestaltung erhält es erst aus dem sittlichen Stoffe" (p. 464).

[2] W.W. IV, pp. 462-3: " So darum steht die Sache: Bei weitem das Meiste der etwa in einem Zeitraume der Anschauung vorliegenden Freiheitsproducte ist zu Stande gekommen nicht nach dem deutlichen Begriffe vom sittlichen Gesetze, also nicht nach diesem Gesetze; ebensowenig aber ist

La "escondida conformidad a la ley" del desarrollo histórico. El concepto irracionalista de la ley

Es así que el aspecto histórico es traído a una oposición explícita con aquello que está conformado a una ley: "un asunto histórico particular ha de ser entendido solamente a través de la historia en general; la última, nuevamente, solamente ha de ser entendida través de su opuesto, aquello que sucede en conformidad con leyes y ha de ser conocido, consecuentemente, de un modo estrictamente científico".[1]

No obstante, a este enunciado Fichte inmediatamente agrega la observación de que la libertad que se revela en el desarrollo histórico debe poseer una *escondida conformidad a una ley* que no es más que la providencia de la deidad moral. Pero esta *conformidad a una ley* no ha de ser conocida a partir de conceptos racionales. Es más bien un *telos* escondido en el despliegue de la *libertad dada* en el desarrollo irracional de la cultura la que hace visibles los valores trascendentales en las formaciones temporales individuales de la cultura.

Aquí, en una perversión humanista de la fe cristiana en la Divina Providencia, la ley es muy claramente convertida en una simple reflexión de la subjetividad individual libre, revelada en el "proceso irracional".[2]

---

es zu Stande gekommen durch das Naturgesetz, indem dieses geschlossen ist vor dessen Erzeugung, und es zu Stande gekommen ist durch Freiheit. Da es nun ausser diesen beiden keine Gesetzgebung gibt, erfolgt sie ganz gesetzlos, von ohngefähr. Dies nun eigentlich und notorisch der Gegenstand der bisherigen Menschengeschichte...".

[1] Ibídem, pp. 458-9: "ein besonderes Geschichtliches ist verständlich nur durch Geschichte überhaupt; diese wiederum nur verständlich durch ihren Gegensatz, das Gesetzliche, streng wissenschaftlich zu Erkennende".

[2] El cual desafortunadamente también pasó a la filosofía de la historia de Fr. J. Stahl bajo la influencia del romanticismo de Schelling. "La guía de

La irracional conformidad histórica a la ley, que Fichte acepta, es la misma negación de normas históricas verdaderas. Es la precipitación del ideal irracionalista de la personalidad, en la que el griego gnomos no es más que la reflexión del individual griego autos.[1] Sólo concibiendo el individuo su vez como un miembro de una comunidad individual cuya tradición histórica y "espíritu común" es un factor constitutivo interno de la individualidad de todos sus miembros, puede escapar este irracionalismo de la concepción anarquista de la historia. Por lo tanto, debe resultar en una concepción universalista de la sociedad temporal humana que —en oposición polar al individualismo— de la sociedad de acuerdo con el esquema del todo y sus partes, no considerando la naturaleza interna de las diferentes relaciones sociales.

Dios en la historia" es ahora concebida irracionalista ricamente como una operación consciente del "Consejo secreto" de Dios, el cual no obstante es aceptado como una norma complementaria para la acción humana! Fue así que el irracionalismo penetró incluso en la concepción cristiana de la historia! La así llamada tendencia "cristiana histórica" en la teoría política en Alemania y Nederlandia esta sin duda influenciada por esta concepción irracionalista de la historia.

[1] Compare el enunciado de Fichte: "solamente el concepto formal, formado en la pura ciencia, el finito, pues es el concepto de una ley. El juicio de los hechos dados, por el contrario, es finito: pues procede de acuerdo con *la ley que gobierna en este mismo juicio y permanece eternamente escondida*; brota eternamente nueva y fresca. Desde todo. Desde luego a través de tomar parte de lado de la ley desarrolla la eternidad y así todo momento siguiente del tiempo". ["Nur der formale, in der reinen Wissenschaft aufgestellte Begriff ist endlich, denn er ist der Begriff eines Gesetzes: die Beurteilung des faktisch gegebenen aber ist unendlich; denn sie geht einher nach *dem in ihr selbst herrschenden, ewig verborgen bleibenden Gesetze*: quilt ewig neu und frisch. Aus jedem Punkte entwickelt sich ja durch Hinzutritt des Gesetzes die Ewigkeit und so in jedem folgenden Zeitmomente"].

Irracionalización del plan divino del mundo

El plan divino del mundo, que Fichte en sus *Grundzüge* todavía trató de deducir racionalistamente de una manera puramente a priori, aparte del material histórico de la experiencia, es ahora, por el contrario buscada en la misma individualidad de la materia histórica que no puede ser comprehendida en conceptos racionales: "sin embargo, ¿no hay en este elemento inconcebible e incomprensible al mismo tiempo un plan del mundo, por lo tanto indudablemente una Providencia y un Entendimiento? Así que ¿cuál es la ley de los hechos del mundo, esto es, de aquello que da a la libertad su tarea? La pregunta yace muy profundamente; hasta ahora me he ayudado ¡ignorándola y negándola! Podía desde luego arribar a un Entendimiento más profundo, verdaderamente *absoluto*, dando soporte interno a la infinita modificabilidad de la libertad. Por lo tanto, aquello que postulé como absolutamente fáctico, podría quizá todavía ser puesto por un *Entendimiento*".[1]

Está claro que, en esta fase final del pensamiento de Fichte, el *principium individuationis* ha pasado al ámbito histórico como la síntesis de valor y realidad temporal, mientras que, en su primer periodo racionalista, lo habían buscado –de

---

[1] *Politische Fragmente aus den Jahren 1807 und 1813*, W. W. VII, p. 586: "Aber ist in diesem Elemente des Unbegreiflichen, Unverstandenen nicht zugleich ein Weltplan, drum allerdings eine Vorsehung und ein Verstand? "Welches ist denn das Gesetz der Weltfacten, d.i. desjenigen, was der Freiheit ihre Aufgaben liefert? Diese Frage liegt sehr tief; bisher habe ich durch Ignorieren und Absprechen mir geholfen! Ich dürfte da allerdings einen tieferen, eigentlich *absoluten* Verstand bekommen, an der unendlichen Modificabilität der Freiheit, und dieser den inneren Halt gebend. Was ich daher als absolut factisch gesetzt habe, möchte doch durch einen *Verstand* gesetzt seyn".

acuerdo con Kant– sólo en la materia sensorial de la experiencia de la naturaleza.

La conformidad a priori a una ley que supone la *Staatslehre*para el desarrollo histórico, es decir, la conquista gradual de la fe por el entendimiento, es meramente una de carácter *formal*.

Es solamente la naturaleza cualitativamente individual, moral, la que, como *libertad dada*, produce el *material* de la historia, puesto que se convierte en un *paradigma* individual para la producción por la libertad.

La primera aparición es una maravilla creativa de la Providencia, transformada por Fichte en una "condición lógica trascendental" de la posibilidad de la historia: "Consecuentemente: el concepto de una procreación moral de la naturaleza del hombre ha reemplazado a la Providencia (como un Milagro), que es el fundamento del material verdaderamente histórico de la historia. De acuerdo con nuestra idea, hemos inmediatamente asumido esta moralidad de la naturaleza en la forma necesaria de la apariencia".[1]

Como la misma condición "lógico trascendental" para la posibilidad de una experiencia histórica, la presencia de una "naturaleza moral" puede no ser aceptada más de lo que es necesario para la explicación del desarrollo.

---

[1] W. W. IV, p. 469: "Also: der Vorsehung (als Wunder), dem Grunde des eigentlich geschichtlichen Stoffes des Geschichte, ist substituiret worden der Begriff einer sittlichen Erzeugung oder Natur des Menschen. Nach unserer Idee haben wir diese Sittlichkeit der Natur gleich aufgenommen in die nothwendige Form der Erscheinung".

El concepto de "pueblo altamente dotado" (das geniale Volk)

Fichte dio un paso adicional en el desarrollo de su metodología irracionalista de la historia transfiriendo el concepto de lo milagroso del individuo a grupos o comunidades sociales vistas como "totalidades individuales". Así como un paradigma individual es postulado para el desarrollo histórico de la moralidad del individuo, el paradigma social del pueblo entero es postulado para el desarrollo moral de la razón humana: "sin embargo, como debemos concebir la apariencia de la libertad como una totalidad absolutamente cerrada en el tiempo, debemos suponer alguna sociedad que compele e instruye sin ella misma haber necesitado ambos, puesto que, por su mera existencia, poseía esta misma moralidad a la cual conduce la sociedad que viene después de ella y se origina en ella, mediante la compulsión de la instrucción: porque fue por naturaleza aquello que otros tienen que obtener por educación en la libertad bajo su poder cultivador".[1]

De esta manera la hipótesis (introducida por primera vez en los *Grundzüge*) de un pueblo primigenio que se halla en posesión de la moralidad, dada en una naturaleza moral individual, es ahora puesta al servicio de una metodología de la historia.

---

[1] W. W. IV, p. 470: "Da wir aber doch die Erscheinung der Freiheit schlechterdings als in der Zeit schlechterdings geschlossenes Ganze auffassen müssen, so müssen wir irgend eine Gesellschaft annehmen, die da zwingt und belehrt, ohne selbst beides bedürft zu haben, weil sie durch ihr blosses Daseyn das schon war, wozu sie die nach ihr und aus ihr entstehende Gesellschaft mit Zwang und Belehrung erst bringt: von Natur das war, wozu Andere unter ihrer Bildung rich machen mit Freiheit".

Por virtud de su misma *realización individual del valor no recurrente y "sin ley"*, el desarrollo histórico recibe en Fichte un acento de valor más elevado que el que recurre periódicamente de acuerdo con la uniformidad de las leyes naturales. Lo histórico ya no es, de una manera racionalista, puesto en oposición con la ley de la razón, y en esta oposición concebido como el material de la experiencia carente de valor (debido a que es carente de ley); sino que es más bien entendido como una totalidad de lo que es nuevo e individual creativo en oposición al mero *stehende sein* (ser estático) de la naturaleza.[1]

La concepción de Fichte, en tajante oposición a la de Kant, es ahora para el efecto de que el levantamiento de los "fines últimos" del desarrollo histórico, tales como: "educación para la libertad", educación para la claridad", etcétera, pueden tener solamente importancia de una formulación descriptiva general: "ambos, sin embargo, son solamente formales. Pues el contenido infinito de esta libertad, la tarea moral, permanece de hecho siendo algo incomprensible, la imagen de Dios, por esta misma razón de que la segunda es absolutamente incomprensible y ha de ser experimentada solamente en las revelaciones de la historia".[2]

El concepto de revelación en el sentido de una síntesis de irracionalidad y originalidad es ahora expresamente adoptado en la estructura "lógico trascendental" de la historia.

---

[1] Lask, *op. cit.*, p. 293, también para lo que sigue.

[2] "Beides aber ist nur formal. In der Tat bleibt nämlich der unendliche Inhalt jener Freiheit, die sittliche Aufgabe, etwas Unbegreifliches, das Bild Cottes eben darum, weil dieser schlechthin unbegreiflich ist, and nur zu erleben in den Offenbarungen der Geschichte".

De este modo la vida religiosa en la forma histórica empírica de Jesús es caracterizada como revelación individual inmediata de la idea de Dios en la apariencia.[1]

Consecuentemente, tendrá que serle concedido a Lask que en Fichte de hecho ha sido desarrollada una *lógica trascendental de la historia*, en contraste con la *metafísica de Hegel*. El concepto de ciencia aquí desarrollado encuentra, como creemos que hemos demostrado en detalle, su raíz trascendental en una idea cosmonómica inspirada por el ideal irracionalista de la personalidad.

Las antinomias internas en esta lógica irracionalista de la historia

Si esta concepción es pensada consistentemente, debe resolverse en antinomias internas. Pues, por una parte, por razón de su inmanente postulado de continuidad, sabe tan poco de límites cósmicos de significado como el concepto de ciencia que se originó en el ideal naturalista de la ciencia; consecuentemente, trae todas las funciones sujeto normativas de la realidad temporal bajo un denominador básico histórico. Por otra parte, al desnaturalizar la conformidad histórica a la ley convirtiéndola en una mera reflexión de la subjetividad individual, debe negar toda determinación histórica cognoscible de los hechos. Pues la determinación solamente puede surgir de una ley, la cual no puede ser una mera reflexión de la subjetividad individual, sino que regula y limita las funciones sujeto en su infinita diversidad individual. En nuestra discusión de la estructura modal del aspecto histórico del segundo volumen habremos de regresar a esto.

---

[1] W.W. V, pp. 483ss, 567-674.

Ley e individualidad

A pesar de toda su concreción e individualización, una ley real nunca puede adquirir la función de un mero registro de los hechos objetivos en su completa individualidad. El concepto de una *conformidad a la ley escondida, eternamente incomprensible, es contradictoria* y establece en el pensamiento científico solamente confusión sin término, pues eleva al estatus de ley la misma subjetividad individual temporal que no puede realmente existir a menos que esté vinculada a un orden supraindividual.

Incluso la circunstancia de que Fichte no ve el desarrollo histórico como un progreso uniforme sino más bien como un proceso con obstáculos y reacciones, exhibe la imposibilidad de completar el concepto irracionalista de la historia. Pues los obstáculos y las reacciones han de ser reconocidos científicamente sólo bajo la prueba de un estándar *suprasubjetivo.*

La peligrosa tendencia historicista en el pensamiento así llamado "espiritual científico" de Fichte se revela en su denso sentido en el mismo punto en el que ha logrado ganancias permanentes para la ciencia de la historia, a saber, en el descubrimiento de la comunidad nacional de un pueblo como una totalidad individual histórica, en contraste con la concepción cosmopolita atomista de la *Aufklärung* (Ilustración).

Se ha llamado lo suficientemente la atención a la gran ganancia de este descubrimiento en la moderna literatura sobre Fichte. En el tiempo de Kant, el individualismo estaba dispuesto a reconocer, más allá del individuo atomista concebido en términos científicos naturales, sólo el concepto universal abstracto de *humanidad* en un sentido ético.

Seguramente bajo la influencia del Romanticismo, la cual también ha de observarse en el principio de la *Eigentümlichkeit* (singularidad) de Schleiermacher, Fichte rompe radicalmente con este individualista punto de vista: "la forma de un pueblo mismo proviene de la naturaleza o de Dios: una cierta manera altamente individual de hacer avanzar la meta de la razón. Los pueblos son individualidades con talentos particulares y carácter para ello". "Éste es entonces un pueblo en el sentido más elevado de la palabra, tomado de la desde el punto de vista de un mundo espiritual en general: la totalidad de los hombres que continúan viviendo juntos en sociedad y se originan continuamente ellos mismos de ellos mismos natural y espiritualmente; un todo que está sujeto a alguna ley particular de desarrollo de lo divino a partir de él. Es el vínculo común de esta ley particular que en el mundo externo, y por esa misma razón también en el temporal, une a esta multitud a una totalidad natural y autoconsciente".[1]

---

[1] *Reden an die deutsche Nation*, W.W. VII, 381: "Die Volksform selbst ist von der Natur oder Gott: eine gewisse hochindividuelle Weise, den Vernunftzweck zu befördern. Volker sind Individualitäten, mit eigentümlicher Begabung und Rolle dafür." "Dies nun ist in höherer, vom Standpuncte der Ansicht einer geistigen Welt überhaupt genommener Bedeutung des Wortes, ein Volk: das Ganze der in Gesellschaft mit einander fortlebenden und sich aus sich selbst immerfort natürlich und geistig erzeugenden Menschen, das insgesammt unter einem gewissen besonderen Gesetze der Entwickelung des Göttlichen aus ihm steht. Die Gemeinsamkeit dieses besonderen Gesetzes ist es, was in der ewigen Welt, und eben darum auch in der zeitlichen (!) diese Menge zu einem natürlichen und von sich selbst durchdrungenen Ganzen verbindet.

**La "nacionalidad histórica" como "verdadera realidad"
contrastaba con el Estado como una abstracción conceptual**

Fichte muestra ahora claramente su concepción historicista de la sociedad. Opone la nacionalidad –la cual él concebía como una entidad *puramente histórica*– al *Estado*. La primera es, de acuerdo con él, una realidad *plena* y *verdaderamente temporal*; el Estado, por el contrario, una mera *abstracción conceptual*. Con ello pavimentó el camino para la más reciente teoría historicista fenomenológica de la sociedad humana. El nuevamente descubierto aspecto histórico de la realidad es con ella absolutizado como el denominador básico para todos los aspectos de la sociedad humana, y la comunidad nacional del pueblo es elevada al rango de "realidad verdaderamente histórica" que tiene una "eternidad terrenal": "pueblo y patria en esta significación, como portador y promesa de la eternidad terrenal, y, aquello que aquí abajo puede ser eterno, se halla muy por encima del Estado en el sentido ordinario de la palabra –por encima del orden social como es concebido en un mero concepto claro, y a propósito de este concepto es establecido y mantenido".[1]

---

[1] Volk und Vaterland in dieser Bedeutung, als Träger und Unterpfand der irdischen Ewigkeit, und als dasjenige, was hienieden ewig seyn kann, liegt weit hinaus über den Staat, im gewöhnlichen Sinne des Wortes, über die gesellschaftliche Ordnung, wie dieselbe im bloszen klaren Begriffe erfaszt, und nach Anleitung dieses Begriffes errichtet und erhalten wird". De ninguna manera ignoraré aquí la influencia de la situación política histórica en la que Fichte escribió su *Reden an die deutsche Nation* y en la que su entera preocupación era el despertar de la conciencia nacional contra el usurpador francés de su patria. Sin embargo, su construcción de la relación entre *nación* y *Estado* está sin duda más profundamente basada sobre su concepción histórica de la vida social temporal.

En tanto que Fichte dirige aquí su polémica en contra de la abstracta concepción individualista de la sociedad humana de la escuela de la ley natural, está nuevamente en lo correcto hasta cierto punto. Pero su intención va mucho más lejos. La nacionalidad es absolutizada como la revelación verdaderamente histórica del espíritu eterno de la comunidad de la humanidad. El ideal humanista de la personalidad aquí muestra un sesgo irracionalista y transpersonalista de lo más peligroso.

La concepción de Fichte concerniente a la relación entre nación y Estado es en principio la misma que la de la "Escuela Histórica".

En tiempos más recientes ha sido elaborada en detalle en la sociología irracionalista y así llamada "pluralista" de Georges Gurvitch.[1]

---

[1] Compare su *Sociology of Law* (1947), donde las nación es caracterizada como una comunidad suprafuncional omniincluyente, mientras que el Estado es solamente una superestructura funcional.

PARTE III
CONCLUSIÓN Y TRANSICIÓN
AL DESARROLLO DE LOS CONTENIDOS
POSITIVOS DE LA FILOSOFÍA
DE LA IDEA COSMONÓMICA

CAPÍTULO I
LOS PUNTOS DE VISTA ANTITÉTICOS Y SINTÉTICOS EN EL PENSAMIENTO CRISTIANO

§1 UNA PRESENTACIÓN SISTEMÁTICA DE LA ANTÍTESIS
ENTRE LA ESTRUCTURA FUNDAMENTAL DE LA IDEA BÁSICA
TRASCENDENTAL CRISTIANA Y LAS DE LOS DIFERENTES
TIPOS DE IDEAS BÁSICAS TRASCENDENTALES HUMANISTAS

Hemos visto, en la parte previa de nuestra investigación, cómo la antinomia básica en la idea básica trascendental del pensamiento humanista se desarrolla a través de antítesis polares dentro de los varios sistemas, así como entre ellos. Retornando continuamente a la estructura básica común de esta idea trascendental, hemos exhibido la unidad más profunda en los fundamentos de todo pensamiento filosófico humanista. Es ahora evidente que el desarrollo de este pensamiento en sistemas aparentemente opuestos diametralmente es de hecho sólo el desarrollo de una dialéctica interna del mismo motivo religioso básico, a saber, el de la naturaleza y la libertad. Esto determina el marco general de la idea básica trascendental humanista.

En el final análisis, el motivo de la libertad es la raíz religiosa de esta idea básica, la cual (como hemos mostrado en la Parte II, Capítulo 1, §3) por su ambigüedad evoca el motivo opuesto del dominio de la naturaleza. Antes del surgimiento de la filosofía trascendental, esta raíz todavía permanecía escondida bajo la primacía del ideal de la ciencia, nacido del ideal de la personalidad.

La tendencia trascendental en la filosofía humanista, el ideal de la personalidad soberana, fue la primera en penetrar el fundamento del ideal de la ciencia. Antes de Fichte este fundamento no fue abiertamente reconocido, pero dicho reconocimiento implicaba una ruptura con la dualista concepción de la idea básica trascendental humanista de Kant. Sin embargo, la posición de inmanencia misma siguió siendo el último obstáculo en el humanismo para una crítica trascendental radical del pensamiento filosófico.

En la autorreflexión crítica la filosofía trascendental humanista no alcanza nada más elevado que la *idea* de la libertad soberana de la personalidad, a la que persistentemente identifica con la raíz religiosa del cosmos. Busca la raíz trascendente de la realidad en aspectos normativos inmanentes particulares del cosmos, abstraídos y absolutizados en su idea básica trascendental. No puede adquirir el entendimiento de que la personalidad libre del hombre no puede ser identificada con sus funciones morales, estéticas o históricas.

Es verdad que en Hegel la personalidad libre se convirtió en una fase dialéctica en el autodesarrollo lógico de la omniabarcante "Idea" metafísica. Pero esta posición metafísica implicaba el abandono de la actitud crítica trascendental del pensamiento humanista, la cual Fichte había preservado, al menos en su primer periodo.

En el idealismo absoluto de Hegel, el pensamiento filosófico fue una vez más identificado con el pensamiento divino absoluto. Al no reconocer ningunos límites críticos con respecto a la creencia y la religión, intenta resolver la antinomia religiosa de su motivo básico mediante una dialéctica teórica. Lo mismo debe decirse del "pensamiento absoluto" de Schelling.

La preservación de la posición crítica trascendental en el pensamiento humanista implica el rechazo de esta absolutización de la dialéctica teórica. Pero en este caso el moralismo crítico de Fichte parece ser el último grado de autorreflexión crítica posible de la filosofía humanista de la inmanencia durante su florecimiento. Por lo tanto, en el final análisis, incluso en sus más profundos sistemas, la filosofía trascendental humanista crítica carece de penetración intelectual en la final determinación *trascendente* del pensamiento filosófico. Incluso cuando piensa que ha convertido al ego en su punto arquimediano, no ha enfocado su visión sobre la raíz religiosa de la personalidad, como el punto de concentración de toda la existencia temporal, sino sobre una función hipostasiada de la existencia personal.

Éste es el límite de toda filosofía de la inmanencia. Si el pensador cruzara estos límites, vería a través de su raíz religiosa en su *apostasía respecto del Origen verdadero y la plena ipseidad*. Esta crítica religiosa radical, sin embargo, sólo es posible desde la posición de trascendencia bíblica. El humanismo no puede sobrepasar su propio punto de partida religioso.

Desde la posición humanista de la inmanencia es fácil considerar la dialéctica interna del pensamiento filosófico humanista como un curso polar internamente necesario de desarrollo, originado en la misma naturaleza de la teoría filosófica como tal.

Cuando la filosofía cristiana acepta este punto de vista y permite que el humanismo imponga su método de pensar y sus problemas sobre ella misma, entonces no es sorprendente que el problema crucial de la filosofía cristiana sintética, el conflicto entre pensamiento filosófico y fe cristiana, permanezca irresoluble para siempre.

Esquema de la estructura básica y los tipos polares de la idea cosmonómica humanista, en confrontación con la idea básica cristiana

En las partes I y II de este volumen hemos examinado en detalle la antítesis entre la estructura fundamental de la idea básica trascendental humanista y sus varios tipos, y la de la cristiana. Daremos ahora una presentación esquemática paralela de ambas ideas básicas y sus diferentes implicaciones. Una mirada somera será suficiente aquí para mostrar la imposibilidad de cualquier compromiso real.

A. La estructura fundamental de la idea básica humanista

a. El punto arquimediano	es la ipseidad en su apostasía en la posición humanista, en su absolutización consciente o inconsciente de la actitud teórica del pensamiento (el "cogito" en las concepciones racionalistas e irracionalistas).
	La comprensión de que el pensamiento teórico ha sido absolutizado

se pierde completamente en esa concepción irracionalista del punto arquimediano, de acuerdo con la cual el cogito es reemplazado por el "vivo" o el "existo", respectivamente

b. El motivo religioso básico del pensamiento filosófico:	Naturaleza y libertad. Este motivo dialéctico, originado en una secularización de la idea cristiana de la creación y la libertad, emancipa a la personalidad humana de su dependencia religiosa del Dios de la Revelación.
c. El problema básico:	La intrínsecamente contradictoria relación entre los ideales de la ciencia y la personalidad con sus diferentes denominadores básicos.
d. Las tensiones polares, manifestándose dentro de tipos particulares de antinomias:	(1) La pasión fáustica por dominar la realidad, expresándose en la idea de pensamiento científico creativo, verus la noción titánica de libertad práctica expresándose en la idea de personalidad soberana absoluta. (2) El pesimismo versus el optimismo. (3) El individualismo racionalista versus el transpersonalismo irracionalista.

(4) La validez universal versus la individualidad, la forma versus la materia, la teoría versus la vida.

(5) La metafísica especulativa del ideal de la ciencia o el de la personalidad versus el escepticismo como resultado de la extensión desbocada del ideal de la ciencia sobre sus propios fundamentos; el concepto de función versus el concepto de sustancia.

e. La idea del origen (1) con la hipostasiación de las leyes modales (el racionalismo en todas su variedades, desde el naturalismo bajo la primacía del ideal de la ciencia, hasta el idealismo de la libertad bajo la primacía del ideal de la personalidad, con su hipostasiación del imperativo categórico):

La "razón" como legisladora. (1) Bajo la primacía del ideal de la ciencia: el pensamiento científico especial absolutizado (matemático, mecánico, biológico, psicológico, etcétera); (2) bajo la primacía del ideal de la personalidad el pensamiento trascendental en sus síntesis a priori, dirigido hacia la idea de la libertad. (a) con el tipo trascendental dualista de la idea básica (Kant): el pensamiento trascendental en su relación con la experiencia de la naturaleza, como el origen formal de las leyes de la naturaleza, y el pensamiento trascendental como "razón práctica" en su dirección hacia la idea de libertad autónoma, como el origen de las normas de la libertad moral. (b) con la concepción metafísica especulativa del ideal de la ciencia o del ideal de la personalidad: la "razón" (en un sentido teórico o práctico) es, en una hipostasiación final, identificada con la deidad.

(2) con la hipostasiación de la subjetividad individual (el irracionalismo en todas sus variedades, desde el vitalismo biologicista hasta los irracionalistas espiritualismo dialéctico e historicismo):	El pensamiento dialéctico o el hermenéutico, el cual absolutiza el lado subjetivo de la realidad en uno de sus aspectos modales, y rechaza la concepción de leyes generales; en una tendencia metafísica especulativa de esta irracionalista idea del origen, el ἀρχέ es llamado "espíritu" (*Geist*), con los tipos idealistas y los *"Lebenstrom"*, con los tipos naturalista e historicista. Usualmente la *"Lebens-philosophie"* no logra ver el carácter teórico de su idea de origen.
(f) idea de totalidad de significado (1) con la hipostasiación de las leyes modales:	(1) bajo la primacía del ideal de la ciencia: el sistema científico matemático natural de relaciones funcionales dentro del aspecto absolutizado de la realidad temporal, considerada

como una tarea infinita para el pensamiento científico; de allí que todos los otros aspectos sean concebidos como modos del aspecto que ha sido absolutizado en el pensamiento teórico (por ejemplo el matemático, el mecánico, el biológico o el psíquico).

En la tendencia metafísica especulativa del ideal de la ciencia, se aprehende la idea de la totalidad de significado en el concepto metafísico de sustancia (los sistemas dualistas, pluralistas y monistas han sido elaborados en este sentido).

(2) bajo la primacía del ideal de la personalidad: la idea del "*homo noumenon*" como un imperativo categórico (Fichte en sus dos periodos anteriores, etcétera).

(a) la idea básica trascendental dualista de Kant carece de una circunscripción inequívoca de la idea de la totalidad de significado. Ésta debiera aquí ser también concebida en un sentido dualista. Pero Kant se apega a un agnosticismo con respecto al trasfondo metafísico de la "naturaleza", lla *"Ding an sich"*! La idea teórica de totalidad es concebida exclusivamente en su relación con la ciencia natural, pero no refiere a la raíz de la realidad. La idea práctica de totalidad es concebida en el sentido moralista de la autonomía moral y la libertad.

(b) en la moderna filosofía idealista del valor, la tendencia trascendental continúa reconociendo la primacía del ideal de la personalidad. La idea de totalidad es aquí aprehendida en la idea de la "totalidad de los valores" (en la cual los valores teóricos y ateóricos son unidos en un orden jerárquico a ser establecido por la personalidad humana en la libertad autónoma).

(2) con la hipostasiación de los aspectos modales de la subjetividad individual (el irracionalismo):	Bajo la primacía del ideal de la personalidad: (a) en una tendencia vitalista metafísica: la *"Lebenstrom"* (corriente vital) con su infinita sucesión de formas individuales (Bergson).

(b) en una tendencia psicológica: la totalidad del sentimiento (la filosofía del sentimiento: compárese con Goethe: ¡*"Gefühl ist alles"*!).

(c) en una tendencia historicista: la corriente histórica del experiencia (Dilthey, Spengler, etcétera).

(d) en una tendencia idealista absoluta: la idea absoluta en su desarrollo dialéctico a través de la totalidad de la individualidad creadora bajo el común denominador del aspecto absolutizado (estético, moral, irracionalismo histórico, etcétera): una limitación formal es posible a través del sistema de formas de pensamiento trascendental.

(g) la idea de la coherencia inter-modal de significado entre los aspectos modales de la realidad (1) con la hipostasiación de las leyes modales (racionalismo):

(1) bajo la primacía del ideal de la ciencia: la continuidad del movimiento del pensamiento dentro del aspecto absolutizado de significado es convertido en el denominador filosófico básico de la realidad (por lo tanto, surgen diferentes tipos de esta idea de continuidad: matematismo, mecanicismo, biologismo, psicologismo): reconocimiento de una diversidad relativa

de significado en cuanto a los demás aspectos de la realidad en la coherencia continúa del pensamiento. (2) bajo la primacía del ideal de la personalidad: la continuidad de la idea de libertad que intenta establecer una coherencia más profunda entre los diferentes aspectos modales mediante un común denominador elegido en un aspecto normativo de la realidad temporal; en la filosofía del valor: la jerarquía axiológica de los valores, establecida en la libertad autónoma.

(2) con la hipostasiación de los aspectos modales de la subjetividad individual (el irracionalismo):

Bajo la primacía del ideal de la personalidad: (a) en la tendencia metafísica psicológica vitalista: la coherencia continúa de la corriente creadora de la vida en la que todos los momentos individuales se permean entre sí en una duración cualitativa.

(b) en la tendencia relativista trascendental dentro del historicismo: la
continua corriente histórica dialéctica de la experiencia (el "vivo" trascendental).

(c) En la tendencia idealista absoluta:
la continuidad lógica dialéctica en el
autodesarrollo de la idea absoluta en
su paso dialéctico través de la totalidad de sus formas individuales en el
tiempo histórico.

Observación concerniente a la sección (g): la idea humanista de la coherencia de los diferentes aspectos modales del
cosmos es en todo punto incompatible con la aceptación de
un orden cósmico divino que aboliría la soberanía de la razón o de la consciencia teórica.

(h) el concepto modal de ley y sujeto (1) con la hipostasiación del lado ley del cosmos:	(1) bajo la primacía del ideal de la ciencia: una ley es un concepto general de función, en el que la coherencia genética de la realidad es creada por el pensamiento teórico; la subjetividad individual es un caso dependiente "ejemplar" de esta ley; es una función particular de ella.

(2) bajo la primacía del ideal de la personalidad en el idealismo trascendental de Kant: la ley en el sentido de la ley universal de la naturaleza es una forma de pensamiento trascendental a través de la cual el material sensorial de la experiencia es determinado; la ley en el ámbito suprasensorial de la libertad autónoma es un "imperativo categórico" idéntico a la voluntad pura de la personalidad humana; todas las funciones prelógicas de la realidad son objeto de la consciencia, no sujetos; el único sujeto es la consciencia trascendental y el "*homo noumeno*" como legislador, respectivamente. [La objetividad es identificada con la conformidad universalmente válida a la ley, y entonces ambas son identificadas con la "*Gegenständlichkeit*"].

(a) en el tipo dualista trascendental de la idea cosmonómica (Kant): hay un abismo infranqueable entre dos tipos de leyes: las leyes de la naturaleza y las normas de la libertad;

(b) en el tipo trascendental humanista, la ley de la naturaleza es deducida de la norma ética (Fichte).

(2) con la hipos-tasiación de los aspectos modales de la subjetividad individual:	Las leyes como conceptos matemáticos científicos naturales, son símbolos técnicos que desnaturalizan la realidad para dominar la naturaleza en beneficio de la adaptación biológica del hombre: (Nietzsche, Bergson, Heidegger y otros). El sujeto es la individualidad real creativa que no está sometida a una ley universalmente válida; tiene su ley individual e irracional en sí mismo, en la naturaleza así como en la cultura y la ética.

Observación general: el esquema precedente incluye los tipos más prominentes de la idea básica humanista trascendental en su estructura básica pura. La síntesis del motivo básico de esta idea básica con los motivos básicos de la idea cosmonómica del pensamiento griego o escolástico da lugar a nuevas complicaciones y tensiones. Esto requiere una investigación especial.

El ideal de la ciencia y el ideal de la personalidad como una secularización de la idea cristiana de la creación y la libertad es extraña a los sistemas prehumanistas.

B. La estructura fundamental de la idea básica trascendental cristiana como expresión teórica del motivo religioso bíblico puro

(a) Punto arqui-   Cristo, como la nueva raíz religiosa
mediano: del cosmos temporal, del cual la humanidad regenerada recibe su vida espiritual, en sujeción al significado religioso central de la ley: el amor a Dios y al prójimo con todo el corazón de uno.

Aunque en este punto arquimediano el pensamiento filosófico es emancipado de la obscurecedora influencia del pecado, no obstante, en el tiempo, continúa estando sujeto a error, a través de la actividad de la raíz apóstata de la existencia.

La libertad cristiana sólo es garantizada en una constante sujeción a la Palabra de Dios que se nos revela a nosotros.

El corazón, en su denso sentido bíblico como raíz religiosa el centro de la totalidad del existencia humana, nunca puede ser identificado con la función del "sentimiento" o la de la "fe", y tampoco es un complejo de funciones como el concepto metafísico de alma que se encuentra en la metafísica griega y en la humanista; es ajeno a todo dualismo entre el cuerpo (como un complejo de funciones naturales) y el alma (como un complejo de funciones psíquicas y normativas).

El corazón no es un testigo ciego o sordo, aunque trasciende el límite del tiempo cósmico con su diversidad temporal de aspectos modales, y el pensamiento temporal dentro de esta diversidad. Pues es la plenitud de nuestra inseguridad en la que todas nuestras funciones temporales encuentran su concentración religiosa y consumación de significado; "*Ego, in Christus regeneratus, etiam cogitans ex Christo vivo*", versus el cartesiano "*cogito ergo sum*" y el irracionalista "*vivo in fluxu continuo, etiam cogitans*".

(b) La actitud religiosa en el pensamiento filosófico:	Perteneciendo a Cristo el cristiano se halla en una pelea cotidiana, también en el pensamiento filosófico, en contra de la "carne" en su sentido bíblico, en contra de nuestro apóstata ego, el cual absolutiza lo temporal y lo sustrae de Dios.
(c) el motivo religioso básico:	El motivo bíblico de creación, caída en pecado y redención en Jesucristo en la comunión del Espíritu Santo. Esto implica el conflicto entre el reino de Dios y al reino de las tinieblas en la raíz y en la coherencia temporal de nuestro cosmos. También implica el reconocimiento de la moderación de la desintegradora actividad del pecado por la gracia común, en aras de la raza humana regenerada que es aceptada y santificada por Dios en Cristo como la Cabeza (gracia particular). Este motivo básico no conduce a antinomias en el pensamiento filosófico, sino más bien a una antítesis absoluta con toda filosofía que esté dominada por motivos básicos apóstatas. También conduce a un reconocimiento agradecido de todos los dones y talentos que Dios ha dejado a la humanidad caída

(d) la idea del origen:	El origen de la ley y de la subjetividad individual, de acuerdo con su unidad religiosa y diversidad temporal en la coherencia de significado, es la santa y soberana voluntad creadora de Dios. Nuestro cosmos es igualmente la creación de Dios con respecto a sus lados ley y sujeto; la ley es el límite absoluto entre Dios y su creación; es decir, todas las criaturas están por naturaleza sujetadas a la ley, y Dios solamente es *"legibus solutus"* (*sed non ex lex*, como en el nominalismo).
(e) la idea de la totalidad de significado:	La dirección del pensamiento filosófico hacia Cristo como la raíz y plenitud de significado del cosmos; Cristo cumplió la ley y en él toda individualidad subjetiva es concentrada en su plenitud de significado; nada en nuestro cosmos temporal se sustrae a él, no hay una esfera de "cosas indiferentes"[1] (*adiaphora*).

---

[1] Compárese con la declaración de San Pablo: "Si, pues, coméis o bebéis, o hacéis otra cosa, hacedlo todo para la gloria de Dios".

(f) la idea de la coherencia en la diversidad modal de significado con respecto a los lados ley y sujeto de la realidad temporal:

La coherencia intermodal de significado no es una construcción del pensamiento filosófico sino que está más bien sustentada por el divino orden temporal del mundo el cual es también la condición del pensamiento teórico.

Los aspectos modales de significado tienen, con respecto a los demás, como esferas de ley, soberanía de su propia esfera. Cada aspecto apunta en su propia estructura hacia la coherencia temporal de significado y es una expresión de ésta, la cual apunta más allá de sí misma hacia la plenitud de significado en Cristo. El orden cósmico del tiempo garantiza la coherencia cursivas integral de significado entre los aspectos modales. No existe una realidad natural prelógica "*an sich*", aparte de los aspectos normativos de la realidad.

| (g) el concepto modal de ley y sujeto: | La ley en su diversidad modal de significado es la determinación y limitación universalmente válida de la subjetividad individual, la cual está sujeta a ella. El sujeto es alemán sujeto, esto es, esta sujetado a la ley en la diversidad modal de las esferas nómicas. No hay ley sin un sujeto y viceversa. |

§2 LOS INTENTOS DE SINTETIZAR LA FE CRISTIANA CON LA FILOSOFÍA DE LA INMANENCIA ANTES Y DESPUÉS DE LA REFORMA

Las consecuencias de la posición sintética para la doctrina cristiana y para el estudio de la filosofía en el pensamiento patrístico y escolástico

Como hemos visto en la Parte I, la filosofía cristiana, en su mismo comienzo, buscó la ayuda de la filosofía antigua incluso en la formulación de su idea básica trascendental.

Consecuentemente, el pensamiento patrístico y especialmente medieval se desarrolló convirtiéndose en una filosofía del compromiso. Ambos se apegaron a una posición sintética con respecto a la relación entre la fe cristiana y la filosofía griega. Sin embargo, esta posición sintética tiene dos tipos que debieran ser tajantemente distinguidos entre sí. El primero consideraba necesario vincular el pensamiento filosófico a la revelación en la Palabra, mientras que el segundo proclamaba la autonomía de la *"naturalis ratio"* en la esfera del pensamiento natural. Esta última posición prevaleció bajo la influencia del motivo básico escolástico de la naturaleza y la gracia. Tan pronto como la escolástica cristiana pensó que había encontrado su punto de partida real en la *naturalis ratio*, ya no pudo ser detenida la creciente decadencia de la filosofía cristiana.

La religión cristiana no puede tolerar ninguna concepción de la realidad cósmica teórica que se halla emancipado del motivo religioso bíblico puro, porque tales concepciones están de hecho dominadas por motivos parcial o totalmente apóstatas y buscan en el último análisis un punto de reposo engañoso para el pensamiento. La religión cristiana no tolera ningún hipóstasis que atribuya ser independiente al *significado* dependiente. No permite estas absolutizaciones incluso si se disfrazan con el atuendo de una *"theologia naturalis*. La especulativa idea aristotélica del "motor inmóvil" o de la "forma pura" no es, como pensaba la escolástica tomista, un preámbulo natural al conocimiento revelado de Dios. La autorrevelación de Dios en Cristo es, en el pleno sentido de la palabra, ¡fuego consumidor para toda especulación apóstata en la cual la ὕβρις humana piense que puede crear a Dios conforme a su propia imagen!

Las consecuencias de la sintética posición escolástica han dejado también una profunda impresión en la teología cristiana. Con la penetración de los motivos filosóficos neoplatónico, aristotélico, estoico y otros en el pensamiento patrístico y la escolástica de la Edad Media, la filosofía de la inmanencia incluso infectó la doctrina cristiana de la fe y pavimentó el camino para el surgimiento de una especulativa *"theologia naturalis"*.

La filosofía escolástica tuvo una influencia particularmente devastadora sobre la teología cristiana con respecto a las concepciones religiosas bíblicas puras de "alma", "corazón", "espíritu" y "carne". Las últimas fueron sustituidas por conceptos abstractos de la dualista metafísica griega, en consonancia con el dualista motivo religioso básico de la forma y la materia.

La fisura entre "fe" y "pensamiento" es solamente una fisura entre la fe cristiana y la filosofía de la inmanencia

Tan pronto como la filosofía cristiana, bajo la influencia de esta metafísica, empezó a buscar el punto de concentración de la existencia humana en la "razón", bloqueó el camino hacia una penetración intrínseca de la filosofía por el motivo básico bíblico. Surgió una fisura infranqueable entre la filosofía especulativa y la fe cristiana genuina. La teología escolástica presenta un verdadero *"spectaculum miserabile"* de cuestiones teológicas controversiales que son completamente ajenas a la esfera bíblica de pensamiento y se originan en la metafísica griega. ¿Qué tenía que ver una teología realmente bíblica con problemas tales como el conflicto concerniente a la primacía de la voluntad o del intelecto en la *"essentia Dei"*; ¿qué tenía que ver con el intento de apoyar filosóficamente la inmortalidad individual del alma sobre la base de la concepción realista aristotélica que buscaba el *"principium individuationis"* en la materia? ¿En qué le concernía la controversia concerniente a la pregunta de qué "partes" del alma poseen inmortalidad (una pregunta que incluso Calvino todavía tomó en serio en su institución)? ¿Qué interés para la teología bíblica tenían los curiosos problemas inherentes al "psicocreacionismo"; es decir, una transformación escolástica de la doctrina platónica expuesta en el diálogo El Timeo y de la doctrina aristotélica acerca del origen del intelecto activo griego νοῦς ποιετικός) en el alma humana? (de acuerdo con Aristóteles, este intelecto no procede de la naturaleza sino de fuera; de acuerdo con Platón, el mismo Demiurgo divino ha formado solamente a la inmortal *nous* humana). Tales problemas son pseudoproblemas y no tienen sentido en una teología bíblica.

La falsa concepción concerniente a la relación entre revelación cristiana y ciencia. La filosofía de la inmanencia acomodada como *ancilla theologiæ*

La contraparte del esfuerzo escolástico por acomodar la filosofía de la inmanencia a la revelación bíblica fue el surgimiento de la falsa idea de que la Santa Escritura ofrecía ciertas soluciones a los problemas científicos, al menos a los problemas discutidos en la teología escolástica sobre la base de la metafísica, la física y la psicología aristotélicas. Éstas supuestamente bíblicas teorías fueron, con la plena autoridad de la revelación divina, puestas en oposición a las investigaciones científicas que se desviaban de la tradición.

Uno solamente necesita recordar la posición de la Iglesia en el conflicto concerniente a la teoría astronómica de Copérnico, posición que, aunque es entendible históricamente, ¡no era, por lo tanto menos represible!

El intento de una síntesis entre la religión cristiana y la filosofía de la inmanencia fue una fuente de confusión que condujo a contradicciones intrínsecas; fue tan opresiva a la fe cristiana como lo fue a la investigación científica honesta.

Nada caracterizó a la posición escolástica más tajantemente que el intento de emplear la Escritura en el sentido de una "*deus exmachina*" científica.

Debido a que el pensamiento teórico no estaba reformado en un sentido cristiano radical, la teología escolástica como la "*regina scientitarum*" se consideraba a sí misma llamada a controlar a la *"scientia profanæ"*. Como esta teología había aceptado una filosofía aristotélica acomodada, la Santa Escritura fue interpretada de una manera aristotélica y podía a su vez confirmar las tesis aristotélicas en contra de las concepciones copernicanas y, posteriormente, en contra de las concepciones cartesianas.

Esto fue el resultado de la noción escolástica de filosofía como *ancilla theologiæ*. ¡La criada iba pronto a romper sus cadenas y a convertirse en la concubina!

La consecuencia de la Reforma para el pensamiento científico

La Reforma suplió el primer receptáculo capaz de producir una concepción radicalmente diferente de la escolástica con respecto a la relación entre la religión cristiana y el pensamiento científico. Como hemos visto, el nominalismo de la escolástica tardía demolió todo puente entre la fe cristiana y la metafísica griega.

El surgimiento de la moderna cosmovisión humanista, la cual precedió a la Reforma, ubicó tajantemente ante los ojos de los reformadores un dilema inescapable. Fueron confrontados con la antítesis entre la actitud de la religión cristiana con respecto a la vida temporal y la secularización de esta actitud en el ideal humanista de la personalidad.

Un retorno a la posición sintética medieval para oponerse el humanismo con la ayuda de la filosofía escolástica debía contradecir necesariamente la misma naturaleza y espíritu de la Reforma. Pues ésta no podía mostrar otras credenciales que su afirmación de una concepción bíblica pura de la doctrina cristiana. Esto debía implicar un retorno al motivo básico radical e integral de la Santa Escritura, como único motivo religioso de su pensamiento teológico filosófico y de su entera cosmovisión.

El hecho de que esto no sucediera directamente, sino que después de un comienzo prometedor original el protestantismo recayera en la posición de compromiso escolástica, sólo puede ser explicado como un efecto retardado de una muy antigua tradición en el pensamiento cristiano. Esta tradición encontró suelo fértil especialmente en el luteranismo y, bajo la influencia de Melanchton, procedió infectar también la idea calvinista de la ciencia. En el análisis final fue el motivo escolástico dialéctico de la naturaleza y la gracia la que de este modo conservó su influencia sobre la posición filosófica del protestantismo ortodoxo.

El efecto retardado del dualismo nominalista en la distinción espiritualista de Lutero entre la Ley y el Evangelio

Lutero confesó la importancia central de la soberanía de Dios en el sentido bíblico. Poseía el agudo entendimiento de que la gracia divina en Cristo debe penetrar intrínsecamente la vida temporal en todas las esferas. No obstante, a pesar de esto, nunca escapó plenamente de la influencia nominalista de la occamista Universidad de Erfurt y de sus estudios posteriores en un monasterio agustino (*"Ich bin von Occams Schule"*). Esta influencia es evidente en su concepción dualista de la relación entre la Ley y el Evangelio. Lutero consideraba que una persona en el estado pecaminoso estaba atada a las ordenanzas temporales. Una persona cristiana en el estado de gracia, por el contrario, no está intrínsecamente sujeta a la ley divina, sino que vive en libertad evangélica de acuerdo con el amor. En "este terrenal valle de lágrimas" sólo se inclina ante las ordenanzas por obediencia a la voluntad de Dios con respecto al estado natural de pecado. Y, al hacerlo, trata de penetrarlas con el espíritu del amor cristiano. Pero intrínsecamente este espíritu contradice la severidad de la ley. Este dualismo entre la Ley y el Evangelio debe conducir nuevamente, con respecto a la relación entre la religión cristiana y la filosofía, a la separación nominalista de fe y ciencia, con la usual depreciación occamista de la segunda. En este punto podemos observar el efecto retardado del motivo escolástico naturaleza-gracia en su concepción occamista antitética. Ciertamente encontramos en Lutero un juicio fulminante en contra de Aristóteles y la filosofía escolástica medieval; encontramos en él una apasionada oposición al humanismo bíblico que en Alemania y Holanda (Erasmo) trataba de llevar a cabo una nueva síntesis entre la fe cristiana y el espíritu de la antigüedad grecorromana. Pero en ningún lado descubrimos la convicción de que la raíz religiosa de la Reforma requiriera una reforma radical de la misma filosofía.

Lutero nunca tuvo un contacto interno con el espíritu humanista. En su actitud hacia el conocimiento humano siguió siendo un prisionero del espíritu medieval del occamismo. La tendencia espiritualista en su carácter fue fuertemente nutrida por el misticismo alemán de Eckhart y por el espíritu agustiniano-franciscano. Más aún, su *"Welt-offenheit"*, que le causara rechazar el ideal monástico, continuó roto por un dualismo inexplicable en términos de la doctrina bíblica concerniente a la corrupción de la naturaleza debida a la caída. Lutero nunca se liberó del dualismo nominalista en su concepción de la iglesia. Consideraba que la regulación de la "iglesia visible" era un asunto de relativa indiferencia y buscó el apoyo del príncipe gobernante para la reforma eclesiástica. Por añadidura, este dualismo se exhibió en su subsecuentemente abandonada distinción entre moralidad oficial y moralidad personal. Su actitud hacia el pensamiento científico continuó estando lastrada de la misma manera con el prejuicio dualista concerniente a la relación entre fe y razón natural.

Uno puede reconocer esto sin ser en modo alguno deficiente en amor y aprecio por el gran reformador. El reconocimiento de sus fallas no anula el hecho de que la fe bíblica de Lutero se convirtió en el impulso de una continua reforma de su pensamiento y la causa de su posterior abandono de muchos errores previos.

La filosofía escolástica de Melanchton. Melanchton y Leibniz

Melanchton tuvo un estrecho contacto literario con el humanismo alemán y el holandés, sin tener ninguna afinidad con el nuevo ideal de la personalidad. Cuando abordó la gigantesca tarea de establecer una relación entre la Reforma y la ciencia moderna, recayó en la posición de acomodo escolástica.

A través de las siguientes siglos la influencia de Melanchton fue por lo tanto instrumental para evitar el desarrollo de una filosofía consistente con el espíritu de la Reforma. Esta influencia fue enorme. Dominó la instrucción filosófica en las universidades protestantes en Alemania y Holanda, hasta que el espíritu de la *Aufklärung* penetró a éstas y la misma teología protestante cayó víctima de su alianza con la escolástica filosófica de Melanchton.

También Leibniz, el genio de la *Aufklärung* alemana, se crió en esta escuela de filosofía, y su propio pensamiento está en deuda con ella por varios motivos.[1] Pero hemos visto cómo éstos motivos escolásticos fueron transformados por él en un sentido humanista racionalista.

La tradición escolástica no fue beneficiosa a la Reforma. La filosofía de la inmanencia acomodada, temporalmente revestida en un ropaje piadoso, ¡pronto iba a arrojar su sobrio atuendo pastoral y a exhibir su verdadero carácter!

Melanchton, el "*præceptor Germaniæ*", creció en un círculo de humanistas alemanes. Admiraba a Agrícola y, en una edad temprana, debido a su estrecha conexión con su primo segundo, Reuchlin, disfrutó de la amistad de Erasmo y de Willibald Pirkheimer. En agosto de 1518, a la edad de 21 años, fue nombrado profesor de griego en la Universidad de Wittenberg. Su conferencia inaugural, *De corrigendis adolescentiæstudiis*, fue un vigoroso ataque sobre los dominantes barbarismos escolásticos y en general sobre la mutilación de los lenguajes griego y latino, así como de la filosofía, en la era de los "doctores seráficos y querúbicos". Pero esta férrea declaración de guerra a la corrupción escolástica de los clásicos era solamente la expresión de un humanismo filológico. No significa una ruptura con el punto de partida religioso del pensamiento escolástico.

La reforma del estudio académico que Melanchton prometía permaneció dentro del marco de la enciclopedia esco-

---

[1] *Cfr.* E. Weber *Die philosophische Scholastik des deutschen Protestantismus im Zeitalter der Orthodoxie* [La escolástica filosófica del protestantismo alemán en la era de la ortodoxia]. *Abhandlung zur Philosophie und ihrer Geschichte*, prólogo de R. Falckenberg, 1er cuaderno, 1907.

lástica; los tópicos del antiguo *trivium* (gramática, dialéctica y retórica) formaron su fundamento preparatorio.

La meta principal de Melanchton era reformar la dialéctica en las líneas de Agrícola, en el sentido nominalista de un arte del razonamiento. Por añadidura, deseaba dotar a la juventud con una excelente entrenamiento humanista[1] filológico, para que pudiesen ser capaces de leer a los filósofos y a los poetas antiguos en el original. Fue el espíritu de Agrícola y Erasmo el que inspiró al joven Melanchton. El programa que propuso en su conferencia inaugural solamente apuntaba a un tipo de reforma filológica, y al mismo tiempo moral y eclesiástica, que estuviera de acuerdo con los deseos de estos hombres. El programa de reforma de estos, aunque poseía una coloración cristiana y estoica, estaba en realidad motivada preponderantemente por el espíritu del nominalismo humanista. Pretendían un acomodo del ideal humanista de la personalidad con el programa de una supuesta "cristiandad bíblica simple". No obstante, su síntesis entre humanismo y cristianismo sólo equivalía a una "humanización" de la doctrina cristiana radical, al poner énfasis sobre el punto de vista moral.

Lutero difirió mucho de Melanchton en carácter y disposición. El electrizante contacto con el apasionado campeón de la fe hizo surgir en Melanchton el espíritu antitético de la Reforma.

---

[1] El adjetivo "humanista" no implica aquí el significado religioso del término "humanismo" como lo hemos usado en nuestra crítica trascendental del pensamiento humanista. Aquí solamente está relacionado con el estudio de los "*humaniora*". No obstante, veremos que incluso la concepción de estos estudios "humanistas" estaba penetrado por un espíritu humanista.

Melanchton no rompió radicalmente con la filosofía de la inmanencia

Pero un examen penetrante pone en claro que incluso durante este período Melanchton no rompió radicalmente con la filosofía de la inmanencia. En esencia, su oposición sólo estaba dirigida en contra de la metafísica realista especulativa, con su doctrina de los universales, sus *"formalitates"*, su teoría del infinito y así consecutivamente. Incluso en este tiempo Melanchton retuvo tenazmente la dialéctica nominalista. Entretanto, su apostasía respecto de los ideales del humanismo provocó una ruptura con su patrocinador Reuchlin, y Erasmo se alejó de él decepcionado. Después de que hubo ocurrido esta ruptura, el antiguo amor de Melanchton por la antigüedad resurgió en él y comenzó una nueva fase de su desarrollo.

Este período comenzó en 1536 cuando produjo una síntesis definitiva entre la fe luterana y la filosofía aristotélica interpretada de manera nominalista. Observamos que incluso en su corto periodo antitético Melanchton nunca abandonó la dialéctica nominalista derivada de Agrícola. Este método dialéctico, que había aplicado a la doctrina luterana, necesitaba intrínsecamente su retorno a la antigua filosofía de la inmanencia. Esto se comprueba con el insospechado testimonio de Heinrich Maier en su importante estudio sobre la filosofía de Melanchton.[1]

---

[1] *Philipp Melanchton als Philosoph* (en *An der Grenze der Philosophie*, Tubinga 1909, p. 47), donde escribe: "Die humanistische Erudition bleibt auch damals Bildungsideal. Und in das Gewand der Eloquenz werden auch die neuen Glaubensgedanken gekleidet. Die lehrhafte Bearbeitung des religiösen Stoffs erfolgt in den Formen und mit den Mitteln der humanistischen Methodik. Aber es ist klar, dasz diese Formen aufs engste mit der

Porqué una filosofía cristiana radical sólo puede ser desarrollada en la línea del punto de partida religioso de Calvino

También Calvino pasó a través de un periodo humanista temprano durante el cual escribió su bien conocido comentario sobre el *De clementia* de Séneca. Pero cuando alcanzó el punto de inflexión de su vida rompió radicalmente con el dualismo nominalista que continuó más o menos floreciendo dentro del mundo del pensamiento de Lutero y que estaba dominado por el motivo básico escolástico de la naturaleza y la gracia.

Desde el bíblico punto de vista de Calvino este motivo escolástico es eliminado. Mantuvo que a la verdadera naturaleza del hombre no se le puede oponer a la gracia. La naturaleza está en su raíz corrompida por la caída, y es solamente restaurada o (como declara Calvino de una manera más densa) "renovada" por la gracia de Dios en Jesucristo.[1]

Weltanschauung verbunden sind, auf der die Realphilosophie ruht... So treibt die Entwicklung mit immanenter Notwendigkeit zur Restitution der Physik, Metaphysik und Ethik" [También en este periodo la erudición humanista sigue siendo el ideal de la educación. Y también las nuevas ideas de la fe fueron revestidas en los atuendos de la elocuencia. La elaboración didáctica del material religioso ocurre en las formas y con los medios de la metodología humanista. Pero es evidente que estas formas están estrechamente conectadas con la cosmovisión sobre la cual la filosofía material descansa... así que el desarrollo con necesidad interna conduce a la restitución de la física, la metafísica y la ética" (aristotélicas pero interpretadas de una manera nominalista)].

[1] Véase *Institución de la religión cristiana* (1559; 1999, Fundación Editorial de Literatura Reformada, Rijswijk), II, 1, 9: "Unde sequitur partem illam, in qua refulget animae praestantia et nobilitas, non modo vulneratam esse, sed ita corruptam, ut non modo sanari, sed novam prope naturam induere opus habeat" [de donde se sigue que la parte en la cual más

Ésta era también la concepción de Agustín. La Biblia no permite ninguna concepción de la naturaleza, como distinta de la gracia, en la que la razón humana en su apostasía respecto de Dios se convierta en la estancia principal de una "*philosophia et theologia naturalis*". No aprueba ninguna concepción en la que el νοῦς τῆς σαρκός (es decir, el intelecto apóstata respecto de Cristo en el sentido de pensar de acuerdo con la "carne") sea declarado soberano.

La revelación de Dios debe apoderarse del corazón, la raíz de nuestra entera existencia, para que podamos "estar en la verdad". Calvino golpea la escolástica racionalista en la raíz de su apostasía desde una actitud cristiana hacia el conocimiento cuando escribe: "Nec satis fuerit mentem esse Dei spiritu illuminatam, nisi et eius virtute cor obfirmetur ac fulciatur. In quo tota terra Scholastici berrant, qui in fidei consideratione nudum ac simplicem ex notitia assensum aripiunt, praeterita cordis fiducia et securiate".[1]

---

se muestra la excelencia y nobleza del alma, no solamente está tocada y herida, sino de tal manera corrompida, que no sólo necesita ser curada, sino que tiene necesidad de vestirse de otra nueva naturaleza]. Véase también II, 1, 6, donde se pone al frente tajantemente el carácter radical del pecado.

[1] "Y no habrá sido suficiente que la mente haya sido iluminada por el Espíritu de Dios, a menos que por su virtud también el corazón sea afirmado y fortalecido. En este asunto se desvían completamente los escolásticos, quienes de una manera superficial conciben el motivo de la fe como un mero asentimiento por virtud del entendimiento, mientras que la confianza y seguridad del corazón es completamente olvidada". Este enunciado solamente da expresión a la concepción bíblica pura que considera que el conocimiento —y en primer lugar el conocimiento provisto por la fe— está enraizado en el corazón, del cual mana la vida. Esto es característicamente malentendido por los católicos romanos como "sentimentalismo". En 1931 A. J. M. Cornelissen escribió un meritorio estudio

Calvino rechazó radicalmente la teología natural especulativa. La llamaba una "audaz curiosidad" de la razón humana que busca entrometerse en la *"essentia Dei"*, la cual nunca puede comprender sino solamente adorar.[1] Una y otra vez advirtió en contra de la *"vacua et meteorica speculatio"* sobre la esencia de Dios aparte de su revelación en su Palabra.[2]

---

comparativo concerniente a la *Doctrine of the State of "Calvin and Rousseau"*. En esta tesis, la cual defendió en la católica romana Universidad de Nijmegen, escribió (página 25): "si la fe no requiere ni preámbulos provistos por la razón, sino al contrario, el conocimiento racional es fortalecido por la fe, entonces, si uno es consistente, el acto de "conocer" sobrenatural es solamente un acto de sentimiento. Calvino extrajo esta conclusión y fue así que cayó en el sentimentalismo".

Bajo la influencia de la epistemología aristotélica tomista, el entendimiento de lo que la Biblia significa por "corazón", como el centro religioso de la vida, ha sido perdido de vista tan completamente que ya no queda nada más que hacer que identificarlo con la función temporal del sentimiento y luego ponerlo en oposición al pensamiento teórico.

[1] *Institución* I, 5, 9: "Unde intelligimus hanc esse rectissimam Dei quaerendi viam et aptissimam ordinem; non ut audaci curiositate penetrare tentemus ad excutiendam eius essentiam, quae adoranda potius est quam scrupulosius disquirenda; sed ut illum in suis operibus contemplemur, quibus se propinquum nobis familiaremque reddit ac quodammodo communicat". [De donde deducimos que es éste el mejor medio y el más eficaz que podemos tener para conocer a Dios: no penetrar con atrevida curiosidad ni querer entender en detalle la esencia de la divina majestad, la cual más bien hay que adorar que investigar curiosamente, sino contemplar a Dios en sus obras, por las cuales se nos aproxima y hace más familiar y en cierta manera se nos comunica].

[2] *Institución* I, 10, 2: "deinde commemorari eius virtutes quibus nobis describitur non quis sit apud se, sed qualis erga nos; ut ista eius agnitio vivo magis sensu, quam vacua et meteorica speculatione constet" [Y luego enumera sus virtudes y potencias, por las cuales se nos muestra, no cual es en sí mismo, sino respecto a nosotros; de manera que este conocimiento más consiste en una viva experiencia que en vanas especulaciones].

Calvino expresó la verdadera actitud religiosa crítica concerniente al conocimiento de Dios, actitud basada en el humilde entendimiento del esencial límite entre el creador y la creación, con temor ante los profundos misterios de la majestad de Dios.

El motivo escolástico de la naturaleza y la gracia no se encuentra en el pensamiento de Calvino ni hay allí ninguna traza del contraste espiritualista entre la ley divina y el Evangelio que se encuentre Lutero. La divina majestad de Dios no tolera que se borre el límite entre el creador y la creación. En vista de este límite, no puede ser aceptada la elevación que hace Lutero de la libertad cristiana más allá de los límites de la ley divina.

La idea cosmonómica de Calvino *versus* **la aristotélica tomista**

Nos hemos ya referido a uno de los enunciados de Calvino que figura varias veces de sus escritos:"*Deus legibus solutus est*".[1] Este enunciado implica necesariamente que "todo en la creación está sujeto a la ley".

---

[1] Cfr. *De aeterna predestinatione* (1552) C. R. 36, 361: "*Non vero commentum illud recipio, Deum quia lege solutus sit quidquid agat reprehensione vacare. Deum enim exlegem qui facit, maxima eum gloriae suae parte spoliat, quia rectitudinem eius ac iustitiam sepelit. Non quod legi subiectus sit Deus, nisi quatenus ipse sibi lex es*" [Verdaderamente no acepto ese artilugio de que los actos de Dios están exentos de reprensión porque él no está vinculado a la ley. Pues el que hace a Dios "*ex lex*" le quita la parte principal de su gloria, pues anula su equidad y justicia. No que Dios deba someterse a la Ley, en tanto que es una ley para sí mismo].

Cfr. *Comm. in Mosis libros* V (1563) C. R. 52, 49, 131: "*atque ideo legibus solutus est, quia ipse, sibi et omnibus lex est*" [Y por lo tanto se halla por encima de las leyes porque es ley para sí mismo y para todo lo demás] (¡contra el nominalista *ex-lex*!).

Cristo nos ha libertado de la "ley del pecado" y de la ley ceremonial judía. Pero la ley cósmica, en su plenitud religiosa y diversidad temporal de significado, no es un pesado yugo impuesto sobre nosotros debido al pecado, sino que es una bendición en Cristo. Sin su determinación y limitación, el sujeto se hundiría en el caos. Por lo tanto, Calvino reconoció la sujeción intrínseca del cristiano al decálogo, y no vio ninguna antinomia intrínseca entre el mandamiento central de amor como la raíz religiosa de las ordenanzas de Dios, y las esferas nómicas jurídica o económica, o la ley estructural interna del Estado. Los anabaptistas perdieron de vista la raíz religiosa de las leyes temporales y, consecuentemente, pusieron al Sermón de la Montaña, con su doctrina de amor, en oposición de las ordenanzas civiles. Calvino se opuso vigorosamente a este error. Procedió a partir de la unidad religiosa radical de todas las regulaciones temporales divinas, y por lo tanto podía combatir radicalmente toda absolutización de algún aspecto temporal de la plena ley de Dios, así como toda revolución espiritualista en contra del Estado y su orden legal: "*Christo non est institutum legem aut laxare aut restringere, sed ad veram ac germanicam intelligentiam reducere, quae falsis scribarum et Pharisaeorum commentis valde depravata fuerant*".[1]

Esta idea fundamental de la ley divina no se lleva con una recaída en la concepción aristotélica tomista de la "*lex naturalis*". Pues esta última procede del motivo forma-materia del pensamiento griego y, por lo tanto, entra necesariamen-

---

[1] *Institución* I, 8, 26 [su intento {de Cristo} en este pasaje no es ampliar o restringir la Ley, sino reducirla a su sentido verdadero y propio; pues con las interpretaciones falsas de los escribas y los fariseos había sido corrompida].

te en conflicto con la concepción bíblica. La idea especulativa de la "*lex æterna*" proporciona el fundamento para la especulativa "*lex naturalis*" con su orden teleológico de "formas sustanciales". En esta construcción, la razón humana piensa que puede prescribirle a Dios qué es ley. Y en el análisis final la concepción aristotélica del orden del mundo es deificada, porque en la idea de la *lex æterna* es identificada con la "esencia racional" de Dios. En oposición a ella, la Reforma fue forzada predicar la doctrina de la libertad cristiana. En este respecto, tanto Calvino como Lutero fueron prominentes, pero Calvino tuvo éxito en enunciar una posición más pura. En su concepción de la ley divina, no perdió nada de la idea bíblica de libertad en Cristo. Lutero no se escapó de caer en una antinomianismo espiritualista en contra del cual debe ser proclamada la concepción bíblica de la ley divina, enraizada en la concepción central de la soberanía de Dios como creador. Esto fue necesario en aras de mantener el motivo básico bíblico de la Reforma.

La idea de la ley de Calvino versus la posición irracionalista y dualista de Brunner

Esta concepción bíblica de la ley es actualmente rechazada por Emil Brunner. Busca reemplazarla con una ética irracionalista del amor que debiera irrumpir a través de las ordenanzas temporales divinas. Pues, de acuerdo con él, éstas no son la verdadera voluntad de Dios.[1] En un estilo típicamente espiritualista, Brunner es fulminante contra la idea de una

---

[1] Véase *Das Gebot und die Ordnungen* (1932) [El mandamiento y las ordenanzas], p. 108ss, en conexión con el tratamiento de Brunner de *Das Einmalige und der Existenzcharakter* [Lo singular y el carácter de la existencia] en *Blätter für deutsche Philosophie* [Páginas para la filosofía alemana] (1929). El mandamiento del amor, como "*Gebot des Stunde*" [ordenanza de

ciencia, filosofía, cultura, etcétera cristianas. Por lo que concierne a la filosofía, esto es indicativo de un nuevo intento de efectuar un compromiso con la posición de la inmanencia (a saber, con el kantianismo y el moderno existencialismo irracionalista). Este compromiso no procede del espíritu de Calvino. Nace más bien del dualismo de Lutero y no puede tener un futuro fructífero.

Bruner intenta acomodar el efecto retardado del dualismo nominalista luterano entre "naturaleza" y "gracia" a la concepción de la ley de Calvino. Pero así como este dualismo es incompatible con el motivo básico bíblico, también es irreconciliable con la posición de Calvino. La Palabra de Dios nos revela la raíz de la existencia temporal; dentro de esta raíz desnuda la fisura infranqueable entre el Reino de Cristo y al reino de las tinieblas; nos impulsa con inexorable seriedad a un "una cosa o la otra".

Si no son posibles una filosofía cristiana, una jurisprudencia, una política, un arte cristianos, etcétera, entonces estas esferas de la vida temporal son sustraídas a Cristo. Entonces, una vez más, el abíblico dualismo entre "naturaleza" y "gracia" o entre la Ley y el Evangelio debe ser aceptado y, una vez más, para franquear el dualismo, debe seguirse el camino del acomodo escolástico.

En este caso uno puede rechazar la síntesis de fe cristiana con la idea cosmonómica racionalista de Aristóteles o de los estoicos, pero el irracionalismo o el criticismo humanistas modernos no son un ápice más cristianos.

Pues, siguiendo este camino, uno llega con Brunner a una depreciación de ciertos aspectos de la realidad. Brunner ab-

---

la hora] o *"des Augenblicks* [del momento]" (típica expresión irracionalista) se opone aquí a la ley en las ordenanzas temporales.

solutiza el amor a expensas de la justicia; malinterpreta de manera irracionalista el mandamiento religioso central del amor. Como consecuencia de su posición dialéctica, trata la idea de justicia de una manera neokantiana:[1] Es desnaturalizado y convertido en un "valor puramente formal". Brunner adelanta una tesis que niega la plenitud de significado de la Cruz; sostiene que la justicia completa es en sí misma una contradicción y que el amor, aunque debe pasar a través de la justicia formal, no obstante abroga la segunda.[2] Si

---

[1] Véase *Das Gebot und die Ordnungen*, p. 675, donde se dice de la concepción kantiana crítica de la idea de orden jurídico que ella "erfahrungsgemäsz und aus guten Grunden nur von solchen Juristen verstanden wird, die mit der reformatorischen Glaubenstradition in Zusammenhang stehen" (por ejemplo Stammler y Burckhardt) [que, de acuerdo con la experiencia y por buenas razones, solamente se entiende por tales los juristas que se hallan en conexión con la tradición de la fe de la Reforma]. Es así como se completa la síntesis con la filosofía de la inmanencia kantiana.

[2] Véase *Das Gebot und die Ordnungen*, p. 436: "Gerade vom Christlichen Glauben aus gibt es keine irgendwie faszbare Idee der volkommenen Gerechtigkeit. Denn Gerechtigkeit ist an sich unvollkommen" [De la fe cristiana misma no puede proceder en ningún modo concepbible iuna idea de la justicia perfecta]. Me gustaría sugerir que la justicia *"an sich"* no existe sino que es una absolutización carente de significado. Lo mismo es verdadero del cursivas amor *"an sich"*. *Cfr.* p. 437: "Die Liebe ist konkret, persönlich, nicht-vorausgewuszt, nicht allgemein, nicht gesetzlich. Die Gerechtigkeit ist gerade allgemein gesetzlich, vorausgewuszt, unpersonlichsachlich, abstrakt, rational" [El amor es concreto, personal, imprevisible, no generalizador, no legal. La justicia, por el contrario, es general, legal, previsible, impersonal real, abstracta, racional]. Desde el punto de vista bíblico nuestra respuesta es simplemente que la opinión de Brunner no se hallan en consonancia con la concepción bíblica de la ley, sino que brota de un punto de vista semihumanista. Un cristiano debe aprender a inclinarse ante la majestad de la justicia de Dios, la cual no es diferente

seguimos a Brunner a lo largo de la trayectoria de la síntesis, debemos caer en la misma trampa. En este respecto, la filosofía cristiana no tiene más elección que la que tiene la filosofía de la inmanencia.

La síntesis con la antigua filosofía de la inmanencia condujo al pensamiento cristiano a complicadas antinomias; la síntesis con la filosofía humanista de la inmanencia hace lo mismo. No solamente enredada al pensamiento cristiano en la antinomia básica entre "naturaleza" y "libertad", sino que sobre todo conduce a una colisión radical entre el oculto motivo básico apóstata de este pensamiento filosófico y el motivo bíblico central de la religión cristiana. La teología dialéctica es solamente la expresión de la dialéctica religiosa nacida de esta colisión.

---

de su amor. Dios es el *origen y unidad original* de todos los aspectos modales de la experiencia humana que han de ser distinguidos solamente en el orden temporal, pero coinciden en su raíz religiosa y *a fortiori* en su origen divino.

En su obra postrera *Gerechtigkeit* [Justicia] (1943), Brunner no modificó esencialmente su posición anterior. Ahora hablaba de "la justicia de la fe" en contraste con la justicia en la esfera de las ordenanzas, pero la primera no tiene ninguna conexión intrínseca con la segunda. La "justicia de la fe" es idéntica al amor del Evangelio y abole la justicia en el sentido de retribución. Y ésto es también verdadero de la justicia divina. La justicia divina es opuesta diametralmente a la justicia terrenal en la esfera de las ordenanzas. Aunque las ordenanzas terrenales y la justicia se oponen al *mandato del amor*, no obstante las primeras ayudan en la vida del amor. Esta concepción es típicamente luterana. Por añadidura, compare con Reinhold Niebuhr, *The Principles of Ethics*, capítulos V y VI y *The Nature and Destiny of Man* II, cap. IX. Si la justicia terrenal está *diametralmente opuesta* a la justicia divina, y no obstante la primera pertenece a la esfera de las ordenanzas divinas, se ha aceptado un dualismo dialéctico en la voluntad divina que exhibe la influencia del motivo básico dialéctico de la naturaleza y la gracia.

Cuando consideramos esta completa situación y recordamos que Calvino fue el primero en formular una concepción puramente bíblica de la *lex* en su origen, unidad religiosa radical y diversidad temporal, llegamos a la conclusión de que una real reforma del pensamiento filosófico no puede proceder históricamente a partir de Lutero, sino solamente a partir del punto de partida de Calvino.

No malentienda esta conclusión. La reforma de la filosofía en un sentido cristiano no significa la inauguración de una nueva escuela de filosofía tal como el tomismo, la cual se ata a la autoridad de un sistema y pensador filosófico. No significa la elevación de Calvino a un *pater angelicus* del pensamiento filosófico reformado. No significa que habremos de buscar un sistema filosófico en Calvino que no se halla allí. Sin embargo, sí significa que habremos de relacionar el pensamiento filosófico en su fundamento entero, punto de partida y dirección trascendental a la nueva raíz de nuestro cosmos en Cristo. Rechazaremos toda posición filosófica que se recargue sobre la *"naturalis ratio"* como un punto arquimediano supuestamente autosuficiente. Nuestra meta es una reforma interna del pensamiento que nazca del poder viviente de la palabra de Dios, y no de un principio abstracto y estático de la razón. Por lo tanto, en el desarrollo de una filosofía cristiana que esté en efecto estimulada por el motivo básico bíblico de la Reforma, debe haber una lucha constante en pos de la reforma del pensamiento filosófico. Esto impide la canonización de un sistema filosófico.

El pensamiento filosófico cristiano no puede ser conducido por un misticismo espiritualista de la fe que se imagine que está elevado por encima de la ley divina. Sólo puede ser conducido por el vivificante espíritu de la Palabra de Dios.

A pesar del hecho de que el cosmos temporal es conmovido por el pecado, como Dios ha mantenido su orden estructural, y como la plenitud de significado no ha de encontrarse en el tiempo, es posible aceptar el cosmos, en su multifacética riqueza de significado, como creación de Dios, concentrada en su nueva raíz religiosa: Jesucristo.

La idea básica trascendental cristiana abraza la antítesis religiosa[1] entre la apostasía de la naturaleza y su destino de acuerdo con la creación: no busca una síntesis dialéctica en el estilo de la "*natura præmbula gratiæ*". Pero reconoce en la "gracia común" una fuerza opuesta en contra de la obra destructiva del pecado en el cosmos, porque la antítesis entre pecado y creación ha quedado *realmente* abrogada por la redención en Jesucristo.

No hay dualismo entre "*gratia communis*" y "*gratia particularis*"

La gracia común no puede ser opuesta de manera dualista a la gracia particular. Si se hace esto, se permite que entre el motivo dualista de naturaleza y gracia al pensamiento reformado bajo otro nombre. Calvino mismo subordinó la "*gratia communis*" a la "*gratia particularis*" y al "honor y gloria de Dios".[2]

La gracia común carece de significado sin Cristo como raíz y cabeza de la raza humana regenerada. Carece de significado sin él, porque sólo se manifiesta en el cosmos tem-

---

[1] En el Volumen II mostraremos más completamente que esto es algo enteramente diferente de un "culto de las antinomias", como Cornelissen, aparentemente bajo la influencia de la teología dialéctica, malinterpreta el pensamiento de Calvino.

[2] Compare *Institución* I, 17, 7 y 11; I, 5, 14; II, 2, 16; III, 3, 25; III, 20, 15 y 24, 2.

poral. Y el segundo está necesariamente relacionado con su raíz religiosa y no tiene ninguna existencia aparte de ella. La gracia común es la gracia mostrada a la humanidad como un todo, la cual es regenerada en su nueva raíz Jesucristo, pero todavía no ha sido liberada de su vieja raíz apóstata. Este es el significado de la parábola de Jesús de la cizaña entre el trigo. El trigo y la cizaña deben crecer juntos hasta la cosecha.

Por el momento no puedo explicar más este punto, sino que debo posponer su desarrollo hasta que tratemos el *proceso de apertura* en el cosmos, en la teoría general de las esferas nómicas modales en el Volumen II.

Abraham Kuyper y su frecuentemente malentendida idea de antítesis

La filosofía de la idea cosmonómica, desde el comienzo de su desarrollo hasta su primera expresión sistemática en esta obra, sólo puede ser entendida como fruto del despertar calvinista de Holanda desde las últimas décadas del siglo XIX, un movimiento que fue conducido por Abraham Kuyper.

Pero esta filosofía no ha de entenderse como el pensamiento exclusivo de una pequeña *camarilla de calvinistas*. Por el contrario, de acuerdo con su base, por virtud de su idea básica trascendental, incluye dentro de su rango a todo el pensamiento cristiano como tal.

Ningún cristiano puede escapar al dilema que plantea, si toma realmente en serio la universalidad del reinado de Cristo y la confesión central de la soberanía de Dios sobre la totalidad del cosmos como creador. No puede evitar su impacto a menos que busque escapar empleando palabras ociosas tales como "libertad cristiana" requiriendo la "libertad de pensamiento". Palabras ociosas, desde luego, porque ¡la "libertad cristiana" no puede implicar una libertad en el pensamiento que esté estimulada por un motivo básico anticristiano!

Es en este sentido universal que debemos entender la idea de antítesis religiosa en la vida y en el pensamiento de Kuyper. Muchos cristianos pacifistas han hecho de este mismo punto la víctima de numerosos malentendidos . No reconocen que esta antítesis no traza una línea de clasificación *personal* sino una división de acuerdo con principios fundamentales en el mundo, una línea de división que pasa transversalmente a través de la existencia de toda personalidad cristiana. Esta antítesis no es una invención humana, sino una gran bendición de Dios. Mediante ella impide que perezca su creación caída. Negar esto es negar a Cristo y su obra en el mundo.

Porqué rechazo el término "filosofía calvinista"

Puede quedar claro a partir de lo precedente que definitivamente rechazo que el término "calvinista" sea apropiado para nombrar a la *filosofía de la idea cosmonómica*. Rechazo el término calvinista aunque reconozco plenamente que esta filosofía fue el fruto del despertar calvinista en Nederlandia.[1]

Debido a su motivo religioso básico y su idea básica trascendental, sin embargo, esta filosofía merece ser llamada *filosofía cristiana* sin ninguna calificación ulterior. Pues sería

---

[1] Por lo tanto, lamento el hecho de que la asociación filosófica que se formó en Holanda [después de la aparición de la edición holandesa de esta obra] eligiera el nombre de "Asociación para la Filosofía Calvinista". Pero lo admitiré debido al hecho de que yo mismo, en una etapa temprana de mi desarrollo, llame a mi filosofía "calvinista".

imposible para una filosofía intrínsecamente cristiana estar basada en cualquier otro motivo básico que el integral y radical de la Santa Escritura, el cual no depende del hombre.

La filosofía tomista ha rechazado constantemente el nombre de "cristiana". Es verdad que ciertos neotomistas tales como Gilson y Maritain han empezado a apartarse de esta tradición. Pero este apartamiento se explica rápidamente como resultado de una influencia agustiniana más que tomista.

Podemos hablar de la filosofía cristiana reformada, en contraste con una cristiana neoescolástica, que ha abandonado el dogma concerniente a la autosuficiencia del pensamiento filosófico.

Se permite hacer eso sólo si queremos decir que en la primera el motivo básico bíblico de la religión cristiana esta operativo en una reforma interna del pensamiento filosófico, mientras que en la segunda permanece atado al motivo básico escolástico de la naturaleza y la gracia, y dentro de este marco solamente busca traspasar los límites entre las esferas natural y sobrenatural para mostrar la insuficiencia del pensamiento filosófico natural con respecto a la fe cristiana.

La filosofía de la idea cosmonómica y el blondelismo

Una de las tendencias neoescolásticas de pensamiento que sigue este último camino ha roto enteramente con el tomismo. Ha nacido del espiritualismo francés fundado por Maine de Biran y desarrollado en un sentido crecientemente antirracionalista por Ravaisson, Lachelier, Boutroux y otros. Quiere continuar la tradición agustiniana en el pensamiento cristiano. Pero, por virtud del motivo básico dialéctico de la naturaleza y la gracia, no se puede permitir un retorno a la auténtica concepción agustiniana que rechazaba en un *sentido radical* la autonomía del pensamiento filosófico, sino que hizo de la filosofía la criada de la teología cristiana.

El principal representante de esta filosofía cristiana neo-escolástica, Maurice Blondel, discípulo del pensador neoescolástico Ollé Laprune, empieza con la posición de inmanencia en la filosofía para mostrar la deficiencia del pensamiento filosófico mediante una interpretación metafísica irracionalista y activista del pensamiento y el ser. Esta interpretación estuvo fuertemente inspirada por la idea leibniziana de la inmanencia del universo en las representaciones de todo ser metafísico, y por el sesgo irracionalista y universalista que esta última concepción había adoptado en el "pensamiento concreto y absoluto" de Schelling y posteriormente en la filosofía de la vida de Bergson. Estuvo también inspirado por la idea de Malebranche concerniente a una *"visio omnium rerum in Deo"*. Pero de ninguna manera puede la filosofía cristiana de Blondel ser considerada un modo de pensamiento intrínsecamente *reformado*. Carece en principio de una crítica trascendental del pensamiento filosófico como tal. Y su carácter dialéctico interno se muestra claramente en el hecho de que este pensador católico romano intenta traspasar la posición de la inmanencia y arribar a una concepción cristiana mediante una metafísica activista irracionalista y universalista que en principio está gobernada por el motivo básico humanista en su acomodo al motivo escolástico de la naturaleza y la gracia.[1]

---

[1] Esta síntesis dialéctica de los motivos básicos humanista y escolástico en el pensamiento de Blondel es claramente explicado por su discípulo Henry Duméry en su tratado *Blondel et la philosophie contemporaine* (Etudes Blondéliennes, 2, 1952, pp. 71ss.). Véanse mis dos conferencias intituladas *Le problème de la philosophie chrétienne. Une confrontation de la conception*

La opinión de Ferdinand Sassen, profesor de filosofía en la Universidad de Leiden, de que hay una conexión interna entre la filosofía de la idea cosmonómica y el voluntarismo de Blondel,[1] descansa consecuentemente sobre un malentendido.

La importancia de la filosofía de la idea cosmonómica para un contacto filosófico entre las diferentes escuelas

La importancia de la filosofía de la idea cosmonómica no puede estar limitada al pensamiento cristiano como tal. Pues en su crítica trascendental esta filosofía ha planteado nuevos problemas, los cuales deben ser considerados como toda filosofía, independientemente de su punto de partida. Más aún, ha abordado cada sistema filosófico desde el punto de vista de su propio motivo básico y sus presuposiciones más profundas. Por lo tanto, como hemos mostrado en los Prolegómenos, esta filosofía ha abierto el camino para un mejor entendimiento mutuo de las varias tendencias filosóficas. Bajo la influencia del dogma de la autonomía del pensamiento teórico, las diferentes escuelas se han aislado en un exclusivismo dogmático y han propagado sus *prejuicios* supratéoricos como axiomas teóricos.

La importancia de la filosofía de la idea cosmonómica no es en absoluto negativa para otras escuelas filosóficas. Tiene una contribución positiva que hacer. En los siguientes dos volúmenes tengo que mostrar la importancia de su teoría de las estructuras modales de los aspectos, de su teoría acer-

---

philosophique en Hollande, dictadas en la Universidad de Aix en Provence-Marseille (mayo de 1953), las cuales fueron publicadas en la revista trimestral *Philosophia reformata* de ese año.

[1] Véase F. Sassen, *Philosophy of the Present Time* (Wijsbegeerte van dezen tijd), 2a. ed., secc. V, §2.

ca de las estructuras de individualidad y los *entrelazamientos encápticos* entre las segundas. Tengo que mostrar que estas dos teorías muestran estados de cosas que hasta ahora no habían sido sometidas al examen filosófico. Estos "estados de cosas" pertenecen a la estructura de la realidad empírica y hemos observado en los Prolegómenos que, al igual que las leyes del pensamiento teórico, son los mismos para toda posición filosófica. La única pregunta es: ¿qué filosofía está en posición de dar una explicación teórica satisfactoria de estos datos? Hemos establecido en los Prolegómenos que ninguna filosofía particular puede reclamar tener el monopolio. Cada filosofía debe luchar de una manera noble y competitiva para trabajar en una tarea común. Pero esta cooperación sólo puede ocurrir bajo una condición. Las escuelas de la filosofía de la inmanencia deben estar dispuestas a abandonar su dogmatismo teórico y deben tomarse en serio la crítica trascendental del pensamiento filosófico expuesto en nuestros *Prolegómenos*.[1]

Lo que hemos dicho es en primer lugar aplicable a nuestra visión teórica de la realidad empírica. Debido a la estructura interna del pensamiento teórico, nuestra visión de la realidad empírica es dependiente de la idea básica trascendental que dirige nuestra investigación filosófica. Y el contenido de toda idea básica está determinado por motivos suprateóricos. Si esto no se reconoce, entonces cualquier intercambio filosófico de ideas está condenado al fracaso por adelantado. La discusión filosófica es posible entre escuelas

---

[1] Tengo el gusto de poder decir que durante años recientes la importancia crítica de esta filosofía ha sido mejor entendida en Holanda, en círculos tanto tomistas como humanistas. Sin embargo, no quiero pretender que esto sea siempre el caso.

que no tienen el mismo punto de partida si, y solamente si, se hace una distinción tajante entre los auténticos juicios teóricos (concerniente a los cuales es posible la discusión filosófica) y los necesarios *prejuicios preteóricos* que yacen en el fundamento de tales juicios teóricos.

La discusión filosófica acerca de los juicios teóricos ha de estar basada sobre los innegables estados de cosas en las estructuras del pensamiento teórico y de la realidad empírica que preceden a toda *interpretación teórica* y han de ser establecidos haciendo ἐποχέ de las segundas. Han de ser confrontados con las diferentes concepciones filosóficas para investigar si estas concepciones, cada una a partir de su propio punto de partida suprateórico, son capaces de dar cuenta de ellos en un modo satisfactorio.

CAPÍTULO II
PLAN SISTEMÁTICO DE NUESTRAS INVESTIGACIONES
ADICIONALES Y EXAMEN MÁS CERCANO DE LA RELACIÓN
DE LA FILOSOFÍA DE LA IDEA COSMONÓMICA
CON LAS CIENCIAS ESPECIALES

§1 LAS ASÍ LLAMADAS DIVISIONES DE LA FILOSOFÍA
SISTEMÁTICA A LA LUZ DE LA IDEA BÁSICA
TRASCENDENTAL

Con esto hemos llegado al final de nuestro examen crítico de la importancia de la idea básica trascendental para todo el pensamiento filosófico. Hemos alcanzado el punto en el que podemos empezar a desarrollar el contenido positivo de nuestra filosofía. Con esta finalidad debemos primeramente dar una explicación del plan que determinará el curso de nuestras investigaciones futuras.

Surge la pregunta de si podemos emplear o no las divisiones básicas de los problemas filosóficos como son hechas por la filosofía de la inmanencia.

La respuesta es negativa. Y esta negación descansa sobre el hecho de que también la clasificación y formulación de los problemas en la filosofía del inmanencia está intrínsecamente conectada con su idea básica trascendental.

Con respecto al desarrollo sistemático de la filosofía humanista, podemos declarar que el fundamento de todos los intentos sistemáticos de clasificar los problemas están enraizados en ambos factores básicos polares de la idea básica humanista: el ideal de la ciencia y el de la personalidad, con sus postulados inherentes de continuidad.

La importancia fundamental de la idea básica trascendental para todos los intentos hechos en la filosofía humanista de la inmanencia para clasificar los problemas de la filosofía

Hemos visto que estos dos factores básicos han dominado la filosofía humanista desde el Renacimiento. Sin embargo, antes de la filosofía crítica de Kant no fueron claramente aislados como un principio regulador para la clasificación sistemática de los problemas filosóficos. La *Crítica de la razón pura* delimitó el primer campo principal de la investigación filosófica: el fundamento epistemológico y la limitación de la idea clásica de la ciencia (la cual está dirigida hacia el "dominio de la naturaleza"). El segundo campo principal de la investigación filosófica es indicado por la *Crítica de la razón práctica*; esto es, el fundamento crítico de la ética autónoma, de acuerdo con el ideal humanista de la personalidad. En conexión con esta última *Crítica* Kant trata los problemas filosóficos de la jurisprudencia (*Metaphysische Anfangsgründe der Rechtslehre*) y de la teología. La *Crítica del juicio teleológico* (*Kritik der teleologischen Urteilskraft*) investiga los problemas filosóficos de la biología, la historia[1] y la estética y es pensada como una síntesis subjetiva entre las dos otras críticas.

---

[1] En mi tratado *Norm and Fact*, publicado en la revista jurídica holandesa trimestral *Themis* (1932), he mostrado en detalle que la filosofía de la historia de Kant, particularmente la desarrollada en su tratado *Idee zu einer allgemeinen Geschichte in weltbürgerlicher Absicht* [Ideas para una historia

En Fichte encontramos una reincidencia de esta división básica. Clasificó a la filosofía como una *Wissenschaftslehre* con una sección "teórica" y una "práctica". Sobre este fundamento se construyó subsecuentemente la metafísica panteísta del Ser absoluto. En la división dialéctica de Hegel, de la filosofía en lógica, filosofía natural y filosofía del espíritu, no es difícil detectar la influencia de la misma idea básica humanista.

Como hemos visto, la filosofía humanista racionalista prekantiana se hallaba completamente bajo la influencia del programa de Descartes de una *mathesis universalis*. En la rama naturalista (Hobbes), este programa sólo podía conducir a una sistematización enciclopédica de las ciencias en una procesión continua sucesiva, desde las esferas simples del conocimiento hasta las complejas. Esto se hizo sobre la base de una lógica matemática y una así llamada "*prima philosophia*. El método de pensamiento de la ciencia natural matemática fue mantenido en todo campo de investigación filosófica, de acuerdo con el postulado de continuidad del ideal de la ciencia. Lo mismo se puede afirmar nuevamente del positivismo de Comte. A pesar de que mantiene la primacía del ideal de la ciencia, vimos que, en los tipos dualistas de la metafísica prekantiana, se abrió una fisura metafísica fundamental entre la filosofía natural, por un lado, y la psicología metafísica y la ética, por el otro.

Christian Wolff dividió la filosofía en dos campos principales: la filosofía teórica o metafísica (incluyendo la teología natural, la psicología y la física), y la filosofía práctica

---

mundial en clave cosmopolita] (1784), debe ser explicada desde el punto de vista de la *Crítica del juicio teleológico* (publicada unos pocos años después).

La filosofía empirista prekantiana podía también aceptar una división en secciones teóricas y prácticas. John Locke, por ejemplo consideraba que la filosofía (como un sistema científico) poseía tres divisiones principales: "física" o filosofía natural; "práctica", cuya parte principal constituía la ética; y "semiótica", cuyo principal elemento consiste en una lógica nominalista.[1]

Incluso en la filosofía del siglo XX se siguieron haciendo intentos de una división sistemática de acuerdo con la estructura fundamental de la idea básica humanista trascendental.

Es así que encontramos que Cohen, el padre del escuela neokantiana de Marburgo, divide la filosofía en tres ámbitos principales: *"Lógica del conocimiento puro"*, *"Etica de la voluntad pura"* y *"Estética del sentimiento puro"*. Obviamente, esta clasificación recibe su orientación de Kant.

La filosofía neokantiana de los valores (Rickert) separa la esfera de la naturaleza real de la esfera de los valores ideales. Hemos visto en la Parte I que busca llevar a cabo una síntesis subjetiva entre las dos esferas en la esfera intermediaria de la cultura. El sistema de valores que debe proporcionar la filosofía, de acuerdo con esta posición, está fundado en la distinción fundamental entre valores teóricos y prácticos. No es difícil reconocer en esta distinción el dualismo entre el ideal de la ciencia y el ideal de la personalidad. La filosofía teórica se convierte en una crítica trascendental de la ciencia natural, la filosofía práctica en una *"Weltanschauungslehre"*.

---

[1] *Essays on Human Understanding* IV, 21, §1 ss.

La opinión de Windelband concerniente a la necesidad de dividir la filosofía en una sección teórica y una práctica

En su *Introducción a la filosofía*, Windelband dividió el material filosófico en problemas teóricos (*Wissensfragen*) y axiológicos (*Wertfragen*). En este contexto observa: "La conexión de ambos momentos (es decir, de lo teórico y lo práctico) es característica de la filosofía, en tal grado, que la división de sus manifestaciones históricas en períodos diferentes apropiados puede ser obtenida de la mejor manera a partir del cambio de las relaciones entre aquellos dos. Vemos cómo con los griegos aquello que es llamado filosofía se origina en el interés puramente teórico y metódicamente se somete a la influencia de la necesidad práctica, y seguimos el triunfo de la segunda en los largos períodos durante los cuales la filosofía aspira esencialmente a ser una doctrina de la redención del hombre. Con el Renacimiento una vez más viene a dominar una lucha predominantemente teórica, y la Ilustración nuevamente convierte a los resultados de ésta en siervos de sus fines culturales prácticos: hasta que en Kant, con una claridad impresionante, la íntima coherencia entre ambos lados de la filosofía es entendida y hecha entendible".[1]

---

[1] *Einleitung in die Philosophie*, 2a. ed. 1920, pp. 19-20: "Die Verknüpfung beider Momente (i.e. "des theoretischen und praktischen") ist für die Philosophie so charakteristisch, dasz aus dem Wechsel der Beziehungen zwischen ihnen die Gliederung ihrer historischen Erscheinungen in sachgemäsz unterschiedene Perioden am besten gewonnen werden kann. Wir sehen das, was sich Philosophic nennt, im Griechentum aus rein theoretischem Interesse erwachsen und allmählich unter die Macht des praktischen Bedürfnisses kommen, und wir verfolgen den Triumph des letzeren in den langen Jahrhunderten, während deren die Philosophic wesentlich eine Lehre von der Erlösung des Menschen sein will. Mit der Renaissance kommt vom neuem ein vorwiegend theoretisches Bestreben zur Herrs-

Windelband trata de justificar sumariamente esta distinción "fundamental" entre filosofía teórica y práctica concibiéndola como fundada sobre los dos lados de la naturaleza humana, considerados aquí como un ser "pensante" y "volitivo actuante". Pero esta explicación no es seria. Pues la así llamada filosofía "práctica" es tan teórica como lo es la "teórica", y el pensar puede ser un acto práctico o uno teórico.

Citamos el enunciado precedente de Windelband para demostrar cuán completamente dominante se piensa que es la división de la filosofía en teórica y práctica; es vista como no siendo peculiar a la filosofía humanista, sino a la entera filosofía occidental de la inmanencia.

Sin embargo, es la tensión polar entre el ideal de la ciencia y el de la personalidad, en la estructura fundamental de la idea básica humanista, la que da a esta división su sentido humanista particular.

La distinción entre filosofía teórica y práctica en el pensamiento griego

La distinción entre filosofía teórica y práctica estaba ya de hecho presente en la antigua filosofía griega. Desempeñó un papel fundamental desde Aristóteles, y en la Edad Media fue en muchos respectos aceptada sin mayor reflexión.

La razón para su adopción es fácilmente comprensible si examinamos la tendencia socrática en el pensamiento griego. El camino de ésta había sido pavimentado por los sofistas.

---

chaft, und dessen Ergebnisse stellt wieder die Aufklärung in den Dienst ihrer praktischen Kulturzwecke: bis dann in Kant der intime Zusammenhang zwischen beiden Seiten der Philosophie mit eindrucksvoller Deutlichkeit zum Bewusztsein und zum Verständnis gebracht wird".

Como hemos visto en nuestra crítica trascendental, el pensamiento griego estuvo dominado por el motivo religioso forma-materia. Y este motivo determinó el contenido central de las diferentes formas de su idea básica trascendental.

En la filosofía natural jónica el motivo materia de la antigua religión de la vida tuvo la primacía hasta Anaxágoras. En la idea trascendental del Origen, el divino ἀρχέ fue concebido como la corriente informe e impersonal de la vida. Y en la mayoría de los casos fue identificada con lo que posteriormente fue llamado un elemento móvil (por ejemplo el agua, el aire o el fuego). En Anaximandro, sin embargo, fue simplemente designado como el invisible ἄπειρον (lo informe o ilimitado). Bajo la influencia de esta trascendental *idea del Origen*, el hombre y su cultura fueron vistos bajo la misma perspectiva que el resto de las cosas, surgiendo de una forma específica a partir del vientre de la eternamente fluyente corriente de la vida. El hombre y todas las cosas estaban condenadas a muerte y al decaimiento porque la "forma" es no impía y perecedera.

En oposición al motivo materia, la escuela eleática postuló su polo contrario, a saber el principio de la forma. Desarrolló una ontología metafísica en la que la forma omnicomprensiva del ser era calificada como la única entidad verdadera, eterna e inmutable. Sin embargo, el motivo forma está aquí todavía orientado a la antigua religión urania[1] de la naturaleza. Como resultado, esta tendencia dialéctica no condujo al pensamiento griego a la autorreflexión crítica concerniente a la posición central del hombre en el cosmos. Esta última no tuvo lugar hasta que el motivo forma de la

---

[1] "Uranio", (derivada de *"ouránios"*), significa que está relacionada con la esfera celestial (los "dioses celestiales"; es decir, la luna y las estrellas).

religión cultural adquiriera la primacía en el pensamiento griego. Bajo su liderazgo, el interés fue dirigido a la cultura humana y en particular a la *polis* griega como portadora de la religión cultural olímpica. En Protágoras, padre de los sofistas, esta tendencia dialéctica estuvo acompañada con la crítica escéptica de la filosofía natural y la ontología metafísica, crítica que involucró a la totalidad del conocimiento teórico. Extrajo las conclusiones más extremas a partir del motivo materia de la antigua filosofía de la naturaleza.[1]

Si todo se halla en un constante estado de flujo y cambio, esto es también verdadero de la verdad teórica. No hay una norma fija para ésta. El hombre individual en su constantemente cambiante subjetividad es la medida de todas las cosas. Esta devaluación del conocimiento teórico de la naturaleza tuvo su trasfondo en el cambio de interés hacia la cultura humana y en particular hacia la polis griega como esfera de la acción humana. En oposición a la filosofía teórica, la cual carece de valor en sí misma, se postuló una filosofía práctica no preocupada con la verdad, sino con lo que es útil y beneficioso al hombre. En particular, su tarea fue proveer conocimiento práctico necesario para la política. Pues mediante su *paideia* la polis, como portadora de la religión cultural, da forma a la naturaleza humana, la cual en sí misma no posee ninguna ley o forma pues está enteramente sujeta a la continuamente fluyente corriente del devenir y el decaimiento.

---

[1] Ni la filosofía jónica de la naturaleza ni Heráclito habían hecho esto. Pues en la *fisis*, esto es el proceso de crecimiento y decaimiento, ellos siempre habían aceptado una norma fija y una proporción. Derivaron la segunda del motivo de la forma. En otras palabras, no eliminaron el motivo forma, sino que meramente le atribuyeron la primación al motivo de la materia.

La distinción sofista entre filosofía teórica y práctica a la luz del motivo griego de la forma y la materia

Es así que, por primera vez, se introdujo una oposición fundamental entre la filosofía teórica y la práctica, la cual estuvo enteramente dominada por el motivo básico griego dualista. La cuestión de si la primacía se atribuía al motivo de la forma o al de la materia fue expresamente vista por Sócrates a la luz del autoconocimiento crítico. De acuerdo con el testimonio de Platón en el diálogo Fedro — el cual, si no es auténtico, no obstante representa perfectamente el espíritu socrático— , Sócrates deseaba saber si su ego estaba relacionado con Tifón, el salvaje e incalculable dios de las tormentas destructivas (un genuino símbolo mitológico del motivo materia), o si se halla en posesión de una naturaleza simple (apolínea), a la cual era propia la forma, el orden y la armonía.

Al igual que Protágoras, Sócrates atribuyó primacía al motivo forma de la religión cultural. Sus intereses también estuvieron enteramente dirigidos a la cultura, la ética y la política. Sólo se ocupaba de la acción humana. Pero antes que nada deseaba recuperar normas fijas en la *theoría* filosófica acerca de lo bueno, lo verdadero y lo bello. Éstas había sido socavadas por la crítica de los sofistas, una crítica exclusivamente inspirada en el principio materia y desprendida del principio de la forma. El criterio de la utilidad, que Protágoras había aceptado para la filosofía práctica, fue en el último análisis capturado por el principio materia del eterno flujo y cambio.

Por lo tanto, Sócrates deseaba elevar la filosofía práctica a una *episteme*, una ciencia. Las virtudes deben ser comprendidas en un *concepto*. Todo concepto de una ἀρετέ, sin embargo, permanece enclaustrado en la diversidad teórica de los aspectos normativos. Por lo tanto, debe ser concéntricamente dirigido hacia la idea divina del bien y lo bello como origen de toda forma en el cosmos. Esta orientación del método científico en la ética hacia el principio forma divino dio una dirección teleológica a la filosofía práctica.

Todas las leyes y ordenanzas temporales, y todas las cosas en el cosmos, deben en última instancia aspirar a expresar la idea del bien y lo bello, de acuerdo con la cual el divino *nous* formó el cosmos.

Un concepto carece de valor si no nos informa del bien de la cosa que está siendo definida. Un concepto tiene valor en la filosofía práctica de Sócrates solamente si nos informa de la ἀρετέ, el uso de una cosa. Esta idea socrática de ἀρετέ implica en el último análisis la relación teleológica con la idea divina del bien y lo bello.

Entretanto, Sócrates enfatizó tajantemente el carácter teórico de su filosofía "práctica". No toleró la oposición sofista entre teoría y práctica.[1]

La distinción entre filosofía teórica y práctica no es otra vez importante hasta Platón y Aristóteles. Pues, aunque ellos tenían pleno conocimiento de la contribución de Sócrates al pensamiento, se interesaron nuevamente en los problemas de la metafísica y la filosofía natural.

Como la primacía era ahora atribuida al motivo forma de la religión cultural, se privó al motivo de la materia de todos los atributos divinos, y la deidad fue ahora concebida como un puro *nous* ("forma pura" en Aristóteles).

---

[1] De acuerdo con Jenofonte, *Memorias* 3, 9, 4, Sócrates mismo todavía no distinguía la teórica *sofía* de la práctica σωφροσύνη (moralidad).

La influencia socrática sobre el pensamiento griego dirigió a éste hacia la ipseidad. Y, tan pronto como esta autorreflexión crítica apareció en la filosofía griega, la característica del hombre, lo que lo distingue de otros seres atados al principio de la materia, fue ahora buscado en el *nous* (la razón). Este *nous* fue concebido como *pensamiento teórico*.

Además de las cuestiones éticas y políticas, la teoría estuvo nuevamente ocupada con problemas ontológicos y con los de la naturaleza. Consecuentemente, surgió la necesidad de introducir una distinción en la razón humana misma. Desde entonces se introdujo la equívoca oposición entre razón *teórica* y *práctica*. ¡Esta distinción es realmente equívoca aquí! Pues por "razón práctica" (*frónesis* en Platón, *nous praktikos* en Aristóteles) no se entenderá en lo más mínimo el pensamiento intuitivo preteórico, en tanto que éste se ocupaba de la práctica. En principio, tanto Platón como Aristóteles se apegaron a la concepción socrática de que solamente un entendimiento teórico del bien puede proteger a la acción humana de estar dominada por las pasiones y los deseos sensoriales, los cuales se originan en la "materia" de la naturaleza humana. Desde este punto de vista, la distinción entre razón teórica y práctica no puede estar fundada en el acto subjetivo de pensamiento, sino exclusivamente en el *Gegenstand* de su función lógica.

Las éticas filosóficas y las teorías políticas de Platón y Aristóteles intentan proporcionar un entendimiento teórico de las normas objetivas para la ética y la política. Es indiferente a la naturaleza interna de la investigación filosófica que intenten dar información teórica a la vida práctica. Pues toda investigación teórica puede ser utilizada por la praxis. Esto incluso se aplica a las matemáticas y la física, las cuales no tienen ningunos aspectos normativos como su *Gegenstand*.

Los sofistas refirieron al conocimiento teórico al principio materia y negaron así cualquier estándar universalmente válido para la verdad teórica. Consecuentemente, sólo sobre esta posición podía tener una importancia fundamental la antítesis entre filosofía teórica y práctica *para el modo de pensamiento como tal*. Protágoras mantuvo una posición pragmática con respecto a la filosofía: *la teoría no tiene ningún valor en sí misma*. Su valor yace solamente en la aspiración práctica que sirve, a saber, en la política.

Naturalmente, esta extrema posición nominalista no puede reconocer normas para la praxis que no sean convencionales. El criterio sofista de la utilidad de Protágoras es puramente subjetivo pero no individualista como en su epistemología. El *nomos*, establecido por la polis, es la opinión *común* acerca del bien y el mal, no la de un *individuo*. Tiene la tarea de dar forma cultural a la *fisis* humana a través de su *paideia*. Pero, como hemos visto, el principio de la forma esta sujeto aquí al principio materia del flujo y el cambio eternos. La evolucionista filosofía de la cultura de Protágoras es una clara demostración de esto. El *nomos* es aquí solamente una fase más alta de desarrollo de la carente de ley *fisis*.

Sólo con este trasfondo en mente se puede obtener un entendimiento apropiado de la posición realista de Platón y Aristóteles.

El cambio axiológico de esta distinción. La primacía de la filosofía teórica versus la primacía de la filosofía práctica

Además de distinguir entre ellas, el pensamiento griego inmediatamente ordena la filosofía teórica y la práctica en un orden axiológico. En los sistemas realistas idealistas de Platón y Aristóteles se atribuye un valor más elevado a la filosofía teórica. Por el contrario, los sistemas nominalistas naturalistas que procedían de la oposición sofista, aunque estaban también influenciados por la idea socrática de la virtud, depreciaban la *theoria* pura y atribuía un valor exclusivo a la filosofía práctica.

En el último análisis, esta ordenación axiológica de la filosofías teórica y práctica estaba conectada aquí con la idea básica trascendental de la filosofía griega. Pues, como hemos visto, la distinción adquirió un sentido enteramente diferente en la moderna filosofía humanista.

De acuerdo con Sexto Empírico (*Adv. Math.* 7, 16), la primera división explícita de la filosofía en *ética, física* y *lógica* fue hecha por el discípulo de Platón Jenócrates, quien dirigió la academia después de Espeusipo.

En sus *Tópicos*[1] Aristóteles adoptó provisionalmente este método de clasificación. Subsumió todos los problemas filosóficos que están relacionados con lo *universal* bajo la λογιχαί. Lo específicamente físico o específicamente ético no recibe ninguna atención en esta rama general de la filosofía. De acuerdo con este punto de vista, además de incluir la lógica formal, la λογιχαί abarca la metafísica.

Si observamos el lugar que aquí se le asigna a la lógica en este amplio sentido, la influencia de la metafísica (especulativa) en la posición de la inmanencia es claramente visible. Es evidente en tanto que está relacionada con lo metafísico universal en su supuesta elevación por encima de la diversidad cósmica. La lógica metafísica es fundamental tanto para la filosofía natural como para la ética.

---

[1] *Tópicos* A14, 105b, 199.

En una parte posterior de sus *Tópicos* y en su *Metafísica*, Aristóteles introdujo la principal división entre filosofía práctica y teórica, después de la cuales ubicó a la *Poética*, una tercera división principal de la filosofía. De acuerdo con esta nueva división, la metafísica, como ciencia de los primeros principios del ser,[1] se convirtió en la filosofía teórica κατ᾽ ἐξοχέν. Aristóteles atribuyó a la metafísica teórica un valor más alto que a las otras ramas de la investigación filosófica; lo hizo de acuerdo con el objeto de conocimiento.[2] La filosofía práctica y la "*poética*" poseen menos valor; la primera está dirigida hacia la actividad humana ética y política; la segunda hacia la creación humana en la técnica y el arte. ¿Cómo ha de entenderse ésta más alta apreciación de la metafísica *theoria*?

En tanto que la metafísica investiga el fundamento absoluto "formal" del ser, es teología (θεολογική). La razón teórica nos proporciona conocimiento del *nomos* como "*actus purus*" divino. Y el segundo, como *Arjé*, es considerado como el fundamento final "formal" del ser del cosmos, mientras que la "materia pura" es el principio original de devenir y cambio continuo. La metafísica teórica, por lo tanto, adquiere una precedencia axiológica ante todo el conocimiento práctico y "poético". La filosofía práctica tiene sus fundamentos en la filosofía teórica en este sentido metafísico. Con esto esta estrechamente conectada la distinción hecha en la ética entre las virtudes "dianoéticas" y las éticas. Las primeras apuntan a la vida teórica y las segundas a la práctica. Las

---

[1] En esta última división Aristóteles no dio ningun lugar a la Analítica. Los peripatéticos explicaron esto diciendo que la lógica sólo funciona como un órgano de la filosofía propiamente dicha.

[2] *Metafísica*, K7, 1064b, 5b: βελτίων δὲ καὶ χείρων ἑκάστη λέγεται κατὰ τὸ οἰκεῖον ἐπιστητόν.

virtudes "dianoéticas" son las más elevadas porque están dirigidas al conocimiento teórico mismo. Una vida dedicada solamente al disfrute sensorial es bestial. Una vida ética política es humana, pero una vida dedicada a la teoría es divina. En ella lo divino en el hombre, el *nous poiètikos* (el cual es plantado en él ϑύραϑεν, es decir desde fuera) se revela en su forma más pura. Es evidente que esta entera apreciación de la teoría pura depende de la primacía religiosa del motivo forma griego. La *theoria* pura es el único camino a un real contacto con la "forma pura" divina. La idea de origen trascendental tiene dos polos: forma pura versus materia pura.

Esta concepción axiológica aristotélica de la teoría y la práctica fue aceptada por Tomás de Aquino. Él también ubicó las virtudes "dianoéticas" por encima de las prácticas y las éticas.

La primacía del conocimiento práctico en las tendencias naturalistas nominalistas de la filosofía griega de la inmanencia

Al dar preeminencia a la filosofía teórica, los sistemas metafísicos idealistas de la filosofía griega se apegaron a la realidad de las formas ideales. En contraste, la filosofía griega naturalista nominalista, influenciada por el subjetivismo sofista y la idea socrática de virtud, atribuyó primacía a la filosofía práctica. Quizá sea mejor decir que rechazaron toda "*theoria*" pura. Las escuelas megárica, cínica y cirenaica aparentemente no distinguieron entre filosofía teórica y práctica, ni encuentra uno en ellas la división de la filosofía en física, ética y lógica. No obstante, concentraron su interés filosófico entero en la ética, la cual subordinó a la lógica (la dialéctica).

Epicuro dividió la filosofía en una sección canónica (lógica), una física y una ética. La filosofía de la naturaleza fue tratada solamente por virtud de su utilidad ética, a saber, en tanto que pudiese liberar al alma de los terrores de la superstición y pudiese prepararla para los disfrutes hedonistas de la vida cultural en sabia autorrestricción. Logra esta tarea proveyendo un entendimiento de la rígida coherencia mecánica de los eventos de la naturaleza, considerados como una interacción de átomos en el vacío. En mi *Reforma y escolastica en la filosofía* (1949, volumen I) he mostrado que este atomismo griego no tiene nada que ver con la moderna concepción atomista de la materia, sino que se originó en el motivo forma-materia griego. Los sistemas de los estoicos también siguieron las tradiciones de la academia al dividir la filosofía en lógica, física y ética. También aquí la primacía se atribuyó a la filosofía práctica,[1] aún cuando la física filosófica (la cual, en un vena nominalista, había reemplazado las metafísicas platónica y aristotélica) ocupó la posición más elevada entre las ciencias teóricas, porque como "teología física" debiera conducir al conocimiento de Dios.[2] La antigua concepción estoica de la naturaleza y la deidad estuvo también completamente dominada por el motivo forma-materia griego. Dios es la siempre en flujo corriente de la vida, en su identidad dialéctica con el principio de la forma: es el fuego primal y el *logos* de la naturaleza. Es tarea de la ética enseñarnos cómo vivir de acuerdo con este *Logos*.

En la ética estoica la primacía de la filosofía práctica se revela claramente donde — en marcado contraste con la con-

---

[1] *Cfr.* Windelband, *Geschichte der alten Philosophie*, 2a. ed., p. 184.
[2] Esta preferencia teológica por la filosofía teórica de la naturaleza es mantenida por Posidonio en la Stoa media, y por Séneca en la Stoa tardía.

cepción aristotélica— enseña que la tarea humana más elevada se encuentra en la acción moral más que en la contemplación teórica. Todas las virtudes son prácticas y morales por naturaleza; no hay lugar para *"dianoéticas"* puras como en Aristóteles. Zenón las rastreó hasta la Φρόνησις.

De acuerdo con Plutarco, Crísipo se opuso a los filósofos que veían la vida teórica como un fin en sí mismo. Sostuvo que esta concepción era, básicamente, un hedonismo refinado. Había acuerdo en que en la vida moral la πρᾶξις correcta, en conformidad con la razón, se basa en la griego θεωρία y se mezcla con ella.

En la filosofía de la inmanencia griega, la necesidad de atribuir primacía a la razón teórica o a la práctica está conectada con el motivo forma dialéctico

Nuestra discusión debiera desentrañar el hecho de que los ideales humanistas modernos de la ciencia y la personalidad no jugaban un papel en la distinción griega entre filosofía teórica y práctica, sino que la segunda se originó en el motivo religioso forma-materia en su desarrollo dialéctico dentro del pensamiento filosófico. Como vimos, esta distinción hizo su entrada en la sofística bajo la influencia de la oposición dialéctica entre *fisis* y *nomos*, como una antítesis dialéctica de materia pura y forma cultural (debido a la *paideia* de la *polis* como portadora de la religión cultural). Resultó que el desarrollo ulterior de la distinción, y la pregunta acerca de la primacía de la filosofía teórica o práctica, están estrechamente conectados con la antítesis dialéctica entre la elaboración realista-idealista y la nominalista-naturalista del motivo forma, concebido en conformidad con la religión cultural.

El latín *nous* es elevado al rango de principio forma de la naturaleza humana.

Este *nous*, como un pseudo punto arquimediano, está aprisionado en la diversidad modal de significado. Los intentos realistas idealistas por remontar la diversidad modal en una idea trascendental del origen de todas las formas conduce teológicamente a una absolutización del pensamiento teórico como divino *nous*, y el segundo es entonces pensado como "pura formas sin materia". La "razón práctica", debido a que está atada a la aspiración de conducir el comportamiento humano temporal, siempre está relacionada con el principio materia de la naturaleza humana. Por lo tanto, carece de la perfección del pensamiento teórico puro. La primacía de la razón teórica no puede ser mantenida a menos que se haga esta hipostasiación del pensamiento teórico.

El nominalismo naturalista no se une a esta hipostasiación metafísica del "pensamiento puro" a "forma pura" elevada desde la coherencia cósmica del significado. No obstante, no deseaba abandonar la tendencia socrática hacia la forma ética de la ipseidad, ni aceptar el nihilismo sofista respecto de la verdad teórica; sólo puede escapar al dualismo extremo entre razón teórica y práctica subordinando sociológicamente la filosofía teórica a la ética práctica. Pero la antinomia básica entre razón teórica y práctica en la filosofía estoica y la epicúrea testifica el hecho de que los dos polos en la idea básica trascendental del pensamiento teórico no estaba más reconciliados en el nominalismo naturalista que lo que lo estaban en el realismo idealista.

Porqué no podemos dividir la filosofía en teórica y práctica´

Nuestra conclusión es que la división básica de la filosofía en una sección teórica y una práctica, así como la división entre filosofía natural y del espíritu, están intrínsecamente conectadas con la posición de la inmanencia y su concepción de la ipseidad humana. Esta división apunta a una disensión interna en el punto arquimediano, una discordia que necesariamente conduce a la atribución de primacía a la filosofía teórica, o bien a la práctica.

Desde la posición de la filosofía cristiana reformada, en vista de su idea básica trascendental, esta distinción debe ser descartada en todas sus múltiples formas. Nuestro rechazo no se hace porque no tengamos nada que ver con la filosofía de la inmanencia, sino porque la división en cuestión es incompatible con el motivo básico bíblico de nuestro pensamiento filosófico.

Hemos visto que la ipseidad humana como raíz religiosa, como corazón de nuestra entera existencia, trasciende los límites temporales de nuestro cosmos. Trasciende todos los aspectos modales. La filosofía, dirigida hacia la totalidad de significado, en la totalidad de su actividad, es necesariamente de un carácter teórico. Desde un punto de vista cristiano, por lo tanto, carece de significado y es incluso peligroso adoptar la clasificación básica, empleada por la filosofía de la inmanencia, la cual está enraizada en la disensión intrínseca de su punto arquimediano.

En una posición cristiana reformada la "razón práctica" no puede hacer un puente sobre la diversidad fundamental de los aspectos normativos de nuestro cosmos. Y ni una razón teórica ni una práctica, en el sentido de la filosofía de la inmanencia, es idéntica a nuestra verdadera ipseidad trascendente.

§2 EL DESARROLLO SISTEMÁTICO DE LA FILOSOFÍA DE LA IDEA COSMONÓMICA DE ACUERDO CON TEMAS INDISOLUBLEMENTE COHERENTES

A la luz de nuestra idea básica trascendental, la investigación filosófica debe ser llevada a cabo de acuerdo con los siguientes fundamentales pero mutuamente inseparables y coherentes *themata* (temas):

(1) La crítica trascendental del pensamiento filosófico, implicando la investigación de los motivos religiosos básicos que determinan los contenidos de las ideas básicas trascendentales.

(2) La investigación dirigida al análisis de los aspectos modales de la realidad temporal para descubrir su estructura funcional. Ésta es la teoría general de los aspectos modales y sus propias esferas nómicas.

(3) La teoría del conocimiento con respecto a la experiencia intuitiva, las ciencias especiales y la filosofía, o la autorreflexión trascendental sobre las condiciones universalmente válidas de la experiencia intuitiva y del análisis teórico y síntesis del significado modal, a la luz de la idea básica trascendental.

(4) El examen dirigido a los datos de la experiencia intuitiva para investigar las estructuras típicas de individualidad de la realidad temporal y sus mutuos entrelazamientos.

(5) La investigación de la unidad estructural de la existencia humana dentro del tiempo cósmico, a la luz

de la idea trascendental de la ipseidad humana; éste es el tema de la antropología filosófica. Sólo puede ser desarrollada sobre la base de todos los demás temas anteriores de investigación.

El problema del tiempo no puede ser un tema particular, puesto que tiene un carácter universal trascendental y, como tal, abarca toda cuestión filosófica particular. Es el trasfondo trascendental de todas nuestras investigaciones adicionales.

En este volumen hemos concluido la discusión del primer tema, la crítica trascendental de la filosofía. Nos queda la tarea de aplicar esta ὑπόθεσις a los cuatro *thematas* restantes. Pero el quinto, el de la antropología filosófica, será tratado separadamente en nuestra nueva trilogía *Reforma y escolástica en la filosofía*, especialmente en el tercer volumen.

La filosofía de la idea cosmonómica no reconoce ninguna división dualista de la filosofía. Los *themata* desarrollan el mismo problema filosófico básico en momentos que son unificados en la idea básica trascendental, en su relación con las diferentes estructuras del tiempo cósmico. Estos momentos están inseparablemente vinculados entre sí

Esta tematización no pretende ser una división de los campos de investigación filosóficos en el sentido de una delimitación de esferas de problemas autosuficientes. Consideramos que tal división se halla en conflicto con la esencia del pensamiento filosófico, como pensamiento teórico dirigido hacia la totalidad de significado. Nuestro entero trabajo tiene que ver con la autorreflexión religiosa en la investigación filosófica; no podemos permitir que cualquier problema filosófico particular sea visto aisladamente.

La epistemología psicologizada, al igual que la así llamada crítica, buscaron plantear el problema del conocimiento como un problema independiente básico aislado. No podemos aceptar esta absolutización de las cuestiones epistemológicas, vistas como puramente teóricas, porque una epistemología trascendental realmente crítica depende del autoconocimiento religioso y del conocimiento de Dios, el cual trasciende la esfera teórica. La epistemología es teoría dirigida hacia la totalidad de significado del conocimiento humano. Es la teoría en la que nuestra ipseidad, habiendo alcanzado los límites del pensamiento filosófico, retorna a sí misma y así reflexiona sobre los límites y suposiciones suprateóricas del conocimiento temporal.

Vista así, ¿qué es la filosofía toda, sino epistemología? Pero es evidente que con tal concepción del problema del conocimiento podríamos al mismo tiempo preguntar: ¿qué es toda la filosofía sino la filosofía de las estructuras de la realidad temporal o del tiempo? Pues, en todas sus dimensiones, la investigación filosófica significa la teoría estructural de la realidad temporal dirigida hacia la totalidad y el Origen el significado en la autorreflexión religiosa. Es más — sin autorreflexión religiosa sobre el significado de nuestro cosmos temporal, una teoría verdaderamente crítica del conocimiento sería inasequible para la filosofía porque nuestro conocimiento temporal, en la teoría así como la experiencia intuitiva, sólo tiene significado en la plena coherencia de significado de la realidad temporal.

Nuestras investigaciones ulteriores serán llevadas a cabo de acuerdo con las cuatro *themata* restantes que acabamos de enumerar. Estos *themata* han de ser entendidos como una explicación metódica en diferentes aspectos de uno y el mismo problema básico. Desarrollan este problema en su relación con las diferentes estructuras del tiempo cósmico y la realidad temporal, de acuerdo con los momentos que están contenidos en nuestra idea básica trascendental: las ideas trascendentales de origen, totalidad suprateórica y diversidad temporal de significado en sus aspectos modales (opuestos entre sí en la teórica "relación *Gegenstand*", pero coherentes en el tiempo cósmico) y en sus estructuras temporales de individualidad.

Sólo la idea básica trascendental da una explicación del método de tematización de la filosofía.

La filosofía de la idea cosmonómica no reconoce ningún otro fundamento teórico que la crítica trascendental del pensamiento filosófico

La filosofía de la inmanencia muy frecuentemente reconoce a ciencias básicas filosóficas particulares como fundamento suficiente de las ramas especiales de la ciencia y la investigación filosófica. Nuestra idea básica trascendental no nos permite aceptar ningún otro fundamento *teórico* para la filosofía que la crítica trascendental del pensamiento filosófico como tal. No reconocemos como un verdadero fundamento de la filosofía una "fenomenología" como la desarrollan Husserl o Scheller, ni una "*prima philosophia*" como en la metafísica especulativa. Una "lógica de la filosofía", como se encuentra en Lask, una crítica del conocimiento como la desarrollaron Hume o Kant, así como la ontología crítica de Nicolai Hartmann, o una lógica simbólica en el sentido de la escuela de Viena, también son inaceptables para nosotros como base para toda investigación filosófica, porque carecen de un fundamento realmente crítico. Tampoco estamos de acuerdo en que una filosofía de los valores, o una filosofía de la mente, pueda proveer una base adecuada para todas las ciencias culturales, mientras que una epistemología pueda ser el fundamento exclusivo de las ciencias naturales. La misma noción de que la filosofía esta fundamentada sobre ciencias básicas autosuficientes está enraizada en la posición de la inmanencia. Y esto es verdadero ya sea que la filosofía sea tomada o no como un todo coherente, o — en el caso de una dualista división principal de su campo de investigación— en sus partes separadas. La filosofía de la inmanencia sustrae al pensamiento filosófico de una crítica trascendental radical.

La crítica trascendental del pensamiento teórico que hemos presentado en este volumen es, seguramente, el fundamento teórico último de la filosofía. Sin embargo, esta crítica no ha de ser considerada una ciencia básica filosófica autosuficiente, pues da una explicación teórica de la ὑπόθεσις suprafilosófica de todo pensamiento filosófico.

El pensamiento filosófico, de acuerdo con sus limitaciones inmanentes, permanece encerrado dentro de la diversidad temporal de significado, dentro de la cual ninguna síntesis específica singular puede ser el común denominador de todas las otras, o de un complejo de otras síntesis. La filosofía de las matemáticas, de la física, de la biología, de la psicología, de la lógica, de la historia, de lenguaje, de la sociología, de la economía, de la estética, de la jurisprudencia, de la ética y de la teología como *"philosophia specialis"*, caen bajo el tercero y cuarto tema. Es decir, pertenecen a la teoría particular de los aspectos modales y a la teoría de las estructuras de individualidad, en tanto que éstas se expresan dentro de los aspectos modales de la realidad que delimitan

los campos de investigación específicos de las diferentes ramas de la ciencia.

En el sentido recién especificado, ninguna *"philosophia
specialis"* singular puede funcionar como una ciencia filosófica básica. Las presuposiciones filosóficas particulares de una
ciencia especial ejercen su influencia a priori en los problemas más concretos de cualquier ciencia particular. Mostraremos posteriormente esto en detalle. Pero la filosofía particular de una ciencia especial sólo existe como filosofía en
tanto que examina este fundamento a la luz de una visión
teórica total de la realidad temporal. Y esta última está gobernada por la idea básica trascendental y el motivo religioso básico. Una *philosophia specialis* sólo existe para plantear
los problemas básicos de la ciencias especiales en la coherencia omnilateral de significado de la realidad temporal, y
para relacionar estos problemas con la plenitud supratemporal de significado y con el *Arjé*. Una *philosophia specialis*
aislada es una contradicción en los términos.

§3 Un examen más acucioso de la relación entre filosofía y ciencias especiales

En este punto, sin embargo, surge nuevamente la pregunta
de si las ciencias especiales pueden o no operar independientemente de la filosofía. Aunque nuestra crítica trascendental del pensamiento teórico ha conducido a una respuesta negativa, un examen más acucioso no es superfluo. Pues
el prejuicio concerniente a la independencia de la ciencia
especial con respecto a la filosofía parece ser casi inconquis-
table. Se argumenta que las ciencias especiales se liberaron
de la filosofía con gran dificultad. El Renacimiento y el período siguiente están marcados por esta lucha. La física ma-

temática tuvo que pelear para liberarse de las ataduras de la filosofía aristotélica de la naturaleza cuya doctrina de las formas sustanciales, y especialmente cuya concepción no matemática de los eventos naturales, se suponía que impedía la investigación física exacta. En el siglo XIX la jurisprudencia tuvo que luchar contra la filosofía racionalista de la ley natural (Wolff). Incluso hoy, especialmente para los estudiantes de la ciencia natural, el ejemplo del "hegelianismo" demuestra los peligros de una filosofía que trata de entrometerse en los problemas de las ciencias especiales.

Puede ser que nuestra crítica trascendental haya mostrado la imposibilidad de la autonomía del pensamiento filosófico con respecto a la fe y la religión. Su argumento, sin embargo, de que incluso las ciencias especiales carecen en principio de esta autonomía, porque están necesariamente fundamentadas sobre presuposiciones filosóficas, encontrará mucha mayor resistencia. Especialmente del lado de la ciencias exactas. Y, al menos hoy en día, no tenemos ocasión para atribuir esta resistencia meramente a una actitud engreída con respecto a la reflexión filosófica como tal.

La lógica, la ética y la estética son generalmente consideradas como siendo parte de la filosofía.[1] Por añadidura, se concede que debe haber espacio para una filosofía de las ciencias especiales y para una epistemología general. Pero, de acuerdo con la opinión generalmente mantenida, la filosofía y la ciencia deben permanecer separadas, para asegurar la "objetividad" de la segunda. Cuando las ciencias especiales operan dentro de su propia esfera y emplean sus

---

[1] No puedo estar de acuerdo con esta opinión; solamente las especiales *filosofías* de la lógica, la ética y la estética tienen este carácter. Pero aquí, también, la filosofía permea el pensamiento científico especial.

propios métodos científicos, han de ser consideradas como siendo independientes de la filosofía.

La separación de la filosofía y las ciencias especiales desde el punto de vista del humanismo moderno

Hoy en día el humanismo generalmente concede que las ciencias especiales son autónomas con respecto a la filosofía.[1]

En el periodo positivista de la segunda mitad del siglo XX, fue completamente desacreditada la filosofía especulativa. Ha sido extremadamente difícil para la filosofía recuperar el reconocimiento general. Por lo tanto, el pensamiento humanista busca ahora guardarse en contra de los antiguos

---

[1] En la filosofía metafísica humanista moderna, sin embargo, se puede observar alguna reacción contra la tendencia de las ciencias especiales a mirar a la filosofía como algo muy indiferente desde el punto de vista de su propia investigación empírica. Hans Driesch, por ejemplo, escribe: "sie i.e. die Naturphilosophie) will nicht nur den Naturwissenschaften eine Lenkerin sein, die ihnen sagt, welche Wege sie gehen müssen, und welche Wege sie nicht gehen dürfen, sondern sie will auch für die Philosophie den einen von jenen Sammelpunkten bedeuten, in welche alle moglichen Wege des Denkens über Gegebenes zusammenlaufen, und welche ihrerseits Wege ausstrahlen lassen in jenes Gebiet, das das Ziel aller Philosophie ist, in die Lehre vom Wirklichen, vom Nicht-blosz-für-mich-sein: in die Metaphysik" (*Zwite Vorträge zur Naturphilsophie*, Leipzig 1910, p. 21-2.) [Ella (es decir, la filosofía de la naturaleza) no sólo quiere ser una guía de las ciencias naturales, diciéndoles qué caminos elegir y cuáles no; sino también desea que la filosofía sea uno de estos puntos centrales en los cuales todos los caminos posibles de pensamiento acerca de los datos se encuentran. Desde este centro hay caminos que conducen a la esfera a la que aspira toda filosofía, es decir, la teoría de la realidad, del ser que no existe meramente para mí, es decir la metafísica]. (*Dos secciones sobre la filosofía de la naturaleza*]. Driesch reconoce que él se opone a la concepción comúnmente mantenida.

errores y concede completa autonomía a las ciencias especiales dentro de su propia esfera.[1]

Incluso muchos adherentes de la así llamada epistemología crítica han cambiado su actitud en este respecto.

En su período crítico, Kant proclamó al espacio tridimensional como una forma de la intuición, condición trascendental de la geometría.[2] Sobre este fundamento, varios de sus seguidores (L. Ripke Kühn y otros) se opusieron a la teoría de la relatividad de Einstein. La escuela neokantiana de Marburgo, sin embargo, se apresuró a acomodar la teoría kantiana del conocimiento a las geometrías no euclidianas (Gauss, Lobachevski, Riemann, Bolyai y otros). Lo mismo se puede decir acerca de la concepción kantiana a priori de la ley natural causal, la cual estaba orientada a la física clásica de Newton, pero no pudo ser mantenida frente a la moderna física cuántica.

Una crítica filosófica independiente del método y las construcciones teóricas de la ciencia natural matemática es, sin embargo, imposible cuando la epistemología está exclusivamente orientada al *"Factum"* o (como prefiere decir la escuela de Marburgo) a los *"Fieri"* de esta ciencia, la cual debe ser aceptada tal como es.

La validez universal y autarquía de la teoría científica debe en este caso ser aceptada a priori pues, en la filosofía

---

[1] Sobre esta posición se presupone que la "realidad empírica" no tiene aspectos normativos, de manera que no hay lugar para las "ciencias normativas".

[2] En su período precrítico Kant había admitido que era concebible un espacio no euclidiano. *Cfr.* su *Gedanken von der wahren Schätzung der lebendigen Kräfte* (1747, p. 9ss) [Consideraciones sobre la valoración verdadera de las fuerzas vivientes] y su *Allgemeine Naturgeschichte des Himmels* (1755, cap. III) [Historia natural general de los cielos].

de la inmanencia racionalista, el pensamiento científico natural ocupa la misma posición en la esfera de la "realidad natural" que el orden divino del mundo en la filosofía cristiana. La epistemología tiene simplemente que seguir las pisadas de las ciencias especiales y se asegura así de no entrar en conflicto con el progreso científico. La filosofía no guía ni da consejos, sino meramente reflexiona sobre el curso que ha seguido la ciencia especial. Consecuentemente, recibe las buenas gracias de ésta. Y las ciencias especiales no tienen porqué conocer el modo en que la filosofía busca explicar epistemológicamente el curso de la investigación científica. Las ciencias especiales piensan que pueden permanecer siendo filosófica y religiosamente neutrales. ¿Qué ciencias podrían ser más neutrales que las matemáticas y la física? Cuando las otras ciencias especiales sigan el mismo método ya no necesitarán más de guía filosófica.

Incluso cuando el monismo metodológico del ideal de la ciencia humanista clásico es cuestionado, se permite que la neutralidad de las ciencias especiales siga sin ser desafiada. En esta conexión solamente necesitamos recordar las concepciones de Rickert y Litt con respecto a la relación entre filosofía y las ciencias especiales.

Hoy en día tales concepciones están tan profundamente enraizadas en los círculos filosóficos y científicos que muy frecuentemente cualquier opinión divergente es rápidamente etiquetada como un retorno acientífico a una anticuada concepción de la tarea de la filosofía. No obstante, no debemos atemorizarnos por una abrumadora *"communis opinio"*. No debemos vacilar en criticar la actual distinción entre pensamiento filosófico y científico especial cuando parezca ser incompatible con una posición realmente crítica.

No estamos ciegos al peligro de la metafísica especulativa a priori si se ocupa de problemas específicos de la ciencia. No es necesario hacer desfilar ante nuestros ojos este pasado *spectaculum miserabile* porque rechazamos en principio toda metafísica especulativa y exigimos un método *empírico integral* en las investigaciones filosóficas.

La intrínseca insostenibilidad de una separación entre ciencia y filosofía

Es imposible establecer una línea de demarcación entre la filosofía y la ciencia para *emancipar a la segunda de la primera*. La ciencia no puede ser aislada de tal modo que se le otorgue una esfera completamente independiente de investigación, y cualquier intento por hacerlo no puede soportar una crítica seria. Tendría sentido hablar de la autonomía de las ciencias especiales si, y solamente si, una ciencia especial pudiera investigar un aspecto específico de la realidad temporal sin considerar teóricamente su coherencia con los otros aspectos. Sin embargo, ningún pensamiento científico es posible en tal aislamiento "con las persianas cerradas". El pensamiento científico está siendo constantemente confrontado con la coherencia temporal de significado entre los aspectos modales de la realidad y no puede escapar de seguir una idea trascendental de esta coherencia. Como hemos mostrado en los Prolegómenos, incluso la ciencias especiales que investigan los primeros dos aspectos modales de la experiencia humana, es decir el aritmético y el espacial, no pueden evitar hacer presuposiciones filosóficas en este sentido.

La imposibilidad de trazar una línea de demarcación entre el pensamiento filosófico y el científico en las matemáticas, para hacer a esta ciencia especial autónoma con respecto a la filosofía

¿Es posible que las matemáticas modernas escapen de las presuposiciones filosóficas con respecto a las relaciones y coherencia del aspecto aritmético con el espacial, el analítico, el lingüístico y el sensorial? ¿Es permisible incluir, con Dedekind, los originales momentos de continuidad y dimensionalidad espacial en nuestro concepto de número? ¿Son las matemáticas simplemente lógica simbólica axiomática cuyo criterio de verdad descansa exclusivamente sobre el principio de no contradicción y el principio del tercero excluido? ¿Posee el "número transfinito" realmente un significado? ¿Es permitido, de una manera racionalista, reducir el lado sujeto del aspecto a una función del principio de progresión (el cual es una ley numérica) y podemos consecuentemente hablar de un número realmente infinitesimal? ¿Está justificado concebir el espacio como un continuo de puntos? ¿Está permitido designar a los números reales como puntos espaciales? ¿Es posible el movimiento en el original sentido (matemático) del aspecto espacial?

Esta completa serie de preguntas filosóficas básicas impacta el mismo corazón del pensamiento matemático. Ningún matemático puede permanecer neutral ante ellas. Con o sin reflexión filosófica sobre sus presuposiciones, debe hacer una elección. La posibilidad de efectuar una separación completa entre filosofía y matemáticas es especialmente problemática con respecto a las así llamadas matemáticas puras ("no aplicadas"), porque son concebidas como una ciencia a priori y sus resultados no pueden ser sometidos a prueba mediante experimentos científicos naturales.[1] ¿Que acaso no es la misma tarea de la filosofía de las matemáticas investigar las estructuras modales de los aspectos matemáticos sobre las cuales dependen todos los juicios bien fundados en las matemáticas puras?

¿Es posible separar la tarea de la ciencia matemática de la de la filosofía de las matemáticas diciendo que la segunda solamente busca explicar la posibilidad epistemológica del conocimiento matemático a priori, cuyos métodos y contenido debe ser aceptado sin crítica alguna?

Pero, con tal intento de demarcación, la matemática es convertida en un *"factum"*, un *"fait accompli"*, y se impide la posibilidad de una crítica filosófica real.

Tal actitud hacia las ciencias especiales debe ser aceptable en el marco de una idea básica trascendental en la que

---

[1] La opinión de que las matemáticas puras serían a priori en este sentido, de que puede proceder a partir de axiomas completamente arbitrarios, es incompatible con la concepción cristiana del orden divino del mundo como fundamento último de toda investigación científica. Desde nuestro punto de vista, el carácter a priori de las matemáticas puras no puede significar que éstas habrán de ser emancipadas de las estructuras modales de los aspectos matemáticos que están fundados en el orden temporal del experiencia.

La investigación de estas estructuras sólo puede ocurrir de un modo *empírico*, puesto que no son creadas por el pensamiento humano y no son meras "formas de pensamiento" a priori, sino que más bien están incluidas en el "horizonte modal" de nuestra experiencia como *datos* a priori. Deben ser *descubiertos* en la reflexión sobre nuestra experiencia de los aspectos matemáticos. La concepción kantiana del a priori y de los momentos empíricos en el conocimiento humano identifica lo "empírico" con las impresiones sensoriales. Tenemos que establecer una y otra vez que esta concepción sensacionista de lo "empírico" es incompatible con nuestra concepción integral de la experiencia humana.

el ideal humanista de la ciencia tiene una función fundacional, pero, a la luz de nuestra crítica trascendental del pensamiento teórico, debe ser rechazada como falsa y dogmática.

Es verdad que la filosofía sólo puede explicar los *fundamentos* de las matemáticas, pero esto no justifica la atribución de autonomía al pensamiento matemático, la cual alcanza su punto focal en la técnica de juicio, construcción y deducción. La filosofía no puede atribuir esta autonomía al mism porque el matemático debe necesariamente trabajar sobre presuposiciones filosóficas subjetivas cuyas consecuencias son evidentes en la teoría matemática misma, como hemos explicado en los Prolegómenos.

La concepción positivista nominalista del carácter meramente técnico de los conceptos y los métodos científicos constructivos

La tregua entre la filosofía y las ciencias especiales, formulada en el enunciado de que cada cual ha de permanecer en su propia esfera, significa en el final análisis la aprobación del modo positivista nominalista de pensar en la esfera de las ciencias especiales. El científico teórico esta inclinado a mantener que — al menos en su trabajo constructivo— opera solamente con conceptos y métodos técnicos que son independientes de las presuposiciones filosóficas y *a fortiori* religiosas.

Así, un matemático, por ejemplo diría: en nuestra profesión, cuando empleamos el concepto de continuidad en acto de la serie de los números reales, lo hacemos sin ningún prejuicio filosófico. Utilizamos tales conceptos meramente porque encontramos que son prácticos e instrumentales en la adquisición de resultados satisfactorios.

De modo similar, un jurista diría: usamos el concepto "persona jurídica (o moral)" (*Rechtsperson*) como una construcción del pensamiento bajo la cual incluimos un entero complejo de fenómenos legales. Lo hacemos a partir de una consideración puramente técnica jurídica porque es útil y *"denkökenomisch"*, esto es decir, en conformidad con el principio de economía lógica. Detrás de esta construcción técnica concedemos a la filosofía completa libertad para buscar una realidad social, una colección de individuos, o una "persona" supraindividual. O, si reducimos formalmente toda ley positiva a la voluntad del Estado y declaramos que el legislador es jurídicamente omnipotente, lo hacemos separadamente de toda posición que sea dependiente de una filosofía del derecho; estamos igualmente separados de todo absolutismo estatal político. Empleamos el concepto de fuentes del derecho en un sentido puramente formal y con ello solamente expresamos el hecho de que toda ley positiva deriva su validez formal del Estado. Concedemos a la filosofía del derecho completa libertad para criticar un estatuto específico como siendo erróneo y en conflicto con la justicia. Es muy libre de oponerse a un absolutismo estatal político insistiendo en la libertad de la personalidad.

La concepción positivista de la realidad versus los hechos jurídicos

A pesar de tales afirmaciones, sin embargo, la verdad del asunto es que detrás de tales conceptos, supuestamente técnicos, se esconden postulados filosóficos muy positivos. Esto es especialmente el caso en la apelación al principio de "economía lógica" para defender el uso de ficciones teóricas que no corresponden a la verdadera situación de las cosas dentro del aspecto modal de la realidad que forma el campo específico de investigación teórica. Esta apelación es característica de un positivismo nominalista. En la teoría general de los aspectos modales habremos de demostrar en detalle que el principio de economía lógica sólo tiene un sentido lógico en indisoluble conexión con el *principium rationis sufficientis* que implica que de lo que realmente *damos cuenta* es de los estados teóricos de cosas de un modo suficiente. Nunca puede justificar las ficciones teóricas, las cuales sólo se introducen para enmascarar las antinomias causadas por una falsa concepción teórica de la realidad empírica.

La dominante concepción positivista en la jurisprudencia identifica la realidad empírica con sus aspectos psicofísicos, es decir con una abstracción teórica absolutizada.

En esta imagen naturalista de la realidad empírica no hay lugar para los aspectos modales de un carácter intrínsecamente normativo. El aspecto jurídico pierde completamente su significado modal irreducible si — en la línea de la moderna así llamada jurisprudencia "realista"— se reduce a fenómenos físicos y psíquicos. Los *hechos* jurídicos son el *aspecto jurídico de hechos reales* y dentro de este aspecto los segundos no pueden ser establecidos sin normas jurídicas a las cuales estén sujetados. Tan pronto como en la jurisprudencia teórica, que mantiene el carácter normativo de las reglas legales, este estado estructural de cosas es perdido de vista y los "hechos" dentro del aspecto jurídico son concebidos como "psicofísicos", se originan antinomias teóricas que son usualmente enmascaradas mediante la introducción de "ficciones teóricas". Y una y otra vez es el principio de la "economía lógica de pensamiento" el que es llamada a escena para justificar estas ficciones.

Habremos de retornar a este estado de cosas en el segundo volumen, cuando nos involucremos en una detallada investigación de las antinomias teóricas.

En el actual contexto sólo queremos enfatizar el hecho de que detrás de las posición positivista así llamada "no filosófica" en la jurisprudencia se esconde una *concepción filosófica de la realidad,* que no puede ser neutral con respecto a la fe y la religión.

Las estructuras modales funcionales y típicas de la realidad

Bajo la máscara de la neutralidad filosófica y *"weltanschauliche",* la concepción pragmática técnica del pensamiento científico ha hecho mucho daño, especialmente a las ramas de la investigación teórica que encuentran su *Gegenstand* en los aspectos modales de la realidad temporal cuyas leyes son de un carácter normativo.

Para poner esto en claro, indicaré brevemente la diferencia entre el concepto típico de una estructura de individualidad y el concepto modal de función, cuya diferencia es presentada en detalle en los volúmenes segundo y tercero. En todo aspecto modal podemos distinguir:

(1) una coherencia funcional general que mantiene en correspondencia mutua las funciones individuales de las cosas, los eventos o las relaciones sociales dentro de una esfera nómica modal específica; esta coherencia existe independientemente de las diferencias típicas entre estas cosas, eventos o relaciones sociales que funcionan dentro del mismo aspecto modal.

(2) las típicas diferencias estructurales que se manifiestan dentro de un aspecto modal y que solamente han de ser entendidas en términos de las estructuras de

individualidad de la realidad temporal en su coherencia integral intermodal.

Algunos estados de cosas tomados de los aspectos jurídico
y físico pueden ser suficientes por el momento para clarificar esta distinción. Como hemos observado en los Prolegómenos, las estructuras de individualidad abrazan todos los
aspectos modales sin excepción y los agrupan en diferentes modos típicos dentro de las totalidades individuales. Sin
embargo, también se expresan dentro de cada uno de sus
aspectos modales al tipificar las relaciones y las funciones
modales generales.

En el aspecto jurídico de la realidad, todos los fenómenos son unidos en una coherencia jurídica funcional. Visto
de acuerdo con el lado normativo de este aspecto, esto significa que la ley constitucional y la ley civil, la ley eclesiástica
interna, la ley interna de comercio, la ley interna de los sin-
dicatos y otras organizaciones, la ley internacional, etcétera,
no funcionan aparte una de la otra, sino que están unidas en
una coherencia funcional horizontal, una coherencia garantizada por la estructura modal del aspecto jurídico mismo.
Cuando vemos solamente esta coherencia funcional universal entre los varios tipos de ley, la abstraemos de las diferencias estructurales internas que exhiben las segundas.

Este punto de vista funcional general es altamente abstracto; solamente nos enseña a reconocer las funciones modales dentro del aspecto jurídico, aparte de las estructuras
típicas de individualidad que son inherentes en la realidad
en su carácter integral. Es absolutamente imposible abordar
las diferencias estructurales internas entre las especies típicas de ley solamente con un concepto de función jurídico
general. Por lo tanto, debe ser claro que el concepto gene-

ral modal de ley nunca puede contener las características típicas de la ley del *Estado*.

De modo similar, la coherencia funcional general de los fenómenos dentro del aspecto físico ha de ser vista abstractamente como indiferente con respecto a las diferencias típicas internas exhibidas por la realidad dentro de sus estructuras de individualidad. Para descubrir las leyes generales de interacción física, la física ve todos los fenómenos físicos bajo el denominador funcional modal de la energía.

El concepto físico de función[1] Es un concepto sistemático por excelencia, porque posee la capacidad de captar la coherencia horizontal universal de todos los fenómenos físicos posibles dentro de esta modalidad.

En tanto que esta concepción funcional domine exclusivamente, el pensamiento científico no ve las cosas reales de la naturaleza con sus estructuras internas de individualidad. Un árbol, un animal y así consecutivamente (así como un "átomos", una "molécula", y una "célula") indudablemente tienen funciones fisicoquímicas en su estructura interna como cosas de la naturaleza; pero una concepción exclusivamente funcional del aspecto físico de la realidad no revela nada dentro de las relaciones de energía del universo que pudieran eventualmente delinearse como la estructura típica de la totalidad individual. Tal concepción funcional sólo devela relaciones externas de "energía" o "materia" abstractas, relaciones que exceden cualquier diferencia estructural interna, y que son aprehendidas de acuerdo con el aspec-

---

[1] Será evidente que no significamos aquí el concepto de función en el sentido específico del cálculo infinitesimal. Se usa aquí solamente en el sentido de función *modal*, abstraído de las estructuras típicas de individualidad.

to funcional de la ley física. Esta concepción funcional fue desde el comienzo evidente en la formulación de la ley de la gravitación de Newton, ley que es independiente de las estructuras típicas de las "cosas" y que actualmente domina el universo físico. Un lápiz que cae al piso está sometido a esta ley tanto como los movimientos de los planetas.

Pero no hay ninguna ciencia particular, a excepción de las matemáticas puras, que no esté confrontada con la realidad en sus estructuras típicas de individualidad. La química investiga esencialmente las mismas leyes modales que la física, pero ya no puede operar solamente con un concepto general de función, así como la misma física tampoco lo puede hacer desde el descubrimiento de las estructuras atómicas internas. Los electrones que revolotean libremente sólo pueden exhibir propiedades funcionales desnudas de masa y carga, de movimiento, atracción y repulsión pero, en tanto que funcionan vinculadamente dentro de la estructura de un átomo o una molécula, exhiben propiedades específicas en las que las diferencias estructurales internas mismas se refuerzan.

La distinción entre estructuras modales funcionales y típicas de la realidad que acabamos de mostrar está presente en las modalidades jurídica y física, y también pueden ser descubiertas dentro de todos los restantes aspectos modales. Demostraremos posteriormente esto en detalle.

La absolutización del concepto de función y la introducción ilegítima de un concepto estructural específico de individualidad como uno funcional

¿Qué hemos visto teniendo lugar bajo la influencia de la concepción positivista de la tarea de la ciencia? En consonancia con el postulado de continuidad del ideal de la ciencia humanista, el concepto de función fue absolutizado para erradicar la diversidad modal de significado que existe entre los aspectos modales. Al mismo tiempo se hizo el intento de borrar completamente las estructuras típicas de individualidad que exhibe la realidad dentro de las modalidades investigadas. Pero, especialmente en la así llamada "teoría pura del derecho" (*reine Rechtslehre*) y en la "economía pura", frecuentemente se puede observar una curiosa confusión de los puntos de vista modales funcionales y típicos estructurales. Frecuentemente y no intencionalmente, bajo el disfraz de un concepto general de función, se introduce un concepto específico de una estructura de individualidad típica para arrasar todas las otras diferencias típicas de estructura dentro del aspecto de la realidad investigado.

Consecuentemente, el supuestamente meramente general concepto modal de función es en verdad traspuesto a un concepto estructural típico.

Bajo el disfraz de un punto de vista abstracto puramente funcional la así llamada escuela austriaca en su "economía pura", absolutizó las relaciones libres de mercado a costa de las otras estructuras típicas de la sociedad que se manifiestan dentro del aspecto económico de la realidad.

Del mismo modo, la así llamada "teoría pura del derecho", desarrollada por Hans Kelsen y su neokantiana escuela, trató de construir una coherencia meramente lógica funcional entre todas las esferas típicas de la ley positiva, ya sea a partir de la hipótesis de la soberanía de la ley estatal o de la hipótesis de la soberanía de la ley internacional. En el primer caso, todas las otras esferas jurídicas típicas fueron de una manera pseudológica reducidas a la ley estatal, en el segundo caso, a una ley de un supuesto superestado internacional (*civitas maxima*). La confusión entre los puntos de vista modal funcional y típico estructural se completó mediante la identificación pseudológica de ley y Estado, o de ley y superestado, respectivamente.

Pero, si estado y ley fuesen idénticos, no tendría sentido hablar de una ley del *Estado*. Y si — como piensa Kelsen— desde un punto de vista puramente jurídico todas las normas jurídicas positivas son de la *misma naturaleza formal*, y las diferencias *típicas materiales* debieran ser consideradas como *meta*-jurídicas, entonces es contradictorio introducir en su concepción modal funcional de la ley las características típicas de la ley *del Estado* o de la ley *del super Estado*.

Al igual que todas las otras esferas de la sociedad humana, el Estado posee una estructura de individual interna que funciona en todos los aspectos de la realidad temporal. Ésta es precisamente la razón por la que el Estado no puede ser aprehendido en un concepto abstracto de función, no más de lo que puede serlo su esfera jurídica típica.

El concepto modal de función es falsificado si, bajo la guisa de una concepción de la ley meramente funcional, el entero problema de los fuentes del derecho es orientado hacia el Estado o la comunidad internacional de estados, respectivamente.[1]

---

[1] En la teoría biológica se encuentra frecuentemente una confusión entre el concepto modal funcional de vida orgánica y el concepto de sustancia referido a un *ser vivo* como una totalidad individual. Compárese la concepción de Driesch de "*vida orgánica*" como una entelequia, o la concepción de Woltereck de vida orgánica como una "sustancia" material viviente (matriz), que tiene una constelación material externa y un lado interno de experiencia vital. *Cfr.* mi tratado *Het substantiebegrip in de moderne natuurphilosophie en de theorie van het enkaptisch structuurgeheel* [El

Dejando de lado esta aberración, es aconsejable dejar en claro lo siguiente: la absolutización en el pensamiento científico del punto de vista funcionalista no es neutral con respecto a la filosofía o la religión. Más bien debe ser visto como un fruto de una concepción nominalista de la ciencia que está fundado en el ideal humanista de la ciencia, aunque hoy en día este último ha sufrido una degeneración como consecuencia de su concepción puramente técnica, especialmente en la escuela positivista de Ernst Mach y el positivismo lógico más temprano de la escuela de Viena. En los tiempos modernos la psicología y las ciencias culturales han reaccionado en contra del dominio completo de este ideal de la ciencia funcionalista. Principalmente esta reacción proviene de lado de la antípoda irracionalista de este funcionalismo.

La dependencia de las ciencias empíricas respecto de las estructuras típicas de individualidad. La revolución de la física en el siglo XX.

No niego que las ciencias experimentales y descriptivas estén estrechamente vinculadas con la realidad empírica en sus estructuras modales funcionales y típicas. En otras palabras no niego el hecho de que la insuficiencia o incorrección de los métodos de arrasamiento racionalista pueden resultar en el curso de la investigación empírica en el descubrimiento de hechos rigurosos. La física del siglo XX, por ejemplo, sufrió una revolución y tuvo que abandonar su concepto de causalidad, materia, espacio físico y tiempo funcio-

---

concepto de sustancia en la filosofía natural reciente y la teoría de los todos estructurales encápticos], *Philosophia reformata*, vol. 15, nos. 1-4, pp. 66-140).

nalista clásico. La teoría de la relatividad y la teoría cuántica han reducido la concepción física del mundo de Newton a un mero caso marginal.

En consonancia con el ideal humanista de la ciencia, el concepto mecánico de causalidad aspiraba a una concepción funcionalista absolutista de la realidad en un sentido estrictamente determinista. Este concepto de causalidad no pudo explicar la microestructura del lado físico de la realidad revelado por la investigación continuada. El descubrimiento de la estructura cuántica de la energía por Planck y de las relaciones de incertidumbre por Heisenberg ya no hicieron posible reducir los procesos físicos a una desnuda coherencia causal continua. Sobre bases experimentales, la teoría cuántica y la teoría de la relatividad rompieron radicalmente con la concepción de la materia y la sustancia estática de Newton que llenaba el espacio absoluto y estaba sujeta a procesos causales completamente determinados en el "tiempo absoluto".

El descubrimiento de la radiactividad enseñó al físico a reconocer un cambio físico autónomo que tiene lugar enteramente dentro de la estructura interna del átomo y que no puede ser explicada en términos de ninguna causa funcional externa. Pero el descubrimiento de fenómenos que no pueden ser comprendidos en un concepto clásico de función en modo alguno asegura que habrán de ser interpretados correctamente y de una manera que sea filosófica y religiosamente neutral. Por el contrario, es obvio que la actitud científica de los investigadores líderes de la naturaleza está profundamente influenciada por su concepción de la realidad teórica total. Es evidente, por ejemplo, que la oposición de Mach y Ostwald a la aceptación de átomos reales y ondas luminosas, y su intento de resolver el concepto físico de causalidad en un concepto puramente matemático de función, era dependiente de su posición positivista sensualista en filosofía. B. Bavink señaló que la tendencia moderna en la física que, siguiendo a Heisenberg y Jordán, se declaró en favor de un abandono fundamental del concepto de causalidad en física, lo hizo sobre la base de consideraciones filosóficas que debía a Mach y Avenarius.[1]

El conflicto concerniente a los fundamentos filosóficos no es ajeno al corazón de las ciencias especiales. De hecho, es el físico el que está en peligro de aceptar acríticamente las presuposiciones positivista y nominalista. Al contemplar ciegamente el lado "técnico" de su campo, es prontamente inclinado a aceptar, sin siquiera ser consciente de sus implicaciones filosóficas, una posición nominalista de los problemas físicos y una concepción meramente técnica constructiva de los métodos y conceptos físicos.

Desde la posición de la sola física, ¿puede un físico aceptar la tesis de que una teoría matemáticamente formulada debe ser considerada como correcta si explica de la manera más simple posible los fenómenos conocidos hasta el tiempo presente trayéndolos a una coherencia funcional? En otras palabras, ¿es el principio de economía lógica en el sentido

---

[1] *Ergebnisse un Probleme der Naturwissenschaften* (*Resultados y problemas de las c iencias naturales*). En mi opinión no se permite identificar este concepto fundamental con el determinista, el cual se ha originado en la imagen mecánica clásica de la realidad. El concepto de causalidad tiene un carácter así llamado *análogo*. Toda ciencia empírica debe concebirlo en el sentido modal especial de su campo de investigación. La concepción mecanicista determinista ha resultado ser incompatible con la misma naturaleza de los fenómenos físicos. Pero esto no demuestra que todo concepto físico de causalidad se haya vuelto carente de significado.

positivista y así llamado empiriocriticista, como fue concebido por Mach y Avenarius, el único criterio de corrección en la física?

Recuérdese que el conflicto concerniente la teoría de la relatividad de Einstein que no fue solamente conducido en círculos filosóficos, sino también en los científicos naturales.

Recuérdese la controversia entre Planck v. Laue, Lenard y otros físicos por un lado, y Schrödinger, Heisenberg, Jordan por el otro, en la que se discutió la cuestión de si el concepto físico de causalidad podía o no en principio ser todavía mantenido en el ulterior desarrollo de la teoría cuántica.

¿Fue la anterior situación en la física clásica un asunto de indiferencia al examinador cristiano de la naturaleza? ¿Carecía de relevancia para él que la física clásica adoptase una concepción esencialmente racionalista de la realidad empírica en la que el entero lado fáctico individual del aspecto físico fuese fundamentalmente reducido al puramente funcionalistamente concebido del lado ley? En otras palabras, ¿debiéramos aceptar el determinismo físico como correcto con respecto a la situación en la física del siglo XIX porque podía ordenar la mayoría de los fenómenos entonces conocidos en una coherencia funcional sistemática?

¿Y es irrelevante al físico cristiano si la física puede o no ser identificada con la concepción convencionalista que tiene la escuela de Viena de la misma? Si era realmente indiferente a la física elegir una posición en esta cuestión, el término "ciencia" podría tornarse asignificativo. Pues la ciencia presupone una concepción teórica de la realidad,[1] pues debe continuamente apelar a ella.

La defensa de la autonomía de las ciencias especiales desde la así llamada posición realista crítica

Desde la posición del así llamado realismo crítico,[2] B. Bavink, el famoso filósofo alemán de la naturaleza, ha tratado de poner en claro que la ciencia natural es autónoma con respecto a la filosofía: "el punto principal no es en absolu-

---

[1] Bavink (*op. cit.*, p. 271) subraya: "*Für die Physik sind vielmehr die Moleküle und die Lichtwellen, die Felder und ihre Tensoren u.s.w. von genau derselber Wirklichkeitsart wie Steine und Bäume, Pflanzenzellen oder Fixsterne*" [Para la física, las moléculas y las ondas luminosas, los campos electromagnéticos y sus tensores, etcétera, son exactamente del mismo tipo de realidad que las piedras y los árboles, las células vegetales o las estrellas fijas]. Pero ¡pasa por alto el hecho de que la física ha eliminado la concepción intuitiva de la realidad!

[2] El realismo "crítico" (Ed. v. Hartmann, Erich Becker, Riehl, Messer, Külpe y otros) procedió de la concepción crítica del conocimiento humano de Kant. Pero, en contraste con Kant, reconoce que las categorías de pensamiento sostienen una relación con las "*Dinge an sich*": repudia la concepción kantiana de que la "cosa en sí" es incognoscible. De esta manera recae sobre la metafísica del ideal humanista de la ciencia, el cual en Bavink esta acomodado con el realismo escolástico (*universalia in re et ante rem*; véase su obra citada, p. 264). En oposición al idealismo trascendental de Kant, acepta una concepción metafísica de las categorías.

Bavink piensa que las categorías sólo pueden ser derivadas a posteriori a partir de una investigación científica de la naturaleza. Rechaza las categorías de relación de Kant considerando que están en conflicto con el presente estado de la física. En contraste, atribuye a la concepción teleológica de la naturaleza de Kant una significación real más que ficticia con respecto a la "naturaleza en sí". Debido a su punto de partida, el "realismo crítico" debe malinterpretar y rechazar la experiencia intuitiva de la realidad. En el volumen III desarrollaré este punto con mayor detalle.

to con qué métodos y medios de pensamiento debiéramos abordar las cosas, sino más bien qué resultó y probablemente resultará adicionalmente de este abordaje que por siglos hemos ejecutado con el más grande éxito sin ninguna epistemología. La entera cuestión no es en absoluto una cuestión de epistemología, sino más bien de ontología, es decir, no importa como debiera pensar el mundo o cómo puedo o debo pensarlo, sino cómo es realmente".[1]

Este enunciado parece ser filosóficamente neutral, pero realmente depende de una concepción filosófica del cosmos a priori nítidamente definida. Sólo es significativa a condición de que aceptemos una constelación de realidad en la que el universo físico es opuesto al pensamiento humano como un "mundo en sí", una constelación en la que la realidad es encerrada en sus aspectos naturales presensoriales.[2] Hay una conexión entre esta concepción del cosmos y el

---

[1] *Op. cit.*, 5a. ed. 1933, p. 204: "*Es handelt sich gar nicht zuerst darum, mit welchen Denkmethoden und Denkmitteln wir an die Dinge heran zu gehen hatten, sondern darum, was bei diesem Herangehen, das wir ohne alle Erkenntnistheorie seit Jahrhunderten mit grösztem Erfolge ausgeübt haben, herausgekommen ist und mutmaszlich weiter herauskommenwird. Die ganze Frage ist gar keine Frage der Erkenntnistheorie, sondern eine Frage der Ontologie, d.h. es kommt nicht darauf an, wie ich mir die Welt denken soll oder kann oder musz, sondern wie sie wirklich ist*". En la 9a. edicion ha sido omitido el primer enunciado, pero no ha sido cambiada la posición misma.

[2] Bavink no considera a la "naturaleza" y la "razón" como dos esferas absolutamente distintas e infranqueables, sino que considera que la "naturaleza" es "racional" en su más profundo fundamento (*op. cit.*, p. 273ss). Esto está en consonancia con el realismo crítico, especialmente en su acomodo escolástico con la doctrina agustiniana del Logos divino. No contradice la concepción metafísica de un mundo físico "en sí", independiente de la coherencia mutua de todos los aspectos modales en el tiempo cósmico. No implica que en el mundo físico "en sí" esté expresada la "razón divina" que es también el origen de la razón humana. De acuerdo con esta

acuerdo de Bavink con la concepción epistemológica del carácter meramente subjetivo de las "cualidades secundarias" (las propiedades sensoriales objetivas de color, olor, sabor, etcétera).[1]

Sin embargo, si es verdad que la realidad cósmica, como una coherencia de significado universal y temporal, no permite que se le encierre dentro de sus lados presensoriales, entonces la concepción de la realidad de Bavink y su concepción de la autonomía de la ciencia es falsa. En otras palabras, el aspecto físico del cosmos no está separado del psíquico sensorial y el lógico, y, si las relaciones sujeto-objeto existen en realidad, entonces carece de significado hablar de una "naturaleza en sí".

La modalidad física de la realidad no permite ser comprendida por el pensamiento científico aparte de una penetración intelectual subjetiva en la relación mutua y coherencia de las modalidades dentro del orden cósmico temporal.

---

concepción, "la naturaleza en sí" debe ser "racional" en un sentido *objetivo* absoluto. Esta racionalidad objetiva del orden físico es muy independiente de la función lógica subjetiva del hombre y en sí no tiene relación con ella. Pero la segunda tiene una relación con la primera.

[1] *Op. cit.*, p. 59. En esta conexión estoy hablando de lo "objetivo" como relacionado con posibles percepciones sensoriales o sensaciones subjetivas adecuadas. Bavink no ve la diferencia modal entre las ondas físicas electromagnéticas con sus diferentes frecuencias y las cualidades sensoriales objetivas que se fundamentan sobre las primeras. Pero su opinión está en consonancia con la actual concepción fisiológica y psicológica, la cual carece de entendimiento profundo de las estructuras modales de los diferentes aspectos.

Los experimentos no revelan una realidad estática, dada independientemente del pensamiento lógico; más bien apuntan a la solución de preguntas concernientes a un aspecto de la realidad que, bajo la dirección del pensamiento teórico, está involucrada en un proceso de enriquecimiento y apertura de su significado

El aspecto físico de la realidad no se representa en la percepción sensorial como sobre una placa sensitiva en un aparato fotográfico, ni está ordenada *"an sich"* de acuerdo con categorías teóricas. Pero, debido a la misma coherencia intermodal de los aspectos, los fenómenos físicos tienen un *análogo objetivo* en los sensoriales; deben ser interpretados subjetivamente en el pensamiento científico y con ello *abiertos lógicamente*. En este respecto, la pregunta acerca de cómo el aspecto físico debiera ser entendido en su relación con los otros aspectos de la realidad es extremadamente importante.

El método experimental es esencialmente un método de aislamiento y abstracción. Los experimentos no nada más nos revelan el aspecto físico de los fenómenos como una realidad fija o estática en sí, independiente del pensamiento teórico, sino más bien como un aspecto abierto de significado que, en su coherencia cósmica con el aspecto lógico, es enriquecido y desplegado al revelar sus anticipaciones lógicas bajo la dirección del pensamiento científico. Pues, como hemos repetidamente observado, todo aspecto modal de la realidad temporal expresa su coherencia cósmica con todos los otros en su estructura modal.

Los experimentos siempre están dirigidos a la solución de cuestiones teóricas que el mismo científico ha planteado y formulado.

La opinión de Bavink, de que en el curso de los siglos la física ha sido capaz de lograr sus grandes resultados sin ninguna ayuda de la epistemología, es indigna de un pensador que está entrenado en la historia de la ciencia y la filosofía. La verdad es que la física moderna descansa sobre presuposiciones epistemológicas que han tenido que librar una dura lucha en contra de la anteriormente dominante concepción aristotélica de la naturaleza,[1] y que sólo poco a poco han sido generalmente aceptadas desde los días de Galileo y Newton. La mayoría de los físicos llevan a cabo sus investigaciones sin ser conscientes de sus implicaciones filosóficas y aceptan los fundamentos de su ciencia como axiomas. Esta especie de ingenuidad filosófica es muy peligrosa para un científico cristiano.

Pues, en adición a los logros que alcanzó en la física, la epistemología de Galileo y Newton implicaba una concepción de la realidad puramente cuantitativa y funcionalista. Ésta no estaba restringida a la física y se convirtió en el mismo contenido del ideal de la ciencia humanista racionalista.

Los argumentos de Bavink en defensa de la neutralidad filosófica de la física, que a primera vista parecen ser fuertes, en segundos pensamientos resultaron no estar libres de presuposiciones que excedían a la ciencia. Aunque rechaza el racionalismo a priori y el convencionalismo nominalista del círculo de Viena, su propia opinión concerniente a la neutralidad filosófica de la ciencia depende de una concepción filosófica específica de la realidad que en alto grado descansa sobre una absolutización del punto de vista funcio-

---

[1] Uno solamente necesita pensar en la aplicación del concepto matemático de función y la introducción del método exacto de experimentación, sin los cuales la física moderna sería imposible.

nalista de la ciencia natural,[1] el cual no tiene lugar para la experiencia intuitiva.

La apelación a la realidad en investigación científica nunca es filosófica religiosamente neutral. El historicismo la ciencia

La apelación a la "realidad" en la investigación científica nunca está libre de prejuicios filosóficos y religiosos. Permítaseme elegir sta vez el ejemplo de la ciencia de la historia. Ranke dijo de la segunda que sólo tiene que establecer cómo han sucedido realmente los eventos (*"wie es wirklich gewesen ist"*). Pero en la palabra *"wirklich"* (realmente) hay una trampa. Pues es imposible para una ciencia particular aprehender un evento en su plena realidad. La historia, al igual que todas las otras ciencias especiales, sólo puede examinar un aspecto particular del mismo. Consecuentemente, agrupa y ordena el material histórico en un análisis modal teórico de la realidad temporal, sin el cual no enfocaría su atención sobre el aspecto histórico.

En el segundo volumen analizaremos en detalle la estructura modal de éste, para delimitar el verdadero *Gegenstand* de la investigación histórica. Esta rama de la ciencia presupone una concepción teórica de la realidad que tiene un carácter filosófico, pues la investigación histórica sólo puede comprender el aspecto histórico en su coherencia teórica con los restantes aspectos. Ahora es extremadamente fácil para el historicismo ganar adherentes entre los historiadores. El historicismo, tal y como lo conocemos, es una concepción de la realidad que erradica los límites entre las modalidades y subsume todos los otros aspectos de la realidad

---

[1] Compárese especialmente *op. cit.*, pp. 272ss.

temporal bajo un denominador histórico común. En la Parte II de este volumen hemos visto cómo, desde el comienzo del siglo XIX, el historicismo ejerció una enorme influencia sobre el fundamento del pensamiento científico.

La escuela histórica de jurisprudencia proclamó a la ley positiva como un "fenómeno histórico". Al mismo tiempo tuvo una gran influencia sobre la concepción vigente de la sociedad y sobre la teoría del Estado.

Si el Estado es visto históricamente, entonces es especialmente considerado en su aspecto modal de poder. Como mostraremos en el segundo volumen de esta obra, el poder es el momento central en la estructura modal del aspecto histórico. Bajo la influencia del historicismo, este hecho ha dado origen a la idea de que el Estado, en su *realidad total,* es una organización de poder. La realidad empírica del Estado es, de este modo, identificada teóricamente con su aspecto histórico.

De hecho, la estructura típica integral del Estado es de este modo completamente distorsionada. No puede ser encerrada en su aspecto histórico de poder, al igual que no puede ser comprendida como un fenómeno puramente jurídico, económico o psicológico. Su estructura típica abarca todos estos aspectos modales, pero no puede ser identificado con ninguno de ellos.

El intento de comprender el Estado puramente en su aspecto histórico de poder, acompañado por una pretensión de neutralidad religiosa y filosófica, resulta en una concepción que ofrece una falsa abstracción teórica del Estado como si ésta existiera verdaderamente.

El conflicto entre las tendencias funcionalista mecanicista, no vitalista y holista en la biología moderna

la biología también ofrece muchos ejemplos de una concepción funcionalista de la realidad en la que un aspecto modal específico es absolutizado. La teoría de la evolución desarrolló un concepto genético mecánico de especie que erradicaba los principios estructurales internos de individualidad. Se creía que esto no excedía los límites del pensamiento biológico.

La biología moderna se ha convertido en la escena de una ríspida controversia interna debida a las diferentes concepciones teóricas de la realidad empírica. La escuela holista ha buscado reconciliar el conflicto entre los mecanicistas y los neovitalistas. Los primeros operaban con un concepto mecánico de función e intentaban reducir el aspecto modal de la vida orgánica a lo físicoquímico, lo cual era concebido en el obsoleto sentido mecanicista.

Los neovitalistas, siguiendo a Driesch, han visto que el método mecanicista es insuficiente para aprehender el material examinado por la biología. Sin embargo, Driesch no atacó la concepción mecanicista de la materia como una constelación puramente físicoquímica que debiera ser encerrada en sí misma, completamente determinada por la causalidad mecánica. Solamente negó que la vida orgánica pudiese ser reducida a una constelación físicoquímica de la materia. No vio que la vida orgánica no es más que un aspecto modal de la realidad. Consecuentemente, proclamó que era la realidad en sí misma: una entelequia inmaterial, una sustancia que dirigiría el proceso material sin derogar el principio de conservación de la energía. Fue así que hizo el intento de corregir un concepto absolutizado de función mediante un concepto de sustancia entendido en un sentido pseudo-aristotélico. Pero esta "sustancia inmaterial" fue ella misma el resultado de una nueva absolutización. Y esta última fue destructiva para el entendimiento teórico de la típica coherencia temporal entre los aspectos biótico y fisicoquímicos, dentro de la estructura total de individualidad de un organismo viviente.

El holismo hizo el intento de conquistar el dualismo antinómico de la concepción de Driesch. Tenía la intención de puentear este dualismo mediante una concepción de totalidad estructural. Las estructuras típicas de las totalidades individuales, sin embargo, no pueden ser aprehendidas en el pensamiento teórico sin una penetración intelectual teórica correcta en las relaciones mutuas entre sus diferentes aspectos modales. La escuela holista carecía de esta penetración. Consecuentemente recayó en el intento funcionalista de construir una concepción de la totalidad de un organismo vivo arrasando los límites modales de significado de sus diferentes aspectos. Mientras que el mecanicismo trataba de reducir el aspecto biológico al físicoquímico, el holismo siguió el procedimiento inverso.

El conflicto filosófico concerniente a los fundamentos de la biología interviene en el centro de los problemas científicos,[1] y hasta ahora es exclusivamente conducido dentro del marco de una concepción humanista de la ciencia. ¿Puede el biólogo cristiano elegir partido en el sentido de una concepción mecanicista, vitalista o holista del organismo viviente? ¿O considerar que es más seguro esconderse tras la

---

[1] El que quiera adquirir una visión nítida de este estado de cosas, debiera leer la obra del profesor Dr. R. Woltereck, *Grundzüge einer allgemeinen Biologie* (1932) [*Rasgos principales de una biología general*].

máscara positivista de neutralidad? Pues es un positivismo ingenuo el que ha causado que la idea de neutralidad filosófica domine a las ciencias especiales. Nuestra conclusión es, sin embargo, que la concepción positivista de la ciencia especial no puede ser reconciliada con una idea cosmonómica cristiana.

Tan pronto como nació una ciencia especial, fue confrontada con problemas filosóficos concernientes a la estructura modal de los aspectos especiales que tienen que delimitar su campo de investigación.

No tiene sentido decir que la ciencia especial puede despreciar estos problemas porque sólo tiene que ver con la investigación de fenómenos empíricos. Los fenómenos empíricos tienen tantos aspectos modales como los tiene la experiencia humana. Consecuentemente, no pueden ser los fenómenos mismos los que constituyan los campos de investigación científicos especiales. Es solamente la relación *Gegenstand* teórica entre el aspecto lógico de nuestro pensamiento y los aspectos no lógicos de la experiencia la que da lugar a la división fundamental de estos campos y a los problemas filosóficos implicados en ella.

La filosofía ya no puede despreciar los resultados de la investigación científica especial de los fenómenos empíricos porque exactamente en estos fenómenos se *realiza* la coherencia intermodal entre las estructuras modales de los aspectos. Y las estructuras típicas de individualidad sólo pueden ser estudiadas en su *realización empírica*, con la condición de que sus aspectos modales sean correctamente distinguidos.

Por lo tanto, una interpenetración entre la filosofía y la ciencia especial es inevitable, aunque la primera no pueda restringirse a los problemas filosóficos implicados en las ciencias especiales, pues también debe dar una explicación de los datos de la experiencia intuitiva.

La relación entre la ciencia especial y la filosofía cristiana hasta ahora ha sido solamente considerada de una manera provisional. Ha sido tratada aquí dentro del marco general de nuestra crítica trascendental del pensamiento científico. Lo que estoy sugiriendo acerca de la penetración mutua entre filosofía cristiana y ciencia, sólo puede ser presentado en una manera más concreta después del desarrollo de nuestra teoría general de los aspectos modales y de las estructuras típicas de individualidad. Con respecto a la jurisprudencia y la sociología, he hecho esto en detalle en mi *Enciclopedia de jurisprudencia* (tres volúmenes), la cual pronto será publicada. Con respecto a los problemas biológicos puedo referir al segundo volumen de mi *Reforma y escolástica en la filosofía*. Más aún, puedo referir a muchas investigaciones especiales por otros que se adhieren a esta filosofía. Por el momento, nuestra única preocupación era mostrar que, a la luz del motivo básico bíblico de la religión cristiana, la división humanista moderna entre ciencia y filosofía no puede ser mantenida. De hecho, incluso desde la posición humanista esta división no puede sostenerse en contra de una crítica inmanente seria.

SEMBLANZA DEL AUTOR

Herman Dooyeweerd nació en Ámsterdam el 7 de octubre de 1894, en un hogar de padres calvinistas cuyas convicciones y estilo de vida estaban profundamente influenciadas por Abraham Kuyper, el gran estadista, educador y periodista, y uno de los líderes eclesiásticos bajo los cuales había surgido el ala evangélica del protestantismo reformado holandés después de haber dormitado durante doscientos años.

En 1912 el joven Dooyeweerd ingresó a la Facultad de Derecho de la Universidad Libre de Ámsterdam, donde completó sus estudios académicos formales en 1917, habiendo sometido una disertación doctoral intitulada El gabinete en la ley constitucional holandesa.

Después de haber ocupado varias posiciones como funcionario público, en 1922 fue nombrado director asistente del Instituto Kuyper en La Haya, un centro de investigación del Partido Antirrevolucionario, uno de los dos principales partidos políticos protestantes. En 1926 se convirtió en profesor de filosofía del Derecho, enciclopedia jurídica y ley holandesa medieval en la Universidad Libre de Ámsterdam, posición que ocupó hasta 1965.

Después de una prolífica carrera como investigador en filosofía, durante la cual escribió varias obras de profundo calado, falleció en su finca cerca de Ámsterdam el 12 de febrero de 1977. Es sin lugar a dudas uno de los filósofos más importantes de Nederlandia, comparable sólo con Baruch de Spinoza. Su filosofía es la más consistentemente escritural jamás escrita. (Nota biográfica basada en la Introducción de Bernard Zylstra a Contours of a Christian Philosophy de L. Kalsbeek.)

SEMBLANZA DEL TRADUCTOR
ADOLFO GARCÍA DE LA SIENRA

Después de completar su Licenciatura en Filosofía en 1982, Adolfo García de la Sienra Guajardo fue aceptado como pupilo por Patrick Suppes en la Universidad de Stanford, California, donde obtuvo un PhD en Filosofía en 1986, con una disertación sobre los fundamentos lógicos de la teoría del valor trabajo.

Es investigador en el Instituto de Filosofía y profesor de filosofía y teoría económica en la Universidad Veracruzana desde 1998. Además de sus libros The Logical Foundations of the Marxian Theory of Value (Dordrecht: Kluwer, 1992) y A Structuralist Theory of Economics (Londres: Routledge, 2019), el Dr. García de la Sienra ha publicado la antología The Rationality of Theism (Ámsterdam: Rodopi, 2000), sobre filosofía de la religión, y varios artículos en revistas científicas internacionales de filosofía o economía.

Entre otras obras, el Dr. García de la Sienra ha traducido Las raíces de la cultura occidental de Herman Dooyeweerd, las Conferencias Unionville de H. Evan Runner en un solo volumen (Política y academia escriturales), y otros textos de filosofía reformada. Ha traducido El mito de la neutralidad religiosa de Roy Clouser, el cual será publicado también por Paideia Press. Publicó, con un extenso estudio introductorio, Incredulidad y revolución de Guillermo Groen van Prinsterer. Es también Doctor en Teología por el Seminario Teológico de Edinburg, Texas, y uno de los principales expertos en filosofía reformada en la actualidad.